ニュージーランド百科事典
Japanese Encyclopedia of New Zealand

ニュージーランド学会 編

春風社

ニュージーランドの国旗。英国国旗（ユニオン・ジャック）に南十字星を配する。オーストラリア国旗と類似しているが、星の数と色が異なる

国章。中央の楯をはさんで左側に国旗を持ったヨーロッパ系女性と右側にタイアハ（槍）を持ったマオリ戦士が向かい合って立つ

富士山と姿が似ているタラナキ山（手前はニュープリマスの町並み）

フォックス氷河

アオラキ山

スチュワート島。ハーフムーンベイ

バンジージャンプ。ワイカト川上流。タウポ郊外

オークランド南方プケコヘヒル頂上の樹林。
偏西風のため東に曲がった木（無風の日に撮影）

ワナカ湖

ダニーディンの住宅地

マラエの柱に刻まれた彫刻。
クライストチャーチ市内の
レフア（Rehua）マラエ

ワンガヌイ近郊ラタナ・パのラタナ教会

オロトハンガ郊外のヒツジ牧場
での牧区移動作業

『ニュージーランド百科事典』に寄せて

　太平洋を共有する国家として、日本とニュージーランドの関係は急速に重要さを増しております。2005 年には、両国の政府間で新たな段階での協力の合意、The New Level of Engagement=NLOE が発表されました。この協定では、(1) 科学・技術、(2) 観光、(3) 林業、(4) 教育、(5) 人的交流、(6) 貿易・投資の分野に焦点が当てられました。

　現在、赤道をはさんで相対する両国の間には、相手国に関する信頼しうる確かな情報の必要性が、学術研究に携わる人々のみならず、一般の人々の中にも高まっています。この『ニュージーランド百科事典』の刊行は、まさにニュージーランドについての確かな情報を日本人に提供するものとなりました。

　これは関西に拠点を置いて活動してきたニュージーランド学会が、その創立 10 周年を記念して企画したものであり、彼らの先駆的精神を高く評価し称賛いたします。この独創的な百科事典は、4 人の編集委員、40 人を超える執筆者が 3 年余りを費やして完成したもので、編者および執筆者全員の学識と協力の結実といってよいでしょう。

　内容は自然・人文地理、歴史、政治、経済、法律、産業、文化、マオリの歴史と文化、都市、社会史、教育、スポーツなど、きわめて広範な分野にわたる 2000 余りの項目が含まれており、深い洞察力と信頼しうる情報に基づいて準備されています。また巻末の資料も充実しており、年表、国土、国立・森林公園、海洋公園・保護海域、姉妹・友好都市などの表、図が付されております。

　本事典は、まさにニュージーランドに関する情報の「宝の山」であると考えます。

2007 年 3 月 13 日

国連大学学長
ハンス・ファン・ヒンケル

Observation

The relations between New Zealand and Japan as Pacific Area nations are rapidly gaining importance. The "New Level of Engagement=NLOE" concluded in 2005, focuses on increasing engagement in 6 areas: science and technology, tourism, forestry, education, exchange of people, trade and investment. There exists at present a clear and growing need for reliable information among academics and increasing numbers of the general public about the counterpart at the other side of the equator.

This publication provides such information on New Zealand for Japanese. The Kansai-based New Zealand Gakkai deserves our appreciation and congratulations for their initiative, taken at the occasion of its 10th anniversary. This unique encyclopedia represents a remarkable effort of coordination and scholarship. Over an extended period of 3 years, 4 editors and more than 40 authors, prepared insightful and well-informed texts on more than 2,000 entries in a wide range of topics: physical and human geography, history, government, economy, law, industries, culture, Maori history and culture, urban centers, social history, education, sport and others. Even the Appendix is carefully elaborated and provides information on chronology, tables of Maori Kings, Governors-General and Prime Ministers, as well as topical maps. Indeed, a treasure trove!

13 March, 2007

Prof. Dr. Hans van Ginkel
Rector of United Nations University
Tokyo

『ニュージーランド百科事典』刊行にあたって

　1992年11月、関西ニュージーランド研究会として発足したニュージーランド学会 (The New Zealand Studies Society-Japan) の10周年記念として計画された『ニュージーランド百科事典』が、3年余りの編集作業を終えてようやく刊行の運びとなりました。会員数の少ない地域研究の学会として手に余る事業でありましたが、会員以外の多くの方からもご協力をいただき、ここまで到達できたことは編者として大きな喜びです。

　ニュージーランドと日本の関係は、四半世紀前には考えられなかったほど大きく変化しました。ニュージーランドにとって日本は輸出、輸入ともオーストラリア、アメリカ合衆国に次いで第3位を占め、しかも輸出入ともに35億ニュージーランド・ドル前後で推移しており、きわめて相互的な関係にあります。美しい自然と治安のよさに魅せられてニュージーランドを訪れる日本人観光客は毎年15万人に達し、また英語を学ぶために留学する日本人学生も2006年現在1万1千人を超え、中国人留学生に次いで第2位となっています。一方ニュージーランドでも日本語学習者が4万人を数え、フランス語に次いで人気のある外国語となっていますし、JETプログラムで日本の中学・高校生の英語教師として来日するニュージーランドの若者も総計2千名を超えました。

　こうしたニュージーランドと日本の良好な関係をさらに強固にしているものが、両国政府によって発表された「新たな段階の取り決め（New Level of Engagement=NLOE）」です。これは2001年4月、来日したクラーク首相と、2002年5月ニュージーランドを訪問した小泉前首相との間で合意に達し、2005年6月東京で公表されたものであります。この中で科学・技術、観光、林業、教育、人的交流、貿易・投資の6つの分野での交流促進がうたわれており、さらに、ニュージーランドと日本は、2国間協力のみでなく、太平洋を共有する国家として、また自由と平和と民主主義を愛する国家として、世界的視野の中で協力していくことも明記されています。

　2006年4月には大阪で、5月には東京で「ニュージーランド映画祭」が開催され、多くの映画愛好家がニュージーランド映画を鑑賞しましたし、同年6月

にはマオリ作家ウィティ・イヒマエラ氏を迎えて各地で、氏の講演ならびに日本人のニュージーランド文学研究者とのパネル・ディスカッションもおこなわれました。2007年1〜3月にはニュージーランド国立博物館テ・パパ・トンガレワ所蔵のマオリ芸術が東京国立博物館で展示されています。

　このたびニュージーランド学会によって『ニュージーランド百科事典』が編纂され、出版されるということは、非常に時宜を得たことと考えます。この百科事典がニュージーランドに興味をもつ多くの日本人によって利用されるならば、ニュージーランドが大好きな人々の集まりであるニュージーランド学会全員の大きな喜びであります。

　最後にご執筆くださったすべての方々、快く出版を引き受けてくださった春風社社長三浦衛氏、営業部長石橋幸子氏、また事典の面倒な編集に抜群の能力を発揮してくださった出版部長山岸信子氏に心からお礼を申し上げます。

　　2007年2月6日（ワイタンギ・デーに）

　　　　　　　　　　　　　　　　　編集委員（五十音順）　青柳まちこ（代表）
　　　　　　　　　　　　　　　　　　　　　　　　　　　　大島襄二
　　　　　　　　　　　　　　　　　　　　　　　　　　　　ベッドフォード雪子
　　　　　　　　　　　　　　　　　　　　　　　　　　　　由比濱省吾

凡　例

1) 項目配列は、表音見出しの五十音順とした。清音、濁音、半濁音の区別はせず、すべて清音として配列した。拗音（ゃ、ゅ、ょ等）、促音（っ）、長音（ー）も音順にかぞえたが、読点、中黒などは考慮していない。
2) 原則として、見出し語には英語名もしくはマオリ語名を［　］に入れて併記した。
3) マオリ語の人名、イウィ名、普通名詞の鼻濁音は、ガ行の前にンの小字を付して表記している。鼻濁音が語頭に来る場合も同様（たとえば「ンガタ、アピラナ」など）。ただし地名に関しては、語頭に来る場合（たとえば「ンガルアワヒア」など）を除き、慣例に従いンを小字にしていない。
4) 項目名が英語、マオリ語併記の場合、および2通りの表記法のある場合などは／で区切った。
　　　例：グリーンストーン／ポウナム　[Greenstone／Pounamu]
5) 見出し語の人名は、姓、名の順とし、欧米人・マオリなどの場合、姓名の区切りには読点を用いた。
6) 人名項目見出しについては生没年を付した。ただし、「〜頃」の場合は c.（circa の略）を付し、疑問がある場合は？を付す。
7) 同姓同名の人名項目は生年の順に配列した。
8) 本文中の欧米人・マオリの人名および地名などは、カタカナ表記とした。できるだけ原音に近い表記を心がけたが、日本語として定着しているものは慣例表記に従った。また、人名以外のカタカナ表記に関しては、2語以上からなる語にも原則として中黒（・）を入れず、一語とした。ただし特に長い用語で判断しにくいような語に関しては中黒を入れた。
9) 本文中、必要に応じて英語もしくはマオリ語を補ったが、見出し語になっている語句については＊を付し、英語もしくはマオリ語を省くことを原則とした。
10) 本文中の語句に付している＊印は、その語句が項目として立てられており、解説の参考になることを示す。ただし立項されている語句すべてに＊を付しているわけではない。また、一般に広く使用されている地域名は、項目名と完全に一致しない場合でも＊を付している。
　　　例：オタゴ＊　　　　　　　　　［項目名］オタゴ県、オタゴ半島、オタゴ博物館など
　　　　　カンタベリー＊　　　　　　［項目名］カンタベリー平野、カンタベリー湾など
　　　その他、項目名と完全に一致しないが解説の参考になる場合に＊を付している。
　　　例：アザラシ＊　　　　　　　　［項目名］アザラシとオットセイ
11) 行政区域の日本語表記は県（Region）、準県（Unitary Authority：1郡のみで県と同等の権能を有する行政区）、郡（District）とした。
12) 新聞、雑誌、作品、絵画、歌曲、劇、映画などの英語名はイタリックで表記し、日本語名は「　」（作品名）や『　』（書名）をつけた。
　　　例：日本で翻訳されていない本　　*The Maori King*, 1864（マオリ王）
　　　　　日本語版が出ている本　　　　『クジラの島の少女』2003（*The Whale Rider*, 1987）
　　　　　日本で公開された映画　　　　「ピアノ・レッスン」*The Piano*（1993）
13) 長さ・重さなどの単位は記号で表記する。
　　　例：キログラム→kg、マイクロメートル→μm、ヘクタール→ha、メガワット→MW
14) 項目の解説をすべて他の項目に譲る場合は、⇒で示した。

日本とニュージーランドの位置関係

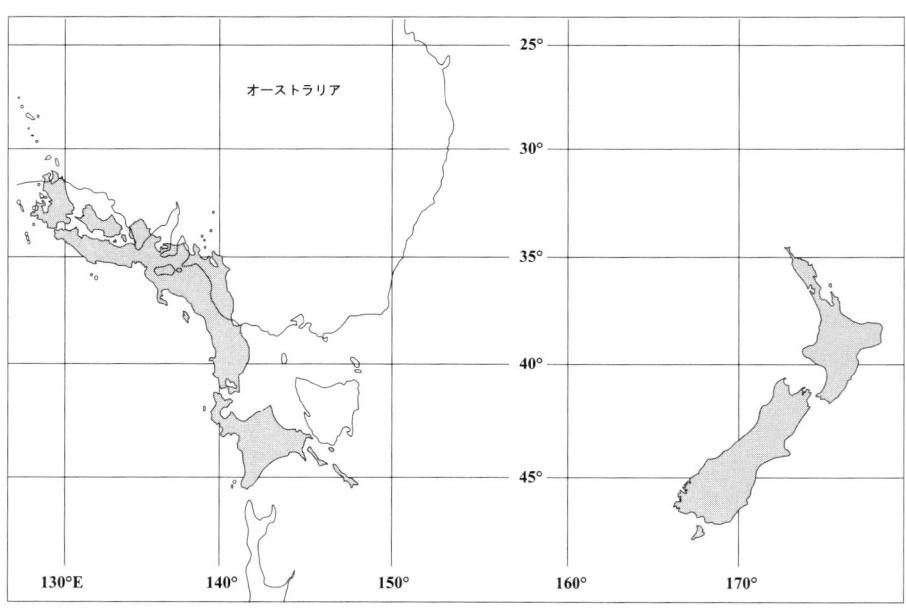

　日本とニュージーランドは赤道をはさみ北半球と南半球のほぼ対称的な位置にあり、季節が日本と逆である。また両国の標準時子午線は45度離れており、時差は3時間。ニュージーランドが3時間進んでいる。夏時間（10月第1日曜日午前2時～翌年3月第3日曜日午前2時）では4時間の差となる。

目　次

『ニュージーランド百科事典』に寄せて…ⅰ
『ニュージーランド百科事典』刊行にあたって…ⅲ
凡例…ⅴ／日本とニュージーランドの位置関係…ⅵ

項目［あ〜ん］
　あ行…1
　か行…48
　さ行…126
　た行…181
　な行…236
　は行…253
　ま行…320
　や行…362
　ら行…367
　わ行・ん…394

資料
　年表…408
　歴代総督…418／歴代首相…419／マオリ王…421
　ニュージーランド人口の推移…422
　エスニック集団別人口…423
　ニュージーランドの面積…423
　行政区域…424
　マオリ主要イウィの居住地…426
　平均気温…427
　平均降水量…428
　主要山地と平野…429
　主要河川と湖沼…430
　国立公園と森林公園…431
　海洋公園と保護海域…432
　姉妹都市・友好都市その他…434

英語索引…437

ニュージーランド学会案内…453／執筆者一覧…454

あ

アーサーズ峠国立公園
[Arthur's Pass National Park]

　クライストチャーチ北西のサザンアルプス*中にある1929年指定の国立公園。面積114,500ha。アーサーズ峠は、サザンアルプスの主分水嶺の峠で、カンタベリー県*とウエストコースト県*の境界にあり標高920m。峠の名は1864年にヨーロッパ人として初めてこの峠を越えたアーサー（Arthur Dobson）にちなむ。ゴールドラッシュ*時代にウエストコースト*への主要通路となり、66年にハイウエイが完成。現在国道73号が峠を通っており、峠の地下には1923年に貫通したクライストチャーチ～グレイマウス*鉄道線（現在のトランツアルパイン鉄道）のオティラ（Otira）トンネルが通っている。

　峠の南5kmにあるアーサーズパスの町は、建設労働者の一時的集落として始まり、19世紀末以来クライストチャーチからの休養地で、アーサーズ峠国立公園の中心地。主分水嶺の両側の植生は著しく対照的で、東のアーサーズ峠国立公園側は乾燥したハイカントリーで、西側は多種類の植生が鬱蒼と茂る雨林である。　（由比濱省吾）

アームストロング、ヒューバート
[Armstrong, Hubert Thomas（Tim）（1875-1942）]

　政治家。北島ブルズ*生まれ。鉱山労働者連合*副委員長（1907-09）、労働連合（New Zealand Federation of Labour）副委員長（08-10）。第1次世界大戦中、徴兵に反対し勾留された。22年労働党から下院議員に当選（1922-42）。労働党*党首（34-35）。　（青柳まちこ）

アイランズ湾 [Bay of Islands]

　北島ノースランド県のパイヒア*、ラッセル*を中心とする溺れ谷地形の湾入で、約100の島々があり、海岸は海蝕地形に富んでおり、湾内は良好な泊地を形成している。この海域にはクック*による探検以後、捕鯨*船の来航が多く、脱走囚人なども集まり、港となった集落は無法地域の状態を呈した。ホブソン*もワイタンギ条約*締結のためにここに来航した。現在では水産資源が豊富なために遊漁*に訪れる人が多く、それを対象とする遊漁船が活動している。また海岸美観光のための遊覧船が多くの客を迎えている。観光基地はパイヒア。
　（由比濱省吾）

アオテアロア [Aotearoa]

　ニュージーランドのマオリ語名。アオテアロアは一般に「長く（ロア）、白い（テア）雲（アオ）のたなびく地」を意味すると説明されている。元来、アオテアロアはニュージーランド北島のみに用いられ、南島のマオリ語名はテ・ワイ・ポウナム（Te Wai Pounamu）であったが、現在はニュージーランド全土を指す語として公用語の中で用いられている。　（内藤暁子）

アオテアロア水産社 [Aotearoa Fisheries Ltd.]
⇒シーロード社

アオテア湾 [Aotea Harbour]

　北島西岸、ハミルトン*の西南方にある湾で、北にラグラン*湾、南にカフィア（Kawhia）湾がある。マオリ伝説によればハワイキ*から航海してきたアオテア号が到着した湾。　（由比濱省吾）

アオラキ／クック山国立公園
[Aoraki／Mount Cook National Park]

　最高峰のアオラキ山*を中心とする面積70,696haの国立公園。1953年指定。西側にあるウエストランド国立公園*と境を接

する。この境界線には雪と氷を頂く3,000m以上の峰が19あり、その周囲にはタズマン氷河*、フッカー（Hooker）氷河などが流下している。この地に人が入ったのは1860年代以降で、現在は国道経由での陸路か、アオラキ・マウントクック空港への空路で、根拠地のマウントクックに到達する。ここにはホテルや山小屋があり、フッカー渓谷、タズマン渓谷、ゴッドレー（Godley）渓谷には山小屋がある。

公園地域には高山植物*が見られ、なかでもマウントクック・リリー*が有名。また野生化したルーピン*の開花期の風景が美しい。生息する鳥の種類は少ないが、ケア*、ベルバードなどがいる。フッカー渓谷とタズマン渓谷には山道や遊歩道があり、環境保全省*は登山者のために17の山小屋を設置している。アオラキ・マウントクック空港からはタズマン氷河に着陸する氷河遊覧の小型飛行機もある。

(由比濱省吾)

アオラキ山 ［Aoraki／Mt. Cook］／アオランギ山 ［Aorangi］

カンタベリー地方南西部のアオラキ／クック山国立公園*にあるニュージーランド最高峰。山体全体は片岩、珪質粘土岩および砂岩の互層をなす。氷河*の侵食のために急峻な山地を形成している。主稜3峰のうちの最高峰は1991年12月に10.5m崩落して現在の3,754mになった。主稜は西側のフッカー（Hooker）氷河から東側のタズマン氷河*に走り、南島の主分水嶺の一部を形成している。この山をクック山と命名したのはストークス*である。

初登攀は1894年12月グレアム(Graham)、ファイフ（Fyfe）、クラーク（Clarke）によって、フッカー氷河からのルートで達成された。宿泊施設の存在はきわめて限定されており、国道80号線の終点の集落マウントクックのみである。1997年ワイタンギ審判所*により本来の所有者であるンガイ・タフ*と王室の間で和解が成立し、クック山はいったんンガイ・タフに返還されたが、ンガイ・タフは同日名称をアオラキに改めて、国に返還した。

(太田陽子)

赤い連合
［Red Feds=New Zealand Federation of Labour］

1909年に組織された労働連合の一般名称。最初は炭鉱および金鉱労働者を中心としていたが、最盛時には港湾労働者、毛刈り人*、その他一般労働者も加え、ニュージーランド労働者の4分の1を包括した。12年のワイヒ金鉱ストライキ*、13年の港湾ストライキ*応援に際して、それを支持する檄文を赤い紙に書いたことからこの名前がついた。マッセイ*内閣の強硬政策により赤い連合は勢力を失い、13年より穏健な組合と合併し統一労働連盟（United Federation of Labour）となった。　(青柳まちこ)

アカロア ［Akaroa］

南島バンクス半島*の南側から細長く湾入しているアカロア湾の奥近くの町。人口576人(2001年)。1839年にマオリ集団と土地購入交渉をしたフランス人ラングロワ*がナント＝ボルドレーズ（Nanto-Bordelaise）社を設立し、40年に移民を送り込んだが、同年イギリスの主権が宣言されたため、ラングロワの意図は達成されなかった。ニュージーランドにおける唯一のフランス起源の町。ラングロワ・エトヴノー・コテージはカンタベリー*に現存する最も古い建築物の一つで、現在アカロア博物館*になっている。

(由比濱省吾)

アカロア博物館 ［Akaroa Museum］

バンクス半島*アカロア*にある。1845年建造のカンタベリー*最古の家、1878年建造の裁判所、税関の建物などを含む。この地方のマオリ、捕鯨*船、フランス人お

よびイギリス人入植者の歴史などが展示されている。　　　　　　　　　（角林文雄）

アクト・ニュージーランド党
[ACT New Zealand]
　1994年創設の政党。その前年の93年ダグラス*とクイグリー（Derek Quigley）によって設立された消費者納税者連盟*を母体とする。個人の自由と責任の尊重が旗印とされ、個々人の可能性を伸ばすことを可能とする、健全で豊かな開かれた社会をめざす。創設以来96年までダグラスが党首。96年の総選挙では8議席、99年、2002年には9議席を獲得した。03年内部で生じた紛争のため、急速に勢いを失い05年の選挙では2議席にとどまった。　　　（青柳まちこ）

アクランド、ジョン
[Acland, John Barton Arundel（1824-1904）]
　牧羊者、政治家。イギリス生まれ、オックスフォード大学卒、1885年カンタベリーに移民。カンタベリーのマウントピール（Mount Peel）で牧場を経営し、山地の牧羊者で最も著名な一人になった。上院議員（1865-99）。　　　　　　（由比濱省吾）

アグリサーチ社 [AgResearch Ltd.] ⇒王立農業研究所

アケアケ [Akeake]
　ムクロジ科ハウチワノキ属の樹木。アケとも呼ばれる。南島のバンクス半島北部やウエストランドに生え、外観が美しい。紫色の葉をもつ種類が一般に栽培される。花は目立たないが、果実はよく目立つ。種子を含む朔果の両側に、うちわ状の翼を有し属名の由来となっている。マオリは種子油を体に塗った。樹木から得られる精油は傷やただれなどに、また打ち身、関節痛などに塗り薬として使用された。果実はサポニンを豊富に含む。精油はシアノ脂質を含み、青酸を遊離する可能性がある。　（塩田晴康）

アザミ [Thistle]
　刺のある葉をもつキク科の植物。スコットランド系とアメリカ系があり、前者の花の方が大きい。スコットランド王家の紋章と国花のため、スコットランドからの入植者が故郷を懐かしんで牧場に持ち込んだ。いまは野生化しており、花の季節が終わると綿毛のついた種子が吹雪のように飛び壮観である。家畜は食べないので、牧場に残り農家は駆除に苦労する。　（塩田晴康）

アザラシとオットセイ [Seal]
　本土で繁殖するのは固有種のオットセイで、19世紀には白人狩猟者が乱獲した。南島では集団が小さいが、チャタム諸島*とオークランド諸島*では大きい集団を作っている。南島では至近距離まで接近して観察できる。セイウチ、ゾウアザラシ、ヒョウアザラシの3種は南極・亜南極諸島で生息・繁殖する。　　　（由比濱省吾）

オタゴ半島のオットセイ（太田弘）

アザラシとオットセイ猟 [Sealing]
　1773年クック*は南島の南端ダスキーサウンド*でアザラシを捕獲し、肉を食料に、皮革をマストの索具装置に、脂肪を灯

油に用いたとある。92年ダスキーサウンドには、アザラシ猟を目的とする狩猟者の一団が上陸した。彼らが主たる対象としたのは、毛皮が珍重されるオットセイであった。捕獲者はオーストラリア、北アメリカ、イギリスからやって来た人々で、服役中の脱走者や無法者も含まれていた。彼らはフォーヴォー海峡*やスチュワート島*など南島にいくつかの拠点基地を設け、捕獲高を競った。獲物は豊富で、捕獲は容易であったため、ある集団は1シーズンで良質のオットセイ毛皮1万4千枚を入手したといわれ、また1806年シドニーに入港した1隻の貨物船にはオットセイの毛皮6万枚が積み込まれていたという。このような乱獲の結果、30年のうちにほぼ絶滅するまで捕獲しつくされてしまった。

(青柳まちこ)

アジ［Jack Mackerel］

マオリ名ハウトゥレ（hauture）。ニュージーランドでは比較的最近まで、サバ*とアジを同一種に分類していた。東南アジアから日本にかけて一般的な漁獲物。ニュージーランド全海域に分布し、トロール漁業で年間4万tの水揚げがある。プレンティ湾*が主産地。缶詰に最適とされている。規制魚種*コード記号JMA。 (大島襄二)

アジア太平洋経済協力会議
［APEC=Asia-Pacific Economic Cooperation］

1989年オーストラリアのホーク首相発案により、オーストラリア、日本、アメリカ、カナダ、ニュージーランド、韓国、ASEANの諸国によって結成された。アジア太平洋における開放的な地域経済協力を話し合うための組織であり、貿易投資などの10の作業部会を設置している。その後、中国、台湾、香港やメキシコ、パプアニューギニア、チリなどの参加があり、規模が拡大し発言力も増している。参加国は貿易投資の自由化の具体化を求めて行動指針と行動計画を採択し、積極的に活動している。

(岡田良徳)

アジア理解教育［Asia Literacy］

ニュージーランド社会では、とくに1990年代以降、観光・留学・移民を通じてアジア人の存在が顕著になり日常化した。このため、アジア理解教育の充実やアジア知識運用能力（Asia Skills）の涵養が教育関連の多方面でいっそう必要となった。高等教育機関においてはすでに各大学にアジア研究の学科やコースなどが設置されていたが、初等・中等教育でも学習指導要領の必修学習領域である、言語・外国語・社会科学・芸術において科目要領にアジア関連の題材が増え、外務貿易省*や企業が後援する非営利団体「アジア2000基金」（Asia 2000 Foundation）なども関連教材の提示・紹介をしている。

生涯教育の分野でも語学講座や文化理解講座が常設され、サービス業界でもアジア人への接客に対応する実務講座などが大手専門学校キーウィ・ホスト（Kiwi Host）で開設され、国家資格の単位として認定されている。政府統計局の人口構成予測では、2021年にはマオリ系17％、太平洋島嶼系9％に対し、アジア系が13％（2001年7％）を占めるとされている。

(一言哲也)

アジサシ［Tern］

カモメ科の鳥。カモメよりも痩せ形で脚は短く、嘴が尖り、色は黒と白である。ニュージーランドでは6種類が観察される。

(由比濱省吾)

アシュトン=ウォーナー、シルヴィア
［Ashton-Warner, Silvia（1908-84）］

小説家、教育者。タラナキ*生まれ。1928年にオークランド教員養成大学校に入るが学校の指導方針に反感を覚える。マ

オリ学校での初等教育実践が「有機的教育」(Organic Teaching) として国際的評価を得る。最初の小説 *Spinster*, 1958（オールドミス）は、シャーリー・マクレーンの主演で映画化され高い評価を受けた。

〈池田久代〉

アスパイアリング山国立公園
[Mount Aspiring National Park]

南島中部、サザンアルプス*南部の脊梁部約35.5万haを1964年に指定。ワナカ湖*の北西に位置する山岳公園で、南端はフィヨルドランド国立公園*と接する。アスパイアリング山 (3,033m) やエドワード山 (Mt. Edward、2,586m) を中心に鋭い三角峰が並び、多数の氷河*が東西両側へ流れ下っている。岩峰群、氷河、氷食谷、氷成湖*などの氷食地形を中心に壮大な山岳景観を誇る。

〈植村善博〉

アダムズ、ウィリアム
[Adams, William Acton Blakeway (1843-1924)]

牧場主、政治家。1850年ニュージーランドに来住。1878年にマールバラ*で牧場を購入。下院議員 (1879-81)。のちに次々と牧場を入手、19世紀後半を通じてニュージーランド最大の土地所有者の一人。

〈由比濱省吾〉

アッシュバートン [Ashburton]

南島東岸、中部カンタベリー*の農業地域の中心地。人口25,443人 (2001年)。名称は最初の入植者の名をとってタートン (Turton) と称したが、1864年にカンタベリー協会の創立者の一人であったアッシュバートン男爵にちなんで改称された。かつて窯業があり町の古い建物は煉瓦建築である。1987年に新潟県塩沢町（現在、南魚沼市塩沢町）と姉妹都市*提携。

〈由比濱省吾〉

アッパーハット市 [Upper Hutt City]

ハットシティ*の北側に隣接する都市。人口36,369人 (2001年)。首都ウェリントンへの通勤圏内にある。各種の工業のほかトレンザム (Trentham) 陸軍基地、ウォーレスヴィル (Wallaceville) 農業研究所がある。1966年に市制施行。

〈由比濱省吾〉

アティアムリ [Atiamuri]

トコロア*とタウポ*の中間、ワイカト川*沿岸で国道1号線と30号線の交点の東に位置する集落。付近に1958年に完成した、ワイカト川の上流から数えて3番目のアティアムリ・ダムの水力発電所があり、出力は84MW、マイティ・リヴァー・パワー (Mighty River Power) 社が経営。

〈由比濱省吾〉

アトキンソン、アルバート
[Atkinson, Harry Albert (1831-92)]

首相 (1876-77、83-84、87-91)。イギリスに生まれ、1853年ニュープリマス*に来住、57年タラナキ*州議員に選出された。61年下院議員に当選 (1861-69、72-91)。64年ウェルド*内閣で植民地防衛大臣 (Minister of Colonial Defence)、74年、76年ヴォーゲル*内閣に入閣し移民大臣、関税局長官 (Commissioner of Customs) などを務め、ヴォーゲルの後を受けて首相となった。以後91年に引退するまで政界に活躍し、首相を3期務めた。永続的借地権、一人一票制、女性参政権*、禁酒運動*などを支援し、高齢者、寡婦、孤児らのための公的社会保障などの先駆的政策を打ち出した。

〈青柳まちこ〉

アプリコット [Apricot]

アンズ。セントラルオタゴ*が生産地として著名で、クロムウエル*を中心とするクルサ川*上流域に栽培面積が多く、国内市場のほかに輸出もされる。

〈由比濱省吾〉

アホウドリ [Albatross]

大型の海鳥で、ニュージーランド水域で

は10種が記録されており、体長75cmのキバナアホウドリから125cmのシロアホウドリまである。シロアホウドリは主にチャタム諸島*で繁殖するが、小群はオタゴ湾*口のタイアロア(Taiaroa)岬で繁殖し、観光客用の観察所が設けられている。シロアホウドリは亜南極海のオークランド諸島*とキャンベル島*で繁殖する。

（由比濱省吾）

アボッツフォード地滑り [Abbotsford Landslip]

1979年、ダニーディン*郊外のアボッツフォードで生じた、住宅地では国内最大の地滑り。同地地盤の脆弱さはすでに51年オタゴ大学*地質研究所により警告されていたが、60年代から住宅地開発と自動車道路の建設が始まった。79年5月から地表に現れた地割れは、8月8日深さ30mに達し、住宅地70haが50mにわたって崩れ落ち、80戸が被害を受けた。人命の損傷は免れたが、自然環境を無視した土地開発による人災である。

（由比濱省吾）

アマチュア劇団 [Amateur Theatre]

アマチュア劇団はテレビが登場する1960年代まで、地方の娯楽として根強い人気を博した。小さな演劇グループが誕生しはじめたのは両大戦間の時期で、各地方にレパートリー劇団と呼ばれる小劇場が誕生した。地方の女性組織などの主催で「一幕もの演劇フェスティバル」やさまざまな競技会が開催されて、脚本家や役者の育成に貢献した。しかし役者たちはほとんど地域のエリートたちで、演目の大部分はイギリス式の生活様式や思想を根づかせる意図をもった「イギリスもの」であった。1940~50年代に登場したすぐれた劇作家・女優で古典劇の演出にたけたマーシュ*は、劇団を率いて国内はもとよりオーストラリア、イギリスに海外遠征し、アマチュア劇団の育ての親と呼ばれた。

（池田久代）

アムリ平野 [Amuri Plain]

クライストチャーチの北100km、ワイアウ川*とフルヌイ川*の中間に挟まれた盆地。フルヌイ川北岸一帯は植林地域になっている。

（由比濱省吾）

アメリカズ・カップ [America's Cup]

世界最大のヨットレースで、1851年にイギリスでの万国博覧会を記念しておこなわれ、アメリカが優勝したことに始まる。以来132年間アメリカがこのカップを防衛しつづけた。その間世界の強豪が挑戦し、1983年にオーストラリアが初めてカップを奪取し、オーストラリアズ・カップとなった。87年に再びアメリカに奪われたが、ニュージーランドは95年に悲願のアメリカズ・カップを奪取し、クルーはオークランドで大勢の熱狂的な人々に出迎えられた。次回の2000年にも優勝し、アメリカ以外で初めてカップの防衛に成功した。しかし資金難や主力メンバーのスイスへの移籍から、名誉あるカップは03年の大会でスイスに奪われた。

（樋口治）

アラティアティア・ダム [Aratiatia Dam]

タウポ*の12km北方、ワイカト川*最上流のダムで、発電所は1964年完成。急流の景観保全のため、水圧鉄管は流路を避けて地下埋設され、毎日2~3回ダムから放水して急流景観を復元している。（由比濱省吾）

アラプニ [Arapuni]

ワイカト川*沿岸、ハミルトン*から54km上流の町。近傍のアラプニ・ダムは1932年に操業開始。アラプニ湖では釣りと水上スポーツが盛んである。（由比濱省吾）

アラン、ステラ
[Allan, Stella May Henderson (1871-1962)]

女性人権運動推進者。南島カイアポイ*生まれ。ヘンダーソン*、マッコームズ*は彼女の姉妹である。政治学、ラテン語・英語専攻後、1898年女性では草創期の法学士。96年全国女性議会*創立メンバー。法曹界における女性の地位改善に貢献。1905年議会担当女性記者の草分けとなり、ジャーナリストとしてオーストラリアでも高い評価を受けた。　　（ベッドフォード雪子）

アリマキ［Aphid］
園芸の害虫。80種類が記録されているうち、在来種は6種類だけで、ほかはたまたま輸入品について入ってきたものである。19世紀にニュージーランドを含む多数の国で猛威を振るったブドウアリマキ、家庭菜園の大敵キャベツアリマキ、リンゴ*に損害を与えるリンゴアリマキ、マメに住むクロマメアリマキその他がある。
（由比濱省吾）

アルパーズ、アントニー
［Alpers, Anthony（1919-96）］
伝記作家、神話学者。マンスフィールド*研究者。クライストチャーチ生まれ。ロンドンで研究ののち、カナダのクイーンズ大学に招聘され、マンスフィールド研究を進める。*The Life of Katherine Mansfield*, 1980（キャサリン・マンスフィールドの生涯）はマンスフィールドの評伝として現在も高い評価を受けている。その他 *Maori Myths and Tribal Legends*, 1964（マオリ神話・部族伝説）が有名。　　　　　　（池田久代）

アルバートランダーズ［Albertlanders］
1862~63年、オークランドの北、ポートアルバート（Port Albert）に入植した人々を指す。彼らはアングリカン教会からの離脱200年を記念して、この地に非アングリカン教徒入植地を設立したが、十分な成果を得るには至らなかった。ポートアルバートにはアルバートランド博物館、および1867年建設の教会がある。1927年には入植50周年を記念して *The Albertlanders*（アルバートランド入植者）を出版。（青柳まちこ）

アルパイン断層［Alpine Fault］
南島西岸、ミルフォードサウンド*付近から北東に伸び、サザンアルプス*の西縁を限り、ホキティカ*東方からはアワテレ（Awatere）、ワイロア（Wairoa）、ホープ（Hope）などの諸断層に分岐し、クック海峡*をへだてて北島に続く活断層*。断層両側の岩石の比較から総変位量は400km以上にも及ぶ。基本的には右横ずれであるが、サザンアルプスの隆起はこの断層の上下変動にともなうものである。いくつかの露頭ではサザンアルプス側がのし上がった低角逆断層が観察される。第四紀後期の河成段丘*群や最終氷期の氷堆石*などを累積的に変位させる見事な断層変位地形が多くの場所で見出され、大きな変位速度(年10mm程度)が示されている。　　　　　　（太田陽子）

アルフォンシノ［Alfonsino］
和名キンメ。体長30~50cm、重さ1~1.5kg。明るい深紅色、脇腹部分が銀色、ひれは赤く目が大きい。ニュージーランドではとくに東岸に多く、水深200~800mに生息するごく普通の魚。トロール船漁業で漁獲し主に日本に輸出される。規制魚種*コード記号BYX。　　　　　　（大島裏二）

アレクサンダー・ターンブル文庫［Alexander Turnbull Library］⇒ターンブル、アレクサンダー

アレクサンドラ［Alexandra］
クルサ川*上流の町。人口4,404人（2001年）。セントラルオタゴ*の牧羊と果樹栽培の中心地。ゴールドラッシュ*によって町ができた1863年に、イギリス皇太子（の

片岩を積んだアレクサンドラの建物 (由比濱省吾)

ちのエドワードⅦ世）と結婚したデンマークのアレクサンドラ王女にちなんで町名とした。アレクサンドラ博物館・美術館はゴールドラッシュ時の状況を展示している。また町の南方には片岩で積み上げた当時の建物が保存されている。現在の果樹栽培*はリンゴ*やアプリコット*が中心であるが、ブドウ*の新興産地でワイン*も生産されている。　　　　　　　　　　（由比濱省吾）

アロウタウン［Arrowtown］

クイーンズタウン*の北東21km、アロウ川沿岸にある町。人口1,689人(2001年)。1860年代のゴールドラッシュ*時代に繁栄し、ブームが去った後は農業地域の中心地になった。現在はゴールドラッシュ時代の町並みの面影を復元・保存している。
　　　　　　　　　　（由比濱省吾）

アワテレ川［Awatere River］

南島北東部のマールバラ*地方を流れる全長113kmの河川。標高約1,400mの山地に源を発し、東のインランド・カイコウラ山脈と、西の複雑な山系との間を北東方向にワイラウ川*とほぼ平行して流れる。沿岸に河成段丘*を発達させて、下流に向かって平野の幅を拡げつつクラウディ(Cloudy)湾の南部でクック海峡*に注ぐ。この直線的な河谷は、アルパイン断層*の枝断層である活断層*のアワテレ断層に規定され、最近の活動を示す変位地形が諸処に残っている。アワテレの名称は、変化しやすい川の意。同名の川は北島北東部にもあり、ラウクマラ山脈*の北端に発して北東に流れ、テ・アラロア（Te Araroa）の西で太平洋に注ぐ。この川の西の平野には数十列の浜堤*群が発達する。　　（太田陽子）

アンガス［Angus］

アンガス（肉用牛）の放牧。オトロハンガ丘陵頂上面の牧場 (由比濱省吾)

肉用牛の品種。体色は全身が黒。1863年にアバディーン・アンガスがスコットランドからサウスランド*、オタゴ*北部に導入され、1918年北島のヘイスティングス*でアバディーン・アンガス育種協会（New Zealand Abadeen Angus Cattle Breeders' Association）が結成された。その頃はヘレフォード*、ショートホーン*に次いで第3位であったが、50年代にはほかの2種の合計頭数を凌ぐに至った。60年に品種名が単にアンガスと変更された。現在ニュージーランドの肉牛の75%を占める代表的品種で、雄牛は世界中に輸出されている。

(由比濱省吾)

アングリカン教会 [Anglican Church]

アングリカン教会（英国国教会）は1814年チャーチ・ミッショナリ協会*のマースデン*牧師の来島により、ほかのキリスト教宗派に先んじて宣教を開始した。57年ニュージーランド・アングリカン教会は独自の組織を有する独立体となった。長期にわたり人口の3分の1（1901年の調査では41%）の信者を擁していたが、他宗教への改宗や無宗教者の増加にしたがって信者数は減少し、2001年の国勢調査では60万人を切り、全人口の17%を占めるにとどまっている。しかし信者数が1位であることには変わりない。

1991年の規則改正により、3つの異なる文化集団、すなわちヨーロッパ系、マオリ系、ポリネシア系住民のそれぞれが、同等の資格で教会の運営にあたることが定められた。オークランド、ワイカト*、ワイアプ（Waiapu）、ウェリントン、クライストチャーチ、ネルソン*、ダニーディン*の7つの教区からなり、最高決定機関である教会会議は、通常2年に1度開催される。

(青柳まちこ)

アンザス条約 [ANZUS Treaty]

ニュージーランド・オーストラリア・アメリカにより結ばれた安全保障条約。1951年9月サンフランシスコで調印、52年発効。条約参加国の頭文字（A、NZ、US）からアンザスと呼ばれる。当初、オーストラリア、ニュージーランドは日本の脅威復活に備えることを条約の主目的と考えていたが、対日警戒感が薄れるにつれ、アメリカの重視する反共同盟という面が鮮明化した。ニュージーランドの反核外交*に起因する80年代半ばのアンザス危機により、アメリカはニュージーランドへの軍事的責務を停止したが、ニュージーランドは条約を脱退してはいない。

(山口悟)

アンザック [ANZAC=Australian and New Zealand Army Corps]

オーストラリア・ニュージーランド軍団の略称。第1次世界大戦中、イギリス帝国軍の一員として戦い、とくに1915年4月のガリポリ作戦*では名を馳せた。この日は現在なおアンザック・デー（4月25日）として、国家的な記念日となっている。広義には第2次世界大戦、朝鮮戦争、ヴェトナム戦争に参加した両国部隊をもさす。

(根無喜一)

アンザム [ANZAM=Australia, New Zealand and Malaya]

オーストラリア・ニュージーランド・マラヤ連邦（現マレーシア）による1948年成立の協定。55年にはニュージーランドも派兵して、マラヤ共産党の蜂起やインドネシアとの紛争に対応した。71年に5ヵ国防衛協定にかわった。

(山口悟)

アンダートン、ジェイムズ
[Anderton, James Patrick（Jim）(1938-)]

政治家。1979-84年労働党*首を務め、84年以降国会議員。89年ロジャーノミックス*として知られる労働党政府の経済政

い

策、とくにニュージーランド銀行*売却に抗議して党を離脱し、新労働党*を結成した。91年にはほかの政党と組んで同盟党*を結成しその党首となった。99年同盟党が労働党と連立政権を組んだため、クラーク*首相のもとで、副首相（1999-2002）。2002年同盟党成員との意見の相違から離党し、進歩連合（Progressive Coalition）を結成し、05年の選挙ではジム・アンダートン進歩党（Jim Anderton's Progressive）の名で選挙に臨んだが当選者は彼一人であった。
（青柳まちこ）

アンチョヴィ［Anchovy］
マオリ名ココファアファア（kokowhaawhaa）。カタクチイワシの類。8～12cmの小魚で水面近くを群遊する。ニュージーランド全海域に見られるが、なかでも北島の全海岸と南島の北西岸に多く、春から夏にかけて産卵のため密集して接岸する。漁獲物は食用としてではなく延縄漁業での餌として使われる。2002年から規制魚種*、年間漁獲枠は560t。コード記号 ANC。
（大島裏二）

アンティポディーズ諸島
［Antipodes Islands］
東経178度45分、南緯49度40分にあり、面積62km²。風の強い岩石の群島で植生は貧弱。1800年にイギリス船が発見。地球上でロンドンの正反対にあるためギリシア語で対蹠地を意味する命名がなされた。19世紀アザラシ*が乱獲されたため激減。現在は保護地域に指定されている。
（由比濱省吾）

アンバリー［Amberley］
クライストチャーチの北45km、カンタベリー平野*の北端、国道1号線上に位置する町。人口1,014人（2001年）。
（由比濱省吾）

い

イースターフィールド、トマス
［Easterfield, Thomas Hill（1866-1949）］
化学者。イギリス生まれ。1899年ヴィクトリア大学*創設に際し教授としてウェリントンに来住、1919年ネルソン*に新設されたコースロン研究所*所長。ニュージーランド固有植物、トゥトゥ*、カラカ*、リム*などの樹脂、土壌化学、牧畜など多岐にわたる研究と科学教育に貢献。ヴィクトリア大学にはイースターフィールド化学棟がある。同大学初の名誉教授。
（ベッドフォード雪子）

イーストコースト［East Coast］⇒ギズボーン準県

イーストボーン［Eastbourne］
ウェリントン湾*内の東岸の山裾にある住宅地区で、ハットシティ*の一部。人口4,704人（2001年）。ウェリントンとの間にバスやフェリーの便があり、通勤圏になっている。
（由比濱省吾）

イースト岬［East Cape］
北島東端の岬。日付変更線に近いので世界最東の岬といわれ、灯台は世界最東の灯台。海岸は新第三紀層からなる急峻な海食崖をなし、付近には最終間氷期最盛期の海成段丘*の遺物がある。岬の西ではその段丘が300mの高度に達し、顕著な隆起を示す。1767年クック*により命名された。沖にはイースト（East）島がある。
（太田陽子）

イウィ［Iwi］
マオリ語で「部族」をさす。マオリ社会

組織*における分節的社会集団の一つ。18世紀末のヨーロッパ人の到来時には約50集団あったといわれる。イウィはハプ*という小集団に分岐し、ハプはファナウ*という拡大家族から構成されている。しかし、ときに一つのハプが強大になり、イウィになる場合もある。イウィの上位集団としては、いくつかのイウィから構成されるワカ（waka）がある。現代社会では、このようなイウィやハプによる結びつきはゆるやかになっており、社会的重要性が薄れつつある。しかし一方では、政府によるさまざまな先住民族補償問題が起きた際、こうした伝統的な紐帯がより有効な働きをする場合もみられる。 (内藤暁子)

イェイツ、エリザベス ［Yates, Elizabeth（c.1840-1918）］

政治家。大英帝国初の地方自治体の女性首長。スコットランド生まれ。1853年オークランド近郊、オネフンガ（Onehunga）に定住。1893年オネフンガ地区の首長に選ばれ、ヴィクトリア女王、セドン*首相からも祝辞を受けた。赤字解消、道路整備、消防団改組、衛生管理など市政の改善に尽力。同年11月の選挙では敗退したが、オネフンガ議会議員（1899-1901）として政界復帰。次の女性首長、アレン（Pat Allen）がケンブリッジ*で選出されたのは63年後、1985年である。 (ベッドフォード雪子)

イエローヘッド ［Yellowhead］

マオリ名モフア（mohua）。体長15cmの鳥。モズヒタキ科。体の上部は暗色、翼は茶色、頭と腹部は明黄色。北島南部、南島各地の1,200mまでの森林に住む。絶滅危惧種*と考えられ保護鳥。 (由比濱省吾)

イカ ［Squid］

マオリ名フェケテレ（wheketere）。全世界でイカの種類は450〜500に及ぶが、ニュージーランドで漁業の対象になるのはアロウ・スクイッド（Arrow Squid）、別名ニュージーランド・マツイカである。日本のヤリイカと同様な体型だが、体長は10〜20cm、ヤリイカの半分くらいの長さ。広く西海岸の沖合から亜南極海域で漁獲され、一時は年間12万t、5億ドルの水揚げがあった。規制魚種*コード記号SQU。 (大島襄二)

医科大学 ［Medical School］

オタゴ大学*医学部とオークランド大学*医学部の2つがある。6年制で前期3年間に基礎医学、後期3年間に臨床医学を修める。オタゴ大学では後期はダニーディン*、クライストチャーチ、ウェリントン医学分校に分かれて研修する。オークランド大学では、オークランド市内の病院、ワイカト病院その他を巡回研修する。医学部を卒業すると日本の医学士に相当するMB（Bachelor of Medicine）およびChB（Bachelor of Surgery）の学位が取得できる。 (薄丈夫)

イギリス直轄植民地 ［Crown Colony］と自治植民地 ［Self-governing Colony］

ホブソン*がマオリ首長らとの間にワイタンギ条約*を締結したことにより、ニュージーランドを独立の植民地とする憲章1840年（Charter of 1840）が1840年11月イギリス議会を通過した。それによりそれまでニューサウスウエールズ（オーストラリア）の属領（Dependency）であったニュージーランドは、イギリス直轄植民地となった。この憲章は翌年5月にニュージーランドで公布され、ホブソン*が総督就任の宣誓をおこなった。

この新植民地には総督のもと、それを補佐する行政院*、立法院*を置くことが定められた。次いで憲章1846年（Charter of 1846）により南北2州の分割、各州の両院制度、さらに全体議会*などの創設が定められたが、この制度は当時のニュージーラ

ンドに不適であると考えたグレイ*総督はその導入を5年間見送った。まもなく基本法1852年*が52年5月イギリス議会を通過、6月30日国王が裁可して、翌年ニュージーランドで公布されたため、53年イギリス直轄植民地としての形態は終了し、自治植民地となった。なお自治植民地からドミニオン*に移行したのは1907年のことである。　　　　　　　　　　（青柳まちこ）

育児休暇［Parental Leave］
　育児休暇は育児休暇および雇用保護法（Parental Leave and Employment Protection Act 1987）にもとづき、直近の12ヵ月間、週平均最低10時間、同一雇用者のもとで働いている被雇用者で、出産した母親およびその配偶者、もしくは6歳以下の養子を迎えた夫婦がその対象となる制度である。これは4種類の休暇で構成される。(1)特別休暇：出産前10週間取得できる。(2)出産休暇：出産した母親は有給の育児休暇を最大14週まで取得できる。なお出産に先立つ6週間まで開始を早めることができる。(3)配偶者・父親出産休暇：2週間まで取得できる（勤務期間が6ヵ月以上12ヵ月未満の場合は1週間）。(4)延長育児休暇：最大52週まで取得でき（出産休暇および配偶者延長休暇を差し引く）、夫婦とも12ヵ月以上の勤務実態があれば分配することができる。雇用主はこの申請を拒否したり、遅延してはならない。　　　　（太谷亜由美）

遺産税［Estate Duty］
　死者の財産に課せられる租税で、しばしば相続税（Death Duty）とも呼ばれているが、1992年に廃止された。なお、廃止前の控除額は45万ドルで、控除額を超過した遺産に対する税率は40％であった。（道谷卓）

イセエビ［Spiny Lobster］⇒ロブスター類

イタチ［Weasel］
　19世紀にウサギ*の駆除に迫られていた南島の農民が、ウサギの繁殖抑制のために導入した。テンやシロイタチも同時期に導入された。　　　　　　　　（由比濱省吾）

一般退職年金［Universal Superannuation］
　1938年社会保障法*にもとづき40年に実施された資産調査を必要としない無拠出公的年金。課税対象の給付であり、65歳以上で20年以上ニュージーランド居住していることが要件。イギリスの年金制度制定に際して、ベヴァリッジ*が参考とした年金制度である。導入当初は年10ポンドと少額であったが毎年増額された。76年にもう一方の公的年金である老齢給付が廃止されて一本化され、名称も国民退職年金*となった。　　　　　　（太谷亜由美）

イヒマエラ、ウィティ［Ihimaera, Witi (1944-)］
　マオリ作家、脚本家、評論家。ギズボーン近郊のワイトゥヒ・パ（Waituhi Pa）生まれ。ヴィクトリア大学卒。処女短編集 *Pounam Pounam*, 1972（ポウナム、ポウナム）がワッティー・ブック賞（Wattie Book Award）受賞。処女小説 *Tangi*, 1973（弔い）が当時のカーク首相に認められて、以後1989年まで外務省に勤務。マオリ文化や民族に関する冊子、映画制作に従事。長編小説7編、短編集4編、ノンフィクション6編、アンソロジー編集6編、その他脚本、児童書など多数執筆。受賞作品多数。マオリ文学の草分け。
　70年代の消えゆく民族の豊かな生命力や美徳を守ろうとする比較的政治色の少ない *Tangi* などから、80年代の政治色の強い *Matriarch*, 1986（女族長）の時代を経て、90年代には性の問題で議論を醸したゲイ小説 *Night in the Garden of Spain*, 1996（今宵スペインの庭）へと主題が変化している。マンスフィールド*生誕百年祭にちなんで発

表したマオリ人を主人公にしたパロディー的作品 Dear Miss Mansfield, 1989（拝啓マンスフィールド様）は国内の批評家からは酷評されたが、諸外国では好評を博した。『クジラの島の少女』2003（The Whale Rider, 1987）は映画化されて日本でも公開された。
〔池田久代〕

移民―アイルランド人［Immigration-Irish］
　アイルランド人はゴールドラッシュ*時に急速に増大した。彼らの大部分はカリフォルニアからオーストラリアのヴィクトリアを経てウェストランド*に到着し、1881年にはウェストランド人口の19％を占めていた。ヴォーゲル*時代の補助移民ではその約30％がアイルランド人であった。宗教も異なり、貧困地域とされたアイルランドからの移住者に対する偏見は強く、78年グレイ*内閣の土地・移民相スタウト*は、ローマ・カトリック教会*信者の多いアイルランド人の増加は決して望ましいものではないと警告している。アイルランド人の増加は教会にアイルランド人の神父を招致する動きとなり、アイルランド的なカトリック教会へと変身させた。彼らはアングリカン教会*からの疎外感もあって、カトリック的価値観によって団結する傾向があった。
〔青柳まちこ〕

移民―アジア人［Immigration-Asian］
　中国人、インド人の移住は比較的早くからおこなわれており、1921年には中国人3,266人、インド人611人の記録があるが、彼らの増加を危惧した政府は白いニュージーランド堅持のためアジア人に対して移住制限をおこなってきた。しかし第2次世界大戦後、とくに近年はアジア各地からの移住者の増加が著しい。1987年まではアジア人移民総数は年間5千人程度であったが、90年代には急激に上昇して96年2万8千人でいったんピークに達した。それから3年間は減少するがその後再度増加に転じ、2003年には4万人を上回っている。アジア人人口も10万人（1991年）から35万4千人（2006年）になり、総人口の9.2％を占めるまでになった。最大は中国人で2001年の統計ではアジア人全体の44％を占め、91年の4万4千人から、10年間で10万人に倍増している。第2の集団はインド人で26％、これも10年間で3万人から6万人に倍増している。韓国人は最大の増加率を示しており、930人から1万9千人となった。東南アジアからの移住者はアジア人人口の13％を占め、そのうち最大はフィリピン人である。
　年齢別に眺めると、アジア人人口の72％は労働年齢（15〜64歳）であり、高齢者がわずか4％であるという特徴がある。アジア人の圧倒的多数が都市住民であり、64％がオークランド地域、12％がウェリントン地域に住み、彼らの9割が北島に集中している。日本人は91年3千人で総人口の0.1％、2001年は1万人で0.3％まで上昇したが、アジア人の中では5番目である。
〔青柳まちこ〕

移民―イギリス人［Immigration-English］
　ニュージーランド会社*がウェリントン、ワンガヌイ*、タラナキ*、ネルソン*に植民地を設営して入植者を募ると、多くのイギリス人がこれに応じて海を渡った。ニュージーランド会社の破綻以後は植民地政府によって入植者が募集された。その後公共事業を促進させたヴォーゲル*によって、70年代半ばに再度移民数が急増し、この時期に5万1千人のイギリス人が移住してきた。彼らの3分の1は農業従事者であった。組織的な移民が開始されてから最初の半世紀、移住者の半数はイギリス人（ウェールズも含む）であった。ニュージーランドがイギリス本国よりもさらにイギリス的であるといわれるのは、このような初

期の人口構成による。

1924年総督ジェリコウ（John R. Jellicoe）はこの地が「イギリス人によってつくり上げられたことに強い誇りを抱く」と述べている。イギリス系住民は、各エスニック集団中、現在でもなお優位を占めるが、全人口に占める割合は減少している。

（青柳まちこ）

移民―イタリア人 [Immigration-Italian]

1875~77年に政府の移民募集により数百人のイタリア人が移住してきたが、彼らを迎える目はそれほど温かいものではなかった。一部はフェザーストン*近辺で鉄道工事に従事し、また一部はウェストランド*南部のジャクソンベイ（Jackson Bay）に入植した。彼らの多くはのちにウェリントンに移動し、今日ウェリントンには最大のイタリア人集住地がある。その他オークランド、ネーピア*、カンタベリー*にはイタリア人が多い。

（青柳まちこ）

移民―インド人 [Immigration-Indian]

最初のインド人は1890年代パンジャブからの少数集団の渡来であった。1916~21年にはボンベイ北部のグジャラートの人口密集地域からの移住の波があったが、政府のアジア系移民制限政策の強化により以後中止を余儀なくされた。初期移住者のほとんどは男性で農業を希望して来住したが、土地を購入することができなかったため、排水路づくり、伐採や、洗濯業などに従事した。

本格的な移住は第2次世界大戦後で、1961年約4,500人のインド人人口の4分の3が戦後の来住である。彼らの大部分はグジャラート出身者であるが、一部はインド系フィジー人である。現在インド人はオークランド、ウェリントンなどの大都市中心部に集中し、商業に従事する者が多く、強い団結力を保持している。1991年の統計では29,820人であったが、2001年には59,823人と10年間で倍増している。

（青柳まちこ）

移民―オランダ人 [Immigration-Dutch]

オランダ移民は1940年代から顕著になってきた。その最初の集団856人は1946~7年のオランダ東インド回復計画（Netherlands East Indies Recuperation Scheme）のもとで移住してきた。その後第2次世界大戦後の労働力補充のためのニュージーランド政府による補助移民の枠が、50年代にはオランダ人にまで拡大した。この計画は63年に終了したが、オランダ政府はオランダ移民に対する経済的補助を継続し、ニュージーランド政府も一定の基準を満たす渡航者に交通費の援助をおこなった。その結果50年4月から65年の3月までにオランダ人およびインドネシア生まれのオランダ人25,124人が来住したが、そのうち補助移民は6,291人であった。1991年国勢調査にオランダ人と記入した者は24,732人、2001年には27,396人であった。

（青柳まちこ）

移民―ギリシア人 [Immigration-Greek]

ギリシア人移民はかなり古くから少数の集団で来住していたが、第2次世界大戦後補助制度により300人の女性が移住してきた。ギリシア人の7割がウェリントンに住み、ギリシア正教を中心に強いまとまりをもっている。

（青柳まちこ）

移民―スカンジナヴィア人 [Immigration-Scandinavian]

大部分のスカンジナヴィア人は、政府の補助移民募集に応じて1860年代に来住したもので、ワイララパ*からネーピア*へ向かうセヴンティマイル・ブッシュ*を開拓するために集団入植した。ダンネヴァーク*という町の名はデンマーク人の仕事の

意である。1875年の統計では3,294人のスカンジナヴィア人が数えられている。その約3分の2はデンマーク人、残りをスウェーデン人、ノルウェー人で二分している。

（青柳まちこ）

移民―スコットランド人
[Immigration-Scots]

スコットランドにおける悪天候、ヒツジの疫病などが移民の経済的送出要因となった。これに加えて、分離独立したスコットランド自由教会*が新天地を求めて1848年ダニーディン*への移住をおこなった。50年代オタゴ*には1万2千人の入植者がいたが、その大部分はプレスビテリアン教会*信者のスコットランド人であった。ヴォーゲル*時代の補助移民にも1万6千人が応じており、彼らの5人に1人は高地出身であった。アイルランド人と異なり、スコットランド人は健康的で、堅実、質素といった移民として望ましい性質を備えていると考えられていた。

（青柳まちこ）

移民―ダルマティア人
[Immigration-Dalmatian]

アドリア海沿岸ダルマティア地方からの移民。ゴールドラッシュ*に続き、19世紀末から20世紀初頭にかけて大量の移民が来島し、主として北島北部でカウリガム採掘*に従事した。1870年代3千人のダルマティア人が北部で働いていたといわれる。彼らは故郷の政治的状況の変化に応じて、オーストリア人、ユーゴスラビア人と呼ばれることもあった。98年、カウリガム採掘が許可制となり許可を得るには帰化が要求された。帰化には3ヵ月の滞在が条件とされており、これはダルマティア人の入国を制限するためのものであった。多くはマオリと結婚し、ニュージーランド社会に吸収された。カウリガム枯渇以後は、農業とくにブドウ*栽培に転じ、ブドウ酒醸造にも従事している。

（青柳まちこ）

移民―中国人 [Immigration-Chinese]

ゴールドラッシュ*期に、オーストラリア、のちには中国本土から多くの中国人が到来し、1874年国勢調査では女性2人を含む4,814人の中国人が記録されている。彼らは同国人同士で固まり、激しい労働に耐えよく働いたために、周囲の反感が高まり黄禍論となって政府を動かした。

81年以後は入国する中国人に対して人頭税を課したり、入港する船のトン数に応じて割り当て人数を定めるなどの入国制限がおこなわれたが、政府は95年アジア人すべてを対象とする移民制限法を提出した。しかしイギリス本国の了承が得られず、その妥協点として99年には、イギリス国民以外には識字テストを課す移民制限法が成立し、1907年以降中国人には英語100語のテスト、その翌年には指紋押捺が義務づけられた。さらに26年には一切の中国人の永住許可は認められなくなった。反アジア人を名乗る団体も結成され、05年にはウェリントンで狂信的白人優位者に中国人が射殺される事件も起きた。

中国人に対する人頭税が撤廃されたのは第2次世界大戦中の44年のことで、70年代になってすべての制限が撤廃された。移民制限開始の1世紀後クラーク*首相は、人頭税および一般的な人種差別により中国人が被害を被ってきたことに謝罪した。中国人人口は1991年の統計では44,136人であったが、2001年には100,203人と倍以上の伸びを示し、ニュージーランド全人口の2.8％を占めている。

（青柳まちこ）

移民―ドイツ人 [Immigration-German]

1860~70年代にドイツ人の移住の波があり、1864年の国勢調査によれば、1,999人がドイツ生まれと記されている。彼らの多くは補助移民募集に応じて移住してきた。

ドイツ人は勤勉、忍耐強い、秩序正しいなどスコットランド人と並んで好ましい移住者として歓迎されていた。70年代のドイツ人の移住先はネルソン*に集中していたが、のちに分散し南島各地、タラナキ*、ウェリントンに移動した。彼らの移住はその後も続き、1900〜14年までの間に3,400人が主にオーストラリア経由で移住している。また第2次世界大戦直前ナチ政権を逃れてきたドイツ人もいる。　　　（青柳まちこ）

移民―フランス人［Immigration-French］
　フランスはイギリスと並んで早くからニュージーランドの関心を有していたが、1840年8月アカロア*にナント＝ボルドレーズ（Nanto-Bordelaise）植民地を設けた。当時ここには53人のフランス人が居住しており、その他ベイ・オブ・アイランズ*やタウランガ*にも居住していた。64年の調査ではフランス人は505人を数える。しかしその後フランス人移住者の数は増加していない。　　　　　　　　　　（青柳まちこ）

移民―ポーランド人［Immigration-Polish］
　ポーランド人は少数であるが、スカンジナヴィア人とともに北島のポランガハウ（Porangahau）、南島ジャクソンベイ（Jackson Bay）およびクライストチャーチの北東部の沼地に移住した。1944年837人のロシアで迫害を受けていた非ユダヤ系ポーランド人孤児が、北島マスタートン*近郊のパヒアトゥア（Pahiatua）に受け入れられた。
　　　　　　　　　　　　　　（青柳まちこ）

移民―ユダヤ人［Immigration-Jewish］
　1840年ベイ・オブ・アイランズ*で交易に従事したネイサン（D. Nathan）が最初のユダヤ人であるといわれる。ユダヤ人の数は決して多くはないが、経済的成功によりニュージーランド社会で有利な地位を占めてきた。首相ヴォーゲル*もユダヤ人であった。　　　　　　　　　　　（青柳まちこ）

移民―レバノン人／シリア人
［Immigration-Lebanese／Syrian］
　レバノン人／シリア人ともに20世紀初頭に来住し、主としてオークランド、ウェリントン、ダニーディン*などの都市地域に住み、商業に従事した。1961年国勢調査によれば、住民1,082人中8割以上がニュージーランド生まれであったという。ワイン*醸造で成功したコーバン（Corban）はレバノン人である。　　　（青柳まちこ）

移民政策［Immigration Policy］
　初期の移民はヨーロッパ（とくにイギリス）からであった。1860年代渡来した中国人に対しては人数制限をおこない、またカウリガム採掘*のダルマティア人も好ましい人々ではなかったため抑制政策がとられた。政府は95年アジア人すべてを対象とする移民を制限する法を提出していたが、イギリス本国の了承が得られず、その妥協点として99年英語の識字条件を盛り込んだ移民制限法（Immigration Restriction Act）が成立した。中国人に対する差別的移民条項が撤廃されたのは1944年のことである。
　30年代および第2次世界大戦中にはヨーロッパからの難民を受け入れた。第2次世界大戦後は労働力不足から、政府は補助渡航者の制度を設けてイギリスからの移民（50年代にはオランダにも拡大）を募った。49年から53年にかけては国際難民組織との協定にもとづき、ルーマニアその他の東欧諸国から4,584人の難民を受け入れた。60〜70年代には太平洋地域からの移民が爆発的に増大した。75年以降ヴェトナム、カンボジア、ラオスなど南アジアからの難民も多く受け入れている。
　86年、移民法についての抜本的見直しがおこなわれ、受け入れの条件はその出身国ではなく、個人の技能、資格など国家へ

の貢献度から審査されることとなった。
(青柳まちこ)

　現行の移民政策では、年間平均35,000人の外国人を受け入れることになっている。2003年度実績は30,100人で、その内訳はイギリス（14,000人）、中国（8,300人）、インド（4,500人）、日本（2,000人）の順である。日本人の永住権者の総数は2003年時点で約1万人。過去10年間で約4倍になっている。
(杉原充志)

イルカ［Dolphin］

　ニュージーランド水域には9種のイルカが生息している。ハラジロマイルカ（Dusky Dolphin）はクック海峡*の南でよく見られ、体長は2m、喙がなく、泳ぎは非常に速く20ノットに達する。カイコウラ*沖合では観光客にアクロバットを見せる。セッパリイルカ（Hecktor's Dolphin）は最小イルカの一つで、貴重種である。
(由比濱省吾)

インヴァカーギル市［Invercargill City］

　ニュージーランド最南の都市（南緯46度25分）。地元ではよくインヴァカーゴと発音される。人口46,305人（2001年）。1856年に建設され、71年に市制施行。かつて

インヴァカーギルの街。ニュージーランド最南の都市
(太田弘)

はサウスランド州の州都、現在はサウスランド県*庁所在地である。1世紀以上にわたって人口第5位の都市であったが、ほかの都市の発展のため2001年の国勢調査では第13位に下がった。南島の幹線鉄道の終点であったが、鉄道による旅客輸送は廃止された。市街地は平坦で、街路は整然とした方格形式である。後背地は生産力の高い平野で、食肉と羊毛を産するほか、飼料作物や穀物も作付けされる。南にあるブラフ*を外港としている。1993年に埼玉県熊谷市と姉妹都市*提携。
(由比濱省吾)

インクルージョン［Inclusion］

　ニュージーランドにおけるインクルージョンとは、ただ単に包括・等生・共生のための方略としての特別学校から通常学校への学習環境の移行や、居住型福祉施設の解体・閉鎖によるグループホームを主軸とした地域社会への移行、などといった福祉・教育分野に限定された用語を意味しない。インクルージョンとは、原子力エネルギーに依存しない環境保全政策や、人権法*制定にもとづく平等国家の形成、さらにはマオリをはじめとした多民族・多文化主義による穏健なる国家構築をめざすといった、広い概念範囲でとらえられるべき用語である。
(八巻正治)

イングルウッド［Inglewood］

　ニュープリマス*の南東20km、タラナキ山*の東北麓にある町。人口2,928人（2001年）。製材町として1873年に始まり農業と製材業で繁栄してきた。
(由比濱省吾)

飲酒［Drinking］

　ヨーロッパ人植民当時から飲酒の弊害は社会に大きな影響を及ぼし、19世紀後半には強力な禁酒運動*が起こった。禁酒運動は1911~19年に最盛期を迎え、1917年には第1次世界大戦中の一時的措置とし

う

て酒場の午後6時閉鎖が定められた。6時には警官が取り締まりのため巡回するので、人々は仕事帰りに酒場に立ち寄り短時間に暴飲するという「6時のがぶ飲み Six O'clock Swill」は、67年閉鎖時刻が10時に変更されるまで続いた。

過度の飲酒が引き起こす暴力事件、自殺、交通事故、流産などといった弊害が指摘されるようになり、とくにマオリは非マオリに比して、飲酒の引き起こす問題が深刻となった。そのため1970年アルコール問題審議会（Alchol Advisory Council of NZ）が設置された。しかしその後さらに制限は緩和され、89年酒類販売法（Sale of Liquor Act）で20歳から飲酒可能、月〜土曜日の販売が認められた。現在は、99年の改正で飲酒可能年齢は18歳に引き下げられ、日曜日の販売やスーパーマーケットなどでのすべての酒類の販売が許可されている。

〈新井正彦〉

インターネット [Internet]

国土の面積に比して人口が少ないこと、世界の人口集積地域から遠いことなどが大いに関係して、インターネットは早期から関心がもたれた。1996年に出版されたウィギン（P. Wiggin）の *Wired KIWI*（キーウィのインターネット）は爆発的に売れ、インターネットを広めるのに役立った。90年代の終わりに、大都会ではインターネットカフェが毎週1軒という勢いで増加したといわれている。2003年現在、国民のコンピュータ使用率は80％に近く、04年コンピュータをもつ家庭は50％を超え、10年間に2倍以上の伸びを見せた。

ネット政府（E-government）では政府に関する情報が公開され、ネット商取引（E-commerce）は産業・経済部門で活用され、遠隔教育（E-learning）はネット上で教育の機会を提供する。学校や地域社会に高速アクセスを提供することを目的としたプロウブ（PROBE：Provincial Broadband Extension）計画は教育省*と経済開発省*の共同事業で、02年6月に発足、04年11月に完成した光ファイバー敷設事業である。インターネット・アクセスサービスは民間企業に任され、外国資本も自由に参入できる。しかし、政府は経済開発省に情報技術行政担当部門を設け、情報の収集・分析をおこなう結果をネット上で公開している。情報産業の雇用も02年には4万人近くになり、1994年の約2倍、なかでもコンピュータコンサルタントの増加が著しい。

〈美濃哲郎〉

インフレ目標値 [Inflation Target]

現在金融政策の焦点は、物価を安定させることである。ニュージーランド準備銀行*総裁と財務大臣との間で結ばれる政策目標合意書（Policy Targets Agreement=PTA）では、一国の生産、利子率、為替レートの不必要な変動を避けるようには求めているが、第1には、物価の安定維持が定められ、特定のインフレ目標値を設定している。2002年9月の両者の合意の際には、中期（3年程度）で1~3％とされ、以前の12ヵ月で0~3％と設定されていたのに比べ、より弾力的になっている。

〈松岡博幸〉

う

ウ [Shag]

淡水または海岸に棲む水鳥。全土で見られ、最大は脚の黒いカワウ（Black Shag）で体長88cm、最小はシロハラコビトウ（Little Shag）で56cm。なおスチュワート島*、チャタム諸島*のピット（Pitt）島にはそれぞれ独自の種がいる。

〈由比濱省吾〉

ヴァン・デル・ヴェルデン、ペトラス
[Van der Velden, Petrus（1837-1913）]

　画家、リトグラファー。オランダ生まれ。1890年にクライストチャーチに入植。オランダロマン主義リアリストに傾倒し、ミレー、ゴッホの影響を受けて画風を確立。ニュージーランドにヨーロッパ絵画の伝統と技術をもたらした。
（池田久代）

ヴィクトリア山脈 [Victoria Range]

　南島グレイマウス*の東北、リーフトン*の東方を南北に走る山脈。グレイ川*水源地域。主峰は1,640mのヴィクトリア山。
（由比濱省吾）

ヴィクトリア大学
[Victoria University of Wellington]

　1897年イギリスのヴィクトリア女王戴冠60周年を記念し、ニュージーランド大学*5番目のカレッジとしてウェリントンに創設。1961年ニュージーランド大学の解体により独立の大学となった。大学本部および人文・社会科学、理学部は創設の地である小高いケルバーン（Kelburn）丘陵にあるが、ほかの学部は市内各所に分散している。2006年現在、建築デザイン、経営管理、教育、人文・社会科学、法学、理学、マオリ研究の7学部があり、学生数18,200名、うち14,000名が学部学生。教職員数1,500名。
（青柳まちこ）

ウィリアムズ、ヘンリー
[Williams, Henry（1792-1867）]

　宣教師。1823年アングリカン教会*牧師として、マースデン*とともにニュージーランドに到着。マオリ語を習得し、地域の人々に直接語りかけたために、42年までに3千人が受洗したといわれる。ヨーロッパ人無法者を統制するために、ワイタンギ条約*は有効であると考え、マオリ首長たちに署名を促した。条約のマオリ語訳は彼の手になるが、英語版とマオリ語版の用語表現上の差が今日まで混乱を来したこととなった。彼自身はグレイ*総督や、セルウィン*司教と不和になり、チャーチ・ミッショナリ協会*からその職を追われた。弟ウィリアム（William）は同じく宣教師で Dictionary of New Zealand Language, 1844（ニュージーランド語辞書）の著者。息子サミュエル（Samuel）はテ・アウテ・カレッジ*の創立者。
（青柳まちこ）

ウインドサーフィン [Windsurfing]

　ニュージーランドの海は比較的波が穏やかで、年間を通じて一定の風が吹くのでウインドサーフィンに適しており、上級者でも初級者でも楽しめる場所が多い。北島ではオークランド周辺の海岸やタウポ湖*、イースト岬*、ウェリントンが人気。南島ではクライストチャーチ近郊のサムナー岬（Sumner Head）や、エルズミア湖*、ワイマカリリ川*河口、ワナカ湖*、ワカティプ湖*が人気。ミストラル級の世界チャンピオンが2人も出ている。
（山岸博）

ウーラストン、マウントフォード
[Woollaston, Mountford Tosswill（1910-98）]

　現代風景画家、著述家。タラナキ*生まれ。カンタベリー美術学校で学ぶ。象徴的手法を用いて自己のテーマを追求した。文学者たちと協働してモダニスト絵画芸術論の先鋒となる。1936年ダニーディン*で初の個展。画集 Erua, 1966（エルーア）のほかに、自叙伝 Sage Tea, 1980（セージのお茶）、随筆 The Far Away Hills: A Meditation on New Zealand Landscape, 1962（彼方の丘：ニュージーランド風景画考）などがある。
（池田久代）

ウール・ボード [New Zealand Wool Board]

　1944年に設立、羊毛を中心に山羊毛などを対象とし収益の拡大と生産者の利益を

はかることを目的とし、国の内外にわたって多面的な活動をした。理事は羊毛生産者からの選任6人とボード推薦・農林大臣指名4人とで構成され、活動財源は羊毛生産者全員が支払う賦課金であった。活動内容としては、たとえば特別業務助成金によるニュージーランド羊毛会社（Wools of NZ Ltd.）への援助であった。

しかし2003年に羊毛産業改革法（Wool Industry Restructuring Act）が成立して、ウール・ボード解体会社（Woolboard Disestablish Co.）に改組された。この結果ウール・ボードは活動を停止し、羊毛の生産輸出に関しては、完全な自主努力への道がとられることになった。 　　　　　　　　　（由比濱省吾）

ウェークフィールド、アーサー
［Wakefield, Arthur（1799-1843）］

植民事業者。エドワード・G・ウェークフィールド*の弟。海軍に入隊、41年除隊してニュージーランド会社*ネルソン*入植地の責任者として、入植地の整備・運営に携わった。入植者が耕作地の不足を訴えたため、ワイラウ地域の測量を強行したことが、ワイラウ事件*を引き起こし、その乱闘の中で命を落とした。　　（青柳まちこ）

ウェークフィールド、ウィリアム
［Wakefield, William Hayward（1803-48）］

植民事業者。エドワード・G・ウェークフィールド*の弟。ニュージーランド会社*の最高責任者としてトーリー（Tory）号に乗船し、ポートニコルソン*に1839年8月に到着した。彼の最初の仕事は入植地の購入であり、テ・アティ・アワ*の首長からウェリントン近郊の土地11万エーカーを購入した。次いでカピティ島*でンガティ・トア（Ngati Toa）首長テ・ラウパラハ*からクック海峡*両岸に広がる広大な土地を購入した。

しかしこれらの取引はマオリ側に土地売却の観念がなかった上に、ウィリアムがマオリの土地所有の慣行に無知であったため、多くの問題を残し、40年ホブソン*は政府によって許可された以外の土地売買は一切無効であるとした。しかし同年会社による最初の移民が開始され、ウィリアムは政府との交渉、土地の測量、入植者への配分、新規移住者の世話、会社従業員の統制などの仕事に携わった。　　（青柳まちこ）

ウェークフィールド、エドワード
［Wakefield, Edward Gibbon（1796-1862）］

植民事業者。ロンドン生まれ。イギリス植民地経営の理論を普及させるために植民協会を設立し、南オーストラリア協会の設立にも関わった。30年代後半にはもっぱらニュージーランド植民に関心をもち、独特のウェークフィールド理論*を展開し、ニュージーランド会社*を設立した。入植者は会社入植地で独自政府をもつべきであるとする彼の主張は、基本法1852年*にある程度反映された。この年彼はカンタベリー*に移住し、ニュージーランド政治に関与しはじめるが、直ちにグレイ*総督と対立した。53年ウェリントン州議会議員と下院議員に選出されたが、健康を害して55年引退しウェリントンで死去した。
　　　　　　　　　　　　　　（青柳まちこ）

ウェークフィールド、エドワード
［Wakefield, Edward Jerningham（1820-79）］

植民事業者。エドワード・G・ウェークフィールド*の一人息子。39年叔父のウィリアムとともにトーリー（Tory）号に同乗してニュージーランドを訪問し、40年のワンガヌイ*土地購入に関わる。44年帰国して会社の業務に従事するかたわら *Adventure in New Zealand*, 1845（ニュージーランド冒険）を出版した。50年カンタベリー*に移住し、下院議員（53-55、71-75）、ウェリントン州議会議員。　　（青柳まちこ）

ウェークフィールド理論 [Wakefield's Theory of Systematic Colonisation]

エドワード・G・ウェークフィールド*は刑務所内で A Letter from Sydney, 1829（シドニーからの手紙）と題する小論を発表し、オーストラリア植民地経営の失敗と改善策を論じた。彼によれば植民地は土地と労働と資本の均衡の取れたものでなければならない。労働者が少なければ労賃が上昇し、資本家は投資に見合う収益を上げることができない。土地価格が安ければ誰もが土地を買って自作農となるため、投資家の経営する農場で働く労働者が不足するので、土地価格は一定以上に高く定める必要がある。労働者はやがては財を得て、土地を購入するであろうが、土地価格が高ければその速度を遅滞させることができる。人口の集中によって分業・協業関係が生まれ、富の蓄積や余暇が文化を生み出すが、小規模自作農が多くなりすぎると、人口が分散し投資家にとって魅力ある文化的な地ではなくなるであろう。

彼は理想的な植民地を建設すべく、ニュージーランド会社*による入植地の建設に情熱を傾けた。しかし彼の考えた理想の植民地とは、紳士と労働者に階級分化した当時のイギリス社会をモデルとしたものであった。
（青柳まちこ）

ウェカ [Weka／Woodhen]

ニュージーランド固有の鳥の一つ。体長は約53cm、体重850g。体型はキーウィ*と似ており、飛べないが走るのは速い。嘴は長くない。4種類あり、羽毛は主として茶色と黒色で、亜種によって色調はさまざまある。現在では南島の森林地帯でよく見られるが、かつては全土に生息した。森林周辺の藪地帯を好み、タソック*、シダ類*、倒木の下に営巣する。
（由比濱省吾）

ウエストコースト県 [West Coast Region]

南島のサザンアルプス*の分水嶺より西側の大部分を占める地域。この地は基本法1852年*でカンタベリー州に属し、60年代のゴールドラッシュ*の結果、73年にウエストランド州として分離したが、そのわずか3年後に州制度は廃止された。1世紀後の1989年の地方制度改革でウエストコースト県が設置され、県庁はグレイマウス*。人口最少の県で、人口密度は低い。サザンアルプスが偏西風*を受けるので、降水量は多く晴天日数が少ないが気候は温暖。グリーンストーン*の産地である。第2次世界大戦までは石炭*採掘で繁栄し、製材と南部での酪農が主産業であった。戦後は炭坑が閉山したので製材のみが主産業であるが、製材量も減少の一途である。低い標高まで流下してくるフォックス氷河*とフランツジョセフ氷河*、静かな水面にアオラキ山*が逆さに映るマセソン湖*が観光資源である。
（由比濱省吾）

ウエストコースト歴史博物館 [West Coast Historical Museum]

南島西海岸のホキティカ*にあり、金鉱、グリーンストーン*など西海岸の自然と社会の発展を物語る多くの歴史的資料を展示している。
（角林文雄）

ウエストヘイヴン（テ・タイ・タプ）保護海域 [Westhaven（Te Tai Tapu）Marine Reserve]

南島北西端、フェアウエル岬*南西方の536haを1994年に指定。タズマン海*に狭い出口をもつファンガヌイ（Whanganui）入江の南部を占め、入り海および砂浜の生態系が保護されている。
（植村善博）

ウエストポート [Westport]

南島西岸、ウエストコースト県*北部、ブラー川*の河口近くにある町。人口は3,783人、周辺農村を入れると4,848人(2001年)。ブラー地域の商業中心地であり港が

ある。主な産業は石炭*、セメント、製材、農業。1859年に金*と石炭が発見され、金鉱は19世紀末まで続き、それ以後石炭が中心になった。石炭産業の歴史をたどり、地下坑道を通る博物館コールタウンがある。

(由比濱省吾)

ウエストミンスター憲章
[Statute of Westminster]

1931年にイギリス議会を通過したこの法は、自治領*に内政・外交の完全な自治権を認め、また自治領の国会にイギリスのウエストミンスターと同等の権限を与えるとするもので、これにより自治領の完全独立が認められ、イギリス本国議会による法制定の権利は消滅することになった。しかし多くのニュージーランド人にとって祖国はイギリスであり、英連邦*の一国民であるよりも、イギリス国民であることに誇りをもっていたので、歴代の内閣はあえてこれを議案に取り上げなかった。47年上院*の廃止案が俎上にのぼるようになり、ニュージーランド議会独自の権限が重要と考えられるようになったため、11月ウエストミンスター憲章がニュージーランド上下両院で承認された。これにより基本法1852年*の修正、廃止が自由におこなえるようになった。したがってニュージーランドの独立は47年ということになる。

(青柳まちこ)

ウエストランド/タイ・ポウティニ国立公園 [Westland/Tai Poutini National Park]

ウエストランド州制定100周年記念を機に1960年サザンアルプス*西部を指定。面積は約11.8万haで、東側はアオラキ/クック山国立公園*に接する。山地分水嶺からタズマン海岸までを含み、山岳、氷河*、湖沼、多雨林、海岸線と変化に富む自然が魅力となっている。一部は世界遺産*に指定。フォックス氷河*およびフランツジョセフ氷河*は観光の中心で、中緯度ながら氷河を低い標高で見学できる点で希少価値がある。

(植村善博)

ウェスレアン教会 [Wesleyan Church]

ウェスレアン・ロンドン伝道協会は1822年にニュージーランドでの宣教を開始し、チャーチ・ミッショナリ協会*の協力を得て、翌年ケリケリ*北方のカエオ (Kaeo) に伝道所を開設した。27年ヘケ*蜂起の際、伝道所が破壊されたためホキアンガ湾*南部に移転した。30年代にはアングリカン教会*が地歩を固めていない北島北部の西海岸での布教に成功を収めた。改宗者の中には、多くの反対者を抑えてワイタンギ条約*締結に導いた有力首長のネネ*も含まれている。当初ウェスレアンとアングリカン教会は協調して伝道にあたっていたが、38年ローマ・カトリック教会*の布教が開始されると、三者はそれぞれ信者獲得にしのぎを削るようになった。48年スコットランドからプレスビテリアン教会*信徒が大挙してオタゴ*に入植するまで、ウェスレアンは信者数においてアングリカン、カトリックに次いで第3位であった。51年のヨーロッパ系住民の信者数調査では第4位で2,529人を数え、オークランド州とウェリントン州に多く、調査人口全体の1割弱であった。20世紀初めメソディスト教会*として統合された。

(青柳まちこ)

ウエッド、イアン [Wedde, Ian (1946-)]

詩人、批評家、編集者。ブレナム*生まれ。幼児期から両親に連れられてイギリス、バングラデシュなどで暮らし15歳で帰国。オークランド大学卒業。ランドフォール誌*に詩の投稿をはじめ、詩集 *Made Over*, 1971（出直して）でデビュー。*Dick Seddon's Great Dive*, 1977（ディック・セドンの大博打）で小説部門のブック賞受賞。イヴニングポスト紙で芸術評論を展開（1983-90）。1994年ニュージーランド国立博物館*美術部門

監督責任者に就任。戦後派文芸界の指導的立場を確立。　　　　　　　　（池田久代）

ウェッブ、パトリック
［Webb, Patrick Charles（1884-1950)］
　労働運動家。オーストラリア生まれ。1905年ダニーディンに来住、労働運動に関わる。鉱山労働者連合*に参加、1909年に組織された労働連合（赤い連合*）創設に加わる。13年社会民主党（Social Democratic Party）から下院議員に当選（1913-18, 33-46）。第1次世界大戦時の徴兵拒否により市民権を停止されたため議席を失う。33年再選され、サヴェジ*内閣、フレイザー*内閣で労働相、鉱山相、郵政・電信相など、46年に引退するまでいくつかの要職を歴任。　　　　　　　　　　　　（青柳まちこ）

ヴェトナム戦争［Vietnam War］
　1965年から71年にかけてニュージーランドは小規模の分遣隊を当時の南ヴェトナムに派遣した。陸軍はオーストラリア機動部隊に参加、海軍は医療チームを派遣し、空軍はオーストラリア第9飛行中隊とともにヘリコプターでその任務にあたった。オーストラリアでは反戦運動の高まりが見られたが、正規軍部隊のみを派遣していたニュージーランドでは、そうした運動の高揚はあまり見られなかった。　　（根無喜一）

ウェラー兄弟【ウェラー、ジョセフ［Weller, Joseph（1804-35)］、ウェラー、ジョージ［Weller, George（1805-75)］、ウェラー、エドワード［Weller, Edward（1814-93)］】
　ウェラー兄弟はニュージーランドに永続的基地を置いた最初の捕鯨*者。1831年シドニーからオタゴ*に移住し、捕鯨基地を開設。鯨骨、フラックス*、木材、入れ墨入りの干し首などをイギリスに輸出したと伝えられる。しかし当時外国であるニュージーランドとの取引にはイギリスの関税が課せられたので、40年初めまでに貿易から手を引き、土地の買収に乗り出した。40年ワイタンギ条約*の結果、すべての取引は政府の検査・承認を得なければならなくなり、長い法廷論争の末、彼らの購入契約はすべて無効と宣告された。　（青柳まちこ）

ウェリントン県［Wellington Region］
　1989年設置のウェリントン県は、ウェリントン、ハットシティ*、ポリルア*、アッパーハットを入れた大都市圏と、それに連続するワイララパ*、ホロフェヌア*の一部を含み、人口は423,765人（2001年）。ウェリントン大都市圏は政治の中心であるのみならず、経済的にもオークランドに次ぐ大中心を形成しており、人口が増加している。南島に続く断層*地帯に位置しているので断層地形に都市が存在し、これまでにしばしば地震があった。最大の地震*は1855年に発生し、ウェリントン断層*線に沿って隆起が生じた。　　（由比濱省吾）

ウェリントン市［Wellington City］
　首都。人口163,824人（2001年）で、ハットシティ*、アッパーハット*、ポリルア*の3市を含めたウェリントン大都市圏の人口はニュージーランド第2位になる。1840年ニュージーランド会社*の移民が、ハット川*南端のピトーニ*に上陸したが、まもなくラムトン（Lambton）港（ウェリントン）に移転した。1865年首都がオークランドから国土の中央に位置するウェリントンに移転し、以後政治都市として発展した。1903年に市制施行。市の名はニュージーランド会社の計画を支持したウェリントン公を記念している。
　市内所在の有名建築物には、国会議事堂*、旧政府公邸（現ヴィクトリア大学*法科大学院＝南半球最大の木造建築物）、オールド・セントポール教会、マンスフィールド*生家、国立博物館テ・パパ・トンガレワ*などが

ある。中心商店街ラムトンキーから丘の上の植物園*までケーブルカーがあり、通勤・通学の足になっている。鉄道は通勤圏内は電化され、幹線は複線化されている。ウェリントン港はコンテナ埠頭を有する貿易港で、南島へのフェリーや東岸との間の小型フェリーが発着している。クック海峡*を渡る強い偏西風*のため「風のウェリントン（Windy Wellington）」と呼ばれる。94年に大阪府堺市と姉妹都市*提携。　（由比濱省吾）

ウェリントン断層［Wellington Fault］
　ニュージーランドで最も著名な活断層*の一つで、アルパイン断層*の分岐。北島南西端の海岸から北東〜南西方向に走り、ウェリントン市内を通って、ハット川*の低地と西の丘陵との境を形成し、プレンティ湾*まで達する。首府を通る活断層として注目される。掘削調査によると活動間隔は300〜400年程度で、最新の活動は約

ウェリントン市の中心街ラムトンキー　（由比濱省吾）

ウェリントン断層斜面と丘陵上の住宅地　（由比濱省吾）

300年前であるから、近い将来の活動が懸念される。ウェリントンではこのことを念頭においた都市計画が進められ、建築物の免震・耐震構造の建築が増えている。

(太田陽子)

ウェリントン保護支援協会
[Wellington Aftercare Association Inc.]

1928年に創設された障害保護支援を目的とする民間団体。障害に対する公的福祉対応の遅れを補い、たとえばリハビリテーション活動などを支援する役割を担って設立された。肢体不自由児協会(1935年)など、これらの民間団体は第1次世界大戦以降に設立されたものが多い。

(新井正彦)

ウェリントン湾 [Wellington Harbour]

首都ウェリントンの面する湾で、古名はポートニコルソン(Port Nicolson)。湾内にあるソームズ(Somes)島には検疫所、第2次世界大戦中の敵性外国人収容所が置かれたが、現在は鳥の保護区となっている。沿岸のピトーニ*は最初のイギリス人入植地。

(由比濱省吾)

ウェルズ、エイダ [Wells, Ada (1863-1933)]

女性解放論者、社会改革者、政治家。イギリス生まれ。1873年リトルトン*到着。80年代の女性参政権*運動ではシェパード*の参謀役を務め全国女性議会*初代書記長。1917年クライストチャーチ初の女性市会議員。生涯にわたり女性問題のほか教育・福祉・平和運動などに貢献。孫のマカルパイン*はエイダをモデルに『別れのあいさつ』1993 (Farewell Speech, 1990) を著わした。

(ベッドフォード雪子)

ウェルズフォード [Wellsford]

オークランドの北70km、カイパラ湾*中央部の東方、国道1号線上にある町。人口1,740人 (2001年)。かつてはカウリガム採掘*で発展したが、現在の主産業は畜産、果樹栽培*、製材である。

(由比濱省吾)

ウェルド、フレデリック
[Weld, Frederick Aloysius (1823-91)]

首相 (1864-65)。イギリス生まれ、1844年ウェリントンへ来住。ワイララパ*、のちにマールバラ*地方のワイラウ*で牧羊を営み、51年に Hints to Intending Sheep-farmers (牧羊農民を志す人への示唆) を出版、農業をめざす新規入植者への指針書になった。下院議員 (1853-55, 58-66)。1854年の新規諸州設置法制定に参加、マールバラ州分離が59年に実現した。スタッフォード*内閣で先住民相 (1860-61)。1864年に首相に就任したが、首都の地位を奪われたオークランド、戦費の重荷を課されたオタゴ*の不満が大きく辞職。次期選挙に立候補せず、イギリスに去った。

(由比濱省吾)

ヴォーゲル、ジュリアス
[Vogel, Julius (1835-99)]

首相 (1873-75, 76)。ロンドン生まれ。1852年からメルボルンで商売を始め、のちに新聞記者に転じる。ゴールドラッシュ*に誘われて61年オタゴ*に到着、Otago Daily Times 紙を発刊。下院議員 (1863-89)。69年フォックス*内閣で植民地会計局長官 (Colonial Treasurer)、印紙税長官 (Commissioner of Stamp Duties)、郵政局長官 (Postmaster-General)、関税局長官 (Commissioner of Customs) などに任命され、公共事業と移民招致に大胆な予算を計上した。

イギリス本国からの多額の借款を得て、70年代末までには全土に1,600kmに及ぶ鉄道、8,500kmに及ぶ電信線が敷設され、道路および橋梁の設備も整えられた。これら公共事業の推進のために、ヨーロッパからの移民を旅費補助などの優遇政策で積極的に導入した。こうした道路網の整備によって、各地域間の交通の便が増大する一

方、従来の州独立制と軋轢を生じることとなった。地方分権制度が廃止されたのは、76年、ヴォーゲルの辞職から2ヵ月後であった。 (青柳まちこ)

ウォード、ヴィンセント
[Ward, Vincent（1956-）]

　映画監督、脚本作家。グレイタウン*生まれ。小品の自費製作から始めて、*Vigil*, 1984（不寝番）をカンヌ映画祭に出品。作品に *The Navigator: A Medieval Odyssey*, 1988（航海者：中世のオデュッセイア）。*What Dreams May Come*, 1998（次なる夢は）でハリウッド映画に進出し、「ラストサムライ」*Last Samurai*（2003年）では常任プロデューサーとして活躍。 (池田久代)

ウォード、ジョセフ
[Ward, Joseph George（1856-1930）]

　首相（1906-12、28-30）。メルボルン生まれ。1863年南島ブラフ*に来住。青年ニュージーランド党（Young New Zealand Party）に参加し、リーヴス*、マッケンジー*らと知り合う。87年には下院議員（87-1917、25-30）。91年バランス*内閣で郵政電信局長官（Postmaster-General and Electric Telegraph Commissioner）、93年セドン*内閣で植民地財務長官（Colonial Treasurer）、郵政局長官その他に任命された。しかし植民地銀行（Colonial Bank）破産のため、96年閣僚を、97年議員を辞職をするが、99年には再びセドン内閣に入閣し、植民地長官（Colonial Secretary）、商工相、郵政局長官などを務めた。1902年副首相となり、セドン死亡により06年首相となる。その後の選挙で議席を失うが、25年再選されて新たに組織された統一党*の党首となり、首相に再任されて30年に引退するまでその任にあった。 (青柳まちこ)

ウサギ [Rabbit]

　イエウサギ（Rabbit）とノウサギ（Hare）は、狩猟対象として19世紀前半に導入された。天敵がいないために80年代にはオタゴ*地方からマールバラ*地方まで急速に増殖し、牧草、果樹、森林の若木に大被害を与え、90年代には北島でも被害が拡大した。全国的に被害が顕著となったため、ウサギの規制が始まり、テンやイタチ*の導入や、ウサギ毛皮を採取する産業が興こり、19世紀末には大量に輸出された。その後もウサギによる弊害は継続し、牧場に地滑り*や土壌侵食を発生させたため、1948年ウサギ駆除法（Rabbit Destruction Act）が制定され、ウサギ駆除委員会（Rabbit Destruction Council）が設立された。こうしたウサギ対策が効を奏して、70年代初期以来頭数減少を示している。90年代以降は病原菌媒介生物やウサギ・ウィルス（RCD）などによる駆除の方法が検討されている。現在ウサギは全土の55%に生息しており、3千万羽と推定されている。 (由比濱省吾)

ウシの品種 [Cattle Breed]

　1849年にイギリスからショートホーン*が初めて導入された。当初の目的は、肉および牛乳の供給、また重量物の牽引であった。63年にアンガス*、69年にヘレフォード*が、肉生産を目的としてイギリスから導入された。当初、ウシは牧羊場における草地の維持管理役としての位置づけが強く、その飼養頭数も少なかった。しかし本格的に丘陵地帯で飼育されるようになってから、育種学的に改良を加えられた放牧適応性の高いアンガスとヘレフォードが、肉用牛の品種としての役割を発揮しはじめ、各地の牧場に急速に受け入れられた。80年から1920年にかけて肉用牛産業は大きく変化し、両品種が多目的に活用されていたショートホーンにとって替わった。
　70年代にヨーロッパの各国からシメンタール（Simmental）、シャロレー（Charolais）、

リムーザン（Limousin）など新しい品種が導入されるまで、アンガスとヘレフォードは肉牛飼養頭数の95％を占めていた。新たな品種の導入後もアンガスは性成熟が早く、若齢時から子牛生産が可能で受胎率も高いので、ヘレフォードも含めて、新品種に取って代わられることはなかった。さらにアンガスとヘレフォードの交雑種などもつくり出された。その後も、サウスデヴォン（South Devon）、キアニナ（Chianina）などの種が導入されたが、肉牛の品種構成に大きな変化はみられなかった。今後も肉牛の品種として求められることは、成長の早さや屠体重よりも、放牧適応性を中心として、受胎率の高さや子牛の総合的な生産能力である。

世界的なBSE（牛海綿状脳症）の発生により、草地で草飼育される牛の需要は今後増え続けることが予測される。そのため、今後は柔らかな肉質の改良も含めた肉牛の品種選定がおこなわれ、既存の品種と外国から導入された雑種利用も盛んになると思われる。

乳用牛の主要品種はホルスタイン＝フリージアン*で、酪農の盛んな北島においては80％と圧倒的な割合を占め、ジャージー*がおよそ20％となっている。注目される品種改良の動きとして、王立農業研究所*による遺伝子組み換え牛の開発計画が承認されたことである。現在、酪農場で生産され、肉用に供される乳牛の割合が60％近くに達しており、低品質といわれている乳牛肉に価値をつけるための事業計画も始動している。
（岸田芳朗）

ウズラ［Quail］

唯一の固有種は1875年頃に絶滅し、19世紀後期に北アメリカから導入されたシロウズラも適応しなかった。19世紀中期にオーストラリアから導入されたヌマウズラは体長18cmで、北島北半の湿地などに生息している。最も普通に見られるのはカンムリウズラで、体長25cm、南北両島の農地や森に広く見られる。
（由比濱省吾）

ウッドヴィル［Woodville］

パーマストンノース*の東方28km、マナワトゥ川*峡谷の東出口にある町。人口1,479人（2001年）。ホークスベイ*〜マナワトゥ鉄道線とワイララパ*〜ウェリントン鉄道線の分岐点、また国道2号線と国道3号線の分岐点に位置する。かつてセヴンティマイル・ブッシュ*の中心であった。
（由比濱省吾）

ウッドローズ［Wood Rose］

ツチトリモチ科の植物で、ほかの植物の根に寄生する。固有種。葉も根ももたず、地下茎で宿主に付着する。北島中央部ではトベラ属、ナンキョクブナ属、コプロスマ*属の根に付着、成長に従い球状となる。秋に土中から花芽を出し、褐色がかった紫色の花を咲かせる。最近、花の蜜を好むタンビヘラコウモリが受粉に関係していることが発見され、コウモリが受粉に関与する世界唯一の珍しい植物。ポッサム*が蜜を好み花を食べるため、絶滅危惧種*にあげられる。サツマイモ属のツル植物ウッドローズとは同名異種。
（塩田晴康）

ウトゥ［Utu］

マオリ語で復讐をさす。マオリの社会生活にとって、こうした互酬性は基本的な考え方であり、ある集団が別な集団に何らかの行為をなしたときには、すぐに、あるいは時間的なずれが生じたとしても、同等かそれ以上のものを返礼として返すことは義務的な原理である。それが負の行為であったとしても同様である。
（内藤暁子）

ウナギ類［Eel］

河川、湖沼から沿岸、沖合まで、国内

全域でウナギ目の魚の各種が知られている。淡水で成魚となるものも、幼生・稚魚の段階を海で過ごす。(1) ナガヒレウナギ (Long-finned Eel)、マオリ名トゥナ (tuna)。北島・南島からチャタム諸島*までごく一般的。夜行性、冬眠をする。(2) コヒレウナギ (Short-finned Eel)。やや小ぶりであるが稀に体長1m、重さ2.5kgのものもある。以上の2種類は河川・湖沼の釣魚としても広く愛好されるが、商業用には220g以下のものは即座に放流しなければならないし、南島の漁業規則では一般人も合計4kg以上を持ち帰ることができない。またエルズミア湖*では年間136.5tという総漁獲量規制をしており、鑑札保持者の釣果累計を厳守させるなど、各内水面ごとに独自の管理をおこなっている。日本がウナギ稚魚を輸入している10ヵ国ほどの中にニュージーランドも含まれている。　　　　(大島襄二)

ウニ［Sea Urchin］

マオリ名キナ (kina)。磯から水深50mまでの間に密集していることが多い。マオリはこれを食用とし自家用に採取していた。現在は東南アジア市場に販売されるようになった。2002年から規制魚種*。コード記号 SUR。　　　　　　　(大島襄二)

ウマ［Horse］

マースデン*によって1814年に導入されたのが最初で、入植初期には交通・輸送手段として必要であった。61年にはコッブ社*などの乗客を運ぶ駅馬車会社がつくられ、20世紀になるまで輸送の中心手段であった。やがて牧場巡回用にもウマが使用された。入植地建設の数ヵ月後には競馬*が開始されている。乗馬や競馬が好きな国民であるため競走馬*の生産が盛んで、ワイカト*地方南部がサラブレッド種生産の中心で、輸出もおこなわれている。

(由比濱省吾)

ウミガメ類［Marine Turtle］

広い海域を回遊する海棲爬虫類。ニュージーランドでは亜熱帯の海に夏季に現れる。オサガメ科とウミガメ科に分類されるが、来遊する主なものはオサガメ科1種とウミガメ科3種の4種類である。

(1) オサガメ (Leatherback Turtle)：甲長2.8m、重量700kgに及ぶものもあり、太平洋産ウミガメのうち最大。北島北端から南島フォーヴォー海峡*にまで姿を見せる。甲に鱗板がなく一続きで滑らかなことが特徴。(2) アオウミガメ (Green Turtle)：甲長1.2m、重量300kg、甲の色は薄褐色だが緑がかった脂肪が特徴。(3) アカウミガメ (Loggerhead Turtle)：甲長90cm、重量125kg、赤褐色の甲が特徴。(4) タイマイ／ベッコウガメ (Hawksbill Turtle)：甲長80cm、重量120kg、鼈甲の材料。なお、ウミガメ類は食用・工芸品として世界各地で乱獲されたが、いまではワシントン条約によって取引が規制され保護されている。　　　(大島襄二)

ウミツバメ［Petrel］

ミズナギドリやフルマカモメと同じ科に属し、ほとんどの種が沖合の島々で繁殖する。北島マトンバード (North Island Muttonbird) と呼ばれる顔が灰色のウミツバメはタラナキ*とイースト岬*を結ぶ線以北、クロウミツバメ (Black Petrel) はタラナキ、ネルソン*、ウエストコースト*、フィヨルドランド*で、ウエストランド・クロウミツバメ (Westland Black Petrel) は南島西岸で繁殖する。　　　　(由比濱省吾)

ウレウェラ［Urewera］

北島中央東部の森林に覆われた地域で、トゥホエ*の居住地である。遠隔地で交通が不便であるために、政府軍を敵に回した多くのマオリがこの地に身を潜めた。1868年以降の数年間は、テ・コウティ*ゲリラの基地でもあった。土地戦争*後はキング

カントリー*と同様に、ヨーロッパ人に門戸を閉ざしていたが、96年に開放させられた。テ・コウティの教えを受け継いだルア・ケナナ*が、独自の宗教にもとづいた共同生活のコミュニティをつくったのも、この深い森の中であった。　　（青柳まちこ）

ウレウェラ国立公園
[Te Urewera National Park]

　北島ホークスベイ*地方、フイアラウ（Huiarau）山脈を中心とした原生林を1954年に指定し、その後面積を21.3万haに拡大した。山間の森林中に静寂なワイカレモアナ湖*とワイカレイティ湖（Lake Waikareiti）があり、湖一周のトレッキング*用ルートが整備されている。南のワイロア*および北のロトルア*から道路が通じている。　　　　　　　　（植村善博）

運輸 [Transportation]

　航空、バス路線は比較的発達しているが、鉄道*は路線と本数が少なく徐々に廃止されている。航空路線は主要都市間だけでなく、地方都市まで就航している。長距離バスの路線網も全土に張り巡らされて、インターシティ（InterCity）、ニューマンズ（Newmans）などが運行している。北島のノースランド*を中心に巡回するノースライナー（Northliner Express）、ハミルトン*、タウポ*、タウランガ*への路線をもつガスリーズ（Guthreys Coachlines）、南島ではアトミックシャトルズ（Atomic Shuttles）などが主要都市と観光地を結んでいる。
　オークランド、ウェリントン、クライストチャーチなどの主要都市では、市バスが発達しており、路線や本数も多く、市民の足として活躍している。また、オークランドでは市内中心部を周回するリンクバス、主な観光地を回るエクスプローラーバス、ウェリントンではトロリーバス、クライストチャーチでは市内中心部を巡回する無料電気バスなどが運行している。ニュージーランドの鉄道は政府系企業オントラック（ONTRACK）が運営し、オークランド～ハミルトン～パーマストンノース*～ウェリントン間。ピクトン*～クライストチャーチ間、グレイマウス*～クライストチャーチ間を長距離列車が運行している。
　　　　　　　　　　　　　　（大石恒喜）

運輸省
[Ministry of Transport／Te Manatu Waka]

　1968年運輸局（Transport Department）と民間航空部（Civil Aviation Service）の合併によって発足。政府の運輸政策に助言を提供する。民間航空部、国道管理部、海事安全局、交通事故調査委員会、陸上輸送部の5部門からなる。　　　　　　　　（青柳まちこ）

え

エア・ミルフォード [Air Milford]

　クイーンズタウン*空港を基地に小型飛行機による各種ツアーをおこなっている航空会社。1993年設立。本社はクイーンズタウン。ミルフォードサウンド*方面への遊覧飛行や、クイーンズタウンとミルフォードサウンド間の送迎も提供する。
　　　　　　　　　　　　　　（大石恒喜）

エイヴィモア [Aviemore]

　南島ワイタキ川*につくられた水力発電所で、ベンモア・ダム*とワイタキ・ダム*の中間にあり、1962年操業開始、出力220MW。ワイタキ川のほかのダムとともにメリディアン・エナージー（Meridian Energy）社が経営している。　（由比濱省吾）

映画 [Film and Cinema]

日本でも公開され、話題となったものとしては、カンピオン*監督の「エンジェル・アット・マイ・テーブル」An Angel at My Table (1990)、「ピアノ・レッスン」The Piano (1993)、タマホリ (Lee Tamahori) 監督の「ワンス・ウォリアーズ」Once Were Warriors (1994)、ジャクソン*監督の「乙女の祈り」Heavenly Creatures (1994)、「ロード・オブ・ザ・リング」The Lord of the Rings (2001)、「ロード・オブ・ザ・リング：2つの塔」The Lord of the Rings; The Two Towers (2002)、「ロード・オブ・ザ・リング：王の帰還」The Lord of the Rings; The Return of the King (2003)、カーロ (Niki Caro) 監督の「クジラの島の少女」Whale Rider (2003)、ドナルドソン (Roger Donaldson) 監督の「世界最速のインディアン」The World's Fastest Indian (2005) などがある。

近年ではとくに、世界的な評価の高い作品が次々とつくられており、「ピアノ・レッスン」はカンヌ国際映画祭でパルムドール大賞、主演女優賞を得、アカデミー賞では8部門に推薦され3部門（オリジナル脚本賞、主演女優賞、助演女優賞）の受賞に輝いた。また「ワンス・ウォリアーズ」はモントリオール映画祭でグランプリ、最優秀女優賞を得、「乙女の祈り」はアカデミー賞オリジナル脚本賞候補となった。さらに、「ロード・オブ・ザ・リング：王の帰還」はアカデミー賞において、作品賞ほか合計11部門を受賞するという歴史的な偉業を成し遂げた。また、「クジラの島の少女」では主演女優カースル＝ヒューズ (Keisha Castle-Hughes) が最年少でアカデミー主演女優賞に推薦された。ニュージーランド映画の特徴は、「乙女の祈り」のように暗いが透明感のある美しい作品や、「ロード・オブ・ザ・リング」のようにニュージーランド独特の自然風景を用いたもの、「クジラの島の少女」のようにマオリの世界観を扱ったもの、

映画「ワンス・ウォリアーズ」より
（写真協力：㈶川喜多記念映画文化財団）

そして「ワンス・ウォリアーズ」のように都市マオリの葛藤を題材としたものなどがあげられる。

ニュージーランドは人口が少なく、映画市場としては決して大きくはないが、映画産業は政府による強力な支援や観光産業とも提携し発展を続けている。たとえば、「ロード・オブ・ザ・リング」の撮影場所を巡るツアーなどは人気を呼び、大きな成功をおさめた。「ロード・オブ・ザ・リング」の監督ジャクソンは国民的英雄にもなっている。

（内藤暁子）

映画振興委員会
[New Zealand Film Commission]

1978年設立の国立映画振興組織。ニュージーランドをテーマにした映画製作の発展のために、個別の独立映画産業に投資や融資、映画製作者との業務提携をおこなうことを目的に設立された。映画製作者の養成、年間最低4編の長編映画、8編の短編映画製作への支援、および内外の市場開発と販売を主要業務とする。年間予算の約11％が国からの拠出金、77％が宝くじ*助

成金によっている。公的資金からの拠出金は設立当初の 60 万ドルから、1,260 万ドル（1999 年度）へと大きく増加し、これまで毎年平均 5~6 本の映画を製作している。

（池田久代）

英国国教会［Church of England］⇒アングリカン教会

永住権［Permanent Residency］
　永住権取得の申請方法は、5 種類ある。
　(1) 一般技能枠：年齢、学歴、職歴、資格などがポイントに換算される。現在、100 ポイント以上が申請条件で、さらに必須条件として、以下を満たす必要がある。(a) IELTS（英語試験）で平均 6.5 ポイント以上。すでに就労許可をもち現地企業で 1 年以上働いている場合除外。(b) 学士号以上の資格。またはニュージーランド資格審査局 (NZQA) が認可した資格。(c) 55 歳未満。2004 年 12 月の移民法改正により、100 ポイント以上あり、ある一定期間内に受理された申請のうちで、高得点者のみが本審査に進める。
　(2) 起業家枠：新たに事業を起こそうとする者。実業家としての経歴や事業計画などを提出。まず 3 年間有効の長期事業ビザ (Long Term Business Visa) が発給され、その間に速やかに事業を軌道に乗せる必要がある。ビザ受給後 1 年以上を経過した後に、永住権を取得することができる。
　(3) 投資家枠：ニュージーランドへの投資を考えている者。年齢、会社経営歴、投資金額などがポイントに換算される。現在、12 ポイント以上が申請条件。
　(4) 家族枠：ニュージーランド国籍または永住権を有する者の扶養家族。対象となる主な家族関係は、婚姻、内縁、親子の 3 種で、事案ごとに審査される。
　(5) 人道主義枠：戦争難民、政治難民など。政治難民の場合、本国での活動歴の証明な

ど、取得までにかなりの時間を要することもある。以上の申請は、ニュージーランド国内の移民局、もしくは第 3 国のニュージーランド大使館でおこなわれるが、現在、日本のニュージーランド大使館では永住権の発給はおこなわれず、受理された申請はすべて香港で処理されている。

（杉原充志）

エイ類［Rays and Skates］
　アカエイ類（レイ）とガンギエイ類（スケート）の区別は明確ではない。いずれも菱形で扁平、長い尾をともなう。国内で 20 種余、主なものを挙げると、(1) アカエイ (Stingray) は最も一般的。尾が体長より短いもの（マオリ名オル oru）と体長より長いもの（マオリ名パカウルワ pakauruwa）の 2 種類があり、体長は 2.1m、重量は 200kg に及ぶ。尾の内側にギザギザの毒針があるが、これは防御用の武器で毒性は弱い。2004 年から規制魚種*。コード記号 RBM、年間 980t の枠。(2) シビレエイ (Electric Ray) は獲物の魚を捕らえるための武装として発電器官をもつ。(3) マンタ (Manta Ray) は大型のエイで菱形、両翼の横径は 3m にも及ぶ。プランクトンを捕食し無害でおとなしい。(4) ラフスケート (Rough Skate) はサメ肌、いが状の小さな刺で覆われている。体長 60~80cm、トロール漁業の対象であるが漁獲量は年間 2,000t。地元消費を満たすに過ぎない。規制魚種、コード記号 RSK。(5) スムーズスケート (Smooth Skate) は滑らかな肌が特徴、体長は 1.6m に達する。トロール漁業。美味。水揚げは年間 600t。規制魚種、コード記号 SSK。

（大島襄二）

英連邦［Commonwealth of Nations］
　1931 年「英国王に対する共通の忠誠によって結ばれた独立国家の自由な連合」としてイギリスとその元植民地 5 ヵ国で出発した組織。ニュージーランドは当初からの

加盟国であった。49年これまでのBritish Commonwealthから British が外され、単なる連邦となったが、日本では現在でも英連邦と呼ばれることが多い。71年「国際的理解と世界平和の促進の中で、協議・協力する自発的な独立主権国の組織」と再定義され、ゆるやかな連合組織で政治的権限、加盟国の拘束事項などもなく、加入も離脱も自由である。第2次世界大戦後イギリス領植民地の独立にともない加盟国数は増加し、54ヵ国が加盟している。本部はロンドンに置かれ、2000年よりニュージーランドの元外務貿易相マッキノン（Donald McKinnon）が事務局長を務める。　（青柳まちこ）

英連邦競技大会 ［Commonwealth Games］

英連邦*の絆を強めるための競技大会は、カナダのオンタリオで1936年に始まった。以後42年、46年の第2次世界大戦による中断を除き4年ごとにおこなわれ、ラグビー*、ネットボール*、ローンボウリング*など連邦諸国で人気のあるスポーツが含まれている。ニュージーランドでは1950年オークランド、74年クライストチャーチ、90年オークランドで開催されている。ニュージーランド建国150年祭の一環としておこなわれた90年のオークランド大会では、金メダル17を獲得し、全メダル獲得数で4位となった。2002年モントリオール大会では、ラグビーで優勝した。06年メルボルンの第18回大会では16競技28種目が争われ、ニュージーランドは水泳、ラグビー、陸上、ネットボールなどで健闘したものの、金メダル数は参加10ヵ国中9位に終わった。　（山岸博）

エグモント国立公園
［Egmont National Park］

1900年、トンガリロ国立公園*に次いで指定された国立公園。タラナキ半島*中央部に聳えるタラナキ山*（旧名エグモント山）を中心に山麓の標高360mまでの円形の地区。面積33,534haの地区で、1881年に保護林とされ、次第に周辺が加えられて国立公園に指定された。低い高度ではリム*、カマヒ*が見られ、高度上昇につれて亜高山植物が現れる。頂上をめざす登山者のために登山道、キャンプ施設、山小屋が整備されている。　（由比濱省吾）

エグモント山 ［Mt. Egmont］⇒タラナキ山

エコツーリズム ［Eco Tourism］

自然環境を守り、そこに住む人々や動植物の生存環境向上に貢献できるよう、旅行者にも責任を求める旅の形態。ニュージーランドでは環境を守りながら貴重な体験ができるツアーが数多くある。ミルフォードトラック*をはじめ各地の国立公園*にトレッキング*コースがあり環境を守りながら整備されている。南島カイコウラ*で観光船によるマッコウクジラの観察、オタゴ半島*のアホウドリ*やキガシラペンギン、オアマル*のブルーペンギンの観察などがある。　（大石恒喜）

エッジカム地震 ［Edgecombe Earthquake］

1987年に北島東部、プレンティ湾*岸のエッジカム付近で生じたマグニチュード6.6の地震。建物の崩壊、線路の彎曲、地滑り*、噴砂など各種の被害が起こり、地表地震断層が現れた。地震断層*は数本雁行しており、個々の長さは数km以下である。これらの地震断層のところには地震以前にも崖があり、活動の累積を示す。　（太田陽子）

エドガー、ケイト
［Edger, Kate Milligan（1857-1935）］

教育者。イギリス生まれ。1862年オークランドに移住、57年に移住した牧師の父と合流した。77年オークランド大学卒、

大英帝国初の女性大学卒業者。卒業式には約千人が参列し白椿が贈られた。82年妹のリリアンとともにカンタベリー大学大学院修了。クライストチャーチ、ネルソン*、オークランドの女子校で副校長・校長を務め、女子教育の質の向上に専念した。家庭生活の向上は女性の教育にありと論じ、生涯を女子教育に捧げた。　（ベッドフォード雪子）

エドモンド、ローリス
[Edmond, Lauris（1924-2000）]
　詩人。ホークスベイ*のダンネヴァーク*生まれ。ヴィクトリア大学卒。51歳で詩集 *In Middle Air*, 1975（空の真ん中で）を発表した。晩成型の女流詩人。知性と明晰な眼識で人間の経験世界を描く。自叙伝 *Hot October*, 1989（熱い十月）は1931年のネーピア*大地震の記述で始まる。詩集11編、自伝3編、小説1編、その他。　（池田久代）

エニシダ[Tree Broom]
　マメ科の低木。30種ほどが知られるが、分類は混乱している。ニュージーランド特産の固有種は5種あり、小潅木で大部分がニュージーランド・イチビ属に含まれる。全土に分布し、成木になるとほとんど葉をつけず、緑色の平たい枝で光合成をおこなう。日陰では葉をつけるものもある。春にはマメ科に特徴的な花を咲かす。花の色は芽出時には白色で、紫の縞が入ることが多い。淡黄色のものもあり、マールバラ*東部の川沿いの断崖ではピンクの花の群生が見られる。　（塩田晴康）

エフトポス（電子決済）[EFTPOS=Electronic Funds Transfer at Point of Sale]
　1980年代以降、金融の規制緩和とそれにともなう競争の激化は、非効率な銀行支店の閉鎖をもたらし、銀行支店の数は1993年の1,510店舗から2001年の832店舗へと大幅に減少している。このような銀行支店の減少に応じて、ATMや電子取引が急増し、支払手段は大きく変化している。とくに、銀行のキャッシュカードを使って店の支払いができるエフトポスの拡大が顕著である。エフトポス端末機は現在かなり普及している。　（松岡博幸）

エホバの証人[Jehovah's Wittness]
　1904年アメリカから伝えられたが、その進展は比較的遅く、ノースランド*のワイマ（Waima）に最初の拠点がつくられたのは50年であった。信徒集団は160余り。信者数は19,182人（91年）、17,826人（2001年）である。　（青柳まちこ）

エリー・ドゥ・ボーモン山
[Mt. Elie de Beaumont]
　アオラキ山*の北東方向、サザンアルプス*の主脈から、北に分かれる支脈マクシミリアン（Maximilian）山脈の分岐点にある3,117mの山。　（由比濱省吾）

エリオット、ピーター
[Elliot, Peter（1817-83）]
　酪農家。クロムウエル*生まれ。1841年ニュープリマス*付近に移り、タラナキ*で最初の酪農場を経営し、ニュープリマスの町に牛乳と新鮮なバターを供給した。
　　　　　　　　　　　　　（由比濱省吾）

エリス、エレン
[Ellis, Ellen Elizabeth（1829-95）]
　社会改革者。イギリス生まれ。宗教教育を受け、姉妹3人で全寮制女子校を経営。1852年結婚、59年オークランドに移住。夫は飲酒癖がひどく、伝統的な女性観やマオリ観をもつ。自伝的小説 *Everything is Possible to Will*, 1882（すべては意志の力）をロンドンで出版。フェミニズム*と人道主義にもとづく女性解放とマオリ社会の理解を呼びかけた。　（ベッドフォード雪子）

エルサム［Eltham］

ニュープリマス*の南45km、タラナキ山*南東の平野にある町。人口2,100人（2001年）。酪農地域の中心。1887年に中国人チュー・チョン*が乳製品工場を開設し、バターの輸出を試みた。　　　　（由比濱省吾）

エルズミア湖［Lake Ellesmere］

マオリ名ワイホラ（Waihora 広大な水域）。南島東海岸、バンクス半島*の南側基部にあるラグーン。沿岸流で形成された20kmの礫州で海と遮られている。面積は197km^{2}でニュージーランド第5位であるが、水深は3m以内。アヒル、ハクチョウ*、プケコ*などが集まる湖水で、湖面と砂嘴の海側の両方で狩猟と釣りが盛ん。砂と礫で砂嘴の先端が次第に発達するので、大雨のときには砂嘴を切り開いて浸水を防ぐ。
（由比濱省吾）

エレファントフィッシュ［Elephant Fish］

マオリ名レペレペ（reperepe）。体長80cm、大きな鼻が特徴。銀色の胴から尾にかけて茶色の斑点がある。南島とくにカンタベリー*海岸でごく普通に見られる。10月～2月海岸近くに来るので定置網やトロールで漁獲する。白身のフィレとして欧米向けに輸出されるが、乱獲により資源減少。規制魚種*コード記号 ELE。（大島襄二）

園芸農業［Horticulture］

集約的に野菜、果樹、花、苗などを栽培する商品生産農業。土壌、気候、市場関係が作目品、栽培方法と密接に関係する。多額の経費を要する施設園芸はほとんどおこなわれておらず、露地栽培が通常であるため、自然条件と市場条件が厳しく選択される。オークランド南郊のプケコヘ*からボンベイ*にかけて、またウェリントン北方、レヴィン*を中心とするホロフェヌア*南部では、大市場向けの各種野菜栽培地域が形成されている。トンガリロ国立公園*南側のオハクネ*はニンジンの特産地である。

果樹はカンキツ類*がノースランド*、ギズボーン*、ホークスベイ*の各地方、ブドウ*がホークスベイ、ギズボーン、マールバラ*などの各地方、キーウィフルーツ*がベイ・オブ・プレンティ*に展開しており、カボチャやキーウィフルーツのように大々的に輸出されているものもある。季節差利用の輸出は今後も模索され増加する傾向にある。他方、ナシ*、リンゴ*には日本種が導入され、品種の多様化が見られる。園芸農業の技術的試験研究機関としては、王立園芸食糧研究所*と王立作物食糧研究所*があり、キーウィフルーツの販売機関としてはゼスプリ社（ZESPRI International Ltd.）、リンゴとナシの販売機関としてはエンザ社（ENZA）がある。　（由比濱省吾）

演劇［Drama］

演劇は建国以来の長い歴史をもつ最も人気のある公演芸術である。初公演は発声法の教授であったオズボーン（David C. Osborne）がオークランドのアルバート劇場で1841年に公演した The Lawyer Outwitted（間抜けな弁護士）までさかのぼる。さらに43年にはウェリントンでもアマチュア劇団を率いたマリオット（James Henry Marriotto）が登場して A Ghost in Spite of Himself（幽霊になりたくなかった男）、The Village Lawyer（村の弁護士）などを上演。マリオットはプロ公演の振興のためにウェリントンにロイヤル・ヴィクトリア劇場を開設（1844年までに北島に3館開設）したが、劇場公演を続ける力量のあるプロ劇団が育たず、オーストラリアやアメリカから演劇団を招いての巡業公演が続けられた。

自前のプロ劇団が誕生したのは1953年で、カンピオン*夫妻が創設した役者座（The New Zealand Players）は60年の廃業まで

の7年間に、のべ1,500万人に40の演目を提供した。80年以降には、ウェリントンにダウンステージ（Downstage）劇場を開設して自演したメイソン*やホール*、マッカートン（A. McCarten）、マックギー（G. McGee）などのニュージーランドを代表する劇作家（演劇人）が登場して、盛んな演劇活動を展開している。現在プロ劇場は7館ある。
(池田久代)

援護コーディネーター
[Care Protection Coordinator]
　児童少年家族省*によって雇用され、児童および青少年を対象とする援護家庭共同協議委員会の委員。この委員の会は児童・青少年援護に関して決定や助言をおこなう。
(太谷亜由美)

塩田［Salt Pan］⇒グラスミア湖

お

オアマル［Oamaru］
　ダニーディン*の北115kmにある港湾町。人口12,696人（2001年）。穀作、牧草種子、市場園芸、牧羊に重点を置く農業地域の商業中心である。町の10km南にあるトタラ牧場（Totara Estate）は、1882年に最初のイギリス向け冷凍肉*の輸出がおこなわれたときに畜肉を出荷した農場で、これを記念してトタラ公園になっている。町にはオアマル・ストーンといわれる石灰岩でつくられた堂々たる建築物が中心通りに並んでおり、ゴールドラッシュ*期の繁栄を示している。この石灰岩はクライストチャーチ、ダニーディン、ウェリントン、オークランドなどの有名建築物に使われている。港の脇では夕方にブルーペンギンが海から巣に帰るのを観察できる。
(由比濱省吾)

オイスター・ドリル［Oyster Drill］
　オイスター・ボーラー（Oyster Borer）ともいう。体長25mmの微小な巻貝。海岸の岩礁に住む。名のとおりカキの殻に直径1mm程度の穴を開け、細いリボン状の舌を伸ばして中身を吸い尽くす。とくにイワカキの被害が大きく、なかでも養殖用に新規に移植されたものの被害は甚大である。
(大島襄二)

王室土地専買権
[Crown Exclusive Right of Preemption]
　ワイタンギ条約*によりマオリ所有地に関して王室の先買権が定められたため、ホブソン*は1840年2月マオリとの私的な土地取引を禁ずる布告を発し、翌年にはスペイン（William Spain）を条約締結以前の土地取引を調査する委員に任命した。スペインはそれまでに多くの土地を購入していたニュージーランド会社*に対して、それらがマオリとの不当な交渉によって得られたものであるとして補償を命じ、会社の主張する面積よりはるかに小さな区域についてのみ購入を認めた。しかし王室による土地先買はマオリ地の所有権の調査が捗らなかったことに加えて、購入費が不足していたために実質的に進展せず、土地不足に対する入植者の不満が高まった。
　44年3月フィッツロイ*総督は王室先買権を廃止し、1エーカーにつき10シリング（同年10月には1ペンスに減額）を王室へ納入することを条件に、自由な購入を認めた。次期グレイ*総督は45年王室先買権を復活させ、政府の土地購入委員（Land Purchase Commissioners）が、マオリの部族会議に出席し、その場で多くの出席者の署名を集めるという形で複雑なマオリ所有地の購入に成功した。グレイのもとで北島のか

なりの土地、および南島のほとんどすべての土地がこの時代にマオリの手を離れた。62年王室先買権は廃止された。　（青柳まちこ）

オウムとインコ　[Parrot and Parakeet]
　カカ*、カカポ*、ケア*といった固有種のオウムが3種類、固有種のインコ（kakariki）が2種類、オーストラリア種のインコが4種類生息している。（由比濱省吾）

王立委員会　[Royal Commission]
　政府の統治や政策、法律の機能、新法制定の必要性、王室に関係する役人の管理、多数の死傷者が出た災害や事故、その他国家や国民にとって重要な事象について調査・報告するために、総督*によって組織される。1908年に制定され80年、95年に改正された法律にもとづき、内務省*が管轄する。委員会は調査の独立と公正を保障され、その報告は大きな権威を有する。
　　　　　　　　　　　　　（植村善博）

王立園芸食糧研究所
[Horticultural and Food Research Institute of New Zealand Ltd.=HortResearch]
　1992年の王立研究所法（Crown Research Institutes Act 1992）により設立され、研究成果が商業的に反映されることを目的としている。全国にある10の地域研究センターと果樹園に常勤505名の科学者と職員、ほかに臨時職員を抱える。研究所の研究分野は、分子生物学、植物栽培、穀物生産、食品加工、果実貯蔵・輸送、消費者嗜好動向、健康志向食品などにわたっており、消費者の要求に応える新しい果実の開発、たとえば黄色い果肉のゴールデン・キーウィフルーツの開発はこの研究所の成果である。多くの国際的機関と先端的研究部門・商業部門において協力関係を結び、2003年の輸出額は、1980年の20倍に拡大している。　　　　　　　　　　（由比濱省吾）

王立科学研究所
[Crown Research Institute=CRI]
　1992年に発足した政府所有の企業体で、経済活動を支援する科学・技術の研究と水準向上、情報提供を主な任務とする。26年に設立された科学産業研究省*（DSIR）に属する多くの機関が再編されたもので、各研究所長は政府により任命される。ニュージーランドの経済活動に深く関わる産業分野、とくに家畜や牧草、羊毛、肉や乳製品、皮革などの製造・加工、作物改良と園芸、害虫・雑草などの研究が重視されてきた。現在は農業研究所*、作物食糧研究所*、園芸食糧研究所*、森林研究所*、土地管理研究所*、水質大気研究所*、地質核科学研究所*、産業研究所*、環境科学研究所*の9機関が属している。（植村善博）

王立環境科学研究所
[Institute of Environmental Science and Research Ltd.=ESR]
　公衆衛生や環境衛生とそれに関連する法律などの研究と相談をおこなう。先進的技術と情報システムにより国際的な研究支援をおこなっている。1995年にはマレーシアで環境衛生の訓練と相談指導の共同事業を立ち上げた。ポリルア*（本部）のほか、オークランド、クライストチャーチにセンターをもち、250人を擁する。　（植村善博）

王立作物食糧研究所
[New Zealand Institute for Crop and Food Research Ltd./Mana Kai Rangahau]
　主な研究分野は栄養と健康、遺伝学、食品とそれに関連するさまざまな研究と生産。目的はその研究成果を産業界に還元することである。本部はリンカーン*にあり、オークランド、プケコヘ*、パーマストンノース*、ネルソン*、インヴァメイ（ダニーディン*）に施設がある。　（由比濱省吾）

王立産業研究所
[Institute of Industrial Research Ltd.]

　製造・加工業やエネルギー産業に関する研究により経済発展に貢献することを目的とする。通信、情報、エレクトロニクス、知的システム、生化学、持続可能なエネルギー配分の分野を研究している。国際的共同研究も盛んで、日本、マレーシア、EUのほか、アメリカのNASA、ロスアロモス核実験所、国立がんセンターとも連携している。オークランド、ウェリントン、クライストチャーチに施設をもち、370人を擁する。
〔植村善博〕

王立視覚制約者財団［Royal New Zealand Foundation of the Blind=RNZFB］

　1890年に設立され、視覚に制約をもつ人々を対象に活動を続けている非営利的支援団体。当初はオークランドのパーネル（Parnell）に学校と宿舎がつくられ、やがてホステル、作業所などが併設されたが、20世紀末までに一般社会統合への動向が高まり、これらの施設は次第に廃止された。2002年王立視覚制約者財団法（Royal New Zealand Foundation of the Blind Act）が制定され、11,700人余りの当事者本人たちが運営する自助的団体となっている。
〔八巻正治〕

王立森林研究所［Forest Research］

　1947年設立。職員数約400人。本部はロトルア*にあり、カンタベリー大学の研究者チームが参加している。育林専門知識と木材消費者への助言を任務とし、政府、自治体、環境機関、林業・林産工業関係機関と密接な関係を保って活動し、収入の大部分は営業利益によっている。
〔由比濱省吾〕

王立水質大気研究所
[National Institute of Water and Atmospheric Research Ltd.=NIWA／Taihoro Nukurangi]

　大気、海洋、淡水（湖沼・河川）に関する持続可能な管理および関連資源の管理・開発を目的とする研究所。専門部門として、大気、気候、淡水系、海洋と海岸、水産資源、養殖と漁獲促進の研究調査をおこなう。年間約6千万ドルの資金を内外の国家・自治体、港湾局、農・水産・園芸、エネルギー・石油関連の企業から獲得している。600人を擁し、オークランドに本部、ハミルトン*、ウェリントン、クライストチャーチおよびオーストラリアやアメリカに支所をもつ。また2隻の海洋調査船を所有している。
〔植村善博〕

王立地質核科学研究所
[Institute of Geological and Nuclear Sciences, New Zealand Ltd.=GNS]

　地球科学、同位体科学の研究所で、ニュージーランド地質調査所（1856~1990）が改組され、核科学研究所などほかの部門を含めて1992年に発足した。優れた研究者が多く集まり、国際的にも評価されている。現在、地質時代、地震*および火山*、地質図の作成、自然災害、地形変化、情報関係、地熱などの部門があり、職員の数は273名、扱っている分野は、地熱、環境科学、年代測定、地震や火山とそれらによる災害の軽減、地質工学、地下水など多岐にわたる。ウェリントンに所在し、ワイラケイ*、ダニーディン*に支所がある。基礎的な研究に加えて、多方面にわたるコンサルタント業務もおこなっている。データベース、化石の収集なども完備している。
〔太田陽子〕

王立土地管理研究所［Landcare Research New Zealand Ltd.／Manaaki Whenua］

　土地資源の維持管理と保全を課題としている。約400人のスタッフを擁し、国内外の政府・民間研究機関などと密接な研究体制をとっている。研究分野としては持続的土地利用、多様な固有生物の記録、都市生態、雑草・害虫の管理、土壌・土地・空気・

水質の管理、汚染の抑制と軽減など。土地利用に関する経済的・社会的・文化的影響に着目し、革新的技術の開発も積極的におこなっている。　　　　　　　（由比濱省吾）

王立農業研究所［AgResearch Ltd.］
　1992年農業研究所（New Zealand Pastoral Agriculture Research Institute Ltd.）として設立。現在はアグリサーチ社が正式名称。研究分野としては植物遺伝子、動物遺伝子、活性代謝、農業技術、持続的資源管理の5分野に重点を置いている。ルアクラ（ハミルトン*）、グラスランズ（パーマストンノース*）、ウォーレスヴィル（アッパーハット*）、リンカーン*（クライストチャーチ）、インヴァメイ（ダーニーディン*）の5主要研究所と付属農場を有し、科学者・技術員約950名を擁する。子会社セレンティス（Celentis）社が主に営業部門を担当している。　　　　　　　　　　　（由比濱省吾）

王立バレー団
［Royal New Zealand Ballet Company］
　戦後間もない1947年、政府は若い舞踊家に奨学金を出して海外での研修を奨励し、自国のバレー団結成を計画したが国民の関心は低かった。しかし53年にデンマーク王立バレー団で活躍したナット（Paul Gnatt）によって、ニュージーランド王立バレー団が結成された。国民のバレー熱は、ボリショイ・バレー団やオーストラリア国立バレー団などの来訪公演に刺激され、59年にフォンテーン（Margot Fonteyn）率いるイギリス王立バレー団の公演を機に頂点に達した。ニュージーランド王立バレー団の団長は62年までナットが務め、ロンドンのサドラーズ・ウエルズ・バレー団で主席バレリーナを務めたインヴァカーギル*出身のジャクソン（Rowena Jackson）などの名舞踏家を輩出した。　　　　（池田久代）

王立法制局［Crown Law Office］
　とくに刑事法、公法、行政法の分野で、行政府に影響を及ぼしている問題に関して法的な助言をおこなう機関である。この機関の具体的な活動内容は、政府のおこなった諸活動に関しての司法審査や、ワイタンギ審判所*にかかるような問題を含む憲法上の問題、刑事法の適用に関する問題の助言をも含んでいる。　　　　（道谷卓）

オークランド科学技術大学
［Auckland University of Technology］
　2000年1月に設立されたニュージーランドで最も新しい大学。前身は1895年に設立されたオークランド技術専門学校（Auckland Institute of Technology=AIT）で夜間授業のみを開講していたが、1906年から昼間授業も開講された。名称は幾度か変更されたが、89年以降AITを名乗ってきた。新設の大学としてカリキュラムは現代社会における有能な職業人の育成をめざして編成されており、専攻分野としては美術・デザイン、コミュニケーション、コンピュータ、工学、保健、スポーツ・レクリエーション、理学、教育、語学、観光、社会科学、経営、マオリ文化などがある。学生総数約22,000人（2005年）、うち専業学生は6~7割で、外国人学生は3,800名（2004年）。
　　　　　　　　　　　　　　（青柳まちこ）

オークランド県［Auckland Region］
　北島北部のハウラキ湾*とマヌカウ湾*の間の地峡にまたがり、ニュージーランド総人口の約3分の1が集中する最大の都市地域。ワイタケレ市*、ノースショア市*、オークランド市*、マヌカウ市*、パパクラ*郡の4市1郡が連なるオークランド大都市圏と、その北に隣接するロドニー（Rodney）郡、南に隣接するフランクリン（Franklin）郡を含む。中心のオークランド市はニュージーランド第1の海港・空港をもつ商業都

市。典型的な西岸海洋性気候の地域である。約50ある火山丘はマオリがパ*として利用していたものもある。

1853年には国内6州のうちほぼ南緯39度以北を占めるオークランド州が設置され、76年の州制度廃止以後は多数の自治体が並立していた。1963年にオークランド広域行政法が制定され、広域行政機関が都市計画、上下水道、国際空港、旅客輸送、民間防衛などを担当した。その後89年に上記4市と3郡が統合されオークランド県が構成された。　　　　　　（由比濱省吾）

オークランド市 [Auckland City]

1841年から65年まで首府。初代総督ホブソン*はマオリ首長から土地を購入して首府をラッセル*から移転した。71年に市制施行。市人口は367,737人（2001年）。接続する都市・郊外を含む大都市圏の区域は60km^2、人口1,158,891人（2001年）で、最大の人口集中地域である。代表的貿易港と国際空港、幹線鉄道の起点を有する玄関であり、全都市のうちで最も多様な人種構成を示している。主要都市機能は第3次産業で、多くの会社は本店をここに置いている。また大学ほか高いレベルを誇る教育・研究機関がある。歴史的名建築物には、オークランド大学*時計台および旧総督府、旧税関、アルバートン（Alberton）館その他。オークランド・ハーバーブリッジの袂には、国内随一のヨットハーバーがあり、ヨットの都（City of Sails）と呼ばれる。1986年福岡市と、93年東京都品川区と姉妹都市*提携。83年にワンツリー・ヒル（マウンガキエキエ Maungakiekie）が福島県富岡町と姉妹都市提携。　　　（由比濱省吾）

オークランド諸島 [Auckland Islands]

スチュワート島*の西南320km、南緯50度41分、東経166度10分に位置する亜

オークランド市内カスタム通りにあるオークランド旧税関。現在は各種商店が入っている（由比濱省吾）

南極にある5つの無人島。1806年に捕鯨*船が発見。19世紀半ばに捕鯨者らが一時的に基地を置いた。63年イギリス議会がニュージーランド領と決定。海鳥と海洋哺乳動物は豊富。
(由比濱省吾)

オークランド戦争記念博物館
[Auckland War Memorial Museum]

オークランドの広大な公園ドメインの丘にある。1852年に設立され、1929年に現在の地に移り、戦争記念館と博物館が一体のものとなった。マオリと太平洋諸島の文化に関する第一級の資料を展示しているほか、ニュージーランドの戦争関係資料も多く、日本の実物のゼロ戦の展示もある。慰霊ホールには戦没者の名前が刻まれている。この博物館の付属図書館はその収蔵図書・資料においてニュージーランド有数の規模を誇る。収蔵図書・資料は調査・研究に自由に利用できる。
(角林文雄)

オークランド大学 [University of Auckland]

1883年ニュージーランド大学*を構成する3番目のカレッジとしてオークランドに創立。開学当初は学生95名、教員4名で、使用されなくなった裁判所と刑務所が校舎であった。初期は教育中心であっが、教育内容の充実、教授陣および学生数の増加にともなって、1930年代から学術研究中心に基軸を移すようになった。61年ニュージーランド大学の解体により独立。2003年には高等教育評価委員会(Tertiary Education Commission)により国内で最も活発かつ高度な大学研究機関と評価されている。2006年現在、文学、経営・経済、創造的芸術および工業、教育、工学、法学、医学・保健学、理学の8学部が、オークランド中心部にある大学本校地のほか、4校地に分散している。学生数ほぼ4万名、5千名が大学院生でうち1,200名が博士号取得をめざしている。
(青柳まちこ)

オークランド・ハーバーブリッジ
[Auckland Harbour Bridge]

オークランド埠頭の西でワイテマタ湾*をまたぐ橋。長さ1,150m、4車線。市内と

オークランド・ハーバーブリッジ (由比濱省吾)

湾の北岸を連結する目的で、日本企業が4年の歳月をかけて1959年に完成した。ノースショア市*の急速な発展により、交通量増大のために車線の増加が必要になり、69年既設車線の両側に車線を増設しこの方式が注目を浴びた。オークランド名所の一つ。
（由比濱省吾）

オーストラリア・プレート［Australian Plate］
　オーストラリア大陸とその周辺海域を含む大陸プレート。かつてのゴンドワナ超大陸が分裂した断片で、3千万年前頃に南極大陸から分離した。現在、年約7cmの速度で北方へ移動を続けている。北島付近ではオーストラリア・プレートの下に太平洋プレート*がヒクランギトラフ（Hikurangi Trough）で沈み込んでおり、南島南部では逆にオーストラリア・プレートがプスギル（Puysegur）海溝で東へ沈み込んでいる。
（植村善博）

オオムギ［Barley］
　用途はビール*、ジン、ウイスキーの原料用および家畜飼料用が大部分で、少量が人間の食用に利用される。牧草が不十分な時期には家畜飼料に青刈りで用いることもある。栽培面積は1880年から第1次世界大戦まではほぼ10万 ha、その後大恐慌時に減少して現在は約6.8万 ha である。その半分以上がカンタベリー*、次いでマナワトゥ*、オタゴ*、サウスランド*、ホークスベイ*の諸地方である。
（由比濱省吾）

オーモンド、ジョン
［Ormond, John Davies (1832-1917)］
　政治家。イギリス生まれ。1842年ニュージーランドに来住。初期ホークスベイ*の大地主。州長官（Superintendent）、下院議員（1861-81、84-90）、フォックス*内閣、ウォーターハウス（Waterhouse）内閣で公共事業相、アトキンソン*内閣で国有地長官（Secretary for Crown Land）、移民相、郵政長官（Postmaster General）、電信長官（Commissioner of Telegraph）。
（由比濱省吾）

オールブラックス［All Blacks］
　ラグビーのニュージーランド代表チーム。1882年にオーストラリアと戦い3勝3敗。84年に答礼のオーストラリア初遠征では8試合に全勝。1904年イングランド・チームはオーストラリアに遠征し13戦全勝したが、ニュージーランドには3対9で敗退した。その結果ニュージーランド・チームの海外遠征が実現し、イギリス、フランス、北米などの試合で35戦34勝1敗、オールブラックスの名が世界的に有名になった。オールブラックスという名称は、フォワードもバックスも全員がバックスのようだと書いた記者の原稿を、編集者が黒いジャージーから気をきかせて、バックスをブラックスと訂正したことに起因するといわれる。またある説では植字工が間違えて、Backs を Blacks と l を入れてしまったという。
（樋口治）

オールブラックス遠征停止事件［Halt All Racist Tours］⇒スプリングボック試合事件

オケインズ湾マオリと入植者博物館
［Okains Bay Maori and Colonial Museum］
　バンクス半島*の東北海岸オケインズ湾にある。この地域のマオリと入植者の遺物の展示。1400年のものとされる神聖な杖、戦争用カヌー、ティキ*などを含む。
（角林文雄）

オサリヴァン、ヴィンセント
［O'Sullivan, Vincent (1937-)］
　詩人、小説家、文学評論家、ヴィクトリア大学名誉教授。オークランド生まれ。オックスフォード大学卒。マンスフィール

ド*の選集、書簡集などの出版に寄与。処女詩集 Our Burning Time, 1965（われらが燃え上がる時代）でデビュー。短編集 The Boy, The Bridge, The River, 1978（少年と橋と川）、史実フェザーストン事件*をテーマにした Shuriken, 1985（手裏剣）など多数。小説 Let the River Stand, 1993（川の流れよ止まれ）でモンタナ・ニュージーランド・ブック賞*受賞。

(池田久代)

オタキ［Otaki］

ウェリントンの北東70km、パーマストンノース*との中間、タズマン海*に面した町。人口5,643人（2001年）。ホロフェヌア*地方に発達している集約的な市場園芸地域の一部を形成している。1840年代にテ・ラウパラハ*の命令で建てられたマオリ教会ランギアテア（Rangiatea）があり、オタキ・マオリ教会と通称されている。

(由比濱省吾)

オタゴ県［Otago Region］

南島南部の県。1853年から76年の州制度廃止までオタゴ州であった。1800年以後オーストラリアからの捕鯨*業者が活動し、いくつかの捕鯨基地ができた。48年にはダニーディン*のニュージーランド会社*入植地に、スコットランド自由教会*による組織的移民がおこなわれた。60年代にセントラルオタゴ*で起こったゴールドラッシュ*でオタゴ地方は繁栄を誇り、ダニーディンはニュージーランド最大の都市になった。オタゴ湾の主要港はポートチャーマーズ*である。バルクルサ*を中心とするサウスオタゴは豊かな牧羊・酪農地帯であるが、サザンアルプス*の東側一帯を占めるセントラルオタゴは乾燥地域で、粗放な牧場が展開しており、部分的には果樹栽培*地域になっている。アレクサンドラ*やクロムウエル*が地方的中心であるが、むしろここを有名にしているのはクイーンズタウン*、ワナカ湖*、ミルフォードサウンド*などの観光地である。地名はオタゴ半島の先端近くの集落名オタコウ（Otakou 黄色土の意）を、捕鯨者がオタゴと呼んだことによる。

(由比濱省吾)

オタゴ初期入植者博物館
［Otago Early Settlers Museum］

ダニーディン*にある。19世紀初期以来の、ダニーディンとその周辺地域における入植者の歴史を物語る資料が展示されている。

(角林文雄)

オタゴ大学［University of Otago］

1869年オタゴ州議会の条令によりダニーディン*に創立されたニュージーランド最古の大学。71年7月文学、医学、法学、音楽の4学部構想で3名の教授陣のもとで開学した。1870年設立のニュージーランド大学*が唯一の学位授与機構と制定

オタゴ大学本館時計塔。ニュージーランド最古の大学（太田弘）

されたため、74年オタゴ大学はその傘下の1カレッジとなり、学位授与の権限を一時的に停止してきたが、61年のニュージーランド大学解体にともない独立の大学となった。現在は学生2万人を擁する総合大学で、とくに1875年創立の医学部はよく知られている。人文学部、理学部、法学部、医学部、歯学部、家政学部、商学部、神学部、体育学部の9学部からなる。1878年設立の鉱山学部は87年オークランド大学*に移転した。
〔青柳まちこ〕

オタゴ博物館 [Otago Museum]
ダニーディン*にある。1865年にダニーディンで開催されたニュージーランド博覧会の資料をもとに68年に設立された。ニュージーランドばかりでなく、南太平洋各地の文化を知るための展示に特色があり、世界有数の規模を誇る。ニュージーランド固有の動植物についての展示も充実している。オタゴ地方の歴史を学ぶこともできる。
〔角林文雄〕

オタゴ半島 [Otago Peninsula]
海岸線の変化に乏しい南島太平洋岸で、オタゴ湾*の南側に突出している半島。基部はダニーディン市*街の延長になっており、中央部ではグレンファロック (Glenfalloch) 園やラーナック (Larnach) 城といった名所が点在し、先端のタイアロア (Taiaroa) 岬にはアホウドリ*、オットセイ、ペンギン*の群棲地がある。オタゴ湾口付近にオタゴの名前のもとになったオタコウ (Otakou) の集落がある。
〔由比濱省吾〕

オタゴ湾 [Otago Harbour]
オタゴ半島*の北側にある約20kmの湾入。最奥にダニーディン*港があるが、ここは水深が浅く吃水の深い船舶が接岸できないので、湾の中ほどにあるポートチャーマーズ*が商港として活発に活動している。
〔由比濱省吾〕

オタフフ [Otahuhu]
オークランドの南部で地峡が最も狭くなっている地区。太平洋とタズマン海*の分水界はごく低く、マオリ伝説によれば、カヌーのトコマル (Tokomaru) 号とタイヌイ (Tainui) 号を東側のハウラキ湾*の入江から引き上げて、西側のマヌカウ湾*に移動させたという。現在は国道1号線の東側にオタフフ火力発電所がある。
〔由比濱省吾〕

オテマタタ [Otematata]
南島ワイタキ川*の上流、ベンモア・ダム*建設に際して職員や労働者のためのコミュニティとしての機能を備えた計画的集落。ダム完成後も集落は残り、人口243人 (2001年) の住宅地。
〔由比濱省吾〕

オトロハンガ [Otorohanga]
ハミルトン*の南方、テ・アワムトゥ*とテ・クイティ*の中間、鉄道幹線と国道3号線沿線にある町。人口2,631人 (2001年)。19世紀キングカントリー*の中心地。町は幹線鉄道建設の労働者住宅から発達。シカ

オタゴ半島の草むらにいるキガシラペンギン〔太田弘〕

オトロハンガ東方山地の肉牛牧場（由比濱省吾）

公園、キーウィ*館があり、16km 南西にワイトモ*鍾乳洞がある。　　（由比濱省吾）

オナウェ事件［Onawe Raid］
　1831年北島ンガティ・トア（Ngati Toa）マオリの首長テ・ラウパラハ*が、宿敵ンガイ・タフ*をアカロア*湾奥のオナウェで奇襲攻撃し、住民の大部分を虐殺または奴隷とした事件。この攻撃に際してテ・ラウパラハはイギリス船長スチュワート（Stewart）に戦闘の支援を要請し、その見返りに50tのフラックス*を提供するとした。シドニーに帰ったスチュワートは、マオリの内戦に加担し支援をしたことにより、イギリス法に違反するとして取り調べを受けたが、無罪となった。しかしこの事件が駐在弁務官バズビー*の派遣につながったとされる。　　　　　　　　（青柳まちこ）

オハアキ［Ohaaki］
　1989年、北島タウポ*の東北にある国内2番目に建設された地熱発電*所。出力108MW、国内電力の3％をまかなう。発電所の外観はもう一つの地熱発電所ワイラケイ*と異なり、円筒形冷却塔がある。
　　　　　　　　　　　　　　（由比濱省吾）

オハアキ地熱発電所（由比濱省吾）

オハウ湖［Lake Ohau］

カンタベリー*西南部のサザンアルプス*山中にある氷成湖*の一つ。面積は59km²、テカポ湖*やプカキ湖*より小さいが、それらとともにワイタキ川*の水源になっている。電力開発によってオハウ運河が建設され、下流に発電所や人造のルアタニファ（Ruataniwha）湖が形成されている。
〔由比濱省吾〕

オハクネ［Ohakune］

北島中央部ルアペフ山*西南麓の町。人口1,293人（2001年）。鉄道幹線の建設基地として1908年に開かれた集落で、ルアペフ山南斜面のトゥロア（Turoa）スキー場に最も近い。ニンジンの特産地で町の入口には巨大なニンジンが観光客を迎え、毎年8月にはニンジン祭がある。
〔由比濱省吾〕

オハクリ湖［Lake Ohakuri］

ワイカト川*の上流にあるワイカト川最大の人造湖で、1961年オハクリ・ダム建設によって造成された。面積13km²。オハクリ・ダムはワイカト川上流から2番目のダムで、水力発電所は1961年に出力122MWで操業開始し、マイティ・リヴァー・パワー（Mighty River Power）社が経営。ダムの近辺にはオハクリ集落、南端にはマオリが神からの贈り物とする温泉地オラケイコラコ（Orakeikorako）がある。
〔由比濱省吾〕

オバシギ［Knot］

ソリハシシギに次いでよく見受けられる候鳥の渉禽類で、北半球で繁殖し、南半球の夏をニュージーランドで過ごす。
〔由比濱省吾〕

オポッサム［Opossum］⇒ポッサム

オポティキ［Opotiki］

ベイ・オブ・プレンティ県*東端にある町。人口3,999人（2001年）。酪農と牧羊地域の商業町。1860年代中頃にヨーロッパ人の入植開始。フェルクナー*事件の発生した場所。
〔由比濱省吾〕

オポティキ中心部にあるセントスティーブン・アングリカン教会。フェルクナーはこの教会に在職〔青柳まちこ〕

オポティキ博物館
［Opotiki Heritage & Agricultural Society］

昔の駅馬車の厩舎と郵便局をもとにしてつくられたもので、オポティキ*地方の農業機械などの歴史的資料を展示している。
〔角林文雄〕

溺れ谷［Drowned Valley］

陸上の谷地形が地盤の沈降や海面上昇により海面下に沈水して形成される細長い入江。もとの谷地形に沿って水域が広がるため、樹枝状の複雑な湾入をつくることが多い。南島マールバラサウンズ*は美しい海岸線と島々を有する典型的なリアス式海岸で、保護海域*および海洋公園*に指定さ

れている。バンクス半島*にはアカロア*湾をはじめとする多くの溺れ谷が分布する。　　　　　　　　　　　　　　（植村善博）

オマラマ［Omarama］
　南島ワイタキ川*上流の町。人口279人（2001年）。ワイタキ川下流方面、アオラキ山*方面、セントラルオタゴ*方面への国道分岐点。　　　　　　　　　（由比濱省吾）

オラカウ・パ［Orakau Pa］
　テ・アワムトゥ*の南東約8kmに位置する土地戦争*の激戦地。1864年3月31日~4月2日、ンガティ・マニアポト*の勇将レウィ・マニアポト*に率いられた300名余りのマオリとキャメロン*将軍率いる約1,500名の英軍が死闘を繰り広げた。
　　　　　　　　　　　　　　（内藤暁子）

オリヴァー、ウォルター
［Oliver, Walter Reginald Brook（1883-1957）］
　博物学者。オーストラリア生まれ。1896年タウランガ*に来住。独学で植物学、動物学、鳥類を研究。1928年ヴィクトリア大学大学院修了。ドミニオン博物館（現テ・パパ・トンガレワ*）長（1928-47年）。
　　　　　　　　　　　（ベッドフォード雪子）

オリジン・パシフィック航空
［Origin Pacific Airways］
　ネルソン*空港を拠点とする中堅航空会社。地方都市間を低料金で結ぶ。定期便のほかチャーター事業もおこなう。1997年設立、本社はネルソン空港。カンタス航空*と提携関係にある。　　　　　（大石恒喜）

オルバニー［Albany］
　オークランドの北約20km、国道1号線に沿う町。人口945人（2001年）。
　　　　　　　　　　　　　　（由比濱省吾）

オレーガン、ティペネ
［O'Regan, Tipene Stephan Gerard（1939-）］
　南島ンガイ・タフ*の指導者。ワイタンギ審判所*におけるンガイ・タフ漁業権請求、および土地請求に関して交渉委員会の委員長として活躍し、ンガイ・タフにとって受理しうる成果を導いた。　（青柳まちこ）

オレオドリー［Oreo Dory］⇒ドリー類

オレンジ［Orange］⇒カンキツ類

オレンジラフィー［Orange Roughy］
　ヒウチダイ科の深海魚。体長30~40cm、重さ1.4kg。体色は赤みを帯び、大きな骨ばった頭が特徴的。生息水深は1,000m前後。ニュージーランドでは、1976年、日本の深海探査船がチャタム諸島*陸棚のトロール試験操業によって好漁場を発見した。チャタム沖のほか、タラナキ*沖、ネーピア*沖でも深海トロールで捕獲される。
　その生態はほとんど未解明であるが、成長がきわめて遅く、寿命は100年以上と推定される。白身・無臭の魚肉が珍重され、輸出品目としてアメリカ向けが全体の90％近くを占める。資源の枯渇が危ぶまれ、1983年の漁獲割当量管理制度*制定の一因はオレンジラフィーのチャタム沖乱獲であった。1988年までの62,000tは2000年には15,000tに削減された。規制魚種*コード記号ORH。　　　　　（大島裏二）

音楽［Music］
　音楽はニュージーランドで最も親しまれている芸術である。20世紀後半になるとマオリとヨーロッパの2つの文化、さらにその他の島嶼民文化も加わってニュージーランド独自の音楽が生まれた。ヒル（A. Hill）、リルバーン*などの作曲家はマオリとヨーロッパという2つの文化を表現する楽曲を書いた。またニュージーランド随

ラタナ教会のブラスバンド（青柳まちこ）

一の指揮者サウスゲート（W. Southgate）やファーカー*、名ピアニストのヒューストン（M. Houstoun）、マオリ系の世界的オペラ歌手テ・カナワ*、およびメイジャー*など内外で活躍する音楽家は枚挙に暇がない。そのほかこの国で草の根的な広がりをもつ音楽にブラスバンドがある。植民地時代初期に駐屯していたイギリス軍や民兵の間で盛んになり、1859年ニュープリマス*に最初のブラスバンドが組織された。ラタナ教会*は宗教行事にブラスバンドを取り入れている。
(池田久代)

オンスロー、ウイリアム
[Onslow, William Hillier（1853-1911）]

総督（1889-92）。イギリス生まれ。イギリス上院議員。1889年ニュージーランド総督として赴任。91年成立の自由党バランス*内閣と国政上の確執により92年辞任、イギリス上院議員の職に戻った。
(ベッドフォード雪子)

温泉 [Hot Spring]

温泉分布は、(1) ホットウォーター・ビーチで有名なコロマンデル半島*北東海岸北部、(2) 地熱で知られる中央部の火山高原*のロトルア*、タウポ*、トカアヌ*など、(3) ワインガロ（Waingaro ハミルトン*の北西）に代表されるワイカト*西部、(4) 南島山間部のハンマースプリングズ*、マルイアスプリングズ*などである。温泉はプールとして使用されている場合が多く、原則として水着着用である。温泉の町として有名なロトルアは町全体が大地熱地帯の中心に位置し、間歇泉*が人気を呼んでいる。国内はもちろん外国人観光客が訪れる温泉施設がある。
(新井正彦)

オンブズマン [Ombudsman]

北欧型をモデルとして1962年世界で4番目に制度化。当初対象は中央政府省庁に関する苦情に限定されていたが、68年には教育や医療機関、76年には地方政府にも拡大された。さらに2001年1月施行の告発保護法（Protected Disclosures Act 2000）により、内部告発者に対する情報や指導も含まれるようになった。オンブズマンは国会の推薦により総督*によって任命され、政府とは独立して調査をおこなう。任期は5年で再任を妨げない。75年まで1名であったが、現在は2名である。オンブズマンの役割は、中央・地方の政府組織、その他の公的機関に対して寄せられた苦情にもとづいて、あるいは彼ら自身の意思により、内密に調査をおこない、その結果を該当部署に提出する。場合によっては首相、国会に提出することもある。私的企業や個々人の問題に関して調査権限はない。
(青柳まちこ)

か

カー、エドウィン ［Carr, Edwin（1926-）］
作曲家。オークランド生まれ。代表作に、交響曲第二番 *The Exile*, 1983（流浪）、ドストエフスキーの小説『白痴』をもとにした三幕オペラ、*Nastasya*, 1969-72（ナスターシャ）および野心作 *Song of Solomon*, 1987（ソロモンの歌）など多数。　　（池田久代）

カーギル、ウィリアム
［Cargill, William Walter（1784-1860）］
政治家。エディンバラ生まれ。1848年に64歳でスコットランド自由教会*移住者を乗せた船の船長としてオタゴ*に来住。バーンズ*らとともにダニーディン*に、スコットランド自由教会の植民地を建設しようと努力した。53年新たに制定されたオタゴ州長官（Superintendent）となり60年まで在任、下院議員（55-59）。　（青柳まちこ）

カーギル山 ［Mt. Cargill］
ダニーディン*の北郊に位置する680mの山。近傍にこれより高い山がないので、オタゴ湾*、ダニーディン市街を展望する絶好の場所である。　　（由比濱省吾）

カーク、トマス ［Kirk, Thomas（1828-98）］
植物学者。イギリス生まれ。1863年オークランドに来住。68年オークランド博物館学芸員。74年以降ウェリントン・カレッジ、リンカーン農業カレッジ（現リンカーン大学*）で生物学・地質学を教える。85年国有林主任環境保全官として国有林衰退防止に功績。膨大な研究業績・書簡がある。著書に *Report on the Durability of New Zealand Timbers*, 1899（ニュージーランド木材の耐久性に関する報告書）、*Forest Flora of New Zealand*, 1889（ニュージーランドの森林植生）など。2人の息子のうちトマス（Thomas W. Kirk、1856-1936）は農政官僚として生物学的害虫駆除に貢献、ハリー（Harry B. Kirk、1859-1948）はヴィクトリア大学初代生物学教授。　（ベッドフォード雪子）

カーク、ノーマン ［Kirk, Norman（1923-74）］
首相（1972-74）。カンタベリー*のワイマテ（Waimate）生まれ。小学校卒の独立独行型の政治家。下院議員（57-74）、1965年に最年少の労働党*党首。72年労働党政権が誕生し首相。マオリ文化遺産を尊重し、外交に独自の路線をとることで、イギリス寄りであった従来の姿勢を、南太平洋国家の一員としての立場に転換すべく努力した。またムルロア環礁におけるフランスの核実験に激しく抗議した。　　（由比濱省吾）

カースル、レナード
［Castle, Leonard Ramsay（1924-）］
陶芸家。オークランド生まれ。オークランド大学卒。1947年に陶芸をはじめ、64年から陶芸活動に専心。ニュージーランド陶芸工房運動（New Zealand Studio Pottery Movement, 1981-84）の創設メンバー。アメリカ、日本、スウェーデンなどを歴訪して個展を開く。　　（池田久代）

カースル岬 ［Castle Point］
北島マスタートン*東方にある岬。灯台がある。形状が城のようであることからクック*により命名された。付近の同名集落は夏の避暑地として知られる。（太田陽子）

カータートン ［Carterton］
ワイララパ*中央部の町。人口4,101人（2001年）。ウェリントンの東90km、カータートン郡中心地。　　（由比濱省吾）

カーター・ホルト・ハーヴェイ社 [Carter Holt Harvey Ltd.]

ニュージーランド人工林の保有企業としては第1位で約17.8%を占めている。北島のファカタネ*やオークランドに工場をもち、段ボールや運送用段ボール箱などの製造販売をおこなう。日本の製紙会社などとも提携しネーピア*で事業を展開している。　　　　　　　　　　　　　（岡田良徳）

ガード、ジョン [Guard, John (Jacky)(c.1800-?)]

捕鯨業者。イギリス生まれ。1823年シドニーから来住し20年代後半マールバラサウンズ*のトーリー（Tory）海峡、32年にクラウディ（Cloudy）湾のカカポベイ（Kakapo Bay）に捕鯨*基地を設けた。これらは南島における最初の沿岸捕鯨基地である。34年ガード一家を乗せた船がタラナキ*沖で座礁しマオリに襲撃され、彼とその家族はシドニーに難を逃れた。オーストラリア総督は直ちにタラナキに軍艦を出動させ人質を取り返したが、これはイギリス軍による最初のマオリ攻撃であり、翌年イギリス下院で調査がおこなわれた。
（青柳まちこ）

カートライト、シルヴィア [Cartwright, Silvia (1943-)]

弁護士。ニュージーランド第2番目の女性総督(2001-06年)。ダニーディン*生まれ。女性の権利を擁護推進。1967年オタゴ大学卒、弁護士を経て、女性初の最高裁判所判事。87~88年カートライト尋問(Cartwright Inquiry)で知られる国立女性病院における子宮頸部癌の治療に関する尋問委員会委員長として医療の改革に多大の影響を与えた。国連を通じて女性差別撤廃の推進に寄与、2001年女性の地位向上推進国際組織(Zonta International)の名誉会員。ワイタンギ信託公社総裁など150を超える団体・慈善事業に関与。　　（ベッドフォード雪子）

カードローナ川 [Cardorona River]

南島の大河であるクルサ川*に注ぐ支流。パイサ山脈*の西を北流し、ワナカ湖*から流出したクルサ川に南側から合流する。　　　　　　　　　　　　（由比濱省吾）

カーノウ、アラン [Curnow, Thomas Allen Munro（1911-2001）]

詩人。ティマル*生まれ。カンタベリー大学とオークランド大学卒。クライストチャーチを本拠地にして、詩作を始める。*New Poems*, 1934（新詩集）その他。*Enemies: Poems 1934-36*, 1937（敵たち：詩1934-36）の頃から英国詩人の影響を受け、小国ニュージーランドの国家・歴史的視点を捨て、人間的・普遍的テーマへと詩風の転換を果たす。第2次世界大戦後、16人の詩人を紹介して、ニュージーランド詩全体を眺望する記念すべき *A Book of New Zealand Verse 1923-45*, 1945（ニュージーランド詞華集）の編著者となる。最近の詩集に *Ten Steps to the Sea*, 1998（海まであと10歩）などがある。長年にわたる詩作や編集に対して多くの文学賞を受賞。　　（池田久代）

ガーフィッシュ [Garfish]

マオリ名トケケ（tokeke）、ダツ科の魚、体長20~25cm。パイプのような体型なのでパイパー（Piper）、また大きな下顎が上顎を支える形なのでハーフビーク（Half-beak）とも呼ばれる。夏の産卵期に密集して内湾や岸辺に来るので、大型魚や鳥の餌食になりやすい。浜辺からの地曳網漁で漁獲する。規制魚種*コード記号GAR。　（大島襄二）

カイアポイ [Kaiapoi]

クライストチャーチの50km北方、国道1号線上の町。人口9,255人（2001年）。後背地では混合農業、市場園芸、酪農がおこなわれる。カイアポイ川の川港として発達したが、現在はクライストチャーチへの通

勤者の住宅地域。　　　　　　（由比濱省吾）

海運 [Shipping]

　伝統的に海運事業が盛んで世界各地の港との間に30以上の航路が開かれ貨客を運んでいる。航空機が発達した現在でも、輸出品の85％（価格計算）、99％（数量計算）、また輸入品の75％（価格計算）、99％（数量計算）が船舶により運搬されている。主要積み出し港はタウランガ*、ニュープリマス*、オークランド*、リトルトン*、主要積み下ろし港はファンガレイ*、オークランド、タウランガ、インヴァカーギル*である。ニュージーランドに寄航する航路をもつ海運会社は30社以上あり、日本の大手船会社2社もその中に含まれている。

　一方、国内では北島と南島を結ぶウェリントン～ピクトン*航路をはじめ、チャタム諸島*、スチュワート島*への航路、沿岸各港を結ぶ航路など、国内航路が存続している。オークランド、ウェリントンをはじめ、タウランガ、ニュープリマス、ネルソン*、リトルトン、ティマル*、ポートチャーマーズ*、ダニーディン*などの港が機能している。通常の貨客の運搬に加えて、家畜の運搬も重要である。（大島襄二）

海外援助 [Overseas Aid]

　第2次世界大戦後、1950年コロンボで開かれた英連邦諸国外相会議によって成立したコロンボ計画のもとで途上国援助が展開され、その動きは政府開発援助（ODA=Official Development Assistance）へと引き継がれた。2002年以降は、外務貿易省*内の半独立機関であるニュージーランド国際開発援助機構（New Zealand's International Aid & Development Agency=NZAID）が援助を主管している。

　ニュージーランドの援助は、アジア、アフリカや南米、あるいは国連機関に向けてもおこなわれてはきたが、やはり関係の深い南太平洋地域に集中している。また、援助は、資金援助だけではなく、人的派遣や奨学金などの形でもおこなわれている。ニュージーランドによる海外援助は国際社会において高く評価されており、ニュージーランド国内でも海外援助への支持は高い。　　　　　　　　　　　　（山口悟）

海外研修受け入れ事業
[Overseas Students in New Zealand]

　ニュージーランドの教育産業は、そのほとんどが海外からの留学生を対象にしたもので、留学受け入れ事業はここ数年で20億ドルの巨大産業になっている。2004年現在、海外からの留学生総数は79,300人で、その90％以上をアジアからの留学生が占めている。とくに中国人留学生はその半数を占め、韓国、日本がそれに次いで多い。

　各主要都市には大学付属の語学センターだけでなく、語学学校もできており、就学ビザを必要とする長期留学とともに、2～3週間から1～2ヵ月の短期留学が海外研修という形で実施されている。日本からも多くの高校や大学が7～8月を中心に研修を実施しているが、近年、気候のよい2～3月におこなう学校も増えている。

　海外研修の目的は、生きた国際コミュニケーションのための英語力を育成する語学研修と、相手国の社会や文化について学ぶ異文化研修との型がある。海外研修が「英語」や「異文化コミュニケーション」などの科目単位に認定されている大学もある。研修先としてニュージーランドが選ばれる理由は、広大な自然に恵まれ、時差もあまりなく、学ぶ環境として快適であること、イギリスの古きよきヨーロッパ文化の伝統を残し、健康で明るい社交的な国民性をもちながら、生活習慣は堅実で、欧米に比べきわめて犯罪が少ないこと、また生活費も比較的安いなどの条件があげられる。

（新井正彦）

海外社会保障協定
[Overseas Social Security Agreements]
　ニュージーランドの国籍保有者、永住権保有者が外国で就労した場合、年金制度その他に関して就労地である外国の社会保障制度への二重加入や保険料の掛け捨てなどで問題が発生しがちであるため、2国間で締結する協定。現在オーストラリア、イギリス、オランダ、ギリシア、アイルランド、デンマーク、カナダ、チャネル諸島のジャージー島とガーンジー島の7ヵ国2地域との間に協定が結ばれており、ニュージーランドおよび当該国で通算して有資格者に支給される諸手当や年金を、当該国で受給することができる。　　（新井正彦）

海外派兵［Overseas Troop Dispatch］
　ニュージーランドは、イギリス本国を支援するために、また第2次世界大戦後は対米協調と国連平和維持活動のために数多くの海外派兵をおこなってきた。1899年にイギリスを支援してボーア戦争*に参加するために、6千人強の志願兵が南アフリカに派遣された。これが、ニュージーランド初の海外派兵である。両世界大戦にもニュージーランドは本国を支援するために参戦し、北アフリカ、中東、ヨーロッパ、太平洋で戦った。
　第2次世界大戦後には、40年代に日本占領軍*に参加し、また40年代後半から60年代にかけてはイギリス、オーストラリアと協調してマレー半島や北ボルネオにも防衛のために派兵した。第2次世界大戦後の対米協調関係の中では、50年代に朝鮮戦争、60年代から70年代初頭にかけてはヴェトナム戦争*に参加した。
　また湾岸戦争での多国籍軍やイラク戦争後の復興支援活動にも参加している。ニュージーランドは国連の平和維持活動にも積極的に参加し、数多くの機会に旧ユーゴスラヴィア地域やアフリカ、アジア、太平洋などへ部隊を派遣している。　（山口悟）

改革党［Reform Party］
　1909年、自由党*政策に対抗して結成された保守傾向の政党。母体は農民連合（Farmers' Union）で中心人物はマッセイ*である。11年の総選挙で辛勝し同年7月政権党となった。改革党は土地自由保有権の回復、公共サービスの改革に着手し、当時発生した金鉱および港湾ストライキ*を秩序を乱すものとして厳しく取り締まった。社会主義的風潮を嫌う世論に押されて14年総選挙では再び自由党に勝利し、マッセイは25年まで3期にわたって首相を務めた。
　マッセイ死後、ベル*、さらにコーツ*がその後を継ぎ、25年の総選挙では、対立政党の分裂もあって80議席中55議席を獲得する大勝利を博し28年まで政権を担当した。28年総選挙では労働党*の台頭と自由党の系統をひく統一党*の善戦により敗退し、31年統一党のフォーブス（George W. Forbes）を首班とした連立内閣に参加。35年の総選挙後、統一党と合体して国民党*を結成した。　（青柳まちこ）

海岸侵食［Coastal Erosion］
　海岸およびその構成物質が波浪の作用で侵食され、海岸線が後退する現象。岩石海

海岸侵食：北島南部東岸の海岸。荒い波によって海食が進み、かつ無数のガレーによる侵食を受けてバッドランド（悪地地形）を呈している　（太田陽子）

岸は岬にあたる部分が集中的に侵食される。断層*、節理の存在などの弱線部では選択的侵食が働き、また岩質によって侵食の速度は著しく異なる。新第三紀層や第四紀層など未固結の地層からなる海岸では侵食の速度が大きい（たとえば北島東岸）。砂浜海岸でも物質の供給の多少により、侵食の速度は異なる。　　　　　（太田陽子）

海軍［Royal New Zealand Navy］
　1887年の英帝国植民地会議でオーストラリアとニュージーランドは、統一された警備艦隊をもつことが決定された。1909年には巡洋戦艦ニュージーランド号の建造費を負担した。13年には海軍防衛法（Naval Defence Act）が成立したが、第1次世界大戦中ニュージーランド海軍はイギリス海軍ニュージーランド支隊と位置づけられ、イギリス海軍本部の作戦指導下に置かれて、サモアへニュージーランド軍を護送したのち、地中海、紅海、ペルシア湾で行動した。ニュージーランド独自の海軍の創設は、第1次世界大戦後の21年である。第2次世界大戦勃発とともに、ニュージーランド海軍は急速に拡大し、41年にはジョージVI世によりロイヤル・ニュージーランド海軍という名称が認められ、大戦終結時までに60隻以上の艦艇が就役していた。戦後は縮小された規模で自国水域の安全に寄与する一方、朝鮮戦争、マレー戦争に参加し、ヴェトナム戦争*には医療チームを派遣し、91年に湾岸に派遣されるなどした。現在ではフリゲート艦3隻をはじめ、測量艦、補給艦、警備艇が地域の安定と国連の平和維持活動に活躍している。（根無喜一）

外交［Diplomacy］
　イギリス植民地として出発したニュージーランドは、長い間外交をイギリス本国に依存してきたが、第1次世界大戦後の国際連盟*の樹立に際しては、イギリスとは別個の立場で加盟調印した。さらに第2次世界大戦中の1943年には、独自の立場で外交をおこなうため外務省（現外務貿易省*）を設立し、国際連合*の原加盟国となった。73年にイギリスがECに参加したことによって伝統的な輸出市場を失ったために、アジア太平洋諸国との経済関係を深めている。80年代からは伝統的にも地域的にも特殊な関係にあるオーストラリアと経済緊密化協定*、防衛緊密化協定（Closer Defence Relations Agreement=CDR）を結び、対立はあるもののオーストラリアとの協調を外交の基軸としている。太平洋諸国とは太平洋島嶼フォーラム*などを通じて、貿易、防衛、移民受け入れ、経済協力など幅広い協力関係を有している。

　軍縮、人権、環境といった側面では国連重視の外交を展開しており、東ティモールなどに国連平和維持活動の要員を派遣した。非核政策*を堅持し、80年代後半からはアメリカとの関係が硬直化したが、90年代以降は対米関係の修復につとめている。テロ対策へも積極的に対応しアフガン支援のため資金や食料援助をおこなう一方、軍事要員も派遣した。イラクにはバスラに施設部隊員を含むニュージーランド軍部隊を派遣した。また拉致や核問題など北朝鮮外交の一面には批判的ではあるが、同国との外交関係を維持している。（根無喜一）

外交代表［Diplomatic Representation］
　外交代表には大使、英連邦諸国相互の常駐使節をさす高等弁務官（High Commissioner）、国際機関へ派遣されている国連大使その他の常駐使節（Permanent Mission）、国または都市に外交代表として常駐する総領事・領事がある。大使・総領事などが常駐するのは41ヵ国であり、彼らが近隣の76ヵ国を兼任している。高等弁務官が派遣されているのは16ヵ国である。常駐使節は国際連合*、世界貿易機構*などに派

遣されている。　　　　　　（根無喜一）

カイコウラ［Kaikoura］
　南島東海岸北寄り、カイコウラ半島*の完新世海成段丘上にある町。人口2,106人（2001年）。半島背後にはシーワード・カイコウラ山脈があり、海は大陸棚の幅が狭くて深海が迫っている。ヨーロッパ人入植初期には捕鯨*基地であったが、マオリ地名が「ロブスターを食べる」を意味するとおり、ここの海ではロブスターがよく獲れ、現在ではこれが主な漁獲対象となっている。カイコウラ湾に遊泳するクジラ*を対象とするホエールウオッチング*観光が有名。　　　　　　　　　　（由比濱省吾）

カイコウラ山脈［Kaikoura Ranges］
　シーワード・カイコウラ（Seaward Kaikoura）山脈は南島北東部、マールバラ*地方にある山脈で、クラーレンス川*河谷と海岸の間を北東―南西方向に走る。山脈の形成は約3,000万年前からの断層活動と関係している。最高峰はマナカウ（Manakau）山で2,610m。山脈の北西斜面はマヌカ*のブッシュで覆われているが、一部はタソック*やトタラ*の樹林がある。シカ、ヤギ、ウサギなどの狩猟がおこなわれる。クラーレンス川の西にはインランド・カイコウラ（Inland Kaikoura）山脈があり、最高峰は2,885mのタプアエヌク（Tapuaenuku）山である。これら2つの山脈はクック*によって1770年にスノウイー山脈（Snowy Range）と呼ばれた。　　　（太田陽子）

カイコウラ史学会博物館・文書館［Kaikoura Historical Society Museum & Archives］
　ホエールウオッチング*で有名なカイコウラ*にある。マオリのカヌー、捕鯨*関係資料が展示され、またこの地方の歴史資料が所蔵されている。　　　（角林文雄）

カイコウラ半島［Kaikoura Peninsula］
　南島東岸、クラーレンス川*とコンウェイ（Conway）川との間の東に突出する半島。基盤岩石は第三紀の石灰岩で、全域が5段に分かれる海成段丘*からなり、長期にわたる隆起を示している。第1段丘の高度は約105mで本半島の最高所、ここからは貝化石が発見され、最終間氷期最盛期ないしそれより少し若い。第4段丘形成期には本島から孤立した島であったが、第5段丘の離水によって陸繋島となった。高い段丘群は牧羊地となっており、徒歩旅行者のための道もある。段丘上にはいくつかのドリーネがある。海岸をとりまいて完新世にできた若い海成段丘があり、集落はここに立地している。　　　　　　　　　（太田陽子）

カイコヘ［Kaikohe］
　ノースランド県*中央、パイヒア*の西方内陸にある国道12号線上の町。人口4,023人（2001年）。古くはヘケ蜂起*の地で、第1次世界大戦後は退役軍人が定住し、第2次世界大戦中にアメリカ軍施設が置かれた。　　　　　　　　　（由比濱省吾）

海産食品産業社［New Zealand Seafood Industries Council Ltd.=SeaFIC］
　1997年ニュージーランド漁業ボード（Fishing Industry Board）が保持していた機能の大部分を引き継いで設立された。海産食品に関係する漁業者、養殖業者、加工業者、小売業者、輸出業者を代表し、海産食品産業を一元化し、輸出産業としての競争力を高めるとともに、国の方針である環境保全と資源保護に積極的に協力する組織である。会社には科学、事業政策、貿易広報、実務訓練の4部局がある。　（大島裏二）

海事博物館［Maritime Museum］
　ウェリントンのラムトン（Lambton）港に隣接するクイーンズ埠頭（Queen's Wharf）に、

1891年に建てられた港湾局の白い建物をそのまま利用した博物館。古い時代のポリネシアのカヌーやニュージーランドにゆかり深かった移民船の模型、その当時の船具などが陳列されている。1階の大きなスクリーンには1900年代初期のウェリントンの情景が映し出されている。
（大島襄二）

害獣 [Noxious Animal]

狩猟用、鑑賞用あるいは害獣駆除用としてニュージーランドに導入され、のちに野生化し環境を破壊するに至った動物が害獣となり、現在では政府から根絶ないしは駆除が指定されている。対象はヤマネコ、レイヨウ、シカ*、ヤギ*、ウサギ*、テン、イタチ*、シロイタチ、ポッサム*、ワラビー*で、環境保全省*が責任当局である。
（由比濱省吾）

海上交通 [Water Transportation]

北島ウェリントンと南島ピクトン*を結ぶフェリーには、インターアイランダーとリンクスという2種類の船がある。インターアイランダーは3時間20分、高速船リンクスは2時間15分で自動車搭載可能な双胴船としては世界最高クラスのスピードを誇る。オークランドでは、ワイテマタ湾*上をフェリーで通勤する市民が少なくない。市内中心部にあるフェリー乗り場から、デヴォンポート*、ワイヘケ島*などへのフェリーが就航している。スチュワート島*のハーフムーンベイ*と南島ブラフ*間を1時間で結ぶ高速船が就航している。
（大石恒喜）

海成段丘 [Marine Terrace]

過去の海面に関連してできた海成平坦面が、海岸にそって階段状に分布する地形。海岸段丘ともいうが、成因を重視して海成段丘というのが適当。段丘面は波食による場合と堆積による場合とがある。段丘の形成は、氷河性の海面変化と、

北島南端海成段丘群。北島南部、トゥラキラエ岬にある海成段丘群。A～Eまでの更新世段丘が明瞭。高位のものほど古く、開析が進んでいる。Eが最終間氷期最盛期の段丘にあたる。旧汀線は背後からの堆積物で多少不明瞭になっている。高度は約140m。Fは完新世段丘で、この延長部にトゥラキラエ岬がある（太田陽子）

個々の地域の地殻変動との結合によって生ずる。隆起速度が大きいほど、過去の海面が陸上に現れて多段の段丘を形成する。間氷期の顕著な海進にともなう段丘は、一般に谷埋め堆積物の存在により特徴づけられる。

段丘の年代は段丘堆積物に含まれている化石や、段丘面を覆う火山灰、レス*、古土壌などによって決められる。最終間氷期最盛期（酸素同位体ステージ 5e）の段丘は世界的に広く追跡され、ニュージーランドでも例外ではない。北島では北東部のプレート境界に近い海岸、南東部あるいはクック海峡*の北側、南島では北東部や、西北部の海岸などに分布する。段丘面内縁は旧汀線を示し、その高度は上下変位量を示すよい指標になる。酸素同位体ステージ 5e の旧汀線高度は最高で約 300m（北島北東部）に達するが、活断層*の影響による変化が大きい。完新世における地震隆起*と関係した段丘*は北島東岸、南岸、南島北西岸などに見られ、巨大地震にともなう隆起による小段丘群に細分される。　　（太田陽子）

海藻［Seaweed］⇒藻類

カイタイア［Kaitaia］
ノースランド県*北部、タズマン海側にある町。人口 5,151 人（2001 年）。牧羊をともなった酪農地域の行政・商業中心地で、

カイタイア入口のマオリ語、クロアチア語（ダルマティア人の言語）、英語による歓迎標識（青柳まちこ）

近傍には日本企業が 3,000ha のラディアタ・パイン*植林地を経営し、植林から製材までおこなっている。果樹園芸ではブドウ*、アボカドなどが栽培されている。1833 年にアングリカン教会*の伝道士たちが定住した。かつてカウリガム採掘*の中心地で、80〜90 年代にはダルマティア人はじめ、多くのガム採掘者が働いていた。現在町の北にある工場では数万年前のカウリ*株を掘り出し加工・販売している。　（由比濱省吾）

カイツブリ［Grebe］
淡水・海水両方に住む水鳥で、ほとんど尾がなく、よく潜水する。代表種は、ニュージーランド・カイツブリ、マオリ名ウエウエイア（ueueia）。体長は 28cm に過ぎず、嘴が尖り尾がない。翼は小さいがよく飛ぶ。生活の大部分を水で過ごす。現在南島では見られず、北島、とくに標高 900m の火山高原*の湖水や、カイパラ湾*地区の砂丘で見られる。その他にカンムリカイツブリ、それより小型のノドグロカイツブリ、オーストラリア種のシロガシラカイツブリがいる。　　　　　　　　　（由比濱省吾）

海底電信ケーブル
［Submarine Telegraph Cable］
最初の国際海底電信ケーブルはシドニーとネルソン*北方のワカプアカ（Wakapuaka）を結んで 1876 年に、次いで 90 年シドニーとウェリントンを結ぶ線が開通した。南北両島を結ぶ最初の海底電信ケーブルとしては、1879 年ワンガヌイ*とワカプアカ間のケーブルが完成した。　　　　（岡田良徳）

開発金融公社［Development Finance Corporation New Zealand Ltd.=DFC］
1964 年、独立の組織として設立された。その役割は年々拡大していったが、主要な活動は、国内あるいは国際的に企業、政府、銀行やほかの金融機関を対象とする貸付、

証券や通貨の取引、投資をおこなうことである。政府保有のこの公社は、80年代から始まる行財政改革*、民営化*の一環として、88年11月18日、政府保有のNPF（National Provident Fund）に80％、民間のソロモン・ブラザーズ社に20％の割合で、価格1億1,100万ドルで売却された。

（松岡博幸）

開発投資資金
[New Zealand Venture Investment Fund]

1993年の会社法（Companies Act 1993）により設立された政府のベンチャー資本計画推進のための基金。その目的は、初期段階での投資活動の促進、技術開拓、熟練者養成、大学や研究所先端研究の商業化、国際的専門家の育成、ネットワークの確立、市場情報へのアクセス促進、ビジネスのグローバル化などである。基金は政府によって指名された民間部門の経営者からなる委員会により運営されている。

（岡田良徳）

カイパラ湾 [Kaipara Harbour]

オークランドの北西方、タズマン海*側にある溺れ谷*地形。南北方向65km、浅く湾口は砂嘴で狭くなっている。道路・鉄道が完成するまでは、オークランドその他へ出荷するカウリ*材、カウリガムなどはここから船で運ばれた。

（由比濱省吾）

カイマイ山脈 [Kaimai Range]

北島東北部、コロマンデル山脈*の末端から南に向かってロトルア湖*の西方ママク（Mamaku）高原まで伸び、ワイカト*とベイ・オブ・プレンティ*間の障壁となっている。この間の鉄道は9kmのカイマイ・トンネルで両地方を結んでいる。1975年に面積37,141haのカイマイ＝ママク（Kaimai-Mamaku）森林公園が設定された。

（由比濱省吾）

外務貿易省 [Ministry of Foreign Affairs and Trade=MFAT／Manatu Aorere Aotearoa]

国際的にニュージーランドの利益を促進し保護することを目的として、大臣に外交、安全、貿易政策に関して助言する政府機関。最初の外務大臣は1919年マッセイ*内閣において任命されているが、外務省（Department of External Affairs）が設立されたのは第2次世界大戦中の43年で、これまで本国イギリスに依存していた外交交渉を独自におこなうことを目的として、外交代表の海外駐在が開始された。今日40ヵ国以上の国と地域に大使、また英連邦諸国や国際連合*、世界貿易機構*などの国際機関に、高等弁務官や常駐使節を派遣している。またトケラウ*を管轄し、クック諸島*とニウエ島*の外交、防衛を担当する。

（青柳まちこ）

カイメン [Sponge]

マオリ名コププタイ（kopuputai）。単一の生物個体ではなく多細胞生物体の群生状態である。ニュージーランドには多くの種類がある。

（大島襄二）

海洋訓練学校法
[Naval Training School Act 1874]

1874年に制定された法。要保護児童に対して航海技術や海洋関係の知識を教育し、将来、商船関係の海員として自立できるように保護・教育することを目的とした。

（新井正彦）

海洋公園 [Marine Park]

海洋公園と保護海域*との根本的な相違点は、海洋公園が健全な野外活動に場を提供するのに対して、保護海域は人の立ち入りを制限して自然の状態を保つことを前提としていることである。海洋公園は環境省*の管轄ではなく、漁業法や港湾法のもとで、1983年に指定された2件以外は、

地方自治体がそれぞれの規定で定めたものである。

2004年現在、以下5つの海洋公園がある。(1)ミミファンガタ(Mimiwhangata)海洋公園：83年制定。ファンガレイ*の北方70km。(2)タファラヌイ(Tawharanui)海洋公園：83年制定。オークランド北方50km。(3)シュガーローフ諸島(Sugar Loaf Islands)海洋公園：86年制定。ニュープリマス*沖合1km。なおこの一部は保護地(Protected Area)として立ち入りに許可が必要。(4)ハウラキ湾*海洋公園：2000年制定、オークランド北東の広い海域。(5)ハヴロック*海洋公園：53年マールバラサウンズ*沿岸海域公園(Maritime Park)がこの国で最も早く海の公園として制定されていたが、93年その区域のうち、ロング(Long)島とココモフア(Kokomohua)諸島が保護海域に指定されたため、残余の部分を改めてハヴロック海洋公園と名称変更した。名称とその分布は巻末の資料参照のこと。　　　　（大島襄二）

外来魚類委員会［Fish and Game Council］
⇒遊漁狩猟審議会

街路パターン［Street Pattern］
通常、地形と用途地域に深く関係する。平坦地では規則的な方格街路が最も簡明でよく用いられている。主要部分をこれによっているのが、クライストチャーチ、パーマストンノース*、インヴァカーギル*、ハットシティ*、ロトルア*、ハミルトン*ケンブリッジ*などであり、市街地が傾斜地と平坦地の両方にまたがっているとき、商業地区に適用しているのが、オークランド、ウェリントン、ダニーディン*などである。平坦地で全体構造は方格パターンであるが、住宅地区において通過交通を排除するため何らかの工夫をしている都市は、ニュージーランドではアッパーハット*以外にはない。

これに対して丘陵など起伏のある地形を市街化している場合には、地形順応型か意識的不定形の街路としているのが普通で、ウェリントン、ダニーディンなどに見られる。同様のことは平坦地の中に孤立丘陵が存在する場合についても認められ、ネルソン*、ネーピア*がその例で、立体的眺望が得られる住宅区域である。放射環状パターンは、ダニーディンのオクタゴン(Octagon)公園を中心にした狭い範囲にしかない。　　　　　　　　　　　（由比濱省吾）

カインガロア森林［Kaingaroa Forest］
北島のタウポ湖*からベイ・オブ・プレンティ*のファカタネ*方面に伸びる幅広い軽石土壌地域を覆う森林。国内最大の人工林(188,000ha)で、ラディアタ・パイン*が植林されている。ここで生産された木材はカウェラウ*の製材、紙パルプ工業の原料に使用されている。　　　　（由比濱省吾）

カウィティ、テ・ルキ
［Kawiti Te Ruki (c.1774-1854)］
北島北部のンガ・プヒ*成員。ワイタンギ条約*に署名したが、イギリスの統治に不満を抱くようになり、ヘケ*のコロラレカ*旗竿事件に加わった。　　（青柳まちこ）

カウェラウ［Kawerau］
ベイ・オブ・プレンティ県*東部、ファカタネ*の西南にある町。1989年に郡となり、郡人口6,975人(2001年)。広大なカインガロア森林*で生産される木材の製材・加工産業が立地して、その労働者居住地として1950年代初期から、タズマン製紙社(現在はフレッチャー・チャレンジ社*の傘下にある)の企業城下町。　　　　　　　　（由比濱省吾）

カウリ［Kauri］
ニュージーランド固有のナンヨウスギ科ナギモドキ属で、世界で最大の高木の一

カウリ樹の幹（塩田晴康）

つ。樹高30~60m、直径3~5m、ノースランド*からタウランガ*にかけて自生。リム*、ミロ*、トタラ*などと共生し、成長は遅いが樹齢2000年と推定されるものもある。現在最大の樹高とされるのはノースランドのワイポウア森林*内カウリ保護区にある、樹高51.5m、第1側枝までの高さ17.68m、幹周13.77mのもので、タネ・マフタ（Tane Mahuta）の名で呼ばれる。同保護林にはテ・マトウア・ンガヘレ（Te Matua Ngahere）と呼ばれる樹高29.9m、第1側枝までの高さ10.21m、幹周16.41mの巨木もある。

カウリはほかの樹の樹冠を越えると成長が早まり、樹冠部が広がって自己剪定により下部の枝を落とす。カウリに側枝がなく幹がまっすぐで長いため、帆柱材として重視され乱伐された。現在は全面的に保護されている。朽ちた樹の内部から樹脂が滲み出て何千年もの間放置され化石となったものがカウリガム（カウリコパール）である。

(塩田晴康)

カウリー、ジョイ [Cowley, Joy (1936-)]

小説家、児童文学作家。レヴィン*生まれ。1960年代より短編を書きはじめ、アメリカで出版された *Nest in a Falling Tree*, 1967（倒木の巣）は映画化されて海外で好評を得た。また息子のために描いた童話絵本 *The Duck and the Gun*, 1969（鴨と銃）もアメリカで出版され、以後 Storybox（お話の玉手箱）シリーズの子ども向けの物語は400冊を超える。マーヒー*に匹敵する多産な作家。代表作は *The Silk*, 1997（絹）。現在マールバラサウンズ*で慈善組織テ・アロハ（Te Aroha）を興こし援助活動をおこなっている。

(池田久代)

カウリガム採掘 [Kauri Gum Digging]

かつてマオリは、北部に豊富に自生していたカウリ*から採取されるガムを燃やして害虫駆除や入れ墨の墨に用いていたが、ヨーロッパ人がガムを珍重することを知ると、これを採取して販売した。当時カウリガムは塗装用のニス製造などに用いられていたので、やがてマオリばかりでなく、ガム採取を目的に多くの人々が北部にやってきた。

ガム掘りのブームは1875~1925年の50年間で、90年代の半ばにはニュージーランド全輸出額の5%にも及び、ガム採掘で成功を夢見る何千人もの労働者がこの地にあふれていた。98年にはその数は最高の1万人にも達して、最大はイギリス人集団であるが、アドリア海沿岸から出稼ぎに来たダルマティア人がこれに次ぐ。しかしガムの生産量は1905年を境にして減少の道を辿るようになり、それにつれて人々もこの地を離れていった。

(青柳まちこ)

カエル [Frog]

在来種は、骨格的、解剖学的に原始的なカエル（Leiopelma）で、オタマジャクシ期がなく、小型のカエルの姿で孵化する。ホー

ホシュテッターガエル（Hochstetter Frog）、アーチェリーガエル（Archery Frog）、ハミルトンガエル（Hamilton Frog）の3種がある。すべて小型で体長5cm以下であり、ハミルトンガエルはとくに300個体以下の希少種である。ほかに外来種も3種ある。

（由比濱省吾）

カカ［Kaka］

体長45cm、体重500gの固有種オウム。大きなしわがれ声で鳴く。首、腹、尻は艶のある赤ないしオレンジ色、背はオリーブがかった茶色で、飛翔時に赤い下羽が見える。南島亜種はより鮮明な羽毛をもつ。森林や藪の昆虫、果実、葉を餌とし、木の空洞に営巣する。コロマンデル半島*から南島全土、スチュワート島*に見られるが、数の減少をきたしたため保護鳥となっている。

（由比濱省吾）

科学産業研究省［Department of Science and Industrial Research］⇒研究科学技術省

価格保障制度［Commandeer System］

1935年に最初の労働党*政権が誕生した時に、世界恐慌後の不景気から酪農家を保護するために政府が毎年の乳価を決め価格を保証したことから始まった制度。政府はこの目的のため、デアリー・ボード*を設立し輸出をおこなった。現在、ボードは廃止され、これに代わり巨大酪農会社が政府と組合によってつくり上げられ、フォンテラ協同組合社*として活動を始めた。ニュージーランドの乳価は政府の保証から巨大会社の支配の時代に入った。（岡田良徳）

カカビーク［Kaka Beak］

マメ科の低木。約2m。幹や枝は柔らかく折れやすい。葉は対生でくすんだ緑〜緑灰色。先の尖った赤い花が房状に垂れて咲く。ピンクや白の花もある。コーファイ*と類縁。花の形状からオウムノクチバシとも呼ばれる。生育地域の環境破壊やナメクジ、カタツムリなどによる新芽の食害のため自生種は500株に減少し、保護策が取られている。しかし花が美しいため広く栽培され、実生による繁殖は容易で寒さには強く生育は旺盛である。最近、イースト岬*で花が大きい自生の小木が発見された。園芸種のカカキングは真紅の大花を咲かせる。

（塩田晴康）

カカビーク。幼苗・実生（塩田晴康）

カカポ［Kakapo］

体長約60cm、体重2.3kgの固有種オウム。緑がかった黄色の羽毛、夜行性で地上生活が主である。果実、種子、昆虫、トカゲなどを餌とする。元来南北両島の森林に棲んでいたが、ヨーロッパ人入植以前から減少しはじめ、とくにシカ*やテンが導入されて以後、急速に姿を消した。77年100羽がスチュワート島*で発見され、絶滅保護のため害敵のいないコッドフィシュ（Codfish）島など沖合の島に移され管理されている。

（由比濱省吾）

カキ類［Oyster］

カキ漁業はニュージーランド漁業に重要な意味をもつ。

（1）ブラフ・カキまたはスチュワート・カキ、マオリ名ティオパラ（tio para）。全海域の海底や浅海の岩に広く生息し、浚渫船

で採取する。フォーヴォー海峡*は、かつては年産1億個といわれたカキ産地であったが1980年代から激減、さらに寄生虫害も追い討ちをかけた。水産省*は92年、地元の底引き網会社（Foveaux Strait Dredge Oyster Fishery）に、大臣名で一時操業停止を指示、海域の資源量調査の結果を待ったことがある。ほかにタズマン湾*のネルソン*も産地である。2005年、底引き網漁業のカキについて、コード記号OYUが付された。

（2）イワカキ（Rock Oyster）はマオリ名ティオ（tio）で通称オークランド・イワカキといわれる。北島の全海岸線とチャタム諸島*の干潮線以下に見られるカキで、殻の片面を岩に接着させて生息する。イワカキも養殖の対象となっており、さらに太平洋諸島原産のカキも養殖用に導入されている。

（大島襄二）

家禽産業 [Poultry Industry]

集約的家禽肉生産は比較的新しい産業であるが、近年急速に拡大しており、1990年代を通じて羽数、肉重量ともに飛躍的に増加した。生鮮肉と冷凍肉の出荷比率は3対1（2003）である。かつてニュージーランドでは肉類の中で家禽肉が最も高価であったが、現在では価格は相対的に低下している。2003年には国内市場のみを対象に138,697tが生産された。家禽肉の96％以上は鶏肉、残りは七面鳥、鴨などである。ニュージーランド家禽産業協会（The Poultry Industry Association of New Zealand=PIANZ）には生産者の90％以上が加入している。

ブロイラー生産の98％以上はテゲル・フーヅ（Tegel Foods）、インガムズ（Inghams）、PH ヴァン・デン・ブリンク（PH van den Brink）の3社が生産している。鶏卵生産は90年以降約20％増加した。推定280万羽の産卵鶏が8.6億個を生産している。鶏卵は鶏舎で生産され、平飼いおよび放し飼いによる鶏卵は8％である。1980年代後半の規制緩和政策により、鶏卵の生産・価格の統制が撤廃された。鶏卵生産者数は統合により激減して160になり、うち20業者が全量の半分以上を生産している。

（由比濱省吾）

学習指導要領 [New Zealand Curriculum Framework]

1991年の教育法改正により策定された。日本の学習指導要領（総則）に相当し、初等・中等教育（1~13年生）での教育方針や目標を示す。現代社会の要請に応じた理念や精神にもとづき、7分野の基礎学習領域（Essential Learning Areas）、8グループの基礎能力（Essential Skills）、学習への姿勢・価値観、学習評価の方針・方法などが提示されている。なお、これを別冊の「教科編」（National Curriculum Statements）が補足し、教科ごとの詳細な学習内容や到達目標をレベル別に規定している。

（一言哲也）

学童保育 [Out of School Care and Recreation=OSCAR]

5~13歳の児童を対象とした校外活動サービスの総称。働く親への支援対策として1990年代初期から全国でOSCAR活動が広まった。94年には全国協議会が発足し、99年以降は認可された施設に対し社会開発省*から補助金が支給されている。教会、公共施設、自治体組織などが、始業前、放課後、長期休暇中に教育的・文化的活動を通じて学童を保護・育成する。

（一言哲也）

賭け事 [Gambling]

伝統的な風土の中で賭け事と飲酒*は罪と見なされ、これまで長期にわたり政府によって規制されてきたが、飲酒規制の緩和と並び、1960年代末から賭け事に関する規制も緩和された。遊戯富くじ法（Gaming and Lotteries Act 1978）では、特定の条件のもとで免許なしに些少の賭け事が許可されるようになった。この遊戯富くじ法に代わった2003年の賭け事法（Gaming Act）は、その第3条にこの法律の目的を下記のように規定している。

（1）賭け事の拡大の規制、（2）賭け事によって引き起こされる弊害の防止、（3）若干の賭け事のみ公認、（4）責任ある賭け事の促進、（5）ゲームの誠実性と公正さの保証、（6）賭け事にともなう犯罪や不正行為の制限、（7）賭け事からの収益金がコミュニティに役立つことの保証、（8）賭け事の提供に関する決定へのコミュニティ関与の促進。また1990年のカジノ規制法（Casino Control Act）により、免許によりカジノの運営が可能となった。

カジノは現在クライストチャーチ（1994年営業開始）、オークランド（96年）、ダニーディン*（99年）、クイーンズタウン*（99、2000年）、ハミルトン*（02年）で営業されており、ブラックジャック、ルーレット、バカラなどがある。カジノは賭け事委員会（Casino Control Authority）の管轄下にあり、03年度収益は4億5700万ドルであった。

（高橋貞彦）

火砕流台地［Pyroclastic Flow Plateau］⇒火山高原

カササギフエガラス［Australian Magpie］
カラス程度の大きさで、1864年以来オーストラリアから導入され、まずカンタベリー*に、次いで各地に分布した。色は黒と白の2種あり、セジロカササギフエガラスは南北両島の牧場や荒地でごく普通に見られ、セグロカササギフエガラスは北島のホークスベイ*と南島のカンタベリー北部に集中している。牧場の昆虫や種子を餌とし、高い木に営巣する。

（由比濱省吾）

火山［Volcano］
マグマの地表への噴出にともなって生じる特徴的な地形。火口周辺を中心に噴出物が積み重なったものに成層火山、溶岩円頂丘、溶岩台地、スコリア丘などがある。凹地形としては爆発的噴火による火口や陥没によるカルデラ、火山構造性地溝などがある。火山岩は二酸化珪素の含有率の多いものから順に流紋岩、石英安山岩、輝石安山岩、玄武岩などに分類され、噴火の強度もこれと同じ順に小さくなる。

ニュージーランドの活動的火山は長さ約300km、幅約30～75kmのタウポ火山帯（Taupo Volcanic Zone）に集中しており、北島では火山の方が褶曲による山地より標高が高い。オークランド地域にはイーデン山（Mt. Eden）やワンツリーヒル（One Tree Hill）など1万年以上前の玄武岩質単成火山やスコリア丘が60余り分布する。

（植村善博）

火山高原［Volcanic Plateau］
火砕流は高温のマグマ片やガスが斜面を高速で流下するもので、熱雲、軽石流、火山灰流などを含む。その堆積物は地表起伏を埋め、噴出源から外側へゆるく傾斜する平坦な台地面や高原を形成することが多い。このため火砕流台地とも呼ばれる。日本のシラス台地が好例。

タウポ*火山帯では70万年前以降、大規模な火砕流噴火が繰り返し発生したため、中央火山帯の両側には高度500～700mの平坦な高原や台地が発達している。西側のママク（Mamaku）台地、東側のカインガロア（Kaingaroa）台地がそれで、いずれも火山帯から外側に向かってゆるく傾斜している。

（植村善博）

火山泥流［Lahar］
火山活動にもとづく大規模な砕屑物流のうち、火砕流以外の、山腹斜面や谷を流下するものを総称して火山泥流と呼ぶ。一般

に火砕流より低温、高速で、谷を埋めたり、斜面を覆ったりする。火山泥流堆積物は多種の岩石の角礫、砂、火山灰など大小様々な粒径のものからなり、淘汰が悪く、成層を示さない。ときには堆積中に取り込んだ焼けた木片を含む。巨大岩塊が核となって泥流丘（流山）という小丘をつくることもある。北島中央部の火山山麓や、タラナキ山＊の麓などで見られる。　　　（太田陽子）

カジキ類 [Marlin and Swordfish]

カジキと総称されるものはマカジキ科とメカジキ科の魚であるが、両科は形態的にも生態的にも微妙な差異がある。いずれもニュージーランド海域に来遊し大型の釣魚として歓迎される。

マカジキ（Marlin）、マオリ名タケケ・トンガ（takeke tonga）は大型の回遊魚。3種類が夏の数ヵ月間北島の北東洋上に来遊し、釣り愛好家の最高の標的になる。(1) シママカジキ（Striped Marlin）は大きいものでは体長3.5m、体重180kg。嘴状に突き出た大きな上顎は体長の17％に及ぶ。体側の縞模様が特徴。(2) アオマカジキ（Blue Marlin）は体長4mを超えるものもあり、マカジキ類では最長であるが、重量は700kgでクロマカジキに及ばない。嘴はやや短いが闘争性は旺盛。美味であるが来遊は少ない。(3) クロマカジキ（Black Marlin）は前者より長くはないが重量は1,000kgに達するものもある。青黒い背と薄い縦縞が特徴であるが、この模様は水から揚げると即座に消える。釣魚で味もよいが、数は最も少ない。

メカジキ [Swordfish] は1種類のみ。マオリ名ハク（haku）。体長5m、重量650kgにも及ぶ巨体で世界の大洋を回遊する魚。体重の25％にあたる扁平な嘴で獲物に衝撃を与えて餌食にする。夏の数ヵ月間北東水域に回遊し釣り人の絶好の対象となる。

（大島襄二）

果樹栽培 [Fruit-growing]

1819年にベイ・オブ・アイランズ＊の伝道所にマースデン＊がニューサウスウエールズからリンゴ＊とナシ＊を導入したのが最初で、以後国内各地に普及した。商業的果樹栽培は適地適作主義で、生産コストの高い促成・抑制栽培を避け、年々の気象条件の影響を受けつつも、北半球と逆の収穫時期を活用して輸出は逐年増大した。主要生産品目はブドウ＊、リンゴ、キーウィフルーツ＊で、輸出品目の主力でもある。

種類別の主産県は、(1) 柑橘類：マンダリン（ノースランド）、オレンジ（ギズボーン、ノースランド）、グレープフルーツとタンジェロ（ベイ・オブ・プレンティ）、(2) 種子果実：リンゴ（ホークスベイ）、洋ナシ（ホークスベイ、タズマン）、日本ナシ（ベイ・オブ・プレンティ、オークランド）、(3) 有核果実：アプリコット＊（オタゴ）、ネクタリン（オタゴ、ホークスベイ）、モモとプラム（ホークスベイ）、サクランボ（オタゴ、マールバラ）、(4) 漿果：ブラックカラント（カンタベリー）、ブルーベリー（ワイカト）、ボインズベリー（タズマン）、ラズベリー（カンタベリー）、イチゴ（オークランド）、(5) 亜熱帯果実：キーウィフルーツ（ベイ・オブ・プレンティ）、ブドウ＊（マールバラ、ホークスベイ、ギズボーン）、アボカド（ベイ・オブ・プレンティ、ノースランド）、タマリロ（ノースランド、ベイ・オブ・プレンティ）、パッションフルーツ（ベイ・オブ・プレンティ）、カキとファジョン（オークランド）である。これら果実産額の80％以上はベイ・オブ・プレンティ＊、ホークスベイ＊、南島北部が占める。（由比濱省吾）

ガスリー=スミス、ウィリアム
[Guthrie-Smith, William Herbert (1862-1949)]

農民作家。スコットランド生まれ。1880年に来住、ホークスベイ＊でトゥティラ牧場を購入し1903年には32,000頭の羊牧場に仕上げた。鋭い自然観察者として多くの

著作を残した。名著といわれる *Tutira, the Story of a New Zealand Sheep Station*, 1921（トゥティラ：あるニュージーランド羊牧場物語）のほか、*The Sorrows and Joys of a New Zealand Naturalist*, 1936（ニュージーランドの自然観察者の悲しみと喜び）など。死去時に残された810haはトラストとして国に寄贈され自然保護地として保存。　　　(由比濱省吾)

河成段丘　[Fluvial Terrace]

河川に沿って両側または片側に分布する階段状の地形。侵食の復活によって河床面が下刻されて高位置に残されたもの。平坦な段丘面はかつての河成堆積物から構成され、段丘崖は下方侵食の結果を示す。一般に、古い時期のものほどより高位置に分布する。高山域を流域にもつ河川では、氷河期*に砂礫供給が増加し堆積作用が卓越して段丘面が、間氷期には下刻が進んで段丘崖が形成されることが多い。クルサ川*、ワイカト川*中流には典型的なものが見られる。　　　　　　　　　　　(植村善博)

家族援助　[Family Assistance]

18歳以下の子どもがいる家計に支給される金銭援助の総称。家族扶助*、児童税額控除*、家族税額控除（Family Tax Credit=FTC）、産後税額控除（Parental Tax Credit=PTC）の4種からなる。原則として、労働所得によって主たる収入を得る家庭が対象となる。所得調査つき給付を主たる所得とする家計は労働所得局*の管轄となる。労働時間、所得水準、ほかの社会保障給付の受給の有無によってどの給付の受給資格があるかが決定される。

所得制限額は扶養する子どもの数によって変わるが、扶養する子どもの数を一定に仮定すると、家族税額控除、家族扶助、児童税額控除、産後税額控除の順で所得制限額は高くなる。給付金額は扶養人数により異なる。　　　　　　　　　(太谷亜由美)

家族グループ会議　[Family Group Conference=FGC]

1989年に施行された児童少年家族法*により導入された少年司法に関する革新的な制度。少年司法に関する福祉の問題の多くを克服し、罪を犯した14歳未満の児童と、14、15、16歳の少年少女に関する問題を建設的に取り扱う方法を求めたものであり、家族グループ会議は青少年司法制度の要である。会議は犯罪当事者、その家族、被害者もしくはその代理人、警察、調停者（少年司法コーディネーター）などからなり、児童や青少年との関係で必要、あるいは望ましいと思われる決定や勧告、計画を作成する。家族グループ会議は起訴前の手続きと、事件をどのように取り扱うかを決定する起訴後の手続きの双方に関わっている。
　　　　　　　　　　　　　　(高橋貞彦)

家族計画　[Family Planning]

家族計画において大きな役割を果たすのは家族計画協会（Family Planning Association NZ=FPA）で、その活動は世界大恐慌期にさかのぼる。当時生活苦からの違法な妊娠中絶*による死亡率は高かった。FPAの先駆者は当時まだよく知られていなかった避妊法を助言するなどの活動をおこなった。1950年代には最初の家族計画診療所が設立された。

他方皮肉なことに、1954年公安犯罪修正法（Police Offences Amendment Act 1954）によって、16歳以下の青少年に避妊薬を与えたり、避妊の情報を教えることは違法とされた。70年代にはこの法に対しての反対運動が盛んになったが、廃止されたのは90年であった。現在ではFPAは全国に30以上の診療センターと12の教育センターをもち、政府への提言、青少年への性教育、より簡易で安全な避妊法などを全国民に提供している。　　　　　　　　　(太谷亜由美)

家族（児童）手当法 [Family Allowance Act 1926]

1926年に制定された画期的な法。この法は前年の児童福祉法*を補い、児童福祉を大いに促進するものであり、世界に先駆けて実施された家族手当法である。この制度法令化で政策対象は児童全般となり、児童福祉への国家責任の確認も含めニュージーランドの児童福祉はほぼ確立したといえる。この手当法の目的は、家族全体の所得が一定水準以下の家庭に対して、児童養育による経済的負担の軽減をもたらすことにあった。資産調査を受け、15歳以下で第3子以降の子どもに対し、一人あたり週一定額が支給されることとなった。46年には無条件ですべての児童が支給対象となった。しかし、91年国民党*ボルジャー*政権下で、社会保障法改正により廃止された。廃止への批判が強く、低所得階級に対してのみ、その一部は家族扶助*に移行された。

(新井正彦)

家族扶助 [Family Support]

家族援助*の一つ。低・中所得世帯の18歳以下の同居する子をもつ世帯に支払われる。所得調査つきの給付を受け取っている場合、労働所得局*から支払われる。

(太谷亜由美)

家族保護法 [Family Protection Act 1955]

1955年に定められた遺産相続に関する法。遺言によって不公平な処遇を受ける相続権保持者を擁護し、公正かつ平等に遺産配分を受けられるよう、法廷に訴訟を起こすことを可能とした法である。

(太谷亜由美)

価値党 [Values Party]

1972年ウェリントンのヴィクトリア大学*内で結成された政党。環境への世界的関心が高まる中で、核および軍備への反対、人口増加および経済発展の停止などを唱えた。75年総選挙では5％の得票率を得たが議席には結びつかなかった。その後党勢は拡大せず、90年緑の党*と合併した。しかし価値党の環境重視の姿勢は、ほかの政党の環境政策に影響を与えた。

(青柳まちこ)

ガチョウ [Goose]

カモ目カモ科の家禽。北アメリカ、オーストラリア、ヨーロッパからそれぞれ導入された。北アメリカから狩猟鳥として導入されたカナダ種は、南島に広く見られる。

(由比濱省吾)

カツオ [Skipjack／Bonito]

ニュージーランド海域に回遊するのは水温が上がる12月末から寒くなりかける3月までで、この時期、体長は50cm前後。北島周縁の大陸棚付近、海面の表層部を跳ね回りながら敏捷に泳ぐ状況はスキップジャックの名のとおり。毎年7,000tの漁獲がある。回遊魚なので規制枠は定められていない。

(大島裏二)

カツオドリ [Gannet]

白い大型の海鳥で翼と尾羽の先端が黒く頭部は黄色である。3ヵ所営巣地があり、最も有名なのがホーク湾*南端のキッドナッパーズ岬*で、ほかにオークランドの西のムリワイ（Muriwai）海岸、南島のフェアウエル岬*から伸びている砂嘴である。8～12月が繁殖期で、幼鳥が飛翔可能になると東オーストラリアに移動し、繁殖のためにニュージーランドに帰ってくる。保護鳥。

(由比濱省吾)

学期制 [School Term]

初等・中等学校では一般に4学期制を採用している。各学期は1月末～4月上旬、4月後半～6月上旬、7月中旬～9月後半、10月上旬～12月前半である。多くの学校では各学期の最後に保護者面談の夕べ（Parent-

Teacher Evenings) が実施され、成績が手渡される。授業日数は小学校で197日、中学・高校で190日。長期休暇は各学期間の2~3週と夏休み(12月後半~1月末)の6週である。公立学校の学年暦は2006年度から約1週間遅く始まり遅く終わるようになった。

(一言哲也)

カッコー [Cuckoo]

マオリ名ピピファラウロア(pipiwharauroa)は、9月ビスマルク諸島、ソロモン諸島から飛来して、グレイワーブラー*その他の巣で繁殖し、3月に帰る。マオリ名コエコエア (koekoea) は、太平洋諸島各地から10月に飛来し3月まで滞在し、キバシリ*その他の巣を利用する。 (由比濱省吾)

学校医療 [School Medical Services]

各学校には健康診断、健康相談、救急処置などをおこなうため保健室があり、また各所に救急箱が設置されていて、すべての教員は応急処置、心肺蘇生法の訓練を受けている。多くの私立の学校では看護師が常勤しているが、公立学校ではほとんどが非常勤である。公立病院に雇われている公衆衛生看護師 (Public Health Nurse) が、地域それぞれの小、中、高等学校に派遣され、小学生を対象に予防接種、耳鼻科、眼科検診をしている。とくに2004年から導入された髄膜炎の予防接種計画は、ニュージーランドの髄膜炎発生率を下げる期待が高い。中高生対象としては検診、性感染症予防、避妊指導のほか、摂食障害、うつ病、アルコール依存、喫煙などの問題を抱えた生徒へのカウンセリングがおこなわれている。また、地域病院の医師やマオリ保健士、理学療法士にも紹介する。 (岩川しほ)

学校運営理事会 [Board of Trustees]

公立と準公立 (State Integrated School) の初等・中等学校を自治的に運営する意思決定機関。保護者選出の5名(または教育大臣の任命者5名)、校長、その他の互選委員4名まで(通常は教職員代表1名)から成る。中等学校ではこれに最上級の13年生から生徒代表1名(通常は18歳)が加わる。理念・目標などを含む学校運営綱領の策定、予算運用、教員採用などの権限をもつ。ロンギ*政権下の1988年から推進された教育行政改革 (Tomorrow's Schools) で、それまで中央集権的であった学校の運営権が各学校に委譲され、89年に初等学校から導入された。 (一言哲也)

学校教育法 [Education Act]

日本の近代学校教育制度は1872年の学制公布に始まるが、ニュージーランドでは1877年に初の学校教育法が制定され、義務教育にもとづく正式な学校制度が発足した。その後、1914年、1964年の学校教育法や関連修正法を経て、89年に現行の1989年学校教育法が施行された。現行法では中央集権的であった教育行政権(予算運用・人事など)が学校現場に委譲され、91年には国家資格総覧 (National Qualifications Framework) と学習指導要領*が策定された。さらに94年には政府の21世紀教育施策構想 (Education for the 21st Century) が出され、教育改革が進められてきた。 (一言哲也)

学校歯科衛生士 [School Dental Nurse]

第1次世界大戦時、兵士の歯の状態の悪いことに驚いた陸軍歯科医が歯科の予防、歯科衛生教育の必要を力説し、1921年に2年間のコースで歯科予防、歯科衛生教育にあたる人材を養成する学校を創設した。これが世界で初めての歯科衛生士教育機関であった。現在では各初等学校に歯科クリニックがあり、学校歯科衛生士が常駐し、児童の歯牙の状態の点検、歯石除去などをおこない、治療の必要がある場合は専門医受診を勧める。 (薄丈夫)

活褶曲 [Active Fold]

　第四紀（少なくとも後期）を通じて活動を続けている褶曲で、生きている褶曲（Living Fold）とも呼ばれる。既存の褶曲構造が活動を続け、そのために褶曲構造と地形の起伏が対応し、背斜部が高地を、向斜部が低地をなしている。第三紀層または第四紀層のような若い地層からなる地域が強い圧縮の力を受けている場所で生ずる。南島のブラー川*沿岸、フルヌイ川*沿岸、北島西部のマナワトゥ川*にその典型例があり、段丘*の縦断面形または横断面形の変位として現れる。

　活褶曲の波長は数百mまたはそれ以下から数kmに達するものまでさまざまである。これらの活褶曲は逆断層をともなうことが多い。

（太田陽子）

活断層 [Active Fault]

　第四紀後期に繰り返し活動し、今後も活動して地震を起こすと考えられる断層。最近の地質時代に繰り返し活動したため、活動の跡は地表に明瞭に残される。縦ずれの場合には地表の上下の食い違い、すなわち崖地形として、横ずれ断層の場合には河川、尾根、段丘崖などの横方向の食い違いとして現れる。

　活発な変動帯であるニュージーランドでは活断層が多い。南島のサザンアルプス*の西麓を限るアルパイン断層*、それが枝別れしたワイラウ*、アワテレ（Awatere）、ホープ（Hope）などの諸断層、首都ウェリントンを貫くウェリントン断層*、その東のワイララパ*断層などはその代表例である。これらは主に右横ずれで上下方向のずれをともなう。南島にはサザンアルプス東麓にパイサ（Pisa）、ダンスタン（Dunstan）などいくつかの逆断層があり、北島の火山帯には正断層が発達する。

（太田陽子）

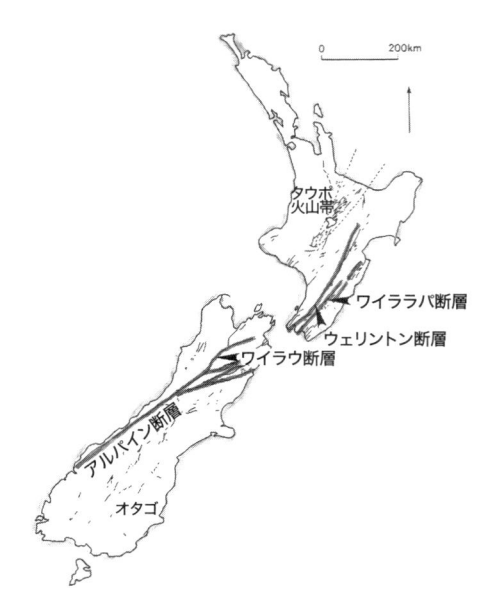

活断層の分布地図。ニュージーランドの主な活断層は、南島の南西から北東に走るアルパイン断層で、これは東側の太平洋プレートと西側のオーストラリアプレートとの境界にあたる。アルパイン断層は、北部でいくつかに分岐し、クック海峡を越えて北島に続く。北島での主な断層は、ウェリントン断層およびワイララパ断層である。これらは右横ずれの卓越する断層である。南島にはほかにいくつかの逆断層がある。北島ではタウポ火山帯の延長部に短い正断層群がある。
出典：諸種の図から編図（太田陽子）

家庭医 [General Practitioner=GP]

　一次医療を担当する開業医。私的に診療所を開設し疾病の初期治療と産科を担当する。患者は緊急時を除き、まず家庭医の診察を受ける。軽症の場合は家庭医がその治療にあたり、投薬の必要があれば処方箋を発行する。患者は診察料を家庭医に支払う。専門の治療を必要とする患者には公的病院の外来、または私的開業の専門医を紹介する。家庭医を開業するには研修医期間中に産科を経験することが必須である。（薄丈夫）

カティカティ [Katikati]

　タウランガ*北西25km、タウランガ湾

に面する町。人口 2,916 人（2001 年）。1875 年ヨーロッパ人が入植。近隣のワイヒ＊金鉱発見で活況を呈した。毎年 2 月に壁画祭（Mural Festival）がおこなわれる。近傍に大手のワイン＊醸造所の一つであるモートン（Morton Estate）がある。〔由比濱省吾〕

家庭裁判所［Family Court］
　家庭裁判所は、1980 年に地方裁判所＊の一部局として設置された。この裁判所では、離婚＊、後見人申請、婚姻財産、その他 1980 年家族訴訟法（Family Proceeding Act 1980）によって規定される家族に関する大部分の紛争を管轄している。なお、より複雑な訴訟は高等法院＊へと移送されることになる。家庭裁判所の裁判官は地方裁判所の令状裁判官でもあり、総督＊によって任命される。〔道谷卓〕

家庭内拘禁［Home Detention］
　1999 年の刑事裁判修正法によって家庭内拘禁が導入された。家庭内拘禁とは電子監視装置と、保護観察官による集中的な監督のもとに、刑務所内で服役すべき刑期の一部を、刑務所外で服すことが許可される制度である。このほかに犯罪者が家庭内拘禁によって、刑務所収容の刑期を務める制度があり、これを仮釈放前の家庭内拘禁と呼ぶ。〔高橋貞彦〕

家庭内保育介護給付
［Domestic Purposes Benefit］
　子どもを単身で扶養する親、常時介護を必要とする者の家庭内介護者、場合によって単身の高齢女性にも給付される。パートタイム労働による所得が週あたり 80 ドルを超えると減額される。〔太谷亜由美〕

家庭内暴力［Domestic Violence］
　家庭内暴力は 1980 年代半ばまでは、それほど大きな社会問題と認識されていなかったが、80 年代後半からは深刻な社会問題になるほど状況が悪化した。社会福祉省（現児童少年家族省＊）は、家庭内暴力を身体的虐待、性的虐待、精神的虐待に類別している。家庭内での暴力行為、またはその危険性を想定した、家庭内暴力法＊は、その対象を夫婦、親子さらに同居人まで拡大している。〔新井正彦〕

家庭内暴力法［Domestic Violence Act 1995］
　1996 年 7 月新しく施行された家庭内暴力法は、暴力の定義を拡大して国家による私生活への介入権限を増大するという変化をもたらした。この法律は家庭内暴力を、「家庭的関係で、現在一緒にいる／かつて一緒にいた人による暴力を意味する」と規定している。ここでいう暴力とは、(1) 身体的虐待、(2) 性的虐待、(3) 精神的虐待を意味する。〔高橋貞彦〕

カニ類［Crab］
　マオリは常食したが移住当初のヨーロッパ人はあまり関心をもたなかった。食用とされるのは 2 種類。(1) ヘラガニ（Paddle Crab）：マオリ名パパカ（papaka）。遊泳型のカニで、第 4 歩脚（一番後ろの脚）が櫂状になっているのは、敵から逃れて砂にもぐりこむためでもある。2003 年から輸出品目、規制魚種＊コード記号 PAD。(2) イワガニ（Large Shore Crab）：脚を伸ばした横幅 15cm、紫がかったまだら模様。岩がちの海岸でごく普通に見られる。〔大島襄二〕

カニングトン、エヴェリン
［Cunnington, Eveline（1849-1916）］
　社会改革・女性の権利擁護推進者。イギリス生まれ。フランス、イギリスで教育を受け、1875 年クライストチャーチに移住。86 年ファビアン協会入会、クライストチャーチでニュージーランド初のファビアン協会設立に参画。96 年全国女性議会＊

設立に参与。95年初の女性刑務所訪問官となり、女性の警官・裁判官・陪審員などの必要性を訴えた。　　（ベッドフォード雪子）

カニングハム、ゴードン
[Cunningham, Gordon Herriot（1892-1962）]

植物病理学者。セントラルオタゴ*生まれ。第1次世界大戦中ガリポリ作戦*で負傷。帰国後農務省勤務。1936年科学産業研究省*植物病理研究部長。論文220、著書6冊などがあり、多くの賞を受賞した。
（ベッドフォード雪子）

カヌカ [Kanuka]

固有種でマヌカ*に酷似したフトモモ科の高木。マヌカは樹高5mを超えないが、カヌカは12mに達する。比較的肥沃な水はけのよい土地を好み、成長が速い点や長命で新芽の食害にも強い点でマヌカと区別できる。根を幾重にも張り巡らし土壌の侵食を防止する。材質が白いのでシロマヌカ、シロティーツリーという別名がある。マヌカ同様、花から採る蜂蜜*は抗菌作用があり、かなり高値で販売される。（塩田晴康）

カハワイ [Kahawai]

マオリの愛好した外洋性のすばしこい魚。夏はアンチョヴィ*などの小魚を追って群をなし沿岸にも近づいてくるので、餌釣りやルアー釣りの好対象となるが、冬は外海の100mほどの深さに移動する。近年商業漁獲も加わって年間の漁獲量が以前の7,000tから3,000t前後まで減少し、漁獲規制の対象になっている。規制魚種*コード記号KAH。　　（大島襄二）

カヒカテア [Kahikatea]

マキ科の裸子植物。ホワイトパインとも呼ばれ、樹高50m、固有種では最も高い。高木となっても幹の直径1.5m、太らず細長く成長する。湿地を好むが全土に分布、山地も標高600mまで生育する。オレンジ色の球果はリム*に酷似、ケレル*などの鳥が好む。建築物や船の用材、白く匂いがないために食品用の樽、バターの容器などに用いられた。南島のウエストコースト*では植林がおこなわれ、世界遺産*テ・ワヒポウナム（Te Wahipounamu）にあるカヒカテアの森は保護の対象になっている。
（塩田晴康）

カピティ島 [Kapiti Island]

北島西岸南部のワイカナエ*川河口から沖合6km、クック海峡*北入口にある長さ10km、幅2kmの高い島（最高点は海抜521m）で、航海者の格好の目印であった。1820~40年代には捕鯨*の基地であった。島の東岸は在来の森林で覆われた斜面であるが、西斜面は高さ300mの急崖で縁どられている。一部を除いて本島は鳥類の保護区で、本土では見られなくなった多数の鳥類がいる。立ち入りには許可が必要。クック*は1770年にエントリー（Entry）島と命名。　　（太田陽子）

寡婦給付 [Widows Benefit]

配偶者と死別した女性が対象の給付で、1964年の社会保障法寡婦給付においては(1)扶養する子と同居している、(2)婚姻期間が15年以上で子どもがいた、(3)婚姻期間中または寡婦になってから最低15年以上扶養する子がいた、(4)最低5年間婚姻期間があり、50歳以上で寡婦となった、(5)現在50歳以上で最低15年前に婚姻し、婚姻期間が10年以上あり、40歳以上で寡婦となった、のいずれかの条件に該当する寡婦が対象となる。扶養する子がいる場合は給付額が上昇する。　（太谷亜由美）

カプニ・ガス田 [Kapuni Gas Field]

カプニはタラナキ山*南側にあり、1959年にかなり有望な天然ガス油田が発見され

た。67年にその油田の有望性が確認され、天然ガス公社（Natural Gas Corporation）が発足した。現在このガスは長いパイプラインでオークランドやハミルトン*にまで運ばれて家庭用、工業用に使われている。

（岡田良徳）

寡婦年金法［Widows' Pensions Act 1911］
　1911年に成立した寡婦対象の年金制度法。先駆的な給付としてあげられる。その後1938年社会保障法*に吸収され、現在では1964年社会保障法に見られる寡婦給付*に継承される。

（太谷亜由美）

カフランギ国立公園
［Kahurangi National Park］
　南島北西角のタズマン山地*にあり、フィヨルドランド国立公園*に次いで広い45万haの面積を有する。北西ネルソン森林公園を中心として1996年に指定。キーウィ*、カカ*、ケレル*などの鳥類や、絶滅危惧種*と見なされている植物がかなりの種類見られる。

（由比濱省吾）

カマヒ［Kamahi］
　クノニア科の高木。樹高25m、幹の直径1mに達する。南北に連なる低地森林帯で生育する。葉は長さ5~10cmの深緑色の照葉で、周縁は鋸歯状。花は白く穂状で数本を上に伸ばして咲き、香味の強い蜂蜜*が採れる。樹皮はタンニンの重要な給源となる。

（塩田晴康）

ガムツリー［Gum Tree］
　フトモモ科ユーカリ属の高木。幹表面にキノと呼ばれる赤褐色の樹脂状物質を出すため、ガムツリーと呼ばれる。ニュージーランドのガムツリーはオーストラリアからの導入種で、材が硬い種類は加工性がよい。木材と精油（ユーカリ油）の原料として重要。開墾時代には観賞樹として、現在は牧場の防風林に利用されている。製材用としての植林が増加しているが、ユーカリの病気も持ち込まれ植林地を荒廃させている。

（塩田晴康）

カモ［Duck］
　(1) クロアカツクシガモ、マオリ名プタンギタンギ（putangitangi）：北島南部と南島のハイカントリーと湖水でよく見られる。狩猟鳥であるが地方によっては保護鳥とされている。(2) マミジロカルガモ、マオリ名パレラ（parera）：本土と周辺諸島に広く見られる。(3) アオヤマガモ、マオリ名フィオ（whio）：コロマンデル半島*から南部、とくに中央高原の山地、南島北部、西部の森林に住む。(4) ニュージーランドスズガモ、マオリ名パンゴ（pango）：本土各地の水辺でかなり一般的に見られる。その他マガモ、チャイロコガモ、ミカヅキハシビロガモがいる。

（由比濱省吾）

カモメ［Gull］
　3種類が代表的。(1) ミナミオオセグロカモメ：海岸、河川や湖水、牧場に現れる。体は白くて翼が黒く、成鳥は嘴が黄色。砂丘、岩石地、河床などに営巣する。(2) ギンカモメ：全国の海岸で普通に見られるが、ときには内陸のロトルア湖*やタウポ湖*にもいる。嘴は短く赤い。岩や崖、河口の砂堤に大群で営巣。(3) ハシグロカモメ：南島、とくに湖水周辺や河床でよく見られ、冬にはクック海峡*を越えて北島各地にまで現れる。成鳥では嘴が黒い。

（由比濱省吾）

カラカ［Karaka］
　コリノカルプス科の樹木で固有種。樹高6m、樹冠を広げる常緑樹。葉は光沢のある暗緑色。潮風にも耐性があり、沿海地域に多く見られる。北島全域、南島では中部の東海岸やウエストコースト*南部の海岸地帯に生育、ケルマデック諸島*やチャタ

ム諸島*にも分布する。栽培は容易。果実は熟すると黄〜橙色、強烈な匂いがある。ケレル*など鳥の好物で、マオリは果実を食料として栽培もした。核には毒があり、マオリは長時間水に浸して天日で乾燥させ注意深く調理した。カラカの蜂蜜*は有毒なので注意が必要。
(塩田晴康)

カラスムギ［Oats］

入植初期から第2次世界大戦まで主要作物の一つ。刻み藁はウマの飼料として重要で、20世紀中頃には8万 ha に栽培されていたが、現在は 7,300ha に減少、穀物栽培面積の4%に過ぎない。オートミール、ウマの飼料に用いられ、カンタベリー平野*、サウスランド*が主産地である。
(由比濱省吾)

カラピロ・ダム［Karapiro Dam］

ハミルトン*から 30km 南に位置する。ワイカト川*の一連のダムのうち最下流にある発電用ダム。第2次世界大戦中に建設開始。労働力不足のため7年を要し 1946 年に完成。出力 96MW で、ワイカト川のほかの水力発電所と同じく、マイティ・リヴァー・パワー（Mighty River Power）社の経営で、ハミルトンからすべて遠隔操作されており、ダムの内部は小さな電力博物館になっている。ダムの下流側にはマオリのために、遡上してくるオオウナギの稚魚を捕獲して上流に放流する施設がある。カラピロ集落はダム建設工事期の職員宿舎の位置にあり、労働者住宅地はダム湖に水没した。カラピロ湖は長さ 24km で、全国漕艇競技の大会が開催される。
(由比濱省吾)

カラメア［Karamea］

南島西北岸、ウエストポート*から 100km 北東のカラメア川河口にある人口 444 人（2001 年）の町。1874 年に特別の農業入植地として設立されたが、条件が悪かったため多くがまもなく放棄された。カラメア川両岸の集落は 1929 年のマーチソン（Murchison）地震で大被害を受けた。カラメア湾はウエストポートのファウルウィンド岬*からカラメア北のロックポイント（Rock Point）に伸びる長さ約 100km の奥行きの浅い大きな湾で、沿岸には海成段丘*が見られる。沿岸地域ではカラメアを中心に酪農、石灰岩の採取・加工、製材などがおこなわれ、カラメアの周辺には鍾乳洞がある。
(太田陽子)

カリタネ［Karitane］

プランケット協会*により設立され、運営される病院、またはカリタネ病院で訓練を受けた看護師をさす。プランケット協会の創始者キング*が最初に自分の別荘で幼児の養護を始めた土地の名カリタネに由来している。
(薄丈夫)

ガリポリ作戦［Gallipoli Campaign］

第1次世界大戦の 1915 年4月25日、アンザック*部隊は、ダーダネルス海峡に面するガリポリ半島に上陸し、ドイツ側に味方したオスマン帝国を攻撃した。この作戦はイギリスのチャーチルによって計画されたものであったが、上陸したアンザック軍は身を隠す場もなくトルコ軍の砲火に晒された。戦闘は悲惨な結末を迎え、8ヵ月後の同年 12 月、アンザック軍は同地から撤退した。ガリポリ作戦に参加したニュージーランド兵は 8,500 人で、正規軍、国土防衛軍、民間志願兵からなる歩兵師団であったが、うち 2,721 人が戦死した。
(根無喜一)

火力発電［Thermal Power Generation］

初期には地方自治体や民間企業による中小規模の火力発電所が多数あったが、第2次世界大戦後政府直営の大規模火力発電所が建設された。1958 年操業開始のメレメレ火力発電所*は露天掘りのマラマ

ルア（Maramarua）炭田の石炭を使用し、74年開始のニュープリマス*発電所（600MW）はカプニ・ガス田*の天然ガスを使用し石油で補完している。77年に操業開始したネーピア*のフィリナキ（Whirinaki）発電所（216MW）はディーゼル油を用いた。巨大なハントリー*発電所（1,999MW）はハントリー炭田の石炭を用い、いったんガスに切り替えたが、やがて混焼になった。80年に完成したファンガレイ*のマースデンB発電所は、92年に燃料を石油から天然ガスに転換して操業開始した。このように燃料はガスが主体となりつつある。総発電量に占める火力発電の比率は96年には20%（内訳はガス17.3%、石炭2.7%）であったが、2002年では25.8%となり火力発電の伸びが顕著である。 （由比濱省吾）

軽石台地［Pumice Plateau］⇒火山高原

カルデラ湖［Caldera Lake］
　カルデラ（火口中央にある大規模な凹地）床に生じた湖。外形は通常円形または楕円形を呈する。深さ、大きさはカルデラの性状によって異なる。ニュージーランド最大のタウポ湖*はカルデラ湖である。 （太田陽子）

カレイ［Turbot］⇒ヒラメ類

カワカワ［Kawakawa］
　コショウ科コショウ属の低木。ノースランド*からバンクス半島*にかけての森林や岩場に生育する。枝が密集し果実や葉は強い芳香を有する。南太平洋の島々で飲用されるカバの原料植物と同種。高木の陰や森の辺縁部で生育し、湿った陰を好む。成長は速く、種子は森の床で多数発芽する。葉は暗緑色で光沢がありスペード形、昆虫の食害を受けやすい。晩夏に鮮黄色から橙色のまっすぐな尾状花序をつける。ハト*などの鳥の好物。葉の形や生育状態が美しいため庭木にされる。マオリは葉を打ち身の湿布として利用し、葉や果実の煎じ液は歯痛、はれもの、胃の不調に用いた。乾燥した葉を燃やして害虫の忌避剤とした。 （塩田晴康）

カワカワ［Kawakawa］
　北島ファンガレイ*の北西60km、ベイ・オブ・アイランズ*南部に位置する町。人口1,401人（2001年）。観光期には付近のオプア（Opua）までレトロ列車が運転される。 （由比濱省吾）

川瀬勇［Kawase Isamu（1908-1999）］
　農学者、神戸出身。1931年、日本人初のニュージーランド留学生としてカンタベリー農業カレッジ（現リンカーン大学*）卒、牧草学を研究。日本ではこの研究分野の草分け的存在。ニュージーランド・日本友好に努めた70年間の精力的な活動が両国で広く知られる。59年4人の同志とともに日本ニュージーランド協会を結成、副会長。多芸多才の生涯であったが、なかでも趣味から出発した作曲家として、クライストチャーチでその最後の作品、管弦楽組曲 *Dear New Zealand*（親愛なるニュージーランド）の公開演奏会を終えた翌朝、その最愛の地で満ち足りた思いで91歳の生涯を閉じた。「日本の偉大なる作曲家カワセ」として現地の新聞にその訃が報じられたことは、川瀬を語る象徴的な記事であった。 （大島襄二）

カワセミ［Kingfisher］
　マオリ名はコタレ（kotare）。体長24~25cmの鳥。羽および尾はヒスイ色、腹部は白い。南島よりも北島でよく見られ、海岸、河川、湿地、森林、叢林などに住む。肉食性で虫、トカゲ、魚、カニ、さらに小鳥、ネズミまで食う。堤防や木の洞に産卵する。 （由比濱省吾）

カンキツ類 [Citrus Fruit]

ノースランド*からギズボーン*に至る北島の太平洋沿岸が栽培の中心である。2002年の栽培面積合計は2,094haで、ミカン（911ha）、オレンジ（573ha）、レモン（364ha）、タンジェロ（163ha）、グレープフルーツ（82ha）である。ミカンは日本市場に輸出されており、その栽培面積も1993年の533haから10年間で倍近くに増大している。地域別に見ると、ノースランドはミカン、レモン、オレンジ、ベイ・オブ・プレンティ*はグレープフルーツとタンジェロ、ギズボーンはオレンジの主産地である。

（由比濱省吾）

環境運動 [Environmental Movement]

環境運動が本格化した契機は、南島で最も美しい湖の一つと評されたマナポウリ湖*の水面引き上げによる電源開発問題であった。1960年代から70年代前半にかけて、「マナポウリ湖を救えキャンペーン（Save Manapouri Campaign）」が全国的に展開され、70年には、当時史上最高の26万5千人分の署名を集めるなど、ニュージーランドの環境運動は大きな盛り上がりを見せた。72年には、世界最初の環境政党といわれる価値党*が結成されている。上記キャンペーンの成功に見られるように、ニュージーランドでは伝統的に自然保護運動としての環境運動が盛んである。近年注目を集めているのが、遺伝子組み換え技術に反対するキャンペーンで、これには、環境保護、食の安全、動物愛護などさまざまな種類の組織が参画した。その意味で当該キャンペーンは、伝統的な自然保護運動や資源開発反対運動よりも広範な視野をもつ、新たな形態の「環境」運動としての様相を示すものとなっている。

（及川敬貴）

環境裁判所 [Environment Court]

環境裁判所は、1996年資源管理修正法（Resource Management Amendment Act 1996）によって設置された機関で、環境問題を取り扱う裁判所である。法廷は裁判官1人と専門家委員2人で構成され、審理に出廷している当事者は通常、訴訟代理人である弁護士であるが、場合によっては当事者本人あるいは弁護士以外の代理人が出廷することもある。この裁判所が管轄する事件は、資源管理法*や環境に関するその他の法律に抵触するような事例で、審理は通常の民事裁判や刑事裁判の手続きほど厳格ではなく、証拠法に関する原則にも束縛されないなど、事件の内容により比較的その時々の裁量で法廷が運用されている。裁判所の出す決定は、争点の重大さや複雑さゆえに、審理の際に口頭でおこなわれるのではなく後日書面によって回答されることになる。

（道谷卓）

環境省 [Ministry for the Environment=MFE／Manatu Mo Te Taiao]

1986年環境法によって設置された政府機関。職員数は約250名。役割は自然資源および生態系の管理に影響を及ぼす環境関連施策に関して大臣に助言をおこなうこと、ならびに私的または公的部門の諸活動にともなって発生すると考えられる環境影響を監視することである。その際、1991年資源管理法*に従い、湿地や沿岸域の保存、野生動植物の保護、マオリとその文化や伝統と上記施策・活動との関連性が検討されなければならない。同省の将来的な目的は、1995年に策定された「2010年環境戦略（The Environment 2010 Strategy）」の中に掲げられており、環境の清浄さ、健全性、およびユニークさを維持するとともに、自然環境を持続的に管理し、その上で人々のさまざまな欲求を満たすことである。

（及川敬貴）

環境センター [Environment Centre]

地域で活動する大小さまざまな環境保護団体からなる組織であり、当該地域の環境保全や環境教育に関する一括的な情報提供および集合的な活動拠点としての機能を果たす。全国で19ヵ所。緑の蜂の巣（Green Beehive）のように、環境センターという名称を掲げていないところもある。運営主体は1957年公益信託法にもとづく公益信託である場合が多い。環境省*が環境センター基金を通じて、主要な運営資金提供者となっており、各センターは、1会計年度につき最大5万ドルの補助金を受けることが可能である。

（及川敬貴）

環境保全［Environmental Preservation］

1887年世界でもいち早く国立公園*制度を導入した事実（トンガリロ国立公園*）からもうかがわれるように、環境保全は自然保護を軸として進められてきた。環境保全が新時代を迎えたことを告げたのが、世界で最も先進的な環境法と評される1991年資源管理法*の制定である。同法にもとづく意思決定制度のもとでは、開発計画を実施するにあたり、資源開発に関する住民の同意が取りつけられなければならない。こうした急進的方向での環境保全をめざす

一方で、政府は、近年、政策決定にあたって依拠するべき基本理念として、持続可能な開発を掲げ、環境保護と経済発展の調和や多数当事者間の協働といった柔軟路線を打ち出し、2003年1月には行動計画を発表している。環境保全についての法政策は、国際的にも先進的であるとの評価を得ているが、その進取の気風を支えているのが、ニュージーランド人の環境保全への意識の高さである。たとえば、1997年におこなわれた、ある国際的な環境世論調査によれば、調査対象集団の中で、ニュージーランド人が、経済成長よりも環境保護を重視する立場を、最も鮮明に打ち出したことが報告されている。

（及川敬貴）

環境保全省［Department of Conservation＝DOC／Te Papa Atawhai］

土地調査省、林野局および野生生物局の廃止にともない、1987年保全法によって設置された政府機関。設置目的はすべての人々が、現在および将来にわたって自然および歴史遺産の恩恵を享受しうるように、環境を保全することである。53年原生自然法、78年海洋哺乳類保護法、80年国立公園法、90年遊歩道法など多くの環境保全関連法を所管し、土地およびその他の自然・歴史的資源の管理、内水面における漁業および生物生息地の保護、南極および国際的環境保全の促進、環境保全関連情報の頒布、ならびにレクリエーションおよびエコツーリズム*の促進などの機能を果たす。本省と13の地方管理局（Conservancy）からなり、そのもとにはいくつかの地域事務所が設置されている。常勤職員1,500名、非常勤職員約500名。なお法定の独立機関として、環境保全機構（New Zealand Conservation Authority）が設置されており、環境保全省を法的に拘束する公式の管理計画を承認する権限を有するとともに、大臣に対する助言機関としても機能する。

（及川敬貴）

間歇泉［Geyser］

熱水が水蒸気とともに、ある時間間隔で噴出する温泉。アイスランドのガイザー（噴出するという意味）が語源。北島の火山地帯にあるロトルア*のポフトゥ（Pohutu）間歇泉が有名で、観光名所となっている。

（太田陽子）

観光案内所［Visitor's Information Centre］

ニュージーランド各地にあり、国内各地の観光名所、交通機関、宿泊施設、各種活動、ツアーなどの情報を入手できる案内所。交通機関や宿泊施設などの予約や支払い代行もおこなっている。国内各地に100ヵ所

以上設けられており、緑色の「i」の文字が目印である。 (大石恒喜)

観光業 [Tourism]

観光産業は最大の外貨獲得産業になっている。「世界で最も治安のよい国」「環境にやさしい国」などの評価が定着し、また最近では映画のロケ地としても有名である。世界各国からの旅行者数は拡大傾向にあり、訪問目的を見ると、2001年の統計では観光53%、家族・友人訪問26%、ビジネス11%などとなっている。政府は各国に観光宣伝を展開している。また、北半球とは季節が逆だけに夏休みのスキーというような利用可能性がある。日本の冬にゴルフ*や乗馬*、トレッキング*、ボート、ヨット*など戸外スポーツが楽しめる。比較的割高な航空運賃とピーク時の宿泊者受け入れ能力の不足が問題である。 (岡田良徳)

観光省 [Ministry of Tourism／Te Manatu Tapoi]

2002年1月、観光スポーツ庁（Office of Tourism and Sport）が省に昇格し、経済開発省*の一部局となった。持続的な観光産業が、ニュージーランドにもたらす利益の増大を目的として、観光相に助言する。また観光への政府投資を管理、監視し、観光についての研究や統計を提供する。 (青柳まちこ)

カンタス航空 [Qantas Airways Ltd.]

オーストラリアの航空会社でオークランド、ウェリントン、ロトルア*、クライストチャーチ、クイーンズタウン*の5都市間で国内線を運航している。ただしロトルア、クイーンズタウンはオリジン・パシフィック航空*と共同運航便として運航。またオーストラリアからオークランド、ウェリントン、クライストチャーチへの国際線を運航している。 (大石恒喜)

カンタベリー県 [Canterbury Region]

南島東側を占める県で、海側には全国最

カンタベリー県内陸の乾燥地 (太田弘)

大のカンタベリー平野*、西側には南島の脊稜をなすサザンアルプス*がある。この地方を横断して流れる大河川には、北からワイマカリリ川*、ラカイア川*、ランギタタ川*、ワイタキ川*がある。カンタベリー全体は北、中部、南に三分される。この地方には、歴史的には捕鯨*業者が到来したのち、1840年代初期に農業移民が到着し牧羊をおこなった。カンタベリーの名は、ニュージーランドに理想的なアングリカン教会*入植地を組織する目的で1848年に結成されたカンタベリー協会にちなむ。53年州制度の発足により南島中部の太平洋側からタズマン海*側まで続く地方がカンタベリー州となったが、ゴールドラッシュ*により西側がウエストランド州として73年に独立した。

平野部は混合農業、酪農、肉牛飼育、牧羊、果樹園芸などがおこなわれる重要な農業地域である。内陸はサザンアルプス山麓地帯のハイカントリーで、平野とはまったく異なり、不毛な黄褐色土壌、崖錐や氷河堆積物をともなう、密度の低い乾燥したタソック*草地である。現在クライストチャーチは陸海空の交通の中心、南島随一の商業地・観光地として発展している。平野中央部ではアッシュバートン*、南部ではティマル*、山麓部ではフェアリー*が二次的中心をなす。総人口は481,431人（2001年）。アオラキ山*をはじめとするサザンアルプスの山麓には有名な観光・リゾート地が多い。
(由比濱省吾)

カンタベリー大学［University of Canterbury］
1873年クライストチャーチ市内にニュージーランド大学*最初のカレッジとしてカンタベリー・カレッジが創設された。オックスフォード、ケンブリッジ両大学をモデルとしているが、創立当初から女子の入学を許可したことが大きな相違点である。ノーベル賞受賞者ラザフォード*、マオリ政治家ンガタ*は草創期の著名な卒業生。1961年ニュージーランド大学解体により独立の大学となった。75年までに市中心部から7kmのイーラム（Ilam）に移転完了。文芸学部、経済経営学部、工学部、理学部、法学部からなり、学生総数約1万3,000名、650名の教員、900名の職員を擁する。
(青柳まちこ)

カンタベリー博物館［Canterbury Museum］
地質学者ハースト*の収集品を基盤として1867年クライストチャーチに設立された。地質学、動物学、民族学資料の収集と研究に力を入れ、南極研究*の拠点となり、南極探検*、南極の生物・地質に関する展示に特色がある。またマオリとヨーロッパ人入植者の文化に関する幅広い紹介もおこなわれている。
(角林文雄)

カンタベリー平野［Canterbury Plains］
南島東岸、中央部にある長さ約193km、幅最大で64kmのニュージーランド最大の平野。サザンアルプス*から流下するワイマカリリ*、ラカイア*、アッシュバートン、ランギタタ*などの諸河川による融氷流水堆積物*ないしは河成の堆積物から成る扇状地*的形態をもち、段丘*化している。下流部では沖積平野*も発達し、穀倉地域を形成する。名称は、カンタベリー大司教の指導下にカンタベリー協会がここに集落をつくったことにもとづく。
(太田陽子)

カンタベリー湾［Canterbury Bight］
南島東海岸、北はバンクス半島*から南はワイタキ川*河口にかけての中部カンタベリーから南部カンタベリーにわたるゆるく大きな湾入で、堆積性の平野を縁取り、大陸棚は80kmほど沖合まで伸びている。港湾はティマル*のみ。かつてナインティマイル・ビーチと呼ばれていた。
(太田陽子)

旱魃　[Drought]

　平年に比べて雨が降らず、地中水分が異常に減少した状態をいう。作物や樹林は萎縮、枯死して干害が発生する。また、河水の枯渇、水源池や井戸水の減少により農業・工業用水、生活用水が不足して、経済的・社会的損失が生じる。ニュージーランドでは夏から秋に発生することが多く、20世紀に約10回の旱魃が記録されている。ホークスベイ*やマールバラ*、カンタベリー*で発生しやすい。南島東部では1988年7月から約10ヵ月間旱魃が続き、家畜が半数にまで減って約2億ドルの被害が出た。
〔植村善博〕

カンピオン、ジェーン　[Campion, Jane (1954-)]

　映画監督、脚本家。ウェリントン生まれ。ヴィクトリア大学卒後ロンドン、シドニーの美術学校で学ぶ。フレイム*の自伝の映画化「エンジェル・アット・マイ・テーブル」*An Angel at My Table* (1990) はヴェネツィア映画祭銀獅子賞ほか7つの賞を受賞した。国外で最も知名度の高い映画「ピアノ・レッスン」*The Piano* (1993) はオリジナル脚本賞を受賞した。シドニーに在住し、英文学の名作ヘンリー・ジェイムズの作品「ある貴婦人の肖像」*The Portrait of a Lady* (1996) の制作・監督などを手がけた。
〔池田久代〕

き

キーウィ　[Kiwi]

　国鳥。ニュージーランド固有の飛べない鳥で保護鳥。尾はなく夜行性で視力は弱い。長い鋭敏な嘴の先端近くに鼻孔があり、鋭い嗅覚を用いて夜間に森林で餌を探す。雌の体は雄より大きく、卵は雌の体重の25%に達し、雄が約75日間抱卵する。これまで以下の3種が知られていた。
(1) タテジマ・キーウィ (Brown Kiwi) は全身が茶褐色でスチュワート島*をはじめ全国に生息する。体長40cm。体重2.5kg。
(2) コマダラ・キーウィ (Little Spotted Kiwi) は一面に細かい斑点があり、薄茶色。体長30cm。体重1.2kg。南島西岸とカピティ島*で安定した繁殖が見られる。(3) オオマダラ・キーウィ (Great Spotted Kiwi) は茶色がかった灰色、全身に白い絣模様がある。体長45cm。体重2.9kg。南島北西岸に限定。
　1995年以降DNA研究の進展につれてローウィ (Rowi)、トコエカ (Tokoeka) などの新種が発見され、今後も新たな分類の展開が予想される。オークランド動物園、ロトルア*のレインボウ・スプリングスなどで飼育されているほか、オトロハンガ*のキーウィ館で繁殖がおこなわれている。なおキーウィの名称はニュージーランドのシンボルとして多用されている。
〔由比濱省吾〕

キーウィ銀行　[Kiwibank]

　政府系のキーウィ銀行は「ニュージーランド人のためのニュージーランド人による銀行」として2002年2月に設立された。政府系企業*であるニュージーランド・ポストの100%子会社であり、ニュージーランド準備銀行*の登録銀行である。既存の郵便局網を利用した小口取引業務をおこなっており、具体的には、当座・普通・定期預金、住宅ローン、クレジットカードなどを取り扱う。キーウィ銀行設立の要因として (1) 既存銀行の店舗閉鎖によるサービスの低下。支店数の減少には、電子決済手段であるエフトポス*などの導入でも対処可能であるが、電子的な手段には必ずしも馴染まない高齢者の存在を考慮。(2) 国内の銀行のほとんどが外資系になったことへの国民の反発。(3) 既存銀行の手数料の

高さへの不満。　　　　　　　　（松岡博幸）

キーウィフルーツ［Kiwifruit］

　中国揚子江流域が原産地の果実で、本来の名は中国スグリ（Chinese Gooseberry）。20世紀初頭にはワンガヌイ*で栽培され、その後改良されて1934年にベイ・オブ・プレンティ*のテ・プケ*付近の農園で商品化され、この地方とオークランド南部で栽培が普及した。本来の名称では魅力に乏しいので、50年代に輸出試行とともにキーウィフルーツと命名された。

　63年には栽培面積は75haに過ぎなかったが、その後急速に拡大し83年には1万haになり、生産量は約3万tになって巨利を得た者も出た。さらに80年代中期には2万ha、15万tに近づき、世界第1の生産国となったが、栽培が容易なため日本を含む諸外国での生産も増加した結果、ニュージーランドでのブームは去った。90年代には減少傾向をたどって94年以降は1万haで推移している。園芸産品輸出の筆頭であり、ゴールデン・キーウィフルーツの開発も進められた。99年に輸出中心の生産組織ゼスプリ・インターナショナル（ZESPRI International）が組織され、ゼスプリはニュージーランド産キーウィフルーツの商標になった。果実は生食用のみでなく、ワインにも加工されている。なおキーウィは天然記念物の国鳥であり、ニュージーランドではキーウィフルーツをキーウィと略することは絶対にない。
　　　　　　　　　　　　　（由比濱省吾）

キーウィフルーツ農園と防風林。オークランド県南部
（由比濱省吾）

キエキエ［Kiekie］

　タコノキ科ツルアダン属のツル性植物。湿潤を好み北島や南島の北東部、西部に多く分布する。発芽したのち近くの樹木に絡みつき成長する。葉は垂れるように長く伸び房状となる。マオリは葉をカゴ、敷物、編み物に加工した。花はランの花に匹敵するほど美しい。果実は甘く、かつてはマオリの重要な食源であった。ネズミ*やポッサム*が好む。
　　　　　　　　　　　　　（塩田晴康）

気候［Climate］

　ニュージーランドの特徴は（1）南半球の中緯度偏西風帯に位置し、全域が西岸海洋性気候区に属する、（2）南緯34度から47度と南北に長い割には気温の差は小さい、（3）南北に脊梁山脈が走り、偏西風*の障壁となるため降水量の東西差が大きいなどである。一般に年間を通じて温和で気温の年較差は8~14℃と小さいが、降雨日数や強風日数が多い。年間を通じ平均して雨が降り牧草の生育に適している。しかし風上の西海岸は多雨地域で、南島では6,000mm以上に達する所が多い。一方、風下の東側では乾燥した熱風が吹きおろし、南島では800mm以下の乾いた地域が広く分布する。
　　　　　　　　　　　　　（植村善博）

既婚女性財産法
［Married Women's Property Act 1884］

　ニュージーランドの結婚形態では女性の財産は結婚によりすべて夫の所有となった。1884年スタウト*内閣のもとで既婚女性財産法が成立、既婚女性に対して独立し

た人格として財産権・管理権などが認められた。早期フェミニズム*の推進者ミューラー*は法案成立の陰の功労者である。

(ベッドフォード雪子)

ギズボーン［Gisborne］

北島東部にあるギズボーン準県*の県庁所在地。人口 31,719 人（2001 年）。三方を山に囲まれ、ポヴァティ湾*に面する港湾都市、漁港。カイティ・ヒル（Kaiti Hill）の麓にクック*が 1769 年 10 月 9 日に上陸した記念碑、頂上にはクック像と天文台がある。ヨーロッパ人の最初の定住者は 1831 年に来た捕鯨*業者で、捕鯨の活発化とともに、伝道も開始された。町の名はフォックス*内閣の公共事業相ギズボーン（William Gisborne）の名を取って命名。1955 年に市制施行。89 年に周辺と合体し郡になった。周辺の沖積平野では果樹栽培*が盛んで、有数のワイン*醸造地である。世界的に著名なオペラ歌手のテ・カナワ*の出身地である。90 年に石川県野々市町と姉妹都市*提携。また、ギズボーン港と静岡県蒲郡港は 96 年に姉妹港提携。

(由比濱省吾)

ギズボーン港の漁船（青柳まちこ）

ギズボーン準県［Gisborne District］

ランナウエイ岬*から東端のイースト岬*を経て東海岸を南下し、ギズボーン*からホークスベイ*との境界マヒア半島*に至る範囲を含み、内陸はラウクマラ山脈*とフイアラウ（Huiarau）山脈を北西側の限界とする。1989 年の地方制度改革により、旧ギズボーン市を含むこの地域がギズボーン郡となり、1 郡のみで県と同等の権能をもつ準県（Unitary Authority）となった。歴史的にはクック*が第 1 回航海で訪れ、ヨーロッパ人が上陸した最初の地域である。ギズボーンが中心都市。沿岸地帯以外は山地の傾斜は急であり、牧羊のために原生林が伐採された結果、激しい土壌侵食*が生じた。乾燥した気候なので旱魃*が続けば牧場は被害を被り、豪雨が降れば侵食が激しい。

(由比濱省吾)

ギズボーン博物館・アートセンター
［Gisborne Museum and Arts Centre／Te Whare Taonga o Te Tairawhiti］

1890 年代、ギズボーンに博物館が創設されたが、1976 年に市内の美術館および博物館が統合されて現在の名称となった。99 年海事博物館が増設され、クック*の来航時の資料が展示されている。また東海岸のマオリ文化とこの地方のヨーロッパ人入植者の歴史的資料、絶滅したモア*の骨格などの展示もある。ほかにこの地区の芸術家の作品も展示されている。

(角林文雄)

規制緩和［Deregulation］

1980 年代半ばまでの歴代の政府は、経済活動に種々の規制や統制、または指導をおこなってきたが、それにより経済の停滞や非効率化が進み、競争がなくなって活性化が妨げられるという弊害が指摘されるようになった。84 年に政権に就いたロンギ*労働党*内閣のダグラス*財務相は、農業関係の補助金廃止、輸入規制の撤廃、変動為替制*の採用、利率・賃金・価格などに関する大胆な規制解除をおこない、ロジャーノミックス*と呼ばれる政策を進めた。この政策はその後国民党*政権によっ

て引き継がれた。欧米先進国からはこの規制緩和に高い評価が与えられたが、経済規模の小さいニュージーランドでは外国との競争に敗退する企業や産業が現れた。

(岡田良徳)

規制魚種［QMS Species］
　漁獲割当量管理制度*により、年次ごと、漁業区ごとの漁獲量が定められ公示される魚種で、「枠魚」ともいう。1986年の新漁業法発足時は27魚種だけが指定されたが、98年には37魚種、2001年には46魚種、03年には61魚種、05年には93魚種が規制されている。これら規制魚種は、QMSコードとして魚名をローマ字3字で表示されるが、以前から使用されていた魚類学の魚名コードとは必ずしも一致しない。

(大島裏二)

基礎所得控除［Basic Income Exemption］
　所得調査付き給付の減額開始基準となる所得水準をさす。たとえば障害給付*、家庭内保育介護給付*、寡婦給付*などの受給者の週あたり給付外所得が80ドルを超えると、1ドルにつき30セント控除額が減額される。180ドルを超えると1ドルにつき70セントの減額となる。

(太谷亜由美)

北島と南島［North Island and South Island］
　ニュージーランドの主要部分を構成し、北島の位置は南緯34度25分から41度36分で、面積は113,729km²。南島は40度30分から46度41分、面積150,437km²で、両島はクック海峡*により隔てられている。
　北島では褶曲山脈が東端のイースト岬*から南端のウェリントンまで走り、ほかにホワイト島*からルアペフ山*に至る火山帯があり、また離れて火山のタラナキ山*がある。火山帯は地熱地帯を形成し温泉*が噴出している。一方、南島はサザンアルプス*が大きな脊稜山脈をなし、3,000mを超す高山、氷河*、氷成湖*が多く、西南部はフィヨルド*海岸である。平野は南島のカンタベリー平野*が最大で、北島のマナワトゥ平野*がこれに次ぐ。
　降雨は偏西風*の影響で、南島はサザンアルプスを境に植生が対照的であり、西側は雨林、東側は乾燥した草原である。北島ではそれほど顕著ではないが、風上・風下の特徴は見られる。主要な山、河川、湖沼は巻末の資料参照。

(由比濱省吾)

北タラナキ湾［North Taranaki Bight］
　北島西岸タラナキ*の北部、ワイタラ*川とモカウ川河口の間に伸びる平滑な海岸線をもつ広い湾。

(太田陽子)

喫煙［Smoking］
　近年、禁煙政策が進み、飛行機・バス・列車などの公共交通機関や職場はすべて禁煙で、一般的に屋内は禁煙が普通である。2000年国勢調査によれば、15歳以上の喫煙率はヨーロッパ系では22％であるが、太平洋諸島民*では34％、マオリでは49％である。1990年代初期に比べれば、全体として喫煙率は2％（55,000人）減少しているが、若年層では喫煙者の割合が高く、15〜19歳では4分の1、20〜24歳では3分の1に達し、一般に低所得者層に喫煙者の割合が高い。

(新井正彦)

キッドナッパーズ岬［Cape Kidnappers］
　マオリ語名マタウ／マタウポ（Matau/Mataupo）。ホーク湾*南端の岬。新第三紀層を切って海成段丘*が発達する。海岸に沿って高度数m以下の狭い段丘もあり、約2300年前の地震で隆起したとされる。この岬にはニュージーランド本土唯一のカツオドリ*の生息地があり、ここに入るには許可が必要。地名の由来はクック*が1769年に通訳として連れてきたタヒチ

少年が、マオリに一時連れ去られたことによる。　　　　　　　　　　（太田陽子）

キッドマン、フィオナ
［Kidman, Fiona Judith（1940-)］
　小説家、プロデューサー、批評家。ハウェラ*生まれ。女性の権利、著作活動を擁護。全国 PEN 会長（1981-83）、ニュージーランド著作物協会会長（92-95）などを歴任。*Breed of Women*, 1979（女という種族）、*Ricochet Baby*, 1996（跳ね回る赤ん坊）など作品多数。　　　　　　　　　　　（池田久代）

機能制約学生支援サービス
［Disability Student Support Services］
　ニュージーランドの高等教育機関（大学・高等専門学校）には、聴覚・視覚・運動機能、さらには知的側面において制約状態を有する学生たちへの修学支援サービス部局が設置されている。この支援サービス室には、拡大コピー機などの学習支援機器とともに、専門知識や技能、および経験を有する職員が配備され、筆記通訳者の手配など、当事者学生に対する学習保障のための支援サービス業務を展開している。　（八巻正治）

機能制約者情報サイト
［What everybody keeps asking about disability information=Weka］
　ウェカ（Weka）は、視覚・聴覚・運動機能などに制約を有する当事者本人や、その家族、あるいは支援者たちに必要とされるさまざまな福祉関連の支援情報を集めた、利用価値の高い総合サイトの名称である。
http://www.weka.net.nz　　　　（八巻正治）

機能制約当事者および支援者団体連合会
［Disabled Persons Assembly New Zealand Inc.=DPA］
　視覚・聴覚・知的・精神・運動機能などの側面において著しい制約状態を有する当事者個人や家族、関連団体、福祉事業団体の連合体。国内各地に支部組織を有し、活発な権利擁護活動を展開している。
　　　　　　　　　　　　　　　　（八巻正治）

技能専門大学校
［Polytechnic／Institute of Technology］
　1960 年代以降、各地に技能学校として開設された教育機関が、コミュニティ・カレッジやテクニカル・インスティチュートなどの名称を経て、86 年にポリテクニックと改称された。近年の統廃合で減少し 2004 年現在 20 校ある。03 年の在籍者総数は約 90,000 人で、職業分野の専門的技能に関する学習や訓練を主眼とする国公立の高等教育機関である。授業の多くは資格取得課程であるが、90 年代に入り大学と同等の学位を取れるコースが増えた。授業料の 3 分の 2 は政府が補助し、残りを学生が負担する。中等教育最終学年（13 年生）まで学んだ生徒の約 1 割が進むが、12 年生で取る中等教育資格試験*レベル 2、または 12 年生修了資格があれば入学できる。学年は 2 学期制で 2 月末に始まり 11 月に終わる。　　　　　　　　　　　（一言哲也）

キバシリ　［Brown Creeper］
　ニュージーランド固有種は丸い翼をもち、嘴は丈夫で、頭頂と尾羽は赤茶色、胸は淡黄褐色。体長 13cm。縄張り性がある。鳴き声はメロディーがある。南島とスチュワート島*の森林でのみ見られる。
　　　　　　　　　　　　　　　　（由比濱省吾）

基本法 1852 年
［New Zealand Constitution Act 1852］
　植民地ニュージーランドの統治制度を定めた基本法で、1852 年 5 月イギリス議会を通過し、6 月 30 日国王の裁可を得た。これによりニュージーランドは直轄植民地（Crown Colony）から自治植民地（Self Governing Colony）になった。基本法は 6 州

（オークランド、ニュープリマス、ウェリントン、ネルソン、カンタベリー、オタゴ）の州政府と全体議会*の設置を定めており、全体議会は総督*、上院*および下院（House of Representatives）からなる。しかしこの基本法では当面の議会の構成、内容、運営、選挙実施の方法などの詳細については、総督の権限とした。

また王室の権限としては、(1) 地方自治体の創設、(2) イギリス法が適用されずマオリ法と慣習が支配的な地区の設定、(3) マオリの土地についての専買権の保持、を定めていた。ただしこれら王室の権限は総督が代行することができた。53年1月この基本法がニュージーランドで公布され、かねて自治権を求めていた入植者たちに歓呼の声で迎えられた。議員が確定しオークランドで最初の議会が開催された1854年5月27日は、この植民地にとって記念すべき日となった。

〈青柳まちこ〉

義務教育 [Compulsory Schooling]

義務教育制度は1877年に始まり、現行の1989年施行の学校教育法*では、公立学校の教育について5~19歳を無料、6~16歳を義務と定めている。多くの児童は5歳の誕生日を機に入学する。これを0年生とし6歳（1年生）から16歳の誕生日まで（11年生）がいわゆる義務教育である。以後は、11年生の途中でも退校可能だが、多くの生徒が11年生の学年末に義務教育修了試験*を受ける。その先、12・13年生（日本の高校2・3年生に相当）まで進む者は約6~7割（日本の高校進学率は約98％）である。

〈一言哲也〉

義務教育修了試験 [School Certificate]

義務教育最終学年（11年生、ほぼ16歳）の多くの生徒が受験する。1934年に始まり2001年まで実施された。内申点と統一試験で評価され、各科目A（80点以上）、B（65点以上）、C（50点以上）が合格となる。各生徒が4~6科目を選択し、01年には約61,000人が受験した。なお02年からは中等教育資格試験*レベル1に切り替えられた。

〈一言哲也〉

キャベッジツリー [Cabbage Tree]

リュウゼツラン科センネンボク属の単子葉植物。和名ニオイシュロラン。固有種。樹高12~13m。センネンボク属の中では高性。全土で見られるが、湿地を好む。花は強い匂いをもつ。道路脇に栽植されて独特の景観を与える。マウンテン・キャベッジツリーは樹高8m、葉の幅が広く花が褐色、標高450~1,350mの湿潤な日あたりのよい山腹に生育する。フォレスト・キャベッジツリーは樹高4m、北島全域、南島北部と西部の森林で生育する。マオリ名ティ・カウカ（ti kauka）と呼ばれ、その他コウカ（kouka）、ファナケ（whanake）などと多くの呼び名がある。

マオリは1mに達する多肉の甘い地下茎を食用とした。根茎は季節により成分が変化し、晩春から夏に採取したものが最良で、葉の浸出液は下痢止めに用いられた。葉の繊維は衣服、サンダル、籠などに用いられた。初期入植者もリト（rito）と呼ばれる新芽、幹の中心部、根などを食材とし、キリスト宣教師が焼いた根からビールを醸したという記録がある。しかしキャベッジツリーの語源として、入植者が新芽をキャベツの代用としたという説は現在否定されている。1980年代に原因不明の病害が発生し減少した。

〈塩田晴康〉

キャメロン、アレクサンダー
[Cameron, Alexander Christie（1893-1961）]

実業家。ダニーディン*生まれ。1930年代における青年農民クラブ（Young Farmers' Club）の創立者。

〈由比濱省吾〉

キャメロン、ダンカン
[Cameron, Duncan Alexander（1808-88）]

イギリス職業軍人。クリミア戦争に参戦し、1861年土地戦争*に際してマオリ征討の指揮官として来任。ワイカト*およびタラナキ*で戦争を指揮した。しかしのちに、土地戦争は入植者の利益のためのものであったことに疑問をもち辞任。65年帰国。

（青柳まちこ）

キャロル、ジェイムズ
[Carroll, James（1857-1926）]

政治家。アイルランド人の父とマオリの母の間に生まれ、先住民土地裁判所*、下院で通訳として働く。1887年東部マオリ選挙区から選出され下院議員（1887-1919）。93年以降は一般選挙区から出馬、25年間にわたって議員を務める。93年マオリとしては初めて入閣、セドン*内閣で印紙税局長官（Commisioner of Stamp Duties）、先住民相などを務めた。1906~12年さらにウォード*内閣でも同様な任務につき、マオリの保健、教育などに力を尽くした。英語、マオリ語の弁論家としても名高く、ヨーロッパ人社会の中でのマオリ成功者の象徴であった。

（青柳まちこ）

キャンプ [Camping]

ニュージーランドではベッド、コンロ、冷蔵庫、トイレなどが備わっているキャンプ用の車を手軽に借りることができる。モーターキャンプ場も多く、そこには炊事施設などの設備が整えられている。またキャビンを利用すれば手軽にキャンプ生活を楽しむことができる。

（山岸博）

キャンベラ協定 [Canberra Pact]

第2次世界大戦中の1944年に成立したニュージーランドとオーストラリアによる安全保障協定。オーストラリア・ニュージーランド協定、アンザック*協定ともいう。43年カイロ会談において、対日処理方針がイギリス、アメリカ、中華民国により討議されたが、それに関与できなかったことに反発したオーストラリアの主導で成立した。戦後処理問題や南・南西太平洋での地域安全保障、南太平洋政策などでの両国の協同が約され、戦後の両国協力関係の礎となった。この協定は47年の南太平洋委員会*の設立にも結びついた。

（山口悟）

キャンベル、アリステア・テ・アリキ
[Campbell, Alistair Te Ariki（1926-）]

詩人、劇作家、小説家。クック諸島*生まれ。母はクックマオリ。幼児期を故郷で過ごした。ヴィクトリア大学卒業。最初の詩集 Mine Eyes Dazzle, 1950（瞳の輝き）に収録された Elegy（哀歌）は代表作。ニュージーランドをテーマに描くオークランド・グループに対して、ヨーロッパや英国の詩風に傾倒するウェリントン・グループ（国際派）に属し、多くの詩を発表。児童小説 The Happy Summer, 1961（楽しい夏休み）、劇作 The Homecoming, 1964（帰郷）、詩集 Death and the Tagua, 1996（死とタグア）など多数。

（池田久代）

キャンベル、ジョン
[Campbell, John Logan（1817-1912）]

実業家。エディンバラ生まれ。1839年船医としてオークランドに到着。首都がラッセル*からオークランドに移転するに際して、いち早くその地で企業活動を開始し、「オークランドの父」と呼ばれている。さまざまな企業経営に携わり、業界有力者となった。慈善活動家としても知られる。

（青柳まちこ）

キャンベル島 [Campbell Island]

スチュワート島*の東南600km、南緯52度30分、東経169度8分にある亜南極島。面積113km^2。1830年にオーストラリアの

キャンベル社の捕鯨*船が発見。1895~1931年にヒツジが放牧された。
(由比濱省吾)

キャンベル岬［Cape Campbell］
マオリ語ではカラカ*。南島マールバラ*にあり、クック海峡*南入口の岬。クック*が1770年に副提督キャンベル（John Campbell）の名にもとづいて命名。岬から南方には海成段丘*が発達するが、ところによっては海岸侵食*のために急崖が海岸を縁どる。
(太田陽子)

キュウカンチョウ［Myna］
19世紀末にインドから南島に導入された。体長約24cm。胴体は薄茶色、頭部は緑がかった黒、嘴は黄色。食虫性。北島のワンガヌイ*、パーマストンノース*、南ホークスベイ*などに分布し、住宅地でも見られる。
(由比濱省吾)

休日休暇法［Holidays Act 1981］
1981年に制定された休日と休暇について、また雇用者と就労者の権利と責任について基本的な事柄を規定した法令。祝祭日*、地域ごとの記念日が規定され、すべての労働者は11日間の有給休暇（祝祭日10日と地域ごとの記念日1日）を得ることができる。また同一雇い主のもとで1年以上雇用されている者は、3週間の有給休暇の権利を有する。その他就労者の病気や忌引きによる休暇、両親に与えられる出産休暇や育児休暇などが規定されている。
(新井正彦)

教育省［Ministry of Education／Te Tahuhu o te Matauranga］
教育省は教育関連政策の策定・推進や予算配分など、教育行政にその役割が限定されている。1988年にロンギ*政権が進めた教育行政改革（Tomorrow's Schools）により、名称はDepartmentからMinistryになり、人事権や予算運用権など大きな権限がそれぞれの学校運営理事会*に委譲された。それまで教育省のもとで教員任命権をもっていた教育委員会も独立した教育審査庁*となり、教育省の中央集権的性格は姿を変えた。人事権をもつ日本の地方自治体の教育委員会や、それらを通じて学校の指導助言にあたる日本の文部科学省とは趣を異にする。
(一言哲也)

教育省児童保護局［Child Welfare Branch of the Department of Education］
1925年に制定された児童福祉法*によって設置された。同時に児童裁判所*も新設され、これらの具体化によって児童福祉に対する国家責任の確認、児童への教育的指導という基本理念の確立がなされた。初代局長は北米の福祉や教育を視察し、児童福祉法成立に尽力したベック（John Beck）である。
(新井正彦)

教育審査庁［Education Review Office］
教育行政を担当する教育省*と別個に、教育審査を担当する政府組織である。評価対象は公私立の就学前教育*機関、初等中等学校、特殊教育施設など高等教育前のすべてに及ぶ。各機関は平均3年に1度、学校運営、授業、教材、設備、教員などについて審査され、結果は報告書にまとめられ公開される。全国に9支部があり、約120人の審査官がいる。
(一言哲也)

教育制度［Education System］
日本に比べ複雑な学校制度をもつが、教育や訓練などへの正規資格にはレベル別の一貫性ある体系を採用している。就学前教育*は幼稚園*や保育園*を主とするが、各施設は国の幼児教育要領（Pathways to the Future）に沿って独立的に運営される。教育省*は教育課程要領の策定、設備基準の設定、助成金の配当などをおこな

う。0~5歳児の60％（3歳児で90％、4歳児で98％）が就学前教育を受けている。初等・中等教育は、学校の種類が多様であるため一概にはいい難い。6-2-5制（Primary–Intermediate–Secondary）、8-5制（Full Primary–Secondary）、6-7制（Primary–Form School）などが主となる1~13学年制で、義務教育期間は6歳の誕生日から16歳の誕生日までである。学習指導要領＊に準じて授業がおこなわれ、中等教育最後の3学年では中等教育資格試験＊レベル1~3を取得する者が多い。高等教育も多様で、公立機関は大学＊8、技能専門大学校＊20、教員養成大学校＊4、マオリ大学校＊3である。

このほか、企業組合運営の職業訓練センター＊約50、私立教育機関（語学学校含む）約900などが国立資格審査局＊に登録されている。これら中等・高等教育機関で受けたすべての教育・訓練・技能は、2006年までに段階的に導入された公認資格登録制度で10段階レベル（通常はレベル1~3または4が高校、5~7が大学、8~10が大学院）に統一的に分類され、認定される。　（一言哲也）

教員養成大学校［College of Education／Teacher Training College］
　オークランド、ウェリントン、クライストチャーチ、ダニーディン＊の4都市にある教員養成機関。高校2年生に相当する12年生修了資格または中等教育資格試験＊レベル2があれば入学できる。2003年には約10,000人がこの4校に在籍した。なお、教職課程はワイカト大学＊とマッセイ大学＊にも設置され、技能専門大学校＊でも一部の教職科目が受講できる。養成課程修了後は、「教員評議会」に仮登録され教壇に立ち、通常2年の実務経験後本登録となる。　（一言哲也）

峡谷［Gorge］
　谷幅に比べて著しく深く急峻な谷壁をもつ谷地形。下刻作用の卓越する地域や硬岩域によく発達し、谷壁は基盤岩から構成されていることが多い。谷の断面形はV字形をなし、V字谷とも呼ばれる。北島のマナワトゥ川＊峡谷、南島のタイエリ川＊峡谷が典型で、タイエリ峡谷に沿って観光鉄道が運行されている。　（植村善博）

行財政改革［Public Sector Reform］
　1970年代前半のイギリスのEC加盟、石油危機は不況をもたらし、国民党＊マルドゥーン＊政権の過剰な保護政策、シンク・ビッグ計画＊による巨額な外債累積は、経済を一層深刻化させた。84年政権に就いたロンギ＊労働党＊内閣は、急進的な市場経済モデルによる行財政改革を断行し、小さな政府をめざした。財務相ロジャー・ダグラス＊主導でおこなわれたこの改革はロジャーノミックス＊と呼ばれた。84年以降農業補助金の全廃、輸入規制の緩和、変動相場制＊の採用、利率・賃金・物価についての統制撤廃など経済金融の規制緩和に始まり、物品サービス税＊の導入（86年）、政府系企業＊法（State Owned Enterprises Act 1986）による国営事業の民営化（86年）、政府省庁法＊による行政の活性化（88年）を敢行した。90年に政権についたボルジャー＊国民党政権は、社会保障部門にも厳しい削減政策をとり、医療部門における準市場化、各給付の削減など国民生活に大きな影響を与えた。一連の改革は99年12月の総選挙で改革の行き過ぎを批判した労働党が再び政権についた。　（太谷亜由美）

共産主義政党［Communist Parties］
　1921年、共産党（Communist Party of New Zealand）がニュージーランド・マルキスト協会（New Zealand Marxian Association）の成員によって設立された。結党以来スターリン路線をとってきたが、60年代ソヴィエトと中国の路線対立により、党は分裂し、

ソヴィエト派は社会統一党（Socialist Unity Party）を結成した。94年共産党は国際社会主義機構（International Socialist Organisation）と合体し、70年の歴史を閉じたが、現在は社会主義労働者組織（Socialist Worker Organisation）として存在している。一方69年ヴィクトリア大学*学生が従来の共産党体制を批判し、社会主義活動連盟（Socialist Action League）を設立した。これはのちに共産主義者連盟（Communist League）と改称し、2002年総選挙で2名の候補者を擁立したが得票数はわずかであった。

（由比濱省吾）

行政院［Executive Council］
憲章1840年（Charter of 1840）により総督（Governor）は、総督を補佐する機関として植民地長官（Colonial Secretary）、司法長官（Attorney General）、植民地財務長官（Colonial Treasurer）からなる行政院をつくることが定められた。最初の行政院会議は41年5月4日に開かれ、ホブソン*総督のもとでは54回開かれたが、以降の総督は行政院を重視しなかった。46年2州の設立にともない、両州にそれぞれ副総督と行政院がつくられ、これまでの総督は総総督（Governor-in-Chief）となった。基本法1852年*の施行により、行政院には上級軍人、植民地長官、司法長官、植民地財務長官のほか、総督が任命する適切な人物が加わることとなった。56年スーウェル*が最初の責任内閣を組閣するまで、フィッツジェラルド*（54年6~8月）、フォーセイス（Thomas S. Forsaith、54年8~9月）が行政院委員として行政の主体を担った。

（青柳まちこ）

行政院は、政府としての正式な助言を総督に対して与える機関であり、通常、その助言は行政院令を制定するための勧告という形式でなされる。議会が制定する法律とは別に、行政院令は、政府が法による強制力を必要とする決定を実行するための主たる手段なのである。なお、行政院の会議は行政院令策定の目的で、また、議会が制定する法律を執行する目的で招集される。

（道谷卓）

矯正省［Department of Corrections］
1995年設立の政府省庁。量刑判決（Sentence）と命令（Order）が適切に執行されることを保証し、受刑者が安全、確実、人道的に監理されること、および再犯を減少させることによってコミュニティの安全に貢献することを目的とする。その中心業務は、拘禁の量刑判決（拘禁刑と家庭内拘禁*）および、拘禁を受けることのない量刑判決と、裁判所によって科せられた命令（たとえば、監督、コミュニティワークと仮釈放）の運営で、17の国営刑務所、12の地域社会保護観察サービスの地域事務所、8つの精神・心理サービス事務所を管理する。また刑期を終えた犯罪者が、雇用を確保できるような教育と労働経験の提供を通して、犯罪者の社会復帰と再統合に効果的に介入し、再犯が減少するよう取り組む。

（高橋貞彦）

強制送還［Deportation］
移民法（Immigration Act 1987）によれば、不法入国者、不法滞在者、テロリストなどの国内治安の脅威になる者や滞在中に重大犯罪を犯した者は国外へ強制送還（退去強制）となる。退去強制命令に不服の者は退去強制命令不服申し立て審判所（Deportation Review Tribunal）に申し立てができる。上訴裁判所*は、滞在期限切れにより子どもと家族を残して退去強制命令を出されたサモア人男性タヴィタ（Tavita）からの司法審査請求事件判決（1993年12月17日）において、自由権規約と子どもの権利条約を援用し、政府当局が退去強制命令の執行を検討する際には、これらの条約を考慮すべきであるとして当局に再審査を求めた。

（杉原充志）

競走馬［Racehorse］

サラブレッドの生産や育成は盛んで、海外に輸出され高い評価を得ている。日本に輸入された競走馬の多くはニュージーランド産である。競走馬種畜場はワイカト*をはじめとして各地に存在している。南島のトレンサム（Trentham）と北島のカラカ（Karaka）では、毎年当歳馬販売市が開催されている。

（井脇成禮）

漁獲割当量管理制度
［Quota Management System=QMS］

ニュージーランドは排他的経済水域*の設定を機に、本格的な漁業推進計画に取り組み漁業法の制定にかかった。1983年の最初の漁業法で、それまでの外国漁船の乱獲で資源量の減少が心配される魚種や、周辺漁場の開発で新規に商品化された魚種など、主として沖合漁業の7魚種を試験的に規制魚として指定し、総漁獲許容量にもとづく漁獲割当量管理制度を発足させた。

この制度は次の86年の漁業修正法の目玉となり、漁業の自立と海の資源管理をめざして、沿岸漁業まで含めた27魚種を規制魚種*として持続的な資源利用をするという方針が明確となった。これらの魚を「枠魚」と呼び「QMSコード」で記号化し、10漁業区にそれぞれの魚の年間漁獲許容量を公示することになった。

当初、その対象が沖合漁業だったため、必然的に「枠保持者」は沖合漁業の漁業会社とその従業者に限られていた。しかしマオリの日常的漁労生活が無視され、ワイタンギ条約*に違反するという訴状が出されて、「マオリ枠」が認められた。さらに国会議員からは健全なレクリエーションとしての「遊漁枠」、チャタム諸島*住民から「モリオリ枠」の要求が出た。諸外国でもこの運営の成り行きを長期的に注目している。

なお、本事典では魚介類の個々の項目で、規制魚種種についてはそのコード記号を付記している。

（大島襄二）

漁業［Fisheries］

ニュージーランドは四面環海の島国でありながら、20世紀後半までは産業としての漁業は成立しなかった。しかし周辺の公海が各種漁業の好漁場であることが知られるようになり、外国漁船の操業がさかんになると、日本、ソ連（現ロシア）、韓国、ドイツなどは12海里の領海内にまで操業の場を求めて入漁料の徴収に応じるようになった。そのため最初の漁業に関する取り決めは各国との漁業協定という形で定められ、入漁船の隻数・漁具・漁法・漁場の規制がおこなわれた。

1978年国連海洋法条約に調印することによって、200海里の排他的経済水域*における自国産業としての漁業が発足した。83年漁業法（Fisheries Act 1983）では、外資の規制、つまり自国産業の確立に備えて、共同事業・合弁事業の外資比率を25％以下に抑え、個別譲渡可能割当枠（Individual Transferable Quota=ITQ）を定めて、余剰枠を外国割り当てとする中間的措置を定めたが、86年漁業法では完全に自国産業に限った漁獲割当量管理制度*を制定した。

こうした漁業振興政策によって、漁業は農・牧・林業に並ぶ1次産業への躍進を果たし、水産物輸出額は畜産品・木材・機械類についで第4位に達した。しかしここでは漁業許可枠の割り当てを既成の水産会社に限るという独自の規定に徹したため、マオリの権利抵触と一般市民の遊漁制約という問題を内蔵することとなった。

2004年漁業修正法（Fisheries Amendment Act 2004）では目標をさらに高めて、持続的海産資源の確保から水界環境保全を前面に押し出し、環境問題の起点として漁業が位置づけられることとなり、漁業は国の政策の中心的役割を担うこととなった。

（大島襄二）

漁業区［Fisheries Management Areas］

　1978 年、200 海里の排他的経済水域*の制定にともない、1983 年漁業法で北のケルマデック諸島*、東のチャタム諸島*、南のキャンベル島*までを含む全水域を 10 の漁業区に分けて、それぞれの漁業区ごとに、各年度の漁獲可能量を設定して漁業活動を推進するとともに、資源量の持続的維持をはかることにした。10 の漁業区は北島北端から時計まわりに南島までを一周し最後にケルマデック諸島に至る。

　第 1 漁業区＝オークランド（東）、第 2 漁業区＝中部（東）、第 3 漁業区＝南東部（海岸）、第 4 漁業区＝南東部（チャタム陸棚）、第 5 漁業区＝サウスランド、第 6 漁業区＝亜南極、第 7 漁業区＝チャレンジャー、第 8 漁業区＝中部（西）、第 9 漁業区＝オークランド（西）、第 10 漁業区＝ケルマデック。なおこの 10 漁業区は 2005 年に全面的に廃止された。　　　　　　　　　（大島裏二）

漁業権［Fishing Industry Rights］

　漁業権は漁業社会の存在を前提としている。しかしニュージーランドでは、漁業を専業とするものは水産会社だけであったので、1986 年制定の漁業修正法（Fisheries Amendment Act 1986）では、漁業権を魚を獲る権利ではなく、漁業という産業をおこなう権利として解釈し、漁業労働者も漁民ではなく、水産会社従業員として会社に与えられた権利を執行する者と解された。

　もともとこの国では自国の市民には、自由漁業を慣例として認めていたので、漁業法が水産会社だけを対象とする法律となることに対して当初は疑義はなかった。しかしこの法律が実施された結果、これまで自由におこなわれていた漁労行為、とくにマオリがワイタンギ条約で女王から保障されている権利への侵害が問題となり、一方では市民の健全なレクリエーションとしての遊魚についても異見が出た。　（大島裏二）

キリスト教女子青年会［YWCA=Young Women's Christian Association］

　ニュージーランドで YWCA が設立されたのは、1878 年のダニーディン*が最初で、その後 83 年クライストチャーチ、88 年オークランドと続く。当初の活動は働く若い女性を支援することで、工場や店で働く女性のために食堂を設立し、仕事を探す移民女性のためにホステルを確保することであった。活動は創設黎明期には国内奉仕を中心としていたが、近年は国際的活動も積極的におこなっている。　　　　　　（新井正彦）

キリスト教青年会［YMCA=Young Men's Christian Association］

　キリスト教を基盤としたコミュニティ団体で、個人と家族が肉体的・精神的に成長し、健康的な生活を楽しむことを目的に活動している。世界最初の YMCA は、1844 年ウィリアムズ（George Williams）によってロンドンに設立されたが、ニュージーランドでは、その 11 年後の 55 年オークランドの港湾地区に設立され、1910 年までには南島のインヴァカーギル*まで 10 ヵ所に設立された。　　　　　　　　　（新井正彦）

ギリス、ハロルド
［Gillies, Harold Delf（1882-1960）］

　耳鼻科・形成外科医。ダニーディン*生まれ。ケンブリッジ大学で医学を修める。第 1 次世界大戦中イギリスのオルダーショット（Aldershot）陸軍病院で顎顔面外傷治療の主任として 11,000 人以上の戦傷兵の治療にあたる。移植手技を駆使し、機能だけでなく形態をも改善することに努め、近代形成外科の基礎をつくり、近代形成外科の父といわれる。

　大戦終了後もイギリス最初の形成外科医として活動を続け、第 2 次世界大戦では形成外科のチームを結成し、戦傷患者の治療にあたるとともに世界中からの医師の教育

にもあたった。　　　　　　（薄丈夫）

金 [Gold]
　岩石中の石英脈などに含まれている場合と、二次的な堆積物として河川や海浜で砂金として産する場合とがある。南島西岸に多くの金鉱脈や砂金が見出され、1860年代にはゴールドラッシュ*の時期を迎えた。近年まで北島ワイヒ*、南島のマクレイズ（Macraes）、リーフトン*で鉱石の採掘がおこなわれていた。　　　（太田陽子）

キンギ、ウィレム [Kingi, Wiremu (c.1795-1882)]
　ンガティ・アワ*の大首長。政府による土地の個人所有化や分割売却に反対し、1859~60年に起きたタラナキ*のワイタラ土地購入*において、ブラウン*総督に抵抗した。土地戦争*勃発後はマオリ王擁立運動*を支持し、土地戦争を戦ったり、テ・フィティ*のパリハカ村で暮らしたこともあった。政府がワイタラ購入の非を認めたのは20世紀に入ってからであり、1926年まで賠償金も支払わなかった。　（内藤暁子）

キンギタンガ [Kingitanga] ⇒マオリ王擁立運動

緊急給付 [Emergency Benefit]
　資産調査、所得調査付き給付で、さまざまな事由の困難な状況があり、かつほかの給付の資格を満たしていない者が対象となる。介護のための所得中断や、配偶者の疾病、非実子の養育、また16~17歳の学生で学生手当てを受給しているが、失業給付*の支払開始は18歳以上であるので年齢のため失業給付を受けられない者も対象となる。給付額は失業給付ならびに家事専従給付に準ずる。　　　　　　（太谷亜由美）

緊急生活費給付
[Emergency Maintenance Benefit]

単身で子どもを扶養する親に支払われる給付。家庭内保育介護給付*や寡婦給付*では子どもとの5年以上の居住が要件となるがこれらの要件が満たされない者、家庭内暴力*の被害者、16~17歳の未婚単身の親などが対象となる。　　　（太谷亜由美）

キングカントリー [King Country]
　北島中西部一帯をさす。およそ11,000km^2。中心的な町はオトロハンガ*、テ・クイティ*、タウマルヌイ*など。マオリ語名はロヘ・ポタエ（Rohe Potae 帽子の縁）。土地戦争*後、第2代マオリ王タフィアオ*がこの地にひきこもり、ヨーロッパ人の権力の及ばない地域とした。森林の多い丘陵地帯のため、テ・コウティ*はじめ土地戦争を戦ったマオリゲリラ兵にとって恰好の隠れ家となった。1881年にタフィアオが和平交渉を受け入れた結果、85年にはキングカントリーは開放され、ヨーロッパ人による測量が開始された。
　　　　　　　　　　　　（内藤暁子）

キングストン [Kingston]
　南島ワカティプ湖*の南端にある町。人口2,139人（2001年）。南のラムズデン（Lumsden）まで鉄道が通じていたが旅客減少で廃止され、一時期観光列車のみが運行された。　　　　　　　　　（由比濱省吾）

キングフィッシュ [Kingfish／Yellowtail]
　太平洋各地ではキングフィッシュという名で呼ばれる大型の魚があるが、それぞれ地域によって指す魚が違う。ニュージーランドではブリをさす。マオリ名ハク（haku）。体長1~1.5m、重さ45~50kgにも達する。肉食性、釣漁の絶好の対象。北島一帯からタズマン海*、オーストラリア東岸が好漁場。2003年から規制魚種*コード記号KIN。　　　　　　　　　（大島裏二）

キング、フレデリック
[King, Frederic Truby（1858-1938）]
　精神科医。ニュープリマス*近郊生まれ、エディンバラ大学医学部卒。妊産婦、乳児の健康を守ることの重要性を力説。プランケット総督夫人の後援を受け、乳幼児の健康促進を目的とするプランケット協会*を設立した。
（薄丈夫）

キング、マイケル [King, Michael (1945-2004)]
　歴史家、評伝作家。ウェリントン生まれ。ヴィクトリア大学、ワイカト大学卒。マオリの歴史や口承伝承の研究に取り組み、Moko, 1972（入れ墨）や Te Puea, 1977（テ・プエア）などを発表。自叙伝 Being Pakeha 1985（白人であること）は代表作。マオリとパケハが共存するニュージーランドの歴史を代表的人物の伝記を通して探求した。マオリ指導者テ・プエア*の評伝やクーパー*の評伝 Whina, 1983、パケハ文学のサージソン*、フレイム*の評伝は力作。2004年事故で急死。
（池田久代）

銀行制度 [Banking System]
　銀行は多目的銀行、小口取引銀行、大口取引銀行の3つに分類される。2004年、国内で業務をおこなっている18行のうち、ニュージーランド資本の銀行は2行で、大手銀行すべてはオーストラリアやイギリスなどの外国資本である。1989年ニュージーランド準備銀行*法により、銀行（Bank）と名乗り業務をおこなう場合、ニュージーランド準備銀行に登録する義務がある。その際、次のようないくつかの条件を満たさなければならない。たとえば、組織上の問題として銀行の所有と経営の十分な分離、最低資本制約（自己資本比率）の条件、銀行関係者への貸出し制限などである。銀行としての登録にあたってはこのような条件を満たさなければならないが、登録銀行として許可される銀行数に制限はない。ニュージーランド準備銀行は個々の銀行に何ら保証を与えないし、銀行が危機に陥った時預金の保証をすることもない。また政府による預金保険も預金に対する政府保証もない。それはニュージーランド準備銀行による銀行の監視が、金融制度全体に対する信任を維持することにあり、個々の銀行や特定銀行の預金者を保護することを目的とするものではないからである。
（松岡博幸）

ギンサワラ
[Silver Kingfish／Southern Kingfish／Gemfish]
　マオリ名マカティカティ（maka-tikati）。体長175cm、重さ50kgにも達する大型の魚。銀色の体色。ニュージーランド全海域からオーストラリアの大陸棚にかけて分布、年間漁獲量1,060t。規制魚種*コード記号 SKI。
（大島襄二）

禁酒運動 [Temperance Movement]
　ニュージーランドでは1830年代に捕鯨*基地、60年代に金鉱地域で飲酒の弊害が著しく、80年代になると都市部にも波及し、大量の酒類が消費され深刻な社会・経済問題となった。貧富を問わず女性、子どもが飲酒*の被害者であり、また当時死因の大きな原因でもあった。多様な禁酒協会が結成され、教会や社会改革推進者の支持を得た。70年代に萌芽を見せた女性による禁酒運動も多くの賛同者を得て、禁酒のみでなく広く女性解放・社会改革をめざすようになり、女性キリスト教禁酒連合*に代表される女性参政権*運動にも発展した。
（ベッドフォード雪子）

禁酒同盟 [New Zealand Alliance]
　1883年酒類販売禁止運動推進のために結成。イギリス禁酒同盟のニュージーランド支部がつくられ、のちに独立してニュージーランド禁酒同盟となった。機関誌 Prohibitionist（禁酒主義者）の発行部数は2

万を超え、女性会員は夫や父親から虐待を受けていたものが多く、彼女たちはこの組織を通じて初期のフェミニズム*、女性参政権*運動を推進した。　（ベッドフォード雪子）

金融政策［Monetary Policy］

ニュージーランド準備銀行法（Reserve Bank of New Zealand Act 1989）では、ニュージーランド準備銀行*は、一般的な物価水準の達成と維持という経済目標に向けて金融政策を策定・実施すると規定され、また財務大臣とニュージーランド準備銀行総裁との間で政策目標合意を結ぶことも求められている。ニュージーランド準備銀行は3年程度の消費者物価のインフレ見通しに焦点をあて、目標範囲内に将来のインフレを十分に安定させることが求められている。

インフレ予想が目標値の上限・下限に近づいた場合には、インフレが目標値範囲内で安定するよう、ニュージーランド準備銀行が設定する短期金利である公定歩合（Official Cash Rate=OCR）によって調整される。公定歩合の引き上げ（引き下げ）は、家計・企業が直面する利子率に影響を与えるので、金融の引き締め（緩和）を図ろうとするものである。ニュージーランド準備銀行は公定歩合の変更を1年に8回公示するが、そのうちの4回はニュージーランド準備銀行の金融政策報告書（Monetary Policy Statement）の公刊と同時である。2004年現在、公定歩合は6.25％となっている。ニュージーランドは小規模な開放経済なので、経済活動とインフレの動向は利子率や為替レートにより影響を受ける。したがって、ニュージーランド準備銀行は公定歩合を設定する際、とくにこれらを考慮に入れている。　（松岡博幸）

金融制度［Financial System］

金融の分野において主要な役割を果たしているのは、中央銀行であるニュージーランド準備銀行*と民間の金融機関である。1984年以降、金融部門は劇的な変化をとげ、規制緩和*により、金融分野の直接的な規制は大部分取り除かれた。現在、民間の金融機関は登録銀行とその他の金融機関の2種類のみが残されている。

登録銀行とその他の金融機関の違いとしては、たとえば登録銀行の場合、ニュージーランド準備銀行の決済勘定で登録銀行間の決済をおこなうことができるのに対し、ほかの金融機関では登録銀行を介して相互の取引の決済をおこなうという点である。総金融資産の大部分を占める登録銀行はきわめて重要な金融仲介業者である。ほかの金融機関はそれほど多くの割合を占めているわけではないが、一定の役割を果たしており、業務内容も預金の受け入れ、個人への貸付、住宅ローン、企業への貸付、地方での金融と多岐にわたっている。たとえば、住宅ローンを提供する住宅金融組合*、自動車やほかの消費財の割賦購入関係などのサービスを提供する金融会社、加入組合員に貸付をおこなう信用組合などがある。　（松岡博幸）

キンリース［Kinleith］

ワイカト県*南部、トコロア*の8km南。ニュージーランド最大級の紙パルプ・製材工場がある。北からの貨物鉄道線の終点。企業に働く人々はトコロアの町から通勤する。　（由比濱省吾）

菌類［Fungi］

真菌植物門に分類される植物。10～25万の種類がある。ニュージーランドの菌類の種類は約2万で形や大きさはさまざまで、寄生するもの、毒のあるもの、薬になるものがある。目に見える子実体をつくる菌類は子嚢菌亜門と担子菌亜門に大別できる。担子菌チャダイゴケ科の菌類は鳥の巣そっくりのカップ状で擬似卵まである。植物の

腐敗物や草食動物の糞に発生する菌類も多い。子嚢菌にはチャワンタケ属を含む。担子菌は担子器果（いわゆるキノコ）をもち、オキナタケ、コノサイベ、シビレタケ、ヒトヨタケの4つの属に分類できる。

(塩田晴康)

く

クイーン・エリザベスⅡ世陸軍記念博物館 [Queen Elizabeth Ⅱ Army Memorial Museum]

トンガリロ国立公園*南麓ワイオウル*にある。初期の植民地時代からの軍隊の遺品、小型の銃、軍服、勲章、従軍画家の描いた絵などが展示されている。　(角林文雄)

クイーンズタウン [Queenstown]

サザンアルプス*中のワカティプ湖*畔にある代表的観光リゾート地。常住人口は8,358人（2001年）。ワナカ湖*やアロウタウン*を含むクイーンズタウン＝レイクス郡の郡役所所在地。スキー、登山、ショットオーヴァー川*急流下り、汽船による湖水回遊、小型機の空中観光、パラグライディング*、マウンテンバイク、カワラウ（Kawarau）川でのバンジージャンプ*、ロープウェイ頂上からの展望、クイーンズタウン・ガーデンの散歩など、野外活動にはこと欠かない。1862年に近郊のアロウ（Arrow）川とショットオーヴァー川でゴールドラッシュ*が起こった。　(由比濱省吾)

空軍 [Royal New Zealand Air Force]

第1次世界大戦中にイギリスで、250名のニュージーランド人パイロットが訓練を受けた。1919年にイギリスは、本格的にニュージーランド空軍の設立を説得し、23年には国土防衛軍を含む常設空軍が創設された。ヨーロッパ情勢が不安を増すなか、34年ジョージⅤ世はこの部隊にニュージーランド空軍（Royal New Zealand Air Force）の名称を付与した。36年にはイギリス空軍のコクラン（Cochrane）が初代ニュージーランド空軍総司令官に任命され、ニュージーランド空軍は海外任務にも責任を負うことになった。

39年に勃発した第2次世界大戦には、イギリス空軍の一翼として参加し名声を得る一方、太平洋方面ではフィジー諸島、シンガポール、マレーでの任務についた。また41年には、人員不足から空軍女性補助隊（Woman's Auxiliary Air Force）も編成された。2001年以後ニュージーランド空軍は後方支援任務が主となり戦闘部隊は解散、空軍の指揮管理は新生の防衛本部に統合された。　(根無喜一)

空軍博物館 [Air Force World]

クライストチャーチの西7kmにあるウィグラム（Wigram）空軍基地に隣接する博物館。戦闘機20機以上、ニュージーランド空軍の歴史、世界大戦の記録など貴重な資料が多く展示されている。　(大石恒喜)

空港 [Airport]

国内25の空港に定期便が発着している。その他、地方の航空会社の小型飛行機が不定期に発着する空港も数多くある。オークランド、クライストチャーチ、ウェリントン、ハミルトン*、パーマストンノース*、ダニーディン*の各空港には国際線の定期便も発着している。最大の空港はオークランド空港で年間約1千万人の利用客がある。ここでは国際線ターミナルと国内線ターミナルが分かれており、両ターミナル間には無料バスが運行されている。クライストチャーチ空港は、南島の玄関口であり、

日本、オーストラリア、シンガポールなどからの直行便も発着し、年間400万人以上の利用客がある南島最大の空港である。首都ウェリントンの空港は3番目に大きく、国内線の利用客が最も多い。　　（大石恒喜）

空中撮影地図［Aerial Mapping］

空中写真による地図化は農業、林業、都市計画や災害調査などに必須の技術として発展してきた。1936年に写真撮影や地図化を事業とする空撮地図社（Aerial Mapping Ltd.）が設立された。また、土地情報庁（Land Information New Zealand）は空中写真の資料室をもっている。2001年に民営化された国際テラリンク社（Terralink International Ltd.）は衛星画像を専門に扱っている。（植村善博）

空中散布［Aerial Topdressing］

小型飛行機による施肥、牧草播種等の作業。経営面積が広大なこと、さらに山間地では地形の起伏が大きいことが地上での作業を著しく困難にしていたが、第2次世界大戦以後に急速に普及した空中散布の導入により、この障害が克服された。空中からの施肥は牧地のみならず、造林地にもおこなわれる。（由比濱省吾）

クーパー、フィナ［Cooper, Whina (1895-1994)］

マオリ土地権運動*指導者。ホキアンガ*生まれ。国民の母（whaea o te motu）として知られる。ネーピア*のマオリ女学校で学んだのち、故郷ノースランド*の農業指導者として頭角を現した。1951年にはマオリ女性福祉連盟*を創設し初代会長、57年まで組織の運営に携わった。フィナが最も注目を集めたのは、75年に「展望を抱く人々（Te Roopu o te Matakite）」、のちに「アオテアロアの予言者（Te Matakite o Aotearoa）」を結成し、マオリ土地行進*を実行した指導者としてである。（内藤暁子）

クープワース［Coopworth］

肉毛兼用種のヒツジ。1950年代にリンカーン大学*でボーダーレスター種とロムニー種の交配によって開発された品種。76年にはオーストラリアに導入された。80年までにはニュージーランドの低地や丘陵を中心に全国に分布した。体重は50〜60kg、顔と脚は白い。繊維の直径は35〜39μm。出産率が高く管理が容易。（由比濱省吾）

クーロウ［Kurow］

南島ワイタキ川*の中流右岸にある町。人口387人（2001年）。国道83号線と82号線の分岐点で、ワイタキ川を渡る国道の橋は旧式の木造単線橋。この橋から下流の約60kmは国道1号線まで橋がない。

（由比濱省吾）

クジラ［Whale］

クジラ目にはクジラとイルカ（Dolphin）がある。ニュージーランドでは慣習的に体長ほぼ5〜6m以上のものをクジラ、それ以下のものをイルカと呼んでいるが、明確な定義はない。クジラは動物学的には、下顎にヒゲ板が並ぶヒゲクジラ類と上下顎に歯をもつハクジラ類の2亜目に分類される。ニュージーランド海域には主にヒゲクジラ類4種とハクジラ類2種が来遊する。

ヒゲクジラは(1)シロナガスクジラ（Blue Whale）：体長30m、重量120t、世界最大のクジラ。国際捕鯨協定ではほかのクジラもこの重量を基準にしたシロナガス換算で算定される。(2)セミクジラ（Right Whale）：体長16m、体内に大量の油（鯨油）があるので捕鯨者には最高の標的となり「本当の鯨」と呼ばれた。(3)ザトウクジラ（Hump Back Whale）：体長14m、ニュージーランドの全海域で最も多い種類。沖合性でなく沿岸性で動作が鈍いので捕獲されやすい。(4)ミンククジラ（Mink Whale）：体長4.5〜8m、ヒゲクジラの中では最小、周年南氷洋を回

遊、ニュージーランドでは亜南極諸島に来る。ハクジラ類では、(5) マッコウクジラ (Sperm Whale)：体長18m、歯をもつクジラでは最大種、頭部は丸太状で全体長の4分の1から3分の1の大きさ、名前は大腸内から出る竜涎香(抹香)による。カイコウラ*のクジラ見物の主役。(6) ヒレナガゴンドウクジラ (Pilot Whale)：体長4.5~6m、その半分が頭なので巨頭(ゴンドウ)の名がつく。群をなして海岸に打ち上げられることがある。 　　　　　　　　　　　　　　(大島襄二)

クック海峡 [Cook Strait]
　北島と南島を分け、タズマン海*と太平洋を結ぶ海峡。最も狭いところは幅約20km、南緯41度20分。偏西風*は山地に挟まれたこの狭い海峡で強い風(時速240kmに達する)を起こし、波が荒く天候は変わりやすい。強風に耐えるように設計されたフェリーがウェリントンとピクトン*間を頻繁に航行している。1866年に両島をつなぐ海底電線が初めて設けられたがしばしば切断された。1976年には両島を結ぶ送電線が敷設され、これによってそれぞれの電力の不足期に電力を供給しあえるようになった。クック*が1770年にこの海峡を初めて地図に示し、それにもとづいて命名された。マオリ語ではラウカワ (Raukawa カワカワ*樹の葉の意)。 　(太田陽子)

クック山 [Mt. Cook] ⇒アオラキ山

クック、ジェイムズ
[Cook, James (1728-1779)]
　イギリスの航海者、海軍少佐。キャプテン・クックとして知られる。1768年から12年間、3回に及ぶ太平洋の探検航海で数々の「新発見」(ヨーロッパ人としての)を成し遂げた。これらの太平洋航海はイギリス王立協会の要請によるものだが、クックはその都度ニュージーランド周辺で長期間を過ごしている。エンデヴァー号による第1回航海 (1768-71) はタヒティ島における金星の太陽前面通過観測が主目的だったが、タヒティからの帰途、69年10月ニュージーランド北島ギズボーン*に来航、ギズボーン川をさかのぼっていったん上陸したが住民と小競り合いとなった。以後6ヵ月をかけて、北島、南島周辺を丹念に航海して、翌年1月にはクイーンシャーロッテ・サウンドで上陸して丘陵に登った。全島の周航では驚くほど正確な海岸線の輪郭を作図したほか、綿密詳細な航海日誌にはマオリ文化の一端などを記録している。
　第2回航海 (1772-75) はテラ・アウストラリス・インコグニタ(未知の南方大陸)の存在を調査するのが使命。アドヴェンチャー号でインド洋南部からニュージーランドへ来航、73年の2ヵ月をこの周辺で過ごし、ここからタヒティや南太平洋の諸島を廻り、この海域に南方大陸はないことを確認。再びニュージーランドを経て南氷洋、ホーン岬経由で帰航した。第3回航海 (1776-79) は北大西洋と北太平洋を結ぶ北

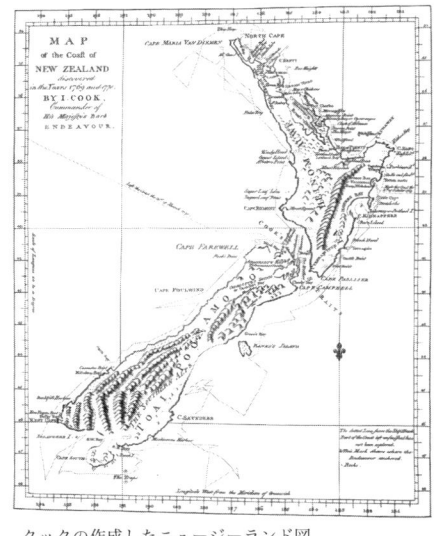

クックの作成したニュージーランド図

西航路の可能性を探索する調査であり、北太平洋が主目的地だったが、このときもレゾリューション号で77年の1ヵ月をニュージーランド海域で過ごしている。その後、79年2月、ハワイ島西岸で住民との紛争により命を落とした。クック山*、クック海峡*などに名を残している。　（大島襄二）

クック諸島［Cook Islands］

南緯8~23度、西経156~167度にある南太平洋の諸島。ここを初めて訪れたクック*にちなんで名づけられた。人口18,027人（2001年）。15の島からなり、陸地面積は約240km^2（徳之島とほぼ同じ）であるが、海洋面積は約200万km^{2}にも達する。熱帯海洋性気候。住民はポリネシア系、クック・マオリとも呼ばれる。宗教はキリスト教。都市化が著しく、人口の4分の3が首都アヴァルアのあるラロトンガ島に住む。とくに離島では過疎化が進んでおり、政府はその点を憂慮している。主な産業は観光業、漁業（マグロ・真珠養殖）、農業、財務サービス。観光客の3分の1はニュージーランド人であり、また海外援助の大半はニュージーランド政府によるものである。ヨーロッパ人と接触する以前にクック諸島が政治的に統合されたことはなかった。1888年にイギリスの保護領とされ、1901年にニュージーランドに併合された。65年にニュージーランドの自由連合国として内政自治権を確立した。クック諸島民にはニュージーランド国籍が与えられ、自由に出入できる。雇用機会を求めて海外移住が盛んで、故郷を上回る52,569人（2001年）がニュージーランドに住み、在住太平洋諸島民*の23％を占める。都市での雇用も多いが、林業への進出が目立つ。　（山本真鳥）

クペ［Kupe］

伝承によればニュージーランドの最初の発見者。故郷ハワイキ*に帰って新しく発見した土地について語ったという。
　（青柳まちこ）

クマラ［kumara］

サツマイモ。重要な栽培作物で、初期の移住時にマオリによってもたらされ、ヨーロッパ人接触以前には4種のクマラがあったと考えられている。その後新しく何種類かのサツマイモがヨーロッパ人によってもたらされ、現在商品作物として栽培されている代表的品種は赤オワイラカ（Owairaka Red）である。　（由比濱省吾）

クラーク、ヘレン［Clark, Helen (1950-)］

政治家。首相（1999-2002、02-05、05-）。総選挙で選ばれたニュージーランド初の女性首相。ハミルトン*生まれ。74年オークランド大学大学院修了。同大学政治学講師（73-81）。71年労働党*入党。国会議員（81-）。ロンギ*内閣で環境、住宅、医療、労働相、89年女性初の副首相。パーマー*内閣、ムーア（Michael K. Moore）内閣入閣。71年の入党以来、労働党内の軍縮、外務、防衛の各委員会委員長などを歴任。93年労働党党首。90年ニュージーランド女性として初のイギリス枢密院顧問官（Privy Councillor）。86年デンマーク平和財団から平和賞が贈られた。　（ベッドフォード雪子）

クラーレンス川［Clarence River］

マオリ語ではワイアウテア、男性の川の意。南島を東に流れる全長209kmの川。クラーレンス公爵の名にちなんで命名。北西側のインランド・カイコウラ（Inland Kaikoura）山脈と南東側のシーワード・カイコウラ（Seaward Kaikoura）山脈の間の断層角盆地を流れ、カイコウラ半島*の北で太平洋に注ぐ。河口には海成および河成段丘*が発達する。この沿岸にはタソック*の斜面が続き、牧牛・牧羊がおこなわれている。　（太田陽子）

クライストチャーチ市 [Christchurch City]

カンタベリー平野*の中心、人口316,224人（2001年）。全国第3位、南島第1位の都市。ヨーロッパ人の入植は1843年に始まるが、本格的な入植は50年にゴッドレー*が組織したカンタベリー協会の第1回移民であった。町の名はゴッドレーがオックスフォード大学のクライストチャーチ・カレッジにちなんで命名した。以後カンタベリー平野の市場町として発展し、リトルトン*港を海からの玄関として、有数の大都市に成長した。エイヴォン（Avon）川とヒースコート（Heathcote）川の合流点にあり、ニュージーランド都市の中で最もイングランド的であるといわれている。

また、ガーデンシティ（庭園都市）として有名で、都心に桜並木のある広大なハグリー（Hagley）公園があるほか、毎年街路の美観を競うコンテストがおこなわれている。観光対象の名建築には、大聖堂、カンタベリー博物館*、アートセンター（旧カンタベリー大学*校舎）など、玄武岩とオアマル*石灰岩を組み合わせた南島特有の石造建築がある。これら建築物を連ねて路面電車路線の一部が復活し運転されている。1973年に岡山県倉敷市と姉妹都市*提携。日本とニュージーランドの姉妹都市提携の第1号。
（由比濱省吾）

クライストチャーチ市内。大聖堂前の賑い（由比濱省吾）

クライストチャーチ市内。エイヴォン川（由比濱省吾）

クライド・ダム [Clyde Dam]

クルサ川*上流、アレクサンドラ*とクロムウエル*の中間のクロムウエル峡谷で1977年に着手、89年に完成した水力発電ダム。計画をめぐって長期間反対運動があった。ダム建設地点直下に活断層の存在が判明したため、堤体を断層上で二分して、地震で地盤にずれが生じてもこの接触部分でずれに対応するという、特異なダム設計である。さらにダム完成後に背後のダンスタン（Dunstan）湖予定地での多数の地滑り*地域に対する安定工事が必要となり、満水までに時間を要した。本来このダムは、アルミニウム製錬所をオタゴ湾*口に近いアラモアナ（Aramoana）に誘致しそれに電力を供給する目的であった。誘致は失敗したが、政府は計画を縮小して建設を強行した。出力は432MW、コンタクト・エナジー（Contact Energy）社が経営している。なおクライドの町はダムのすぐ南にあり、1860年代のゴールドラッシュ*時には、人口3,000人を超えた歴史がある。
（由比濱省吾）

グラスミア湖 [Lake Grassmere]

マールバラ*北東部、キャンベル岬*の

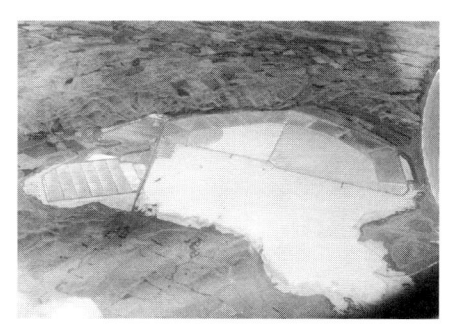

グラスミア湖。塩田は湖面の左と上部（由比濱省吾）

西にある浅いラグーンで、浜堤*や砂丘*によって海と隔てられている。北側のアワテレ（Awatere）断層と南側のクラーレンス（Clarence）断層の2大断層にはさまれた地塊が沈降して形成された低地にある。ニュージーランド唯一の商業的製塩地であり、国内需要をまかなっている。湖水面積の3分の1以上が低い堤防で塩田区画に仕切られ、満潮時に海水を入れて濃厚塩水（かん水）になるまで天日で蒸発させる入浜塩田の形式。塩水が濃くなるに従い塩水エビが増殖して塩田は赤色に変化するのが特色で、これは国道・鉄道からも観察できる。海水をさらに結晶させ、機械で集め、洗浄・加工する。　　　　　　　　　　（太田陽子）

グリーンストーン／ポウナム
[Greenstone／Pounamu]

鉱物名ネフライト。硬質で半透明の緑色の石のため、一般にグリーンストーンと呼ばれるが、色合いや透明度によりさまざまな名称がある。マオリはこれを非常に珍重し、武器、装身具、装飾品に加工した。ウエストランド*北部およびフィヨルドランド*北部で採掘されてきたが、1947年以降、資源保護のため原石の輸出は法的に禁じられている。　　　　　　　　（内藤暁子）

クリエイティヴ・ニュージーランド
[Creative New Zealand]

芸術振興団体。1994年にニュージーランド芸術評議会トイ・アオテアロア（Toi Aotearoa）法により設立。ウェリントン、クライストチャーチ、オークランドに事務局をもち、委員は文化遺産省*大臣の指名によって選出される。資金源は主として宝くじ*助成金協会からの拠出金による。設立の目的は「すべてのニュージーランド人に資するあらゆる芸術の保護、奨励、および発展をめざすこと」であり、芸術研究の指導および新事業への取り組みに対して助成金を交付し、毎年、テ・ワカ・トイ賞（Te Waka Toi Award）を授与している。（池田久代）

クリケット [Cricket]

1チーム11名、イギリス発祥のスポーツで野球の原型といわれる。ニュージーランドでは1830年代からチームが組織され、44年にはネルソン*・チームとニュージーランド会社*の測量技師たちとの間で試合がおこなわれたとする記録がある。マレーシアでおこなわれた1998年英連邦競技大会*で初めて、そしてただ1度だけクリケット試合が導入されたが、このときニュージーランドは南アフリカ、オーストラリアに次いで3位につけた。現在では各地にクラブがあり98年の統計では成人男性15%がクラブに参加している。　　（山岸博）

グリッグ、ジョン [Grigg, John (c.1828-1901)]

実業家。イギリス生まれ。カンタベリー*初期入植者の一人。1854年オークランドに移住し、農業を営む。64年カンタベリー平野*南部のロングビーチ（Longbeach）に広大な湿地を購入し農地改良をおこなう。90年代までには輸出用食肉の生産で目覚しい成功を収めるにいたった。カンタベリー冷凍肉会社を設立し、初代社長。下院議員（84-85）。　　　　　（青柳まちこ）

クルーズ [Cruise]

各地でクルーズがおこなわれており、アイランズ湾ではパイヒア*から湾内や沿岸を巡るものや、洞穴をくぐるケープ・ブレット周遊コースは有名である。ミルフォードサウンド*、ダウトフルサウンド*のフィヨルド観光クルーズ、オタゴ半島*の海上からアホウドリ*やオットセイなどが観察できるモナーク・ワイルドライフクルーズ、ワカティブ湖*の蒸気船アーンスロー号などは観光客に人気がある。

(大石恒喜)

グループホーム［Grouphome］

大規模収容型福祉施設の解体・閉鎖の結果、知的制約を有する当事者本人たちの多くは、4~5人を生活単位とする地域のグループホームで生活をしている。グループホームは地域の一般住宅街に通常の住宅と同じ形式で建てられているため、外見上からは一般住宅とまったく区別がつかない。なお、ニュージーランドではグループホームとはいわずに、ただ単にハウスとかホームと称する場合が多い。

(八巻正治)

クルサ川［Clutha River］

マオリ名マタウ（matau）。南島のセントラルオタゴ*から南流してパルクルサ*の東南で太平洋に注ぐ322kmの川。流域面積および流量は全国第1位、長さは全国第2位。ワナカ湖*、ハウェア湖*、ワカティプ湖*を水源とし、ワナカ湖から流下する本流にショットオーヴァー川*、マルヘリキア（Maruherikia）川などの支流が合流する。これまでしばしば大きな洪水*に見舞われた。流域にはクイーンズタウン*、ワナカ*、クロムウエル*、アレクサンドラ*、ロックスバラ*、パルクルサ*の町がある。上流域一帯は1860年代にゴールドラッシュ*に沸き、19世紀末からは浚渫による採金が始まり、最盛期の1900年には浚渫機187台が活動した。パルクルサを基地とするクルサ川の舟運には、日本人月川喜代平*が船長として活躍した。本流には水力発電用のロックスバラ・ダム、クライド・ダム*がある。

(由比濱省吾)

グレイ川［Grey River］

南島西部、サザンアルプス*の北端ルイ

オタゴのクルサ川中流。河成段丘上の果樹園 (由比濱省吾)

ス (Lewis) 峠の西のクリスタベル (Christabel) 湖に源を発し、たくさんの支流をあわせ、パパロア山脈*の東の森林地帯を峡谷をつくって南西に流れ、グレイマウス*でタズマン海*に注ぐ長さ121kmの川。下流部では河成段丘*が発達し、農耕地となっている。グレイマウスの港は川が運ぶ堆積物のためにしばしば砂洲で閉塞される。マオリ語ではマヘラヌイ (Mawheranui) で開いた大きい川の意。ブランナー*がグレイ*を記念して命名。1860年代後半には沖積層からの砂金の採取がおこなわれ、その跡は選鉱跡としていまも残っている。　　(太田陽子)

グレイ、ジョージ
[Grey, George Edward (1812-98)]

　総督 (1845-53、61-68)、首相 (77-79)。ポルトガルに生まれ、1840年南オーストラリア総督となり、45年11月フィッツロイ*総督の後任として、33歳でニュージーランドに赴任した。当時ベイ・オブ・アイランズ*は混乱状態にあったが、グレイは友好的なマオリを通じてこの混乱を収拾し、引き続きウェリントンで生じた、土地をめぐるマオリと入植者間の紛争の解決にも成功した。移住者たちが要求している自治政府の樹立に関して、グレイは時期尚早として賛成しなかった。53年南アフリカの総督に任命されこの地を離れるが、土地戦争*最中の61年に、彼のマオリに対する影響力を評価した本国政府によって、再びニュージーランド総督に任命された。彼はワイカト*に兵を進め勝利すると、蜂起した一群のマオリを反乱者として土地を没収するなど厳しい処分を下した。

　その後いったんイギリスに戻るが、オークランドに来住して75年オークランド州長官および下院議員に選出され、95年まで20年間にわたってその地位を保持し、短期間ながら首相も務めた。晩年、選挙による総督指名、一人一票、一院制などを主張した。彼はマオリを征圧、土地の購入、没収などをおこなったが、一方、マオリ文化を理解しようとした点ではほかの総督とは異なり、19世紀の最も優れた植民地統治官であるとする評価もある。　　(青柳まちこ)

グレイス、パトリシア [Grace, Patricia (1937-)]

　マオリ系作家。ウェリントン生まれ。ヴィクトリア大学卒。小・中学校の教師をしながら7人の子どもを育てる。先祖の土地プリマートン (Plimmerton) 在住。1970年代の英語によるマオリ小説興隆の波にのってデビュー。85年ヴィクトリア大学ライティング・フェローの資格を得、作家として独立。現在までに短編集4編、長編小説3編、童話5編などを出版。

　処女短編集 *Waiariki*, 1975 (温泉) が、マオリ女性作家で初めてペンヒューバート教会賞 (PEN Hubert Church Award) 受賞。最初の長編小説 *Mutuwhenua*, 1978 (月の眠り) ではマオリ女性の視点からパケハ*男性との結婚、マオリ文化のアイデンティティが問われた。イラストのカフキワ (Robyn Kahukiwa) との共著 *Kuia and the Spider* (おばあちゃんと蜘蛛) は1981年度の絵本大賞受賞。マオリの土地所有権、人種問題、神話との関わりなどを扱った代表作 *Potiki*, 1986 (末っ子) は1987年度ニュージーランド・ブック大賞受賞。　　(池田久代)

グレイタウン [Greytown]

　ウェリントンの北東65kmにある町。人口1,998人 (2001年)。小農協会 (Small Farms Association) の集落計画によって1854年に入植開始。ヴィクトリア時代の建築の好例がいまでも中心街で見られる。町の名はグレイ*総督にちなむ。　　(由比濱省吾)

クレイフィッシュ [Crayfish] ⇒ロブスター類

グレイマウス［Greymouth］

　南島ウエストコースト*のグレイ川*河口にある町。人口9,526人(2001年)。1864年、タラマカウ(Taramakau)川での金発見でゴールドラッシュ*が始まり、グレイマウスはこの地方の中心地となった。66年クライストチャーチからアーサーズ(Arthur's)峠を経由する馬車道が建設された。1923年にアーサーズ峠にオティラ(Otira)トンネルが貫通してクライストチャーチと鉄道で結ばれた。金ブームが去った後は炭田と木材工業の町となった。ウエストコースト県庁所在地。南方12kmにゴールドラッシュ時代の町が再現され、シャンティタウン(Shantytown)の名で観光客を集めている。

(由比濱省吾)

グレイワーブラー［Grey Warbler］

　ニュージーランド・センニョムシクイ。ニュージーランド全土に分布する鳥。体長10~11cm。羽毛は淡灰色、顔と胸は白。小枝、コケ、羽毛などで編んだ袋状の巣を枝から吊り下げ、その中で抱卵する。食虫性、縄張り性が強い。

(由比濱省吾)

グレイワッケ［Greywacke］

　砂岩の一種で、本来ドイツで18世紀にハルツ山地の鉱山勤務者が黒っぽい堆積岩に用いた言葉。その後地質用語として、泥質基質を15%以上含み、淘汰の悪い暗色砂岩に用いられるようになった。一般に地向斜堆積物である。しかし定義は混乱し、基質を15%以上含む砂岩をワッケと呼んでいる。ニュージーランドでは北島の脊梁山脈、サザンアルプス*北部などに広く分布する。

(太田陽子)

グレートバリアー島［Great Barrier Island］

　ハウラキ湾*の内外にある10余りの島のうち、湾口の外にある最大の島。オークランド市の中心から90km北東にあるが、ほかの島々とともにオークランド市に属する。人口8,268人(2001年)。マオリ人口がその20%を占める。

(由比濱省吾)

クレマチス［Clematis］

　キンポウゲ科センニンソウ属のツル性植物。マオリ名はプアファナンガ(puawhananga)。雌雄異株で花が美しいものが多い。花弁は4~8枚で平開咲き。概して雄花の方が大きいが緑黄~白色。温帯の一般的な植物で、ニュージーランドには250種が生育するが、固有種は10種である。よく知られた種はパニキュラータで、ニュージーランド全土に生育し、春に大きな白花を咲かせ、樹木が冠を被ったように見える。別名インディバイサ。葉は常緑で、ノコギリ状の三出葉でナメシ革質、赤斑が入ることがある。葉は消炎剤とされ、樹液は傷口に塗るとよいとされる。

　フォエチーダはニュージーランド全土、とくに南島で多く見られる。花は黄白色で上品な強い香りがする。葉の大きさや形はほかの固有種と比べて多種多様で、葉のみでは区別できない。フォルステリ(マオリ名ピキアレロ pikiarero)は、北島と南島北部に生育する。葉は柔らかく常緑。樹液はものもらいにつけた。ウマが足の球節に擦傷をすると消炎剤とした。マルモラリアはニンジン葉で矮性種(5~10cm)。交配の親として利用される。パニキュラータとの交配種、カルトマニー・ジョが知られる。導入されたクレマチスはニュージーランドの気候によく合い繁茂し、トラベラーズ・ジョイは内陸部で雑草化し深刻な問題になっている。

(塩田晴康)

クレンドン、ジェイムズ
［Clendon, James Reddy (1800-72)］

　最初の駐ニュージーランド・アメリカ領事(1839-41)。イギリス生まれ。1830年ベイ・オブ・アイランズ*を訪れ、32年には

土地を購入して定住した。有力マオリに知己が多く、当時最も著名なヨーロッパ人として影響力があった。アメリカ領事に任命され、ときおり寄航するアメリカ船の保護にあたった。ワイタンギ条約*締結の目撃者でもある。 (青柳まちこ)

グロウワーム［Glowworm］⇒ツチボタル

クローバ［Clover］
　マメ科の多年草で重要な牧草。最も普通の品種はホワイトクローバであり、ほかにレッドクローバ、アルファルファ（ルーサン）など若干の種類がある。根瘤に空中窒素を固定する緑肥効果があり、ほかの牧草よりも栄養分を多く含む。また蜂蜜*源としても有用である。牧場ではホワイトクローバは通常ライグラス*と混播される。白・赤のクローバは改良が重ねられており、種子は多くの農業国に輸出されている。
(由比濱省吾)

クロムウエル［Cromwell］
　セントラルオタゴ*の牧羊・果樹栽培地域の中心地。人口2,667人（2001年）。1862年に金が近傍で発見されて町は急速に成長した。クルサ川*とカワラウ（Kawarau）川の合流点に位置したので、かつて町はジャンクションと呼ばれ、中継基地としての役割を果たしてきた。66年オリヴァー・クロムウエルにちなんでクロムウエルと改称。ゴールドラッシュ*後、灌漑地ではアプリコット*などの果樹栽培がおこなわれた。クライド・ダム*計画のため、中心商店街が水没することとなり、85年に非水没区域に新しい商業中心地が建設された。町の振興のため教育施設、全国競技開催可能な体育施設もつくられた。町の周辺には果樹園やワイン*醸造所がある。(由比濱省吾)

け

ケア［Kea］
　世界唯一の高山性オウムとして知られる。体長46〜48cm、赤色の下羽、オリーブ色の羽毛、尾羽は青緑色、嘴と脚は濃灰色。よく通る声でその鳴き声からキーアーとも呼ばれる。南島のマールバラ*からフィヨルドランド*に至る山地に広く分布し、冬季にはしばしば西岸の低地に移動する。果実、種子、昆虫、地虫などを餌とし、7〜1月に山地の岩の割れ目や木の洞穴に営巣・産卵する。長年にわたり農民にはヒツジの殺し屋と非難されてきた。 (由比濱省吾)

経済改革［Economic Reform］
　1973年イギリスがECに加盟し、ニュージーランドはそれまでの安定的な輸出市場を失うことになった。70年代に起こった石油危機*は世界不況を招き、ニュージーランドの輸出は伸び悩んだ。加えて巨額の外債が国庫を圧迫した。こうした経済状況において、各種の打開策が試みられたが有効な政策とはなりえず、経済は長期にわたって停滞せざるを得なかった。
　84年に成立したロンギ*労働党*政権は、国民党*が採用してきたこれまでの国家介入による経済再建方式に変えて、欧米で実施されているような市場経済を重視する方向での経済改革をめざした。本来、こうした小さな政府*、競争化、効率化、規制緩和*、自由化をめざす政策は、労働者や社会的弱者が支持する労働党の政策ではありえないが、ニュージーランド経済の根本的な体質強化のための過渡的手段としては、止むを得ない措置とは解釈できる。そのためか改革は突発的急進的におこなわれた。

労働党政権はその末期に内部の論争により崩壊した。問題は、その後この政策が国民党政権により継続されたところにある。10年余にわたる経済改革の結果、経済体質は強化されたという評価はあるものの、その一方で貧富の差の拡大、外国資本による主要企業の支配、企業統廃合の進行、社会福祉の後退などのマイナス面も指摘されている。
(岡田良徳)

経済開発省［Ministry of Economic Development=MED／Manatu Ohanga］

持続的開発を遂行する諸種の活動に助言、調整、提携をおこなう政府機関で2000年2月設立。経済・地域・産業開発に関する政策上の提言勧告を作成し、調整するのが主要業務である。省内には組織統括部門、産業・地域開発部門、商業サービス部門、規制および競争政策部門、資源およびネットワーク部門、消費者部門、組織の発展および支援部門がある。直接的には商務、消費者、経済開発、エネルギー、産業および地域開発、情報技術、小規模企業を担当する各大臣に対して責任を負っている。
(岡田良徳)

経済協力開発機構［OECD=Organization for Economic Cooperation and Development］

第2次世界大戦後、欧州の復興と経済協力を推進してきた欧州経済協力機構(OEEC)を、発展途上国援助問題など新たに生じた世界の経済情勢変化に適合させるために改組し、1961年に発足した機構。目的は(1)財政金融上の安定を維持しながら雇用、生活水準の向上を達成し、世界経済の発展に貢献する、(2)発展途上国経済の健全な拡大に寄与する、(3)世界貿易の多角的で無差別な拡大に貢献する、などである。この下部機構には経済政策委員会、開発援助委員会(Development Assistance Committee=DAC)、貿易委員会などがある。

74年には石油危機*に対処するために開発エネルギー機構(International Energy Agency=IEA)が設置された。加盟国はニュージーランド、オーストラリア、イギリス、フランス、ドイツ、イタリア、アメリカ、日本、カナダなどの工業先進国。
(岡田良徳)

経済緊密化協定［Australia-New Zealand Closer Economic Relations=CER］

1983年発効のオーストラリア・ニュージーランド間の貿易協定。イギリスのEC加盟への動きは、ニュージーランドやオーストラリアの貿易の将来性に不安を投げかけ、両国は1965年関税の軽減や貿易の自由化などをその目的とする自由貿易協定NAFTA(New Zealand Australia Free Trade Agreement)を結び貿易拡大をめざした。NAFTAを発展的に拡大して対象品目を網羅し貿易制限をなくしたものが、この経済緊密化協定である。両国はこれによりとくに農業部門での調整を必要とした。この協定によって、オーストラリア企業のニュージーランド支配が進み、またニュージーランド経済のオーストラリア従属化が進行した。一方ニュージーランド経済にとっては、対オーストラリア輸出が増え、貿易による利益はオーストラリア経済よりも大きい。
(岡田良徳)

警察［New Zealand Police］

犯罪を捜査し、地域社会の安全に責任をもつ機関で、警察長官(Police Commissioner)は総督*によって任命され、警察相(Minister of Police)に説明責任を負う。警察長官と2人の副長官が構成する委員会(Board of Commissioners)は、警察の方針、管理、実施などに関して最高の決定権を有する。全国は北島9地区、南島3地区の計12地区に分割され、それぞれの地区には本部があり、ウェリントンには総本部がある。2005年現在7,500人の警察官、お

よび2,300人の支援職員を擁し、400以上の地域社会に警察署が設置されており地域に根ざした活動をおこなっている。警察は犯罪を未然に防止することにより、住民の不安を取り除くこと、犯罪者の更正援助、法と秩序の遵守、交通規則の徹底などを通して、より安全な地域社会の確保を目的としており、毎年100万件以上の111番（日本の110番）通報に対応している。　（高橋貞彦）

ゲイト・パ［Gate Pa］

タウランガ*の郊外の土地戦争*における激戦地。パ*はトゥアイア*の建造によるもので、迷路のように入り組んだ塹壕内に多数の射撃壕を備えた堅剛なものであった。1864年4月、プヒラケ*率いるマオリは、キャメロン*将軍率いるイギリス軍をこの塹壕で迎え撃ち、多大な損害を与えた。地名の由来は、このパがチャーチ・ミッショナリ協会*大司教の門の近くにつくられていたためである。　（内藤暁子）

競馬　［Horse Racing and Trotting］

競馬は開拓時代から身近な娯楽になり、現在も国民の広い人気を集めている。競馬は駆歩競馬（ギャロッピング）、速歩競馬（二輪車を牽引するトロッティング）に区分され、人気のあるのは駆歩競馬であるが、速歩競馬も根強い支持をもつ。競馬場は北島に37、南島に31あり、年間約7億ドルの経済効果をもたらしている。1840年代からウェリントンやネルソン*で競馬がおこなわれ、のち全国的な組織化も進んだ。

1971年には競馬法（Racing Act 1971）、92年には競馬修正法（Racing Amendment Act 1992）が成立、ニュージーランド競馬公社（New Zealand Racing Industry Board）がつくられ、業界の強化、浄化、利益の増加をはかっている。公社は強い権限をもち、政府機関と対応している。競走馬*育成は盛んで、ケンブリッジ*、クライストチャーチなど

はその伝統的な中心地である。低価格で丈夫な競走馬を育成、2000年には約5千頭産出した。日本には明治時代以降多くの馬種がニュージーランドから導入された。1970年代以降はニュージーランドとの交流競馬が盛んで、85年第10回ジャパンカップでは、オグリキャップなどの日本や世界の名馬を破って優勝したサラブレッド、ホーリックスが話題となった。　（山岸博）

刑務所［Prison］

刑務所制度は1880年代に始まった。その後、初犯者と少年犯罪者の人道的取り扱い方法が徐々に改善され、現在の制度が基本的に成立したのは1954年である。ニュージーランドにはさまざまな保安体制をもつ18の刑務所がある。また女子刑務所はクライストチャーチとウェリントン近郊にある。2003年には刑務所の被収容者数は男5,600名、女280名である。　（高橋貞彦）

ケエパ、テ・ランギヒウィヌイ
［Keepa, Te Rangihiwinui（c.1823-98）］

ホロフェヌア*のムアウポコ（Muaupoko）マオリのリーダーでキリスト教に改宗。イギリスに友好的なマオリとして、1860年代の土地戦争*では政府軍に味方して勲功を立て、多くの勲章を授与された。
　（青柳まちこ）

毛刈り人［Sheep Shearer］

牧羊農家の毛刈り作業は自家労働力では到底まかないきれないので、専門の毛刈り人巡回チームが雇用される。毛刈り人は技を競い合い、競技がおこなわれる。ボウエン（Walter Godfrey Bowen, 1922-94）は1953年に9時間で456頭、57年には9時間で463頭を刈った記録をもつ。ボウエンは同じく記録保持者の弟アイヴァン（Ivan）とともにボウエン法といわれる毛刈り技術を編み出した。　（由比濱省吾）

羊の毛刈り作業。バルクルサ郊外 （由比濱省吾）

ケリケリ ［Kerikeri］

北島ベイ・オブ・アイランズ*のパイヒア*の北西22kmにある町。人口4,854人（2001年）。19世紀早くからヨーロッパ人が来住し、1820年代にはケンプ*がマオリのための学校をつくり、大工・鍛冶・読み書きなどを教えた。町はずれに歴史的重要建築物として、ケンプハウス*、その隣にストーンストア（Stone Store）があり、後者はニュージーランド最古の石造建築で、1832~35年に倉庫として建てられた。両者とも1970年代にケンプ家から歴史建造物として国に寄贈された。その近くのレワ（Rewa's）村はマオリ村落を復元したもので、対岸にはホンギ・ヒカ*がつくったカロリポ（Karoripo）・パ跡がある。町はカンキツ類*栽培や工芸品生産が盛ん。1993年ケリケリを含むファーノース郡は和歌山県湯浅町と姉妹都市*提携。 （由比濱省吾）

ケリハー、ヘンリー
［Kelliher, Henry Joseph（1896-1991）］

実業家。セントラルオタゴ*生まれ。金融改革者、美術愛好者として有名。1930年ドミニオンビール社*を創設。また家族向けの雑誌を発行した。金融当局が厳密に金融信用政策を統制すべきであるとした。 （岡田良徳）

ケリケリ。ストーンストア（左）とケンプハウス（右） （由比濱省吾）

ケルシー、ラヴィニア
[Kelsey, Lavinia Jane（1856-1948）]

　教育者。イギリス生まれ。ロンドンの全寮制女子校に学び、1877年ダニーディン*に来住、自宅に寄宿制女子学校を設立。事実を教えるよりも想像力を伸ばす幼児教育理念を樹立したフレーベルの幼稚園教育を知り、その理念はすべての段階における教育の理想であるとした。ダニーディンで自由幼稚園（Free Kindergarten）創設。また女性教育・文化芸術教育に取り組み、女性参政権*を支持した。　　　（ベッドフォード雪子）

ケルマデック海溝 [Kermadec Trench]

　ニュージーランドの北東、ケルマデック諸島*の東に沿って、北北東～南南西に走る延長約1,500kmの海溝。平均幅60km。最深部は10,047m。北端はやや西にずれてトンガ海溝に続く。太平洋プレート*とオーストラリアプレート*との沈み込み*境界にあたる。海溝の西側には活火山帯、地震*帯が存在する。　　　（太田陽子）

ケルマデック諸島 [Kermadec Islands]

　オークランド北東約1,000km、西経178度、南緯30度付近に南北方向に並ぶ列島、主島ラウル（Raoul）のほか、マッコーリー（Macauley）、カーティス（Curtis）両島、エスペランス岩礁などの小島嶼を合わせて陸地面積34km^2、火山性なので土壌は肥沃だが、毎日地震*があるため定住者はなく流星観測所の所長が交代で勤務している。熱帯性植物や海鳥の保護地域として特別の許可がなければ上陸は禁じられている。これらの島々は1798年フランス探検隊によって発見され、その船長ケルマデックの名が冠せられた。1887年以来、ニュージーランド領。　　　（大島襄二）

ケルマデック諸島保護海域
[Kermadec Islands Marine Reserve]

　1990年に指定されたニュージーランド最大の保護海域（74.5万ha）。オークランド北東約1,000kmのケルマデック諸島*周辺の熱帯海域を占め、島周辺のサンゴ礁海岸から水深3,000m以上のケルマデック海溝*までを含む。熱帯海域の豊富な生物群集に恵まれ、サンゴ*やヒトデ類などに見るべきものが多い。　　　（植村善博）

ケレペヒ [Kerepehi]

　ワイカト県*北部、ハウラキ平野*の北部にある町。人口501人（2001年）。付近のンガテア（Ngatea）とともに低湿な沖積地の泥炭土壌における酪農地域の商業町。周辺の農地は洪水*の被害にあうことが多かったので、排水のために整然と水路をめぐらせている。　　　（由比濱省吾）

ケレル [Kereru] ⇒ハト

検疫事業 [Quarantine Service]

　ニュージーランドは観光、農業、園芸、林業、水産業といった環境を基盤とする産業に大きく依存しているので、かつて蜂蜜*の持ち込みが養蜂業に致命的打撃をもたらした教訓にもとづき、農林省*は悪影響を与えるような外来の害虫や病気の侵入を防止して、環境と経済を保護している。検疫官は人間と貨物の入国するどの地域でも第一線に立っており、港や空港での旅行鞄、郵便物、貨物を検査し、危険物を除去している。これとともに農林省検疫部は旅行者に検疫規制の理解を深める教育キャンペーンをしている。検疫基準は世界で最も厳しい。　　　（薄丈夫）

検閲 [Censorship]

　フィルムの検閲は1916年、ビデオ検閲は87年に開始された。93年にはフィルム・ビデオ・出版物分類法（Films, Videos and Publications Classifications Act 1993）が制定

され、フィルム、書籍、録音、絵画、新聞、写真、写真のネガ、スライド、コンピュータディスクなどすべてを対象としており、この法のもとに疑義のある公表作品を分類するフィルム・文学分類局（Office of Film and Literature Classification）が設立された。また上記とは別に総督*により任命された一般人からなるフィルム・文学評価委員会（Film and Literature Board of Review）も作品に関してフィルム・文学分類局とは別個に評価をおこなう。作品は性、恐怖、犯罪、残酷、暴力などの観点から分類され、一般向き、16歳以上あるいは18歳以上などと年齢の制限を付せられ、フィルムのラベルの色によって表示される。　　　　（高橋貞彦）

研究科学技術省
[Ministry of Research, Science and Technology=MoRST／Te Manatu Putaiao]

科学技術全般の事象を管轄する政府機関で、旧科学産業研究省を再編したもの。その機能は政府に対し、科学技術分野の研究と水準向上を推進し、投資順位や同分野の国内外の諸事象に関しての助言、経済効果を上げるための科学技術革新の政策と実施、投資対象機関との契約管理などをおこなうことである。主な活動分野は（1）政策上の助言、（2）科学および技術上の助言、（3）異なる分野の研究および革新に関する情報の統合、(4) 海外の研究者、資金提供者、利用者との国際的連携、（5）外部者との契約の交渉、管理、監視、（6）成長、革新について分析し実際的な助言をおこなう。
（植村善博）

健康教育 [Life Education]

生命教育信託基金（Life Education Trust）と呼ばれる組織が、小・中学生（5~13歳）とその保護者を対象にしておこなっている健康教育。民間の会社や地域住民からの支援金によって運営されているこの組織は、独自の健康教育プログラムによる教科書や練習帳を作成し、学校教育における健康部門を継続して支援している。この組織によれば、健康の基本は、「水・酸素・食物」で、これらから生きるためのエネルギーが与えられ、さらに「愛・睡眠・運動・清潔」が必要であるとしている。

この健康教育は、財団教員（Educator）が運転するトレーラーに乗せられた「動く教室」でおこなわれ、各地域の学校に1~2週間滞在する出張授業である。移動教室には窓はなく、空調設備が施されている。壁面にはマジックテープで、教示用媒体を貼り付けることができる。天井には小さな電飾がはめ込まれて星空を表し、教室内全体は一つの宇宙空間を表す。ビデオや電子モジュール、人体模型など最新の技術を装備し、これらは絶えず開発され改良されている。この組織のマスコットであるキリンの「ハロルド」は、全国の子どもたちに人気があり、健康教育の浸透、普及に貢献している。
（原田昭子）

健康・障害コミッショナー
[Health and Disability Commissioner]

健康・障害コミッショナー法（Health and Disability Commissioner Act 1994）にもとづいてコミッショナー事務所が設立された。医療事業の供給者の責任を明確にし、同時に受益者の権利を守り、紛争を公正な手段で解決することを目的とする。医療事業において紛争が生じた場合は、本人ばかりでなく、家族、支援者または第三者が提訴することができる。提訴は口頭または文書でおこなう。コミッショナーが独自に調査をおこなうこともある。　　　　（薄丈夫）

検屍官裁判所 [Coroner's Court]

検屍官（Coroner）は、自然死以外の死因を確かめることを主たる任務とする官吏で、その検屍官が当該死体の死因を調査し、

認定するためにおこなわれる正式記録裁判所のことである。国内に約70ヵ所設置されている。
（道谷卓）

原子力発電［Nuclear Power Generation］
非核政策*を国是とするニュージーランドは軍事的にも平和的にも核利用をおこなわず、発電の分野でも水力、火力に依存してきた。しかし近年電力会社の幹部から原子力発電を考慮すべきではないかとの声が上がるようになった。その理由は水力発電所の建設はここ15年来進展しておらず、電力需要の伸びは火力によって補完されてきたが、火力は採算的に将来性が見込めないこと、温室ガス効果の観点から見て望ましくないことなどである。しかし2006年9月、エネルギー相は原子力発電の選択肢はないとする政府見解を明らかにした。
（由比濱省吾）

犬税不払い運動［Dog Tax Rebellion］
1880年イヌが牧羊に有害であるとして、マオリ所有犬を統制するために犬税が設けられたが、翌年テ・アラワ*の5人の首長らが犬税不払いを決め、逮捕された。また98年ホキアンガ湾*地域でも、予言者ホネ・トイア（Hone Toia）を中心に集団不払いを表明したため、政府は120人の軍隊を送り鎮圧にあたったが、マオリ議員ホネ・ヘケ*が仲介に入ったため、流血の惨事には至らなかった。ホネ・トイアと彼の支持者は逮捕監された。
（青柳まちこ）

源泉徴収税［Pay-As-You-Earn=PAYE］
給与、賃金、社会保障給付による所得が発生する場合、源泉徴収方式によって所得課税がおこなわれる。雇用主は税額を差し引いた給与・賃金を被雇用者に支払う。
（太谷亜由美）

建築住宅省［Department of Building and Housing／Te Tari Kaupapa Whare］
2004年11月、住宅省（Ministry of Housing）の改称により創設。同時にそれまで建築産業庁（Building Industry Authority）が担っていた機能も受け継ぎ、賃貸住宅法（Residential Tenancies Act）ならびに建築法（Building Act）に従い、内務省*、経済開発省*、社会開発省*が扱っていた建築・住宅関連政策を受け継いだ。また住宅政策の責任を負う住宅公社（Housing New Zealand Corporation）と連携しながら住宅政策をおこなっている。
（太谷亜由美）

ケンドール、トマス
［Kendall, Thomas（c.1778-1832）］
宣教師。イギリス生まれ。チャーチ・ミッショナリ協会*に加わり、マースデン*に従って1814年ベイ・オブ・アイランズ*で最初の伝道を始めた。16年マオリ児童のために学校を開校。20年ホンギ・ヒカ*とともにイギリスに渡り、ケンブリッジ大学の言語学者リー（Samuel Lee）に彼を紹介し、マオリ語文法や単語の収集の手助けをした。銃交易、飲酒癖、マオリ女性との関係などにより同僚から不評を買い、23年チャーチ・ミッショナリ協会から処分を受けた。
（青柳まちこ）

ケンプ、ジェイムズ
［Kemp, James（1798-1872）］
イギリス生まれの鍛冶職人で宣教師。チャーチ・ミッショナリ協会*の一員として、妻シャーロット（Charlotte）とともに1819年マースデン*の2度目の来島に従ってベイ・オブ・アイランズ*に到着、教会学校を開設した。現存する最古の木造建物とされるケリケリ*のケンプハウス*は彼らの住居であった。
（青柳まちこ）

現物給与禁止法［Truck Act 1891］
現物給与の慣習を廃止し、雇用者に労

働の対価を現金で支払うことを定めた法。1880年代長期にわたる経済の不況*後に91年政権をとった自由党*バランス*内閣では、リーブズ*が初の労働相に就任、一連の弱者保護の立法が成立した。現物給与禁止法もその一環。　　（ベッドフォード雪子）

ケンプハウス［Kemp House］
　北島北部のケリケリ*にある、ニュージーランドに現存する最古の木造建造物。1821~22年にチャーチ・ミッショナリ協会*宣教師の居宅として建造された。屋内には32年からこの家に長く住んだケンプ*家の家具などが展示されている。　（角林文雄）

ケンプ、ヘンリー
［Kemp, Henry Tracy（1818-1901）］
　宣教師のケンプ*の息子として幼児期に移住。1840年政府役人となり、46年マオリ担当官に任命され、土地買収に関わる。48年グレイ*総督のもとでおこなった南島の土地買収は、ンガイ・タフ*から2,000ポンドで購入したもので、ケンプの購入（Kemp Purchase）として知られ、南島の全面積の半分にも及ぶ。　　　（青柳まちこ）

ケンブリッジ［Cambridge］
　北島ハミルトン*の東南、ワイカト川*沿岸にある町。人口13,890人（2001年）。酪農地域の商業中心地で、またハミルトンへの通勤圏にある住宅地。競走馬*サラブレッドの繁殖・訓練地としても著名。初期入植者以来イギリス樹木植栽の伝統があり、森の町の異名がある。ワイカト川左岸の住宅地区の街路には、すべてイギリスの文豪・詩人の名がつけられている。1997年に北海道美幌町と姉妹都市*提携。
　　　　　　　　　　　（由比濱省吾）

ゴア［Gore］
　南島インヴァカーギル*の東北64km、マタウラ（Mataura）川沿岸にあり、サウスランド地方東部の中心の町。人口9,927人（2001年）。ダニーディン*、インヴァカーギル、クイーンズタウン*への分岐点。マス釣りの名所で「世界のブラウン・トラウトの首府」と自称。町の名は初期の総督ゴア（Thomas Gore）にちなむ。住民が牧羊を開始したのは1855年。1989年にゴア郡の行政中心地となった。後背地は豊かな農業地域で、カラスムギ*が栽培され、オートミールへの加工もおこなわれている。スコットランド系の住民が多い。（由比濱省吾）

公共安全保護法
［Public Safety Conservation Act 1932］
　1932年初頭から不況によりオークランドやウェリントンでは失業者の無秩序な街頭示威行進がおこなわれていた。それに対処するため、フォーブス（Forbes）内閣が急遽提出した法律。51年の港湾ストライキにもこの法が適用された。若干改訂されたものの87年まで継続した。　（青柳まちこ）

公共事業［Public Works］
　1981年公共事業法（Public Works Act 1981）に規定されるように、国または地方公共団体が工事施工、設立、運営維持をおこなうすべての事業、もしくは国や地方公共団体がほかの法律のもとで設立、維持する土地の利用すべてをさす。具体的には鉄道、道路、通信、下水、軍事など国または地方公共団体の事業。ニュージーランドでは1870年以来、水道、電力、住宅、学校、

病院、港湾施設、その他の社会資本が公共事業として整備されてきた。近年では行政改革の結果、公的部門が担当してきた事業が、民間部門によっておこなわれる割合が高まっている。
（太谷亜由美）

公共事業省［Ministry of Works=MOW］
ダムをはじめとして国有施設の設計・建設を業務とした官庁。行財政改革＊によって廃止、計画部門の一部は環境省＊に編入され、実務部門は政府系企業＊に移行した。
（由比濱省吾）

公共信託局［Public Trust Office］
ニュージーランド最古および最大の信託機関。1872年、寡婦や孤児の財産が搾取されることを防止するためにヴォーゲル＊首相によって設置された。これによって資産の保全を必要とする個人は妥当な費用で、信託管理人を利用できるようになった。公共信託局職員は主として弁護士や会計士からなっており、国家がその信用を保証している。現在の根拠法は1957年公共信託局法であるが、遺言書の作成、請求者のいない者や責任ある行為をとることのできない者の財産管理など、設置当初に比べて、相当広範囲の義務を履行するものとなっている。
（及川敬貴）

工業デザイン［Industrial Design］
1966年の工業デザイン法のもとで工業デザイン評議会（NZ Industrial Design Council）が、デザインの発展促進のため設立された。その目的は、ニュージーランドで生産された製品の品質、有効性、包装や外観などの改善である。評議会は、製品開発の評価、製品デザインや品質管理の再検討、製品デザイン判定をする。判定は3段階で（1）デザインマークは、模倣ではなく、ニュージーランドの製品として十分な品質と水準をもつことが要求される。（2）革新的で優れたデザインをもつものにニュージーランドデザイン賞が与えられる。（3）最高の厳しい基準に合格したデザインにプリンスフィリップ賞が与えられる。この賞の受賞は毎年40~50件である。
（岡田良徳）

航空学校［Aviation School］
ニュージーランド各地にあり、航空機操縦士免許やヘリコプター操縦士免許を習得することができる。ニュージーランド民間航空管理局（NZCAA）により厳しく管理され優秀なパイロットを世界に送り出している。
（大石恒喜）

航空博物館［Aviation Museum］
ワナカの戦闘機操縦士博物館＊やクライストチャーチの空軍博物館＊、オークランドのオークランド戦争記念博物館＊や交通技術博物館＊がある。空軍博物館には28機の古い航空機、航空関連の歴史的資料などが展示されている。オークランド戦争記念博物館3階には軍事歴史館と世界大戦での戦没者を祀る慰霊ホールがある。日本の戦闘機も展示されている交通技術博物館はニュージーランドの飛行家、ピアス＊の自作の飛行機ティマル（Timaru）をはじめ、古い汽車や電車、自動車、航空機など交通に関するもが展示されている。
（大石恒喜）

高山植物［Alpine Plant］
ニュージーランドを代表する高山植物に、キンポウゲ属のマウントクック・リリー＊（バターカップ）、セルミシア属のマウンテン・デイジー、リンドウ属のベリディフロラやモンタナ、ダイコンソウ属のユニフロリウム、ロイコジネス属のキタジマ・エーデルワイスなどがある。1860年代ニュージーランドの高山植物がイギリスで注目されたため、セルミシア属、オレアリア属、キオン属、ヘベ＊属などの高山植物が収集栽培され、種子や苗が輸出された。

セルミシア属は観賞価値が高く注目されている。
(塩田晴康)

鉱山労働者連合 [New Zealand Federation of Miners]
1908年大規模なストライキがグレイマウス*の北、ブラックボール（Blackball）炭田で起こった。これが炭鉱労働者の闘争を展開させる契機となり、ヒッキー*、センプル（Bob Semple）、ウエッブ*などの若い闘争家によりニュージーランド鉱山労働者連合（Federation of Miners）が結成された。09年鉱山労働者連合はニュージーランド労働連合(Federation of Labour)通称赤い連合*となった。この連合にさらに港湾労働者同盟（Waterside Workers Union）と毛刈り労働者同盟（Shearers Union）が加わった。
(岡田良徳)

公衆保健・障害法 [New Zealand Public Health and Disability Act 2000]
2000年に従来の保健障害サービス法（Health and Disability Services Act）に代わり制定された。病院・医療サービス（Hospital and Health Services）と保健支払い機構（Health Funding Authority）を解体し、その機能を地域保健公社*と保健省*とに分割した。
(薄丈夫)

工場法 [Factories Act 1894]
1894年自由党*バランス*内閣の労働相リーヴス*によって制定された法。この法は工場の登録を義務づけ、定期的に工場の視察をおこない、大部分の産業で労働時間を48時間以内に制限し、女子や少年労働についてその条件を厳しく規制するものであった。当時では、世界で最も広範で進歩的な労働法であった。
(岡田良徳)

洪水 [Flood]
河川の著しい増水で水位が上昇し、堤防や岸から溢れて周辺に氾濫する現象。洪水流は堤防、道路、橋、住宅、田畑などを押し流し、破壊して災害を発生させる。また、河岸侵食や土砂の堆積による埋没も生じる。洪水の発生要因として、ニュージーランド北部では熱帯性サイクロン、山岳地では気流上昇による豪雨が重要である。かつて、ブレナム*はワイラウ川*の洪水を頻繁に受け、ビーバータウンと呼ばれた。1976年12月にウェリントンとハット川*河谷で大洪水が発生し、ハット川沿いの多くの家屋や道路、鉄道が押し流され、約3千万ドルの被害を生じた。
(植村善博)

交通技術博物館 [Museum of Transport and Technology of New Zealand＝MOTAT]
1964年開館。オークランドのウエスタンスプリングスにあり、機関車、トラクターなどを当時の形のまま展示しており、南半球最大の航空機コレクションがある。また、ここには初期入植者の村が復元されている。この博物館と動物園との間には現在でも路面電車が運行されている。
(角林文雄)

公的年金制度 [State Pension System]
公的年金制度は単一の制度で運営されている。世界の多くの国では社会保険方式によって運営されているが、ニュージーランドではすべての費用が国費から支出される。つまり、国民は給付に際し、過去の保険料拠出を問われることなく年金を受け取ることができる、世界でも珍しい無拠出公的年金である。また日本のように職域によって分立した制度ではないから、職種とはかかわりなく定額の年金が給付されるが、年金の額は配偶者の有無、居住様態によって区別されている。公的年金は数ある所得保障制度の一つであり、社会開発省*が責任官庁である。現行の制度は退職年金*と称する。

現行制度の源流は1938年の社会保障法*制定時に定められた一般退職年金*で

あり、その系譜を受け継ぎ所得調査なしに受け取ることができるが、課税対象給付であることから支給時には、所得税が差し引かれる。このように歴史的制度であるが、さまざまな改革がおこなわれてきた。とくに91年の改革では、支給開始年齢が10年かけて5歳引き上げられ、65歳支給開始となった。97年政府はこれまでの無拠出制度を改め、民間投資会社を利用した強制的退職積立制度へと移行する案を提示したが、これは国民に大きな衝撃を与え、97年その是非を問う国民投票*がおこなわれた。この国民投票では投票率80％を超え、91.8％が反対票を投じた。この結果政府案は退けられ、現行制度は国民からの強い支持を受けている。 （太谷亜由美）

高等法院［High Court of New Zealand］
　高等法院は、一般的には刑事事件の正式起訴状による事件の第一審と、民事事件の第一審を管轄する。また法廷侮辱罪、海事事件、遺産事件、行政事件の第一審も管轄している。刑事事件の審理には12人の陪審員*から構成される陪審裁判でおこなわれる。一定訴額を超える民事事件についても陪審裁判をおこなうことができる。なお、地方裁判所*などの審理に対する上訴も担当する。高等法院の裁判官は、同法院で7年以上の弁護経験を有する弁護士の中から選ばれ、総督*が任命する。 （道谷卓）

後氷期［Postglacial Age］
　約1万年前からの地質時代をさし、完新世と同じ意味に用いる。約1.5万年前から始まった急激な温暖化により氷床が急速に後退、縮小していく時期にあたる。また、急激な海面上昇（海進）が生じ、6000年前頃を中心に海は陸地内に深く進入してリアス海岸を形成、低地には海成の沖積層が堆積した。これを後氷期海進という。ニュージーランドでは約6500年前のアラヌイ間氷期（Aranui Interglacial Age）に最も温暖で、海面も現在と同じ高さに達した。（植村善博）

コウモリ［Bat］
　マオリ名ペカペカ（pekapeka）。ニュージーランド土着の唯一の哺乳動物。(1) オナガコウモリは翼長25～30cm、体長6～9cm、尾長3.5cm。オーストラリアや若干の太平洋諸島に分布する。(2) 小型ツキホコウモリは翼長、体長は前者と等しいが、尾長1cm。骨格は頑丈で畳んだ羽が足の役目をもち地上の虫などを捕食する。現在は北島に見られる。(3) 大型ツキホコウモリは1960年代に絶滅。 （由比濱省吾）

公用語［Official Languages］
　英語とマオリ語*が公用語である。1987年、マオリ言語法（Maori Language Act）でマオリ語が公用語となった。現在、国内の公共表示は英語とマオリ語が併記されている。マオリ語の話者が比較的多い地域は、イーストコースト*、プレンティ湾*、ノースランド*などに限られており、一般的に話されているのは英語である。なお2006年4月から手話（New Zealand Sign Language=NZSL）も公用語に認定された。 （新井正彦）

高齢者給付［Age Benefit］
　1938年の社会保障法*制定にもとづき39年に実施された資産調査つきの非課税の公的年金。1898年制定された無拠出の高齢者年金法*に代わるものである。資産・所得いずれかの限度額を超えると減額された。この高齢者給付は1976年国民退職年金*導入に従い廃止され、以降ニュージーランドの公的年金制度*は国民退職年金*に一本化された。 （太谷亜由美）

高齢者年金法［Old Age Pensions Act 1898］
　1898年に制定された世界で2番目の無

拠出高齢者年金法。受給要件は（1）年齢が65歳以上、（2）ニュージーランドに25年以上居住、（3）善良かつ道徳的人格で謹直な生活習慣の持ち主であること、と規定され、外国人、アジア人、公序良俗に反する者は除外された。また厳密な資産調査と所得調査が付随したため、給付を受けることができた者は、65歳以上の高齢者中3人に1人のみであった。　　　（太谷亜由美）

港湾ストライキ［Waterfront Strikes］

（1）1913年10月、ウェリントンの一部の港湾労働者が仕事を中断して会合に参加した。雇用者が彼らを締め出し労働契約を破棄したため、これに同情したほかの港湾労働者が彼らの復職を求めてストライキに入った。警察は特別に採用した1,500人余りの騎馬保安官（マッセイのコザック*）を送り込み、ストライキ参加者と対決した。169人の労働者が検挙され、その多くが拘置された。2ヵ月後政府および雇用者の勝利という形で、ストライキは中止された。

（2）1951年1月、仲裁裁判所*は15％の賃上げを認めたが、港湾労働者組合はその賃上げに加えて1時間7ペンスを要求した。これが拒否されたために、港湾労働者は1週40時間以上の労働を拒否した。農産物の輸出最盛期であったため、雇用者は彼らを締め出し、国民党*政府は軍隊を動員してイギリスへの輸出を継続した。また警察に特別の権限を与えてストライキを取り締まったため、2月から7月に及ぶ151日のストライキは失敗に終わった。政府のこのような処置が労働党*によって非難されたため、ホランド*首相は直ちに議会を解散し、臨時選挙をおこなったが、共産化を懸念する世論に押され国民党*は大勝を収めた。　　　（青柳まちこ）

コエビ［Shrimp］

マオリ名タラウェラ（tarawera）。体長10cm以下のエビ類。食用にならない。（1）淡水エビ（Freshwater Shrimp）：体長4cmまで。夜行性。低地の小流に見られる。（2）イソエビ（Shore Shrimp）：体長7.5cm。浅い入江や海岸の岩場、とくに北島のマングローブ*に多い。（3）カマキリエビ（Mantis Shrimp）：体長7~10cm。泥地に棲む。鋏を振りたてて敵を脅す姿がカマキリに似ている。　　　（大島裏二）

ゴーストシャーク［Ghost Shark］

和名でもギンザメというがサメではなく、エレファントフィッシュ*と同類。体長50~60cm、先細の尾は体長の3分の1にも及ぶ。食用魚として年間漁獲量2,000t。規制魚種*コード記号GSH。　　（大島裏二）

ゴースト、ジョン
［Gorst, John Eldon（1835-1916）］

政治家、著述家。イギリス生まれ。1860年オークランドに来住し62年帰国。この間ハミルトン*近くのホプホプ（Hopuhopu）でマオリの教育に携わる。土地戦争*の時期に、戦闘の中心であったワイカト*のマオリとともに暮らし、植民地政策に批判的であった。当時の政治的大事件であったマオリ王擁立運動*について The Maori King, 1864（マオリ王）の著作がある。　（内藤暁子）

コースロン研究所［Cawthron Institute］

1920年、実業家コースロン（Thomas Cawthron、1833-1915）の遺贈24万ポンドでネルソン*に設立された私立非営利農業研究所。当初は害虫駆除、伝染病駆除、農薬研究の3部門から構成され、技術博物館も併設された。20年後に農薬部門は土壌・農業と生物化学を扱う2部門に細分された。70年代には微生物学の基礎研究に重点を置くとともに、顧客対応部門を加えた。また立地条件を活かして水産養殖や海水・淡水の微生物学、浅海生態学にも焦点をあ

ている。研究者・職員150人（2005年）。
(由比濱省吾)

コーツ、ジョセフ
[Coates, Joseph Gordon（1878-1943）]
　首相（1925-28）。ノースランド*生まれ。1911年独立自由（Independent Liberal）党から下院議員に当選、翌年改革党*に転じた。第1次世界大戦に参戦し勲功を上げた。19年マッセイ*内閣に入閣し、郵政局長官（Postmaster-General）、法務相、公共事業相、先住民相を務め、また25年マッセイ急死の後を継いだベル*内閣でも同様の役職に就いた。ベルの後を次いで首相になったが、28年の総選挙で改革党が敗退した。その後31年フォーブス（Gerge W. Forbes）内閣で再度入閣し、公共事業、財務、印紙税、運輸などの大臣を兼任した。また33年中央準備銀行の設立に尽力した。 (青柳まちこ)

ゴードン、アーサー
[Gordon, Arthur Charles Hamilton（1829-1912）]
　総督（1880-82）。ロンドン生まれ。イギリス下院議員。トリニダッド、モーリシアス、フィジーなどで総督を務めたのち、ニュージーランドに赴任。タラナキ*のパリハカ事件*に対する政府の態度に異を唱え、政府と対決した。 (青柳まちこ)

コーニー、サンドラ [Coney, Sandra（1944-）]
　ジャーナリスト、フェミニズム*推進者。オークランド大学保育所施設の創設に関与。1972年 Broadsheet 紙創刊、85年まで編集長。87年オークランド国立女性病院における子宮頸癌死調査報告を公表、88年「カートライト*報告書」により申し立てが立証された。女性と社会をテーマに執筆活動も続け、文学分野でも多くの賞を受賞。The Unfortunate Experiment, 1988（不幸な実験）はベストセラー。Standing in the Sunshine, 1993（陽光を浴びて立つ）は1893年に世界初の女性参政権*を獲得したニュージーランド女性の歴史と、その後を克明に描く女性参政権100周年記念出版。
(ベッドフォード雪子)

コーファイ [Kowhai]
　マメ科エンジュ属の高木。ニュージーランドでは数少ない落葉樹の固有種で3種が知られる。春に芽が出る前に華やかな黄金色の花が咲き、国の象徴になっている。テトラプテラは最も高性で樹高12m。樹冠が大きく広がる。イースト岬*からルアヒネ山脈*にかけて標高450mまでの川沿いや森林辺縁部で繁茂するが、若木から花をつけるので庭木として全土に普及している。樹皮は下痢や疥癬、捻挫の治療に用いられた。ミクロフィラは樹高10m。小葉で枝が大きく広がり垂れ下がる。全土に分布しチャタム諸島*にも見られる。花の鮮やかさから庭木に適している。種子は堅い皮に被われ休眠するため、傷つけ吸水させて播種する。ドラゴンズ・ゴールドという園芸種は1.5m以下の低木で、冬から早春に多くの花を咲かせる。プロストラタは南島のマールバラ*からカンタベリー*の海岸部に多い。2mほどの低木で、淡いレモン色の花をつける。 (塩田晴康)

ゴールデン湾 [Golden Bay]
　南島西北端、フェアウエル岬*から伸びるフェアウエル砂嘴と、セパレーション岬（Separation Point）に囲まれた湾。タスマン*が1642年に停泊したとき部下4人がマオリに殺されたので殺人者湾と命名した。その後一時期コール（Coal）湾と呼ばれたが、近辺で金が発見された1857年以来ゴールデン湾と呼ばれている。 (由比濱省吾)

ゴールドラッシュ [Gold Rush]
　金*はすでに1842年ネルソン*やコロマンデル*地域で発見されていたが、本格的

な金鉱採掘が始まったのは、50年代以降である。当時オーストラリアのヴィクトリア金鉱にかげりが見えはじめ、採掘者たちがタズマン海*を渡ってきたために、57年には南島のゴールデン湾*南岸コリングウッド*の人口は数ヵ月で数倍にも膨れ上がり、58年には1,300人のヨーロッパ人と300人のマオリが働いていたという。

61年オーストラリア人リード*がオタゴ*内陸（現ガブリエル峡谷）に有望な金鉱を発見すると、金鉱採掘者が大挙してオタゴに押し寄せたため、半年間で人口は1万3千人から3万人に増加し、ダニーディン*は人口12,000人のニュージーランド最大の町となった。セントラルオタゴ*では、アロウタウン*、アレキサンドラ*、クロムウェル*などが繁栄した。オーストラリアのヴィクトリアからやってきた中国人採掘者入国の可否について論議があったが、オタゴ州政府は入国許可に踏み切った。67年1,219人の中国人は、4年後にはその2倍に、また14年後にはその4倍に増加した。続いて65年ウェストコースト*のグレイ川*流域が最も利益の上がる金鉱としての地位を築き、グレイマウス*やホキティカ*が中心地となった。

67年には北島のテームズ*付近でも金鉱が発見されたが、ここでは地表で採掘できる金がわずかであったため、個人採掘者には不向きであった。金鉱労働の移住者は圧倒的に若い男性が多く、女性は数えるほどであった。金の輸出によって、これまで南海の離れ島であったニュージーランドが世界経済の一環に顔を出すことになったが、金の産出量は66年を頂点にその後は低下の道を辿った。本格的なゴールドラッシュの時期は、オタゴの61～64年、ウエストコーストの64～68年といえよう。　（青柳まちこ）

コールリッジ湖［Lake Coleridge］

カンタベリー*中部、ラカイア川*上流にある湖。幅3km、長さ17km、面積47km^2。周囲はサザンアルプス*の山地。コールリッジ湖水力発電所は、国営としては最初の水力発電所でラカイア峡谷から20km上流のラカイア川にある。1914年にクライストチャーチへの送電を開始。その後数回にわたり出力が増強され、2001年の出力は45MW。トラストパワー（Trust Power）社が経営。　（由比濱省吾）

コオロギ［Weta］

マオリ名タイポ（taipo）。種類は多く主に夜行性・草食性で小型。オバケハネナシコオロギ（Giant Weta）は世界最大の昆虫の一つで、体長8～10cmでリトルバリアー（Little Barrier）島にのみ残存する。　（由比濱省吾）

語学学校［Language School］

外国人に英語を教える学校。大学*や技能専門大学校*に付属するものを語学センターと呼ぶこともある。2002年には126の語学学校や語学センターがあり、私費留学生全体の約8割がこれらの語学学校やセンターに在籍していた。学校規模では500人以上が28％、100人以下が36％で、1校あたりの平均学生数ではオークランド地区が686人であり、ほかの地区の平均261人を大きく上回った。　（一言哲也）

コカコ［Kokako］

固有種の鳥。体長38cm、木から木へ飛ぶが150m以上飛ぶことは稀。果実と昆虫を餌とする。羽毛は濃い青色がかった灰色で、北島コカコの肉垂れは青色、南島コカコの肉垂れはオレンジ色。縄張り性がある。ヨーロッパ人入植時には全土に分布していたが、現在では南島とスチュワート島*では絶滅したと考えられており、北島ではノースランド*、タラナキ*、ベイ・オブ・プレンティ*、キングカントリー*の森林に限られている。　（由比濱省吾）

小型機チャーター会社　[Charter Flights Companies]

　小型飛行機、ヘリコプターなどで送迎や遊覧飛行を専用機で提供する会社。ニュージーランドでは小規模の空港が多いため、小型飛行機の利用が多く、遊覧飛行や送迎など比較的頻繁に利用されている。規模の大きな空港以外にも多くの飛行場で離発着が可能なため、運航費や所要時間を考えれば利用価値は高い。　　　（大石恒喜）

国際女性デー　[International Women's Day]

　国際女性デー（3月8日）は、働く女性たちが歴史を変えた力を認める記念日として、1910年コペンハーゲン女性社会主義者会議で提案された。11年にはオーストリア、デンマーク、スイス、ドイツ、アメリカなどで最初の国際女性デーが祝われ、女性の働く権利、職業訓練を受ける権利、仕事上の差別撤廃などの推進が強調された。60年に50周年を迎え、再びコペンハーゲンに73ヵ国の代表が集まった。75年国際女性年*に際し国連が国際女性デーを公式承認、続いて世界各国の政府、民間でもこの日を祝うようになっている。ニュージーランドでも女性の権利は人類の権利、女性の進歩は人類の進歩、を掲げる国連女性開発基金運動の一環として、女性省*の支援により、2006年にはマーシャル諸島民を招聘し、島民自身による行政、選挙、人権教育を推進をはかった。オークランド、ウェリントン、クライストチャーチなどでは、両性の平等を掲げる国際的集会が開かれている。　　　　　　（ベッドフォード雪子）

国際女性年　[International Women's Year]

　国際連合*は1975年を「国際女性年」として（1）男女平等の促進、（2）経済、社会、文化の発展への女性の参加、（3）国際友好と協力への女性の参加を目標に掲げた。これはニュージーランドで女性の人権を支援する団体を組織する好機となった。ウェリントンでは第2回女性連合会議開催、また75年の総選挙では候補者の女性問題に対する態度が明らかにされ、各党は初めて選挙公約で女性問題を掲げた。国際連合はさらに1976～85年を「国連女性の10年」と定め、79年には法的効力をもつ女性差別撤廃条約を採択した。太平洋諸島民*もこの機会をとらえて女性の発言力の強化と連合の促進を活発化した。（ベッドフォード雪子）

国際平和と自由女性連盟　[Women's International League for Peace and Freedom]

　1915年第1次世界大戦最中のオランダで国際恒久平和委員会が発足。その目的は戦争の原因を政治・経済・心理などの要因から究明して、広く一般に周知させ、対話と調停による停戦を求めて運動を起こすことであった。ニュージーランドに対してもシェパード*などを通して協力が求められ、16年オークランドの国際女性政治連盟にその支部が置かれた。19年に現在の名称である国際平和と自由女性連合に変更。国際連盟*、また国際連合*と密接に連携し、平和的解決の手段を学校教育の中で子どもたちに教えることを実行に移した。80年代からは支部名称をニュージーランドからアオテアロアに変更し、マオリや太平洋諸島民とともに活動を展開している。　　　　　　　　（ベッドフォード雪子）

国際連合　[United Nations]

　国際連合憲章は第2次世界大戦*の終結を目前にした1945年6月、サンフランシスコにおいて調印され、45年10月24日に発効した。国際連合は大戦の惨禍を教訓に世界平和と各国の友好を祈念して設立された機関で、原加盟国は51ヵ国、ニュージーランドはその1国である。フレーザー*首相はサンフランシスコ会議において、憲章中の信託統治制度や信託統治理事

会などの規定を定めた委員会の委員長を務めた。

　一方彼は大国の拒否権保有に反対した。57～58年には国連ニュージーランド代表のマンロー*が国連総会議長を務めている。ニュージーランドは、世界保健機関（WHO）や国連食糧農業機関（FAO）など国連の専門機関にも数多く参加しており、また国連安全保障理事会の非常任理事国を過去3回（54-55、66、93-94）務めた。ニュージーランドは国連の平和維持・支援活動に積極的に参加してきており、朝鮮戦争や湾岸戦争をはじめ、アジア・アフリカ地域を中心に人員を派遣してきた。ニュージーランドは国連による集団安全保障体制を自国安全保障と国益に寄与するものと考え、国連への積極的協力を続けてきている。　　（山口悟）

国際連盟［League of Nations］
　第1次世界大戦後、アメリカ大統領ウィルソンの提唱により世界平和維持を目的に設立された国際機関。1920年1月10日、ヴェルサイユ条約発効とともに成立した。原加盟国は42ヵ国、戦勝国であるニュージーランドはイギリスとは独立した立場で加盟した。しかし、イギリス帝国体制をより重要視するニュージーランドは、総じて連盟の有効性を軽視していた。この姿勢が35年成立のサヴェジ*労働党政権により転換され、連盟という集団安全保障体制が自国安全保障にとって重要であり、連盟の有効性を強化することが自国の利益であると考えるようになった。36～38年には連盟の非常任理事国にもなっている。30年代半ば以降に続発したイタリアのエチオピア侵攻、スペイン内戦、日中戦争に際し、ニュージーランドは連盟による介入と対伊、対日制裁を主張したが、連盟にまつわる過大な責務がふりかかることを嫌って、ファシズム諸国に宥和的姿勢を示しがちなイギリス本国の外交姿勢と対立することになった。

しかし、ニュージーランドも、第2次世界大戦が近づくにつれ、連盟に安全保障を依存することを非現実的と考えざるをえなくなった。　　　　　　　　　　　（山口悟）

国章［New Zealand Coat of Arms］
　現在のニュージーランド国章は1956年女王の裁可を経て誕生した。上部にはセント・エドワードの冠、中央の盾には縦中央に3隻の帆船、両側に南十字星、コムギの束、ヒツジ、2本の鉱山ハンマーが配されている。盾の右側にはタイアハ（槍）をもつマオリの戦士、左側にはニュージーランド国旗をもつヨーロッパ系女性が互いに顔を見合わせて立っている。最下部はシルバーファーン*がNew Zealandの文字の周囲を飾っている。この国章は国家公文書やパスポートなどに広く使用されている。口絵参照。　　　　　　（ベッドフォード雪子）

国勢調査［Census］
　ニュージーランドにおける国勢調査は、個人情報・職業・家族構成など幅広い社会・経済的情報を得るために、ニュージーランド統計局（Statistics New Zealand）によって1851年以降、5年ごとに実施され（最新の国勢調査は第32回目の2006年）、個人様式（Individual Form）と家庭版様式（Dwelling Form）がある。統計局によれば、国勢調査の目的は、ある時点における人口とその分布を鳥瞰し、社会的経済的な特徴などを把握して、社会全体の見取り図を描くことである。その資料は、国や地方自治体、コミュニティ組織、民間の事業などがおこなうさまざまな意志決定、社会的な計画に反映されており、また教育・保健・社会福祉政策などにおける公的資金の割り当ての根拠になるものと位置づけられている。最新の人口統計を利用して、選挙の有権者数が確定され、選挙区が決定される。5年ごとにおこなわれる国勢調査年次間の人口は、直近

の人口統計、出生率、死亡率、移民統計などから推計されている。

　また、統計局は毎月、さまざまな資料を集め、照合し、摘要を公表している。1978~79 年に、統計局は初めて国際連合作成の国際標準産業分類（1968 年）を基礎とした、9 大分類をもつニュージーランド標準産業分類を用いて、統一的な経済調査を実施した。これも 5 年ごとにおこなわれている。
（内藤暁子）

国籍［Citizenship］
　法律上「ニュージーランド国民」という概念は、1949 年 1 月 1 日に施行された英国国籍およびニュージーランド国籍法（British Nationality and New Zealand Citizenship Act 1948）により誕生した。それ以前にニュージーランド国内で生まれ、または帰化した者が有した唯一の身分は「英国臣民（British Subject）」という地位であった。ニュージーランド国籍（市民権）の取得方法は大別すると (1) 国内での出生、(2) 海外でのニュージーランド国民からの出生、(3) 帰化の 3 つがある。2005 年の国籍修正法では、帰化によるニュージーランド国籍（市民権）の取得については、永住権を取得してから帰化申請できるまでの期間を 3 年間から 5 年間へ延長、国内で生まれた子どもの登録義務づけ、ニュージーランド国民の配偶者に対する優先的な市民権付与の廃止、英語の能力、犯罪前歴などの審査の強化などが規定されている。
（杉原充志）

国鳥［National Bird］⇒キーウィ

国内航空会社
［National Aviation Corporations］
　国内に路線をもつ航空会社はニュージーランド航空＊とその傘下の中小航空会社（Air New Zealand Link）のほか、カンタス航空＊、オリジン・パシフィック航空＊、フリーダム航空＊などがあり、国内主要都市間を中心に運行している。その他、地方の航空会社が小型飛行機を使って都市部と地方の都市間に定期便を運行しているほか、小型機チャーター会社がチャーター便を出すことも多い。
（大石恒喜）

国内支出調整法
［National Expenditure Adjustment Act 1932］
　1932 年に制定。不景気のため、高齢者・寡婦・坑夫年金がそれぞれ 10％削減され、家族手当における所得税免除も減額された。34~38 年に廃止。
（新井正彦）

国防省［Ministry of Defence／Manatu Kaupapa Waonga］
　総督＊が総司令官として、軍の維持・管理にあたるが、1964 年に陸・海・空 3 軍の軍政と軍令は国防大臣（Minister of Defence）の管掌下に入った。国防大臣は防衛政策全般の定式化に責任をもつ。大臣は文官と武官 2 人の副大臣に補佐される。国防大臣、副大臣、3 軍の幕僚長は、大臣を議長に国防会議（Defence Council）を構成する。国防会議には、このほか外務・財務の両大臣が票決メンバーとして加わる。また国防会議は随意にほかのメンバーを選任できる。国防会議の役割は、防衛政策に関して大臣を補佐することと、陸・海・空 3 軍の軍政・軍令にあたることである。国防会議のもとに防衛本部がある。
（根無喜一）

国民退職年金［National Superannuation］
　1976 年、国民党＊政権下で導入された公的年金制度＊の名称。1940 年以来続いていた 2 種の公的年金がこの名称で 76 年に一本化された。一時期を除きこの名称は 94 年まで使用された。
（太谷亜由美）

国民党［New Zealand National Party］
　1936 年創設の政党。都市の中堅階層に

基盤をもつ統一党*と農村部に支持者の多い改革党*は、31年国民政治連合（National Political Federation）の名で連立政権を組んだが、35年の総選挙で労働党*に手痛い敗北を喫した。それを挽回するために、36年3月両党の合併が決定された。国民党首ホランド*が政権の座に就いたのは49年で、結党から13年後であった。以後ホリオーク*（2回）、マーシャル（John Ross Marshall）、マルドゥーン*、ボルジャー（2回）*、シップリー*と8回政権をとり、労働党との2大政党体制を形成している。

国民党の政策は国家の干渉を抑え、個人や企業の独立独歩、自助努力を応援し、反共産主義、反社会主義の立場をとってきたが、80年代労働党が市場経済路線に転じたため、両党の政策の差は縮小した。2005年総選挙では小選挙区で労働党と同数の31議席であったが、比例代表で2議席少なかった。現時点で同党の主張は、税負担・社会保障費の軽減、自由貿易の促進、安全保障同盟の継続、マオリ特権の廃止であり、福祉支出は真にそれを必要としている者のみを対象とし、ワイタンギ審判所*請求の迅速な決着を求めている。　　（青柳まちこ）

国民投票［Referendum］
　最初の国民投票は1881年、酒類の免許を焦点におこなわれた。1949年以降おこなわれた国民投票の内容と是非は以下のとおりである。場外馬券売り場（1949年、可）、酒場の営業時間を6時から10時に延長（49年、否）、強制的軍事訓練（49年、可）、国会議員の任期を3年から4年に延長（67年、否）、酒場の午後6時閉店規則の廃止（67年、可）、比例代表選挙制度への変更（93年、可）、消防員数の削減反対（95年、可）、強制的退職積立制度（97年、否）、下院議員定数削減（99年、可）、司法制度改革（99年、可）。なお93年市民発議国民投票法（Citizens' Initiated Referenda Act）が国民投票で可決されたが、この法によれば、いかなる問題に関しても、選挙民の10％が国会に請願を提出すれば受理されることになっており、提出後12ヵ月以内に国民投票がおこなわれなければならない。　　（青柳まちこ）

国有地［Crown Land］
　ニュージーランドの土地は、国有地、マオリ地*、民有地（Freehold）の3種類に分類される。国有地は山林が最大の面積を占め、国立公園*・森林公園*などが含まれる。また国有施設（政府建物、大学、国立病院、国道など）の敷地が該当する。しかし南島のハイカントリーをはじめとして、現在個人が国から借地（Crown Leasehold）として牧場に利用している面積も広い。　（由比濱省吾）

国有林［State Forest］
　目的によって大別すると、保全林と経済林に分かれる。天然林を保全し国民のレクリエーションに供しているのが国立公園*と森林公園*である。経済林は生産活動の対象であり、植林と一部の天然林である。国は原生有用樹種の天然林の約83％を所有しており、経営維持のために、立木の入念な測定、年間伐採量の制限、完全利用の徹底をおこなっている。

人工林については民間でも試みられていたが、1896年には国土庁植林局が発足し、初期の植林の主体は国であった。1922年には植林面積は2万ha弱であったが、これ以後ラディアタ・パイン*植林が主体となり、22～36年の第1次植林ブームでは国が15万ha、民間が12万haを植林した。60年、国は植林に再び力を入れ、私有林や地方団体に奨励金を出した。74年以降第2次植林ブームが起こり、国・民間それぞれ年平均2万haの植林がおこなわれた。さらに林業改革が実施された90年代には、国が植林していた森林の伐採権が順次売却され民間の経営に移行したため、植林面積

は年平均4万haという高いレベルに達した。現在森林資源の約72％は民間所有であり、中央政府の所有として残存している植林面積は全体の5％である。　（由比濱省吾）

国立海洋博物館　[New Zealand National Maritime Museum]

1993年8月、オークランド埠頭に開設された文化的機能と観光誘引力を兼ね備えた博物館。劇場テ・ワカ（Te Waka 大航海）が全館の案内手引きを務めている。ニュージーランドの海事史を語る帆船と蒸気船が文化的な遺産として並べられている。古代ポリネシア人とマオリの航海、ヨーロッパ人の来航と植民地の開拓、初期の沿岸交易、捕鯨*とアザラシ*猟などを、用具、模型の展示で示すほか、図書、写真、絵画などで説明している。　（角林文雄）

国立公園　[National Park]

環境保全省*の管轄下にある。1980年の国立公園法（National Parks Act 1980）により、景観に優れ、自然的・生態学的特性が重要で国益のため保全されなければならない土地を選び、国立公園とすることが規定された。公園はできるかぎり自然状態を維持保全するよう求められており、入園自由であるが自然の動植物や地質の保全に必要な規制に従わなければならない。公園内の特別地域合計5万5千haへの立入りは許可を必要とする。国立公園区域内には必要最低限度の道路、遊歩道、登山道、宿泊施設、案内所があるが、土産品店・レストランなどの商業的施設はない。全国合計14あり、名称、制定年代と分布は巻末の資料を参照のこと。　（由比濱省吾）

国立公文書館　[Archive New Zealand／Te Whare Tohu Tuhituhinga o Aotearoa]

古文書法（Archive Act 1957）によって設立。本館はウェリントンで、オークランド、クライストチャーチ、ダニーディン*に分館があり、それぞれ一般に公開されている。政治、法律、裁判、議会、教育、鉄道、保健、労働、警察、郵便局、土地調査、マオリ関係、軍隊などに関する政府記録を保存している。ウェリントン本館にはニュージーランドにとって最も貴重な古文書であるワイタンギ条約*原本や女性参政権*請願書が展示されている。　（角林文雄）

国立資格審査局　[New Zealand Qualifications Authority=NZQA]

1989年の学校教育法*により90年に設置された。中等から高等教育レベルの約800分野の学修や技能に対し一定の基準や内容を示す国家資格総覧（National Qualifications Framework）を策定し、それにもとづき資格や免許を審査・認定する。また移民などが国外で取得した資格などに対する評価・認定もおこなう。さらに、中等教育資格試験*の実施や評価の管理にもあたる。　（一言哲也）

国立天文台　[Carter Observatory／National Observatory of New Zealand]

1938年に資金寄付者の名を冠し、カーター天文台としてウェリントン植物園内に設立された。天体観測やプラネタリウム上映、天文学の教育と普及、情報提供をおこなっている。なお1979年ブレナム*南方の山頂に天体観測所が新設された。　（植村善博）

国立図書館　[National Library of New Zealand／Te Puna Matauranga o Aotearoa]

ウェリントンにある。前身は国会議事録などの保管を中心とした議会図書館（General Assembly Library）で、1966年、国会法（Act of Parliament 1966）によって書籍・出版物全般にわたる国立図書館となり、同時にターンブル*の遺産として寄贈されてい

たアレクサンダー・ターンブル文庫も、この図書館に併合された。すべてを合わせて蔵書数290万冊、写真とネガフィルム174万枚、絵画6万点、新聞、手書き原稿などから楽譜、子どもの絵本、口述史料、学校関係、広告類にいたるまで、膨大な量の資料の集積となっている。　　　　〈大島襄二〉

コケ植物 [Bryophyte]

コケ植物は、セン類*、タイ類*、ツノゴケ類に分類される。固有種のセン類は525種、タイ類は約500種あるといわれ、ツノゴケ類は15種ある。湿度が高く冷涼地を好むが、樹上や日のあたる場所でも見られる。大きさも60cmの大型のものから、顕微鏡観察下のものまである。形態も糸状、平板状、傘状など多種多様である。セン類の代表的なものにミズゴケ属があり、マオリはクッションやオムツに利用した。湿度の高い場所ではセン類よりタイ類が多いがタイ類は一般に利用されていない。コケ植物には空中窒素を固定するもの、香料の原料になるもの、接触皮膚炎を引き起こすものなどがある。　　　　〈塩田晴康〉

孤児給付 [Orphan Benefit]

両親やそれに代わる里親が死亡、行方不明、あるいは長期間の病気のために、養育を受けられない18歳以下の要保護児童の養育者または保護者（18歳以上）に対して支給される手当。有資格条件として、1年間以上の養育期間を必要とする。〈新井正彦〉

湖成段丘 [Lacustrine Terrace]

湖岸に階段状配列した段丘地形。湖面低下により現れた湖底が段丘面をなす。一般に、粘土や珪藻土などの湖底堆積物から構成され、その内縁の位置はかつての湖岸線を示す。乾燥域や熱帯域には最終氷期の降水量変化による大規模な湖成段丘が発達する。ロトルア湖*にはかつて現在より90mも高水位を示す段丘が分布する。〈植村善博〉

コタヒタンガ [Kotahitanga]

マオリによるマオリのための議会の設立と自治権の回復をめざす運動。その語義は「一つにまとまる」の意で、1892年から10年余り続いた。92年6月には最初のマオリ議会（二院制）が開催され、土地や人口減少、権利の回復などマオリの問題について討議がなされた。コタヒタンガは政府に自治的な組織を認めるよう訴え、毎年マオリ議会を開催し、その法的正当性や先住民土地裁判所*の廃止、土地売買の禁止、自治権などを要求し続けた。コタヒタンガの指導者の一人で北部地区選出マオリ議員でもあったヘケ*は、94年これらを先住民族の権利に関する法案（Native Rights Bill）にまとめ、国会に提出したが否決された。

一方、1900年には東部地区選出マオリ議員のキャロル*が、コタヒタンガが支持する2法案、マオリの土地に関する法律（Maori Lands Administration Act 1900）とマオリ代表機関に関する法律（Maori Councils Act 1900）を国会で成立させることに成功した。結局、コタヒタンガ自体はその正当性を政府から認知されず、02年には運動が下火になった。　　　　〈内藤暁子〉

国会 [Parliament]

1986年の基本法（Constitution Act 1986）により下院（House of Representatives）をさす。基本法1852年*以来ニュージーランドには上下両院が存在したが、1951年の上院*廃止にともない現在は下院のみの1院制である。下院は立法機関であり、法を制定し、政府の歳出を認可し、政策を監視し、一般からの請願を受理して苦情を処理する。議員の互選により選出された議長が議事を統括する。会期は通常2月に始まりクリスマス前に終わる。選挙後の新しい議会の開会式には国王の代理である総督*が出席し演

説をおこなう。選挙制度は1996年小選挙区制*から小選挙区比例代表併用制*に変更された。普通選挙が開始された1890年、議員定数は74名であったが、1902年80名に増加し、66年以降段階的に増員されて、96年からは原則120名となっている。1930年代以降国民党*と労働党*の2大政党が支配的で、2005年の総選挙では当選者121名のうち前者48名、後者50名と勢力が伯仲している。　　　　（青柳まちこ）

国会議事堂［Parliament House］
　ウェリントンの中心商店街ラムトンキー（Lambton Quay）の北端に接し、3つの建物からなっている。(1) 国会図書館*：19世紀末のネオ・ゴシック式建築で、3者の中で最も古い。(2) 立法館（Legislation Chamber）：中央に位置し、1918~22年に建築された長方形の石造建築物で、これが狭義の国会議事堂。1階には本会議室があり、正面の議長壇に向かって、右側が与党席、左側が野党席であり、イギリス議会の伝統に従っている。(3) 政府館ビーハイヴ（Beehive）：南側にある特徴ある円形の建物。閣議室、内閣職員およびほかの行政職員の執務室、および公式・非公式の社交用会合室などがある。77年にエリザベス女王によって公式に開館された。立法館の前にはセドン*の銅像が立っている。　（由比濱省吾）

国会図書館［Parliamentary Library］
　1986年全体議会*図書館から現在の名称に変更。国会業務法（Parliamentary Service Act 2000）によれば、国会図書館は国会の運営に資するために、情報、研究、照会の業務をすることが定められている。蔵書は経済、政治、行政、社会科学に重点が置かれ、ニュージーランド政府刊行物はもとより、外国、とくにイギリス、オーストラリア、カナダ、アメリカの政府や議会の刊行物、さらには各国政府間の交渉や、国連、OECD、世界銀行などの国際的資料収集もおこなわれている。国会議事堂*敷地内の北端にあるネオ・ゴシック様式の建物は、92年から96年にかけて耐震補強工事を完了した。99年に竣工100周年を迎え、それを期に内部が一新された。　（角林文雄）

国旗［New Zealand Flag］
　1840~1902年まで英国国旗（Union Jack）が公式のニュージーランド旗であった。その間1867~69年植民地政府が海軍旗（Blue Ensign）にNZという文字を入れた旗を使っていたが、次第にNZの文字を南十字星に置き変えたものが広く使われるようになった。1901年ニュージーランド海軍旗法（New Zealand Ensign Act）が成立、02年3月に施行されたことにより海軍旗に4個の星を配した南十字星旗がニュージーランド旗となった。しかし1950年代まで日常的に英国国旗と南十字星旗の併用が続いた。81年、国旗・国徽章・名称保護法（Flags,

国会議事堂を構成する政府館ビーハイヴ（青柳まちこ）

Emblems and Names Protection Act 1981）が成立、南十字星旗は正式にニュージーランド国旗（National Flag of New Zealand）となった。

（ベッドフォード雪子）

コッケイン、レナード
[Cockayne, Leonard（1855-1934）]

　植物学者。イギリス生まれ。1877年オタゴに来住。環境と植物に関する踏査はオークランド諸島*、アンティポディーズ島*、キャンベル島*、など島嶼部にも及び、とくにスチュワート島*では砂丘の生態系に注目している。政府の農政に関与、助言した。著書も多数。共著の The Trees of New Zealand, 1928（ニュージーランドの樹木）は現在も読み継がれている。

（ベッドフォード雪子）

ゴッドレー、アレクサンダー
[Godley, Alexander John（1867-1957）]

　軍人。イギリス、サンドハースト陸軍士官学校出身。1910年少将となりニュージーランド軍司令官となる。第1次世界大戦ではガリポリ作戦*を指揮、戦後チャーチルの軍事秘書官、ジブラルタル総督、23年大将。

（根無喜一）

ゴッドレー、ジョン
[Godley, John Robert（1814-61）]

　法律家。アイルランド生まれ。ウェークフィールド理論*に同調してニュージーランド会社*に関わり、1848年カンタベリー協会（Canterbury Association）を結成した。協会の目的は理想的なアングリカン教会*の共同社会を新天地に建設することであった。50年南島に到着し、カンタベリー*入植地を設立。52年帰国。

（青柳まちを）

コットン、チャールズ
[Cotton, Charles Andrew（1885-1970）]

　地形学者。事故により、左眼失明のため実体視ができないという不利にもかかわらず、鋭い観察力によって地形のスケッチを含む多くの論文・著作を残した。1908年オタゴ大学の修士課程修了後、地形の発達、長期にわたる侵食と地殻変動との関係などに興味をもち、アメリカの地形学者デーヴィス（W. M. Davis）との交流を通じて地形学の研究に打ち込んだ。21年ヴィクトリア大学教授。最初の著作 Geomorphology of New Zealand（ニュージーランドの地形）は版を重ね、40年には Geomorphology（地形学）として出版された。ほかに多数の論文・著作があり、没後、Bold Coast, 1974（そそり立つ海岸）が出版された。ヴィクトリア大学の地質・地理の教室は、彼の名にちなむコットンビルディング内にある。

（太田陽子）

コッブ社 [Cobb and Co.]

　オーストラリアで、1854年操業を開始した駅馬車会社で、ニュージーランドではダニーディン*と金*産地を結んで営業を開始。1907年以降鉄道に圧迫され、23年に営業を停止した。最近ではファミリーレストランとして名前が使われて開拓時代を想起させている。

（岡田良徳）

コハンガ・レオ [Kohanga Reo]

　0～6歳までの幼児を対象に、ほぼ全面的にマオリ語で教育をおこなう施設。コハンガ・レオはマオリ語で「言葉の巣」を意味する。1950年代マオリ人口の都市流入で、マオリ語話者の減少が進んだ結果、70年代以降にはマオリ語の存続が危ぶまれるようになり、その復興を目的として82年にウェリントン近郊に初の施設ができた。その後、87年に設立された全国コハンガ・レオ信託委員会（National Trust Board）のもとで組織化され、教育内容の充実、設備の向上が進み、90年教育省*の管轄下に置かれて、正式な就学前教育制度の一部となった。96年には正規の教育課程も策定され、

ラタナ・パのコハンガ・レオ（青柳まちこ）

2003年には全国約530ヵ所で約10,000人の子どもが学び、幼稚園・保育園などすべての就学前教育*施設の約13％をコハンガ・レオが占める。授業には保護者も同席でき、各施設の教育方針や運営はマオリの文化や家族的伝統にもとづき決定・実施される。

（一言哲也）

コヒマラマ誓約［Kohimarama Covenant］

1860年7月、約200人のマオリ首長をオークランドに集めておこなわれた政府主催の会議。出席したブラウン総督*はワイタンギ条約*によりマオリが受ける利益を強調し、マオリ王擁立運動*やパリハカ事件*に対する政府方針への支持を求めた。出席者たちは女王主権に反対する行為は取らないことを誓約した。

（青柳まちこ）

コプロスマ［Coprosma］

アカネ科コプロスマ属の植物の総称で世界に約90種あり、固有種として約45種がある。ニュージーランドのものは小ぶりで、雌花と雄花は小さい束状の叢生で、雌雄異株。果実は球状、さまざまな色があり、水気が多い。一般的な種は全土で見られ、マオリ名はカラム（karamu）。この属最大の種はママンギ（mamangi）と呼ばれ、樹高4~10m。ノース岬*からトコマル湾*にかけて低地森林によく見られる。グランディフォリアは樹高約6m、北島や南島の森林や荒地に分布する。タウパタは、北島ノース岬*から南島マールバラ*、グレイマウス*にかけて、とくに海岸部に見られる。葉や小枝の煎じ液は傷や打撲の塗り薬として用いられ、熱さましや腎臓不調時に飲用された。

（塩田晴康）

コプロスマ（塩田晴康）

コヘコヘ［Kohekohe］

マホガニー科の高木。固有種。樹高は

12~15m、幹は円筒状で直径1m、天蓋状の樹冠が特徴的。高温地帯を好み、北島の北部では内陸でも見られるが、北島南部では海岸部、南島では北部のマールバラサウンズ*からネルソン*近辺に限定される。葉は大きく淡緑色で光沢がある。多くの花芽が幹や枝から直接出て、つやのある白花を咲かせる。緑色の果実は7~9月に裂け、種子と輝赤色の果肉は鳥の好餌である。ポッサム*は葉を好み、食べ尽くして樹を枯らすこともある。樹皮はキニーネ同様の苦味成分を含む。葉も苦く、煎じ汁は強壮健胃作用がある。うがい薬、風邪薬、婦人薬、熱さましにも用いられた。
（塩田晴康）

コヘレ、モヘナ［Kohere, Mohena（1812-94）］
　北島イーストコースト*のンガティ・ポロウ*の首長。西欧文化の導入に熱心で、すでに1840年代この地域ではコムギやトウモロコシを大規模に栽培し、ゴールドラッシュ*時のオーストラリアに輸出していた。ワイタンギ条約*支持者で、マオリ王擁立運動*には加わらず、また65年にはパイマリレ*とも激しく戦った。しかし66年先住民土地裁判所*がンガティ・ポロウの土地登録を開始したときには抵抗した。上院議員（72-87）。
（青柳まちこ）

コマドリ［Robin］
　マオリ名トウトウワイ（toutouwai）。北島コマドリ、南島コマドリ、スチュワート島コマドリの3亜種がある。保護鳥、体長18cm。縄張り性が強い。北島とスチュワート島コマドリは象牙色、南島コマドリは胸が黄色を帯びてやや大きい。ほかに本島では絶滅したチャタム諸島コマドリに関しては保護繁殖措置が講じられている。
（由比濱省吾）

コミュニティ・サービス・カード
［Community Services Card=CSC］

　低所得者対象の保健医療サービス補助金。公立病院での受診は基本的に無料であるが、家庭医*は有料であるため、その診療や処方箋に対し、当該カード保持者に補助金が支給される。このカードの保持資格は所得調査によって定められる。
（太谷亜由美）

コムギ［Wheat］
　オーストラリアで農業技術を学んでいたマオリ首長ルアタラ*によって、1813年頃導入されたのが、コムギ栽培の最初である。当初コムギ栽培は順調に伸びたが、今日まで大きな振幅で増加と減少を繰り返した。1860年代には1.2万ha、70年代には6.4万ha、80~90年代には12~13万haに達して南島は輸出ブームに沸いた。しかし20世紀には減少しはじめ、とくに1950年代には3.5万haにまで減少してオーストラリアから輸入するようになった。まもなく増加に転じ、80年代末には8万haに達した。90年代には再び落ち込んだが99年には5.8万haに回復した。生産量から見れば90年代初期には20万t、99年に32万t、2000年以降は36~37万tである。栽培面積は南島が3分の2を占め、主力はカンタベリー平野*の混合農業地域であり、オタゴ*とサウスランド*がこれに続く。北島の産地はマナワトゥ*、ワイララパ*、ホークスベイ*である。
（由比濱省吾）

雇用関係法［Employment Relations Act 2000］
　2000年10月1日より実施された雇用に関する法。1999年誕生した労働党*連立政権はそれまでの雇用契約法*が雇用者に優位すぎるとして廃止し、雇用関係法を制定した。同法のもとでは雇用関係の当事者は、雇用契約を結ぶにあたって、労働者が労働組合に属し集団的交渉により契約をおこなうことも、また労働者個人で雇主と契約をおこなうことも可能となった。労働者

は労働組合への加入を強制されない。また、以前の雇用契約法では制限されていたストライキやロックアウトが認められた。雇用者と被雇用者の雇用関係について紛争が起こった場合には、独立の調停者を介し無料で紛争解決が可能となった。当該法は雇主と被雇用者、どちらにも公正で中立的な役割を果たすものである。　　　　　（岡田良徳）

雇用機会均等信託［Equal Employment Opportunities Trust=EEO Trust］
　国民党*政権は1990年に雇用機会均等法を廃止し、これに代わり雇用均等に関する作業部会を創設した。作業部会の提案により雇用機会均等信託（EEO Trust）が1991年に設立された。これはニュージーランドにおけるすべての雇用者に対し、平等な雇用機会を提供するよう勧奨するものである。EEO Trustは、政府、民間の混合的な会員組織をもち、本部はオークランドにある。基金は、会員の寄付、政府や後援者の出資から成り立っている。　　　（岡田良徳）

雇用契約法
［Employment Contracts Act 1991］
　1991年国民党*政権によって成立した法。1936年の産業調停仲裁修正法（Industrial Conciliation and Arbitration Amendment Act）により、すべての労働者の組合加盟が義務づけられて以降、労使の交渉は原則として組合と雇用者間で集団的におこなわれ、賃金や労働条件は中央の交渉に任されていた。それは労働者にとって有利であるとの不満が雇用者側にあったため、国民党はその要求に沿って雇用契約法を制定した。この法により、組合の交渉独占権は廃止され、労働者と雇用者は個人契約を自由におこなえることになった。さらにストライキやロックアウトも非合法とされた。　　（岡田良徳）

雇用支援サービス機関［Workbridge］
　政府との契約によって、聴覚・視覚・運動等の機能に制約を有する人々に対して、雇用の機会を提供するための支援サービス業務をおこなっている非営利団体（NPO）。国内の主要都市に事務所をもつ。（八巻正治）

雇用者組織［Employer Organisations］
　19世紀の末頃から労働組合や新しい産業別組合の力が大きくなるにつれて、これらに対応するような形で使用者側の組織が形成されるようになった。個々の業種や産業あるいは地域に雇用者協会（Employer Association）があるが、それらを連携する形での雇用者連盟（Employers' Federation）があり、労働関係諸問題についてはこの雇用者連盟と労働者同盟が直接交渉するのが通例である。　　　　　　　　　（岡田良徳）

雇用審判所［Employment Tribunal］／**雇用裁判所**［Employment Court］
　雇用審判所は、不当解雇、労働者に不利益をもたらす使用者の不当行為、雇用上の差別、性的嫌がらせ*、労働組合による組合員や非組合員への不当行為といった労働上の問題が生じたときに、雇用者が個別的な苦情申し立てをおこなうことのできる国家機関である。審判所はまず当事者間での調停による解決を試みるが、それが不調に終われば、雇用裁判所へ提訴という訴訟による解決方法をとることになる。　（道谷卓）

コリデール［Corriedale］
　肉毛兼用種のヒツジ。ニュージーランドでは1880年から1910年にかけてリンカーン種あるいはレスター種の雄とメリノ*種の雌の交配種として開発。同様の方法で同時期にオーストラリアにおいても開発された。体重は雄79~125kg、雌が59~81kg、顔と脚は白い。繊維は直径24.5~31.5μm、長さ9~15cmで、収量が多い。（由比濱省吾）

コリングウッド［Collingwood］
　南島北端、ゴールデン湾*に面し、フェアウエル岬*への入口にあたる。ゴールドラッシュ*時初期に賑わった。　（由比濱省吾）

ゴルフ［Golf］
　最初のゴルフコースは1870年にダニーディン*に開設された。第1回のアマチュア選手権大会は93年におこなわれている。第2次世界大戦後、とくにテレビの普及によってゴルフは広まり、男性の好むスポーツの第1位である。また女性の間でもネットボール*、テニス*と並ぶ人気スポーツとなっている。全土に約400のゴルフコースがあり、日本に比べて格安の料金で手軽に楽しめる。キャディがおらず自分でカートを引くのが一般的である。多くのコースは自然を活かし、町から近いところにあり、営業時間も日の出から日没までと長い。パブリックコースならTシャツ、短パン、スニーカーという服装でよい。　（山岸博）

コレンソ、ウィリアム
［Colenso, William（1811-99）］
　宣教師。イギリス生まれ。印刷工、製本工としての訓練を受け、チャーチ・ミッショナリ協会*の印刷工、問答教授者として1834年パイヒア*に来住。35年から印刷を開始し、37年最初のマオリ語版新約聖書を出版する。ワイタンギ条約*締結時、ホブソン*に多くのマオリは条約を理解していないと進言したが無視された。条約締結後、マオリ語版ワイタンギ条約*を印刷。*The Authentic and Genuine History of the Signing of the Treaty of Waitangi*, 1890（ワイタンギ条約締結秘史）は当時の状況を物語る信頼すべき歴史書。　（青柳まちこ）

コロネット峰［Coronet Peak］
　標高1,650m。クイーンズタウン*の北東15kmにあるスキー場。リフト、ロッジ、レストラン、大駐車場がある。7月には毎年1週間の冬季フェスティバルが開催される。　（由比濱省吾）

コロマンデル山脈［Coromandel Range］
　北島東北部のハウラキ湾*の東を南北に走る山脈で、北半分はコロマンデル半島を形成し、南は国道2号線まで伸びている。コロマンデルの名は、1820年にハウラキ湾に入った軍艦コロマンデル号に由来する。1971年にコロマンデル半島内部に南北100kmにわたる面積7.3万haのコロマンデル森林公園が設定された。周辺地域からの便がよく、テームズ*から入るカウアエランガ（Kauaeranga）渓谷が最も人気があり、ピクニック場、キャンプ場、水泳場、カウリ*伐採時代の遺跡がある。公園内にはほかにも環境保全省*管理下の山歩きの道がいろいろあり、巨大なカウリ樹も保護されている。　（由比濱省吾）

コロマンデル半島［Coromandel Peninsula］
　オークランドの東方で、ハウラキ湾*と太平洋の間を南北に伸びる半島。北方延長線上にグレートバリアー島*、リトルバリアー（Little Barrier）島がある。コロマンデル山脈*が半島の脊梁を形成する。ハウラキ湾南東隅のテームズ*付近は泥の浅海であるが、コロマンデル湾付近ではマッスル類*の養殖がおこなわれている。ハウラキ湾岸にテームズ*、コロマンデル、太平洋岸にフィティアンガ*、ファンガマタ（Whangamata）、ワイヒビーチ、南部内陸にワイヒ*、西南部にパエロア*の町がある。1852年に金*が発見されて人口が急増し、テームズとワイヒが鉱山町として成長した。太平洋岸はマーキュリー湾*をはじめとするリゾート地が多い。　（由比濱省吾）

コロラレカ［Kororareka］⇒ラッセル

さ

サージソン、フランク
[Sargeson, Frank（1903-1982）]

　短編小説作家。ハミルトン生まれ。ニュージーランド文学の草分け。キングカントリー*にある羊牧場で働き、その後オークランドの北のタカプナ（Takapuna）に居を定めた。男性的、自然主義的リアリズム文学（ミニマリズム、社会派リアリズム）の基盤をつくる。1940年以降、短編小説界を主導する。処女短編集 *Conversation with My Uncle and Other Sketches*, 1936（伯父との対話、その他）の後、処女小説 *I Saw in My Dream*, 1949（夢のできごと）をイギリスで出版。戦後の寡作の時期を経て *Wrestling with the Angel*, 1965（天使と格闘して）などの劇作2編、自叙伝三部作（のちに *Sargeson*, 1981として出版）などを次々と発表。フレイム*を庇護し育てた。95年に出版されたキング*によるサージソンの伝記は戦後文学の貴重な文献。　　　（池田久代）

サーフィン [Surfing]
　サーファーたちの憧れの場所は、北島ではマウントマウンガヌイ*やラグラン*である。その他、オークランド西のピハ（Piha）、ニュープリマス*、ウェリントンでも1年を通じてサーフィンができる。南島は水温が低く、サーフィンは主に夏のスポーツとなっており、カイコウラ*やクライストチャーチ、ダニーディン*近辺の海岸が人気。　　　（山岸博）

サイクリング [Cycling]
　手軽なスポーツで層も厚く、国際試合でのメダルの獲得数を誇っている。凹凸の激しい急斜面を活かしたマウンテンバイクの走路をもつ公園もある。　　　（山岸博）

最高裁判所 [Supreme Court]
　司法制度の最終審にあたる最高裁判所は、2003年最高裁判所法（Supreme Court Act 2003）によって設置され、04年1月1日発足した。それまではイギリスの枢密院（Privy Council）がニュージーランドの最高裁判所の役割を果たしていた。しかしニュージーランド国内に最終審を扱う裁判所が存在しないことは問題であるとの認識から、同法が制定され、実際の審理が04年7月1日から開始された。ただし最高裁判所の設置にともない枢密院での審理が完全に消滅したわけではなく、04年1月1日以前に枢密院に提訴されていた事件などは、現在でも審理が認められている。　　　（道谷卓）

財政責任法 [Fiscal Responsibility Act 1994]
　公共部門の財政管理の鍵となる法律の一つであり、この国の財政に信頼性と透明性をもたらすことを意図している。この法律では財政運営の原則が述べられ、また定期的に詳細な財政報告をおこなうことを政府に義務づけている。具体的には、妥当な水準まで債務を削減すること、その債務水準が達成されるまで財政黒字を維持することなどが述べられている。政府はこれらの原則に従わなければならないし、予算政策報告書（Budget Policy Statement）など定期的に複数の報告書を公にして、財政原則に照らして運営が適切であることを明らかにしなければならない。このような形の財政に関する法律は世界で最初のものである。　　　（松岡博幸）

最低賃金法 [Minimum Wage Act]
　世界で最初の最低賃金制度は、1894年にニュージーランドで制定された産業調停仲裁法*において、労使関係の安定化を

はかるため、強制仲裁制度とともに導入された。労働争議解決策の一つとして、強制仲裁方式によって最低賃金を決定しようとするものであった。現在の最低賃金法は1983年に成立した労働者保護立法で、成人の被雇用者に支払われるべき基本的最低賃金率を規定している。同法では20歳未満の被雇用者は適用除外であったが、1994年、20歳未満の若年労働者（16~19歳）に対して最低賃金（成人の最低賃金の60％）が規定された。2001年から最低賃金法の適用対象を18歳以上としたことにともない、若年労働者の対象は16~17歳となり、最低賃金も成人の70％となった。さらに02年には80％に引き上げられている。06年現在、成人労働者最低賃金は時給10.25ドル、若年労働者最低賃金は時給8.20ドルとなっている。
〔新井正彦〕

財務省
[Treasury／Kaitohutohu Kaupapa Rawa]

1840年創設の省庁で、日本の財務省同様に、内国歳入庁（Inland Revenue Department）によって集められた租税やその他の収入を、目的に従って配分することがその役割である。政府に対する経済・金融政策の提言をおこない、また財務相および内閣に対して、将来経済についての戦略的助言をおこなう。国の資産・負債の管理、予算書および国の財務諸表の発行、またIMFや世界銀行などの国際金融機関と連携維持をおこなう。さらに、経済・金融に関する実証分析、将来推計などを通して、国民に対して有益な情報提供をおこなっている。
〔太谷亜由美〕

サイレージ [Silage]

刈り取った牧草を発酵させた、いわば牧草の漬け物であり、家畜飼料の一部を構成する。日本では畜舎とその傍らに立つサイロタワーが酪農地域を象徴する景観であるが、ニュージーランドの酪農地域では畜舎もなく、サイロタワーを見ることはきわめて稀である。サイレージをつくるには地面を少し掘り下げて牧草を詰め込み、ビニールシートで覆って古タイヤで押さえておくだけという非常に簡便な方法である。
〔由比濱省吾〕

サヴェジ、マイケル
[Savage, Michael Joseph（1872-1940）]

首相（1935-40）。オーストラリア生まれ。1907年にウェッブ*を追ってニュージーランドに来住。11年に社会党*から、14年には社会民主党（Social Democratic Party）から立候補したが落選。16年結成の労働党*から立候補し下院議員（1919-40）。19年に書記長、23年に副党首、33年党首。35年11月の総選挙で労働党が大勝し、最初の労働党内閣首相となった。当時の最大課題は深刻な不況*の中での失業者問題の解決であり、サヴェジ政権は31年水準までの各種年金引き戻し、賃金水準の引き上げ、公共事業の大規模な展開、工業化、農業部門保護のための支持価格制度の導入、国家の手による為替管理・輸入管理、労働者保護、社会福祉などの大胆な政策を推進した。不況対応措置は奏功して経済・社会が立ち直った。サヴェジ政権の最大の業績は1938年の社会保障法*であり、これはニュージーランド社会保障制度の根幹となった。
〔由比濱省吾〕

サウスカンタベリー博物館
[South Canterbury Museum]

南島ティマル*にある。テムカ*出身の飛行家ピアス*の資料を展示している。ほかに南カンタベリー地方の入植者やマオリの資料もある。
〔角林文雄〕

サウスランド県 [Southland Region]

南島南西部の県。人口は91,002人（2001

年)。西部の121万haはフィヨルドランド国立公園*で、フィヨルド*と森林に満ち、人口は希薄。年間雨量がミルフォードサウンド*で6,390mmを記録する多雨地域である。これと対照的に、東部の肥沃な沖積平野では集約的牧畜がおこなわれており、西寄りの地域ではシカ*牧場が多い。県庁所在地はインヴァカーギル*。副中心としてはサウスランド平野東部のゴア*、南端にはカキ*の産地であるブラフ*がある。1971年ブラフ対岸のティワイポイント（Tiwai Point）にニュージーランド・アルミニウム製錬所*が建設され、それに電力を供給する目的でマナポウリ水力発電所*が建設された。

1792年以後は捕鯨*業者がニューサウスウエールズからしばしば訪れて活動し、1820年代にはアザラシ*とオットセイは獲り尽くされた。1861年サウスランドはオタゴ州から分離独立してサウスランド州となったが、ゴールドラッシュ*期に人口が金*産地に流出して減少したため、70年にはオタゴ州に再び合体した。　(由比濱省吾)

サウスランド博物館・美術館
[Southland Museum and Art Gallery]

インヴァカーギル*にある。南島や亜南極諸島における自然史と海事関係および捕鯨*資料が展示されている。　(角林文雄)

砂丘 [Sand Dune]

風によって運搬された砂が堆積して形成する丘や堤状の地形。砂丘の供給源となる砂が多いこと、風が強いこと、飛砂を止める植生があることなどが形成条件となる。形成される場所によって内陸砂丘、河畔砂丘、海岸砂丘などに分類される。砂丘の中に黒土層を挟み、砂丘形成年代に不連続を示すこともある。ニュージーランドでは海岸砂丘が主で、北島西岸のマナワトゥ平野*南部などに例が見られる。　(太田陽子)

搾取労働調査委員会
[Sweating Commission]

19世紀後半ニュージーランドへの移民は、イギリスの搾取労働と同じような劣悪な労働条件を強いられていた。1870年代と80年代の不況を踏まえ、90年に搾取労働調査委員会が設置された。委員会は工場の登録、14~18歳の労働時間を週48時間以下、労働省*の設置、仲裁機関の設置を勧告した。この勧告にもとづき91~94年バランス*内閣とセドン*内閣は一連の労働法、工場法*を成立させ、92年には労働省が創設された。　(ベッドフォード雪子)

サケ [Salmon]

マオリ名ハマナ (hamana)。外来魚で湖でも川でも見られるが、数は多いとはいえず、マスには遠く及ばない。(1) タイセイヨウサケ (Atlantic Salmon) は1868年、イギリスから最初に持ち込まれ、以後20世紀初頭まで継続導入された。1960年代から南島の各河川系で放流の事業化に努めたが成功しなかった。いまではこの魚はテ・アナウ湖*にのみ生息しているが、大きさはせいぜい2kgまでである。(2) クィナット (Quinnat) は和名マスノスケ、北アメリカではチヌーク (Chinook)。1870年代に導入、のち魚卵の導入によって孵化放流事業が本格化。北島の各河川・湖沼、南島のサザンアルプス*周辺でも事業化に成功している。大きさは最大80cm、7kg。(3) サカイ (Sockeye) は日本のベニザケ。ニュージーランドへの導入は20世紀になってからで、カンタベリーのワイタキ川*水系に限られる。小ぶりなサケだが川や湖の釣魚として好まれる。重さは1kg程度。　(大島襄二)

サザランド、ドナルド
[Sutherland, Donald (1844-1919)]

探検家。スコットランド生まれ。18歳でオークランドに来住。ミルフォードト

ラック*西側にあるサザランド滝に名が残されている。この滝はニュージーランドで落差最大（580.3m）。　　　　（大島襄二）

サザンアルプス［Southern Alps］

　南島西側を北東〜南西方向に走る脊梁山脈で、クック*により1770年に命名。3,000mを超す鋭峰が19あり、大規模な氷河*が集中的に分布する。一般には、北のアーサーズ（Arthur's）峠から南のハースト峠*の間の延長約250km、幅約100kmの部分が中心。西縁を走るアルパイン断層*の活動により分水嶺が西に偏った巨大な傾動地塊をなす。地質は中古生代の砂岩、頁岩とそれらが変成を受けた結晶片岩からなる。中新世以降のカイコウラ造山運動によって隆起を続けてきた。標高1,500m以上では氷河作用を受けた鋭峰や圏谷が発達する。山岳、氷河の景観に優れ、豊かな包蔵水力は多数の水力発電*所を稼働させている。本山脈の西側は最多雨地帯をなし雨林が発達するのに対して、東側は乾燥したタソック*の草原に変わる。　　（植村善博）

サッカー［Soccer］

　1880年代にクラブができ競技が始まった。1904年に最初の国際試合がニューサウスウエールズでおこなわれた。82年スペインのワールドカップでは、ニュージーランドチームが、オールホワイツ（All Whites）と呼ばれるほどの活躍をして人気が出てきた。しかしラグビーのオールブラックス*の人気が強すぎて、サッカー人気はラグビーには及ばない。　　（山岸博）

作家協会［Society of Authors=PEN NZ Ltd.］

　ニュージーランドペンクラブは1934年にウェリントンのジャーナリスト・作家のローラー（Pat Lawlor）によって設立され、初代会長はスコールフィールド（Guy Scholefield）が務めた。94年にニュージーランド作家協会（New Zealand Society of Authors=

アーサーズ峠から見たサザンアルプス（太田弘）

NZSA) と改名。事務局をオークランドに置き、900人を超える会員をもつ組織となった。機関紙 The NZ Authors を発行し、さまざまな文学賞を授与している。国内外の小説家、詩人、劇作家、随筆家、歴史家、編集者、その他の分野の著作家たちの著作・批評活動の奨励と発展に寄与している。

(池田久代)

雑誌 [Periodicals]

現在国内で販売されている定期刊行物（雑誌）は4,700種類ある。国内で発行されている700種類のうち、165誌がニュージーランド人編集者による発行。1999年の上半期の調査（調査対象145誌）では、月刊誌83誌、隔月発行誌34誌が登録されている。主要誌は、隔月誌 AA Directions（約54万部）、月刊 Skywatch（29万部）、月刊 Reader's Digest（12.4万部）、月刊 NZ Gardener（6.8万部）、週刊 NZ Woman's Day（16.5万部）、週刊 NZ Listener（9万部）などがある。

(池田久代)

サッチ、ウイリアム
[Sutch, William Ball（1907-75）]

社会改革者。イギリス生まれ。幼時にウェリントンに移住。ヴィクトリア大卒。コロンビア大Ph.D.（1932）。1942年の著書 The Quest for Security in New Zealand（ニュージーランドにおける社会保障の探求）は10万部のベストセラー。第2次世界大戦後は海外に駐在し戦後処理問題に取り組み、人種差別の排除に努めた。国連社会問題専門委員会委員長。ユニセフ委員長としてユニセフの存続に尽力。商工業省事務次官(1958-65)、工業化と経済の多様化を推進。その他の著書に Colony or Nation ?, 1966（植民地か独立国家か?）、Spirit of an Age, 1975（時代の精神）ほか。

(ベッドフォード雪子)

サツマイモ [Sweet Potato] ⇒クマラ

里親制度 [Fostering]

両親や保護者に恵まれず、十分な養護を受けられない児童、または家庭や社会になじめず、養育や保護に問題が起こりうる児童を、里親が家庭に受け入れて世話をする制度。国家による里親制度の法的確認は1908年の児童法*によっておこなわれ、約70年後の1974年の児童少年法*に引き継がれた。現在、里親制度を支える立法は、1989年に成立した児童少年家族法*である。この国の里親制度は、児童をその家庭や社会から引き離すことが目的ではなく、児童をもとの環境に戻すことを前提にしている。

(新井正彦)

里親連盟 [NZ Foster Care Federation]

里親によって各地で組織されている里親会（Foster Care Association）が結成した全国組織。里親会自体が自主的な団体であり、この全国規模の連盟も私的機関で、政府との連携をはかり活動している。

(新井正彦)

サドルバック [Saddleback]

マオリ名プロウロウ（purourou）。和名はセアカホオタレムクドリ。ニュージーランドにのみ見られる固有の鳥。体長25cm、体重75g。体色は艶のある黒、背中に栗色の鞍形模様があり、嘴の下にオレンジ色の小さい肉垂れがある。昆虫や果実を餌として、かつては全国で見られたが、1890年代には減少しはじめた。1960年代、北島亜種の一部はファンガレイ*沖合のファタプケ（Whatapuke）島に、南島亜種はスチュワート島*沖合の11の島に保護のために移された。現在は野生生物保護計画が成功して繁殖している。

(由比濱省吾)

サバ [Blue Mackerel／English Mackerel]

マオリ名タワタワ(tawatawa)。北島全海域から南島北部までに多い。体長30〜40cm、重さ約1.5kg。主として缶詰用。水面近く

を群遊してくるので巻き網漁法が最適。年間 12,000 t の漁獲がある。規制魚種*コード記号 EMA.

(大島襄二)

サマーズ、エッシー
[Summers, Essie（1912-1998）]

　ロマンス作家。クライストチャーチ生まれ。イギリスの女性向けロマンスの出版で有名なミルズ＆ブーンズ（Mills & Boons）社より New Zealand Inheritance, 1957（ニュージーランドの遺産）を発表以来、55 作のロマンス小説を出版、25 ヵ国語に翻訳され、売り上げ冊数 1,900 万冊を超える。ニュージーランドの風景や生活を取り込んだ、多産な国際的作家。『不純な動機』1988（High Country Governess, 1987）など邦訳 4 冊。

(池田久代)

サメ類　[Shark]

　ニュージーランド海域では 40 種ほどが確認されているが、主なものをあげる。(1) カツオザメ（Bonito Shark）、マオリ名マコ（mako）。マオリも食用としていた。通常体長 2~3.5m、重量 450kg。(2) イコクエイラクブカ（School Shark）、マオリ名トペ（tope）またはトゥペレ（tupere）。群遊して大陸棚の縁近くで獲物を追っていることが多いが、人間に危害を加えることはない。体長 2m、色は濃い灰褐色、腹は白い。鋭く尖った鼻が特徴。食用魚で漁獲規制がなされ年間漁獲量 3,400 t。規制魚種*コード記号 SCH.

(大島襄二)

サモア独立国　[Independent State of Samoa]

　1997 年以前の国名は西サモア。サモア諸島の西半分で南緯 13~15 度、西経 168~173 度を占める独立国。国土 2,860km^2。人口 17 万 7 千人（2001 年国勢調査）。熱帯海洋性気候。住民はポリネシア系。言語はサモア語。宗教はキリスト教。首都アピア。1830 年にサモア諸島にヨーロッパ人宣教師が訪れてから西欧との本格的接触が始まり、植民地化を試みる列強に翻弄された。その後、1899 年に西サモアはドイツ、東サモアはアメリカ合衆国に分割領有された。第 1 次世界大戦ではニュージーランドがドイツ領西サモアを占領し、戦後はニュージーランドの国際連盟*委任統治領となった。第 2 次世界大戦後はニュージーランドの国際連合*信託統治領となったが、1962 年に西サモアとして太平洋島嶼国としては最初の独立を達成した。97 年以降サモア独立国の国名を使用している。

　第 2 次世界大戦後から海外への出稼ぎが始まり、現在ではアメリカ領サモアやアメリカ合衆国（ハワイや西海岸が主）、ニュージーランド、オーストラリアなどに在住する海外在住サモア島出身者のサモア人人口は総計 25 万人以上にのぼる。海外からの送金はサモア在住者にとってばかりでなく、国家にとっても重要である。ニュージーランドへの入国は独立以前にはほとんど規制されなかったが、経済が停滞した 1970 年代から入国制限が厳しくなっている。2005 年現在サモア人移民割り当ては配偶者と未成年の子どもを含め 1,532 人。ニュージーランド在住のサモア人は 115,017 人（2001 年）で、太平洋諸島民*の半数を占める。オークランドには国内最大のサモア人コミュニティがある。

(山本真鳥)

三角州　[Delta]

　河川が海や湖沼に流入する際、細粒の泥や砂を堆積して形成する低湿地。堆積作用が活発な場合は分流の突出が著しい鳥趾状となり、沿岸流が強いと平滑な形状となる。三角州の前縁は砂質物の前置斜面と一致し、かなり急傾斜をなす。北島のハット川*、南島のクルサ川*の三角州が代表的。

(植村善博)

産業調停仲裁法　[Industrial Conciliation and

Arbitration Act 1894］
　1894年自由党*内閣によって制定された法。世界に先駆けて国家が強制的に労使紛争を仲裁する仕組みをつくったものとして注目された。その目的は、ストライキの続発を少なくし、賃金交渉と労働者の労働条件の改善をはかることにあった。この法律は、長期間にわたり民間部門に関する労働立法の基本となっており、この法律のもとで、各地域で調停委員会が雇用者と労働者の代表によりつくられた。この委員会で解決できない場合、仲裁裁判所*において裁定がなされ、これが法的拘束力をもった。この法律により、労働組合*が結成され、組合員のために労使交渉をおこなう権利が与えられた。
　　　　　　　　　　　　　　（岡田良徳）

サンゴ［Coral］
　ニュージーランドは海水温が低すぎて造礁サンゴは生育しないが、扇形サンゴはハウラキ湾*に、樹状サンゴはアイランズ湾*ブレット（Brett）岬や、レインガ岬*沖合のスリーキングズ諸島*に見られる。フィヨルドランド*には黒サンゴの群生地がある。
　　　　　　　　　　　　　　（大島裏二）

し

シードバーグ、エミリー［Siedeberg, Emily Hancock（McKinnon）（1873-1968）］
　医師。セントラルオタゴ*のクライド（Clyde）生まれ。1896年オタゴ大学医学部卒、ニュージーランド初の女性医師。さらにヨーロッパで学び、98年産婦人科・小児科医院をダニーディン*で開業した。1905~38年、セントヘレンズ産院初の医師、のち院長として産婦人科医療の充実に貢献。07年創設のプランケット協会*とも緊密な連携をとった。18年初の妊婦専門の診療所を開設、同時に非嫡出児とその母親の支援、また助産婦の養成、多くの女性組織に関与するなど、生涯を通じて女性と子どもの医療と福祉に貢献した。遺産は女性と子どもの福祉機関に寄贈された。
　　　　　　　　　　　　　（ベッドフォード雪子）

ジー、モーリス［Gee, Maurice Gough（1931-）］
　作家。ファカタネ*生まれ。オークランド大学卒。教師や図書館職員をしながら *The Widow*, 1955（未亡人）などの短編小説を文芸誌ランドフォール誌*に発表。45歳から創作活動に専念。少年期を過ごしたオークランド近郊のヘンダーソン（Henderson）が作品の原風景として繰り返し登場する。現代ニュージーランドの壮大な家族史を描いた大河小説の三部作『プラム』1987（*Plumb*, 1978）、*Meg*, 1981（メグ）、*Sole Survivor*, 1983（最後の生存者）が代表作。その他、非核反戦の立場からジュニア向けSF科学小説三部作、*The Halfmen of O*, 1982（惑星Oの冒険）、*The Priests of Ferris*, 1984（フェリスの牧師たち）、*Motherstone*, 1985（母なる石）がある。文学の創造性を探求した自伝的傑作 *Going West*, 1992（西へ行く）は重要な作品。
　　　　　　　　　　　　　　（池田久代）

シーロード社［Sealord］
　ネルソン*に本社を置く国内最大の水産会社。ニュージーランドの商業漁業枠の約2割を占め、売上は約6億ドルに達する（2005年）。主な取扱品目はホキ*、オレンジラフィー*、マッスル類*などで、その9割が輸出されており、営業拠点は世界20ヵ国に及ぶ。1993年からはワイタンギ条約*漁業協定（通称シーロード・ディール）にもとづき、マオリがこの会社株式の50％を所有している。所有母体は当初、ワイタンギ条約漁業委員会だったが、2004

年には新設の持株会社アオテアロア水産（Aotearoa Fisheries）へと移行した。2001年以降は日本の水産会社が残り50％の株式を所有しており、シーロード社との間で国際的な生産・販売網の構築や、漁業・養殖業の技術交流を進めている。
(堀千珠)

ジェットスキー［Jetski］とジェットボート［Jetboat］

「海を走るバイク」のジェットスキーには日本と違って免許はいらないが、事故が多発しているので取り締まりが強化されている。一方、ジェットボートは時速80kmほどの高速で、走るというより水の上を飛ぶ感じである。事故も多く、水難防止教育*に力が入れられている。
(山岸博)

シェパード、キャサリン
［Sheppard, Katherine (Kate) Wilson (1847-1934)］

女性の権利擁護者。女性参政権*獲得運動の推進者。イギリス生まれ。ロンドン、ダブリンなどで科学・人文・法律の教育を受け、1869年クライストチャーチに移住。85年女性キリスト教禁酒連合*設立に参画、87年連盟の参政権・国会対策部長。妹メイ（Isabella May）も文化部長。女性・子どもの福祉増進には女性参政権が必須と考え、1888～93年には全国的な請願署名運動を展開、93年に3万余名、当時のニュージーランド成人女性の約4分の1の署名を得て選挙法（Electoral Act 1893）の成立によ女性選挙権獲得に大きく貢献した。96年クライストチャーチで全国女性議会*結成、初代議長。議決の多くは政府の政策に反映された。95年女性による初の雑誌 *White Ribbon* 発行、編集長。女性の責任を説き啓蒙に努めた。
(ベッドフォード雪子)

ジェラルディーン［Geraldine］

カンタベリー平野*南部、ティマル*の北38kmにある町。人口2,205人（2001年）。カンタベリー平野からアオラキ山*方面への入口。周辺は牧羊や混合農業を主産業にし、若干の市場園芸農業を加えた地域。
(由比濱省吾)

シカ［Deer］

狩猟目的で1851年に初めて導入された。品種にはヘラジカ（Moose）、ワピティ（Wapiti）、アカシカ（Red Deer）、ニホンジカ（Sika）、ホオジロジカ（Whitetail）、ダマジカ（Fallow）、スイロク（Samber）、ルサジカ（Rusa）が含まれ、このうちでアカシカが最も普通の品種である。シカは低地の森から高山の草地まで生息して若芽や種子を食い、増殖すると森林（とくにブナ）の再生を阻害し、土壌侵食*の原因をつくるので害獣とみなされるようになった。狩猟者がシカ頭数の制御を試みたが、十分な成果が得られず、政府が職業的駆除業者を森林に送り込んだ。1932年から20年間に射殺されたシカは20万頭と見積もられている。

最初のシカ農場が認可を得たのは70年で、以降シカ畜産業が盛んになり、野生のシカを捕獲して牧場のフェンスを2mに高めて飼育が開始された。主な対象はアカシカ、ワピティ、ダマジカである。2003年には160万頭が飼育され、シカ肉の輸出は2002年には16,034t、2億1500万ドル、03年は16,220t、1億5800万ドルで、袋角は薬用にアジアへ、肉は食用にヨーロッパへ輸出されている。
(由比濱省吾)

歯科無料治療［Free Dental Service］

18歳以下であれば、歯科検診・治療を無料で受けられる。各学校に設置された歯科診療室で、年2回検診や虫歯予防指導がおこなわれ、虫歯治療は歯科医によっておこなわれる。近年、校内の歯科器具の老朽化が進む一方、僻地、低所得者地域、水道水のフッ素含有量の少ない地域の子どもたちの虫歯率が高いことが問題になり、車に

よる移動診療が増えている。また水道水のフッ素充填率を高めている地域もある。

（岩川しほ）

事業円卓会議
[New Zealand Business Roundtable=NZBR]

主要企業のトップにより構成される会議。主として全体的な国家的利益に関わる政策、ニュージーランドの経済発展、国民の利益の促進、公平な社会の達成などについての討議をおこなう。

（岡田良徳）

死刑 [Capital Punishment]

ニュージーランドは日本と異なり死刑廃止国である。かつて、ニュージーランドでも死刑は存置されていたが、1961年犯罪法（Crimes Act 1961）により謀殺罪に対する死刑を同年から廃止したことで、通常犯罪についての死刑が廃止されることになった。同年以降、民間人に対する死刑適用犯罪は反逆罪のみとなったが、87年に出された法相諮問委員会の答申で、死刑には犯罪抑止効果がなく道徳的矛盾に満ちあふれていると結論づけられたことから、死刑の全面廃止に向けての道を進むことになった。88年には死刑を全面廃止するための犯罪法改正案が計画され、翌89年にその改正案が立法化されたことで、ニュージーランドは死刑の全面廃止国の仲間入りを果たした。ちなみに、死刑存置当時の死刑執行方法は日本と同様絞首刑であり、1957年にオークランドのマウントイーデン刑務所内で絞首による処刑がなされたのが最後である。

（道谷卓）

資源管理法
[Resource Management Act 1991]

1991年制定。現在、世界で最も先進的な環境法の一つ。大気、水、土地、生態系を中身とする自然資源の持続可能な管理の促進を目的とした環境手続法で、地方分権を基本とする。持続可能な管理とは、人および地域社会の社会的、経済的および文化的幸福と、健康および安全を可能ならしめるような方法また程度で、資源の利用、開発および保護について管理することである。このような管理にあたって、将来の資源需要のうちで、合理的に予見可能なものが確保され、資源がもつ生命維持能力が保護され、かつ、環境上の悪影響が回避、矯正または緩和されなければならない。持続可能な管理を進めるために、地域住民の参加と同意の取りつけを基本とする詳細な合意形成手続き（Resource Consent）を定めている。その重要な条件の一つは情報公開である。小規模な改正は幾度も施されたが、その法目的、基本原理、手続きの主たる部分には、現在のところ大きな変更は加えられていない。

（及川敬貴）

事故補償公社
[Accident Compensation Corporation=ACC]

事故補償制度*を運営する特殊法人。ニュージーランド社会保障のうちで、社会保険制度によって運営されている唯一の制度である。ACCは保険料の徴収、負傷申請の適用可否、補償支払い、治療・介護サービスの購入など事故処理に関する全般の業務をおこなう。また事故の予防を重要課題とし、政府への提言をおこなう。

（澤邉みさ子）

事故補償制度
[Accident Compensation Scheme]

事故補償公社*がおこなう補償制度。ニュージーランド国民、永住者、一時的滞在者に対して、過失、無過失にかかわらず、事故による負傷の治療、リハビリテーションを提供し、できる限り早期の社会復帰をめざす。この制度により、事故に関してはほぼ無料で治療、リハビリテーションが受けられるため、人々が負傷時に訴訟を起こ

す権利は認められない。事故によって生ずる申請者の心理的、身体的な負担を軽減させ、また個人の金銭的負担を最小限とすることを目的とした制度である。さらに職場、家庭、路上などすべての場所における事故防止も目的としている。　　　（太谷亜由美）

地震 [Earthquake]

地球内部の岩石の破壊により生じる衝撃波が地表を震動させる現象。ニュージーランドは太平洋プレート*とオーストラリア・プレート*との境界に位置する活発な変動帯で、地震の頻発地域でもある。平均して、マグニチュード8級地震は100年に1回、マグニチュード7級は10年に1回の割で発生する。北島東部では海底を震源とする海溝型地震が、陸上では活断層*によるワイララパ地震*（1855年）やエッジカム地震*（1987年）などが発生した。南島北部ではアルパイン断層*の延長部でマーチソン（Murchison）地震（1929年）やイナンガファ（Inangahua）地震（1968年）などの被害地震が発生している。最大の被害地震は1931年2月3日のホークスベイ*地震（マグニチュード7.8）で258人が死亡し、ネーピア*とヘイスティングス*が壊滅的被害を受けた。　　　（植村善博）

地震委員会 [Earthquake Commission=EQC]

地震をはじめ自然災害による損害を補償する地震保険を運営する政府系法人。1944年の地震・戦争補償法に始まり、93年に改正された地震委員会法により災害基金の管理や支払いをおこなう。地震保険で保障されるのは地震*、地滑り*、火山*噴火、地熱活動、津波およびこれらに起因する火災による損失で、風水害による住宅地の被害も含まれる。これは火災保険に加入すれば自動的に付帯され、加入率は約90％といわれる。掛金は保険額100ドルあたり5セントで、補償限度額は住宅で10万ドル、家財で2万ドル、宅地で10万ドルとなっている。これを超える損害は任意契約の民間の地震保険により補填することになる。
　　　（植村善博）

地震観測所 [Seismological Observatory]

1869年にヘクター（Hector）観測所として発足。1926年に発足した科学産業研究省*の一部として、ドミニオン（Dominion）観測所となり、48年には地震観測所と改称され、51年には科学産業研究省の地球物理部門と合併した。92年に王立地質核科学研究所*の一部となって現在に至る。地震観測、研究の中心になっている。
　　　（太田陽子）

地震断層 [Earthquake Fault]

歴史時代ないしは現代の地震の震源断層が地表に現れたもの。1855年のワイララパ地震*によるワイオヒネ（Waiohine）川沿岸などの地震断層、1929年の南島マーチソン（Murchison）地震で生じたホワイトクリーク（White Creek）断層、86年のエッジカム地震*によるいくつかの小規模な地震断層群などが著名である。多くの場合、地震断層は既存の活断層*に沿って生じ、断層活動の累積性を示している。　（太田陽子）

地震隆起 [Coseismic Uplift]

海岸または沖合に震源をもつ大きな地震によって、旧海面を示す地形や堆積物が離水する現象。1回の隆起では最大5m程度の隆起が生ずる。地震隆起が何回か繰り返されると数段の海成段丘*が形成される。北島東岸中部のパカラエ（Pakarae）川沿岸、マヒア半島*、ワイララパ海岸*、トゥラキラエ岬*などにその典型的な地形があり、各段丘の時期を求めることによって地震の歴史（古地震）が推定される。（太田陽子）

地滑り [Landslide]

　地表の一部が重力の作用で面的に崩れ落ちる現象。山崩れとの厳密な区別はつきにくい。地震*の震動、豪雨の後など、あるいは道路の建設により急傾斜地ができた後などにおこる。地滑りの形成は岩質により規定されることが多く、北島の新第三紀層からなる山地や丘陵地などの斜面には広く見られる。地滑りは一般に背後に弧状の滑落崖をもち、前面には滑落物質が堆積する。同じ場所で何回も繰り返され、古地震の資料ともなる。滑落した物質が河川を遮って堰止め湖*をつくることもある。北島のワイカレモアナ湖*はその好例。
（太田陽子）

地滑り：新第三紀層からなる北島北東部の山地。丘陵地には多くの地滑りがあり、斜面の侵食を引き起こしている。写真はマタ（Mata）川支流にそうもので、新鮮な崩落地形が明瞭。背後にこれから滑ると思われる割れ目があり、崩落したものは末端部で堆積地形を呈している（太田陽子）

史跡信託
[Historic Places Trust／Pouhere Taonga]

　1954年史跡信託法（Historic Places Trust Act）によって設立された公益信託（Charitable Trust）。ニュージーランドの歴史および文化遺産の特定、保護、保存および保全の促進を任務とする。史跡信託の運営主体は11名の信託理事会、および93年史跡信託法により設置された7名のマオリ遺産委員会（Maori Heritage Council）であるが、このほかに23の支部委員会があり、地方の意見を理事会の意思決定に反映させる機能を果たす。史跡信託により、多くの建造物が信託の対象とされているが、加えて、審美的、歴史的、科学的またはレクリエーション的な理由で保護される地域として、全国特別保留地（National Reserve）が指定されている。特別保留地の保護については、史跡信託と環境保全省*が共同であたるものとされている。
（及川敬貴）

施設介護補助金 [Residential Care Subsidy]

　65歳以上、場合によって50～64歳の者で、政府認可の介護施設や病院で無期限に施設介護を受ける必要があると認定された場合に支払われる補助金。資産調査、所得調査が付随し、週あたり介護費用が636ドル以上要することが条件となる。資産調査は配偶者の有無によって条件が異なる。単身者の場合は住宅の保持の有無も調査の要件となる。所得条件は扶養する児童の有無で変化する。低所得者にとってはその所得がほとんど介護費用に用いられるため、この補助金は介護以外の費用を賄う目的をもつ。つまり、65歳以上の低所得者の所得はほぼ公的年金のみであり、その大部分が介護費用に用いられるため、これを補完するのが施設介護補助金の役割と考えられる。この給付の条件に合わない場合は、無利子ローンの貸付けを受けることもできる。
（太谷亜由美）

施設解体閉鎖主義［Deinstitutionalisation］
　施設収容主義（Institutionalisation）に対置する概念。具体的には、大規模収容型の福祉施設を解体閉鎖することにともなう、地域生活支援方略を意味する。その結果、施設から退所した、知的・運動機能などに制約状態を有する当事者本人たちは、地域のグループホーム*などで生活することになる。
（八巻正治）

自然保護地［Reserve］
　大規模な国立公園*、森林公園*もこの概念に入るが、もっと小規模な鳥獣保護区、原生林保存地などが多数あり、立入り・観察は自由であるが、採集・狩猟は禁止される。
（由比濱省吾）

シダセッカ［Fernbird］
　固有種の鳥。マオリ名マタタ（matata）。アメリカムシクイの亜種で、体長18cm、あまり飛ばず、植生の中を走る。農地開発の結果として湿地やシダが減り、その影響を受けて減少している。北島・南島の亜種によって羽毛の模様が異なり、南島のものは黒い斑点が大きい。
（由比濱省吾）

シタビラメ［Sole］⇒ヒラメ類

シダ類［Fern］
　維管束植物で、胞子で繁殖する。多くは温暖湿潤な地域に分布。ニュージーランドはシダの宝庫で、200種が生育する。ニワトリシダは森林では一般的なシダで、マオリ名マウク（mauku）。葉の絞り汁と根は食用になる。根の浸出液は皮膚病に用いた。パレタオ（paretao）は葉の幅が広いのが特徴。根を皮膚病に用い、全草を蒸気浴に用いた。ミズシダは一般的な水生シダ植物で、緑藻のように見える。幼児の擦り傷に用いられた。キウィキウィ（kiwikiwi）は湿った起伏のある森でよく見かける。葉を噛むことで口や舌の炎症に効果がある。ジンゾウシダは葉が腎臓型をしている。湿潤森林でよく見られるが、ランギトト島*では乾燥斜面に生育する。葉は潰瘍の緩和に用いられた。ワラビ*の根（aruhe）はマオリの重要な食料源であった。
（塩田晴康）

自治領［Dominion］⇒ドミニオン

失業［Unemployment］
　失業者とは15歳以上の就労年齢に達した者で、就労の意思、就労能力があり、積極的に求職活動をおこなっているにもかかわらず、就労できていない者をさす。失業者は各地の労働所得局*に登録される。利用可能な失業データは統計庁（Statistics New Zealand）の家計労働力調査（HLFS）、および5年ごとにおこなわれる国勢調査*、または労働所得センターによる求職者登録である。失業率の推移を見ると1970年代前半までは非常に低水準であったが、イギリスのEC加盟、石油危機*による度重なる不況*のため、70年代後半から急速に上昇しはじめ、85年に一時低下したものの、91年から94年にはOECDの平均失業率を上回った。とくに91年には10％を大きく超えたが、90年代の改革期以降徐々に低下し、2004年9月の家計労働力調査によると失業率は3.8％にまで低下し、経済状態の好転を反映している。しかしマオリの失業率はヨーロッパ系住民の2倍に達している。
（太谷亜由美）

失業給付［Unemployment Benefit］
　18歳以上、または扶養する配偶者もしくは子どもがいる16〜17歳の者で、専従職をもたず、就労能力があり就職活動を積極的におこなっている者、もしくは通常12週以下の政府認可の職業訓練をおこなっている者が対象となる。給付額は年齢、配偶者の有無、子どもの有無、居住状況によっ

て変動する。　　　　　　　（太谷亜由美）

失業法［Unemployment Act 1930］
　1930年に制定された法律。1929年に端を発した世界大恐慌の影響を受け、ニュージーランドでも大量の失業者が発生し、これに対処するため制定された。38年には社会保障法*に吸収された。（太谷亜由美）

シップリー、ジェニファー
［Shipley, Jennifer（Jenny）Mary（1952-）］
　政治家。初の女性首相（1997-99）。ゴア*生まれ。クライストチャーチ教員養成大学校卒。1975年国民党*入党。国会議員(87-)。ボルジャー*内閣で、社会福祉相、女性相、保健相。ボルジャー連立内閣では内務相、運輸相、政府系企業などを担当。97年ボルジャーの後を受け国民党党首、首相となった。一連の福祉削減、国営企業の民間企業化などの政策により国民の支持は労働党に移行、99年内閣退陣に追い込まれたが、2001年末まで国民党党首の座にあった。（ベッドフォード雪子）

疾病給付［Sickness Benefit］
　18歳以上、もしくは扶養する配偶者や子どもがいる16~17歳の者に対する所得調査付き給付。(1) 就労者で疾病、けが、妊娠、障害のため就労できない場合、(2) 失業中、あるいはパートタイム就労中の者で、疾病のため専従職の求職や労働が難しいと思われる場合に給付される。（太谷亜由美）

児童委員会［Children's Board］
　1974年の児童少年法*によって設置され、児童の保護救護に対応することを目的とする委員会。一方、少年に対しては少年保護課と児童少年裁判所（Children and Young Persons Court）がその対応・処理にあたる。
（新井正彦）

児童健康キャンプ
［Children's Health Camps］
　1919年、当時多く見られた児童の結核や栄養不良改善のため、ワンガヌイ*の校医であったガン（Elizabeth Gunn）が、適度な日光浴、休養、新鮮な空気、バランスのとれた食事を子どもたちに提供するために「サンシャイン・キャンプ」を始めた。現在では5~12歳の小学生を対象とした短期間教育プログラムで、健康増進のほか社会的技能、対人関係を身につけることを目的とする。宿泊設備を備えた全国各地の施設で常時おこなわれ、家庭医*、養護教諭、校長、社会福祉士*らの紹介により参加できる。身体的・精神的な問題を抱えた子どもたちの支援をおこなう。　　（岩川しほ）

児童コミッショナー
［Commissioner for Children］
　1989年の児童少年家族法*によって創設された。コミッショナーは児童擁護の立場に立って、社会福祉省（現児童少年家族省*）や警察*から独立して児童問題を観察し、解決に向けて総合的に判断して提言をおこなう立場にある。　　　　（新井正彦）

児童裁判所［Children's Court］
　1925年に制定された児童福祉法*によって設立された。児童裁判所では16歳以下の児童は保護的・教育的処遇を基本とした非公開裁判による処分に委ねることができた。その後、1974年児童少年法*によって児童少年裁判所（Children and Young Persons Court）となったが、89年少年裁判所*に改称。　　　　　　　　　　（新井正彦）

児童少年家族省［Department of Child, Youth and Family Services=CYFS］
　1999年10月、児童青少年サービス局*と、コミュニティ基金局（NZ Community Funding Agency）の統合により設立された省。この

省の役割は1989年の児童少年家族法*によって規定されており、要保護児童とその家庭に対する福祉事業を提供している。虐待、暴力的行為などの家庭環境にあって、養護・保護を必要とする、また法を犯した児童・青少年に対して直接的な保護監督を提供している。養子縁組や縁組成立後の世話もおこなっている。　　　　（新井正彦）

児童少年家族法［Children, Young Persons and Their Families Act 1989］
　1989年に制定。1974年の児童少年法*を全面的に改正し、家族にも責任・負担を課す形で、児童や少年の世話・保護に関してさまざまなことを規定している。この法律により、児童と家庭をめぐる問題に対する責任・義務の認識や対処が明確にされた。児童養護あるいは非行問題において、保護者とくに実親の責任と権限を重要視し、児童問題や福祉に対応するために家族グループ会議*などの新しい機関や児童コミッショナー*制が導入された。（新井正彦）

児童少年法
［Children and Young Persons Act 1974］
　1974年に制定され、戦後ニュージーランドの児童福祉の転換点となったもので、当時の児童福祉の集大成ともいうべき法令。この法令では従来の児童の定義を変更して、14歳以下を「児童」、それ以上を「少年」と区分し、特定の年齢層に対してそれぞれに適切に対応するようにした。児童に対しては児童委員会（Children's Board）を設立して児童の保護・救護に対応し、少年に対しては少年保護課と少年裁判所*がその対応・処理にあたることとなった。
　　　　　　　　　　　　　　（新井正彦）

児童税額控除［Child Tax Credit］
　低・中所得者対象の児童を対象とする手当。児童養育の責任者がほかの社会保障給付を受けていない場合に支払われる。児童の人数や年齢によって受給資格となる世帯所得制限額は異なる。たとえば2児を扶養する場合、年収42,099ドルが所得制限額となる。児童1人につき、週あたり最高15ドル支払われる。　　（太谷亜由美）

児童青少年サービス局
［Children and Young Persons Services=CYPS］
　1992年の社会福祉省再編により設けられた部局で、要保護児童・家族に対して社会福祉活動をおこなう。民間福祉団体に対して資金提供をおこなうコミュニティ基金局（Community Funding Agency）と、99年に統合され、現在の児童少年家族省*となった。　　　　　　　　　　　　　　（新井正彦）

児童地位法［Status of Children Act 1969］
　1969年に制定された法で、子どもはすべて平等であるとうたっている。児童と親との関係は、両親がいるか否か、両親が結婚しているか否かなどに関係なく決定されるものであるとし、非嫡出児を意味するillegitimateという用語の廃止などを規定して児童の地位を守っている。　（新井正彦）

児童福祉［Child Welfare］
　児童福祉の発達は、ニュージーランドの社会福祉政策の流れの中でも重要な位置を占めている。社会福祉は1938年の社会保障法*の制定で、国民生活全般にわたる保障制度が確立されたが、児童福祉に限ればこれより早くすでに1925年に児童福祉法*の制定で児童に対する国家責任が確認された。また26年の家族（児童）手当法*により、児童養育の負担軽減の手当支給が実施されている。これは第1次世界大戦とそれに続く時期に、国際的に児童福祉への関心が高まっていた動きに対応するものであった。完全ではないにせよ、社会保障法成立の10年以上前に児童福祉の原型はすでに

整えられていたのである。とくに世界で初めて導入された家族（児童）手当法は画期的な制度であった。しかし、91年国民党*ボルジャー*政権下で、この家族（児童）手当法は社会保障法改正により廃止された。世界に誇る家族（児童）手当法の廃止に見られるように、児童福祉の現状は難しい状況にある。もっとも家族（児童）手当法の一部は家族扶助*制度に引き継がれ、低所得者に対する福祉の切り捨ては避け、弱者への配慮というこの国の社会福祉の特徴を示す政策努力は保たれている。

（新井正彦）

児童福祉法［Child Welfare Act 1925］
　1925年に制定されたこの法律は、児童に対する国家的政策において初めて福祉の言葉が用いられた保護立法であり、画期的なものであった。この児童福祉法の意義は、児童福祉に対する国家責任の確認、児童への教育的指導という基本理念の確立、児童教育局や児童裁判所*の新設などきわめて大きいものであった。この福祉法は戦後における児童福祉への意識水準を、この時点でほぼ達成している。

（新井正彦）

児童扶養手当［Child Support］
　1991年の児童扶養手当法（Child Support Act）によって定められた手当。国税庁が支払い義務のある親から児童扶養手当に該当する額を徴収し、その子を扶養している親に支払う。児童養育費、生活費などのための財政的援助である。

（新井正彦）

児童法［Infant Act 1908］
　1908年に制定された法で、1890年の児童保護法*、93年の幼児生活保護法*、95年の児童養子縁組（修正・統合）法*など既存の児童保護に関する諸立法を修正かつ統合する立法であった。児童の虐待・酷使、養子縁組、里子制度など、いままで別個に扱っていた諸問題を、一つの立法で体系的・統一的に対応する。児童一般を対象とした福祉的対応への出発点ともいえるもので、この立法によって初めて児童保護が一つの体系の中で定められた。のちの児童福祉法*、児童少年法*、そして現在の児童少年家族法*へと継承されていく。

（新井正彦）

児童保護［Child Protection］
　児童保護の歴史は、1867年の要保護児童・非行児童法*にまで遡ることができる。この立法は児童だけを対象にした先駆的な保護立法であり、これ以降制定される児童保護法の出発点と見なすことができる。同法は1873年の要保護児童法に発展する。児童保護が名称に取り入れられた画期的な立法として、1890年の児童保護法*、1893年の幼児生活保護法*があげられる。養子縁組も1881年の児童養子縁組法*によって初めて合法化され、里親制度*などとともに児童保護全体の中で受け止められるようになった。1908年に制定された児童法*は、既存の児童保護法、児童生活保護法、1895年児童養子縁組（修正・統合）法などの児童保護に関する諸立法を修正し、統合した立法である。この立法から1925年児童福祉法*、1974年児童少年法*を経て、現在の児童少年家族法*へと至っている。

（新井正彦）

児童保護法［Children's Protection Act 1890］
　児童保護が名称に取り入れられたものとして画期的な立法で1890年に制定された。不況*による失業が生活苦を招き、児童への虐待、物乞い、見せ物、物売りなどといった酷使、さらには保護者による児童の養育放棄を生み出した。こうした状況下で、虐待・酷使からの児童保護を目的として成立した法で、保護対象には両親や保護者のもとを離れて保護される必要のある児童も含まれていた。

（新井正彦）

児童養子縁組法
[Adoption of Children Act 1881]

1881年制定。この法令により養子縁組は初めて合法化された。その後、1908年の児童法*に組み込まれ、養子縁組は里親制度*などとともに児童保護全体の中で受け止められるようになった。　　　〈新井正彦〉

地熱発電 [Geothermal Power Generation]

北島のルアペフ山*からタウポ*を経てロトルア*に、さらにプレンティ湾*に浮かぶホワイト島*に至る地熱地帯上で、ワイラケイ*とオハアキ*の2ヵ所で発電がおこなわれている。ワイラケイ*発電所は、イタリアのラルデレロの小規模な発電所に次ぐ世界2例目で、58年に運転を開始した。高温高圧で熱せられた地下水の蒸気を集め、パイプで出力150MWの発電所に送っている。その北東22kmにあるオハアキ発電所は89年に運転を開始した。いずれもコンタクト・エナジー（Contact Energy）社の経営である。2000年における地熱発電の発電量は2,756GWhで、総発電量の7.2%である。　　　〈由比濱省吾〉

シブソン、リチャード
[Sibson, Richard Broadley（1911-94）]

鳥類学者。イギリス生まれ、1939年来住。オークランドのキングズ・カレッジで教師。主要な貢献は自然史分野で、鳥の研究と自然観察を奨励した。ニュージーランド鳥類学協会（Ornithological Society of New Zealand）の創立メンバー、会長を2期、協会機関誌の編集者を16年間務めた。*Field Guide to the Birds of New Zealand*, 1966（ニュージーランド鳥類の野外案内、共著）*Birds at Risk*, 1982（危機にある鳥たち）その他。　　　〈由比濱省吾〉

司法省 [Ministry of Justice／Tapu o te Ture]

2003年10月1日に旧法務省と司法府が合併してできた機関であり、ニュージーランドの公正と安全に寄与している。民事、刑事、矯正、保護、人権擁護など日本の法務省にあたる業務と、司法機関としての裁判所にあたる業務の2つを統括している。この省の役割は、大臣、副大臣、政府に対して助言をなすことで、これにより政府の戦略的指示に貢献することになり、司法や立法を変えていくところにある。

この省の管轄下に、最高裁判所*、上訴裁判所*、高等法院*、地方裁判所*といった通常の民刑事事件を扱う裁判所が置かれているほか、地方裁判所に含まれる紛争審判所*、家庭裁判所*、少年裁判所*、そして環境裁判所*、雇用裁判所*、マオリ土地裁判所*、ワイタンギ審判所*のような特別な裁判所も、この省の管理下にある。　　　〈道谷卓〉

司法制度 [Judiciary]

2003年に司法府である裁判所と行政府に属する旧法務省が合併した司法省*が設置されたことにより、司法制度を司る裁判所はすべて司法省の管轄下に入ることになった。とはいえ、基本的な司法制度は合併以前と変わるところはなく、裁判に関しては裁判所がすべてを管轄している。ニュージーランドの司法制度は日本と同様、原則として一つの事件について3度裁判を受けられるという三審制を採っている。

裁判所の種類には、通常の民事事件、刑事事件を扱う裁判所として、最高裁判所*、上訴裁判所*、高等法院*、地方裁判所*がある。このうち、地方裁判所は軽微な民事・刑事事件の第一審裁判所であり、通常の民事・刑事の事件は高等法院が第一審裁判所となる。地方裁判所の陪審裁判の判決に不服があったり、高等法院の判決に不服がある場合に、それらの控訴を担当するのが上訴裁判所である。さらに上訴裁判所の判断に不服がある場合は、最

高裁判所へ上告することになる。このようにニュージーランドの司法制度は、地方裁判所または高等法院⇒上訴裁判所⇒最高裁判所という三審制になっている。

なお、これら一般事件を扱う裁判所のほか、特定の事件を扱う裁判所として、雇用問題を扱う雇用裁判所*、結婚・養子問題などを扱う家庭裁判所*、少年事件を扱う少年裁判所*、マオリの土地問題に関する紛争を扱うマオリ土地裁判所*およびマオリ控訴裁判所などがある。

(道谷卓)

シマアジ [Trevally]

マオリ名アラアラ(araara)。外洋性の魚。主として北島の周辺で成熟期を迎える。成魚は体長45cm、2枚の背びれ、鎌形の胸びれ、大きく切れ込んだ尾ひれに、濃緑色の背と黄色で縁どられた腹部。成長段階では、数回形と色が変わる。商業用として重要。年間漁獲量 3,200t。規制魚種*コード記号 TRE。

(大島裏二)

姉妹都市・友好都市 [Sister City, Friendship City]

1956年アメリカ大統領アイゼンハウアーにより、国境を越えた2つの都市の相互交流が戦後復興の手段として打ち出され、姉妹都市・友好都市による国際交流活動が誕生した。日本とニュージーランド間では1973年の倉敷とクライストチャーチの姉妹都市提携が最初。2007年2月現在日本全国で44の姉妹都市・友好都市・国際協力都市・姉妹港などの提携都市がある。これはニュージーランドが提携している相手国の中で最も多い数である。姉妹都市と友好都市の区別はあまり明確ではないが、いずれも自治体間の公式提携。活動内容は市長などの表敬訪問、市民団の訪問、芸術、音楽、教育、スポーツ、ホームステイなど広汎にわたり、青少年活動にはとくに力点が置かれている。また日本全国には40余の友好協会があり、多くは姉妹都市の活動と密接に連携している。さらに両国間には姉妹港提携、国際協力都市提携もある。06年には姉妹都市・友好都市運動50周年記念会議がウェリントンで開催され、新しい傾向として異文化接触とともに、相互の産業振興の機会も提供された(巻末資料参照)。

(ベッドフォード雪子)

ジャージー [Jersey Cow]

代表的乳牛品種。チャンネル諸島のジャージー島からの移民とともに1862年にワンガヌイ*に到着。北島でよく生育し、89年にジャージー島とイングランドから高品質群が輸入されてブームとなり、タラナキ*地方は急速にジャージー種の本拠となって、86年に種畜場が開設された。体型は小型で乳白色がかった茶色。高い乳脂肪率が特徴で、酪農生産物の中心がバターであった時代に乳牛群の主流を形成し、1963年には310万頭を数えた。バターの主要輸入国であったイギリスのEC加盟、同時に経済・社会情勢の変化、飲用乳としての低脂肪乳への消費者の嗜好変化により、10年後には急激に減少し、乳牛の主流はホルスタイン=フリージアン*に移った。ジャージーの多いタラナキ地方でも現在は乳牛の30%である。

(由比濱省吾)

社会開発省 [Ministry of Social Development／Te Manatu Whakahiato Ora]

2001年、社会政策と労働所得の分野を統合して設立。ニュージーランド最大の省庁の一つ。これまで両分野がおこなっていた政府への社会政策提言やさまざまな社会調査、各種社会保障給付をおこなう。大別して政策立案部門、サービス提供部門、省庁運営・危機管理部門の3部門に分かれる。

(太谷亜由美)

社会信用政治連盟

[Social Credit Political League]

1930年代に設立された組織で、当初は直接政治に関わらなかったが、第1次労働党*内閣の政策に影響を与えた。次第に労働党の経済政策に失望し、53年独自の政党、社会信用党（Social Credit Party）を結成。66年最初の1議席を得たが69年再選を果たせなかった。最盛期の得票率は76年の16％、81年の21％である。当時の党首はビーサム*。85年の党大会で民主党*に改名。1期に2名以上の議席を得ることはなかったが、第2次世界大戦後最も影響力のあった少数政党であった。　（青柳まちこ）

社会信用党　[Social Credit Party] ⇒社会信用政治連盟

社会党　[New Zealand Socialist Party]

19世紀末いくつかの社会主義的グループが誕生したが、1901年約190名のイギリス系移民の社会主義者によって結成された政党。ウェリントンで党機関誌 *Commonweal*（公益）を発行、08年4月には党員3千名を数え、11年にはロバートソン（John Robertson）が議席を得た。しかし13年サヴェジ*ら有力指導者の一部が新たに結成された社会民主党（Social Democratic Party）に移ったため衰退した。これとは別にニュージーランド社会党（Socialist Party of New Zealand）が30年に結成された。　（青柳まちこ）

社会内処遇　[Community Based Sentences]

犯罪者を刑事施設に収容することなく、一定の義務を科した上で一般社会内での生活を命ずる刑罰で、受刑者は刑務所収容者の3倍以上にのぼる。社会内処遇の目的は社会に対して犯した罪の償いをすると同時に、一般社会で生活することにより再犯防止や社会復帰を促すことにある。2002年以降40〜400時間の社会奉仕（Community Work）が課せられることとなり、03年度では約2万8千人がこの奉仕に従事した。これは保護監察司の監督下にある無給の労働で、この労働を通じて、受刑者が責任、技術、労働習慣を身につけるよう期待されている。　（髙橋貞彦）

社会福祉士　[Social Worker]

社会福祉専門職の総称であり、高度な福祉国家、また多文化・多民族国家であるニュージーランドにおいて、社会福祉の知識、技術を統合して実践している。実践の場は施設、在宅、地域社会など広範にわたり、対象者も多様である。職能団体としてアオテアロア・ニュージーランド社会福祉士協会（Aotearoa New Zealand Association of Social Workers=ANZASW）がある。　（新井康友）

社会保障制度　[Social Security System]

狭義のニュージーランド社会保障制度はおおまかに分類すると、(1) 無拠出の社会保障給付、(2) 公費でおこなわれる医療保険制度、(3) 唯一の社会保険制度である事故補償制度である。日本では公的年金、保健医療が社会保険制度で運営されるが、ニュージーランドでは国の一般会計で賄われる公費による運営であるところが大きな違いである。所得保障の特徴は、所得調査（場合によっては資産調査）が付随することであるが、一方で公的年金は無拠出であり、所得調査等の資産調査などはともなわない。

医療保健制度は1990年代に厳しい抑制がおこなわれたが、現在では公立病院の無料診療に加えて、家庭医*の診療（一次医療）には、低・中所得者への補助金や各種補助があり、6歳以下の子どもは事実上無料である。また、けがの治療、リハビリテーションは社会保険方式の事故補償公社*（ACC）によって費用が負担されている。一時的滞在者である海外旅行者も、けがの治療費はほぼ無料となる。また、妊娠・出産に関し

ても診療は原則的に無料で、妊娠がわかった段階で担当の助産師が派遣され、精神的にも、金銭的にも安心して出産・子育てができる制度が整っている。1938年の社会保障法*にうたわれるとおり、全国民の健康、全般的福祉を維持、増進を目的とした制度が受け継がれている。　（太谷亜由美）

社会保障法［Social Security Act 1938］
　最初のニュージーランド社会保障法は1938年に、アメリカに次いで世界で2番目に制定された。現在の社会保障法は1964年法であり、所得調査、資産調査の付随する社会保障給付の根拠法となる。
　（太谷亜由美）

ジャクソン、ピーター
［Jackson, Peter（1961-）］
　映画監督、脚本作家。小品の自費製作から始めて、少年の撃ち合いごっこを描いた手づくりコメディー Bad Taste, 1986（悪趣味）でデビュー。カンヌ映画祭で好評を得た。Heavenly Creatures, 1994（世にも美しきものたち）など海外で評価を受ける。
　（池田久代）

シャチ［Orca／Killer Whale］
　イルカ科の中で最大で、平均体長は7m、体重は5tに及ぶ。南極海に多く住み、魚、ペンギン*、海洋哺乳類を餌とする。ニュージーランド海岸には推定200頭生息する。　（由比濱省吾）

シャドボルト、モーリス
［Shadbolt, Maurice Francis Richard（1932-）］
　歴史小説家、劇作家。オークランド生まれ。オークランド大学卒。1972年ムルロア環礁の核実験に反対して抗議。芸術家と社会の関係に焦点をあてた A Touch of Clay, 1974（土に触れて）や、Strangers and Journeys, 1972（見知らぬ旅人たち）など、男性の登場人物に焦点をあてたリアリズム小説が主流。戦争三部作 Season of the Jew, 1986（ユダヤ人の季節）、Monday's Warriors, 1990（月曜日の戦士）、The House of Strife, 1993（諍いの家）は歴史小説。Dove on the Waters, 1995（水に浮かぶ鳩）など、受賞多数。
　（池田久代）

シャトル・スタリオン［Shuttle Stallion］
　北半球の種付けシーズンオフにニュージーランドに運び、種付けする良血の種馬。ニュージーランドにおける競走馬*サラブレッドの生産は徐々に増加し、貴重な輸出品になっている。　（井脇成禮）

シャノン［Shannon］
　パーマストンノース*南西35km。マナワトゥ*川左岸の町。人口1,407人(2001年)。地域の主要産業は酪農、牧羊、園芸農業*など。近傍のタラルア山脈*内にマンガハオ（Mangahao）水力発電所がある。
　（由比濱省吾）

シャモア［Chamois］
　アオラキ山*地域へ20世紀初期にヨーロッパから導入された高山性の野生ヤギ。冬季には高所の森林、夏季には開けたタソック*草地に移動する。導入以来増殖して、サザンアルプス*の山々に分布が広がった。　（由比濱省吾）

ジャンダル［Jandal］
　日本のゴムぞうりは通気性がよくて健康的であるという理由で愛好され、日本とサンダルを合成したジャンダルという名称で、呼ばれている。　（由比濱省吾）

州［Province］
　1840年オーストラリアのニューサウスウェールズ植民地から分離した際に、北島、中島、スチュワート島*とこれまで

慣習的に呼ばれていた島々は、それぞれニューアルスター*、ニューマンスター*、ニューラインスター*の3つの州名に改められた。当初は地理的区分以外に意味をもたなかったが、46年北島の一部とスチュワート島がニューマンスターに加えられ、ニューアルスター州とニューマンスター州の2州に変更された。両州はそれぞれ副総督（Lieutenant-Governor）、立法院*（Legislative Council）、行政院*を有する政治体となった。しかし基本法1852年*において州制度は再度変更され、オークランド、ニュープリマス（58年タラナキに名称変更）、ウェリントン、ネルソン、カンタベリー、オタゴの6州が定められた。基本法1852年では各州に選挙による長官（Superintendent）、州議会（Provincial Council）が置かれた。その後上記6州を分割してホークスベイ（1858）、マールバラ（1859）、サウスランド（1861、70年オタゴ州に再統合）、ウェストランド（1873）

の4州が追加された。

州数の増加はヨーロッパ人の入植地の拡大と関係しており、新州の設立は全体議会*の権限であり、ヨーロッパ人居住者1,000人以上、50万エーカー以上300万エーカー以下の面積、150人以上の登録選挙人の署名が条件であった。地方分権制度はそれぞれの入植地が隔離独立していた時代には有効であったが、次第に格差が広がり弊害が指摘されるようになった。ヴォーゲル*内閣の全国的公共事業の整備は、さらに州制度と軋轢を生じ、1876年11月州制度は廃止された。
（青柳まちこ）

就学前教育［Early Childhood Education］
学校教育法*による就学前教育機関には、保育園*、幼稚園*、プレイセンター、コハンガ・レオ*、地域プレイグループ、太平洋島嶼民保育施設が規定されている。その他在宅教育なども見られる。幼稚園以外は有料であるが、教育綱領を策定し認可された施設には政府から助成金が出る。在籍幼児数は保育園4~5割、幼稚園3割、プレイセンター1割、地域プレイグループ1割などで、幼稚園児数がほぼ横ばいである一方、保育園児数は増加傾向にある。
（一言哲也）

州政府［Provincial Government］
1846年ニューアルスター*、ニューマンスター*2州の制定にともなって、各州はそれぞれ副総督（Lieutenant-Governor）、任命制議員からなる立法院*（Legislative Council）、行政院*を擁する政治体となった。州政府の上部機構として植民地すべてを統括する総総督（Governor-in-Chief 実質的にはこの名称が用いられたのはグレイ*任期中の48-53年のみ）、行政院、総立法院（General Legislative Council）が置かれたが、これは5年間機能しなかった。力を得てきた入植者たちは住民代表による政治を求める運動を

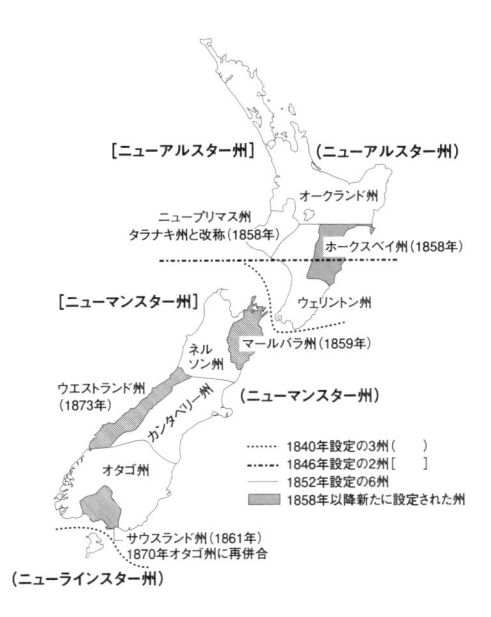

州地図

活発化させ、とくにウェリントンでは自治を求める運動が盛んとなった。総督グレイは早急な自治導入には反対であったが、51年州立法院議員の3分の2を選挙による議員に変更した。

基本法1852年*において、州制度は再度変更され6州が設立された。この基本法1852年では、選挙によって選出される州長官（Superintendent）、最低9人の議員からなる州議会（Provincial Council）を置くことが定められ、司法、関税、郵政、王室所有地の処分を除いて、州政府に測量、土地登記、公共事業、教育行政など権限が与えられた。州の上部機構としてニュージーランド全体に関わる全体議会*があり、任命制の上院*（Legislative Council）のほかに、選挙による下院（House of Representatives）が設置された。選挙資格は州議会および下院とも同様で、一定の財産を保有する21歳以上の男性に限定されていた。　　（青柳まちこ）

住宅金融組合［Building Society］

住宅金融組合は無尽のように組合成員から資金を集めそれを共同管理し、成員の住宅購入に役立てることを目的とする。住宅金融組合法（Building Societies Act 1908）によって、会計監査を置くこと、理事の人数、任命など組合運営は厳しく規定されていた。無期と有期2種が許可されており、最盛期の1960年代、前者が51、後者が18存在した。85年以後の経済改革により、当時最大のカントリーワイド（Coutrywide）住宅金融組合は銀行となったが、のちに外資系銀行に買収された。2005年現在南十字星（Southern Cross）住宅金融組合ほか8組合が存在する。　　（岡田良徳）

住宅補助金［Accommodation Supplement］

1993年導入された非課税、資産調査つきの住宅補助金。対象となるのは公・民営賃貸住宅入居者と住宅所有者で、住宅にかかる費用の補助となる。居住地、世帯人数、資産、所得、維持費などにより支給額は変化する。　　（太谷亜由美）

絨毯［Carpet］

イギリスの毛織物産業の発展に適合させる形で開発がおこなわれた伝統的産業の生産物である。絨毯用のヒツジの品種*としてはドライスデール*がある。絨毯産業はニュージーランドの重要産業であったが、1966年以来合成繊維との競合のため、羊毛価格は不安定となった。　　（岡田良徳）

自由党［Liberal Party］

ニュージーランド最初の政党。バランス*を中心に農工業の改善を訴える議員らが集合して、1890年総選挙では小農、都市労働者らの支持を得て、議席の過半数を制した。91年バランス政権が誕生。それまではいくつかの派閥からなる自由主義者の集合であったが、ここで初めて自由党という政治団体が結成された。バランスの死後93年セドン*が総裁となり、1905年総選挙では80議席中50議席を確保。以後、ホール＝ジョーンズ（Hall-Jones）、ウォード*、マッケンジー*と引き継いで12年まで長期にわたり政権を担当した。

小農が土地を入手しやすくするための入植地法*、入植者融資法*を制定し、また労働時間、労働条件、女性労働の規定や児童労働、現物給与禁止法*、94年は産業調停仲裁法*を成立させるなど多くの産業関係の法を制定した。93年女性参政権*を認める選挙法や、98年高齢者年金法*が議会を通過し、21年間に及ぶ自由党政権は社会改革政策を次々と打ち出した。

しかし1911年総選挙で改革党*に敗れ、以後政権に復帰することなく、ウォードが25年再度首相の座に就いたのは、自由党の後継として新たに結成された統一党*の総裁としてであった。自由党精神の復

活を望み 63 年にはニュージーランド統一自由党 (New Zealand United Liberal Party) が選挙戦を戦ったが、議席の確保はならなかった。さらに 92 年には国民党の一部がニュージーランド自由党 (New Zealand Liberal Party) を結成したが、やがて同盟党* に加わった。

（青柳まちこ）

修復的司法 [Restorative Justice]

修復的司法とは「可能な限り、特定の犯罪に利害関係をもっている人々を含めて、集団的に損害を確認し、処理し、癒し、できる限り物事を正しくするために、必要性と義務を確認し処理するための手続きである」と定義される。ニュージーランドにおける修復的司法の原則と実践は、1989 年の児童少年家族法*により、若年犯罪者の家族グループ会議*への導入によって始まった。90 年代には、修復的司法は、特定の事件に限って成人の犯罪者を含む事件にも適用されるようになった。2002 年、国連は加盟国に修復的司法の指針と基準を開発するように奨励している。これと連動して、量刑判決法 2002 年、パロール法（仮釈放法）2002 年、被害者の権利法 2002 年が成立し、修復的司法は正式の刑事司法制度でも制定法上認められることとなった。

（高橋貞彦）

週 40 時間制 [Forty-hour Working Week]

労働者の労働条件については、平等な賃金、最低賃金、公休日などの規定があるが、労働時間については個別に交渉される。そしてすべての場合において 1 週間につき 40 時間を超えないのが通例である。ただし、例外は次の 2 点である。(1) 仲裁あるいは協定に対し両当事者が同意する場合。(2) 裁定委員会が週 40 時間内の労働では効果的に遂行できないと判断する場合。

（岡田良徳）

就労保健安全法 [Health and Safety in Employment Act 1992=HSE]

すべての就労者に健康で安全に働く環境を保証することを目的とする 1992 年制定の法。雇用主は就労上危険な事象を排除しなければならない。また被雇用者に対し、安全に就労するための情報を提示し、防災訓練をおこなわなければならない。また雇用主は労働が被雇用者の健康に害を及ぼさないよう、監視することが義務づけられている。

（太谷亜由美）

祝祭日 [Public Holiday]

ニュージーランドには、全国共通の祝祭日 (Public Holidays) と、地方記念日 (Anniversary Days) の 2 種類がある。地方記念日は日本の都民・県民の日のようなものである。全国共通の祝祭日である新年、クリスマス、ワイタンギ条約記念日、アンザックデー以外はその年によって日付が変動する。たとえば 2007 年の祝祭日は以下のとおりである。1 月 1 日（月）新年 (New Year's Day)、1 月 2 日（火）新年休日 (New Year's Day Holiday)、2 月 6 日（火）ワイタンギ条約記念日 (Waitangi Day)、4 月 6 日（金）聖金曜日 (Good Friday)、4 月 9 日（月）復活祭 (Easter Day)、4 月 25 日（月）アンザックデー (ANZAC Day)、6 月 4 日（月）女王誕生日 (Queen's Birthday)、10 月 22 日（月）労働感謝の日 (Labour Day)、12 月 25 日（火）クリスマス (Christmas Day)、12 月 26 日（水）ボクシングデー (Boxing Day)。

クリスマスとイースター当日はほとんどの店が閉まり、町は文字どおりゴーストタウンとなる。なおボクシングデーとは、かつてクリスマスの贈り物を使用人や郵便配達人などに渡し、感謝の意を表したイギリスの風習にもとづく記念日である。また地方記念日は主要都市、地域によって定められ月曜日が当てられるため、年ごとに日付が変動する。2007 年、たとえばウェリン

トンでは1月22日（月）、オークランドでは1月29日（月）、オタゴでは3月26日（月）、カンタベリーでは9月24日（月）である。

（新井正彦）

宿泊施設［Accommodation］

ホテル、ベッド・アンド・ブレックファスト*（B&B）、モーテル、キャラバンパーク（キャンプ場）、ユースホステル、バックパッカー*ズ、ファームステイ*などさまざまな宿泊施設がある。高級・中級ホテルはオークランド、ウェリントン、クライストチャーチなどの主要都市やクイーンズタウン*、ロトルア*などの観光地に集中しており、設備・サービスともに国際的水準である。B&Bは朝食付きの小規模の施設で、よく利用されている。モーテルは宿泊施設の中で圧倒的に多く全国各地にあり、車で移動することが多いので、駐車場、炊事施設なども備わっている。観光局や自動車協会が評価し推薦してクォールマークやキーウィホストの印を付けている宿泊施設では、質の高いサービスが受けられ信頼性が高い。

（大石恒喜）

首相［Prime Minister／Premier］

首相は政府の長であり、多数党の総裁である。首相の権限は特定の法令によって公式に規定されているわけではない。慣行上、総督*が多数党の総裁を首相に任命する。首相は閣僚を任命し、また罷免することができる。また閣議における協議事項を決定し、議事を統括する。首相とほかの閣僚との関係は首相が筆頭責任者（first among equals）であって、閣議決定のすべては閣僚の共同責任であり、首相はその最大の責任を負うことになる。最初の責任内閣の首班となったのはスーウェル*であったが、その肩書きは正式には植民地長官（Colonial Secretary）であり、ウェルド*になって初めてプレミアという肩書きが用いられた。1906年のホール＝ジョーンズ（William Hall-Jones）以降プライムミニスターが使用されている。スーウェルの在任13日間をはじめとして、スタフォードを除くと初期の首相はいずれも短期間であった。女性首相はシップリー*（1997-99）、クラーク*（99-）。

（青柳まちこ）

首相内閣府［Department of Prime Minister and Cabinet=DPMC］

総督*、首相*および閣僚からなる行政担当者に、政府の意思決定に役立てるために高度かつ公平な助言や支援を提供する政府機関。1990年1月設立。内閣室、政府官房、政策助言部など6つの部局からなる。

（青柳まちこ）

狩猟鳥［Game Bird］

法的規制によって、スポーツとしての狩猟の対象とされるのは、通常、カモ*、キジ、ウズラ*、ヤマウズラである。ニュージーランド固有の鳥では唯一ニュージーランド・ウズラがあったが、1875年頃に絶滅した。

（由比濱省吾）

酒類販売法［Sale of Liquor Act 1989］

1989年に施行された。日曜日のスーパーマーケットや酒専門店での酒類販売を禁止、またレストランやホテルを除き酒類のサービスも規制した。これは1週間に1度はノンアルコールの日を設けようというニュージーランドの古くからの慣習によるものであった。しかし、99年からは日曜日の販売が許可となっている。　（新井正彦）

シュルヴィル、ジャン＝フランソワ［Surville, Jean-François Marie de（c.1717-70）］

フランス人航海者。クック*のニュージーランド発見に遅れること2ヵ月、1769年12月、ダウトレス湾*に投錨し、マオリへの贈り物として初めてブタをもたらし

た。その後ボートが紛失したことをマオリの仕業として村を攻撃、首長ランギヌイ（Ranginui）を人質として船上に乗せ出航した。ランギヌイは船上で厚遇されたといわれるが、3ヵ月後南米沖で壊血病のため死亡した。シュルヴィルの巡航の足跡として北島最北端の断崖絶壁サーヴィル・クリフス（Survill Cliffs）に名が残る。　（大島裏二）

上院［Legislative Council］

　基本法1852年＊により、2院制が導入されたため、それまでの立法院（Legislative Council）は以後上院の役割を果たすこととなった。上院議員は総督により任命され終身制で、1852年には定員数最低10名、55年は上限が15名、61年には20名、85年には53名にまで拡大された。議員の任期と任命をめぐって、上院改革がしばしば論じられたが、91年に初めて終身制から任期7年に変更され、任命に際して総督は内閣の助言を受けることとなった。その後も改革案は継続し、1947年野党であった国民党＊は、上院はもはや無用であるとして廃止案を提出したが敗れた。国民党が政権を得た49年、ホランド＊内閣によって再び上院廃止法案が提出され、両院を通過した。51年1月をもって、上院は設立後1世紀でその使命を終え、ニュージーランドは1院制国家となった。　（青柳まちこ）

生涯教育［Continuing Education］

　主として学校教育を終えた成人を対象に技能・実務・資格・趣味・教養などに関するコースを教育機関が開設する教育制度である。日本に比べ、はるかに広範に及ぶ多数の短期・中期の講座が1年を通して開講されている。各地域の高校は平日夕方や土曜日を中心に多彩な社会教育の公開講座を開く。また大学には生涯教育センター（Centre for Continuing Education）が設置され、職業教育、大学教育準備、夏期講習、熟年者向け講座、学位取得講座などのコースがある。カンタベリー大学＊の同センターは50年前に開設され、毎年700以上のコースに約12,000人が参加している。また、マッセイ大学＊には通信制の学外課程もある。職業的技能教育を主体とする技能専門大学校＊では、生涯教育に資する多数の成人向けコースが常時開講されており、週末や夏休みには特別の講座も開設される。

（一言哲也）

障害者コミュニティ福祉法［Disabled Persons Community Welfare Act 1975］

　1975年制定。障害があるすべての人に対して、包括的な社会復帰の援助を規定している法。地域社会において利用可能な人的・物的資源や本人の能力を総合的に活用することで、障害者の地域生活を支援し、障害者の自立を促進することを目的としている。

（澤邉みさ子）

障害者雇用促進法［Disabled Persons Employment Protection Act 1960］

　1960年制定。雇用大臣は保護的職場（障害者にケアやリハビリテーションといった配慮をしながら運営される職場）に対して、最低賃金保障の除外を認めるとする条文がある。しかし障害者雇用を積極的に促進するための具体的な方策は規定されていない。以前から同法の撤廃・改正の必要が論じられてきたが、ようやく2003年からの5年間で撤廃されることが決定した。

（澤邉みさ子）

障害者支援サービス［Disability Support Services］

　障害者のインクルージョン＊や社会参加、自立を促進するため障害者に提供される物・施設・サービス。ニーズ評価、サービス調整をおこない、ホームヘルプサービス、介助者援助（障害者家族などに一時的休

息などを与えるための措置＝レスパイトケア）、生活環境整備支援（住宅改修、自動車改造、日常生活用具など）、デイサービス、職業支援、施設サービス、リハビリテーションサービスなどを必要に応じて提供する。保健省*など政府省庁と契約した民間非営利事業者によっておこなわれる。
（澤邉みさ子）

障害者長期計画
[New Zealand Disability Strategy=NZDS]
　ニュージーランドを「障壁（バリア）のある社会から包括的な社会に変える」ための長期計画で、2001年に策定された。この計画の構想は、機能的制約のある人々が、その価値を高く認められ、完全参加を推進する社会を実現する、というものである。計画には15の目標とそれに関連した113の方策があげられている。この計画を実現するために、関連する政府機関は毎年、それぞれ作業計画を発表し、年度ごとにその進捗状況を報告することが義務付けられている。この計画の実施を監督するのは障害問題局*である。
（澤邉みさ子）

障害者福祉　[Disability Welfare]
　障害者福祉は、所得保障制度と社会サービスを提供する障害者支援サービス*がその主な内容である。19世紀には障害者への対応は主に民間の任意団体に委ねられていた。政府が本格的に障害者福祉に関わるようになったのは20世紀になってからである。1975年の障害者コミュニティ福祉法*によって、地域社会との協力・連帯のもとで、障害者は自身の状況や家族の状況に合わせて、自立した地域生活を送ることができるよう援助されることとなった。92年の政府文書「ニューディール：障害者の自立支援」では障害者政策の目標は「自立と社会参加の促進」であり、障害者施策は障害者の要望に適切に応えていくことが確認された。

　93年の保健・障害サービス法とその後の医療福祉改革の中で、障害者福祉においても競争原理が導入され、施策の効果と効率性の向上が追求された。99年以降の労働党*政権において、障害者長期計画*が策定され、またその実施状況を監督する障害問題局*が設立されたことによって、障害者を取り巻く環境を変え、包括的な社会を形成するという障害者政策目標の下、政府全体で障害者問題に取り組む姿勢が示されるようになった。
（澤邉みさ子）

障害問題局　[Office for Disability Issues]
　2002年7月1日に、障害者政策に責任をもつ政府機関として社会開発省*内に設置された。その機能は、障害者長期計画*の実施について政府で先導的な役割を果たすこと、戦略的で横断的に障害問題についての政策助言をおこない、障害問題担当相*を補佐することである。
（澤邉みさ子）

障害問題担当相　[Minister of Disability Issues]
　1999年12月に設置。障害者問題に関する政策全体について責任を負う。障害者長期計画*の実施状況を監督し、同計画の進捗状況について報告書を毎年度提出する。
（澤邉みさ子）

小学校　[Primary School]
　法的には6歳から義務教育であるが、5歳の誕生日を過ぎると多くの児童が小学校に通いはじめる。初等教育は6年間で、前半3学年（6〜8歳）を低学年（JuniorsまたはPrimers）、後半3学年（9〜11歳）を高学年（Standards）と呼ぶ。さらに2学年（12〜13歳）を加えた8年制小学校（Full Primary School）もある。
　全国に公立校約2,000、私立校約40があり、さらに、地方農村部に小中高一体型学校（Composite School）が約130ある。児童数は約36〜39万人で、教員1人に対し児

教室風景。ハミルトンのサウスウェル小中学校
（由比濱省吾）

童15人程度の比率である。日課は午前9時から午後3時までで、昼休み以外に午前と午後に各1回の休憩時間がある。通学は保護者の送迎が多く、スクールバス（無料）やタクシー通学（交通費支給）も見られる。5歳前に入学希望登録をして待機を必要とする学校もある。 （一言哲也）

商業委員会 ［Commerce Commission］
　1975年の商業法（Commercial Act）によって設置、規定され、その修正は国内商業政策の範囲については独立司法当局にゆだねられている。委員会は集団的価格協定、再販売価格維持契約、製造業者や卸売業者の販売拒否などの商取引上のリスクについて公益を調査決定する。 （岡田良徳）

商業会議所 ［Chamber of Commerce］
　1861年にオークランドとウェリントンに設置され、20世紀には大部分の地方都市とくに港湾都市につくられた。その目的は地域の利益や、発展と繁栄を促進し、商業的便宜を改善拡大し、産業の成長を促進することにある。 （岡田良徳）

上水道 ［Water Supply］
　飲料水の供給・確保は、都市と農村では方式が異なる。都市では自治体が水源を確保し、浄化・消毒して、水道管によって各戸に供給する。農村部では家屋分布密度が低いので、自治体で上水道ないしは簡易水道を敷設できないため、各戸で水源を確保しなければならないが、山頂・山腹まで牧場化されており家畜の糞尿が浸透しているので地下水は使用されない。一般に用いられている方法は天水利用で、屋根から樋で雨水を集めてタンクに導き、それを濾過して使用する。これは一般農家のみならず、都市以外での商店、公共建築、ホテルでも同じである。 （由比濱省吾）

小選挙区制 ［First-Past-the-Post=FPP］
　1908年以降各選挙区で絶対多数を得た候補者が当選するFPP制度が採用されてきた。この方法では各小選挙区の最高得票者1人のみが議席を確保できるため、その当選者の属する党は、国全体の党の得票率よりも多くの議席を占めることになる。その不公平が次第に顕著になってきたため、93年から小選挙区比例代表併用制＊に変更された。 （青柳まちこ）

小選挙区比例代表併用制 ［Mixed Member Proportion Representation=MMP］
　小選挙区制の弊害を是正するために改正された選挙制度。1993年の総選挙と同時におこなわれた国民投票で53.9％の賛成を得て、96年から実施された。MMP方式では各選挙人は2票を有し、1票をこれまでどおり小選挙区の立候補者に投票すると同時に、もう1票を各党が用意したリストにもとづいて党に投票する。最終の全国得票数にしたがって議席は各党に配分される。党リストの議席を得るためには少なくとも全得票数の5％、あるいは小選挙区での1議席を獲得していなければならない。この

制度は得票数の配分によって議席数が定まるため、少数政党が有利になる一方、単一の党が過半数を占めることが困難になる。2005年総選挙の当選者は小選挙区議員69名、党リスト議員52名計121名であった。

（青柳まちこ）

上訴裁判所［Court of Appeal］

首都ウェリントンに設置されている上訴裁判所は、陪審でおこなわれた地方裁判所*の判決と高等法院*の判決に対する上訴を担当する。また、下級裁判所から意見を求められた場合には、当該問題についての意見を表明することができる。裁判は原則として3名の裁判官の合議制であるが、重大事件では5人の合議も可能である。

（道谷卓）

少年裁判所［Youth Court］

1989年の児童少年家族法*によって、すべての家庭裁判所*内に設立された司法機関。殺人および軽微な交通違反を除くすべての少年（14～16歳を対象）犯罪を取り扱う。少年問題の専門家である裁判官が担当し、少年犯罪者に対して建設的に対処している。

（高橋貞彦）

乗馬［Horseriding］

手軽なスポーツで、馬にまたがって豊かな自然の中を散策したり、ガイド付きで高原や山岳地帯へホース・トレッキングをすることがよくおこなわれている。乗馬学校なども多く、子どものためのポニークラブも各地にある。

（山岸博）

消費者運動［Consumerism］

消費者運動は、主として消費者協会、消費者の苦情を報道するニュース記事、テレビの「公正な取引（Fair Go）」のように、消費者の苦情を専門家たちが実際に検討する番組を通して発展してきた。1958年消費者協議会（Consumer Council）が設立されたが、政府組織の一環であると見なされていたため、効果的ではなかった。消費者協議会法（Consumer Council Act 1966）のもとで、同協議会は、政府任命の16人の委員からなる、より独立した組織に再構成された。商品に重大な欠陥があった場合、購入者は取り換え、あるいは代金の払い戻しを受ける権利があり、欠陥が重大でない場合には、販売者はそれを修理する義務を負う。公正取引法（Fair Trading Act 1986）が成立し、虚偽の取引説明書、不公正な実践、サービスと製品の安全基準、消費者情報などに関連するこれまでのいくつかの法律を包括的に吸収した。

（高橋貞彦）

消費者省［Ministry of Consumer Affairs］

公正取引法（Fair Trading Act 1986）、消費者保証法（Consumers Guarantees Act 1993）によって運営される。生産者と消費者間に適切かつ正確な情報が伝達され、消費者の信頼に応えうる環境がつくられるよう政府に政策提言をおこなう省庁で、経済開発省*の一部門。約10万人の会員を有する消費者協会（Consumer's Institute）は独立した監視機関で、調査をおこないその結果を公表する。

（高橋貞彦）

消費者納税者連盟［Association of Consumers and Taxpayers=ACT］

労働党*財務相を務めたダグラス*と国民党*の閣僚であったクィグリー（Derek Quigley）によって、1993年創設された自由市場推進を求める連盟。のちに政治活動をおこなう政党アクト・ニュージーランド*を結成した。両者の構成員は重複しているがまったく同一ではなく、消費者納税者連盟は現在も活動している。

（青柳まちこ）

消費者物価指数［Consumer Price Index］

消費者が日常購入する商品・サービスの

小売段階での物価の水準を測定したもの。一般の消費者世帯の消費生活に必要な支出が、物価によりどのような影響を受けたかが明らかになる。ニュージーランドの場合、1970年中頃と80年代に2回、15%を超える物価騰貴を経験した。
(岡田良徳)

ショートホーン［Shorthorn］
肉乳兼用種のウシ。マースデン*が1814年にオーストラリアから導入したのが最初。入植初期の肉乳兼用種で、1900年には130万頭のうち約90%を占めていた。第1次世界大戦後は肉用・乳用ともにそれぞれ専用種への集中が始まった。21年でもまだ乳牛の過半数を占めていたが、専用種との競争に敗れ、38年頃に8%に低下した。現在では主にヘレフォード*種、アンガス*種、ホルスタイン=フリージアン*種との交配用雄種畜に用いられる。肉用ショートホーン育種協会（New Zealand Beef Shorthorn Cattle Breeders' Association）がある。
(由比濱省吾)

ショートランド、ウィロビー
［Shortland, Willoughby（1804-69）］
行政官。イギリス生まれ。1840年警察判事（Police Magistrate）としてホブソン*とともに来住。41年植民地長官（Colonial Secretary）となり、ホブソンの病気による退任後、フィッツロイ*の着任までその代理（Administrator of New Zealand）を務めた。
(青柳まちこ)

ショートランド、エドワード
［Shortland, Edward（c.1812-93）］
イギリス生まれ。1841年来住、ウィロビー・ショートランドの弟。ホブソン*の私設秘書となり、42年にはオークランドの警察判事（Police Magistrate）となる。マオリ文化に深い関心をもち、土地請求裁判に通訳を務めるかたわら、南島を広く旅してマオリ文化を調査し、*Maori Religion and Mythology*, 1882（マオリ宗教と神話）など民族誌を記述した。
(青柳まちこ)

職業教育促進庁［Skill New Zealand］
かつての労働省職業教育訓練支援局に代わり、1998年に発足した国の機関。ウェリントンの本局と11の地方支局をもち、若年者現場訓練（Modern Apprenticeship）、中・高生企業実習（Gateway Programme）、移住者英語教育（English for Migrants）などをおこない、雇用および失業対策を推進する。
(一言哲也)

職業訓練奨励手当
［Training Incentive Allowance］
就労機会を高めるために必要な職業訓練にかかる費用を援助する手当で、家庭内保育介護給付*、寡婦給付*、緊急生活費給付*、障害給付の受給者が利用できる。一括、あるいは分割払いで支払われ、場合によって訓練開始前に支払いがおこなわれる。
(太谷亜由美)

職業訓練センター
［Industry Training Organisations=ITOs］
1992年の職業訓練法（Industry Training Act）により設立された技能訓練施設。ボート建造、水道・ガス配管、家具製造、救急・消防技術など多様な職種別にセンターが設置され、農業・工業・林業・漁業・畜産業・食品業など、関連する各業種組合が資金を出して運営する。現業労働者の再訓練や大学生・高校生の研修受入れなどもおこなう。プログラムは国家資格総覧（National Qualifications Framework）の単位基準に準拠し、国立資格審査局*の認可のもと、レベル2~4（Certificates）やレベル5~6（Diplomas）などの国家資格も取得できる。
(一言哲也)

植物園［Botanical Gardens］

国づくりにイギリス文化の影響を受けているニュージーランドでは、町には必ず植物園がある。どこも広大な敷地に四季を通じてさまざまな花が咲き乱れている。植物園のベンチに腰をかけてゆっくりとした時間を過ごすとき、「ニュージーランド」を感じることができるといえよう。

「庭園の町」と称されるクライストチャーチの植物園を一例として見ると、市の中央部西方に広大なハグリー公園(Hagley Park)がある。その中をエイヴォン(Avon)川が流れているが、その蛇行する川に沿って30haの敷地をもつ植物園がある。バラ園には250種類のバラが植えられ、ロック園には多くのシャクナゲが咲き乱れている。公立の植物園のほかに、個人の庭園を公開しているところも数多くある。それらの中にはハーブ園やシャクナゲ園などに特化したものもあり、わずかな入園料で楽しむことができる。

（角林文雄）

ウェリントン植物園（青柳まちこ）

女性救済ホーム［Women's Refuge］

家庭内暴力を受けた女性が緊急に避難できる場所。1973年民間の主導で初めてクライストチャーチにつくられ、75年オークランド、76年ダニーディン*など全国的に広がり、81年には全国連合が組織された。87年最初のマオリ女性救済ホームがハミルトン*に、89年太平洋諸島系、97年にはアジア系移民のホームがオークランドに設立され、現在約50となった。24時間体制で大半はボランティアによって支えられ、2006年には2万4千人が利用した。95年の家庭内暴力法*により、家庭に留まっている被害女性の支援、また家庭内暴力を受けた女性に対して教育・自立支援もおこなっている。

（ベッドフォード雪子）

女性キリスト教禁酒連合
［New Zealand Women's Christian Temperance Union=WCTU］

1885年に結成され、現在まで継続する最古の全国女性組織。70年代からアメリカ女性キリスト教禁酒連合はアメリカ中西部で禁酒運動を強力に推進、世界に酒類とアヘンの非合法化を呼びかけていた。79年リービット（Mary C. Leavitt）がニュージーランドを訪問し、これがニュージーランド女性キリスト教禁酒連合設立の契機となった。中心はウォード（Anne Ward）で、86年には会長となり、全国に多くの支部が生まれた。「何でもやろう（Do Everything）」という理念にもとづき、同連合は禁酒*、女性、青少年、社会倫理、衣服、女性参政権*、行政その他の部門に分かれ、各部門はそれぞれの責任で統括された。とくに女性参政は家庭擁護につながると位置づけ、87年にはシェパード*が会長となった。会員は禁酒を誓い、83年結成の禁酒同盟*と連携して、酒類販売、酒場の女給の雇用禁止などを掲げた。シェパードは女性参政権実現を強力に推進、請願運動では全国的規模で女性を組織化、非禁酒女性組織の女性参政権連盟*の結成も援助した。その結果、31,874名の署名を獲得し、選挙法1893年の成立に決定的な影響を与えることに成功した。この組織は96年結成の全国女性議会*などで活躍した優れた女性指導者を輩

出した。　　　（ベッドフォード雪子）

女性国会議員
[Women Members of Parliament]

　1893年ニュージーランド議会は世界に先駆けて女性参政権＊を認めたが、被選挙権が認められたのは26年後の1919年であった。その年以降14年間、女性立候補者はすべて落選した。女性弁護士草分けの一人であり、オークランド初の女性市会議員メルヴィル＊の場合、19年以降8回立候補したが果たせなかった。初の女性国会議員はマッコームズ＊で、33年に女性参政権運動発祥の地カンタベリー＊で誕生した。33年から女性参政権獲得100周年の93年まで60年間に36名の女性が議員となり、49年マオリ初の女性議員、ラタナ（Iriaka Ratana、ラタナ＊の息子の妻）が選出された。女性初入閣は47年で、ハワード＊が保健・児童福祉相となった。女性閣僚の担当領域も、伝統的に女性分野と考えられていたものから普遍的な分野に変化している。97年シップリー＊が初の女性首相となり、99年クラーク＊が総選挙で選ばれた初の女性首相となった。2002年の総選挙で議員総数120名のうち女性35名、閣僚20名のうち女性は5名、女性閣外大臣1名。05年の総選挙でクラークは3期連続の首相となった。121議席のうち女性議員39名、06年現在閣僚20名のうち女性は7名、女性閣外大臣3名。　　（ベッドフォード雪子）

女性雇用諮問審議会 [National Advisory Council on the Employment of Women]

　1967年労働省＊に設けられた。女性の雇用労働について研究・調査をおこない、結果を公表・周知させ、政府関係諸機関に提言をおこなう諮問機関。設立までの歴史は1930年代に遡り、有職女性の不利益を正す運動が結実したものである。賃金の公平性、労働と家庭のバランス、子育て、起業、教育と職業訓練などの分野で女性の経済的・社会的向上の推進に貢献している。
　　　　　　　　　（ベッドフォード雪子）

女性雇用法
[Employment of Females Act 1873]

　1873年に成立した法。労働の場所や工場における女性の雇用に対する諸条件を定めたものである。午後6時から午前9時の間の夜間労働は禁止され、1日8時間以上の労働は認められない。土曜日の午後、日曜日や公休日などの休日が規定され、賃金の減額はともなわない。あらゆる労働の場は、十分な換気がなされ、労働時間については公的な監視がおこなわれることになっている。この時代の女性労働に対する立法としては画期的である。
　　　　　　　　　　　（岡田良徳）

女性参政権 [Women's Suffrage]

　ニュージーランドは1893年に選挙法（Electoral Act 1893）により世界で初の女性参政権を認めたことで知られる。これはニュージーランド独特の環境の中で達成されたが、当時の世界的な社会変化の流れの産物でもある。18世紀の啓蒙思想に源をもつ人間の自由・平等・民主主義の理念は男性にのみ適用され、人種の如何に関わらず女性は考慮外であることが多かった。ニュージーランドではアメリカ禁酒運動の影響を受けて1885年女性キリスト教禁酒連合＊が組織され、女性主導の参政権運動が始まり、禁酒運動に熱心なフォックス＊の支持を得た。すでにホール＊なども女性参政権に理解を示し、78年スタウト＊は納税者女性に参政権・議員資格を与える法案を議会に提出していたが敗北を重ねていた。女性キリスト教禁酒連合は87年シェパード＊を参政権担当に据え運動を展開、女性参政権支持者を労働組合を含め全国的に組織化した。50年代から用いられていた請願作戦により、93年には成人女性の

約4分の1にあたる31,874名の署名（少数の男性とマオリ女性を含む）を集めて議会に提出、女性参政権獲得を果たした。

（ベッドフォード雪子）

女性参政権連盟
[Women's Franchise League]

女性参政権*運動は、1885年に結成された禁酒を標榜する女性キリスト教禁酒連合*が中心となって推進されていたが、より強力に全国規模で女性を組織化する必要があった。1892年ダニーディン*のハットン（Marion Hatton）の提案により禁酒に関心の低い女性層の組織化も図られ、ダニーディン*、オークランド、アッシュバートン*、ネーピア*、ワンガヌイ*、オアマル*、ゴア*、パーマストンノース*など各地の実情に沿って女性参政権連盟がつくられた。93年女性参政権獲得後も、その流れをくむ女性政治団体がオークランドその他で継続した。

（ベッドフォード雪子）

女性省 [Ministry of Women's Affairs／Nga Korero mo te Minitatunga]

1984年労働党ロンギ*内閣により設置が決定された。86年に発足、女性に関する諸問題を専門的に扱う政府機関。すべての省庁および一般市民に信頼性の高い情報を提供、また専門的な助言をおこなう。あらゆる分野で女性固有の問題の改善に努め、社会における女性の地位向上を図っている。2006年現在約30名が所属している。マオリ部門（Te Ohu Whakatupu）も設置され、マオリ女性の視野を政府に提供する。政策の策定にあたり、社会において女性が男性と平等に利益を享受することができるように勘案すること、とくに決定権をもつ地位に女性を任命する配慮を、各省庁に求めている。

（ベッドフォード雪子）

ジョセフ、マイケル
[Joseph, Michael Kennedy（1914-81）]

詩人、小説家。イギリス生まれ。1924年に10歳で移住。オークランド大学、オックスフォード大学卒。タウランガ*西郊のベツレヘム（Bethlehem）に定住し、マオリと親交をもつ。第2次世界大戦で陸・空軍に従軍。70年よりオークランド大学教授となる。戦後、SF小説 *Soldier's Tale*, 1976（兵士の物語）で名を成す。著名な評論に *Beyond the Poet*, 1964（詩人を超えて）や *Frankenstein*, 1969（フランケンシュタイン）などがある。その他、小説 *A Pound of Saffron*, 1962（1ポンドのサフラン）、詩集 *Imaginary Islands*, 1950（幻の島）など多数。

（池田久代）

ショットオーヴァー川 [Shotover River]

クイーンズタウン*の東10kmでカワラウ（Kawarau）川に合流するクルサ川*の一

女性参政権運動に反対するポスター

支流。リチャードソン（Richardson）山地とハリス（Harris）山地の間の峡谷を南に流下するときに、水勢と水量が強まるので、ジェットボートでの急流下りが人気を呼び、1970年以降、多数の観光客がこのスリルを味わっている。　　　（由比濱省吾）

所得援助サービス［Income Support Service］
⇒労働所得局

所得と物価の凍結［Wage and Price Freeze］
　第2次石油危機*後の激しいインフレ対策として、1982年にマルドゥーン*国民党*政府は労働組合*に対し、減税と引き換えに賃金の凍結を働きかけた。同意を得られなかったが、賃金、俸給、管理者手当、金利、為替レートを含むすべての価格について全面的に凍結した。当初は12ヵ月の予定であったが、さらに9ヵ月延長された。インフレは一桁台に収まったが、高い失業*と国際収支の赤字は残り、政府の財政政策と金融政策に大きな制約となった。（岡田良徳）

処方箋補助カード
［Pharmaceutical Subsidy Card］
　年間20件以上の処方を受けた家庭について補助がおこなわれる。所得制限はない。このカードは薬剤師を通じて利用可能となる。6歳以下の子どもは薬剤費が無料となるため、このカードの処方箋合計に含まれない。　　　　　　　　　（太谷亜由美）

ジョンズ、ジョン
［Jones, John（Johnny）（c.1808-69）］
　実業家。シドニーに生まれ、早くから捕鯨に従事し財を蓄えた。1830年代オタゴ*に土地を購入。40年にはダニーディン*北のワイコウアイティ（Waikouaiti）に入植地を設立した。810haの土地に10余家族を呼び寄せ、農牧業を営んだ。54年にダニーディンに移転して海運業に従事し、ハーバー・スティーム・ナヴィゲーション会社（のちのユニオン・スティームシップ会社）を設立した。　　　　　　　（青柳まちこ）

白瀬矗［Shirase Nobu（1861-1946）］
　極地探検家。秋田出身、陸軍中尉、当初、北極探検を志し、1893年、郡司成忠の千島探検にも参加したが、1909年、アメリカ隊の北極点到達を知り、目標を南極に転じた。10年11月、26人の隊員とともに開南丸で東京を出航、翌11年2月、ウェリントンを出てロス海まで入ったが氷の状態が悪く、いったんシドニーに退去、改めてそこから出航、12年1月16日、南極大陸に上陸した。橇で南進を続けて1月28日南緯80度05分、西経156度37分地点に到達、この一帯を大和雪原と命名した。しかし食料不足のため、それ以南への前進ができず南極点到達を断念した。なお、アムンゼンの南極点到達は11年12月14日、スコットは12年1月17日（この隊はその帰途全員死亡）で、白瀬も同じ時期に初到達をめざしたことになる。カンタベリー博物館*の南極展示室には白瀬の業績紹介と開南丸の模型の展示がある。　　（大島襄二）

シルバーファーン［Silver Fern］⇒パンガ

シンク・ビッグ計画［Think Big Project］
　1979年マルドゥーン*首相の提唱した大規模計画。この目的は、(1) 70年代の石油危機*の反省からエネルギーの自給をめざして電力*、ガス、石油*などの開発を心がける、(2) 木材、紙・パルプ、アルミ、鉄鋼などを確保し資源の自給・輸出をおこなう、(3) 工業化への道を開くとともに雇用の拡大を図る、(4) 諸国、とくに日本、オーストラリア、アメリカからの直接投資をひきつけ、これを貿易やビジネスに結びつける、(5) ニュージーランド経済の脆弱さなど暗い話題の中で国民に経済発展への

展望を示し希望を与える、など。このような意欲的な計画も石油危機後の石油価格の低迷や、資源および一次産品の下落によって順調ではなかった。公害や環境問題から見て不適当であり、ニュージーランドの農村型酪農経済にとって異質であった。結果としては巨額の借金が残った。　　（岡田良徳）

人権法［Human Rights Act 1993］
　1993年制定。人種関係法*、人権委員会法（Human Rights Commission Act 1977）を統合し、さらにいくつかの根拠にもとづく差別の禁止を追加した法。人権法は公的な場面で人が公平に扱われ、性別、既婚・未婚の別、宗教、人種、国籍、障害の有無、政治的意見、雇用の状態、家族の状態などによって差別されない権利を保障している。（澤邉みさ子）

人権問題審査審判所
［Human Rights Review Tribunal］
　人権侵害に関する問題が発生した場合、人権の保護を目的とする機関。人権委員会法（Human Rights Commission Act 1977）によって1978年に設置された人権委員会（Human Rights Commission）がその問題を調査することになる。委員会では、当事者の話し合いによる解決を試みるよう努力するが、それが不調に終われば、次の段階として人権問題審査審判所が当該問題を審理することになる。この審判所では、高等法院*の判事が審判長を務め、ほかに2名の審判官（審理ごとに候補者名簿から選ばれる）が加わり審理がおこなわれるが、事案によっては制裁金を課したり、損害賠償などを命じたりすることもできる。　　（道谷卓）

人口［Population］
　1851年最初の人口調査がニューアルスター*、ニューマンスター*においておこなわれ2万6千人と記されているが、これにはマオリは含まれていない。ヨーロッパからの移住者はゴールドラッシュ*や補助移民などにより年々増加しつづけ、58年には11万5千人となり、マオリ人口を追い越した。1911年に100万人、56年には200万人、76年には300万人、2003年には400万人を突破、06年の人口は4,027,947人である。人口増加の主たる要因は海外からの移住者である。ヨーロッパ以外からの移住が近年増加したために、ヨーロッパ系住民の占める割合は、83％（1991年）から80％（2001年）と相対的に減少している。マオリ人口は434,847人（1991年）、565,329人（2006年）で、現在国民の7人に1人がマオリである。アジア人は35万人で、91年国勢調査時の倍を超える。太平洋諸島からの移住者は81年には10万人強であったが、2006年では26万人となり、そのうち半数がサモア人で、次いでクックマオリ、次にトンガ人である。65歳以上は全人口の8人に1人で、男子の平均余命は76歳、女子は81歳、女性の出産平均は1.97人である。都市化が進み人口の8割が都市住民であり、全人口の約76％が北島に居住している。　　（青柳まちこ）

人種関係法［Race Relations Act 1971］
　人種間の平等を定めた法で1971年制定。雇用、居住などに関して、皮膚の色、人種、エスニック集団、国民などによって差別することを禁じている。93年本法は人権法*に包括された。　　（青柳まちこ）

人種主義［Racism］
　最初の人口統計（1858年）以降マオリ人口は減少を続け、1890年までにはマオリは絶滅し、その文化も消滅すると予測され、当時「消えゆく人種は安らかに死なしめよ」と考えられていた。マオリの消滅は一部入植者にとって都合のよいことであったろう。イギリス人の植民によって開始されたニュージーランドでは「白いニュージーラ

ンド」国家の建設が当然のことと考えられ、ニュージーランドのような小国では、文化的に容易に同化しない集団を受け入れることは難しいという理由づけがなされていた。19世紀半ば中国人の金鉱採掘者が流入してきたとき、黄禍論を叫ぶ世論に押されて、政府は中国人入国にさまざまな制限を課した。反アジア人を標榜する団体もつくられ、1905年にはウェリントンで中国人が射殺される事件が起きた。同じ頃ホークスベイ*やクライストチャーチでも中国人人頭税の引き上げや、強制送還の要望書が政府に提出された。ある新聞は21年インド人のために靴を磨く白人の靴磨きに対して「人種的プライドの欠如」を嘆き、「東は東、西は西であり、われわれは両者が混じり合うことを好まない」と論じている。白人であってもダルマティア人、アイルランド人、東欧諸国などからの移住者は歓迎されざる人々であった。第2次世界大戦後、移民法は大幅に改正され、人種関係法*も成立した。

（青柳まちこ）

侵食面 [Erosion Surface]

侵食小起伏面ともいう。起伏の小さい波浪状の形態をなす地形で、長期間の陸上での削剥作用によって形成される。北島東部のラウクマラ山脈*中には多段の侵食面が発達し、かつての扇状地*堆積物は現在侵食面よりも高い位置にあり、地形の逆転が生じている。

（太田陽子）

身体制約児協会 [New Zealand CCS Inc.=CCS]

身体的制約児（者）のための権利擁護組織の名称で、1935年に活動が開始された。当初は Crippled Children Society という組織名称が使われたが、その後表現が不適切であるとの判断から、90年以降は New Zealand CCS Inc. と称している。国内各地に支部組織をもち、活動を展開している。

（八巻正治）

新聞 [Newspaper]

ニュージーランド初の日刊新聞 *Otago Daily Times* は、1861年11月15日に発行された。1901年度に国内で発行された新聞数は207紙、うち日刊は54紙であった。100年後の2000年に発行された日刊紙は26紙、そのうち夕刊が18紙を占めている。ニュージーランドは人口の割に日刊紙の発行数が多く、報道の自由も確立している。ニューヨークに本部を置く NPO 人権組織フリーダム・ハウス（Freedom House）はその年次報告書で、1972年以来一貫してニュージーランドの新聞・雑誌の報道の自由に最高級の評価を下している。大手8社の日刊発行部数を見ると、オークランドの *New Zealand Herald* が最大で213,150部、地方紙ではハミルトン*の *Waikato Times* が40,622部、その他の日刊紙の発行部数は10万部から2,400部と幅がある。またタブロイド版などの地方紙は120種類にのぼる。購読層はおよそ170万人で、国民の新聞消費総額は、週あたり500万ドル。

（池田久代）

森林公園 [Forest Park]

環境保全省*の管轄下にあり、公園面積は全土で1,800万 ha である。大部分の森林公園は水源の保護を目的としているが、

隆起準平原と侵食谷。ファンガヌイ川流域 （由比濱省吾）

同時に公共の野外活動のために役立てられている。北島のノースランド（Northland）、コロマンデル*、カイマイ=ママク（Kaimai-Mamaku）、ラウクマラ（Raukumara）、ピロンギア*、プレオラ（Pureora）、フィリナキ（Whirinaki）、カイマナワ（Kaimanawa）、カウエカ（Kaueka）、ルアヒネ*、タラルア*、リムタカ*、ハウランギ（Haurangi）、南島のリッチモンド（Richmond）山、ヴィクトリア（Victoria）、ハンマー（Hammer）、サムナー（Sumner）湖、クレーギーバーン（Craigieburn）、カトリンズ（Catlins）の19ヵ所に加えて、金鉱跡地を含むオタゴゴールドフィールズ（Otago Gold Fields）があり、現在20の森林公園が指定されている。馬や車の持ち込み、釣魚、狩猟、植物や石の採集などには許可が必要。名称と分布は巻末の資料参照。

（由比濱省吾）

森林鉄道［Forest Railway］

木材搬出用の鉄道としては、ベイ・オブ・プレンティ*のカインガロア森林*で、国道38号から林産工業の企業城下町カウェラウ*を経て国道2号に至る鉄道線があり、これは貿易港タウランガ*に伸びている。またワイカト*南部の紙・パルプ工業地キンリース*とタウランガを結ぶ路線は、木材およびパルプの搬出用の路線である。その他に、かつて一般鉄道であったが現在は主に木材の輸送をおこない森林鉄道的役割を果たしている線もある。

（由比濱省吾）

新労働党［New Labour Party］

1989年労働党*政府の福祉政策後退、経済自由化政策に抗議して党を離脱したアンダートン*によって組織された政党。90年の選挙では5％の得票率で1議席を得た。93年にはアンダートンの主導により、ほかの3党とともに同盟党*の結成に加わり18％の得票率で2議席を得た。2002年解党。

（青柳まちこ）

進路指導助成金制度［Secondary Tertiary Alignment Resources=STAR］

政府によって1997年に発表された「資格政策将来構想」（A Future Qualifications Policy for NZ）の提言にもとづき、98年からほぼすべての高校を対象に支給された進路指導助成金制度。年に約2,400万ドルの予算が充てられ、各高校が11~13年生を対象に、卒業後の進学・就職などにつながる高大連携授業（Taster Courses）や職場体験実習、大学見学会、就職説明会を企画・実施する。指導用資料・教材を購入するための費用も支給される。

（一言哲也）

す

水泳［Swimming］

クライストチャーチにアマチュア水泳クラブが設立されたのは1880年のことで、その後各地で水泳クラブが誕生し、1904年全国アマチュア水泳連盟が結成された。08年には王立人命救助協会と合併し全国統一クラブができ、これを契機に人命救助法の普及が奨励されることとなった。英連邦競技大会*やオリンピックでは多数の優勝者を出している。

（山岸博）

水産資源探査会社 ［Exploratory Fishing Company Ltd.］

食用魚として、また重要な輸出品目として、ニュージーランドが深海魚の探査に力を入れはじめたのは1980年代後半のことである。この中で脚光を浴びたのがオレンジラフィー*である。ニュージーランドではチャタム諸島*沖で好漁場が発見され、その生活史も生態も十分に解明されないうちに、乱獲で種の絶滅が案じられる状況に

なった。そこで91年、オレンジラフィーの漁獲枠を保持する水産関係者によってこの探査会社が設立され、その商業漁獲に関する厳密な申し合わせを徹底するとともに、新規魚種の探査とその科学的研究調査をすることとした。この会社の通称「ORH・3B Company」は、オレンジラフィーの漁獲枠記号（ORH）とその漁業区*（3B）を組み合わせたものである。
〔大島襄二〕

水産省［Ministry of Fisheries=MFish／Te Tautiaki i nga tini a Tangaroa］
　1995年農林水産省から分離し独立の政府機関として発足。この年、全政府機関あげての大計画「環境2010戦略（Environment 2010 Strategy）」が開始され、その戦略の中で漁業の役割が重視されて、水の生態系の持続可能な利用が掲げられた。つまり水産省の独立は単に経済政策の強化というよりも、環境政策の重要な一環であった。公募による事務次官のもと、漁業政策、国際化、水産科学、漁業操業、漁業規制遵守の5部門が設けられ、専門の科学者の助言を受けながら業務をおこなう。運営は実務委員会、企画委員会、マオリ関係委員会、広報委員会、危機管理委員会の5委員会があたる。
〔大島襄二〕

水質汚濁［Water Pollution］
　1991年の資源管理法*では水および水資源の管理・開発・保護に関して規定し、自治体による水質保持のための指針を定めている。産業や都市の発展により水質の汚濁が深刻化し、水質改善のための汚水処理基準の引き上げが課題になっている。
〔植村善博〕

水族館［Aquarium］
　ニュージーランドでよく知られている水族館はケリー・タールトン海中世界（Kelly Tarlton's Underwater World）であろう。オークランドの郊外にあるこの水族館では、200万ℓの海水の中を泳ぐ南海の生物を透明なトンネルから見ることができる。ゆっくりと泳ぐサメ、魔法の世界の生き物のようなタツノオトシゴ、巨大なイセエビ*などの生きた姿を海の底から眺める仕組みになっている。ホークスベイ*のネーピア*にあるニュージーランド国立水族館（National Aquarium of New Zealand）は海の生物を見せるためだけでなく、研究もおこなっている。このほか、水族館はクライストチャーチなどにもある。
〔角林文雄〕

水難防止教育［Water Safety Education］
　1949年、国の機関として水難防止ニュージーランド（Water Safety New Zealand=WSNZ）が設立された。外洋、湖沼、河川、海浜から家庭のプールまで、水辺におけるすべての活動・行動の安全に関する心構えや訓練・鍛錬、応急措置などを教育し、指導するものである。事故を未然に防ぐための水難防止教育に力を注ぎ、手引書、小冊子、ポスター、ステッカーを配布したり、ボートの乗り方、浜辺・川の安全、泳ぎ方入門といった課題ごとのビデオ・シリーズの貸与、地域社会や小学校での講演・お話会など、さまざまな方法で溺死・事故死の防止に努めている。2004年現在、傘下には水泳連盟、サーフィン救命会、野外活動指導員協会、潜水協会など31の協力団体が登録されている。なお活動資金は国の宝くじ*収益があてられ、事故補償公社*の補助も受けている。
〔大島襄二〕

水力発電［Hydro Power Generation］
　水力発電の開始は1888年南島のリーフトン*発電所で、1914年には政府直営の水力発電所がコールリッジ湖*に建設された。第2次世界大戦前、政府は若干の水力発電所を建設したが、大型のダム式発電が本格化したのは大戦直後からで、ワイカト

川*水系、その上流のトンガリロ*地域、南島のワイタキ川*水系、クルサ川*水系、マナポウリ湖*に大規模発電所が建設された。とくにマナポウリ湖地下発電所計画では、計画水位について地元をはじめ学界や一般国民を巻き込んだ環境論争になった。このような水力開発によって電力は圧倒的な水主火従態勢となり、総発電量に占める水力の比率は、1978年は78％、84年は78.1％となった。しかしその後火力発電の増強が進み、92年は65.6％、96年は71.9％、2000年は63.7％となっている。南島の余剰電力はクック海峡*を通って北島へ送電される。 (由比濱省吾)

スーウェル、ヘンリー
[Sewell, Henry (1807-79)]
　ニュージーランド初代首相（1856）。イギリス生まれ。1853年カンタベリー協会（Canturbery Association）副会長としてカンタベリー*に上陸。下院議員（53-66）となり、56年5月2週間首相を務めた。以後スタフォード*内閣で植民地財務長官（Colonial Treasurer）、関税局長官（Commissioner of Customs）、ウェルド*内閣で司法長官（Attorney-General）などを務め、76年イギリスに帰国。 (青柳まちこ)

スウェインソン、ウィリアム
[Swainson, William (1809-84)]
　政治家。イギリス生まれ。1841~54年最初の司法長官（Attorney-General）。就任後直ちに法体系の整備に従事し、基本法1852年*の素案の作成にも重要な役割を果たした。ワイラウ事件*で入植者の非を認めたために、入植者と鋭く対立するに至った。上院議員（53-67）。 (青柳まちこ)

枢密院 [Privy Council]
　枢密院は英連合王国内の組織で、ニュージーランド人にとっては上訴に関する最終の裁判所であった。しかし最高裁判所法（Supreme Court Act 2003）によって、2004年1月1日に、ニュージーランド人の裁判官で構成されるニュージーランド内の最終の上訴裁判所である最高裁判所*が誕生し、同年7月1日から審理を開始した。 (髙橋貞彦)

スカンピ [Scampi]
　和名アカザエビ、形からジャックナイフエビ（Jackknife Prawn）ともいう。体長16~20cm、短い嘴が特徴。プレンティ湾*の水深250~750mに棲む。近年、スカンピ・テールが輸出品目として市場に出回り始めたことから、1995年以降漁業法にもとづく許可制度を適用して、北島東岸、クック海峡*、チャタム陸棚で実績をもつ業者に割当量を提示。2005年の割当量1,291t。いわば規制魚種*に準ずる扱いである。コード記号 SCI。 (大島襄二)

スキー [Skiing]
　スキーシーズンは6月から11月までと長く、スキー場はサザンアルプス*など南島中心に展開しているが、北島でも楽しむことはできる。代表的なものはクイーンズタウン*周辺のコロネット峰*、リマーカブルズ（Remarkables）山、カンタベリー*のハット山*など、北島ではルアペフ山*である。日本のスキー場と違って、スキー客を対象とした宿泊施設はないので、麓の町から急な山道を車で登ってスキー場に到達する。またセスナ機やヘリコプターをリフト代わりとするヘリスキー（プレーンスキー）*もある。ニュージーランドのスキーの魅力は、(1) 日本の夏にスキーが楽しめる、(2) ゲレンデが森林限界を超えたところに位置するため、木がほとんどないオープンスロープである、(3) 白銀のスキー場と雪のない麓の緑の山野や紺碧の湖との対照が美しい、(4) 貸しスキーが発達してい

るためスキー持参の必要がないことなどである。　　　　　　　　　　　（山岸博）

スゲ［Carex］
カヤツリグサ科スゲ属の単子葉草本。セッジ（Sedge）と総称される。カヤツリグサ科の中では最大の属で世界に 1,800 種、ニュージーランドにはおよそ 100 種あり、70 種余りが固有種。多くは湿地に見られる。観賞用としても栽培され、固有種で赤葉品種のブロンズ・フォームや黄緑色の園芸種のグリーン・ウィッグ、赤葉小型スゲなどが知られる。　　　　　　　（塩田晴康）

スコットランド自由教会
［Free Church of Scotland］
1843 年スコットランド教会の聖職任命権に不満をもった牧師 200 余人が教会から離脱し、スコットランド自由教会を設立した。彼らはウェークフィールド*の考えに触発され、新天地を求めて入植地の建設を計画した。48 年カーギル*は 2 艘の船に、344 人の新移民を乗せてオタゴ*に到着し、今日のダニーディン*の基礎を築いた。
（青柳まちこ）

スズメバチ［Wasp］
約 30 種の在来種が記録され、攻撃的ではあるが、群集せず人間にあまり害はない。外来種にはヨーロッパ種、オーストラリア種、アジア種があり、ニュージーランドに定着し増殖中で、刺されると危険である。
（由比濱省吾）

スターゲイザー［Stargazer／Monkfish］
和名ミシマオコゼ。マオリ名プファラ（puwhara）。30～40cm の体長、重さ約 2kg。白身の魚。南方海域においてトロール漁で漁獲。年間漁獲量 3,000t。規制魚種*コード記号 STA。　　　　　　　（大島襄二）

スタウト、アンナ
［Stout, Anna Paterson（1858-1931）］
女性解放・女性参政権*運動支持者。ダニーディン*生まれ。18 歳でスタウト*と結婚。1895 年女性キリスト教禁酒連合*、96 年全国女性議会*創立会員。大農場私有、不在地主制を批判した。1909~11 年イギリス女性参政権運動に参加、ニュージーランドの先例を説明するなど女性参政権に対する批判に応えた。　　　　（ベッドフォード雪子）

スタウト、ロバート［Stout, Robert（1844-1930）］
首相（1884、84-87）。スコットランド生まれ。1864 年ダニーディン*に移住。オタゴ大学に学び法廷弁護士となる。75 年下院議員（1875-79、84-87、93-98）、グレイ*内閣で司法長官（Attorney General）。84 年 8 月首相として組閣したが 2 週間で崩壊。次期のアトキンソン*内閣も 1 週間で崩壊したために、同年 9 月再び組閣して 3 年間首相を務めた。土地改革に取り組み、不労所得の大地主への課税、小農への支援を主張し、禁酒法、女性参政権*などの支援者でもあった。98 年政界引退後、1926 年まで高等裁判所（Supreme Court）の主席裁判官（Chief Justice）の職にあった。　（青柳まちこ）

スタッフォード、エドワード
［Stafford, Edward William（1819-1901）］
首相（1856-61、65-69、72）。アイルランドに生まれ、1843 年ネルソン*に来住。53 年、ネルソン州長官（Superintendent）となり、宗教から独立した無償の義務教育*を採用した。55 年には下院議員（1855-78）、翌年第 3 代首相の座に着いた。彼の前任者はすべて数週間という短期の首相であったが、彼は 5 年間に及ぶ本格的な内閣を組織した最初の政治家であり、22 年間の議員生活のうち、3 期にわたりほぼ 9 年間首相を務めた。　　　　　　　　　（青柳まちこ）

スチュアート山地 [Stuart Mountains]
南島テ・アナウ湖*西岸で西北から東南に走る山地。最高峰はマクドゥガル (McDougall) 山 (2,036m)。　　（由比濱省吾）

スチュワート、ウィリアム
[Stewart, William Downie（1878-1949）]
政治家。下院議員 (1914-33)。31~33 年フォーブス (Forbes) 内閣で財務相、関税相、印紙税相 (Minister of Stamp Duties)、法制局長官 (Attorney-General)、輸入品の高額な課税を主張。都市住民からは農民の保護政策と受け取られた。　　（青柳まちこ）

スチュワート島 [Stewart Island]
南島とフォーヴォー海峡*を隔てて対置する島。面積 1,680km^2。クック*は 1770 年に南岸を迂回し、この島が南島と続いているものと考えたが、19 世紀初期に捕鯨*業者やアザラシ捕獲業者が島であることを確認した。1809 年に島として海図に画いたスチュワートにちなんで命名され、64 年に政府が南島マオリから購入した。植民地初期には、一時期ニューラインスター*と呼ばれた。現在行政的にはサウスランド県*に属する。固有の動植物がよく残されているので、島の大部分はラキウラ国立公園*に指定されている。集落は東端のハーフムーンベイ*のみで、若干の人家と別荘、ホテル、店舗、教会があり、住民の主産業は漁業。ブラフ*との間をフェリーが毎日定期的に運航しており、またインヴァカーギル*と結ぶ小型機の飛行場がある。
　　（由比濱省吾）

スティード、クリスチャン
[Stead, Christian Karlson（1932-）]
小説家、詩人、文学評論家。オークランド生まれ。オークランド大学、ブリストル大学で学ぶ。サージソン*に師事。1950 年代からリアリズム小説を発表。ヴェトナム反戦をテーマにした *Smith's Dream*, 1971（スミスの夢）や *The End of the Century at the End of the World*, 1992（世界の果ての世紀末）などの社会派リアリズム小説を得意とする。ランドフォール誌*に掲載された詩、*Pictures in a Gallery Undersea*（水中ギャラリーの絵）は読者から最優秀詩に選ばれた。モダニズム論 *The New Poetic*, 1964 は 10 万部を売る。*The Singing Whakapapa*, 1994（歌うファカパパ）でニュージーランド・ブック賞受賞。近著にマンスフィールド*を描いた戦争小説 *Mansfield: A Novel*, 2004（小説マンスフィールド）。　　（池田久代）

ストークス、ジョン
[Stokes, John Lort（c.1811-85）]
水路学者。ウェールズ生まれ。フィッツロイ*総督のもとで 1847 年から 4 年をかけてニュージーランド沿岸全域の海図を作成した。この海図は 1930 年代まで使用された。　　（大島襄二）

ストラットフォード [Stratford]
タラナキ山*の東麓、パテア*川の上流にある町。人口 5,229 人 (2001 年)。裾野に広がる酪農・牧羊地帯の商業中心地。街路名の多くはシェークスピアにちなんでつけられている。　　（由比濱省吾）

スナバエ／サシチョウバエ [Sandfly]
17 種あり、そのうち北島の 1 種と南島の 1 種がとくに害虫である。幼虫は水中で生活し、成虫になると体長 2.5mm でヤブカに近い。雌は人間はじめ恒温動物の血を吸う。その刺しあとは痛みをともなう。
　　（由比濱省吾）

スノーボーディング [Snowboarding]
長楕円形のボード（板）で雪上を滑り、サーフィン*やスケートボードのように横向きに乗るのが特徴。スキーに比べて基本

的なテクニックが少ないため、上達も早く若者に人気がある。1989年からワールドカップが開催され、98年の長野オリンピックで「ハーフパイプ」と「大回転」が正式種目になった。ハット山*、コロネット峰*など、多くのスキー場にスノーボード施設がある。　　　　　　　　　　　（山岸博）

スプリングボック試合事件
[Halt All Racist Tours=HART]

　アパルトヘイト政策を堅持していた南アフリカのラグビーチーム、スプリングボックと対戦するオールブラックス*遠征チームは1928年の初試合以来、マオリ選手を除外していた。49年にはオールブラックス遠征チーム歓送会がおこなわれた際に、南部選出マオリ議員から抗議があったが、これは人々の関心を引かなかった。60年になると、マオリ選手の除外に、国内で大きな抗議運動が生じ、15万人の署名を集めて国会に陳情がおこなわれたが、遠征は予定どおり実行された。70年には「ノー・マオリ、ノー・ツアー」の声が高まった中で、南アフリカ政府からマオリを名誉白人として扱うとの条件が示されオールブラックスは遠征した。しかし73年、人種主義*反対団体HART（Halt All Racist Toursすべての人種主義遠征禁止）の強力な抗議のため、労働党*のカーク*首相はチームの遠征を差し止めた。一方国民党*は政治とスポーツは別物であるとしてこれを批判し、76年マルドゥーン*首相は南アフリカ遠征を認めたが、そのためニュージーランドはアフリカ諸国から激しい批判を買うこととなった。81年スプリングボックを受け入れた際には、国内に抗議運動が起こり、試合は厳重な警戒の中でおこなわれたが、警官と抗議者の衝突のため2ゲームは中止を余儀なくされた。　　　　　　　　（青柳まちこ）

スペンサー山地 [Spenser Mountains]

南島中央北部、カイコウラ*とウエストポート*の中間を北東〜南南西に走る山地。有名な詩人スペンサー（Edmund Spenser）を記念してネルソン*の博物学者、政治家であったトラヴァース（W. T. L. Travers）により命名された。この山地付近の多くの地名はスペンサーの著作にもとづいている。　　　　　　　　　（太田陽子）

スポーツ [Sports]

　一般にスポーツは盛んであり、5歳から成年にいたる人々の68％は何らかのスポーツあるいは活動的な余暇を過ごしているという最近の調査もある。政府も国民のスポーツ奨励に力を入れており、スポーツ・レクリエーション法（Sport and Recreation New Zealand 2002）が2003年から施行された。この法のもとにヒラリー委員会（Hillary Commission）ほか、いくつかのスポーツ団体を統合して、スポーツ・レクリエーション協会（New Zealand Sport and Recreation=SPARC）が設立された。SPARCはすべての国民がスポーツや身体的レクリエーションを享受する権利をもち、活動的で健康な人生を送り、スポーツ国家として充実することを目標としている。1998年の統計によれば少年少女の3分の1は何らかのスポーツクラブに所属しており、種目では少年の場合サッカーが1位で、ラグビー*がこれに次ぎ、少女では水泳*が1位で次がネットボール*である。また成人男性ではゴルフ*、クリケット*、テニス*、成人女性ではネットボール、テニス、ゴルフの順である。また好まれる余暇の過ごし方としては男女とも1位がウオーキング、2位が庭仕事、3位が女性では水泳、男子では魚釣りである。　　　　　　（山岸博）

スミザー、エリザベス
[Smither, Elizabeth（1941-）]

　詩人、小説家、短編作家。ニュープリ

マス*生まれ。詩集12編、小説2編、短編小説集2編、児童文学1編など。強靭で鋭敏な詩作をめざす。スミザーの詩の魅力は知覚を研ぎ澄まし感覚を総動員して味わう詩の世界にある。小説に初期の入植者を描いた *First Blood*, 1983（血統）や *Brother-love Sister-love*, 1986（愛する兄弟・姉妹たち）がある。*A Pattern of Marching*, 1990（進軍の跡）でニュージーランド・ブック賞（New Zealand Book Award）詩歌部門受賞。　（池田久代）

スミザー、マイケル
[Smither, Michael（1939-）]

　画家、彫刻家、版画家。ニュープリマス*生まれ。オークランド大学のエラム美術学校で学ぶ。1990年頃から故郷タラナキ*の風景などを好んで描いたが、地方主義を脱して、表現主義、印象主義的な作風に変わる。作品に *Portrait of My Mother*, 1972（母の肖像）など多数。HC リチャーズ記念賞、ホジキンス賞（1970）その他受賞。アジア太平洋協議会研究員（Fellowship of Asian and Pacific Council、1971）として日本滞在。　（池田久代）

スミス、スティーブンソン
[Smith, Stephenson Percy（1840-1922）]

　マオリ文化研究者。イギリス生まれ。1850年移住。南北両島およびチャタム諸島*を測量し、89年には測量検査官長官（Surveyor-General）に任ぜられた。マオリ文化に大きな関心をもち、92年ポリネシア協会（Polynesian Society）を創設してその会長となり、30年間同協会機関誌 *Journal of the Polynesian Society* の編集に携わった。マオリに関する著書も多い。　（青柳まちこ）

スリーキングズ諸島 [Three Kings Islands]

　北島北端のレインガ岬*北西沖合50kmの、岩石からなる一群の小島。1643年1月5日、タスマン*が主顕祭（キリストの生誕を祝して東方の3博士が訪問したことを記念する祭日）前夜に投錨して命名した。現在は野生生物保護のために全島が保全されている。マオリ伝説では、死者の魂はレインガ岬まで旅して海に飛び込み、この島を経て西のハワイキ*に行ったという。
　　　　　　　　　　　　　　　（由比濱省吾）

すりみ [Fish Paste]

　白身魚の頭、内臓、骨を除去し、半加工のペーストにして輸出する。国際市場でも日本語の「すりみ surimi」がそのまま使われ、ニュージーランドでは規制魚種*に準じて SUR というコード記号で扱われる。この国の輸出品目として重要で、その代表的なものはホキ*のすりみ。アジアや北アメリカが輸出先であり、中国ではさらに加工して日本向けの練製品（かまぼこなど）としている。
　　　　　　　　　　　　　　　（大島裏二）

せ

生産流通ボード
[Producer Marketing Board]

　政府が農産物の生産・流通そして輸出に関与しはじめたのは、1923年の酪農品の輸出管理であった。50年代以降になるとほかの農産物でも生産や販売について種々の問題が生じ、これらに対処するためにボードが設立された。たとえば、リンゴ・ナシ販売ボード*、デアリー・ボード*、ミート・ボード*、ウール・ボード*、その他蜂蜜*、鶏肉、カンキツ類*、キーウィフルーツ*など多数のボードが存在した。これらはニュージーランドの輸出について大きな役割を果たしてきたと考えられるものの、最近では経済改革の進行を受けて、業界ご

との独占と規制は廃止されることになり、より自由経済的で民間の主導による運営がなされることになった。この結果、巨大酪農会社ができ、デアリー・ボードは消滅し、リンゴ・ナシ販売ボードも会社法人に改組された。このように農産物全体における政府の管理は弱められつつある。

(岡田良徳)

製紙業 [Paper Industry]

製紙業はニュージーランドでは大企業であり、北島のタウポ*、ロトルア*地方のラディアタ・パイン*を原料として生産をおこなっている。製品はパルプ、新聞用紙、クラフト紙、ボール紙である。日本はニュージーランドからの材木、ウッドチップ、紙類に大きく依存しており、日系企業の投資も多く、数社が現地に進出し製紙工場を操業している。

(岡田良徳)

青少年育成省 [Ministry of Youth Development =MYD／Te Manatu Whakahiato]

社会開発省*によって運営される省庁で、2003年青少年省(Ministry of Youth Affairs)から名称変更した。若い人々(12〜24歳)と、その将来に関する政策的提言を大臣およびその他の機関に提供し、政府が若者の生活に関する健全な理解を深めることを目的とする。また若い人々に地域的、国家的、国際的に参加する機会を提供するように努め、青少年団体の企画運営を通して、積極的な青少年育成を推進する。

(高橋貞彦)

精神衛生法 [Mental Health (Compulsory Assessment) Act 1922, 1989]

1922年に制定され、89年に改正された。この法律により18歳以上の市民は精神障害があると思われる人の鑑定を、医師の診断書をつけて、地域保健公社*の精神衛生医療部門の長に申請できる。精神衛生医療部門の長は精神鑑定の専門医を指定し、専門医は5日間かけて鑑定をおこなう。強制治療の命令を下すには、さらに14日間の鑑定を要する。鑑定にもとづき法廷は必要があれば入院治療、通院治療の命令を下す。

(薄丈夫)

精神保健福祉 [Mental Health and Welfare]

1998年策定の精神保健サービス開発計画にもとづき、70年代より進められてきた脱施設化・地域社会統合化が完成に近づきつつあり、精神科病床は人口1万人につき2.8床まで減少した。政策レベルで精神医療改革に成功した世界的モデルとして注目される。全国21の地域保健公社*は一次医療、二次・三次専門医療、生活支援サービスを提供する。居住・訪問・就労など包括的生活支援は全国200余のNGOトラストにより提供され、精神保健予算の3割が配分されている。保健医療サービスは、多職種チームによる訪問を基本とした包括的在宅医療が中心で、要入院の場合も2週間程度である。これらのサービスは、保健省*直属の精神保健委員会(委員3名のうち1名が受益者)により点検される。受益者を主体とした政府事業の偏見除去広報が、テレビなどで大規模かつ組織的に発信されている。精神保健福祉の目標は人間的回生にあり、回生・支援・希望が国民共通のテーマである。

(日野田公一)

税制 [Taxation]

税制年度は4月1日から3月31日であり、財政年度と異なるので注意が必要である。税務を担当しているのは内国歳入庁(Inland Revenue Department=IRD)で、同時に児童扶養手当*制度の運営や事故補償公社*保険料徴収もおこなっている。直接税のうち個人への課税には所得税があるが、日本のように扶養控除や配偶者控除のような控除制度はない。税率は3段階に簡略化され、所得に応じて19.5％、33％、39％に設定されている。また世界的にも非常に

珍しく、諸手当にも課税されている。法人税は1994年の税改正で33％の定率課税となった。過剰な所得税依存を是正するために、日本の消費税にあたる物品サービス税*（GST）が86年に導入された。現在の税率は12.5％に設定されている。またタバコ、アルコール飲料、ガソリン、天然ガスには特別消費税（Excise Duty）が、96年より課税されるようになった。直接税と間接税の割合を示す直間比率は、GSTの導入にもかかわらず67：33とほぼ日本と同じような割合になっている。

(太谷亜由美)

税制改革 [Tax Reform]

1986年労働党*政権は慢性化した財政赤字の解消と、歪んだ税制を是正するため税制改革を断行した。それまでの個人の累進的な所得税は、給与所得者には税負担が重かったが、法人税は課税率が低くかつ課税対象が狭かったため、抜け道を利用した納税回避も多かった。新税制では所得税と法人税の見直しがおこなわれた。66％という所得税の最高税率を39％に、法人税も最高税率を48％から33％に引き下げた。インフレで名目所得が上昇したため、最高税率にあった多くの中間所得者にとってここでは減税になった。その一方、大型間接税で課税範囲の広い物品サービス税*（GST）を導入し、歳入の増加をはかった。GSTは当初10％であったが、89年に12.5％へと引き上げられた。こうして導入されたGSTは日本の消費税に似ているが、ニュージーランドの場合ほとんど反対意見がなかったというところから大成功であったといえる。年金や福祉への配慮があったためでもあろうが、政府の説明も十分であり、国民が政府を信頼していたためだともいえる。

(岡田良徳)

製造業 [Manufacturing Industry]

雇用面において大きな比率を占めているだけでなく、国家経済の安定した発展のためには不可欠で重要な産業である。ニュージーランド製造業の問題は国内市場が狭隘で、原料や部品・半製品の多くを輸入しなければならないことである。製造品の多くは国内向けであり、国際競争力をもたないものが多い。多くは小規模であり、その半数以上が従業員10人以下である。また製造業の25％以上の生産量を食肉業や酪農業が占めている。そのほか鋳物・鍛冶などの鉄鋼業、自動車の組み立て・修理業、繊維・皮革業、セメント・ガラス、石油精製・化学工業、肥料工業、機械・電気機器、電力、アルミ精錬業などがある。また、最近ではオーストラリアとの貿易協定で関税が下がり、対オーストラリア輸出の増加や、オーストラリア企業の下請化が進むことにより輸出が増加する傾向が見られる。

(岡田良徳)

セイタカシギ [Stilt]

クロセイタカシギは、現在はオタゴ*のワイタキ川*水系に分布が限定されている鳥。絶滅危惧種*。沼地、淡水潟、河床などに住み、体長38cm、成鳥は全身が黒く長い脚は赤い。環境保全省*はほかの動物から守るために営巣地を電気牧柵で囲んでいる。オーストラリア・セイタカシギは体長38cm、背中と首が黒く腹部と顔が白く長い脚は鮮やかな赤である。北島、南島に広く分布し、7月頃から牧場の湿地、入江、沼地に営巣する。

(由比濱省吾)

性的嫌がらせ [Sexual Harassment]

人権法*は性的嫌がらせを2つのタイプに規定している。(1) 優遇や昇格などの暗示、約束、または脅迫による性的行為の強要、(2) 相手を不快にさせる性的ふるまいや言葉、刺激的なポスターやビデオの使用など、相手に著しく嫌悪感を与える行為。人権法は被害者がこれらの行為が起こされ

青年マオリ党 [Young Maori Party]

20世紀前半に活躍したマオリ政治家の集団。中心メンバーはアピラナ・ンガタ*やマウイ・ポマレ*、テ・ランギ・ヒロア*、トゥテレ・ウィ・レパ（Tutere Wi Repa）など、テ・アウテ・カレッジ*卒業生で、ヨーロッパ的高等教育を受けたエリートであった。彼らの目標は社会状態の改善、農業や土地制度の近代化であり、西欧の技術や生活様式を取り入れてマオリ社会の振興をめざした。

（内藤暁子）

政府開発援助 [ODA=New Zealand Official Development Assistance]

政府による発展途上国また国際機関への援助。民間の援助より条件がよく金利が低いため、受け入れ側に歓迎される。贈与、借款、賠償、技術援助などの形をとる。政府の援助供与金額で大きい相手国は、クック諸島*、ニウエ島*、サモア独立国*、ツバル、フィジー、トンガ、トケラウ*、パプアニューギニア、キリバスなどである。資金ばかりでなく農業や漁業の技術指導もおこなって経済発展に貢献している。

（岡田良徳）

政府系企業 [State-Owned Enterprises=SOEs]

政府系企業法（State Owned Enterprises Act 1986）により政府によって設立された企業。その大部分はそれまでの政府の直轄事業体であり、民営化*の一環として、政府による企業活動を民間企業と比肩しうるように効率的に展開することを目的として設立された。86年から94年までの間に25の政府系企業が誕生し、その分野は郵政、航空、鉄道、海運、放送、電力、石油・ガス、公共事業、観光など多岐にわたっている。ニュージーランド銀行*、ニュージーランド航空*などのようにいったん政府系企業となった後、私企業に売却され完全に民営化されたものもある。現在も政府系企業として残っているのは、郵便公社*、放送公社（Broadcast Communications Ltd.）、気象公社（Meteorological Service of New Zealand Ltd.）、電力関係3公社など数社である。ニュージーランド鉄道はオーストラリア系企業の傘下に入っていたが、2004年7月再度政府系企業（New Zealand Railway Corporation=ONTRACK）となった。

（青柳まちこ）

政府省庁 [State Sector]

2004年現在の政府省庁は以下のとおり。

運輸省*、外務貿易省*、環境省*、環境保全省*、経済開発省*、教育省*、矯正省*、研究科学技術省*、建築住宅省*、国防省*、財務省*、児童少年家族省*、司法省*、社会開発省*、首相内閣府*、女性省*、水産省*、太平洋諸島省*、内務省*、農林省*、文化遺産省*、保健省*、マオリ振興省*、労働省*。なお上記以外に観光省*および消費者省*（経済開発省所属）、青少年育成省*（社会開発省所属）、民間防衛危機管理省*（内務省所属）がある。その他教育審査庁*、国立公文書館*、統計局（Statistics of New Zealand）などいくつかの独立した政府機関がある。

（青柳まちこ）

政府省庁法 [State Sector Act 1988]

民間企業の効率性、有効性、責任の明確さ、意欲などといった肯定的面を官界に取り入れることを目的に、1988年に制定された法。省庁の長の任務、責任、任用、再任などについて規定している。それまで公務員はすべて国家公務員委員会によって任用され、委員会が省庁長官（任期なし）の任命、公務員の待遇、昇任、組織のあり方などすべてを決定してきた。しかし本法では国家公務員委員会が省庁の長（Chief Executive、日本の事務次官に相当）を契約に

よって雇用する。その長は当該省庁の運営、職員の採用、給与、待遇、組織の効率的体制の構築などすべてに責任をもつ。任期は5年で、再契約も可能。また所管の大臣に対して必要とされる業務を、有効にまた経済的におこなうことが要求される。

(青柳まちこ)

政府退職年金基金
[Government Superannuation Fund]

公務員対象の退職年金基金。加入者は一般公務員、軍人、警察官、刑務官、国会議員、裁判官の6種である。その主たる財源は各加入者の拠出と政府からの補助金である。

(太谷亜由美)

西洋建築 [Western Architecture]

移住してきたヨーロッパ人は、住居も公共建築も西洋建築様式で建設したが、現在ではマオリもマラエ*以外の住宅などは西洋建築の手法によっている。個人住宅は都市・農村を問わず、原則的に木造平屋建てでトタン葺きであった。公共建築物でも木造トタン葺きがよく見受けられる。トタン葺きは天水を集める必要と、経費・建設手間の両面で利点があった。住宅の間取りでは都市・農村間での顕著な差は見られない。初期の農村家屋は切妻平入りで背後に片流れの棟を連結したのが普通であった。薪・石炭を燃料とした時代の家屋は煙突を必要とし、暖炉を備えていたが、現代建築は炊事・暖房にはすべて電気を用いるので煙突がなくなっている。

また建材としては依然として木材が愛好されているが、コンクリートブロックの使用が増加している。大型の公共建築は、現在ではコンクリートが用いられるが、歴史的建造物では石造建築が多く、とくに南島では玄武岩とオアマル*石灰岩を組み合わせた特徴的な名建築が、教会、駅、大学などの公共建築物に多い。セントラルオタゴ*では地表各所に露出している片岩を外壁に用いた建築物が見られるが、地域的に限られている。

(由比濱省吾)

西洋建築。メスヴェン付近の農家 (由比濱省吾)

聖ヨハネ団 [Order of St. John]

救急車による患者の搬送、公的行事の場における救急活動、一般人の救急処置の知識の普及などを目的とする民間団体。十字軍時代のエルサレムで病気になった巡礼者の看護を目的として、1095年に結成された聖ヨハネ病院騎士団の流れを汲む。1831年イギリスにおいて現在の形に再編され、ニュージーランドでも85年クライストチャーチとウェリントンで結成された。

(薄丈夫)

セヴンスデイ・アドヴェンティスト教会
[Seventh Day Adventist Church]

最初のセヴンスデイ教会の礼拝は、ノースランド*のカエオ (Kaeo) のアメリカ人牧師の家庭で1886年におこなわれ、翌年にはオークランドに教会が建設された。20世紀初頭には教会の慣行にしたがって、クライストチャーチに健康食品の工場をつくり稼働させた。信者数は15,675人(1991年)、14,868人 (2001年)。

(青柳まちこ)

セヴンティマイル・ブッシュ
[Seventy-Mile Bush]

　セヴンティマイル・ブッシュとはウッドヴィル*から上流のマナワトゥ川*流域をさす。1870年フォックス*内閣の財務相ヴォーゲル*の公共事業推進政策による労働者不足を補うため、政府は補助移民を募集した。この募集に応じた北ヨーロッパからの労働者が、主にこの地域の道路や橋梁建設に配備された。ダンネヴァーク*はデンマーク人の仕事の意味である。75年の統計では、北欧からの移住者はデンマーク(1,938人)、ノルウエー(689人)、スウェーデン(667人)など合わせて3,294人を数え、当時のホークスベイ*人口の7％を占めていた。

(青柳まちこ)

世界遺産 [World Heritage]

　ユネスコ(UNESCO)の世界遺産リストに登録されているものとして、自然遺産2つ、複合遺産1つ、計3つがある。(1)テ・ワヒポウナム(Te Wahipounamu-South West New Zealand)自然遺産。南島南西部の4つの国立公園(フィヨルドランド*、アスパイアリング山*、ウエストランド*、アオラキ*)を含む。広大な山岳地帯、低地帯の熱帯雨林、氷河侵食地形などを含み、全国土の約10％を占める。(2)トンガリロ国立公園*複合遺産。北島中央部に位置し90年自然遺産登録されていたが、93年複合遺産として再登録。ンガティ・トゥファレトア*がアラワ・カヌー到着以来継続して自然と渾然一体化した文化の伝統を保持していることが再登録の根拠となった。(3)亜南極諸島(New Zealand Sub-Antarctic Islands)自然遺産。スネアズ(Snares)諸島、バウンティ(Bounty)諸島、アンティポディーズ諸島*、オークランド諸島*、キャンベル島*の5つの諸島からなる。太古の自然をいまにとどめる島々と周辺の海域。

(新井正彦、ベッドフォード雪子)

世界最長地名
[Longest Place Name in the World]

　北島ワイララパ*地方、国道2号のワイプクラウ*から海岸に寄ったポランガハウ(Porangahau)の南方8kmにある丘で、現地の看板には85字の「Taumatawhakatangihangakoauauotamateaturipukakapikimaungahoronukupokaiwhenuakitanatahu」(大きな膝をもちランドイーターとして知られたタマテアが、山を滑ってはよじ登り、ひと飲みにして、愛する者のために笛を吹いた場所)が示してあるが、普通地図にのっているのは57字の「Taumatawhakatangihangakoauauotamateapokaiwhenuakitanatahu」(土地をくまなく回ったタマテアが彼の愛人に笛を奏でた丘の頂上)である。

(由比濱省吾)

世界貿易機構
[WTO=World Trade Organization]

　1986年ウルグアイでおこなわれた多角的貿易交渉に関する閣僚会議(ウルグアイ・ラウンド)の決定にもとづき95年に設立された国際機関。本部はジュネーブにあり、元首相ムーア(Michael K. Moore)は第3代議長(1999-2002)。世界貿易機構の基本原則である加盟国の関税引き下げや貿易障壁の撤廃などによる貿易の自由化は、経済改革によりすでに補助金の撤廃に踏み切っていたニュージーランドに有利に作用した。

　2003年、外務貿易省*と農林省*はウルグアイ・ラウンド適用期間(1995-2004)に、農産物を中心としてほぼ90億ドルの利益がもたらされたと推計している。農産物に関しては、酪農製品、牛肉、羊肉の主要輸出相手国において、非関税障壁の関税化、およびその関税化品目の増大、輸出補助金削減に関する世界貿易機構の関与の3点が、とくに重要な影響をもたらすと考えられている。

(岡田良徳)

石炭 [Coal]

主な石炭採掘地はネルソン*西部、オタゴ*南部、グレイマウス*付近である。可採埋蔵量の80％が褐炭で、亜瀝青炭が15％、産業用に重要な瀝青炭は5％である。生産量の3分の2が火力発電*用、鉄鋼生産用、その他産業用に使用されている。かつては家庭の炊事暖房用燃料として使用されたが、現在はもっぱら産業用である。

(岡田良徳)

石炭公社 [Solid Energy New Zealand Ltd.]

年間約400万tの石炭を採掘、製炭、流通をおこなう政府系企業*。1987年国営炭鉱は政府系企業 (Coal Corporation Ltd.) となり、96年ソリッド・エナジー社と社名変更した。ワイカト*のハントリー*、南島西海岸のグレイマウス*、ウエストポート*、リーフトン*、およびサウスランド*のオハイ (Ohai) 近隣の7つの地中および露天掘り炭田で操業し、産出石炭の約半分は日本、中国、インドなどへの輸出に回している。国内では製鉄や電力事業に用いられている。

(岡田良徳)

堰止め湖 [Dammed Lake]

土石流、氷堆石*、火山噴出物などによって凹地が堰き止められて生じた湖。南島にある多くの氷成湖*は氷堆石によって堰き止められたものである。山崩れによる崩壊物質によって堰き止められた湖の例としては、ウレウェラ国立公園*にあるワイカレモアナ湖*がある。

(太田陽子)

石油 [Oil]

原油、天然ガス、石油生成物を含む石油生産は、すべてタラナキ*地方の海岸ないしは海底の10ヵ所でおこなわれ、2000年の生産量は160万t強で、そのうちマウイ油田*が76.7％、マッキー (Mckee) 油田が9.9％を占めた。国産石油による自給率は1974年から86年の間に、5％以下から50％以上へと劇的に上昇したが、その後の

ハントリー炭田。露天掘り鉱山 (由比濱省吾)

内需の増加や基幹油田の生産量減退のため、自給率は2000年には37％であったのが、1年後に34％に低下した。したがってニュージーランドは自給率向上のために新油田開発に努力している。

また、政府は石油産業の自由化を進めてきており、軽油価格やガソリン価格の統制を廃止し、元売りや小売りの認可制度も廃止した。ニュージーランドが原油の不足分を購入している相手国は、サウディアラビア、オーストラリア、アラブ首長国連邦、マレーシア、インドネシアであり、ノースランド*のファンガレイ*湾入口にあるマースデン・ポイント（Marsden Point）が唯一の精油所である。
（岡田良徳）

石油危機 [Oil Crisis]

1973年の第4次中東戦争を契機とするアラブ産油国の戦略的大規模減産は、第1次石油危機を引き起こし、石油価格は短期間に高騰した。さらにイラン革命にともなう78年からの石油輸出中断を契機に79年第2次石油危機が発生した。ニュージーランドはすでにマウイ油田*を開発していたが、操業開始は79年であったため、石油の量的不足と価格の高騰は経済を直撃した。しかもこの時期はイギリスのEC加盟と重なったため、インフレと不況という二重の苦痛に遭遇した。
（岡田良徳）

石灰岩地形 [Limestone Formation]

石灰岩が分布する地域では、主成分の炭酸カルシュウムが溶食作用を受けやすい。そのため、地表水系に乏しく、地下水系が顕著に発達する。カルスト（Karst）地形とも呼ぶ。地表にはドリーネやウバーレの凹地形、カレン、石灰柱や石灰タワーの凸地形が発達する。地下には石灰洞や鍾乳洞の複雑な地下水系を形成する。北島西部のキングカントリー*は面積約 1,000km^2 の最大のカルスト地域を有し、ワイトモ洞窟*も含まれる。南島北西部のプナカイキ*にはパンケーキ・ロックがあり、カフランギ国立公園*の一部になっている。
（植村善博）

絶滅危惧種 [Endangered Species]

自然保護委員会（Nature Conservation Council）出版の報告書は、国内の動植物を緊急度に応じていくつかの段階に分類している。このうち (1) 危険に直面、(2) 危険の恐れあり、(3) 希少、の段階に位置づけられるのは、単子葉植物10種、双子葉植物51種、哺乳類1種、鳥類14種、爬虫類9種、両生類3種、淡水魚1種である。すでに鳥類6種、淡水魚1種、双子葉植物4種が絶滅している。絶滅の危機にいたる原因は多様であるが、生育環境の破壊が最も深刻で、次に外部から導入されたイヌ、ネコ、イタチ、ネズミによる被害がこれに次いでいる。しかし、原因が特定できない場合も多い。環境保全連合（World Conservation Union）によれば、ニュージーランド固有種鳥類の15％が危険状態にあるとされ、世界最悪5ヵ国中の一つに数えられている。
（由比濱省吾）

セドン、リチャード
[Seddon, Richard John（1845-1906）]

首相（1893-1906）。イギリス生まれ。1866年に18歳でオーストラリアの金鉱からホキティカ*に来住。79年下院議員（1879-1906）。90年の選挙で自由党*が勝利してバランス*内閣が成立し、セドンは公共事業相、鉱山相、防衛相などを兼任した。93年にバランス死去を受けて首相。労働時間、最低賃金法*などの労働者保護立法を進め、高齢者給付*も成立させ、ニュージーランドは世界で最も進歩的な国、労働争議のない国、労働者の天国と見られるようになった。しかも経済不況を脱出し、国民から多大の信頼を得てキング・ディックと親しまれた。女性参政権*運動には冷淡

ウェリントン、国会議事堂前のセドン像（由比濱省吾）

であったが、彼の予測に反して法案が議会を通過したため、皮肉にもセドンは女性参政権を世界で最初に成立させた首相ということになった。
(由比濱省吾)

セフトン山 [Mt. Sefton]

アオラキ／クック山国立公園*内の山 (3,157m)。東にミュラー (Mueller) 氷河、西にダグラス (Douglas) 氷河がある。
(由比濱省吾)

セミ [Cicada]

約37種があり、体長は1.5cm~2cmで最大は3cm。最も一般的な種類はマオリ名キヒキヒ・カイ (kihikihi kai) という小型のセミで、マオリはこれを食用とした。北島一帯と南島の海岸地帯で見られる。
(由比濱省吾)

セルウィン [Selwyn]

クライストチャーチ西南37kmの町 (Selwyn Huts) および郡。郡の人口27,312人 (2001年)。アングリカン教会*の大主教セルウィン*が命名した。セルウィンはまたエルズミア湖*に注ぐ川にも自分の名をつけている。1992年に広島県高宮町（現安芸高田市）と姉妹都市*提携。また2000年に北海道湧別町と友好都市協定。なお、北島ワイカト県のマタマタ*の北東15kmにある集落もセルウィンの名をとって命名されている。
(由比濱省吾)

セルウィン、ジョージ
[Selwyn, George Augustus (1809-78)]

イギリス生まれ。1841年アングリカン教会*のニュージーランド大主教 (Anglican Primate of New Zealand) に任命されて翌年来任。赴任以来国土の約3分の1を巡回して英語・マオリ語で説教をおこない、アングリカン教会の地歩を固めた。また政治的には政治家や入植者の批判を受けながらも、ワイタンギ条約*にもとづくマオリの権利を擁護し、土地没収の過ちを指摘した。
(青柳まちこ)

選挙区割委員会
[Representation Commission]

選挙区の境界を決定する委員会。1987年に設立され、5年ごとにおこなわれる国勢調査*後に選挙区の見直しをおこなう。委員会は議長1名、政府統計局職員など専門職の役人4名、さらに議会代表者として与野党各1名からなる。マオリ選挙区の決定に際してはさらにマオリ振興省*の大臣に加えてマオリ2名が参加する。選挙区の選挙民数は同数であることが原則で、増減差は5%以下に抑えることが求められている。
(青柳まちこ)

選挙権 [Franchise]

基本法1852年*は州議会および全体議会*の下院議院の選挙権を一定の財産を保有（50ポンド以上の不動産所有、または年額

10ポンド以上、農村では5ポンド以上の借地をしている）する21歳以上の男性に限定した。62年には鉱山の鑑札保持者にも拡大された。当時は不動産所在地で複数の投票（Plural Voting）ができたようであるが、69年の選挙法では同一選挙区内での1人1票が定められた。投票資格は何回か改訂されて財産資格は低減した反面、75年の法律改訂では少なくとも1年以上同一住居に居住する者という制限が加えられた。

上記の諸条件に該当する場合には、マオリも選挙権を行使できたが、彼らの土地は共同所有であったため、マオリ選挙資格者の数は多くはなかった。67年マオリ議席*が別枠で規定された時にはマオリ男子すべてに選挙権が与えられた。

79年の選挙人資格法により、非マオリ成年男子にも普通選挙権が適用され、有権者を1年以上本植民地に、また6ヵ月以上同一選挙区に居住するイギリス国民男性とした。複数選挙区での登録・投票が禁じられ、真の1人1票制（One Man, One Vote）が確立したのは89年である。選挙人は投票に先立って登録し、その登録選挙区で投票した。選挙資格が女性に拡大されたのは93年である。有権者の年齢は1969年20歳に、また74年には18歳に引き下げられた。

現在選挙人として登録できる条件は、18歳以上のニュージーランド国民もしくは永住許可者で、ニュージーランドに12ヵ月以上居住しており、登録選挙区に1ヵ月以上居住している者である。　　（青柳まちこ）

選挙制度［Electoral System］

基本法1852年*により、全体議会*、州議会の下院議員の選挙が定められた。選挙権*は当初一定の財産保有者に限定されていたが、1879年には成年男子の普通選挙、93年には女性参政権*が認められた。各議員はほぼ同数の選挙民の代表者でなければならないとの原則の一方で、81年には農村割り当て（Country Quota）が定められた。この農村への優遇配分は、議員1名に対する農村選挙民の数を都市に比して意図的に少なく設定したもので、1945年まで継続した。

1905年から各選挙区で絶対多数を得た候補者1名が当選する小選挙区制*が採られてきたが、93年から現在の小選挙区比例代表併用制*に変更されている。選挙区は国勢調査結果により5年ごとに見直しをおこなう。なおマオリに関しては1867年別枠4名のマオリ議席*が定められ、1993年以降はこのマオリ議席も、5年ごとにマオリ議席に登録する選挙人の数により、マオリ議席数をその都度決定することとなった。2002年および05年の選挙ではマオリ議席7が割り当てられている。（青柳まちこ）

先行谷［Antecedent Valley］

河川が地殻変動によって隆起する地域を横断し、土地の隆起速度より河川の下刻作用が大きい場合、流路の位置を維持したまま下方へ掘り込んで形成された峡谷。タラルア山脈*北部をマナワトゥ川*が東から西へ横断する部分には、延長約10kmにわたって蛇行流路が先行谷をなしている。

（植村善博）

全国女性議会［National Council of Women of New Zealand=NCWNZ］

1896年クライストチャーチ市議会議場で創立。会員資格は女性に限られていたが、創立総会には男性賛同者も参加した。この組織には女性キリスト教禁酒連合*や女性参政権*獲得に協力した女性組織の会員が加わり、シェパード*が初代会長に選任された。この組織は「女性議会」と呼ばれ、ニュージーランド女性の政治的代弁者となったが、基本姿勢は男性に敵対するものではなかった。世界女性議会（ICW）との連携を保ちながら、ニュージーランド独自

の目的と方法で変化する時代の要求に応え現在に至っている。1979~86年世界女性議会の総裁はニュージーランド人ミリアム・デル（Miriam Dell）であった。2006年現在、会員として約100の女性全国組織があり、青年層（35歳以下）への参加呼びかけも積極的におこなっている。委員会は消費者問題、経済、教育、雇用、環境、家庭、健康、司法・法制改革、公的問題、社会問題、議会監視の11である。 （ベッドフォード雪子）

全国聴覚制約者財団
[National Foundation for the Deaf=NFD]
　1978年にライオンズクラブの主導により、ニュージーランド聴力協会（Hearing Association of New Zealand）ほかいくつかの団体が統合して結成された聴覚制約者への支援組織。95年ライオンズクラブから傘下の各集団へと運営が移譲された。設立以来NFDはロビー活動を通じて法制の変更、教育施設の改善、奨学金や研究資金の授与など、45万人余りの当事者たちへの支援運動をおこなっている。 （八巻正治）

先住民省[Native Affairs Department]⇒マオリ省

先住民土地裁判所[Native Land Court]⇒マオリ土地裁判所

扇状地[Alluvial Fan]
　河川が山地から低地へ出たところで勾配がゆるくなり、川幅が広がるため砂礫を堆積して形成した円錐状の地形。厚い砂礫層からなることが多く、水流は扇央部で地下へ浸透して伏流し、扇端で湧水となることが多い。断層崖下には扇状地が一列に並ぶ複合扇状地帯が形成される。アルパイン断層*の西側にはその好例が見られる。サザンアルプス*から東へ流下するワイマカリリ川*、ラカイア川*、ランギタタ川*など

の網状河川*は東西約150kmに達する扇状地性のカンタベリー平野*を形成し、しばしば氾濫して洪水を発生させる。クライストチャーチの都市用水は、扇状地の伏流地下水に依存している。 （植村善博）

戦争障害年金[War Disablement Pension]
　戦争年金*の一種。戦争のため障害を負った退役軍人に支払われる、所得調査の付随しない非課税の年金。障害の程度に関して評価がおこなわれ、医師による障害の認定が必要となり、政府の専門機関がこれを承認することにより給付がおこなわれる。 （太谷亜由美）

戦争年金[War Pension]
　戦争年金法（War Pension Act 1954）が規定する年金は4種。主給付となる退役軍人年金*、戦争障害年金*と一時払いの死別配偶者年金、補助的手当となる特別手当がある。 （太谷亜由美）

全体議会[General Assembly]
　基本法1852年*により6州制度が定められ、それぞれに州議会（Provincial Council）が設立された。それら州議会の上部機構として制定された全国的議会で、総督*、上院（Legislative Council）*、下院（House of Representative）からなる。上院は総督によって任命された10人以下の終身議員からなり、総督は議長の任命権ももつ。下院議員は24~42人で一定の財産を有する男性により選出され、下院議長は互選である。全体議会はイギリスの法律に抵触しない限り、ニュージーランド関係の法律を制定し、また州議会が制定する法に介入する権限をもっていた。
　第1回全体議会がオークランドで開催されたのは54年5月で、その主要目的は行政を担当する内閣の樹立であった。手続きに手間どり、スーウェル*が総督によって

責任内閣最初の首相に任命されたのは、2年後の56年4月である。

　77年州制度が廃止された後も、総督および両院制度はそのまま継続した。上院議員終身制は92年任期7年に改められた。上院は1950年に廃止されて、現在は1院制となっている。下院議員の任期は当初の5年が1879年に3年に短縮され、出発時の議員数37人は徐々に増加し、1996年以降120議席である。全体議会の名称は1986年の法令（New Zealand Constitution Act 1986）により国会（Parliament）に変更された。
（青柳まちこ）

セントアーノード［St. Arnaud］
　南島北部、サザンアルプス*山中のネルソン湖国立公園*北端に位置し、ロトイティ湖*に面する観光地。
（由比濱省吾）

戦闘機操縦士博物館
［New Zealand Fighter Pilots Museum］
　ワナカ湖*南岸の東10kmのワナカ空港敷地内にある戦闘機の博物館。第1次、第2次世界大戦で使われた戦闘機が復元されて展示されている。中島飛行機の「隼」Ki43i（Oscar）の実物や三菱製の零戦の複製が展示されている。
（大石恒喜）

セントラルオタゴ［Central Otago］
　南島クルサ川*上流における本流・支流の流域。タズマン海*沿岸部分を除けば、内陸の乾燥地域で盆地群が峡谷で結ばれている。1860年代ゴールドラッシュ*に沸いた。全体として粗放な牧羊地域を形成している。夏暑く冬寒冷な内陸型気候を呈するが、河川沿いに無霜地域があり果樹栽培がおこなわれている。主要な町はクイーンズタウン*、クロムウエル*、アレクサンドラ*。
（由比濱省吾）

センプル、ロバート
［Semple, Robert（1873-1955）］
　政治家。オーストラリア生まれ。1903年来住。5年後鉱山労働者連合*の会長に選出された。13年にはストライキの指揮で、また第1次世界大戦中には徴兵に反対して2度収監された。18年労働党から下院議員（1918-19、28-54）、35年サヴェジ*内閣で労働相、運輸相、また40年フレイザー*内閣でも公共事業相、運輸相、海事相。弁舌に長じた政治家としても知られた。
（青柳まちこ）

セン（蘚）類［Moss］
　タイ類*、ツノゴケ類とともにニュージーランド植物相のコケ植物門を構成する。500種以上あり、海岸の岩地から高地山岳まで樹木、木本シダ*、枯れ木、岩石、土壌などに付着して広く全土に分布する。ドーソナ・スパーバは高さ50~80cm、世界でも最大級であり、水はけのよい日陰に群生する。形状も笠状、糸状、縮れたヒゲ状、色も緑、黄や赤味がかったものなどもある。シャグナムは沼地に生育し、耐水性があるため園芸用の用土として商業的に採取される。セン類の胞子は小さく容易に分散するため、世界各地に多くの種が分布する。
（塩田晴康）

そ

総漁獲許容量［Total Allowable Catch=TAC］
　国際的に採用されるようになった漁業規制方式。日本でもタック方式（TAC）としていくつかの魚種の漁獲に適用されている。ただし、ニュージーランドでは一般漁業者という概念がなく、漁業は会社などによる商業的漁業が中心なので、商業

的総漁獲許容量（Total Allowable Commercial Catch=TACC）という表現になっている。乱獲による漁業資源の激減に対処するために考えられたもので、専門的研究によって算定された資源量と、その生物の自然増加係数とを加算して、次の年次の可能漁獲量を決定するものである。 　　　　　　（大島襄二）

造船業 [Boat Manufacturing]

大型の鉄鋼船の造船業はないが、ボートやヨットの製作が優位を保っている。ヨット製造に関しては世界高水準の技術を有し、ニュージーランド製競技用ヨットおよび豪華なスーパーヨットは高性能、斬新なデザイン、比較的安価な製造費などによって高い評価を得ている。輸出先はアメリカ、ヨーロッパ、アジア、オーストラリアと世界各地に及ぶ。1998年以降造船訓練組織（Boating Industry Training Organisation）が、さまざまな工程に関して工員に全国的な証明書を発行している。約8千人が造船および関連工場に働いているが、工場の多くは従業員100人以下である。 　　　（岡田良徳）

草地農業 [Grassland Farming]

家畜を草地で飼育し、肉、乳、羊毛などの畜産物を生産する農業。草が養分に富む春先に家畜の分娩時期を合わせ、牧草の生育が低下する晩秋に搾乳などを中断するという、自然の摂理にもとづいた合理的な農法。家畜は周年草地に放牧され、畜舎で飼育されることはないので、農家は搾乳や毛刈りをする建物以外に畜舎を建てる必要がない。放牧中心の生産体制をとり、ほとんどの農家は乾草（干し草）やサイレージ*をつくるための設備・経費を極力節約している。牧草を家畜の生産基盤とする草地農業への展望が開かれたのは、1882年に起こった食肉・乳製品を冷凍する技術革新である。

その後、タソック*草地を利用した粗放的な農業生産システムから、改良草地を基軸とした集約的な方向へ転換が進んだ。先駆的な役割を果たしたのが科学産業研究省*のレヴィ（Bruce Levy）を中心とした農学研究者であり、草地生産の根幹をなすペレニアルライグラスやホワイトクローバなどの改良種をつくり出した。

牧羊。道路を使っての牧区移動。ワイカト県北西部 (由比濱省吾)

さらに草地の改良方法、乾草調製技術、肥料の空中散布*、電気牧柵*の開発など「農業革命」が起こり、世界有数の低コスト畜産国の地位を不動のものとした。クローバの混播による空中チッソの有効活用、土壌検定による土壌中の養分把握、最適な家畜の放牧頭数の設定、合理的な牧区利用の推進などにより、養分循環型の生産システムを継続させている。農民に科学的農業を定着させたこのシステムが現代も発展を続けている背景には、農民の知識、創造力、技術水準の高さ、さらに生産と研究の場を結ぶ情報と人的ネットワークの形成があった。

1984年の行財政改革*で、農業に対する助成金は打ち切られ、農業技術指導の有料化も導入されたが、考える農民像は現在もニュージーランドの草地農業を支える原動力になっている。

〈岸田芳朗〉

漕艇 [Rowing]

最初の競技が1862年の新年におこなわれ、87年には9クラブの代表によって漕艇協会が設立された。各種クラス艇の地域代表全国大会は、北島のカラピロ・ダム*湖、南島のオハウ湖*下流のルアタニファ(Ruataniwha)湖でおこなわれている。ニュージーランドの漕艇の国際レベルは非常に高く、オリンピックでも1968年、72年、84年、2000年に金メダルを獲得している。

〈山岸博〉

総督 [Governor／Governor-General]

ニュージーランドにおけるイギリス王権の代表者。役職名はグレイ*がGovernor-in-Chief（1848-53）を用いた以外は、Governorであったが、1917年以降Governor-Generalが用いられている。総督の任務は具体的には、多数党党首に組閣を命じ、また法律として施行される法案の裁可をおこなう。総督は首相の推挙にもとづいて、イギリス国王によって任命され、通常任期は5年。

歴代総督の経歴は、1840~60年代までは主としてイギリス陸海軍人、60~90年代は専門職としての植民地行政官、19世紀末以降1967年まではイギリス貴族であった。

ルアタニファ湖での全国漕艇大会（由比濱省吾）

以後はニュージーランド出身者が総督を務め、最初のマオリ出身の総督はリーヴス*、最初の女性総督はティザード*で、カートライト*は2人目の女性総督である。さらに2006年に就任したサティアナンド(Anand Satyanand)はインド・フィジー系の最初の総督である。
（青柳まちこ）

藻類 [Algae]

淡水・海水を問わず水中または水底に生息し、地上の高等植物のような植物体や組織をもたず、光合成する植物の総称。したがって太陽光の届く大陸棚の範囲までしか分布せず、現在確認されている海藻の最深記録は褐藻ツルアラメの199mである。藻類は紅藻、褐藻、緑藻の3つに大別されるが、これらの色の違いは深度の差異によるものではなく、光合成色素の相違による。その他顕微鏡下の藻類として、珪酸質の細胞からなる珪藻がある。海水の藻類だけを総称する適当な呼び名はない。

海藻についてはニュージーランドの海岸には1,000種以上が数えられる。紅藻にはマオリが食用としたカレンゴ(karengo)、カンテンの原料となるルシーダやカピラセア、褐藻としては紐状の気泡をつくるネプチューン（ヴィーナス）・ネックレスがあり、体壁や瘤、水の入った保持体をもち、干潮時でも潮位に応じて乾燥から身を守ることができることで知られる。緑藻としてはアオサが、海のレタスと呼ばれ食用になっている。淡水の藻類については、ニュージーランドでは有効利用している例を探すことは困難である。
（塩田晴康）

ソーンダーズ、アルフレッド [Saunders, Alfred (c.1820-1905)]

実業家、政治家、女性の権利擁護者。イギリス生まれ。1842年ネルソン*に移住。企業家として成功し富の基礎を築いた。55年ネルソン州議会議員、以後41年間にわたり政治活動を展開。下院議員(61-64、78-81、89-96)。選挙制度改正、男子普通選挙、女性参政権*、土地累進課税、公的教育、禁酒などを推進。議員の経験をもとに著した2巻の *History of New Zealand*, 1896, 1899（ニュージーランドの歴史）ほかがある。
（ベッドフォード雪子）

ソリッド・エナジー社 [Solid Energy New Zealand Ltd.] ⇒石炭公社

ソリハシシギ [Godwit]

マオリ名クアカ(kuaka)。南北両島とスチュワート島*の沼、潮干帯に住み、反りあがった長い嘴が特徴的。体長40cm、背中は白と茶色の斑模様。毎年8月頃繁殖地であるシベリア東部とアラスカから、10万羽もの群れをなして9,000~10,000kmの距離を飛来し、翌年3~4月までニュージーランドに滞在する。
（由比濱省吾）

た

ダーヴィル島 [D'Urville Island]
　南島マールバラサウンズ*の北端にあり、タズマン湾*の東端を形成している島。探検家デュモン＝デュルヴィル*の名にちなみ命名。　　　　　　　　（由比濱省吾）

ダーガヴィル [Dargaville]
　北島ファンガレイ*の西南西 58km にある町。人口 4,530 人（2001 年）。かつてカウリ*が繁茂していた地域で、ワイポウア保護林（Waipoua Forest Sanctuary）とトラウンソン・カウリ公園（Trounson Kauri Park）には巨木が残っている。カウリ材とカウリ樹脂の積み出し港として町は栄えたが、カウリ林の消滅とともに衰退した。町の名は 1872 年この町を開いた銀行家ダーガヴィルによっている。現在は周辺農業地域の商業中心地である。　　　　　　　　　　（由比濱省吾）

ターナー、ブライアン [Turner, Brian（1941-）]
　詩人。ダニーディン*生まれ。オタゴ*の風景、自然、スポーツなどをテーマとし、機知に富んだ自然詩を得意とする。感傷主義を脱して自然の風物や小さな生きものたちに目を向けた。Pig という詩では殺されたブタの命の重みと悲しみを象徴的にうたった。処女詩集 Ladders of Rain, 1978（雨のはしご）で英連邦詩歌賞、Beyond, 1992（彼方）でニュージーランド・ブック賞を受賞。　　　　　　　　　　　　（池田久代）

ダーフィールド [Darfield]
　クライストチャーチの西 46km にある町。人口 5,349 人（2001 年）。国道 73 号線がアーサーズ（Arthur's）峠に向かって山に

入る前の商業中心地。　　　（由比濱省吾）

ターンブル、アレクサンダー
[Turnbul, Alexander Horsburgh（1868-1918）]
　書籍収集家。ウェリントン生まれ。イギリスで専門学校卒。父の会社のロンドン支店で働いたのち、1892 年、一家で帰国した。イギリス滞在中から書籍収集に興味をもち、給料のほとんどを書籍購入にあてた。帰国後はマオリ工芸品や、貨幣収集にも範囲を広げ、ニュージーランド、太平洋、南極に関するものを集中的に集めた。1913 年、膨大な量の書籍・文書・地図・絵画・書簡などをドミニオン図書館に寄贈した。16 年、ウェリントンにレンガ造りの家を建てて移り住んだ。彼の死後、政府は蔵書類をこの家ぐるみ一括購入し、遺言に従ってこれを国民の文化的相続資産として公共の用に供することとした。これが現在の国立図書館*に併設されているアレクサンダー・ターンブル文庫である。　（大島襄二）

タイ [Snapper]
　マオリ名タムレ（tamure）。日本のマダイと同種だが、日本の水産業界ではこれをニュージーランド・タイと呼んで区別している。体長 30〜80cm、重さ 2〜5kg。大陸棚に棲み、岩礁やサンゴ礁の端に小魚やウニを求めて群れ集まる。広く一般人の釣りの対象であったが、輸出品目としての価値が高まり日本向けの出荷が際立つ。漁獲規制枠の中で、漁業者、マオリ、遊漁者三つ巴の法廷論争にもなった。年間漁獲量 6,500t、規制魚種*コード記号 SNA。　（大島襄二）

タイアロア、テ・マテンガ
[Taiaroa, Te Matenga（?-1863）]
　南島ンガイ・タフ*の首長。19 世紀における南島マオリの最も有能な戦士の一人。1839 年にはジョンズ*に、44 年にはスコットランド移住者に、また 48 年には政府に

オタゴ*とカンタベリー*の土地を売却するなど、南島の土地売却に大きく関わった。
　　　　　　　　　　　　（青柳まちこ）

タイアロア、ホリ・ケレイ
[Taiaroa, Hori Kerei（?-1905）]

　南島ンガイ・タフ*の首長でテ・マテンガ・タイアロア*の息子。1830年代には部族間闘争で名を上げた。南部マオリ選挙区選出の下院議員(1871-79、81-85)、上院議員(79-80、85-1905)、南島マオリの土地復権のために精力的に活動した。
　　　　　　　　　　　　（青柳まちこ）

第1次世界大戦 [First World War]

　1914年8月に第1次世界大戦が起こると、イギリスに忠誠を誓うニュージーランドは、即座に本国支援のために参戦した。当時の首相マッセイ*は、「われらの存在すべて、われらの所有するすべては、イギリスの自由にゆだねられる」と述べている。ニュージーランド部隊は、ドイツ領西サモアを占領する一方、主力はオーストラリア部隊とともにエジプトへと派遣された。彼らの輸送船団の護衛には、日英同盟のもと、この大戦に参戦した同盟国日本の巡洋戦艦伊吹も参加した。このオーストラリア・ニュージーランド軍、いわゆるアンザック*は、15年4月にガリポリ作戦*に参加し多数の戦死者を出した。16年には徴兵制*を導入。以後もニュージーランド軍は東地中海沿岸部で戦う一方、16年春からはフランス、ベルギー方面でも戦うことになり、16年のソンムの戦いや、17年のイープル、パッシェンダールの戦いなど西部戦線での激戦に参加して多くの戦死傷者を出した。

第1次世界大戦時、入隊を呼びかける広告

この大戦全体で、当時の人口およそ100万人のニュージーランドは、約10万人もの兵員を出征させ、そのうち戦死者が約1万7千人、戦傷者が約4万1千人に及んだ。ニュージーランドにとってこの損害は大きかったが、これを契機として国家としての地位は上昇し、大戦後のヴェルサイユ講和条約にも、イギリス本国とは別個に調印した。
(山口悟)

対英本国関係［State Relations with Britain］
フランスの脅威を感じたマオリ首長たちは1835年に独立宣言した。そのニュージーランド部族連合国を認めたイギリスだが、マオリの部族間闘争の激化などによる治安悪化、ニュージーランド会社*の独走、さらにはフランスの脅威などを考慮し、1840年にマオリ首長たちとワイタンギ条約*を結んだ。この条約によりニュージーランドの主権はイギリスに譲渡され、ニュージーランドはイギリス植民地となり、総督*が置かれることになった。以後、1852年には自治権が認められ、1907年にはイギリス帝国のドミニオン*（自治領）に昇格し、さらに1931年のウェストミンスター憲章*でイギリス本国と地位平等の関係が認められた。しかし、イギリス帝国体制を重視するニュージーランドがこの憲章を批准したのは47年であり、これによってニュージーランドは完全に独立した。

とはいえ、現在でも英連邦*構成国であり、イギリス王を国家元首とし、総督も存在する。歴史的に母国への忠誠心が強く、2度の世界大戦でもイギリスを支援して参戦した。イギリスとの経済的結びつきも強く、かつては農・酪農産物を特権的に輸出する関係にあり、イギリスは主要輸出先であった。73年にイギリスがヨーロッパ共同体に加盟したことにより、その特権的市場を失い、太平洋・アジア地域との関係強化をめざすようになった。
(山口悟)

退役軍人年金［Veteran's Pension］
戦争年金*の一種。この公的年金は退役軍人で退職年金*の受給資格年齢に達した者、または達しないまでも障害のため労働することができない者に給付される。また、自動的にコミュニティ・サービス・カード*を保有できる。年金は受給者の死亡時に配偶者が一括支払いを受けることができる。
(太谷亜由美)

タイエリ川［Taieri River］
セントラルオタゴ*のラマロー（Lammerlaw）山脈に発して北東に流れ、ロック・アンド・ピラー（Rock and Pillar）山脈を迂回して南に向きを変え、ダニーディン*の西で西南に転じ太平洋に注ぐ288kmの川。下流の海岸付近に豊かな沖積平野のタイエリ平野を形成し、ここにモスギール*やダニーディン空港がある。上流ではパエラウ（Paerau）発電所とパテアロア（Patearoa）発電所が1984年に操業を開始し、現在トラストパワー（TrustPower）社が経営している。19世紀末にセントラルオタゴまで建設されたタイエリ鉄道は廃止されたが、その一部を使ってダニーディンからタイエリ川中流のミドルマーチ*まで、観光列車が運行されている。
(由比濱省吾)

大学［University］
最初の大学はダニーディン*に創設されたオタゴ大学*（1869年設立、71年開学）である。すべて国立で2004年現在、オークランド大学*、オークランド科学技術大学*、ワイカト大学*、マッセイ大学*、ヴィクトリア大学*、カンタベリー大学*、リンカーン大学*、オタゴ大学の8大学がある。2003年の正規大学生数は約117,000人で、文系分野の社会・文化系と経営・商学系（各21%）に最も多くの学生が在籍する。日本の4年制と異なり学士は通常3年で取得でき、その後1年間のディプロ

マ（Diploma）学位もある。多くの学生がサーティフィケート（Certificate）と呼ばれる資格コースを受講し、学士課程には約31%、修士課程には約7%が在籍する。授業料の大半は、在籍する正規学生数にもとづいて算出・配分される政府助成金でまかなわれるが、学生も約4分の1を負担する。学費への補助として学生手当制度（Student Allowance Scheme）と学生貸付制度（Student Loan Scheme）が政府により運営されている。前者は低収入の学生に対し、規定の条件にもとづき生活費が補助される。後者は借り入れた学生が所定のコース修了後に利子とともに返済する。中等教育最終学年（13年生）まで在籍した生徒のうち、約3割が大学に進学する。入学資格は国家資格総覧（National Qualifications Framework=NQF）のレベル3で、最低42単位以上（3科目以上4科目以内）を必要とするが、一定条件を満たせば12年生修了資格でも入学でき、また21歳以上の者は無条件で大学教育を受けることができる。 (一言哲也)

大学入学資格・奨励金・奨学金給付試験
[University Entrance, Bursary and Scholarship Examinations]

　大学に入学するために13年生（中等教育最終学年）が受験する統一試験。1966年に導入され、一部の制度変更を経ながら2003年まで実施された。結果は受験科目数と成績により(1)入学資格のみ(Entrance)、(2)奨励金（Bursary）、(3)奨学金（Scholarship）の3種に分類される。さらに(2)の奨励金については、5科目で300点以上がA（入学後20歳まで年200ドル給付）、250〜299点がB（同100ドル給付）に分かれている。(3)の奨学金は各科目上位3〜4%の優秀者に授与される特別なもので、総合1位に年15,000ドル、科目ごとの1位に年3,000ドルなどが3年間給付される。成績は志望大学に直接送付され、専攻学部や科目により入学や受講の可否が決まる。なお、この制度は2003年度で廃止され、04年度から中等教育資格試験*のレベル3（Bursary）、レベル4（Scholarship）に移行。 (一言哲也)

大気汚染 [Air Pollution]

　大気の質は気候、火山活動、動植物、土地利用、人間活動などにより影響を受ける。大気汚染は空気中の有害ガスおよび粒子の集中・増加に起因するが、産業や暖房による排煙、自動車排気ガスなどによる汚染が進行している。このため粉塵、一酸化炭素、窒素酸化物の含有量に関する指針が定められている。ニュージーランドの大気は世界他地域の大部分よりもかなり清浄であるが、オークランドとクライストチャーチでの汚染は深刻である。 (植村善博)

退職年金 [New Zealand Superannuation]

　94年制定、現行のニュージーランド公的年金の名称。公的年金は一切の拠出を必要とせず、国の一般財源から支出される。給付要件は年齢要件と居住要件のみで、給付申請により受給開始となる。年齢要件は65歳以上で、居住要件は20歳に達してから10年間以上、また50歳に達してから5年間以上、ニュージーランドに居住していることである。給付額は毎年、消費者物価指数でスライドするが、就労世代との公平を保つ意味で、賃金調整域調査*が実施され、一定の水準を保つよう調整される。各個人の受給額は配偶者の有無、居住の形態（同居者の有無）によって異なる。給付形態ごとに、一律の額が所得税を差し引かれた後、各個人の銀行口座に2週間に一度振り込まれる。また公立病院は医療費が無料であるため、13週以上入院している場合には、大幅に減額される。責任官庁は労働所得局*である。 (太谷亜由美)

退職年金基金

[New Zealand Superannuation Fund]
　2001年労働党*内閣によって創設された、公的年金の積み立て部分。急速に進行する高齢化に先立ち、事前に積立金を準備し、高齢化ピーク時の財政圧迫に対処する緩衝材の役割を果たす制度。　（太谷亜由美）

第2次世界大戦［Second World War］
　1939年9月1日にイギリス本国が対独宣戦して第2次世界大戦に突入すると、ニュージーランドもイギリスに2日遅れて9月3日に参戦した。参戦後になされた、首相サヴェジ*の病床からの演説は有名である。「過去における感謝と未来における信頼をもって、怖れることなくわれらはイギリスに味方する。イギリスの行くところにわれらは行き、イギリスの立つところにわれらは立つ」。40年には徴兵制*を導入。ニュージーランド軍はエジプトへと派遣され、40年から北アフリカでの戦いに参加したが、翌年のギリシア、クレタの防衛戦では大損害をこうむって撤退せざるをえなかった。エジプト、リビア方面でドイツ・イタリア軍との激戦が続く中、41年12月には太平洋方面で日本が敵国として参戦した。
　しかし、ニュージーランドは軍主力を北アフリカから呼びもどすことなく、のちにソロモン諸島などにも進出はしたものの、太平洋方面には一部部隊をあてるにとどめた。対日防衛はアメリカ軍に全面的に依存して、ニュージーランド自体にもアメリカ軍が駐留した。43年にはチュニジアで戦い、枢軸軍が北アフリカから一掃されたあとは、イタリアなどヨーロッパで戦いつづけた。ニュージーランドの最大動員数は42年9月の15万人強であり、大戦全体で戦死者11,625名、戦傷者約15,700名を出した。この大戦で本国防衛をアメリカに大きく依存したことは、戦後に続く対米協調路線の素地となった。一方、イギリス本国依存の限界を感じたニュージーランドは独自外交路線を強め、43年に外務省（現外務貿易省*）を設立した。　（山口悟）

ダイビング［Diving］
　多彩な魚や海草、珊瑚礁などがダイビングで観察できる。北島ではスリーキングス諸島*からイースト岬*にかけて、南島ではマールバラサウンズ*やカイコウラ*周辺に人気がある。　（山岸博）

タイファンガ、ラウィリ
［Taiwhanga, Rawiri（c.1818-74）］
　北島北部ンガプヒ*の首長。1822〜24年までマースデン*とともにオーストラリアで過ごし、帰国後コムギ*、果実などを栽培した。35年にはバターを製造販売し、40年代には牧羊もおこなっている。30年キリスト教に改宗し、ワイタンギ条約*に署名するなど、ンガプヒの西欧化に大きな影響を及ぼした。　（青柳まちこ）

太平洋共同体［Pacific Community］
　太平洋に統治領をもつニュージーランド、オーストラリア、アメリカ、イギリス、フランス、オランダの6ヵ国によって、1947年に太平洋島嶼地域住民の経済的・社会的福祉の向上を目的として設立された。旧名は南太平洋委員会（South Pacific Commission）で、98年に現在の名称に変更された。オランダは62年に脱退、イギリスも96年に脱退したが、98年に再加盟。83年には、独立、非独立を問わず、地域のすべての島嶼が加盟を認められ、現在は22の諸国、統治領からなる。事務局はニューカレドニアのヌーメアに所在。政治問題は扱わないという性格のため、フランスの核実験に対する共同抗議を望む太平洋島嶼諸国が不満を高め、1971年、南太平洋フォーラム*を設立した。一時期、南太平洋フォーラムとの統合も議論されたが、

太平洋共同体は土地資源や海洋資源、保健などに関する技術的支援と研究機関として自らを位置づけることで、南太平洋フォーラムとの差異化を図っている。　　（小柏葉子）

太平洋経済緊密化協定［Pacific Agreement on Closer Economic Cooperation］
　2001年8月の太平洋島嶼フォーラム*年次会議において採択され、02年10月に発効した太平洋島嶼諸国とニュージーランド、オーストラリア両国との間の自由貿易協定。世界的な貿易自由化の進行の中で、それまで太平洋島嶼諸国が依拠してきたロメ協定（Lomé Agreement）などの貿易優遇措置が失われていく趨勢への対応として策定された。協定のもとで、太平洋島嶼諸国は自由貿易に向けての改革に対し、財政的・技術的援助をニュージーランド、オーストラリア両国から受けることができ、一方、ニュージーランド、オーストラリア両国は、太平洋島嶼諸国がほかの先進国と自由貿易協定を結んだ場合でも、太平洋島嶼諸国市場における自国産品の立場が保障される。
　なお太平洋島嶼諸国間の自由貿易協定として、太平洋島嶼諸国貿易協定（Pacific Island Countries Trade Agreement）が2003年4月に発効しており、太平洋諸島フォーラムには加盟していないアメリカやフランスが領有する島嶼も両協定に加入している。
　　　　　　　　　　　　　　　　（小柏葉子）

太平洋諸島省
［Ministry of Pacific Island Affairs］
　内務省*にあった太平洋諸島局が1990年省に昇格。ウェリントンに本省、オークランドおよびクライストチャーチに支庁を置く。太平洋諸島からの移民は第2次世界大戦後連鎖的に急増し、2001年国勢調査*時には23万1,800人、ニュージーランド全人口の6.2％を占める。これらの太平洋諸島民の要望や願望を政府に伝え、それに沿った政策決定がなされるように計らったり、太平洋諸島民向けの政策が円滑に進められるように働きかけたりするとともに、補助金の交付や奨学金の申請受付なども業務としておこなっている。全体として、太平洋諸島民の福祉や向上をはかりつつ、ニュージーランド社会一般との意思疎通を促す仕事をおこなっている。（山本真鳥）

太平洋諸島民［Pacific Islanders］
　第2次世界大戦後、ニュージーランド国内での工業化にともない、マオリ人口の都市移動と同時に太平洋諸島からの人口移動が生じた。最初は出稼ぎ労働であったが、やがてそれぞれの移民コミュニティが主として都市に生成する。現在23万1,800人（2001年）がニュージーランド在住で、全人口の6.2％。内訳はサモア人11万5,000人、クック諸島人5万2,600人、トンガ人

オークランド市内にある太平洋諸島民向けの青果物店
（青柳まちこ）

4万700人、ニウエ人2万100人。その他、フィジー人、トケラウ人、ツバル人。

マヌカウ市*は最大人口を有し4人に1人が太平洋諸島民である。その北のオークランド市と合わせ、ほとんどの太平洋諸島民はこの地域に住む。ニュージーランドに統治されるトケラウ*や自由連合国のクック諸島*、ニウエ島*の出身者は、ニュージーランド市民権を有するために入国制限がなく、ニュージーランド在住人口が本国人口を上回る。若年人口が多く平均21歳で、製造業に従事する比率が高く、サービス業、事務職などが続く。多くの太平洋諸島民が本国の親族との強い絆をもっており、送金をおこなっている。出身国や独自の教会組織を通じてコミュニティ活動をおこない、ラグビーをはじめとするスポーツや、歌や踊りの芸能関係での活躍などが目立つ。
〔山本真鳥〕

太平洋諸島民教会
[Pacific Islanders Church]

主としてロンドン伝道協会によって布教がおこなわれたクック諸島*、サモア独立国*、ニウエ島*、トケラウ*などの出身者が、ニュージーランドにおいてプレスビテリアン教会*との連携のもとに、合同で太平洋諸島民の教会を形成。戦後の太平洋諸島民の移民増加の歴史と重なり、主にオークランド、ウェリントンなど各地に設立された。2002年にはプレスビテリアン教団内に太平洋諸島民会議が正式に発足している。英語とともに各言語の礼拝がおこなわれており、太平洋諸島民同士が連帯を深め、情報交換をおこなう場ともなっている。
〔山本真鳥〕

太平洋島嶼フォーラム
[Pacific Islands Forum]

太平洋島嶼14ヵ国、ニュージーランド、オーストラリアによって構成されている地域協力機構。1971年に南太平洋フォーラム(South Pacific Forum)という名称で設立され、2000年に現在の名称に変更された。事務局はフィジーのスヴァ。首脳による年次会議のほか、外相会議、経済閣僚会議、通商閣僚会議などの諸会議、および関係の深い域外国を招いたフォーラム・域外国対話をおこなっている。日本は域外国対話のメンバーである。また1997年から3年に1度日本・太平洋島嶼フォーラム首脳会議(太平洋・島サミット)が開催されている。

フォーラム設立の主目的は、南太平洋におけるフランスの核実験に対する共同抗議であったが、同じく域外からもたらされた地球温暖化、貿易自由化といった諸問題に対しても共同行動を展開している。加えて、地域共同海運事業などのほか、ビケタワ宣言*採択といった安全保障分野にも及ぶさまざまな域内協力もおこなっている。
〔小柏葉子〕

太平洋プレート [Pacific Plate]

最大の海洋プレートで太平洋の大部分を含む。太平洋西縁部でのプレート境界にはカムチャツカから日本、マリアナ諸島を経てニューギニア北部へいたる長大なプレートの沈み込み*帯が形成されている。東太平洋海膨で生成したプレートは西方へ移動し、ニュージーランド付近のそれは白亜紀の年代をもつ。現在、年約8cmの速度で西へ進んでいる。このため、オーストラリア・プレート*との境界にはトンガ海溝、ケルマデック海溝*、ヒクランギ・トラフ(Hikurangi Trough)へ連続する南北性の沈みこみ帯が形成されている。
〔植村善博〕

タイ (苔) 類 [Liverwort]

セン類*とツノゴケ類とともにコケ植物門を構成する。ニュージーランドはタイ類の宝庫で、種は500ほどある。セン類の胞子は茎が細く針金状であるのに対し、タイ

類は太めで半透明である。乾燥地や塩害地では見られないが、湿った岩や樹幹につく着生植物として多種多様で、海岸部から高山帯まで広く分布する。2種に大別され、葉をもつ種はほとんどが森林で生育し、葉をもたない種は森林や草地に広く分布している。最大のものは葉状体が20cm以上。

(塩田晴康)

ダウトフルサウンド［Doubtful Sound］

南島マナポウリ湖*の西にあるフィヨルド*。1770年にクック*が命名したが進入はしなかった。命名の由来は非常に静かな湾で、再び航海できる順風までどれほど待機しなければならないか疑わしかったためである。原生林の山をめぐらせた景観は非常に美しいが、このフィヨルドを訪れる方法は現地旅行社の設定した観光ツアーに参加する以外にない。

(由比濱省吾)

ダウトレス湾［Doubtless Bay］

ノースランド*北部、太平洋側にある入口の広い湾。1769年にクック*が、風向きが悪くて湾内探検ができなかったが、湾であることは間違いないとして命名した。湾内南岸にあるケーブル（Cable）湾は、1902年にノーフォーク島経由でニュージーランドとオーストラリアを結ぶ海底ケーブルが設置された場所。

(由比濱省吾)

タウポ［Taupo］

北島タウポ湖*の北東端に位置する町。人口20,310人。町を含めた周辺のタウポ郡の人口31,521人（2001年）。ワイカト川*はここから流出している。温泉もある観光・リゾートの町で、同時に後背地の酪農、牧羊、牧牛、林業地域の商業中心地。付近にはワイラケイ*地熱地域があり、地熱発電*がおこなわれている。1989年にタウポ郡

ダウトフルサウンド（由比濱省吾）

役所所在地となった。87年に神奈川県箱根町と姉妹都市*提携。　　（由比濱省吾）

タウポ湖［Lake Taupo］

　タウポ火山帯中部、面積613km²のニュージーランド最大の湖。湖面高度357m、水深は163mに達する。湖の中央部はA.D.200年頃の大噴火によるカルデラ陥没地を占めるが、北岸は断層地溝に支配されている。湖岸の大部分は急崖に限られ、美しい湖岸景観をもつ。湖中に森に覆われたモトゥタイコ（Motutaiko）島がある。湖岸のタウポ*、トゥランギ*は有数の観光・リゾート地、マス釣りの名所。東岸を国道1号が走る。湖水は北端のタウポにある樋門で調整されたのち、ワイカト川*へ排水。　　（植村善博）

タウマルヌイ［Taumarunui］

　タウポ湖*の西方、北島鉄道幹線にある町。人口5,136人（2001年）。町の名はマオリ首長が最後に残した言葉「大きな幕を！」による。かつてマオリのファンガヌイ川*輸送路上の重要集落。1890年代にヨーロッパ人が入植、現在はルアペフ（Ruapehu）郡役所所在地である。2000年タウマルヌイ（現ルアペフ郡）は兵庫県日高町（現豊岡市）と姉妹都市*提携。　　（由比濱省吾）

タウランガ市［Tauranga City］

　ベイ・オブ・プレンティ県*西部の中心都市。タウランガ都市圏の人口は、1991年に70,803人であったが96年には82,000人に増加し、2001年90,906人。1963年市制施行、98年以後は市域のほか対岸のマウントマウンガヌイ*、東南のテ・プケ*を含むタウランガ郡役所の所在地になった。後背地は果樹の大産地で、キーウィフルーツ*、タマリロ、レモン、グレープフルーツ、ミカンが栽培され、酪農、牧羊、林産加工業が発達している。タウランガ湾*への南入口は深い港湾地区はこの一帯にある。タウランガとマウントマウンガヌイの両港は互いに向かい合っており、前者はウェリントンやポートチャーマーズ*と肩を並べるコンテナ港、後者は木材、新聞紙、パルプ、農産物などの輸出港である。1988年に茨城県日立市と姉妹都市*提携。97年に高知県須崎市と友好都市提携。
　　（由比濱省吾）

タウランガ湾［Tauranga Harbour］

　ベイ・オブ・プレンティ*北部で約25kmの砂嘴が発達して太平洋から隔てられた湾。外界との通路は南北2ヵ所にあり、湾内は安全な泊地である。地名は安全なカヌー停泊地の意。現在でも湾南部のタウランガ*とマウントマウンガヌイ*は有数の貿易港である。　　（由比濱省吾）

タカヘ［Takahe］

　固有種の鳥。体長63cm。嘴と脚が太く飛べない。体は青や緑の陰影があり、下羽は白くて前額と脚はピンクと赤である。絶滅したと考えられていたが、1948年にテ・アナウ付近で再発見された。生息地はテ・アナウ湖*西側の氷河谷、タッソク*草地などに限定されている。環境保全省*の増殖計画が講じられているが、依然として最希少種である。絶滅危惧種*。　　（由比濱省吾）

タカモアナ、カライティアナ
［Takamoana, Karaitiana（?-1879）］

　ホークスベイ*のンガティ・カフングヌ*首長。1840年代コレンソ*のもとでキリスト教を学び改宗。50年代のいくつかの土地売却に積極的に関与し、テ・ハプク*と対立する。パイマリレ*討伐では政府軍に参加。東部マオリ選挙区から下院議員（71-75、76-79）。議会活動を通じて土地問題の解決に努力し、ホークスベイ土地取引否認運動*の支持者でもあった。　　（青柳まちこ）

宝くじ［Lotto］

　1978年7月、ニュージーランド宝くじ委員会によって運営される公営の宝くじ販売が開始され、当該年度の売上高が1億7,500万ドルを超えた。これにはロト、ロトストライク、デイリーキーノー、インスタントキーウィと、テレビンゴなどがある。1990年代末には、ロトの販売は6億ドルとなり、3億5,000万ドルが賞金として支払われ、1億5,000万ドルが慈善・文化活動に配分された。　　　　　（高橋貞彦）

ダグラス峰［Douglas Peak］

　サザンアルプス*の心臓部にある3,085mの山。西にフォックス氷河*の上流のアルバート（Albert）氷河、東にタズマン氷河*がある。　　　　　　　　　　　（由比濱省吾）

ダグラスモミ［Douglas Fir］

　北アメリカ原産の大樹となる針葉樹。植林用として導入され、現在はニュージーランドの風土に順化して林産物の6%を占める。　　　　　　　　　　　　（由比濱省吾）

ダグラス、ロジャー
［Douglas, Roger Owen（1937-）］

　政治家、実業家。オークランド生まれ、会計士となり会社経営に従事。1969年労働党*から国会議員（1969-90）、カーク*内閣で郵政相、放送相、ロウリング*内閣で住宅相、関税相を務める。84年発足したロンギ*政権で財務相に就任。ロジャーノミックス*といわれる大胆な財政・行政改革をおこなった。この市場経済導入は従来の労働党政策の大転換であり、手厚い保護のもとにあった人々の不満は大きかったが、87年の総選挙でも労働党が勝利した。ダグラスは改革の続行を意図したが、まもなくロンギとの間に政策をめぐって対立が生じ、88年末辞職。翌年7月労働党執行部はダグラスの復職を決議し、ロンギもそれを受け入れたが、ダグラスを財務相とすることには賛成せず、警察相、移民相に任命した。しかし執行部との対立がロンギの立場を弱めロンギ自身が89年8月首相を辞任した。90年におこなわれた総選挙ではダグラスは立候補せず、93年クィッグリー（Derek Quigley）とともに、消費者納税者連盟*を結成し、その最初の総裁となった。まもなくその任から退き、2004年12月には政治から完全に身を引いた。
　　　　　　　　　　　　（青柳まちこ）

タケ［Bamboo］

　主に観賞用として導入され、公園や庭園に植栽されている。ニュージーランド竹協会（New Zealand Bamboo Society）は、タケの価値、育成とタケ製品の利用など普及活動をおこなっている。ノースランド県*北部のケリケリ*では、果樹園の防風林としてしばしばモウソウチクが植栽されており、独特な景観を示している。　（由比濱省吾）

タケット、フレデリック
［Tuckett, Frederick（c.1807-76）］

　測量士。イギリス生まれ。1841年ネルソン*入植地の測量主任・土木技師としてニュージーランド会社*に雇用されたが、土地を投機物とみなす不在地主の多いことに失望し帰国しようとした44年、スコットランド自由教会*の入植地選定を任された。会社はリトルトン*近辺を提案したが、彼はダニーディン*に決定し、ほぼ21万haの土地を購入した。47年会社を辞して帰国。　　　　　　　　　　（青柳まちこ）

タコ［Octopus］

　マオリ名フェケ（wheke）。ニュージーランド全海域、南はキャンベル島*にまで分布する。大きいものでは頭から足先までが2mに及ぶものもある。マオリはタコを食用とする。　　　　　　　　　（大島襄二）

ダスキーサウンド［Dusky Sound］

南島西南端、フィヨルドランド*にあるニュージーランド最大のフィヨルド*。クック*は1770年と73年にここを訪れ、73年には約2ヵ月滞在して詳細に調査した。のちにアザラシ猟業者が頻繁に立ち寄る場所になった。　　　　　（由比濱省吾）

タスマン、アベル
［Tasman, Abel Janszoon（1603-59）］

航海者。オランダ人。最初にニュージーランドを「見た」ヨーロッパ人として記録される。1635年オランダ東インド会社に入り、42年会社の命令で南太平洋から南米に至る最短航路を探る探検航海に挑む。この航海でタスマニア島を発見、さらにオーストラリア東岸の海（のちのタスマン海*）からニュージーランド南島の沖に達し、42年12月13日の昼頃、ファウルウィンド岬*沖合、南緯42度10分の地点に達した。そこから北上して12月19日にはゴールデン湾*の沖合に投錨したが、ここでボートで海岸に近づいた乗組員7人のうち4人がマオリに殺されたため、タスマンはここを殺人者湾と名づけて退去した。さらに北上してスリーキングス諸島*で水を求め、2回上陸を企てたがマオリの姿を見て諦めた。

結局タスマン自身はニュージーランドの土を踏むことなく、バタヴィア（現在のジャカルタ）に帰港した。彼はこの地をゼーランディア・ノヴァ（Zeelandia Nova）と名づけ、この陸地はおそらく南米大陸の西岸であろうと報告した。しかし同じく43年、ル・メイル（Le Maire）は、南米大陸が西に伸びていないことを報告し、ニュージーランドと南米大陸は別の陸地であることが判明した。タスマンの名前がニュージーランド各地に残るのは、のちの人が彼を記念して命名したものであるが、地名の英語読みではタズマンと発音される。　　（大島襄二）

タズマン海［Tasman Sea］

ニュージーランドとオーストラリアを隔てる海。1642年この海を西から東に初めて横断してニュージーランドに到達したタスマン*の名をとって命名された。クック*は第1回航海で、タスマンとは逆方向に東から西へこの海を横断してオーストラリア東海岸に到達した。　　　　　（由比濱省吾）

タズマン山［Mt. Tasman］

標高3,497m、第2位の高山。アオラキ（クック）山*の北方4kmのサザンアルプス*分水嶺に位置する。山名は地質学者ハースト*がオランダ人航海者タスマン*にちなんで命名。初登攀は1895年イギリス人登山家フィッツジェラルド（Edward Fitzgerald）とイタリア人ガイドのズルブリッゲン（Mattias Zurbriggen）。　（由比濱省吾）

タズマン山地［Tasman Mountains］

南島北西端に位置する高度1,000~1,700mの塊状山地。西はタズマン海*、東はタカカ（Takaka）川、北はゴールデン湾*に接する。中央部はドメット（Domett, 1,646m）山を中心とした放射状の水系に支配され、多数の小山地に細分されている。主要な峰として、コッブ（Cobb, 1,716m）山、デヴィル・リバー（Devil River, 1,784m）峰などがある。北部はカフランギ国立公園*に指定されている。　　　　　　　　　（植村善博）

タズマン準県［Tasman District］

1989年の地方制度改革により南島北西部から、ネルソン市*を除いた地域がタズマン郡となった。1郡のみで県を構成し県と同等の権能をもつ準県（Unitary Authority）である。中心都市はリッチモンド*で、タズマン湾西岸にはモトゥエカ*、マリリ（Mariri）、マプア（Mapua）、ゴールデン湾*沿岸にはタカカ（Takaka）、コリングウッドなどの町がある。気候温暖で雨量も適度

であるため、集約的農業がおこなわれる。カフランギ*、エイベル・タズマン（Abel Tasman）の両国立公園が広い面積を占めている。
（由比濱省吾）

タズマン氷河［Tasman Glacier］
アオラキ／クック山国立公園*内にあり、サザンアルプス*最大で、温帯地域最長の氷河(29km)。地質学者ハースト*によって、オランダの航海者タズマン*を記念して命名された。タズマン氷河はタズマン川となって南方に流れ、プカキ湖*に注ぐ。
（太田陽子）

タズマン湾［Tasman Bay］
南島北端の巨大な三角形の湾入部。1642年タスマン*が最初に航海し、1770年クック*がブラインド（Blind）湾と呼んだ。その後、フランス人探検家デュモン=デュルヴィル*が1827年にこの名を与えた。湾内の水深は浅く、沿岸には砂州やラグーンが発達する。ネルソン湾岸のボウルダー・バンク*は著名。東岸にネルソン*、西岸にモトゥエカ*が位置する。
（植村善博）

タソック［Tussock］
南島サザンアルプス*東側の広大な乾燥地帯や北島中央部の一部を、草地状に覆っているイネ科の固有草本の一般的呼称。南島ハイカントリーのタソック草地は、粗食に耐えるヒツジ、メリノ*種の天然の牧地となった。しかし生産性の向上が図られ、牧草地が改良されたため、かなりのタソック草地が減少した。
（塩田晴康）

タチウオ［Frost Fish］
マオリ名パラタハランギ（para-taharangi）。体長2mにも達する細長い魚。通常は外海に生息するが産卵期に大陸棚内まで接岸しトロール漁業の付随的漁獲となる。白身で美味、資源量は少ない。年間漁獲量は2,500t。規制魚種*コード記号 FRO。
（大島襄二）

ダチョウとエミュー［Ostrich and Emu］
ダチョウは1900年代初期に導入、当初は羽毛を女性の帽子などの装飾用に、皮革を衣類・袋に用いた。14ヵ月で成鳥となり、1羽で30kgの肉が取れるため、90年代に食肉用生産の可能性が再発見されて、新たな繁殖ブームが生じた。のちに導入されたエミューはダチョウよりも小型であるが食肉のほか、1羽あたり採取される5~7ℓの油が化粧品材料として利用できることが知られ、農家の関心を惹くようになった。飼育は現在カンタベリー*、マナワトゥ*、ベイ・オブ・プレンティ*、オークランドなどの小規模農場でおこなわれているに過ぎないが、政府も支援し将来は輸出を目標としている。
（由比濱省吾）

ダニーディン市［Dunedin City］
南島オタゴ県*の中心都市。人口114,342人（2001年）。1848年スコットランド自由教会*の信者344人が入植したことに始まり、町の名はエディンバラの古いケルト名ダン・エディン（Dun Edin）に由来する。いまなおスコットランドの遺産を誇り、地元の儀式にはしばしばバグパイプの演奏がともなう。1861年にセントラルオタゴ*で金*が発見されたために、教会による秩序ある植民は終わりを告げ、2,000人であった人口は国内・国外からの流入で、65年頃には10,000人にまで急増し、国内最大の都市になった。この間農・工業も急成長し、ゴールドラッシュ*以後の10数年間は商工業の全国的中心地であった。
69年には主として市民の寄付によってニュージーランド最初のオタゴ大学*と医学校、図書館と博物館が設立された。Otago Daily Times紙はニュージーランドで最も古い日刊紙である。初期時代の富と栄

光の産物は、ダニーディン駅舎、オタゴ博物館*、オタゴ大学*本館、ファーストチャーチなどの歴史的建造物に見られる。人口は停滞の傾向にあり、2001年現在は全国第8位である。港湾に近い部分は工業地区であるが、港は水深があまり深くないので、コンテナ港としてはポートチャーマーズ*が利用されている。1980年に北海道小樽市と姉妹都市*提携。　　（由比濱省吾）

谷氷河［Valley Glacier］
　大陸氷河に対する語、谷の中を流下する氷河。カールや万年雪原を涵養域とする氷河が、氷期以前に形成されていた谷の中に伸びている場合が多い。谷氷河によって侵食された地形は、U字型の断面で特色づけられる。ニュージーランドで著名な谷氷河は、南島のサザンアルプス*西麓のフォックス氷河*、フランツジョセフ氷河*、東麓のタズマン氷河*などで、いずれも観光の中心をなす。　　　　　　　（太田陽子）

ダニーディン駅（由比濱省吾）

南島西岸のミルフォードサウンド背後にある典型的なU字谷。U字谷は氷期には谷氷河で覆われていた（太田陽子）

タニファ［Taniwha］

マオリ伝承によれば、海、川、泉、湖などに住む水の精で、通常巨大なトカゲないしは魚の形をとっている。一説によればタニファは危険な生物で、ときに人間を襲うが、ほかの説ではカヌーの守護神としてハワイキ*から人間とともに移動してきたという。
（青柳まちこ）

タネ［Tane］

マオリ創世神話のランギ*とパパ*の子どもの一人。タネの最大の事業は父ランギをもち上げて両親の分離に成功したことである。タネは自然界とくに森の神、鳥の神であり、生命の付与者であり、さらに智の入った3つの籠を天から人類にもたらしたといわれる。
（青柳まちこ）

タバコ［Tobacco］

南島北部モトゥエカ*地域は土壌と気候がタバコ栽培に好適であるため、1970年代まで商品作物として黄色種タバコを生産した。しかし80年代から90年代に喫煙人口の減少や政府の政策により、タバコ栽培は衰滅し、ホップその他の作物に席を譲った。
（由比濱省吾）

タヒバリ［Pipit］

マオリ名ピホイホイ（pihoihoi）。マミジロタヒバリは体長19cm、ほぼ全土に分布する。低地では叢林、山麓地帯では川底、タソック*草地に見られる。
（由比濱省吾）

タプ［Tapu］

マオリの宗教観、超自然観における重要な認識の一つ。その意味は「聖なる禁忌」、「神聖な掟」といったもので、あまりにも神聖なために触れてはならない、あるいはあらかじめ定められた儀礼に則って取り扱わなくてはならない聖なるものをさす。マナ*とは表裏一体の概念で、マナをもつ人

タプであることを示す標識。この標識を超えて進入することは許されない。ケリケリ近くのレワ・マオリ復元村（青柳まちこ）

物や事象はタプであることになる。タプを無視したり、十分な儀礼を怠ると、病気になったり、時には死を招くと信じられていた。タプの対概念、相互補完的な観念としてノア（noa）があり、ノアとはタプではない状態、儀礼的に偏っていない状態を意味する。英語のタブーはポリネシア語のタプを語源とする。
（内藤暁子）

ダフ、アラン［Duff, Alan（1950-）］

マオリ系小説家。ロトルア*生まれ。父親アラン・ダフはヨーロッパ系科学者。両親の離婚後非行に走る。都市に住むマオリ人の生活を描いた『ワンス・ウォリアーズ』1995（*Once Were Warriors*, 1990）の出版と映画化により一躍国内外で有名になる。*What Becomes of the Broken Hearted*, 1996（失意のものたちはどこへ）は前著の続編で、同

じく映画化された。1991年よりイブニング・ポスト誌（Evening Post）に毎週寄稿し、現代ニュージーランド社会とマオリ人の現状について鋭い分析をしている。2冊の子ども向け絵本も出版し、95年には貧困家庭の子どもに廉価の本を提供する組織、家庭の本屋（Books in Homes）を設立した。

(池田久代)

タフィアオ［Tawhiao (1825-94)］

第2代マオリ王。ポタタウ（Potatau）II世とも呼ばれる。1860年即位。その年に始まった土地戦争*に躊躇はしたものの、最終的には土地不売同盟のマオリとともに参戦した。64年のオラカウ・パ*の戦いに敗北すると、ンガティ・マニアポト*の領内（キングカントリー*）に逃げ込んだ。タフィアオは80年、政府から上院議員の資格と年金の申し出を受けたがこれを拒絶し、翌81年政府との和睦を受け入れた。84年イギリスへ赴き、イギリス政府にマオリ土地没収*の不当性と救済を訴えたが、功を奏さなかった。その後もマオリ王擁立運動*独自の集会ポウカイ（poukai）や議会を創始するなど、終生マオリのマナ*の回復に努めた。

(内藤暁子)

タフィティ博物館［Tawhiti Museum］

ハウェラ*にある私設博物館で、南タラナキ地方の歴史を視覚的に再現している。さまざまな模型によってマオリの文化とヨーロッパ人の入植以後の社会の様子を見学することができる。

(角林文雄)

タプセル、フィリップ
［Tapsell, Philip (c.1777-1873)］

コペンハーゲン生まれ。イギリス捕鯨*船に乗り組み、イギリス式名前を名乗るようになった。1803年から数回、ニュージーランドを訪れ、30年にはベイ・オブ・アイランズ*に来住し貿易に従事した。3人のマオリ女性と結婚しているが、テ・アラワ*出身の3番目の妻との間に6人の子どももうけた。子孫の一人ピーターは東部マオリ地区選出の労働党*議員（1981-96）、90年議長。

(青柳まちこ)

多文化社会［Multicultural Society］

ニュージーランドはヨーロッパ系のほかに、マオリ系（約15％）、太平洋諸島系（約6.5％）、アジア系（約6.6％）の人々から構成されている。イギリスからの移民の子孫が多く、ニュージーランド文化は基本的にはイギリスの影響が強い。しかし、公用語が英語とマオリ語であり、ニュージーランドを代表するラグビーチーム、オールブラックス*の試合は、マオリ語と英語の国歌斉唱、マオリの伝統的な戦闘の踊りハカで始まる。

このようにニュージーランドの文化は、先住民マオリの文化とイギリス文化とが融合して形成されてきた。しかし、近年、アイランダーズと呼ばれる、サモア、クック、トンガ、ニウエといった太平洋系移民やインド、中国などからのアジア系移民が増加している。このような移民の激増に対し、政府は移民政策*の抜本的見直しを実施している。21世紀に入り、移民者数の伸び率は鈍化傾向ではあるが、現在のニュージーランドはさまざまな国の人々が移り住み、多文化社会が形成されている。

(新井正彦)

フードコート内のすし店 (青柳まちこ)

タマイハラヌイ［Tama-i-hara-nui（?-c.1830）］

南島ンガイ・タフ*の大首長。イギリス船エリザベス号の支援を受けたンガイ・トア（Ngai Toa）マオリのテ・ラウパラハ*により、1830年10月、交易のためと偽って招かれたエリザベス号船上で妻と娘とともに捕えられた。彼らの居住地アカロア*も焼き討ちに合い、多くの住民は殺戮された。彼らの最後については諸説あるが、妻は船から跳び下りて溺死、彼は娘を絞殺したが、彼自身は長期にわたる拷問を受け殺されたというのが有力説である。31年タマイハラヌイの甥がシドニーを訪れ、この事件を報告したため、エリザベス号船長スチュワート（John Stewart）はシドニーで逮捕されたが間もなく釈放された。 （青柳まちこ）

タミハナ、ウィレム
［Tamihana, Wiremu（1802-66）］

マオリ王擁立運動*に際し、キングメーカーとして知られる。1850年代半ばからゆるやかな土地不売同盟を結成して集会を重ね、マオリ王の擁立こそマオリのマナ*を守る鍵になるとして、初代王ポタタウを選出した。ポタタウが選出された基準は人物としてのマナ、土地のマナ、食物のマナが最も優れていることであった。タミハナはマオリ王とともに土地戦争*を戦ったが、パイマリレ*による虐殺を契機に熱意を失い、政府軍に降伏した。 （内藤暁子）

タムワース［Tamworth］

ブタの品種。19世紀初期にイギリスで開発され、1870年に固定された。鼻が長くイギリス在来種の代表と見なされている。体色が黄金〜赤色であるのが最大の特徴。80年代にニュージーランドにも導入された。現在ニュージーランドには純血種は雌100頭以下、雄30頭と見積もられている。 （由比濱省吾）

タライア、ンガクティ・テ・トゥムフイア
［Taraia, Ngakuti Te Tumuhuia（?-1872）］

コロマンデル半島*一帯に居住したンガティ・タマテラ（Ngati Tama-Te-Ra）マオリの戦士。ンガティ・タマテラはいち早く銃を入手した北部のンガプヒ*から、度重なる攻撃を受けていたが、1820年代になると彼らも銃入手に成功し、イーストコースト*にまで攻め入った。40年5月持ち回りによるワイタンギ条約*への署名を拒否。キリスト教にも反対の立場をとった。60年代マオリ王擁立運動*には関心をもったが、高齢のため戦闘には加わっていない。 （青柳まちこ）

タラウェラ山［Mt. Tarawera］

北島ロトルア*の南、ロトマハナ（Rotomahana）湖の北東端から北東にのびる長さ6kmの火山*で、標高1,111m。割れ目噴火による火口が一線状に並び、火口の縁から火山の構成層をよく見ることができる。ロトマハナ湖畔のピンクテラス、ホワイトテラスは、間歇泉*が数千年かけて山の斜面に珪素を堆積し、約3haにわたり階段状にピンクと白の扇形を形成したもの

タラウェラ火口列：北島の北東部、タウポ火山帯の一部ををなす火山群で、火口列の列状配列が顕著。最新の活動は1896年の大噴火であった （太田陽子）

で、19世紀には有数の観光地となっていた。1886年6月10日の大噴火は、ピンクテラス、ホワイトテラスとともに、麓のワイロア（Wairoa）村を埋没させ、100人以上の死者を出し、ロトマハナ湖の湖面の変化や周辺地域の地形の変化をもたらした。マオリ語の意味は「熱い頂」。　　（太田陽子）

タラキヒ［Tarakihi］
　体長30~40cm、タイ*とほぼ同じ大きさだがいくぶん細めの魚。頭のすぐ後部に黒い三角形模様があるのが特徴。冬は浅いところで過ごすが、夏は大陸棚の端、水深100~200mのところに移動する。ニュージーランド海域で重要な商業魚種。フィヨルドランド*沖、バンクス半島*、イースト岬*沖などが好漁場。漁業者はトロール漁で漁獲するが、それ以外に釣り人のボートまたは浜での釣果も多い。2004年の許可枠6,400t。規制魚種*コード記号TAR。
（大島襄二）

タラス［Tarras］
　南島クルサ川*上流右岸、ワナカ湖*やハウェア湖*の東南にあり国道8号線上にある、リンディス峠*への登り口にある集落。　　　　　　　　　　（由比濱省吾）

タラナキ県［Taranaki Region］
　北島からタズマン海*に突き出しているタラナキ半島とその周辺を含む。北島中央部を東北から西南に走る火山帯の西端にあたり、半島中央に円錐形のタラナキ山*がそびえている。1841年ニュージーランド会社*によるニュープリマス*への植民があり、1853年にニュープリマス州（1858年にタラナキ州に変更）となった。当時入植地周辺の60万haの人口は2,000人以下であった。タラナキ山裾野は肥沃な火山灰土壌で、19世紀末頃には酪農地域に特化し、現在も牧羊をともなう酪農が卓越している。

1952年にカプニ・ガス田*、69年にマウイ油田*が発見されて以来、石油化学工場が建設され、ニュープリマス*は非常に繁栄してきた。89年タラナキ県が設置され、ニュープリマスは県庁所在地となった。タラナキ県内にはほかに、ワイタラ*、イングルウッド*、ストラットフォード*、ハウェラ*がある。　　（由比濱省吾）

タラナキ山［Mt. Taranaki］
　タラナキ半島中央部にある主に安山岩質の岩石からなる円錐状の山で、溶岩の噴出と爆発を繰り返して形成された成層火山。ゆるやかに高度を増し、頂に近づくにつれ急勾配となり、標高2,518m。富士山と同様に周囲から孤立している。寄生火山である1,962mのファンタムス・ピーク（Fanthams Peak）が南斜面にある。麓にはいくつかの泥流丘がある。休火山で最後の活動は1620年頃。頂から半径10kmの範囲は1900年にエグモント国立公園*に指定され、原生林に覆われており、登攀には4時間半程度を要する。国立公園の外側から海岸まではニュージーランド有数の酪農地域が広がっている。この山はクック*により1770年に記録され、最初の海軍卿エグモント伯爵にちなんでエグモント山と命名された。マオリ語でタラナキと呼ばれ、不毛の地を意味する。1980年代中期よりタラナキが正式名称となった。（太田陽子）

タラナキ博物館［Taranaki Museum］
　ニュープリマス*にある。この地方には1840年代から小さな私設博物館があったが、1918年スキナー（W. H. & H. D. Skinner）の所蔵品を中心としてタラナキ地方に特化した博物館となった。99年ニュープリマス図書館と博物館が統合され内容が充実した。タラナキ・マオリ、ニュージーランド会社*のニュープリマス入植地、土地戦争*などタラナキ地方の歴史資料が展示されて

いる。また現在の石油*開発、砂鉄精錬、酪農の展示もある。 （角林文雄）

タラヌイ、テ・ポキハ
[Taranui, Te Pokiha（?-1901）]

テ・アラワ*の成員。1860年代マオリ王擁立運動*、パイマリレ*、テ・コウティ*事件に際し、テ・アラワを率いて政府軍とともに戦ったため、70年エディンバラ公がタウランガ*を訪問した際には、その功績により名誉の剣が与えられた。しかし92年には新たに導入された犬税を拒否したため3日間拘置された。また93年にはコタヒタンガ*運動を強力に支持した。今日オークランド戦争記念博物館*に展示されている木彫貯蔵庫は、70年代彼がマケトゥ（Maketu）の自宅に建造したものである。 （青柳まちこ）

タラルア山脈 [Tararua Range]

北島ハット川*の谷頭からマナワトゥ川*峡谷まで約80kmの間を走る山脈で、その北のルアヒネ山脈*とともに北島の脊梁山脈を形成。最高峰はマイター（Mitre）。東縁はワイララパ*断層により限られる。山地の大部分は森林地域で、タラルア森林公園（Tararua Forest Park）となっている。マオリ語の意味は「2つの頂」。 （太田陽子）

タラ類 [Cod]

ニュージーランドでは、ベニダラ（Red Cod）、アオダラ（Blue Cod）、イワダラ（Rock Cod）の3種類に分けている。これらは通称タラと総称されているが、生物学的にはタラ科に属していないものも含まれている。(1)ベニダラはマオリ名ホカ（hoka）。日本のマダラではない。ピンク色の体を灰色のひれが縁どっている。全国で見られるが、とくに南島の砂泥質の海底か、岩礁地なら水深50m未満の中層に生息。年間16,000tの漁獲枠であるが、2000年以後の漁獲高は7,000t前後。規制魚種*コード記号RCO。(2)アオダラはマオリ名ラワル（rawaru）で体色は青磁色。タラ科の魚ではないが「一番おいしいタラ」として愛好されている。平均500g。薫製は最高の珍味。南島からチャタム諸島*の海域に多く年間2,500tの漁獲枠。規制魚種コード記号BCO。(3)イワダラはマオリ名ンガコイコイ（ngakoikoi）。タラ科の魚であるが、ニセベニダラ（Bastard Red Cod）とかミナミヘーク（Southern Hake）と呼ばれ、味が悪く漁獲対象にはならない。 （大島裏二）

ダルゲティ・ニュージーランド社
[Dalgety New Zealand]

ロンドンに本拠を置くダルゲティ・インターナショナル・グループの一員として設立。1853年以来南島を拠点として活動した。営業内容は、農畜産物取引、食肉加工・輸出、農業機械組立・販売、種子処理、木材処理、営農指導、不動産取引、海運・陸運、旅行、保険など非常に幅広い。1962年にはニュージーランド・ローン・マーカンタイル（New Zealand Loan & Marchantile Agency）社と合併して金融部門にも進出した。現在ダルゲティ・ニュージーランド社の経営権はウェリントンに本拠を置くフレッチャー・チャレンジ社*に移っている。 （由比濱省吾）

タワ [Tawa]

クスノキ科の高木。樹高25~30m、直径1.2m。樹皮は滑らかで樹冠を大きく広げる。北島から南島北東部にかけて低地の森林に分布。葉はヤナギに似て細く、長さ4~7.5cm、幅1~5cm、裏面は薄緑色。11~12月に小さな黄色の花を咲かせ、3~4月に2~3cmの暗紫色のプラムに似た実をつける。果実はハト*などの餌となるが、マオリの重要な食料でもあった。材は白く真直ぐで床材、パネル材、家具などに用い

られる。 　　　　　　　　　（塩田晴康）

タンガタ・フェヌア［Tangata Whenua］
　字義どおりには土地の人の意で、「その土地に属する人間」をさす。マオリの考えによれば人間と土地は密接に結びついており、ある集団はある土地に有形・無形の権利を有している。 　　　　　　　　　（内藤暁子）

タンガロア［Tangaroa］
　マオリ神話における海と魚の神。ほかのポリネシア地域ではタンガロアは最高神であるが、マオリではランギ*とパパ*の子どもの一人、あるいはその孫であり、最高神の地位は与えられていない。海の神としてタンガロアは、しばしば森の神タネと対置される。 　　　　　　　　（青柳まちこ）

段丘［Terrace］
　川、海、湖などに沿って、平坦面（段丘面）と急崖（段丘崖）が交互に存在する階段状の地形。段丘面はかつての河床、浅海底、湖底などにあたる。成因によって河成段丘*、海成段丘*、湖成段丘*に分かれる。段丘の形成は地殻変動、気候または海面・湖面の変化などによる。地形発達を考える際の重要な地形である。ニュージーランドでは大きな河川に沿って河成段丘が、また海岸沿いには海成段丘がある。海成段丘はとくに北島北東岸、南島北東岸または西岸などにとくに顕著に発達する。 　　（太田陽子）

タング岬［Tongue Point］
　北島南部、ウェリントン西方、ウェリントン断層*のさらに西にある南に突出する岬。広い海成段丘*からなり、高度は最高で約70m。この西には活断層*があり、そこで段丘高度は急変し、顕著な東上がりを示す。この東の広い段丘面には1軒の家もなく、牧羊に使用されている。広い面の背後には開析された古い段丘があるが、その多くは斜面堆積物で覆われている。 　　　　　　　　　（太田陽子）

ダンス［Dance］
　ニュージーランドの芸術の中でプロの舞踊・ダンスは最も後発の芸術形態であり、劇場集客率も成人人口全体の10％に過ぎない。プロ舞踊集団としては、唯一王立バレー団*があるに過ぎなかったが、1977年にリム（Limbs）ダンス団が誕生した。80年代にかけてこの新しいニュージーランド独自のダンスは大いに発展して、大ダンスブームを引き起こした。劇作家で振り付け師のメイソン*などが展開した新舞踊は、90年代に入るとマオリ、ポリネシア系住民の中から力強い現代舞踊団を生み出していった。リム・ダンス団の団員の一人タイアロア（Taiaroa Royal）の主導で結成した男性ばかりの舞踊団ブラック・グレイス（Black Grace Dance Company）は、モダンダンスにマオリやポリネシアの伝統舞踊を盛り込んだ独自の舞台演技で聴衆を魅了した。この1980～90年のダンスブームの到来によって、海外に流出していたプロをめざすダンサーたちが徐々に帰国し、自国の舞踏芸術に活力を与えはじめている。現在ダンサーをめざす16歳以下の生徒は約8万人。
　　　　　　　　　　　　　（池田久代）

ダンスタン湖［Lake Dunstan］
　セントラルオタゴ*のクライド・ダム*建設で形成された人造湖。クロムウエル*の中心街や谷底の果樹園を広く水没させた。 　　　　　　　　　　（由比濱省吾）

ダンスタン山地［Dunstan Mountains］
　オタゴ*内陸、クルサ川*の本流上流と支流のマヌヘリキア（Manuherikia）川にはさまれた山地で、南西端にはクライド・ダム*でつくられたダンスタン湖*がある。
　　　　　　　　　　　　　（由比濱省吾）

断層 ［Fault］ ⇒活断層

ダントルーン ［Duntroon］
　南島ワイタキ川*下流、オアマル*から48km西方にある農業集落。国道83号線に沿う石灰岩の崖に、マオリが描いた画が残っている。　　　　　　（由比濱省吾）

ダンネヴァーク ［Dannevirke］
　ホークスベイ県*南部、ルアヒネ山脈*の東側にある町。人口5,349人（2001年）。周辺の波状丘陵地帯の酪農・牧羊地域の商業中心地。元来トタラ*樹の森林に覆われていた地であったが、ウェリントンからネーピア*に通じる道路建設のために、政府の募集に応じて1872年デンマーク人13家族とノルウェー人8家族が集団移住してきた。町の名はデンマーク人の労働という意味。1884年に鉄道が開通し、85年に町。現在タラルア郡役所所在地。　（由比濱省吾）

ダンピア山 ［Mt. Dampier］
　ニュージーランド第3位の高山（標高3,440m）。アオラキ山*の北、サザンアルプス*の大分水嶺にある。　（由比濱省吾）

ち

地域保健公社 ［District Health Board］
　全国を21の地域に分け、そのおのおのに地域保健公社が設けられている。公社は公的病院その他の医療機関を運営し、地域住民の医療に責任をもつ。保健省*により人口に応じた資金を配分され、監督を受ける。この公社は11名からなる理事会により運営され、理事のうち7名は選挙により、4名は保健省の指名による。11名中少なくとも2名はマオリでなくてはならない。
　　　　　　　　　　　　　　　（薄丈夫）

小さな政府 ［Small Government］
　ニュージーランドの伝統的福祉国家政策は、年金、失業手当、医療、教育などを国家が手厚く用意すべきであるという「大きな政府」の考え方に立っていたが、1984年ロンギ*労働党*内閣は深刻な財政赤字を解消し、市場原理にもとづき国家介入を極力排除する政策に立った。具体的には省庁の再編による国家公務員の削減や、政府事業の民営化*などがおこなわれた。政府の仕事をできるだけ減らし、民間でできることは民間に任せるというものである。
　　　　　　　　　　　　　　（岡田良徳）

チーズマン、トマス
［Cheeseman, Thomas Frederick（1845-1923）］
　植物学者。イギリス生まれ。1854年オークランドに移住。ニュージーランド固有植物を独学で研究。ニュージーランド原産ランをイギリス王立キュー植物園に送り、フッカー*がそのランの学名にチーズマンの名を入れた。その後多くの植物にチーズマンの名が付されている。1874~1923年オークランド学術協会所属の博物館に勤務し多くの成果をあげた。*Manual of the New Zealand Flora*, 1906（ニュージーランドの植生必携）、*Illustrations of the New Zealand Flora*, 2 vols, 1914（ニュージーランド植生図鑑）ほか多くの著作があり、1万点を超す植物標本、貴重な日記・資料などを残した。29年この博物館はオークランド戦争記念博物館*となったが、これはチーズマンの生前の提唱による。　（ベッドフォード雪子）

チッジー、キャサリン
［Chidgey, Catherine（1970-）］
　小説家。ヴィクトリア大学卒。ベルリンに留学してドイツ文学を修める。処女作 *In*

a Fishbone Church, 1998（フィッシュボーン教会で）が新人賞はじめ多くの賞を総ざらいした超大型新人。次作 *Golden Deeds*, 2000（黄金の行為）、第3作 *The Transformation*, 2003（変容）ともに世界各地で愛読者を獲得し、*Listener*誌でニュージーランド現代作家40人中、最高の小説家と評された。
〈池田久代〉

知的制約者協会［IHC New Zealand Inc.=IHC］
知的制約者たちのための権利擁護団体で、国内各地に支部組織を有する全国組織。その活動は報道機関によりしばしば紹介される。IHCは1949年に当事者家族のための組織体（Intellectually Handicapped Children's Parents Association）として活動が開始された。IHCはインクルージョン*の理念にもとづき、知的制約者たちが、地域社会内における通常の構成員として、日常生活を享受できるために必要とされる福祉支援活動を展開している。
〈八巻正治〉

チドリ［Plover］
ズグロトサカケリが最も一般的で、オーストラリアより飛来し、1930年代以来全土に定着繁殖している。体長38cm。頭は黒色、胸毛は白、背は茶色、黄色の肉垂れが特徴。アジアムナグロは、夏にシベリアやアラスカから、海岸や沼地に飛来し秋に去る。
〈由比濱省吾〉

地熱（ちねつ）発電⇒地熱（じねつ）発電

地表破断［Surface Rupture］
地震*によって生じた地表の食い違いや割れ目などをさす。地震断層*はその典型で、1855年のワイララパ地震*、1929年のマーチソン（Murchison）地震による地震断層が著名である。
〈太田陽子〉

地方裁判所［District Court］
ニュージーランドの地方裁判所は、通常の地方裁判所のほか、紛争審判所*、家庭裁判所*、少年裁判所*を含む司法機関である。通常の地方裁判所においては、刑事事件の場合、予備審問や軽微な刑事事件（懲役3年以下または4,000ドル以下の罰金の宣告に限られる）の第一審の審理手続きをおこなう。また、民事事件では訴額が20万ドルまでの民事事件を管轄し、当事者の合意があれば高等法院*管轄の事件も審理することができる。
なお、刑事事件の第一審としておこなわれる場合と一定額以上の訴額になる民事事件の審理は、12人の陪審員*による陪審裁判をおこなうこともできることになっている。地方裁判所の裁判官は7年以上の経験を有する弁護士の中から、総督*が任命する。その他、紛争審判所では、消費者問題にかかる3,000ドルまでの紛争を扱うし、家庭裁判所では、家族、結婚に関する紛争や、子どもの保護、監護などに関する問題を担当し、少年裁判所は少年事件を担当することになる。
〈道谷卓〉

地方政治［Local Government］
2002年の地方政治法（Local Government Act 2002）は、国内個々の自治体の独自性と価値を認め、地域住民のために効果的な関与をおこなうことを目的に制定された。1989年以降、地方自治体としては(1)12の県（Region）、(2)74の地域自治体、すなわち16市（City）、57郡（District）、チャタム諸島*、(3)147のコミュニティ（Community）、(4)7特殊目的機構（Special Purpose Authority）がある。県の権限は資源、土壌、河川、海浜の保全・管理、交通などである。市・郡は上下水道、ごみ処理、道路交通、公園、図書館、保健など広範な分野に及んでいる。県および市・郡の首長および議員は住民の投票で選ばれる。すべての地方議会の選挙は3年ごとの10月第2

チャーチ、ドリス［Church, Doris（1940-）］

社会改革者。国内初の家庭内暴力*被害者支援組織を設立。家庭内暴力についての社会認識を高め、被害者である子ども、青少年、女性の救済に貢献。1974年クライストチャーチに初の女性救済ホーム*を実現させた。

（ベッドフォード雪子）

チャーチ・ミッショナリ協会
［Church Missionary Society=CMS］

1799年世界各地へのキリスト教伝道を目的として、ロンドンでアングリカン教会*内部につくられた組織。ニューサウスウェールズのCMS牧師であったマースデン*は、シドニーを訪れるマオリに会い、彼らの知性の高さに感銘を受け、早くからニュージーランドへの宣教を希望していた。1814年マースデンはベイ・オブ・アイランズ*を訪れ、この地に最初のキリスト教をもたらした。CMSはマオリの文明化がキリスト教の受容を容易にすると考えたため、実生活に役立つ職人を派遣した。32年イギリス上院への報告によれば、ニュージーランドのCMSには任命牧師5人、問答教授者20人のほか、教師、農民、石工、車大工など多くの人々が派遣され、マオリに良好な影響を与えているとしている。CMS牧師は当初はニュージーランドの植民地化に反対の態度をとっていたが、ワイタンギ条約*の締結にあたっては、マオリ首長らに署名するよう説得にあたった。

（青柳まちこ）

冒頭の欄外冒頭：土曜日におこなわれ、最大議会はクライストチャーチ市議会で議員数25人である。コミュニティ議会は当該コミュニティの代弁者で、その上位機関である市・郡に助言をおこなうもので任意に組織できる。特殊目的機構は1989年の改革によりその数を大幅に減じたが、カンタベリー博物館*委員会などが現存している。

（青柳まちこ）

着生植物［Epiphyte］

ほかの植物の樹幹や岩石上などに気根などで固着して生育する植物。寄生はしない。ラン科植物*、シダ類*、地衣類、セン類*に多い。パイナップル科の植物は土で生育するが、着生に適するものも多い（ハナアナナス属、ツツアナナス属、ネオレゲリア属）。シダ類マツバラン科のフォーク・シダ（マツバラン属とイヌナンカクラン属）は着生で根をもたず地下茎で這う。固有種で野生の着生ランは7種知られ、目の高さの樹幹上でシダやセン類に混じって着生する。極小のマメヅタラン属のピグマユームやエアリア属のイースター・オーキッド、バンブー・オーキッド、ウィニカ属のウィニカなどが知られる。

（塩田晴康）

チャタム諸島［Chatham Islands］

西経176度30分、南緯43度50分、クライストチャーチの東方860kmにある群島。面積963km^2。主島のチャタム島、属島のピット（Pitt）島、および約40の小島・岩礁からなり、一自治体を形成している。人口は717人（2001年）。地質は凝灰岩、溶岩、片岩、石灰岩などで、主島の約4分の1はテ・ファンガ（Te Whanga）ラグーンが占めている。南西風が卓越し、年平均気温は約11°C、年降水量は約759mm。土地はおおむね平坦で大部分がシダに覆われ、牧地にはカラカ*やニカウ*が若干生えている。長期間孤立していたため生物相は豊かで、本土での絶滅種、絶滅危惧種*も生息、環境保全省*は島の7%を絶滅危惧種の保護区としている。チャタム諸島本来の住民はモリオリ*で、現在の経済基盤は牧羊と漁業、主要集落は、チャタム島西側のピーター（Petre）湾にあるワイタンギ（Waitangi）。

（由比濱省吾）

チャナク危機［Chanak Crisis］

1922年トルコ西岸のチャナクでトルコ

軍とイギリス軍が衝突し、劣勢のイギリスは自治領諸国に支援を要請した。各国の反応は冷たかったが、マッセイ*内閣は直ちに支援を決定し、一夜にして13,000人以上のニュージーランド男性が義勇兵に応募した。しかし危機は回避され参戦には至らなかった。　　　　　　　　　　（根無喜一）

中学校［Intermediate School］
　初等教育終了後の2年間、つまり7~8年生（12~13歳）を対象とした前期中等教育学校である。都市部に多い。しかし、日本に比べて複雑な教育制度のため、簡単に「中学校」とはいえない。この学年の生徒は、ほかに1~8年生までの小中一貫校（Full Primary School）、小中高一貫校（Composite または Area School）、中高一貫校（Form 1~7 Secondary School）などの相当学年に在籍することもできる。2003年における1~13年生の総数は約76万人で、そのうち7年生約71,000人、8年生約65,000万人であった。近年のアジア系留学生増加で、8年生は対前年比4.5%増となった。　（一言哲也）

仲裁裁判所［Court of Arbitration］
　仲裁裁判所は、1894年に設置された産業的紛争を取り扱う仲裁審判所（Arbitration Tribunal）が発展して、99年に設置されたものである。仲裁裁判所は長い間、経営者と労働者の間の紛争の公平な解決にあたってきたが、1973年廃止。この裁判所の決定には国内経済に何らかの影響を与えたものも少なくはない。　　　　　　　（道谷卓）

沖積平野［Alluvial Plain］
　河川の堆積作用によって形成された河成低地。その構成層は沖積世（過去約2万年以降）の海面上昇にともなって形成されたもので沖積層と呼ばれる。一般に、河川の上流から下流へ扇状地*、自然堤防帯、三角州*の順に配列していることが多い。南島のカンタベリー平野*は最大規模を有し、ほかにタイエリ川*下流、北島ではハウラキ平野*が典型的。　　　　（植村善博）

チュー、チョン［Chew Chong（c.1830-1920）］
　実業家。中国広東生まれ。1867年ヴィクトリアからオタゴ*の金鉱地帯に移住し行商をおこなう。タラナキ*の森でマホエ*、タワ*などの木に生える食用キノコを発見し、ニュープリマス*でこれを中国に輸出する事業を開始した。このキノコはタラナキ・ウール（Taranaki Wool）として中国で珍重されたため、タラナキ地方は非常に繁栄した。また80年代にはエルサム*に乳製品工場を建て、オーストラリアとイギリスに乳製品の輸出をおこない、最初のクリーム分離機を輸入した。1900年事業に失敗し引退したが、その後も引き続き地域住民からの尊敬を受けた。　（由比濱省吾）

中等教育学校［Secondary School］
　教育制度の違いから日本の中学校（3年制）に等しく相当する学校はない。7~8年生（12~13歳）を対象とした中学校*（全国に約130校）を前期中等教育学校とすれば、9~13年生（14~18歳）を対象とする中等教育学校（Secondary School）（約250校、Grammar School、High School、College とも呼ばれる）を後期中等教育学校とすることもできる。しかし、前者を8年制初等学校（Full Primary School）の最終2学年とし、後者を本来の中等教育とする場合もある。さらに12~18歳（Form 1~7）を通して教える中高一貫校（Form School）も約90校存在する。
　9・10年生は英語・数学・理科・社会・体育などが必修科目で、ほかに技術・美術・音楽・保健も学習する。11年生では英語・数学・理科の必修に加え2~3の選択科目を取る。12~13年生ではすべて選択で5~6科目履修する者が多い。11~13年生の順に中等教育資格試験*のレベル1~3を取得する。

ダニーディンのオタゴ男子高等学校（由比濱省吾）

2003年には約53,500人が義務教育*（16歳の誕生日、11年生在学中）以上の中等教育を終えた。内訳は無資格15％、レベル1まで17％、レベル2まで25％、レベル3まで14％、大学入学資格29％で、13年生まで在学した者の約4割が高等教育機関に進学した。
（一言哲也）

中等教育資格試験［National Certificate of Educational Achievement =NCEA］

2002年から段階的に導入された中等教育レベルの学修に対する資格試験で、国家資格総覧（National Qualifications Framework）に規定される公的資格の一つである。2001年まで実施の義務教育修了試験*や03年まで実施の、大学入学資格・奨励金・奨学金給付試験*などに代わる、到達度レベル別の試験である。上記の国家資格総覧には、学習者に求められる知識や技能が到達基準で示され、10レベルに分類される。レベル4までが修了証（Certificate）と称される資格になるが、通常はレベル3程度がいわゆる高校卒業程度とされ、日本の高校3年生に相当する13年生が取得する。評価は外部評価（統一筆記試験）と内部評価（教科担当者の内申点を学校間調整したもの）でおこなわれ、演習・実技系の科目を除いて、半数以上の科目で統一試験が実施される。
（一言哲也）

チュウヒ［Harrier］

大きな翼と長い脚をもつタカ。体長60cm、羽は茶褐色、脚は黄色。深い森林を除いて一般に見られる猛禽類で、農地や道路の上空を旋回し、ウサギ*、ポッサム*、ネズミ*からカエル*、トカゲ*、また道路上で死んでいる動物の肉を餌とする。
（由比濱省吾）

徴兵制［Conscription］

1909年の国土防衛軍設置で成年男子は、一定期間軍事訓練を受けるものとされた。第1次世界大戦中の16年には一般徴兵制が導入されたが、戦後は全面的な徴兵制は廃止された。第2次世界大戦勃発後の40年に、第2次ニュージーランド遠征軍編成のため、再び徴兵制が導入された。戦後49年から68年まで成年男子には一定期間の軍事訓練が課せられたが、73年以後それも含めて徴兵制は廃止された。（根無喜一）

鳥類［Birds］

元来の動物相は、哺乳類は海獣類、爬虫類はトカゲ類に限られていたのに対し、鳥類は天敵が不在のため非常に豊富で、固有種のほかに候鳥、迷鳥が多種類あり、マオリの重要な食料源の一つになっていた。固有種の鳥類のいくつかは、飛翔力が皆無か、弱いのが特徴で、絶滅したモア*をはじめとするキーウィ*、ウェカ*などの走禽類、稀にしか飛ばず、木をよじ登ってから滑空するカカポ*や絶滅したフイア*などがその典型である。候鳥ではソリハシシギ*、オオミズナギドリが代表的である。

飛来して定着した迷鳥にはファンテイル*、コマドリ*、メジロ*その他がある。導入種としては猟鳥のキジ、ウズラ*などのほか、スズメ、アトリ、ブラックバード*などがもたらされ、かなりの種類がこの国に適応した。ヨーロッパ人の入植以来自然林が著しく減少し、鳥類の生活環境は大きく影響を受けた。すでにモアやフイアなど

いくつかの固有種が絶滅し、キーウィ、タカヘ*、カカポなどは絶滅危惧種*に指定されている。また保護鳥に指定されている鳥も多い。
（由比濱省吾）

蝶類 ［Butterfly］
　森に棲むミナミアカタテハ（Red Admiral）は拡げた翅の幅6.5cmで、この国では最大で最も美しいチョウとされている。ほかにオオカバマダラ（Monarch）も同様の大きさで、導入種として歓迎された。道端や野原、河床から庭先まで来る小型のシジミチョウ科は青銀色の光沢とその細やかな飛び方で人気があり、同じく小型だが忙しく飛び回るセセリチョウ科も親しまれている。これに反してシロチョウ科は嫌われ、ことにモンシロチョウは幼虫がキャベツなどの野菜を食い荒らすのでその絶滅に国をあげて取り組んだ。
（大島襄二）

賃金調整域調査 ［Wage Band Test］
　退職年金*は毎年消費者物価指数によってスライドされるが、その際に就労世代との公平をはかるために実施される調査。夫婦2人の課税後の年金合計額が、週あたり所定内平均賃金の65％以上72.5％以下となるように調整されている。
（太谷亜由美）

賃金保護法 ［Wages Protection Act 1983］
　1983年に成立した労働者保護の立法で、雇用主の被雇用者への賃金支払い体系と方法を定め、雇用主が被雇用者の同意なしに賃金を差し引くことを禁じた法令。労働者・労使関係に関わり、良好な労働環境を維持保障する保護法制。被雇用者の賃金からの天引きが許されるのは、該当する被雇用者が、書面をもって雇用主に天引きを要請した場合のみである。ただし限定された状況において、雇用主が一定の賃金過払いを回収できる規定がある。
（新井正彦）

つ

通貨 ［Currency］
　1967年、それまでのポンド、シリング、ペンスという複雑な通貨体系が10進法に切り替わった。現在の通貨単位はドル（NZ＄）であり、補助通貨単位はセント（NZ¢）で、1ドルは100セントである。現在、紙幣で5種類（100、50、20、10、5ドル）、硬貨で6種類（2、1ドル、50、20、10、5セント）が流通している。これら紙幣・硬貨の発行に関しては、中央銀行であるニュージーランド準備銀行*が唯一権限をもっている。ニュージーランド準備銀行はこれら通貨のデザインと印刷を管理し、登録銀行に供給する。また損傷を受けたり、利用不可能になった通貨を流通市場から回収している。ニュージーランド準備銀行は通貨の偽造を監視しているが、1998年のプラスティック紙幣の導入により、かなり偽造が困難になっているという。上記通貨のほか、記念通貨も定期的に発行しており、たとえば1999年には、新ミレニアム記念（COMMEMORATING THE NEW MILLENNIUM）と文字の入った10ドル紙幣を発行した。
（松岡博幸）

通信教育学校 ［Correspondence School］
　ウェリントンに拠点をおき、幼児教育から中等教育までの科目をもつ公立の通信制学校である。遠隔地の農場に住む子どもを対象に1920年代に開設され、80年以上の歴史がある。国内外の登録者数は2万人を超え、300以上の科目が用意されている。在宅受講のできる条件は（1）最寄りの教育機関から遠い、（2）病気・障害などの理由で通常の学校に通学困難である、（3）頻

繁な転居などで転校が多い、(4) 親の海外駐在などで半年以上国外に住む、(5) 若くして子どもをもち育児中である、(6) 家庭での教育（Home-based Schooling）を認可されている、(7) 芸術・スポーツなどに秀でた才能がある、(8) 16歳以上で学籍をもたないなどである。

このほか、在籍する学校に科目担当教員がいない、転校後の学校に以前受講した科目がない、12・13年生受講者が少人数で授業として開設できないなどの理由で、通常の学校との二重学籍登録（Dual-enrollment）もでき、登録者の約半数に及ぶ。しかし、近年は精神的・社会的問題で不登校の生徒や、停学・退学になった生徒の増加により、その総数は約6,000人に及ぶ。2004年には、教育大臣が「通信教育学校の将来的役割」（The Future Role of the Correspondence School）という構想を立て、教育内容などの改革を進めている。
(一言哲也)

月川喜代平 [Tukigawa Kiyohei（1874-1948）]
日本人として2番目のニュージーランド移住者。長崎県五島出身。10代で上海に渡り、イギリス船などの水夫となり、1895年、乗り組んだアメリカ船のダニーディン*入港時に脱走して入国。オタゴ*の砂金浚渫船や農場で働いたのち、1902年に一時帰国。翌年ニュージーランドに戻る。07年に国籍取得。翌年、船長免許を得、クルサ川*公社（Clutha River Board）に勤務しクルサ号の船長（06-38）、この間クライド号船長兼任（15-19）。救世軍将校。同僚のオーストラリア女性と結婚、トーゴー、ノギ、イトーの3男を得る。サヴェジ*内閣から日本政府への推薦状を得て36年に来日。日本側閣僚と面談し日本との交流促進をはかるが、進展を見なかった。ノダアサジロー*、国岡白市とともに戦前からのニュージーランド在住者として知られ、大戦中も忠良なる英国臣民と評された。戦後、バルクルサ*で死去。
(田辺眞人)

ツチボタル [Glowworm]
マオリ名ティティワイ（titiwai）。光を発するがホタルとは無関係で、成虫はガガンボ（カトンボ）に似た昆虫である。青緑色の輝きが最も強いのは幼虫の時期で、通常グロウワームといわれるのはこの段階である。幼虫期間中に4回脱皮し、そのたびに成長してさなぎになる頃の体長は3~4cm。幼虫は粘液質の糸を垂らし、尻の蛍光で餌をおびき寄せ捕食する。全国各地の森林、洞窟、古い坑道、日陰の石の割れ目などに生息しており、ワイトモ洞窟*をはじめ、ルアクリ（Ruakuri）やアラヌイ（Aranui）洞窟のツチボタルは観光資源としてとくに有名であり、南島テ・アナウ湖*西岸のテ・アナアウ（Te Ana-au）洞窟も多くの観光客を集めている。
(由比濱省吾)

ツバメ [Swallow]
リュウキュウツバメ（Welcome Swallow）は、1950年代にオーストラリアからノースランド*に飛来したもので、近年急速に増え全国の海岸、湖畔、沼地、川床に見られるようになった。体長15cm、額やのどは赤い栗色、背は暗い青、翼と尾羽は茶褐色、胸毛は白、水上を飛ぶ昆虫を餌とする。8月から2月が繁殖期。保護鳥。そのほかのツバメは、ニュージーランドでは稀である。
(由比濱省吾)

て

テ・アウェアウェ、テ・ペエティ [Te Aweawe, Te Peeti（c.1820-84）]
南島北部のランギタネ（Rangitane）マオ

リ首長。1865年パーマストンノース*一帯の広大な土地売却に際して主導的役割を果たした。68~69年のタラナキ戦闘では政府側に味方し、ティトコワル*に対立した。常に政府寄りであったわけではなく、75年フォックストン*とパーマストンノース間の電柱設置計画には強力に反対し、また晩年にはマオリ王擁立運動*に理解を示した。1907年彼の忠誠と入植者に対する協力を記念してパーマストンノースに像が建てられた。
（青柳まちこ）

テ・アウテ・カレッジ［Te Aute College］
1854年にアングリカン教会*によってネーピア*西南プケホウ（Pukehou）に開校されたマオリのための中学校。のちに青年マオリ党*を形成した著名なンガタ*、テ・ランギ・ヒロア*、ポマレ*たちを輩出した学校として知られる。
（内藤暁子）

テ・アティ・アワ［Te Ati Awa］
トコマル（Tokomaru）カヌーを出自とするイウィ*で、タラナキ*、ウェリントン周辺を領域とする。人口は4,101人（1996年）、10,152人（2001年）。
（内藤暁子）

テ・アナウア、ホリ・キンギ
［Te Anaua, Hori Kingi（?-1868）］
ンガティ・ルアカ（Ngati Ruaka）マオリの首長でワンガヌイ*地方有数の戦士。ワイタンギ条約*に署名、同年12月キリスト教に改宗してホリ・キンギ（George Kingの意）と改名。60年代には政府から陪席判事（Assessor）に任命され年金を支給された。マオリ王擁立運動*において、彼を王の候補者に推薦する動きもあったが、彼自身はこの運動を支持せず、パイマリレ*にも関与しなかった。
（青柳まちこ）

テ・アナウ湖［Lake Te Anau］
南島フィヨルドランド*にある面積344km^{2}のニュージーランド第2位の湖水。氷河の作用で形成され、水深417m。西側はケプラー（Kepler）、マーチソン*、スチュアート*、フランクリン*の各山地が湖に張り出し、それら山地の間に長い入江をつくっている。湖の西岸にはツチボタル*の生息するテ・アナアウ（Te Ana-au）洞窟がある。湖水はワイアウ川*を通じて南側のマナポウリ湖*に流出している。湖水南端のテ・アナウの町は宿泊施設などが整い、観光客、登山者、釣り人、狩猟者などのリゾート地・観光基地になっている。
（由比濱省吾）

テ・アラワ［Te Arawa］
アラワ・カヌーを出自とするイウィ*で、ロトルア*からベイ・オブ・プレンティ*中央部のマケトゥ（Maketu）周辺を領域とする。人口は16,713人（2001年）。
（内藤暁子）

デアリー・ボード［New Zealand Dairy Board］
酪農の進歩発展に責任を負った組織で輸出用乳製品の唯一独占的な買手であった。1923年に委員12人（生産者委員が政府委員よりも多数）のニュージーランド酪農統制ボード（New Zealand Dairy Control Board）が発足し、35年の農業法でデアリー・ボードに改称された。47年に乳製品販売委員会（Dairy Products Marketing Commission）が設立され、57年に価格固定権限が乳製品価格機構（Dairy Products Prices Authority）に移譲された。61年にデアリー・ボードと乳製品販売委員会が統合されて酪農生産・販売ボードになり、65年にデアリー・ボード修正法で名称が再び変更された。

最重要な業務は、輸出用乳製品全種類の買手（一元化窓口）として、主要生産物である粉乳、チーズ、バター、カゼインの国際的需要に見合う量を保証するための業界の調整である。さらにデアリー・ボードは46年に乳牛の人工授精業務の責任者にな

り、大規模家畜産業と広汎な商業規模に適合する技術がルアクラ農業研究所*で開発された。しかし20世紀末期の経済改革によって独占・規制が廃止され、ボードは酪農協同組合*の形成した巨大酪農会社フォンテラに吸収された。　　　　(由比濱省吾)

テ・アロハ［Te Aroha］

北島ハミルトン*の東北45km、カイマイ山脈*北端の死火山テ・アロハ山西麓にある町。人口3,684人(2001年)。酪農地帯の商業中心である。1870年代の農業集落に始まり、80年に付近の丘陵で金が発見されたが産出はわずかで、それ以外の鉛、亜鉛、銅、銀が採掘されてきた。20世紀前半にはワイホウ(Waihou)川の川港。
(由比濱省吾)

テ・アワアトゥ水道（ザ・ガット）保護海域
［Te Awaatu Channel(The Gut) Marine Reserve］

南島フィヨルドランド*のダウトフルサウンド*入口に位置する93haを1993年に指定。セクレタリー(Secretary)島とバウザ(Bauza)間の潮流が速い海域で、フィヨルド*としては最多種の生物群が見られる。とくにサンゴ*とウミエラ類が珍しい。
(植村善博)

テ・アワムトゥ［Te Awamutu］

ハミルトン*の南30kmにある酪農・牧羊地域の商業中心地。人口13,449人(2001年)。1840~50年代にはモーガン*の指導のもとで、マオリがコムギ、野菜、果実を生産し牧畜をともなう農業中心地になった。80年にオークランドからの北島幹線鉄道が開通した。　　　　　　(由比濱省吾)

テ・アンギアンギ保護海域
［Te Angiangi Marine Reserve］

北島東南部ワイプクラウ*の東約30kmの海岸446haを1997年に指定。ブラックヘッド（Blackhead）岬北東約10kmの海岸は低潮位時に平坦な波蝕台が広く現れ、潮間帯の多様な貝類や海藻類に特色がある。また、暖流のイーストケイプ海流と寒流のサウスランド海流とが混じりあう海域にあたり、北方系と南方系両方の生物が共存している点も注目される。　　(植村善博)

ティーツリー［Tea Tree］⇒マヌカ／カヌカ

ティエリー、シャルル［Thierry, Charles Philippe Hippolyte, de (1793-1864)］

フランス人探検家。1820年イギリスでケンドール*に出会い、ホキアンガ*に4万エーカーの土地を36丁の斧で購入するよう依頼した。ティエリーはその地のマオリ首長らによって、最高長官に任命されたと言明し組織的移民を計画したが、37年、何人かの仲間とともにニュージーランドに到着したときには、フランス植民の動向を危惧したバズビー*が北部首長らに働きかけ、ニュージーランド部族連合国独立宣言*をしていたため、彼の計画は挫折した。
(青柳まちこ)

テ・イカ・ア・マウイ［Te Ika a Maui］

マウイ*の魚の意で、北島のマオリ名。マオリ伝説によれば、マウイは4人の兄たちの魚釣りに船底に隠れてついて行き、先祖の呪力のある下顎骨からつくった釣り針で大きな魚を釣り上げた。それが今日の北島である。神職たちが魚に適切な儀礼を施す前に、欲深い兄たちが魚を勝手に切り刻みはじめたので、魚は苦痛のため身をよじった。北島に山や谷が多いのはそのためである。　　　　　　　　　(青柳まちこ)

ティ・カウカ／コウカ［Ti Kauka／Kouka］
⇒キャベッジ・ツリー

ティキ［Tiki］

パ*の入口を護ったり、タプの場所を示すために掲げられる人像で、通常は木製。いくつか型があるが、3本指、脚は折れ曲がり、顔は横向きが一般的である。伝承によれば、ティキはタネ*によって創造された最初の人間（男性）である。　（内藤暁子）

ティキ

ティザード、キャサリン
［Tizard, Catherine Anne（1931-)］

政治家。初の女性総督（1990-96）。オークランド生まれ。オークランド市会議員（71-83）。オークランド市初の女性市長（83-90）として、根強い反対を克服しアオテア劇場建設を推進するなど行政手腕を発揮、厚い支持層をもっていた。ニュージーランド初の女性総督。遺跡信託、キリ・テ・カナワ*信託、ホスピス・ニュージーランドなどで多くの名誉職を兼任している。娘ジュディス・ティザード（Judith Tizard）も国会議員（1990-)。クラーク*連立内閣で消費者相。　（ベッドフォード雪子）

ティトコワル、リファ
［Titokowaru, Riwha（c.1823-1888)］

南タラナキのンガティ・ルアヌイ（Ngati Ruanui）マオリ首長。メソディスト教会*に改宗。入植者の土地拡大に危惧を抱き、1860年代にはヨーロッパ人との武力対立に転じた。やがて平和的に事態を解決する作戦を取り、67年7~8月の平和行進では140人の同志が参加した。また測量杭を引き抜き、耕作するなど非暴力的抵抗を続けた。68年には圧倒的に優勢な政府軍に対して、ゲリラ戦で応じたが敗北し、71年に帰郷した。歴史家ベリチ（J. Belich）による I shall not die, 1989（私は死なない）は彼の闘争の物語である。その後タラナキ*の土地売却に関して、88年に死亡するまで3回も投獄されたが、非暴力的抵抗を続けた。
（青柳まちこ）

定年退職［Compulsory Retirement］

1938年の社会保障法*などに代表されるように、高齢者への密度の高い国家保障によって、高い住宅保有率を誇り、厚い医療保障と公的年金の支給で安定した生活が可能であるため、高齢者の就労は少ない。むしろ、多くの高齢者がボランティア活動に従事し、ゆとりある生活を送ってきた。1993年の人権法*で年齢による就労機会の剥奪は禁止され、99年以降定年による退職は実質的になくなっている。なお94年から退職年金の受給年齢が60歳から65歳に引き上げられた。　（新井正彦）

ティマル［Timaru］

南島カンタベリー湾*に面する都市。人口26,745人（2001年）。混合農業地域の商業中心地。1830年代後期には捕鯨*業者の基地となった。52年に最初の定住者ローズ*兄弟が土地を入手し、入植地設立を計画した政府と張り合った。人口は次第に増加して1948年に市制施行、89年に周辺と合体して郡となった。1870年代後半に防波堤が築造されて港湾施設が整備され、20世紀に入って大型船が利用できる港湾になった。現在プライムポート・ティマル（PrimePort Timaru）と改称され、安全面、港湾機能面が充実してきた。　（由比濱省吾）

テイラー、トマス
[Taylor, Thomas Edward（1862-1911）]

政治家。イギリス生まれ。1873年クライストチャーチに移住、のち同市市長となる。メソディスト教会*の理論的・社会人道的教義に共感、90年 Prohibitionist 紙創刊、98年禁酒同盟*副会長。下院議員（1896-99, 1902-05, 08-11）。行政制度、土地所有、中等・工業教育、病院・保護施設の改善、女性公務員採用、老齢年金導入など広範な社会改革政策を掲げた。初の公的資金導入のコールリッジ湖*水力発電*所建設、1910年クライストチャーチ初の路面電車建設などに尽力。11年クライストチャーチ市長在職中に死去。　　　　　　（ベッドフォード雪子）

テイラー、リチャード
[Taylor, Richard（1805-73）]

チャーチ・ミッショナリ協会*の宣教師。ヨークシャーに生まれ、1839年にベイ・オブ・アイランズ*のパイヒア*に到着。4年後にワンガヌイ*のプティキ（Putiki）に伝道所を設け、一生のほとんどをその地で過ごし、ファンガヌイ川*流域住民にアングリカン教会*の教えを広めた。観察力にも優れ、初期のニュージーランドやマオリ文化を物語る多くの記録、Te Ika a Maui, or New Zealand and its Inhabitants, 1855（マウイの魚：ニュージーランドとその住民）などを残している。　　　　　　（青柳まちこ）

ティラウ [Tirau]

ハミルトン*の東南方、国道1号線、国道5号線、国道27号線の分岐点にある町。人口726人（2001年）。　（由比濱省吾）

ティリカテネ、エルエラ
[Tirikatene, Eruera Tihema（1895-1967）]

政治家。南島ンガイ・タフ*出身。1932年南部マオリ選挙区からラタナ教会*信者として初めての当選を果たし、67年に死去するまで35年間その議席を守った。
　　　　　　　　　　　　（青柳まちこ）

ティリティリ・マタンギ島保護林
[Tiritiri Matangi Scientific Reserve]

島はオークランド北方、ハウラキ湾*の入口にあり、かつてはマオリが居住し、1850年代から1970年代にかけてはヨーロッパ人により牧畜がおこなわれた。1984年以降コミュニティを基盤とする生息地復元計画が開始され、94年までにボランティアの手でポフトゥカワ*など28万本が植樹された。植林地域でのボランティア活動は、施設の維持、史跡の保全へと進んでいる。サドルバック*、タカヘ*、コカコ*、キーウィ*その他の希少品種の鳥が移され、鳥獣保護区となった。マオリのパ*、1864年建設の灯台などを含め、現在島は自然、歴史、文化の保存地域として保護され、イヌや火の持ち込み、キャンプなどは禁止されている。　　　　　　　（由比濱省吾）

テ・ウア・ハウメネ
[Te Ua Haumene Tuwhakararo（?-1866）]

宗教運動パイマリレ*を興した預言者。タラナキ*のワイアウア（Waiaua）生まれ。1862年、天使ガブリエルの天啓を受け、病気治療やヨーロッパ船を難破させるなど、さまざまな奇跡をなした。彼の宗教運動は政治的・軍事的に発展し、土地戦争*を激化させる火種となった。テ・ウア・ハウメネによれば、彼自身は新しいモーセであり、マオリはユダヤ人と等しく選民でユダヤ人同様に迫害されているが、やがてエホバの助けにより、この世の終末が訪れて、ヨーロッパ人は海に放逐され千年王国が建てられる。そこは平和の国であり、死者が復活し病苦はなくなるとした。一方、ヨーロッパ人が享受していた科学、技術、文字は、天使がマオリに教えると説いた。66年、政府によって逮捕されたが間もなく釈放さ

れタラナキのオエオ（Oeo）で死亡。

（内藤暁子）

デヴィッドソン、ウィリアム
[Davidson, William Saltau（1846-1924）]

　農民、実業家。1865年、イギリスから南島に来住。ニュージーランド・オーストラリア土地会社に勤めた。ヒツジのリンカーン種の雄とメリノ*種の雌を交配し、新品種コリデール*種をつくり出した。78年スコットランドに帰国し、同社の総支配人となり、82年に最初の冷凍肉*輸出を成功させた。ニュージーランドの酪農にも関心を有し、サウスランド*にある会社所有地にイーデンデール（Edendale）乳製品工場を建設した。

（由比濱省吾）

デヴォンポート [Devonport]

　オークランドの中心地からワイテマタ湾*をはさんだ対岸の半島の先端地域で、フェリーで結ばれている。小火山丘があり、ヨーロッパ人の入植は早くにおこなわれ、落ち着いた町並みや古い立派な建築が残っている。また海軍基地がある。

（由比濱省吾）

デーヴィス、アーネスト
[Davis, Ernest Hyam（1872-1962）]

　実業家。ネルソン生まれ。父親からビール醸造会社を引き継ぎ、数年後にはニュージーランド最大のビール会社ニュージーランド・ビール社（NZ Breweries）（のちのライオン・ビール社 Lion Breweries）とニュージーランド蒸留酒会社（NZ Distillery Company）を築いた。彼はまた金融、海運、運輸、食品加工、製造業など、広く事業を展開し富を築いた。

（岡田良徳）

テームズ [Thames]

　コロマンデル半島*基部西岸、ワイホウ（Waihou）川の河口にある町。人口6,705人（2001年）。クック*がテームズと命名。

1867年に金*脈が発見され、金のブームによって町の人口は約2万人となり、オークランドを凌駕した。最初のブームが去ったのち、80年に再度ブームが生じ、会社組織による採掘は第1次世界大戦直後まで続いた。

（由比濱省吾）

テームズ歴史博物館
[Thames Historical Museum]

　テームズ*の博物館。マオリとヨーロッパ人入植者、ゴールドラッシュ*期の鉱山関係、建材用のカウリ*材の切り出しと加工などに関する資料の展示がある。

（角林文雄）

テ・カナワ、キリ
[Te Kanawa, Kiri Janette（1944-）]

　歌手。ギズボーン*生まれ。世界的ソプラノ歌手。オークランドのセントメアリー・カレッジで本格的に声楽を学ぶ。65年に2つのコンクールで優勝し、翌66年奨学金を得てロンドンに留学。以後イギリスに在住し、ロンドンの王立オペラハウス、ニューヨークのメトロポリタンオペラ座、ミラノのスカラ座など世界の桧舞台で活躍を続ける。モーツアルト「フィガロの結婚」の伯爵夫人、ヴェルディ「オテロ」のデスデモナなどを得意とする。81年にはイギリス王室のチャールズ皇太子とダイアナ妃の成婚を祝って、セントポール大寺院で祝婚歌を歌った。ニュージーランドの21世紀の新年を祝う新世紀祝賀コンサートに招かれた。

（池田久代）

テカポ湖 [Lake Tekapo]

　サザンアルプス*最高峰アオラキ山*の東にある南北に長い氷成湖*。標高707m、面積96km^2。ここからテカポ川が流出し、マッケンジー・カントリー*を流れてプカキ（Pukaki）川、オハウ（Ohau）川と合流してベンモア（Benmore）湖に入る。湖水南

端に「善き羊飼いの教会」（Church of Good Shepard）があり、観光地になっている。

(由比濱省吾)

テカポ＝プカキ＝オハウ運河
[Tekapo-Pukaki-Ohau Canals]

発電目的のためにカンタベリー*南西部のマッケンジー・カントリー*に建設された運河。テカポ運河はテカポ湖*南端からプカキ湖*南東岸まで通ずる延長25kmの運河。プカキ運河はプカキ湖南端に始まる延長12kmの運河で、オハウ湖*の東部でオハウ運河に合流する。オハウ運河は人造湖のルアタニファ（Ruataniwha）湖を経てワイタキ川*上流のベンモア（Benmore）湖に入る延長18.5kmの運河。テカポ運河にはテカポA、テカポB、オハウ運河にはオハウA、オハウB、オハウCの各発電所がある。いずれも発電所はすべて運河上にあり、低落差発電である。これら発電所の運転、湖水水位調節、運河の管理はトワイゼル*にあるメリディアン・エナジー（Meridian Energy）社の集中制御センターで操作されている。

(由比濱省吾)

テ・クイティ [Te Kuiti]

ワイカト県*西南部、国道3号線上にある町。人口4,374人（2001年）。ワイトモ郡役所所在地。丘陵・山地の牧畜（ウシ・ヒツジ）地帯の中心。1860年代には土地戦争*の舞台で、ヨーロッパ人の入植は80年代末期に始まった。ここを通るウェリントン〜オークランド鉄道線は1908年に開通。89年の自治体再編で郡になった。95年に長野県辰野町と姉妹都市*提携（テ・クイティが周辺地域と合併しワイトモ郡となったため現在ワイトモ郡と提携）。

(由比濱省吾)

テクトラ社 [Tectra Ltd.]

羊毛品質、ヒツジ生産、農場効果に開する技術改善を目的としてウール・ボード*のもとに羊毛生産技術社（Wool Production Technology Ltd.=WoolPro）が設置されたが、これが改称した組織。

(由比濱省吾)

テ・コウティ・リキランギ
[Te Kouti Rikirangi Te Turuki（?-1893）]

リンガトゥ教会*の創始者。ギズボーン*近郊に生まれ、アングリカン教会*の学校に学びキリスト教に改宗した。パイマリレ*事件に際して、政府軍に味方して戦ったにもかかわらず反乱者の一人と見なされ、1866年パイマリレ信者とともにチャタム島に流された。服役中旧約聖書を学ぶうちに神の啓示を受け、独自の教えを説くようになり、68年貨物船を奪って160人の仲間とともに脱出に成功した。上陸3ヵ月後には、ポヴァティ湾*一帯で復讐を開始し、ギズボーン*南西10kmのマタフェロ（Matawhero）で33人のヨーロッパ人と彼らに友好的なマオリ30人余りを殺した。その後も武装して奇襲攻撃をかけるなど近隣の住民を恐怖に陥れた。彼の首には懸賞金がかけられたが、72年キングカントリー*のテ・クイティ*に逃れ、マオリ王の庇護下に入った。83年に特赦を受けるまでの10年間、その地でリンガトゥの教えに励んだ。

(青柳まちこ)

テコマンテ [Tecomanthe]

ニュージーランド固有のノウゼンカズラ科のツル植物。別名スリーキングス・クライマー。生育は旺盛。葉は光沢があり、3〜5枚の複葉をもつ。秋〜初冬に管状でクリーム色の花が枝から垂れ下がるように咲く。果実はバナナ型の莢を形成し、成熟すると緑から褐色に変わる。絶滅の寸前から救われた歴史をもつ。1945年に北島北端沖スリーキングス諸島*のグレート（Great）島で自生が発見されたときは1株だけであったが、取り木で増やし、82年に初めて花、実、種子をつけた。その後、実生、

取り木、挿し木で繁殖に成功した。霜に弱いので暖地に多い。
（塩田晴康）

鉄道 [Railway]

　ニュージーランドの鉄道は政府系企業*のオントラック（ONTRACK）が運営し、オークランド〜ウェリントン間、クライストチャーチ〜ピクトン*間、クライストチャーチ〜グレイマウス*間を運行しているが、1日1〜2本と運行頻度は少ない。ほかにも路線が多くあったが乗客数の減少により次々に廃止されてきた。オークランドとウェリントンではトランツ・メトロ（Tranz Metro）社が運営する複線・電化の郊外電車がある。オークランドからは、ワイタケレ*方面、パパクラ*方面に、ウェリントンからはジョンソンヴィル（Johnsonville）方面、パラパラウム*方面、メリング（Melling）方面、マスタートン*方面にそれぞれ路線がある。また、ウェリントンのラムトンキーから植物園へのケーブルカー、クライストチャーチの市内中心部を回る路面電車、ダニーディン*とミドルマーチ*を結ぶタイエリ峡谷鉄道（Taieri Gorge Railway）などは観光客に人気がある。
（大石恒喜）

ウェリントン市内のケーブルカー（青柳まちこ）

テニス [Tennis]

　テニスコートは各地にあり、全天候型のコートのほか、日本では珍しい芝コートもある。予約なしで手軽に楽しめるが、ラケットとボールは自分で持参しなければならない。テニスは成人男性ではゴルフ*に次いで好まれるスポーツであり、成人女性ではネットボール*、ゴルフ*と並んで好きなスポーツの首位を占めている。

　1886年にニュージーランド・ローンテニス協会ができたが、すぐにイギリスのローンテニス協会に統一された。1907年にはオーストラレーシア・チームの1員としてデヴィスカップで初優勝し、選手ワイルディング（F.A.Wilding）は現在でもニュージーランドの誇りとなっている。83年ルイス（Chris Lewis）はニュージーランド人として初めてウィンブルドンの男子シングルスの最終戦まで進んだ。
（山岸博）

テ・パパ・トンガレワ [Te Papa Tongarewa]

　首都ウェリントン港南部を再開発し1998年に開設されたニュージーランド国立博物館（元ドミニオン博物館）。パパは母なる大地、愛するわれらの国、トンガレワは宝物の意、全体で宝物収蔵所を意味する。従来の国立美術館と国立博物館を廃止し、その収蔵品を土台としている。

　これまで別々であった博物館と美術館を

テ・パパ・トンガレワの入口（青柳清孝）

統合したこと、従来無関係に展示されていたマオリ文化とヨーロッパ系住民の文化を、両文化の出会いと対話の視点で配列したこと、幅広い年齢層が楽しめる特徴ある自然・文化体験の場を設けたこと、充実した博物館の展示に関連する文献図書情報室を備えたこと、堅固な耐震構造と極力自国産の建築材料を使用したこと、などにテ・パパの新しさが発揮されている。これらに加え、テ・パパは現代の文化を意欲的に展示することで、ニュージーランド人に自らのアイデンティティを絶えず模索し、探求する場を提供している。　　　　（青柳清孝）

テ・パヒ　[Te Pahi（c.1760-1810）]

ベイ・オブ・アイランズ*のンガプヒ*首長。1805年彼と4人の息子はオーストラリアのニューサウスウェールズに行き、キング総督、マースデン*に面会。西欧文化や技術の導入に興味を抱き、チャーチ・ミッショナリ協会*を招聘しようと考えた。06年に帰郷、果樹、ブタ、ニワトリなどを持ち帰った。09年ファンガロア（Whangaroa）で起きたボイド号事件*に際して、テ・パヒはその首謀者と目され、10年3月その復讐に来た捕鯨*者の一団は彼の一族約60人を殺し村に火を放った。テ・パヒは辛くも逃れたが数週間後、そのとき受けた傷がもとで死亡した。　　　　（青柳まちこ）

テ・ハプク　[Te Hapuku（1797-1878）]

ホークスベイ*のンガティ・カフングヌ*の指導者。1830年代にはヨーロッパ人やキリスト教を嫌悪していたが、39年のニュージーランド部族連合国独立宣言*、40年のワイタンギ条約*に署名した。50年代土地購入に訪れた政府のマクリーン*に対して積極的に土地売却をおこなった。52年行政官（Magistrate）に任命され、68年にはパイマリレ*討伐にも参加したが、70年代以降は土地の売却に反対するホークスベイ土地取引否認運動*を支持した。後年マオリの教育に関心をもち、テ・アウテ・カレッジ*を支援した。　　　　（青柳まちこ）

テ・ヒコ・ピアタ　[Te Hiko-Piata Tama-i-hikoia（?-1881）]

ンガティ・カフングヌ*の首長。1840年代ワイララパ*入植者に土地を貸し、地代を得ると同時に農産物を供給することで大きな利益をあげた。そのため政府への土地売却には強力に反対していたが、76年ワイララパ湖*漁業権を政府に譲渡した。政府は周辺の洪水予防のために湖の権利を欲したのであるが、この譲渡はマオリの主要漁業資源であるウナギ類*の漁に損害を与えることになり、権益者からの反目を招いた上、その支払いをめぐって争いが生じた。　　　　（青柳まちこ）

テ・フィティ・オ・ロンゴマイ　[Te Whiti-o-Rongomai（c.1830-1907）]

タラナキ*のマオリ指導者。パリハカ（Parihaka）で興隆した宗教運動・平和的抵抗運動（土地不売運動）を指揮。ルーテル派の宣教師の教えを受けたテ・フィティは、1866年、聖書の教えとマオリの伝承や慣習を織り合わせ、マオリ独自のキリスト教を生み出した。テ・フィティはエホバの神命による「平和の王」と信じられ、ヨーロッパ人に対する抵抗も、非暴力的平和主義を貫いた。パリハカは神の教えとマオリの道徳に西洋文明の長所を結びつけ、世俗的にも宗教的にも自治的な理想郷と考えられた。

80年、テ・フィティの運動は全盛期を迎えたため、影響力を恐れた政府は、81年没収地に不法に留まっているとして軍隊を出動させたが、テ・フィティらは非暴力不服従の姿勢でこれを迎えた。テ・フィティと、彼の義理の兄弟で協力者のトフ（Tohu Kakahi）は逮捕されて南島に送られたが、2

年後に釈放された。
(内藤暁子)

テ・プエア［Te Puea, Princess（1884-1952）］

マオリ王擁立運動*中興の祖。第2代マオリ王タフィアオ*の長女の娘。1920年代、ンガルアワヒア（Ngaruawahia）にトゥランガワエワエ*マラエを建設した。またマオリの伝統的な歌や踊り、カヌー、木彫を再興するなど、地域共同体に根づいた生活文化を復活させ、マオリの自信回復に努めた。政府側と交渉を重ね、マオリ土地没収*問題解決の糸口をつくるとともに、一般社会に対するマオリ王の認知度を向上させるなどの活動をした。
(内藤暁子)

テ・フェオロ、ウィレム・テ・モレフ・マイパパ［Te Wheoro, Wiremu Te Morehu Maipapa（c.1826-95）］

ワイカト・マオリ*指導者。キャメロン*のワイカト侵攻の際には、政府軍支援の指揮をとり、またマオリ王擁立運動*と政府間の仲介をおこなった。西部マオリ選挙区選出の下院議員（1879-84）。議会ではマオリの利益のために活躍した。83年4選挙区すべてのマオリ議員がロンドンの先住民保護協会（Aboriginal Protection Society）に宛てて、ハミルトン*の西南カフィア（Kawhia）の土地売却に関する不当を女王に請願する書面をしたためた。さらに84年代表としてロンドンに渡り、植民地担当相と面会したが、この請願は不成功に終わり、イギリス政府に対して深い失望を抱いた。
(青柳まちこ)

テ・プケ［Te Puke］

タウランガ*東南方の町。人口6,771人（2001年）。温暖湿潤な気候のため酪農地域として発展した。1960年代に付近の進取的農民が中国スグリ（Chinese Gooseberry）の実験的栽培を始め、それがキーウィフルーツ*と改称されて国際市場に供給するまでに成長し、その栽培中心地になった。町は「世界キーウィフルーツ首都」という大きな表示を掲げている。
(由比濱省吾)

テ・プニ・ココプ、ホニアナ［Te Puni-kokopu, Honiana（?-1870）］

テ・アティ・アワ*のリーダー。本来の居住地はタラナキ*であるが、侵攻してきたワイカト諸族を逃れて、1832年頃ワイララパ*、ウェリントンまで南下逃避した。周囲を敵に包囲されている不安定な状況の中で、ヨーロッパ人の保護を必要と考えニュージーランド会社*を歓迎した。39年9月トーリー（Tory）号上でウィリアム・ウェークフィールド*に会い、ウェリントン湾*一帯の土地売却に署名した。40年入植者が到着すると、彼らのために小屋を立て食料を与えた。40年4月ポートニコルソン*でワイタンギ条約*に署名。
(青柳まちこ)

テフラ［Tephra］

爆発的噴火によって火口から放出され、空中を飛行して地表に堆積した火山砕屑物の総称。ギリシア語の灰の意。粒径は給源からの距離によって異なる。北島のタウポ*火山帯から供給され、偏西風*にのって東方に運ばれ堆積し、広く既存の地形面を覆う。段丘の新旧を識別し、年代を求めるのに有効な指標となる。一般に日本のいわゆるローム層のように茶褐色に風化しているが、中に独特な鍵層をはさんだり、古土壌を挟んだりする。鍵層として知られる有名な例はロトエフ（Rotoehu）火山灰（約6～7万年前）。
(太田陽子)

テ・フラ・テ・タイファカリピ［Te Hura Te Taiwhakaripi（c.1816-66）］

ンガティ・アワ*首長。1865年パイマリレ*がベイ・オブ・プレンティ*に伝えられると、その信仰を受け入れた。土地戦争*の

中でマオリの土地はすべて没収されるとの風評があり、ンガティ・アワは入植者に対してタプ*の境界を設け対抗した。その警告を無視して境界に踏み込んだフルーン*を殺したため、政府は9月ンガティ・アワを攻略し降伏させた。テ・フラは捕らえられて彼を含む10名が死刑を宣告され、またその部族領土の60%が没収された。のちに死刑は終身刑に減刑されたが、事件から123年後の1988年10月、彼およびその仲間たちはすべて赦免された。　　（青柳まちこ）

テ・プレワ［Te Purewa（?-1842）］
トゥホエ*の首長。戦略にも長けた優れた戦士であったが、一方トゥホエ内では虐殺や人食いを廃止し、また近隣の諸族との間で平和を締結した。　　（青柳まちこ）

テ・ヘウヘウ・トゥキノⅡ世
［Te Heuheu Tukino Ⅱ, Mananui（?-1846）］
北島中部のンガティ・トゥファレトア*の首長。宣教師からの勧誘を断り、ワイタンギ条約*の署名を拒否。交易者としては認めても、彼の土地にヨーロッパ人を入植させることには強く反対した。46年5月7日カカラメア（Kakaramea）山の大雨による地滑り*で8人の妻とともに死亡。
　　（青柳まちこ）

テ・ヘウヘウ・トゥキノⅣ世
［Te Heuheu Tukino Ⅳ, Horonuku（c.1820s-88）］
ンガティ・トゥファレトア*の首長。彼の名ホロヌク（地滑り*）は1846年父が地滑りで死亡したことによる。土地戦争*に際して1863年ワイカト*支援のため出兵するが、イギリス軍に敗退、69年にタウポの戦闘でもテ・コウティ*を支援したが破れて逃避した。70年説得に応じて降伏し、タウポ*への帰還を許された。彼らの土地はヨーロッパ人牧羊者に貸し出されていたが、やがてはその聖地が破壊されるこ

とを危惧し、ほかの首長らと相談の上、域内のトンガリロ*、ルアペフ*、ンガウルホエ*の3山を国家に譲渡することに決定した。これがニュージーランド最初の国立公園*となったトンガリロ国立公園*で、マオリ相バランス*との間で協定が署名されたのは87年のことである。　　（青柳まちこ）

テ・ホレタ［Te Horeta（?-1853）］
ハウラキ湾*のンガティ・ファナウンガ（Ngati Whanaunga）マオリ首長。1769年クック*がマーキュリー湾*を訪れたとき、ほかの子どもたちとともに、好奇心からエンデヴァー号を訪れ、バレイショを与えられたという。ヨーロッパ人に親近感をもち、1820年にはシドニーを訪れた。52年コロマンデル半島*でニュージーランド最初の金*鉱が発見されると、その採掘許可を与えた。死の床でヨーロッパ人の友人に、マオリとヨーロッパ人が平和に共生できるよう努力してほしいとの手紙を書いている。
　　（青柳まちこ）

テ・マアリオテランギ、ピリピ
［Te Maari-o-te-rangi, Piripi（c.1837-95）］
ワイララパ*のンガティ・カフングヌ*の指導者。テ・ヒコ・ピアタ*の売却で失われたワイララパ湖*の権利、および湖周辺の土地に関して、1860年代から死の直前まで先住民土地裁判所*、先住民省*、上訴裁判所*、下院の先住民委員会などに請願を繰り返した。96年和解が一部成立し湖の所有者に2,000ポンドが支払われ、1915年、ワイカト*のマンガキノ（Mangakino）の土地3万エーカーがワイララパ230人に補償された。　　（青柳まちこ）

テ・マタカテア、ウィレム・キンギ・モキ
［Te Matakatea, Wiremu Kingi Moki（?-1893）］
タラナキ*のマオリ首長。1841年にキリスト教に改宗。46年にはウムロア（Umuroa）

でコムギを栽培し、商店を経営したほか、コムギ製粉所、道路建設など次々と事業を進めた。さらにコムギとバレイショ耕作で得た富を資金として、生徒400人ほどの教育施設をつくった。しかしテ・フィティ・オ・ロンゴマイ*に同調し79年マナイア（Manaia）で彼らの耕作運動に加わったとして、80年まで拘留された。　　（青柳まちこ）

テ・マナワ［Te Manawa］

パーマストンノース*にある。美術館と博物館がまとめられてテ・マナワという名称となった。マオリとこの地域の文化を物語る豊富な資料が展示されている。
（角林文雄）

テムカ［Temuka］

カンタベリー県*南部の町。人口3,996人（2001年）。ティマル*の北15km、国道1号線上にある。　　（由比濱省吾）

テ・モアナヌイ、クルポ
[Te Moananui, Kurupo（?-1861）]

ホークスベイ*のンガティ・カフングヌ*首長。1820~30年代にかけて土地をめぐって戦い、とくにワイカト*での戦いに従事したが、この地を訪れたコレンソ*により48年キリスト教に改宗した。土地売却に熱心であったがその土地の権利や価格に関して、テ・ハプク*との間で長期にわたる紛争を引き起こした。59年ホークスベイ*を訪問したマオリ王代表団により、ホークスベイにおける王代理としてカワナ（総督）の称号が与えられた。　　（青柳まちこ）

デュモン=デュルヴィル、ジュール［Dumont d'Urville, Jules Sebastien Cesar（1790-1842）]

航海者、フランス生まれ。ニュージーランドには3回来航。このうち第2回の1826~27年の来航では3ヵ月かけて南島の北海岸と北島東海岸を巡り、地名に自己の名や船名を残した。英語読みのダーヴィル島*はその一つ。　　（大島裏二）

テ・ラウ、ケレオパ
[Te Rau, Kereopa（?-1872）]

テ・アラワ*成員。パイマリレ*のリーダーでテ・ウア・ハウメネ*の5人の使徒の一人。フェルクナー*牧師殺害の首謀者とされる。1865年パイマリレの一団がオポティキ*の教会で絞首刑にしたフェルクナー牧師の首を切断した後、彼はその首を説教壇に載せ、眼球を食したと伝えられている。5年間トゥホエ*に匿われたが捕らえられ、72年ネーピア*で絞首刑になった。120年後に死後赦免。　　（青柳まちこ）

テ・ラウパラハ［Te Rauparaha（c.1768-1849）]

ンガティ・トア（Ngati Toa）マオリの首長。1830年代半ばまでに北島の南西部および南島の北半を占領した。39年ニュージーランド会社*のトーリー（Tory）号が彼の本拠地であるカピティ島*を訪れた際に、銃、毛布その他との交換で、会社にカピティ島および南島北部の膨大な土地を売却した。のちにその土地の売却をめぐってニュージーランド会社との間に紛争が生じ、会社が測量を強行しようとしてワイラウ事件*が発生した。この事件に関しては44年フィツロイ*総督がワイカナエ*でテ・ラウパラハ*に会い、入植者の非を認めた。しかしグレイ*総督はテ・ラウパラハが46年ウェリントン地域の土地売却に反対したことで、告訴も審理もなしに約10ヵ月間勾留し、故郷に帰ることを許されたのは48年であった。　　（青柳まちこ）

テ・ラウパラハ、タミハナ
[Te Rauparaha, Tamihana（1819-76）]

ンガティ・トア（Ngati Toa）マオリの首長テ・ラウパラハ*の息子。オークランドでイギリス的教育を受け、20代で聖職者に

任命された。西欧式服装や生活様式をいち早く取り入れ、牧羊によって富を蓄えた。51年イギリスに渡りヴィクトリア女王に接見し、帰国後マオリ君主国をつくることを夢見た。それが結果的にマオリ王擁立運動*につながった。　　　　　（青柳まちこ）

テ・ランギカヘケ、ウィレム・マイヒ
[Te Rangikaheke, Wiremu Maihi（c.1815-96）]

　ンガティ・ランギウエウエヒ（Ngati Rangiueuehi）マオリのリーダー。ロトルア*で生まれ、1835年頃チャーチ・ミッショナリ協会*で教育を受け入信。グレイ*総督にマオリ語やマオリ慣習を教授した。彼自身も800ページにものぼる多くの書物を残しており、それらは言語、慣習、物語、神話など多岐にわたっている。その一部は Polynesian Mythology, 1855（ポリネシアの神話）として英訳。60年代はロトルアで政府の役人として働き、優れた弁論家としても知られた。　　　　　　　　（青柳まちこ）

テ・ランギタカイワホ、テ・マニヘラ
[Te Rangi-taka-i-waho, Te Manihera（?-1885）]

　ンガティ・カフングヌ*首長。ギズボーン*で教会学校に学び、若くしてヨーロッパ人との土地取引に介入し頭角を現す。1850～70年代にかけてはワイララパ*の所有権のあいまいな土地売却に積極的に関わり、76年にはテ・ヒコ・ピアタ*を説得してワイララパ湖*の漁業権を政府に売却させた。　　　　　　　　　　（青柳まちこ）

テ・ランギハエアタ [Te Rangihaeata（?-1855）]

　ンガティ・トア（Ngati Toa）マオリ。テ・ラウパラハ*の甥。1839年おじとともにトーリー（Tory）号上でクック海峡*両岸の彼の土地をニュージーランド会社*に売却する証書に署名したが、のちにその売却地をめぐって会社と紛争となった。43年テ・ラウパラハとともにワイラウの測量を阻止しようとしてワイラウ事件*に関わった。
　　　　　　　　　　　　　　（青柳まちこ）

テ・ランギ・パエタヒ、メテ・キンギ
[Te Rangi Paetahi, Mete Kingi（c.1813-83）]

　ワンガヌイ*のテ・アティ・ハウヌイア パパランギ（Te Ati Haunui-a-Paparangi）マオリのリーダー。1860年代ワンガヌイに侵攻してきたパイマリレ*隊を討伐、またフェルクナー*牧師殺害の復讐としてオポティキ*に兵を送り、400人のパイマリレ戦士を降伏させるなど、政府に協力的であった。新設されたマオリ選挙区の西部地区初代下院議員（1868-70）。　（青柳まちこ）

テ・ランギ・ヒロア [Te Rangi Hiroa] ⇒バック、ピーター

テレコム・ニュージーランド社 [Telecom Corporation of New Zealand Ltd.=Telecom]

　1987年政府は郵便局の通信事業部門を分離、政府系企業*テレコムに42億5千万ドルで売却した。2年後には通信事業に民間企業参入が可能になり、90年アメリカ企業に買収された。2004年現在ニュージーランド政府はテレコム株の約20％を所有している。テレコムは南北両島を結ぶ光ファイバー海底ケーブル敷設、スペクトグラム拡散技術（CDMA）導入など設備改善に力を入れ、また聴覚に障害をもつ人々に対する配慮も視野に入れている。アジア太平洋地域で幅広く通信関連事業を展開している。　　　　　　　（ベッドフォード雪子）

テレビジョン放送
[Television Broadcasting]

　テレビ放送は、1952年にカンタベリー大学*テレビ実験局が試験放送をおこなった。国営による一般放送が開始されたのは、オークランドが60年、クライストチャーチとウェリントンが61年、ダニーディン*

が62年である。61年当時は、テレビ受像機はわずか4,000台であったが、次の4年間で50万台に急増し、国営第1放送（TV1）の全国放送体制の基盤が整った。カラー放送開始（74年）、国営第2放送（TV2）開局（75年）。開局当初の放送時間は一日に数時間であった。69年には初めてのニュース番組 Network News が放映された。79年にはほとんどの家庭（100戸中95戸）がテレビ受信機をもつようになり、さらに CanWest Global Communication（カナダ資本）が国営テレビネットワークを使って民間第3放送局（TV3）を開設して、初めて民間放送が放映された（89年）。

国営 TV1、TV2 は、現在112万6,000世帯に週7日、24時間のテレビ放送を供給している。民間放送は TV3 のほか、有料放送の Sky TV（90年）、UHF 地上テレビ局 Prime TV（98年）、初の商業ベースのケーブルテレビ Cable TV（Saturn Communications, 96年）などが次々と開局した。現在、ニュージーランド人の1日のテレビ鑑賞時間は、1992年には161分、2003年には173分となっている。ニュージーランドで最長ヒットを記録する人気連続ドラマ「ショートランド街（Shortland Street, 1992年5月25日放映開始）」は、4人に1人（25％）の高視聴率を誇っている。

〔池田久代〕

テ・ワケ・ヘレミア
[Te Wake Heremia（c.1840-1918）]

ホキアンガ湾*地方のテ・ララワ（Te Rarawa）マオリ首長。父はアメリカ捕鯨*船員。68年フィリナキ（Whirinaki）近くの土地を巡る紛争からおこなったンガプヒ*攻撃で捕らえられたが、のちに赦された。ホキアンガのカトリック教会信者の中心人物。先住民土地裁判所*陪席判事（Assessor）、北部マオリ選挙区選挙管理委員。娘はマオリ土地権運動*指導者クーパー*。

〔青柳まちこ〕

電気牧柵 [Electric Fences]

集約的な草地農業*の展開を可能にしているのが電気牧柵である。1950年にニュージーランドで開発され、酪農と肉用牛生産に画期的な変化をもたらした。電気牧柵には固定式と移動式があり、多種類の軽量で強固な支柱や鉄線も開発されている。酪農場では一本の基幹道路を中心にして牧区が配置され、その面積も2～4haと草地の生産性を高めるように工夫されている。牧草の生育が旺盛な時期には、牧区の中に等間隔に支柱を立てそこに通電テープを通す帯状放牧（Strip Grazing）によって、効率的に牧草を乳牛に採食させることが可能となった。年間の草地利用率も向上し、家畜生産を飛躍的に高めている。肉用牛を飼育している農場でも、電気牧柵が有効に活用されている。電気牧柵は世界120ヵ国に導入されている。

〔岸田芳朗〕

テントウムシ [Ladybird Beetle]

アリマキやカイガラムシを捕食するので有用昆虫とされる。固有のテントウムシは体長約3mmで背に左右1つずつの薄黄色斑点がある。19世紀にヨーロッパから入ったごく普通の外来種は、赤色で2黒点のあるフタモンテントウと、オレンジ色で11の黒点のあるジュウイチホシテントウである。

〔由比濱省吾〕

テンプスキー、グスタヴス
[Tempsky, Gustavus Ferdinand von（1828-68）]

軍人。水彩画家。東ロシアに生まれ、カリフォルニア、オーストラリアを経て1862年にオークランドに到着、コロマンデル*の金鉱で働く。ワイカト*に戦火が迫ると政府軍に志願したが許可されなかったため、従軍記者として参戦。ゲリラ戦について知識が豊富であったため、正規軍に加えられキャメロン*のもとで64年オラカウ・パ*でンガティ・マニアポト*と戦い、

成功を収めた。68年タラナキ*のティトコワル*攻撃に際して退却中に頭を打ちぬかれ死亡。
(青柳まちこ)

店舗営業法［Shop Trading Hours Act 1990］
1990年に施行。77年の営業法では、店舗の夜間営業（午後9時から午前7時まで）、土日・祝祭日の営業を禁止していた。現行法ではクリスマス、聖金曜日とイースターサンデーの終日、およびアンザックデーの午後1時までを除く、店舗の営業を認めている。
(新井正彦)

電力［Electric Power］
1888年操業開始のリーフトン*発電所は水力であるが、初期の地方自治体や民間企業の発電は主に火力によっていた。国営水力発電所第1号のコールリッジ湖*の操業開始は1914年で、当時の需要は主に電灯用であった。以後ニュージーランドの大きな包蔵水力が着目され、地方自治体あるいは民間による水力発電所が次々と建設された。産業用・家庭用電力需要は増大を続け、政府は46年に電力を開発し直営する電力庁（78年にエネルギー省電力局）を設置し、大規模水力発電開発を実施した。60年代マナポウリ湖*開発が環境問題として国民の注目を集め、建設優先から世論尊重への方針転換、資源管理法*の制定となった。87年に電力事業政府直轄から政府系企業*方式へ転換し、ニュージーランド電力公社（Electricity Corporation of New Zealand=ECNZ）が設立され、さらに96年の電力産業改革法で99年にECNZの分割民営化による競争促進が図られた。

発電資源の約75％は再利用可能で主に水力（約67％）と地熱（約5％）である。水力電気の3分の2は南島で生産され、南島の余剰電力は海底送電線で北島に送電されている。地熱発電*は北島のみで、天然ガス（22％）、石炭、風力が補完している。ニュージーランドの電力価格は世界で最も安価で、日本の電力価格は2000年第1四半期では、産業用がニュージーランドの6倍、民生用が3.4倍になる。大口電力消費者はアルミニウム製錬所、製鉄所、紙・パルプ工場、大規模乳製品工場で、電力の半分弱を消費する。発電構成比は、今後水力と天然ガスが低下、石炭が増加すると予想されている。
(由比濱省吾)

電力会社［Electric Power Companies］
1987年の行政改革により電力関係省庁が解体され、政府系企業*のニュージーランド電力公社（Electricity Corporation of NZ=ECNZ）が設立された。95年に政府は規制緩和・競争力強化を目的にECNZを分割する方針を定め、96年にコンタクト・エナジー（Contact Energy）社、さらに99年に以下の3社に分割した。マイティ・リヴァー・パワー（Mighty River Power）社、ジェネシス・パワー（Genesis Power）社、メリディアン・エナジー（Meridian Energy）社。上記のほかに1926年設立の株式会社トラストパワー（TrustPower）があり、全国34の発電所で操業している。
(由比濱省吾)

と

銅［Copper］
銅鉱床は入植時代初期にオークランド北方40kmのカワウ（Kawau）島で発見され、1860年代に閉山するまでに3,000t以上が採掘された。ハウラキ平野*のテ・アロハ*に近いトゥイ（Tui）鉱山でも採掘されたが1970年代に閉山した。ノースランド*、コロマンデル*、ネルソン*、ウエストランド*に銅資源の可能性があるが、試掘されてい

ない。土壌検定の結果、微量元素としての銅が、ホークスベイ*北部やノースランド、およびワイカト*の一部牧場の土壌に不足しており、家畜の健康改善のために銅を含む肥料がしばしば用いられる。
(由比濱省吾)

トゥアイア、ペネ
[Tuaia, Pene Taka (c.1810-89)]
タウランガ*のンガイ・テ・ランギ（Ngai Te Rangi）マオリの戦士。1863年マオリ王擁立運動*を支持し、土地戦争*では政府軍と戦った。64年政府軍撃退に成功したゲイト・パ*は彼の建造による。しかしその後テ・ランガ（Te Ranga）の戦いに破れ、タウランガは政府によるマオリ土地没収*の対象となった。戦後は武力闘争ではなく、測量杭を引き抜くなどの非暴力的な抵抗運動に転じた。
(青柳まちこ)

トゥアタラ [Tuatara]
固有の爬虫類。外見はトカゲに似ているが、解剖学的には異なり、歯は顎骨と一体化している。体長約60cm、体重1.3kg、皮膚は柔らかく、灰色、ときにはオレンジがかっている。頭から背中にかけて乳白色の柔らかな鋸状の突起列がある。かつては全土に生息していたが、現在はマールバラサウンズ*やノースランド*北東沖の島々に限定されている。成長が遅く孵化に1年、成熟に20年を要し、100歳まで生きると推定されている。地下の穴に住み、夜行性であるがときには日中に短時間活動する。成獣は甲虫、カタツムリ、トカゲのほか、鳥の卵などを捕食する。「生きた化石」といわれる。
(由比濱省吾)

トゥアトゥア [Tuatua]
アサリ貝に似た二枚貝。小型の三角形。色は白。全海岸に見られるが、とくに北島北部の砂浜に多く干満中間点に棲む。トヘロア*・スープに似た美味なスープができる。2005年から規制魚種*。コード記号TUA。
(大島裏二)

トゥイ [Tui]
ニュージーランド固有の鳥。全国の森林、果樹園、藪や庭園に見られる。体長雄32cm、雌29cm。体は緑色・黒紫色の金属的光沢、首から肩にかけてレース状の白い羽毛があり、喉に白い小さな肉垂れがある。9月から1月に繁殖する。鳴き声は美しい。
(由比濱省吾)

統一党 [United Party]
1927年ウォード*の主導により結成された政党。自由党*の政策を引き継ぎ、翌28年の総選挙では多くの得票を得、労働党*の支援を受けて組閣し、ウォードが首相となった。31年フォーブス（George Forbes）が改革党*と連携し、引き続き政権を担当したが、35年の総選挙で敗退した。36年正式に解党して改革党とともに国民党*を結成した。
(青柳まちこ)

統一未来党 [United Future New Zealand]
2002年総選挙を前に中道的な統一ニュージーランド党（United New Zealand）とキリスト教保守主義のニュージーランド未来党（Future New Zealand）の合併によって結成された政党。キリスト教徒、非キリスト教徒に共通する家族、常識、相互扶助、同情、誠実といった普遍的原理の重視を掲げる。02年総選挙では8議席、05年には3議席を獲得。
(青柳まちこ)

トゥーサム山脈 [Two Thumb Range]
カンタベリー県*西南部内陸、テカポ湖*とランギタタ川*の間に南北に走る山脈。北はテカポ湖の水源ゴッドレー（Godley）氷河から、南はマッケンジー・カントリー*の東端まで、サザンアルプス*の主嶺から分かれて伸びる。主峰はアキレス（Achilles）

山（2,537m）。　　　　　　　　（由比濱省吾）

投資 [Investments]

外国への投資は1999年の4,000万ドル台から、2003年には7,000~8,000万ドル台になった。一方外国からニュージーランドへの投資は、この2.5~3倍に達しており、1999年の1億2,000~1億3,000万ドル台から2001年以後には1億7,000万ドル台へ上昇している。直接投資と有価証券投資の比較を見ると、外国への投資では99年には両者はほぼ同額であったが、やがて有価証券が倍増する傾向をたどった。逆に外国からの投資では直接投資がほぼ2倍であったが、2000年からは有価証券投資が優勢になっている。

1999年から2002年までの4ヵ年平均額に関して、主要国からのニュージーランドへの投資を見ると、OECD 475億2,900万ドル、APEC 454億6,800万ドル、オーストラリア207億3,900万ドルがベスト3で、EU、アメリカ、イギリス、オランダに続き、日本は第8位の15億8,600万ドルである。既往の日本の投資は林業、紙パルプ工業、アルミニウム工業が中心であったが、ホテルなど観光関連産業にも拡大してきた。

（由比濱省吾）

トゥティラ湖 [Lake Tutira]

ネーピア*の北40kmにある湖水。面積240km^2。水深42m。湖水とその周辺は野生生物、とくに鳥の保護区。ガスリー＝スミス*によって広く紹介されている。（由比濱省吾）

トゥトゥ [Tutu]

ドクウツギ科のニュージーランド固有の双子葉植物。海岸部の山岳地帯の森林に生育。葉は弓形に対生する。花は葉の付け根から一続きになって垂れ下がり、黒い小さい実がなる。樹液、種子、葉、茎に有毒テルペン化合物（ツチン）が含まれ、入植初期にはトゥトゥの葉を食べた家畜や、果実を食べた子どもが死亡した。現在では家畜が食べないよう対策が講じられている。トゥトゥの花蜜が混入した蜂蜜も有毒で採蜜には注意が必要である。マオリは細心の注意を払って果実を処理し、食材としていた。

（塩田晴康）

東南アジア条約機構
[SEATO=South East Asia Treaty Organization]

1954年の東南アジア集団防衛条約により成立した反共防衛機構。ニュージーランド、イギリス、アメリカ、フランス、オーストラリア、フィリピン、タイ、パキスタンが参加。インドシナ情勢の悪化を背景に、とくにそこでの共産主義勢力の拡大阻止のため、アメリカの主導下に形成された。この条約体制のもと、ニュージーランドも60年代半ばにヴェトナムに派兵した。SEATOは、60年代のラオス危機やヴェトナム戦争*への対応をめぐり加盟国の協調が実現せず、77年には解散した。（山口悟）

トゥハワイキ、ホネ
[Tuhawaiki, Hone（1805-44）]

南島ンガイ・タフ*の首長。1830年代、積極的に土地売却をおこなった。38年、40年にシドニーを訪れ、運送業などに関心をもった。ワイタンギ条約*には40年6月9日ヘラルド艦上で署名。40年代の初めにはキリスト教に改宗、44年彼の住地ブラフ*沖合のルアプケ（Ruapuke）島に宣教師ウォーラーズ（Wohleres）を招致した。同年オタゴ区画をタケット*に売却。

（青柳まちこ）

トゥフア（メイヤー島）保護海域
[Tuhua（Mayor Island）Marine Reserve]

タウランガ*の北約40km、プレンティ湾*に浮かぶトゥフア（メイヤー島）とその沿岸の1,060ha。島は火山岩から構成され

海食崖、洞窟、アーチ、岩礁に富む美しい海岸美をもつ。島を所有するマオリの管理委員会が、釣りなどの完全禁止を求めて公園指定を申請し、1992年に指定された。

（植村善博）

トゥファレ、ホネ［Tuwhare, Hone（1922-）］
　マオリ系詩人、劇作家、短編作家。カイコヘ*生まれ。1991年オークランド大学文学特別研究員となる。50~60年にかけてのニュージーランド詩歌の新しい潮流の中で、政治的色彩の強い反戦詩を書き、現代ニュージーランドの最も傑出したマオリ詩人との評価を得る。最初の詩集 *No Ordinary Sun*, 1964（異常なる太陽）は喝采を浴び10版を重ねる。73年のマオリ作家・芸術家会議開催などマオリ文化と政治運動の中心となる。初めての戯曲 *In the Wilderness Without a Hat*, 1985（荒野で帽子もなく）、詩集 *Mihi : Collected Poems*, 1987（あいさつ：選詩集）、*Deep River Talk*, 1993（深い川の話）など多数。

（池田久代）

動物愛護協会［Society for the Prevention of Cruelty to Animals=SPCA］
　動物を虐待から守る民間組織で、国の資金を受けないで活動している。最初の動物愛護協会は1882年にダニーディン*で結成、現在では全国に54団体以上がある。各団体は活動を通じて、1960年の動物愛護法を施行させた。さらに飼主の義務を定め、無視すれば訴追される新しい動物愛護法を2000年に発効させた。

（由比濱省吾）

動物園［Zoo／Wild Life Park］
　ニュージーランドの動物園には自然環境の中で動物を観察できるもの、ニュージーランド特有の生き物を見ることができるものなどがある。(1) オークランド動物園は150種類、1,000頭以上の動物を擁するニュージーランド最大の動物園。ゾウ、キリン、ライオンなど外国の動物に加えてキーウィ*などニュージーランド固有な生物も見られる。(2) ハミルトン*動物園では400種類以上の鳥類、獣類、爬虫類などを自然環境の中で見ることができる。とくに鳥の楽園では、巨大な鳥籠の中を歩きながら、自由に飛び回る鳥を観察することができる。(3) クライストチャーチのオラナ自然動物園（Orana Wildlife Park）には、アフリカの動物などが自然の中に放し飼いにされているサファリパークがある。(4) クライストチャーチにはまたウイロウバンク動物園（Willowbank Wildlife Reserve）がある。キーウィなどの夜行性の鳥、その他アルパカなどの珍しい動物を見ることができる。(5) ウェリントン動物園はニュージーランド最古の動物園で規模はオークランド動物園に次ぐ。トゥアタラ*などを見ることができる。

（角林文雄）

トゥホエ［Tuhoe］
　マタアトゥア*カヌーを出自とするイウィ*で、ウレウェラ*地方を領域とする。別名ンガ・ポティキ（Nga Potiki 霧の子どもたち）。都市から離れた地域のため、現在でもマオリ語話者の割合が高い。人口25,917人（1996年）、29,259人（2001年）。（内藤暁子）

同盟党［Alliance］
　1991年末、労働党*の経済自由化政策に反対し、新労働党*、民主党*、マナモトゥハケ党*、緑の党*によって、環境、マオリ問題重視の視点で合同し結成された党。翌年、ニュージーランド自由党（New Zealand Liberal Party）が加わった。新労働党党首アンダートン*の組織力により活動は活発化し、93年総選挙では得票数の18.2％を獲得し、アンダートンとリー*が議席を得た。96年総選挙では少数政党に有利な新しい選挙法のもとで、13議席を獲得した。97年には緑の党が離脱したが、

99年の総選挙では10議席を確保し、労働党クラーク*首相のもとで、アンダートンは副首相に、また党員3名が入閣を果たした。しかし同盟党内の意見の相違から2002年総選挙ではアンダートンは進歩連合を結成して党を離れ、マナモトゥハケも離脱して同盟党は議席を失った。現在も議席の回復はない。
(青柳まちこ)

トウモロコシ［Maize］

ニュージーランドの条件に適合するハイブリッド品種が開発され、1970年代に急激に増加した。北島東部が主産地。当初は家禽飼料用に使用されたが、現在は養豚の補助飼料にも用いられ、また青刈りで乳牛飼料にも用いられる。
(由比濱省吾)

トゥラキラエ岬［Turakirae Head］

北島南部、リムタカ山脈*南端の岬。南に突出し、最高約30mに達する完新世の海成段丘*で縁どられる。最も海岸側の浜堤*は、1855年の地震*で隆起したことで知られる。完新世段丘は数段に細分され、地震隆起*の累積を示す。さらに高所には高度約300mに達する更新世後期の海成段丘群があり、リムタカ山脈の長期にわたる隆起を示している。段丘*地域では主に牧羊がおこなわれている。付近の更新世段丘では過放牧のために土壌侵食*が激しく、小峡谷が深く発達し、谷の出口では新しくできた扇状地*が完新世段丘を覆っている。
(太田陽子)

トゥランガワエワエ［Turangawaewae］

マオリ王擁立運動*の公式マラエ*の名称。ハミルトン*北方ワイカト川*左岸ンガルアワヒア（Ngaruawahia）に存在する。マオリ語の意味は自己の立つ場所、転じてマオリが自己のアイデンティティをもつ場所や故郷をさす。
(内藤暁子)

トゥランギ［Turangi］

タウポ湖*の南端、トンガリロ（Tongariro）川の西岸にある町。人口3,441人(2001年)。

ンガルアワヒアのトゥランガワエワエの門 (青柳まちこ)

トンガリロ水力発電計画で、建設労働者とその家族を収容する集落として建設された。タウポ湖とトンガリロ川はマス釣りの名所。1997年に福島県北塩原村と姉妹都市*提携。
（由比濱省吾）

トゥレーガー、エドワード
[Tregear, Edward Robert（1846-1931）]

政治家。イギリス生まれ。1863年ニュージーランドに来住、土地戦争*に参戦。93年セドン*内閣のリーヴス*労働相のもとで労働者のための改革的な政策推進に大きな役割を果たした。一方マオリ語やマオリの慣習に深い関心をもち、92年ポリネシア協会（Polynesian Society）の設立に貢献した。
（青柳まちこ）

道路 [Road]

全国の隅々まで道路は整備され舗装もよく行き届いており、多くは自然の地形そのままに道路がつくられている。車両は左側通行。オークランド、ウェリントン、クライストチャーチ、ダニーディン*などには自動車専用道路がある。交差点ではラウンドアバウト（Roundabout）と呼ばれる信号機のないロータリーもあり、右側の車が優先される。郊外や自動車専用道路では法定速度100km、街に入ると50kmが一般的である。大都市は渋滞することもあるが郊外の交通量はきわめて少ない。
（大石恒喜）

道路交通規則
[Driving Rules and Regulations]

一般車の運転免許の取得可能年齢は15歳である。シートベルト着用は運転者のみならず、同乗者すべてに義務づけられており、5歳以下の幼児は幼児シートを使用しなければならない。成人では血液100ml中血中アルコール濃度が80mg以上の場合は、飲酒運転と見なされ、有罪を宣告されると、重い罰金刑と長期間の免許停止となることがある。2回目の有罪決定、あるいは初犯でも特に重大な場合には、治療を受けるように要求され、裁判官によってアルコール依存症ではないと認定されるまで、運転免許は停止される。自動車道路、高速道路では一般自動車は時速100km、市街地では50kmが制限速度である。

2003年に導入された「どこでもいつでも」政策により、警察は速度測定カメラ、およびレーザー速度測定装置を使用して監視をおこなっている。交通違反中最も多いのは速度違反であり、交通犯罪者および罰金刑を受けた者は、自動的に一定の割合で減点される。交差点には信号機のないラウンドアバウト（Roundabout）と呼ばれる環状交差路があり、右からの車が必ず優先される。通常の道路は片側1車線であるが、交通量の少ない道路の橋やトンネルには1車線のみの道があり、対向車の確認が必要。また道路を野生生物や家畜が横断する場合もあるので注意しなければならない。
（高橋貞彦）

南島西海岸の鉄道・道路併用橋（太田弘）

トエトエ [Toetoe]

イネ科シロガネヨシ属の単子葉植物。背が高い固有草本。日あたりのよい川の土手、

湿地、砂丘などに群生して分布する。長い葉の縁は細かく鋭い歯状。11月頃、白色羽状の花穂を出し60cmに達して頭を垂れる。南米から導入されたパンパスグラス*と同種であるが、種子の先の形と色が異なる。

（塩田晴康）

トーレッシー山脈［Torlesse Range］

カンタベリー県*中部、ラカイア川*中流左岸にある山脈で、国道73号が南から西へ迂回するように走っている。

（由比濱省吾）

トカアヌ［Tokaanu］

タウポ湖*の南端に位置する小さなリゾート集落で、温泉があり、釣り人たちが多く集まる。トカアヌ水力発電所は出力200MW、1974年に操業開始。タウポ湖より約200m高いロトアイラ湖*から導水している。電力事業改革後はトンガリロ電力事業はジェネシス・パワー（Genesis Power）社が経営しており、トカアヌ発電所にトンガリロ地域の電力関連施設すべての集中制御センターがある。

（由比濱省吾）

トカゲ［Skink and Gecko］

マオリ名モコ（moko）。40種が知られており、その大半は森林に生息し、昆虫、無脊柱動物、小さな果実を餌とする。一部を除き、胎生である。スキンクは最も一般的に見られるトカゲであり、小型ないし中型で、すばやく動き、体長は種類によって異なるが8cmから30cmである。皮膚は滑らかで、艶のあるうろこで覆われている。ゲッコーは大部分小型で皮膚は滑らかで光沢がない。縦型の瞳が特徴的である。

（由比濱省吾）

特別給付［Special Benefit］

一時的困窮状態の場合、支払われる3種類（特別給付、特別緊急補助金*、給付前払い）

の給付金の一つ。特別給付は申請者が生活状況を改善する一定期間、生活にかかる費用を賄う週払いの給付で、資産調査をともなう。

（太谷亜由美）

特別緊急補助金［Special Need Grants］

一時的困窮状態の場合に支払われる3種類の給付金の一つ。(1) 食事、(2) 状況によっては渡航費、(3) 宿泊、(4) 緊急の歯科・医療治療費、(5) 休職期間・ストライキ期間の費用、を援助するため支給される一時払いの給付。資産調査が課せられる。

（太谷亜由美）

特別支援教育［Special Education］

1989年に制定された教育法にもとづき、インクルージョン*の理念にもとづく学習支援活動が強力に推進されている。ただし、そのことは特別学校や学級の閉鎖や廃止を直接的には意味しない。教育省*は特別支援教育活動を効果的に展開するために、国内各地に支援センターを設置し、そこに理学療法士・言語治療士・巡回教師などの専門スタッフを配備し、各学校に出向いて、特別支援を必要とする幼児・児童・生徒らに対する学習支援活動を展開している。なお、マオリに対する特別支援教育も同様に展開されている。

（八巻正治）

独立青少年給付［Independent Youth Benefit］

独立世帯を営み、扶養する子どものいない16~17歳の青少年を対象とした給付。以下のいずれかの条件にあてはまれば給付が受けられる。(1) 失業し、求職中である、(2) 認可職業訓練コースで職業訓練を受けている、(3) 高校に在学中である、(4) 病気やけが、妊娠、障害のために一時的に働けない。永続的に働けない場合はほかの給付が該当する。

（太谷亜由美）

トケラウ［Tokelau Islands］

サモアの北480kmにある諸島。ユニオン諸島の名でも呼ばれたが、1976年以後トケラウが正式名称となった。3つの環礁からなり、総面積10km^2。人口1,537人(2001年)。1889年にイギリスの保護領となる。1916年ギルバート・エリス諸島植民地に編入され、25年にニュージーランドに行政が移管されて、西サモア(現サモア独立国*)に行政府が置かれた。1948年トケラウ諸島法(Tokelau Islands Act)により正式にニュージーランド領となった。その後自治領に向けての準備が重ねられているが、現在もまだ自治領にはなっていない。サモアにもかなりのトケラウ人が移住したが、さらに1962年以降はニュージーランドに移住先が転じ、6,204人(2001年)がニュージーランドに在住している。

〔山本真鳥〕

トコマル湾 [Tokomaru Bay]

北島ギズボーン*とイースト岬*の中間にある湾で、湾奥にトコマルベイの集落がある。人口459人(2001年)。 〔由比濱省吾〕

トコロア [Tokoroa]

ワイカト県*南部にある町。人口14,427人(2001年)。8km南のキンリース*にある紙パルプ、製材工場従業員の居住するいわゆる企業城下町。町の歴史は比較的新しく、第2次世界大戦以後、独身労働者が多く居住していたが、次第に整備が進んで1953年に町制を敷いた。 〔由比濱省吾〕

都市 [City]

制度上ニュージーランドで初期に都市となったのはヴィクトリア女王の特許状によるクライストチャーチ(1856年)とネルソン*(1858年)の2市、州条例によるダニーディン*(1865年)、オークランド(1870年)、ウェリントン(1870年)の3市の計5市である。州*制度廃止にともない1876年の地方自治体法(Municipal Corporation Act)などによって、5市はほかの多くの町とともにバラ(Borough)として法的に合併した。1886年の地方自治体法は、バラの人口が2万人を超えれば宣言によって都市となることを定めた。同年には上記5都市のみであったが、70年後の1955年には15市、89年の地方自治体制度変更直前には、北島に23市、南島に5市、合計28市であった。

北島の都市の多くは2大都市の衛星都市で、オークランド大都市圏はオークランド、イーストコーストベイズ(East Coast Bays)、タカプナ(Takapuna)、バークンヘッド(Birkenhead)、ワイテマタ(Waitemata)、マウントアルバート(Mt. Albert)、パパトエトエ*、マヌカウ*、パパクラ、タマキ(Tamaki)の各市、ウェリントン大都市圏はウェリントン、ロウアーハット(Lower Hutt)、アッパーハット*、ポリルア*の各市を含んでいた。北島のその他の市はワンガヌイ*、パーマストンノース*、ハミルトン*、ニュープリマス*、ネーピア*、ギズボーン*、ヘイスティングス*、タウランガ*、ファンガレイ*で、ロトルア*は62年に都市を宣言したが、制度上79年に失格。

南島の市はネルソン、クライストチャーチ、ダニーディン、インヴァカーギル*、ティマル*であった。1989年制度の変更があり、現行制度で独立した市の地位を保っているのは、ノースショア*、ワイタケレ*、オークランド、マヌカウ、ハミルトン、タウランガ、ネーピア、パーマストンノース、ポリルア、アッパーハット、ハットシティ*、ウェリントン、ネルソン、クライストチャーチ、ダニーディン、インヴァカーギルの16市である。その他の都市はそれぞれ郡に含まれて市の地位を失った。なお現在統計上では3万人以上の人口を擁する地域が都市と定義されている。今後の市制施行の条件は、人口5万人以上、まとまった都市圏を形成していることが要件とされる。

〔由比濱省吾〕

都市化［Urbanisation］

1861年には人口の約40％が都市居住者であったが、都市人口は着実に増えつづけ、1911年に全人口の50％に達した。その後マオリの都市移動が加速したこともあって、都市人口はさらに増加し、26年と45年にはとくにその伸びが顕著であった。71年には都市人口は8割を超え、2001年の統計では85.7％が都市居住者となっている。オークランドの人口は1896年から1911年までの15年間に5万1千人から10万3千人に倍増し、現在では107万4,513人（2001年）を抱える最大の都市となり全人口の3分の1を擁する。100万都市オークランドを別格として、以下ウェリントン（34万人）、クライストチャーチ（33万4千人）、ハミルトン*（16万6千人）、ダニーディン*（10万7千人）と続く。クライストチャーチ、ダニーディン、ネルソン*、インヴァカーギル*を除くと3万人以上の都市はすべて北島にある。都市人口に見られる特徴の一つは居住者のエスニック的多様性で、とくにオークランドには太平洋諸島民*、およびアジアからの移住者が多い。都市に住むマオリ、太平洋諸島民などが比較的若い世代であることも、都市人口を増加させる要因になっている。

（青柳まちこ）

都市公園［City Park］

大別して3種類ある。(1) 人工的公園。(a) 幾何学的設計で植物などを配置。パーマストンノース*のバラ園、インヴァカーギル*のクイーンズ公園、オークランドのアルバート公園など。(b) 都市の中央に幾何学的形態の空間を設け、周囲に市役所、教会、図書館などの重要公共建築物を配置したもので、都市のシンボルになる。ダニーディン*のオクタゴン、クライストチャーチのヴィクトリア・スクエアなど。(c) 不定形回遊式歩道を設け、植栽を中心にしたもの。ウェリントンなど各地に見られる植物園

インヴァカーギルのクイーンズ公園（由比濱省吾）

など。(d) 広い芝生に特徴があるもの、河岸、湖畔などに効果的につくられる。クライストチャーチのハグリー公園、ハミルトン*のハミルトン公園など。(e) 眺望と歴史を活かして公共の立入りに供しているもので、花木などを植栽しない。オークランドのマウントイーデン、ワンツリーヒルなど。(2) 自然林の一部を開発せずに保存し、遊歩道だけを設け、都市の中においても原生林の景観と雰囲気を味わうブッシュ・ウオークが可能な自然公園。ノースショア*など。(3) 市街地周辺が丘陵で傾斜地が存在する場合、都市計画的に自然緑地帯（タウンベルト）として、安全と景観に配慮して森林を極力保存したもの。宅地開発をしても森林を残す。ウェリントン、ダニーディンなど。

（由比濱省吾）

都市マオリ［Urban Maori］

1926年まで9割以上のマオリが農村地帯に住んでいたが、第2次世界大戦下および戦後の復興期に、不足する労働力を補う目的で、政府は地方のマオリに都市での就労を奨励した。またマオリ自身も現金収入獲得への願望や、都市のもつ華やかな魅力に惹かれ、多くのマオリが故郷を後にし

た。マオリ総人口に占める都市人口の割合は、1936年17％、46年26％、66年には62％、さらに80年代には90％を超えるところまで急激に上昇している。しかし都市はマオリが想像した楽土ではなく、彼らを待ち受けていたものは、低賃金の未熟練肉体労働と差別であった。都市居住年月が長くなると、やがて故郷とも疎遠になり、91年の国勢調査によれば、マオリを祖先にもつと記入した回答者51万人中、約5分の1が自己のイウィ*の名を知らないとしている。彼らは自分たちを都市マオリと定義し、都市マオリもイウィと同等の権利があると主張しはじめている。

(青柳まちこ)

都市マラエ［Urban Marae］
都市に居住するマオリにとっても、マラエ*に対する帰属感情は強く、移住先でもマラエ建設を求める傾向が強い。イウィ*の混住する都市では、個々のイウィの伝承から離れて、マオリ共通の神々や英雄物語など汎マオリ的な特徴をもつマラエが、教育機関や教会などに建設されている。

(青柳まちこ)

土壌［Soil］
陸地の最表層を構成し、人間や動植物に不可欠の環境要素である。その種類や性質は母材、生物、気候*、地形、時代などにより決まる。ニュージーランドでは農牧林業の基盤として重視され、約15種類に区分されている。褐色土が最も広く分布し、北島では火山性土、南島ではポドソル土がこれに次ぐ。かつて北島で食草によるヒツジの病気が蔓延したのは、火山性土のコバルト欠乏が原因だとわかり、詳しい土壌調査がおこなわれて対策がとられた。

(植村善博)

土壌侵食［Soil Erosion］
土壌表面が風や降水によって侵食される現象をさすが、人工的に自然植生が剥奪さ れ、加速的に地表の侵食が進む現象も加わる。ニュージーランドでは、牧畜の導入による植生の減少、森林の乱伐などによって地表の侵食が加速される場合が多い。また道路などの建設によって急斜面が人為的につくられ、そこで侵食が進む場合もある。

(太田陽子)

図書館［Library］
ニュージーランドの図書館の中心は、首都ウェリントンの国立図書館*である。議会のために印刷物を収集する議会図書館（General Assembly Library）が1856年に設立され、それが国立図書館の前身となった。国立図書館の中にあるアレクサンダー・ターンブル文庫*はニュージーランドと太平洋諸島に関する最も充実した文献、絵画、音声情報を収集・提供している。入館・閲覧にあたって日本からの訪問者も特別の許可は不要。オタゴ大学*（1869年）、カンタベリー大学*（1873年）、オークランド大学*（1883年）、ヴィクトリア大学*（1897年）の開学にともないそれらの大学の付属図書館が設立され、学術的な図書館が発展した。日本語の図書が一番多いのはオークランド大学付属図書館である。大学付属図書館および各自治体の公立図書館への入館・閲覧には特別な許可は不要である。多くの公立図書館で、インターネットを通じて日本の新聞が読めるなどのサービスがある。

(角林文雄)

トタラ［Totara］
マキ科マキ属の高木。樹高20〜30m、直径1.5〜2m、樹齢800〜1000年。樹皮は分厚く、縦にうね状の裂け目がある。マウンテン（ホールズ）トタラ、針葉（Sharp Leaved）トタラ、高山性のスノウトタラがある。全土に生育、水はけのよい肥沃な沖積平野の森林に見られる。雌雄異株で雌株は秋に多汁質の赤い基部の上に緑の小さい種子

パーマストンノース北部のトタラ保護地　(由比濱省吾)

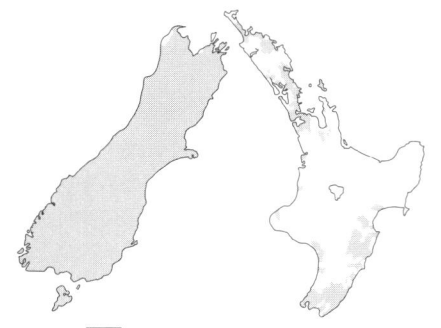

1860年代前半までにヨーロッパ人が入手した土地

をつける。材は多目的に利用される。木目がまっすぐで赤く加工しやすく耐久性も高い。マオリはカヌーや彫刻用材に用いた。厚みがあり繊維質の多い樹皮は屋根の材料とされ、入植者も建築資材として利用した。パーマストンノース*の北方にはトタラの自然林を保存したトタラ保護区がある。

(塩田晴康)

土地戦争［Land Wars］
　ヨーロッパ人入植者の増加にともないその入植地が拡大すると、マオリ側にもヨーロッパ人への土地売却に対する抵抗運動が生じてきた。その最初がワイカト*におけるマオリ王擁立運動*である。1848年タラナキ*ではンガティ・アワ*首長キンギ*が今後一切の土地を売却しないことを宣言したが、同族のテイラ（Teira）はキンギに反対し、ワイタラ*の土地売却を59年総督ブラウン*に申し出た。60年1月テイラの申し出を受けて政府の測量が開始されたが、3月キンギらによって測量が妨害されると、ブラウンは戒厳令を発動し、ワイタラに政府軍を投入した。このタラナキ事件が土地戦争の発端である。南タラナキやワイカト地方のマオリがキンギに味方し、数において勝る政府軍に対しマオリは善戦した。61年にはいったん停戦したが、ブラウンが本国に更迭され、代わって再度グレイ*が総督として赴任してくると、討伐の兵をワイカトに進めた。64年までに1万2千人のイギリスおよび植民地政府軍と1千人の親政府マオリ軍に対して、マオリ側は4千人程度でこれに立ち向かった。
　武器と兵力において劣るマオリ軍は、各地にパ*を築いて防戦に努めた。64年3月オラカウ・パ*では女性・子どもを含む300人が守るパを、1,500人のキャメロン*率いる政府軍が包囲し陥落させ、次いで4月タウランガ*近くの250人が守るゲイト・パ*でも1,650人が攻撃し勝利を収めた。政府軍はワイカト、タラナキ、ベイ・オブ・プレンティ*を制圧し、8月グレイは「反乱」マオリ土地没収*を定めた入植地法*に署名した。土地戦争が一応の終結を見たのは64年と考えられているが、キンギが降伏したのは72年、マオリ王の降伏は81年である。

(青柳まちこ)

土地布告 [Land Proclamation 1853]

1852年当時ニュージーランド会社*の入植地では、1エーカーは3ポンド（カンタベリー*）ないしは2ポンド（オタゴ*）で、入植者に売却されていた。グレイ*総督は資金の限られた者に、土地の購入を可能にするために、53年3月、カンタベリーとオタゴ地区以外では1エーカー10シリング、状況によっては5シリングで売却することを定めた。これは結果的には南島、北島のホークスベイ*、ワイララパ*で、投機家や大農地を必要とする牧羊者の増加をもたらした。 （青柳まちこ）

徒弟制度 [Apprenticeship]

西洋中世の手工業者ギルドにおいて技能の後継者を養成するための制度。ニュージーランドでは職業別組合によって、中世徒弟制度を継承し、熟練工養成制度を再編した。徒弟数制限や養成期間の長期化により、熟練工の供給独占をはかり、団体交渉力強化の手段とした。公的職業技術教育の制度としても存続している。 （岡田良徳）

トフンガ [Tohunga]

本来は優れた技術や知識をもち、人々の多大な崇敬を集める者をさすマオリ語。熟練した大工はトフンガ・ファイハンガ（tohunga whaihanga）、熟練した彫刻師はトフンガ・ファカイロ（tohunga whakairo）と呼ばれる。トフンガの中で最も重要な人物は宗教的職能者すなわち祭司で、なかでもトフンガ・アフレワ（tohunga ahurewa）は最も聖なる知識の所有者で、神に祈祷を捧げることができる。呪術師的存在であるマクトゥ（makutu）もトフンガであり、人々から恐れられる存在であった。20世紀初め生活様式の変化と外来の病気により、マオリの健康状態が悪化する中で、偽のトフンガが横行するようになり、1907年トフンガ禁止法（Tohunga Suppression Act 1907）が西欧的教育を受けたマオリ議員キャロル*やポマレ*によって提出された。法律は1962年まで継続。 （内藤暁子）

トペオラ、ランギ
[Topeora, Rangi Kuini Wikitoria (1865?-73?)]

ンガティ・トア（Ngati Toa）マオリのリーダー。テ・ランギハエアタ*の姉妹。1840年5月カピティ島*でワイタンギ条約*に署名。作詞、歌唱にも優れ、人々の意思決定に大きな影響力を行使した。セルウィン*により洗礼を受け、クイニ・ウィキトリア（ヴィクトリア女王のマオリ読み）を名乗った。 （青柳まちこ）

トヘロア [Toheroa]

二枚貝。直径15cm。南島から北島レヴィン*海岸付近までの砂浜海岸に生息するが、ダーガヴィル*やナインティマイル・ビーチ*が特産地。トヘロアのスープは美味。しかしこの貝の資源量は少ないため、漁獲時期が厳しく制限されており、年によっては漁獲が禁止される。 （大島襄二）

ドミニオン [Dominion]

イギリス植民地領内での政治的地位。1907年ニュージーランドの政治的地位は、自治植民地（Self-governing Colony）からドミニオンに移行した。20世紀初頭ドミニオンと自治植民地の主な差は、ドミニオンにはイギリス領内で「国家」に近い地位が認められていたことである。自治植民地は内政については自治が可能であるが、貿易・外交・国防は本国の管轄下にある。一方ドミニオンは貿易の自由、自国の軍隊の保持が認められており、制限つきではあるが一部の外交も独自でおこなうことが許された。31年イギリス議会を通過したウエストミンスター憲章*を、47年ニュージーランド議会が承認したために、ドミニオンの地位は終了し、以後今日に至るまで国

(Realm）という用語が用いられている。

（青柳まちこ）

ドミニオン博物館［Dominion Museum］⇒ テ・パパ・トンガレワ

ドミニオン・ビール社
[Dominion Breweries Ltd.]

1930年に南オークランドのワイテマタ（Waitemata）工場でドミニオン・ビール（DB）の生産が開始され、それ以後の50年以上にわたりドミニオン・ビール社とライオン・ビール社（Lion Brewery）がニュージーランドの市場を奪いあった。工場はオークランド、ティマル*、マンガタイノカ（Mangatainoka）、グレイマウス*の4ヵ所にあり、主要銘柄はDBドラフト、エクスポート・ゴールド、ハイネッケンなどである。2004年シンガポールのアジア太平洋ビール社（Asia Pacific Breweries Ltd.）が株式の90％以上を取得して大株主になった。

（岡田良徳）

トムソン、アーサー
[Thomson, Arthur Saunders（1816-60）]

医師、歴史家。スコットランド生まれ。1847年ニュージーランドに陸軍軍医として赴任。帰国後 The Story of New Zealand: Past and Present, 2 vols, 1859（ニュージーランド物語：過去と現在）を出版した。この中でニュージーランドの気候はアングロサクソンの健康に最適であり、ここでは人々は多産長命で、病気などで働けない者はほとんどいないとしている。

（青柳まちこ）

トムソン山地［Thomson Mountains］

クイーンズタウン*の対岸、ワカティプ湖*の西側を南北に走る山地。最高峰はトムソン峰（2,050m）。

（由比濱省吾）

トムソン、ジェイムズ
[Thomson, James Allen（1881-1928）]

地質・岩石学者。ダニーディン*生まれ。オタゴ大学卒、オックスフォード大学大学院修了。11年ニュージーランド地質調査所所長、ドミニオン博物館*館長（14-28年）として同館の改革と発展に貢献。科学者の父と共同でニュージーランドにおける個別の研究成果を体系化し科学産業研究省*創設に尽力。多くの学術団体の役職を務め、11~14年のオーストラリア南極探検資料を含んだ研究成果 Brachiopod Morphology and Genera(Recent and Tertiary), 1927（腕足類の形態と属：第三紀および第四紀）は現在も高く評価されている。

（ベッドフォード雪子）

トムソン、ジョン
[Thomson, John Turnbull（1821-1884）]

土木技師。イギリス生まれ。1856年ニュージーランドに来住。オタゴ*州主任測量官としてインヴァカーギル*を調査し、三角測量の技術を普及させた。またワイタキ川*やクルサ川*源流、ワナカ湖*を踏査した。ニュージーランド初代測量局長官。

（大島裏二）

トムソン、ジョン
[Thomson, John Mansfield（1926-99）]

音楽史家、評論家、編集者。ブレナム*生まれ。ヴィクトリア大学卒業後ロンドンで学び、Early Music の創刊編集者として活躍。1983年にニュージーランドに帰国。The Biographical Dictionary of New Zealand Composers, 1990（ニュージーランド作曲家事典）や The Oxford History of New Zealand Music, 1991（オックスフォード版ニュージーランド音楽史）の著作がある。A Distant Music, The Life and Time of Alfred Hill 1870-1960, 1980（遥かなる音楽、アルフレッド・ヒルの生涯と時代）は国際評伝コンテストで受賞。Times Literary Supplement（タイムズ文芸付録）、リスナー（NZ Listener）誌、ランドフォー

ル*誌などの文芸誌に発表、音楽・文学両分野で活躍した。
(池田久代)

ドメット、アルフレッド
[Domett, Alfred（1811-87）]

首相（1862-63）、詩人。イギリス生まれ。1842年ニュージーランド会社*を通じてネルソン*に土地を購入し来住、Nelson Examiner紙の編集者となる。43年ワイラウ事件*に際しては強硬意見を主張し、それがフィッツロイ*総督の更迭につながったといわれる。46年グレイ*総督によって全体議会*の立法院*議員に任命された。下院議員（1855-66）。首相在任中に土地戦争*が起こったが、マオリに対して懲罰的土地没収政策をとった。上院議員（1866-74）。
(青柳まちこ)

ドライスデール［Drysdale］

ヒツジの品種。ドライ（De Francis Dry）が1913年にマッセイ大学*でロムニー*種から開発に着手し、成功した新種。雌雄とも有角。体重55~70kgの中型、羊毛は白色で、長さは75~125mm、直径は平均41μm。絨毯原料として好適であるし、肉質も食用として良好。全国に60万頭飼育されている。
(由比濱省吾)

ドラコフィリューム［Dracophyllum］

エパクリス科ドラコフィリューム属の双子葉植物で、常緑の高さ10~12m、直径60cmの高木から背の低いヒースのようなものまで多様である。ニュージーランドを中心にオーストラリア、ニューカレドニアにかけて約48種が分布する。北島中央平原でよく見られ、タソック*に混じって生える種、タラナキ*からイースト岬*の山岳地帯の森林で見られるネイネイ（neinei）と呼ばれる種、またイナンガ（inanga）として知られるものは低木から樹高12m、直径40cmと形状もさまざまである。分布もイースト岬から南島の亜寒帯の荒地や森林など広い地域にわたり、冷涼な気候では美しいオレンジ色や赤味がかった黄色など、葉の色合いが美しいものもある。フィヨルドグラスツリーは、南島の亜高山地帯に生育する種で、特異な葉の形態と美しい花のため、観賞用に栽培される種もある。
(塩田晴康)

トランスフォーム断層［Transform Fault］

プレートが相互にすれ違っている境界に生じる断層。海嶺と海嶺を結ぶものが多いが、海嶺と海溝、海溝と海溝などのプレート境界をつないでいるものもある。北のケルマデック海溝*、ヒクランギトラフ（Hikurangi Trough）に太平洋プレートが、南のプスギル（Puysegur）海溝でオーストラリア・プレート*が沈みこんでおり、トランスフォーム断層として延長約1,500kmのアルパイン断層*系が両海溝を結んでいる。
(植村善博)

トランピング［Tramping］⇒トレッキング

ドリーバー、メアリー
[Dreaver, Mary（1887-1964）]

社会改革推進者。女性第3番目の下院議員（1941-43）。ダニーディン*生まれ。オークランド大学卒。ロンドン音楽学校に学び、演劇、文学、雄弁術、スポーツにも優れ、これらは多彩な政界活動に援用された。1911年労働党*入党。治安判事（27-31）、38年オークランド市会議員。全国女性議会*ほか多くの公の立場で女性と労働者の失業、医療、家庭問題改善を推進。党内でも要職を歴任したが、女性問題には超党派の立場をとり、女性問題審議を活性化した。
(ベッドフォード雪子)

ドリー類［Dory］

ニュージーランド海域では6種類が知られているが、主要なものは2種類である。

(1) ジョン・ドリー（John Dory）はマオリ名クパル（kuparu）、和名マトウダイ。体型は楕円型で扁平。薄黄色、体長40cm、体側の黒い円紋が特徴。水深150mの海底の岩・砂・泥に住む。食用として好まれトロール漁で年間漁獲量800tほど。規制魚種*コード記号 JDO。(2) オレオ・ドリー（Oreo Dory）は和名カガミダイ。水深600～1,000mに生息する深海魚。濃い灰色、体長30～40cm、重さ約1kg、扁平な菱型。体側の黒い円紋がない。白身で無臭。美味なので欧米向け輸出品となっている。年間漁獲量は17,000t。規制魚種コード記号 OEO。　　　　　　　　　　（大島裏二）

度量衡　[Weights and Measures]

1976年にヤード・ポンド法に代わって、メートル法が導入され、現在メートル法が完全実施されている。温度は摂氏（℃）で示される。　　　　　　　　　　（新井正彦）

トレッキング　[Trekking]

ニュージーランドではトランピングということが多い。特別な道具などは使わず、自らの足で自然の息吹きを身体で感じながら踏破し、自然との一体感を楽しむ。コースとしては国立公園や森林公園をはじめ、自然環境に恵まれた起伏の激しい山岳地帯、森林、海岸を巡るものや、ハイキング程度のものまでいろいろある。整備の行き届いた個性豊かなコースが全国に散在している。1日コースから数日にわたるものまで、レベルも多様である。代表的なコースはミルフォードトラック*である。小中学校でもトレッキング行事をおこない、生徒たちが完走や最終ゴールまで達したとき、近隣の人たちがお祝いをすることもある。
（山岸博）

トワイゼル　[Twizel]

南島中央部内陸のマッケンジー・カントリー*にある町。ワイタキ川*上流水力開発計画の建設労働者のため、1970年代、粗放的牧場に家族連れ労働者用の1戸建て住宅のほか、各種施設を整えたコミュニティが建設された。工事最盛期の70年代には人口は最高の5,000人を超え、工事終了とともに激減したが、再度増加して1,011人（2001年）になった。開発当初からの家屋のほか店舗、宿泊施設が加わり、アオラキ山*などへの観光基地ともなっている。近傍のルアタニファ（Ruataniwha）湖では全国漕艇競技大会が開催される。（由比濱省吾）

トンガ島保護海域　[Tonga Island Marine Reserve]

南島北西部、エイベル・タズマン（Abel Tasman）国立公園内の海岸域約1,835haを1993年に指定。トンガ島を中心に北はアナロア（Anaroa）岬から南はバーク（Bark）湾までの花崗岩からなる岩石海岸地域で、岩礁と海岸林に特徴がある。　（植村善博）

トンガリロ国立公園　[Tongariro National Park]

北島中央部に位置する火山高原*上の、ルアペフ山*（2,797m）、ンガウルホエ山*（2,287m）、トンガリロ山*（1,967m）の3火山を含む78,651haを占める、国立公園第1号。元来の公園面積は2,600haで、1887年にマオリ首長テ・ヘウヘウ・トゥキノ*たちから政府および国民に寄贈された。北島鉄道幹線にはナショナルパーク駅がある。公園区域の大部分は荒地、タソック*草地、森林で、一部はラディアタ・パイン*の植林地である。火山が噴出した軽石土壌が広く覆い、植物にとっては厳しい環境であるが、場所によってはブナ*林やイヌマキ林がある。区域内では登山、散策、狩猟、釣りが楽しめる。トンガリロ山は噴火口が多く若干は活動中であり、北斜面には噴気孔、温泉もある。ンガウルホエ山は円錐形で、

トンガリロ国立公園の火山噴出物の断面（由比濱省吾）

火口から常に噴気しており、ルアペフ山はときおり噴火する。区域内の河川からトンネル、運河で集水して発電するトンガリロ水力発電がおこなわれている。（由比濱省吾）

トンガリロ山［Mt. Tongariro］
　タウポ火山帯南部に位置する活火山（1,967m）。1887年、この山域はニュージーランド最初の国立公園に指定され、ルアペフ山*、ンガウルホエ山*とともにトンガリロ3峰をなす。3峰の北端にあり火口を有するが、活動は微弱。噴気孔、泥プール、ケタテヒ（Ketatehi）温泉などがある。首長テ・ヘウヘウ・トゥキノ*が入植者による自然破壊に危機感をもち、国の管理を求めて土地を寄贈したことを契機に保護が始まった。
（植村善博）

な

内閣［Cabinet］

　政府の政策決定に関わる最高機関。内閣は特定の法にもとづいて組織されているわけではなく、その権限は明確に規定されていない。行政院*が公的なものであるのに対し、内閣は非公的機関である。首相*は多数党の党首が就任し、閣僚は首相が任命する。内閣と行政院とは異なる機能を有しているので、すべての閣僚は行政院の委員であるが、すべての行政委員が閣僚となるわけではない。閣僚の人数は一定せず、スーウェル*内閣では5名、セドン*内閣7名、サヴェジ*内閣では15名であったが、1970年代から20名前後で、1人の閣僚が複数の大臣を兼任している。各閣僚はそれぞれ特定の分野に関して責任を負うが、その担当分野に該当する省庁があるわけではないので、大臣の職名は省庁の数よりはるかに多い。

　内閣は通例週1回月曜に閣議を開き、各閣僚は遂行されるべき政策に関して共同に討議をおこなう。決定は投票ではなく合意によって得られ、決定に関して閣僚は共同責任をとる。閣議決定は行政院に付託され、同日午後開かれる院議で審議され正式決定となる。最初の政党内閣の出現は1891年自由党*バランス*内閣で、1930年代以降は国民党*と労働党*、およびその一方との連立の2大政党制が続いている。

（青柳まちこ）

内務省［Department of Internal Affairs／Te Tari Taiwhenua］

　出生・死亡・婚姻の登録、市民権申請、旅券の発行、賭け事の監視、インターネットの安全確保など、国内における幅広い業務を担当する政府機関。1840年植民地長官府（Colonial Secretary's Office）が最初の政府機関として設置され、ドミニオン*に移行した1907年内務省と改名された。植民地長官府は植民地内のほとんどすべての事項を担当してきたが、事務の増加にともなって新しい省庁が設置され分掌された。

（青柳まちこ）

ナインティマイル・ビーチ
［Ninety Mile Beach］

　北島最北部、ノースランド*半島の西海岸に伸びる砂浜。背後は森林あるいは植林の砂丘で、ときに野生馬が姿を現す。浜の実際の長さは約50マイル（80km）で、観光バスの渚ドライブに人気がある。

（由比濱省吾）

中田重治［Nakada Juji（1870-1939）］

　弘前出身の牧師。東京英和学院（現青山

ラタナ（右）と中田重治（左）。1924年ラタナ一行の来日時、東京

学院）中退。1901年東京神田に福音伝道館を設立し、やがて東洋宣教会の名のもとに活動を開始した。17年日本ホーリネス教会を創設、その初代監督に就任した。24年ラタナ*一行は世界旅行の帰途日本に立ち寄り、中田の新宿聖書学院に1ヵ月滞在した。その間中田の司式でラタナの娘フラ（Hura）が一行の若者と結婚した。その縁で中田は28年1月ニュージーランドに招かれ、ラタナ教会堂の落成式で10銭硬貨の穴を通して最後の釘を打った。

（青柳まちこ）

ナシ［Nashi／Pear］

西洋ナシはホークスベイ*、タズマン*地方が主産地で、栽培面積合計は約1,000ha。近年では日本ナシが導入され、ニュージーランド人に愛好されて日本名のナシで呼ばれている。

（由比濱省吾）

ナッシュ、ウォルター
［Nash, Walter (1882-1968)］

首相（1957-60）。イギリス生まれ。1909年ウェリントンに来住。16年労働党*結成以来政治運動に入り、22年から党書記、下院議員（29-68）。50年労働党党首。35年サヴェジ*内閣に入閣し財務相、関税相。38年社会保障法*によって国家財政に生じた多額の負債返済のための借款をイギリスから取りつけた。40年からフレイザー*内閣で副首相。第2次世界大戦が勃発すると、内閣の役職を兼任したまま44年まで駐米公使として常駐し、平和戦略のための国際連合評議会設置を提案した。43年に本国イギリスとは独自の外交戦略の必要性から外務省（現外務貿易省*）を新設、首相就任後も外交に勢力を注いだ。

（由比濱省吾）

南極研究［Antarctic Studies］

南極点到達競争がアムンゼンの達成によって一応の結末を告げた後、各国の関心はその南極の大陸と海域の科学的調査に向けられた。ニュージーランドが南極研究に関わりはじめたのは1923年、イギリスと共同調査隊を組んでからのことである。59年、ロス属領*のスコット基地に永続的な南極研究基地を定めてからは、南半球の国家として全世界に貢献するという意識が高まった。南極研究所（New Zealand Antarctic Institute）が設立され、クライストチャーチに本部、スコット基地に現地研究所を置いて周年研究をおこなっている。主な研究は(1)気象、地磁気の継続調査、(2)オゾン層とブラックホールの研究、(3)南極大陸・南極海でのエコシステムの探求。これらは全地球的な環境問題や、これまで知られなかった生物世界の解明につながるものである。

（大島裏二）

南極探検［Antarctic Exploration］

南極大陸の探検は、クック*の第2次世界航海（1772-75年）で、南極圏突破がなされてから200年以上経ったいまでも観測の名のもとに続けられている。南極探検史の中でもノルウェー人アムンゼン（Roald Amundsen）と英国人スコット（Robert Falcon Scott）の南極点到達の先陣争いは有名である。1910年、クライストチャーチ市の外港リトルトン*を出発した英国隊スコットは、アムンゼンにわずかの差で遅れをとった。アムンゼンの南極点到達は1911年12月14日、スコット12年1月17日であった。スコットはその帰路遭難凍死した。悲劇のヒーローとなったキャプテン・スコットの記念像が、1917年クライストチャーチ市内のエイヴォン（Avon）河畔に建立された。

スコット極点到達2日後の12年1月16日には、日本最初の南極探検である白瀬矗*中尉が「開南丸」で南極に上陸している。1月28日に南緯80度05分まで到達して日章旗を立て、一帯の大雪原を大和雪原と命名した。白瀬中尉がウェリントン

に

難民政策［Refugee Policy］

　ニュージーランドはアジア太平洋地域においては数少ない難民条約（1951年）の締結国で、総人口400万人ながら、年間平均1,200人もの難民を受け入れてきた。このうち750人は、各国政府の要請にもとづく割当難民制度によるもので、1976年以降2004年までの受け入れ総数は2万人に及ぶ。難民政策の特徴を難民認定手続き、支援の両面から見ると、まず認定手続きについては、認定機関が専門性、独立性をもって審査しており、難民の不服申し立てについても同様である。案件を審査する第三者機関の難民地位申し立て局（Refugee Status Appeals Authority=RSAA）は、政府の財政的援助を受けてはいるが、行政から完全に独立した形で設置され、審査には第三者を加えて透明性を確保している。支援については、官民連携による支援体制が整っている。たとえば政府が運営している難民受け入れセンター内には、難民・移民サービス（Refugee and Migrant Service=RMS）など3つのNGOが事務所を構えており教育、医療、社会適応訓練などさまざまなプログラムを実施している。そして難民がセンターを出た後も地域社会と協力しながら、再定住支援にあたっている。

（杉原充志）

（前ページからの続き）から南極をめざしたことから、ウェリントンには入港記念碑（銘板）がある。また、58年にイギリスのフックス隊が史上初の南極大陸横断に成功したが、それを支援したのはヒラリー*隊である。ニュージーランドと南極は距離的にも近く、クライストチャーチ国際空港近くにある国際南極センター（International Antarctic Centre）には、南極研究所（New Zealand Antarctic Institute）をはじめ、南極探検の歴史資料や南極に生息するさまざまな生物などの展示館があり、雪上車両にも体験乗車ができる。

（新井正彦）

に

ニウエ島［Niue Island］

　南緯19度、西経170度にある島。面積約260km^2。人口2,088人（1997年）。ポリネシア系住民。1774年にクック*が最初に訪れ上陸して戦闘となったために、彼はこの島を野蛮島（Savage Island）と名づけた。1849年サモア人牧師によりロンドン伝道協会の布教がおこなわれ、現在でもその流れを汲む宗派の信者が多数を占める。1900年にいったんイギリスの保護領となるが、01年にニュージーランドに併合された。74年、ニュージーランドとの自由連合により内政自治を確立。ニウエ人はニュージーランド市民権をもち、ニュージーランドへの往来は自由である。そのため雇用や教育などの機会を求めての移民が後を絶たず、現在約20,148人（2001年）がニュージーランドに在住し、当地太平洋諸島民*の9％を占める。

（山本真鳥）

ニカウ［Nikau］

　ヤシ科ハケヤシ属の単子葉植物。ナガバハケヤシまたはニカウパームとも呼ばれる。ニュージーランド唯一のヤシ。樹高10m、直径25cm。南半球のヤシ科の中では最も高緯度に分布し、北島全域と、南島東海岸バンクス半島*以北、西海岸のグレイマウス*以北で見られる。2月に赤味がかったクリーム色の花を咲かせる。果実は熟すのに1年かかる。マオリは若い花序や新芽を食用にした。

（塩田晴康）

肉用牛［Beef Cattle］

　肉用ウシの主力品種はアンガス*とヘレフォード*で、両者とも穀物を与えず草の

肉用牛処理工場。クライストチャーチ（由比濱省吾）

みで飼育するため、霜降り肉ではなく脂肪が少ない赤身肉になる。肉用種のほかに乳用種ホルスタイン＝フリージアン*の雄牛も肉用に飼育される。ジャージー*の肉は脂肪が黄色なので好まれない。牛肉の全生産量 659,000 t（2003 年）、そのうち輸出は 60％を占める。主要輸出先はアメリカ（55％）、東アジア（39％）。　　（由比濱省吾）

虹の戦士号爆破事件
[Rainbow Warrior Bombing]

1985 年 7 月 10 日、国際環境保護団体グリーンピースの旗艦「虹の戦士号」が、オークランド港に停泊中にフランスの工作員らによって爆破され、乗組員のポルトガル人カメラマンが死亡した事件。虹の戦士号はフランスの核実験に抗議するためムルロア海域に向かう予定であった。フランス国軍の工作員 2 人が逮捕されたが、フランスが経済制裁という圧力をかけたため、約 1 年後には彼らの身柄はフランスに引き渡された。一連の事件はニュージーランドの反核外交*に対するフランスの妨害によるものであった。　　　　　　　（内藤暁子）

ニジマス [Rainbow Trout] ⇒マス類

二水会（オークランド日本貿易懇談会）
[Nisuikai]

オークランド地区に進出している日本企業間の情報交換、およびそれらの駐在員間の親睦を目的に 1972 年に発足した会。原則として邦人派遣員のいる日系企業が会員会社となっており、ニュージーランド企業は承認を得て準会員になることができる。2004 年 6 月現在の会員数は 34 社で、会の活動としては日本人補習校の運営、会員間の親睦を目的としたゴルフトーナメント、会員のための月例講演会、刊行物『ニュージーランド概要』の発行などがある。この『ニュージーランド概要』は、政治、経済、各産業別の動向などについて毎年会員が分担して内容を更新し、充実させている。連絡先 Japanese Businessmen's Society, Auckland PO Box 4316 Auckland, New Zealand。
　　　　　　　　　　　　　（藤井吉郎）

日本語教育 [Japanese Language Teaching]

1965 年、マッセイ大学*に初の日本語講座が開設された。その後 70 年代に他大学でも日本語教育が開始され、現在 6 大学に専門課程があり、技能専門大学校*などにも日本語コースがある。中等教育では 67 年に試験的に導入され、73 年には 27 校で約 600 人が学習し、義務教育修了試験*も実施された。この年、イギリスが EC に加盟したことでニュージーランドの国際貿易環境が変化し、アジア諸国、とくに日本との通商関係がいっそう重要となったこともあり、80 年代以降は学習者の増加が続く。94 年には約 27,000 人で、それまで学習者が最も多かったフランス語を超えた。

97 年以降は減少傾向となるが、前年からの初等・中等連携「第 2 言語教育事業」（Second Language Project）を機に学習者の低年齢化が進んだ。98 年に新カリキュラム（Japanese in the NZ Curriculum）レベル 1・2 に準拠して完成した教材「国際言語シリー

ズ」のテキスト「日本語入門-HAI-」の普及で、7~8年生（12~13歳）以下に学習者が広まった。日本語はフランス語、ドイツ語、スペイン語、中国語などと並び選択科目で、2003年には1~8年生の約27,700人が、そして従来の9~13年生は約21,500人（約290校）が学んだ。国別学習者数ではニュージーランドは8位であるが、人口比で見ると世界のトップクラスにある。　　（一言哲也）

日本占領軍　［New Zealand Occupation Force］
　ニュージーランド陸軍は英連邦占領軍の一部として1946年3月に山口県に進駐した。千田武志によると4千名からなる第2ニュージーランド海外遠征軍は、イタリア戦線を戦った第9ニュージーランド歩兵旅団を中心に、工兵隊、輜重隊、野戦病院隊、教育・レクリエーション隊、郵便部隊と多岐に及んだ。その任務は、連合国最高司令官の指揮のもと、主として日本の軍事施設と武器弾薬の解体・処理、割り当て地域内での地上と空域での偵察であった。占領下の1950年6月朝鮮戦争が勃発すると、ニュージーランドは、アメリカの再三の要請から朝鮮への自国軍の派兵を決定し、51年1月に砲兵隊第16野戦砲連隊が戦闘に参加した。51年サンフランシスコ講和条約が結ばれ、英連邦占領軍の対日占領も終わりを告げた。　　　　　　（根無喜一）

ニューアルスター　［New Ulster］
　1840年憲章（Charter of 1840）により北島全域はニューアルスター州と命名された。46年にはその区分が変更され、タラナキ*のパテア*川河口から真東に北島を横切る線を境として、その北部のみがニューアルスター州となった。ニューアルスター州には副総督、行政院*、および任命制の議員（52年には18人中12人が選出議員に改定）からなる立法院*（Legislative Council）が置かれたが、基本法1852年*は両州制を廃して6州制を定めたため、ニューアルスター立法院議員は選出されたものの、召集される以前に制度自体が廃止された。　　（青柳まちこ）

ニュージーランド・アルミニウム精錬所
［New Zealand Aluminium Smelters Ltd.］
　南島最南端のブラフ*港東側、ティワイポイント（Tiwai Point）にある国内唯一のアルミ精錬所で、オーストラリアのクインズランド州から輸入されたボーキサイトを、マナポウリ水力発電所*の電力を利用して電解精錬している。原料供給国のオーストラリア、精錬国のニュージーランド、輸入国の日本という3国の合弁事業として、1971年に完成し80年代にも拡張工事がおこなわれた。アルミ輸出は木材・紙類と並んで対日輸出の上位を占めている。
　　　　　　　　　　　　（岡田良徳）

ニュージーランド英語
［New Zealand English=Newzild］
　ニュージーランドでは、ニュージーランド英語を'Newzild'という。発音では、標準的イギリス英語に比べ、二重母音/ei/が/ai/に変化する点が一般的に知られている。また、/ai/が/oi/になることもある。その他、母音推移として、/æ/⇒/e/、/e/⇒/i/、/i/⇒/ʌ/(/ə/)、/iː/⇒/e/も見られる。さらに、曖昧母音/ə/（schwa）の挿入や多用、/eə/と/iə/の同音化傾向、質問に対する返答の文末に用いられる上昇調、文頭にくる主語itに代わるsheの使用などが特徴とされる。19世紀英国下層階級の話し方に由来するこれらの特徴は、オーストラリア英語にも見られるが、両者間には多少の音声的差異が存在する。マオリ語からの影響も日常の語彙や表現に多く見られる。挨拶にもマオリ語起源の表現（Kia ora, Haere maiなど）がある。
　方言としては、スコットランド系移民の多かった南島南部では、ケルト語に由来す

る顫動音（巻き舌）の /r/、wee（ちっぽけな）の使用などが見られる。綴りや語彙は基本的にイギリス式である。米語の影響もメディアを通じて受けているが、依然として正式とは見なされない傾向にある。

ニュージーランド英語独特の語彙については、多くをここに列挙できないが、*A Personal Kiwi-Yankee Dictionary*（L.Leland 著）は米語との比較に役立つ。辞書は、*Heinemann New Zealand Dictionary*（H. Orsman 編）や *Dictionary of New Zealand English*（Oxford University Press）などが推薦されよう。　　　　　　　　　　（一言哲也）

ニュージーランド王立協会
[Royal Society of New Zealand]

1867年のニュージーランド学術協会（New Zealand Institute）に起源をもち、1903年に設立、33年に法律によって定められたニュージーランド科学界を代表する団体。毎年政府から資金を受けて機関誌の発行、科学事象に関する管理・運営、優れた研究に対する表彰や資金提供などをおこない、ノーベル賞をはじめ国内外の著名な表彰への推薦団体ともなってきた。現在は独立組織となり、科学助成や表彰をおこなって科学研究を促進させるほか、科学技術分野の水準向上と国際協力、倫理基準づくり、政府機関への専門的助言、教育や普及活動をおこなう。特別会員や地域組織、学会を有し、国内外に約2万人の会員をもつ。太田陽子博士は日本人唯一の名誉会員である。　　　　　　　　　　　　（植村善博）

ニュージーランド会社
[New Zealand Company]

ニュージーランド初期の植民に重要な役割を果たした組織。1837年エドワード・G・ウェークフィールド*を中心にニュージーランド協会がロンドンで組織され、38年ニュージーランド会社が結成された。翌

ニュージーランド会社の移民募集広告

年5月会社はトーリー（Tory）号を土地買いつけのため派遣した。このとき買いつけに成功したとされる土地は、クック海峡*を挟んで南北にまたがる2,000万エーカーに及ぶ地域で、現在のウェリントン、タラナキ*、南島のネルソン*にまで広がっており、会社の支払いは毛布や銃、弾薬、その他の雑多な品々であった。

会社はニュージーランドを新しいエデンの園として宣伝し、まだ測量も済んでいない土地を売り出した。1エーカーごとに分割された住宅地が整然と並ぶウェリントンの架空の市街地図上で、各区画は一律1ポンドで取引され、購入者がどの区画を選ぶかは籤引きで決められた。住宅地には別に100エーカーの畑地が付属していた。土地を購入できない人々に対して、いくつかの条件のもとに、会社が渡航費を援助ないし

は免除する補助渡航者*の制度を設け、移住を奨励した。最初の移民船がポートニコルソン*に入港したのは、40年1月22日であったが、その土地が実際に分譲されたのはそれから7年後である。

会社は43年までに57隻の船で8,600人の移住者を送り込み、入植地もワンガヌイ*（40年）、ニュープリマス*（41年）、ネルソン（42年）と拡大し、さらにオタゴ*、カンタベリー*の2入植地の建設にも関わった。しかし58年会社は財政破綻のため解散した。

（青柳まちこ）

ニュージーランド観光局
[Tourism New Zealand]

1901年観光宣伝庁（Tourist and Publicity Department）として創設され、政府主導の観光促進団体としては世界でも最古であるといわれる。その主たる任務は旅行先としてのニュージーランドを海外に紹介することである。経済改革の進展とともに観光局の商業活動は削減され、一部は民間に移されて観光局は観光の推進に専念している。海外事務所はオーストラリア、アメリカ、カナダ、イギリス、ドイツ、アジアではタイ、シンガポール、中国、台湾、東京、大阪などにある。

（岡田良徳）

ニュージーランド・キイチゴ [Bush Lawyer]

バラ科キイチゴ属の低木、固有種。マオリ名タタラモア（tataramoa）。葉の裏に刺があり皮膚や衣服を傷つけることからブッシュ・ローヤー（やぶの弁護士）と呼ばれる。全土の森林に生育する。茎は直径10cm。白い小さい花をつけ、果実は5～10mm。5種あり、そのうち2種が優勢であるが、変異や自然交配種が多い。果実は生で食べたり、煮込んだり、ジャムにして食する。樹皮を沸騰水で抽出した液は重篤な腹痛の治療に用いられた。葉の浸出液は胸の痛み、咳、荒れた咽喉の治療に用いられた。なお、同じ属の植物にブラックベリーのような導入種が数種ある。

（塩田晴康）

ニュージーランド銀行
[Bank of New Zealand]

ニュージーランドの最も伝統ある商業銀行の一つで、1861年ラッセル*ほか有力財界人により設立された。1945年フレイザー*内閣により国有化され、ニュージーランド経済の発展に重要な役割を果たしてきた。84年以降、経済改革にともない政府のもち株が売却され民営化された。92年の売却先はナショナル・オーストラリア銀行（National Australia Bank）で、その売却額は総株式の57%に達した。

（岡田良徳）

ニュージーランド経済研究所 [New Zealand Institute of Economic Research=NZIER]

1958年に設立された民間の非営利団体。ウェリントン、オークランドに事務所を置き、ニュージーランド経済の実証分析や調査をおこない、経済に関する専門的診断や助言、経済予測をおこなうことを目的としている。会員には個人会員と法人会員があり、年会費を納入し、各種の相談や情報を得ることができる。また、各種の訓練や会議・会合を実施したり、定期刊行物を出版して会員に長期的な経済情報を提供している。

（岡田良徳）

ニュージーランド権利章典法
[New Zealand Bill of Rights Act 1990]

1990年制定の人権に関する法典。この法典は政府省庁*、裁判所、政府系企業*、および会社などの法人が、個人の権利を犯してはならないことを規定している。(1)生命剥奪、拷問、医学的・科学的実験に従わない権利、(2)表現、平和的集会、結社、思想、良心、宗教、信仰の自由の保証、(3)性、婚姻状態、宗教、倫理思想、皮膚の色、人種、民族、出身国、障害、年齢、政治的

信条、雇用上の地位、家族の地位、性的傾向などによる差別の禁止、(4) 非合法な捜索や押収、任意的逮捕に従わない権利、(5) 犯罪者として起訴された場合には、証言や自白を拒否する自由や、公正な裁判を受ける自由があるなど、刑事上の手続きについての規定、(6) 公的機関により権利の侵害があった場合には、公正な意思決定者による聴聞を受ける権利、再審査を申請する権利など司法に関する権利が記されている。

〈青柳まちこ〉

ニュージーランド交響楽団
[New Zealand Symphony Orchestra]

ニュージーランドが世界に誇る最も歴史ある交響楽団。1947年3月の初公演以来、約60年の歴史をもつ。90人を超える団員を抱え、毎年100回の国内公演や海外公演をこなす国の主要公演芸術組織に成長。国立ニュージーランド青年交響楽団の管理運営にも携わる。

〈池田久代〉

ニュージーランド航空
[Air New Zealand Ltd.]

国際線・国内線ともにニュージーランド最大の航空会社。ニュージーランド国内 (Air New Zealand National & Link) およびニュージーランドとオーストラリア、南西太平洋、アジア、北アメリカ、イギリス、ドイツ間の旅客および貨物運搬事業をおこなっている。オークランドから日本には成田空港、関西空港、中部国際空港(運休中)に乗り入れている。1940年4月タズマンエンパイア航空 (Tasman Empire Airways) として設立。61年国有化、89年政府の民営化政策により民営化された。本社はオークランド。スターアライアンスに加盟。

〈大石恒喜〉

ニュージーランド国立博物館
[National Museum of New Zealand] (旧ドミニオン博物館) ⇒テ・パパ・トンガレワ

ニュージーランド準備銀行(中央銀行)
[Reserve Bank of New Zealand]

中央銀行であるニュージーランド準備銀行は、民間銀行として1934年に発足し、36年には完全に国有化された。1989年のニュージーランド準備銀行法 (Reserve Bank of New Zealand Act 1989) にもとづき、以下の3つの主要な機能をもつことになった。(1) 物価安定のための金融政策、(2) 民間銀行を監視するなど健全かつ効率的な金融制度の維持、(3) 通貨の供給。最高責任者は総裁で、事業成果に関し政府に対して説明責任を負う。しかし、その目標をいかに達成するかに関しては法的に独立している。政府によって任命されるニュージーランド準備銀行理事会の推薦にもとづき、5年ごとに財務大臣が総裁を任命する。

〈松岡博幸〉

ニュージーランド製鉄社
[New Zealand Steel Ltd.]

ニュージーランドには砂鉄が豊富に存在する。1965年に政府と民間企業の共同出資によりニュージーランド製鉄会社が設立され、オークランド南部の郊外にグレンブルック (Glenbrook) 製鉄所が建設された。81年政府はシンク・ビッグ計画*の一環として、製鉄所の一貫製鉄への転換拡張の方針を決定したが、建設工事は大幅に遅延した。その結果出費は上昇し政府が負担した。その後の民営化により、現在はオーストラリア企業が買収している。

〈岡田良徳〉

ニュージーランド大学
[University of New Zealand]

ニュージーランド大学法 (University of New Zealand Act) により、1870年に設置され、国内唯一の学位授与権限を有する大学であった。本部はウェリントンに置かれ、その傘下にオタゴ (1869年創立)、カンタベ

リー（73年）、オークランド（83年）、カンタベリー農業（現リンカーン、78年）、ヴィクトリア（97年）、マッセイ（1927年）の6カレッジを有していた。すでに1869年に設立されていたオタゴ大学は、同大学自身が有する学位授与の権限を一時停止するという形をとって74年ニュージーランド大学傘下のカレッジとなった。1961年ニュージーランド大学は解体し、それぞれのカレッジは独立の大学となった。（青柳まちこ）

ニュージーランド美術院
[New Zealand Academy of Fine Arts]

ニュージーランド初の芸術院組織。19世紀後半の美術振興政策のもとで1889年にウェリントンで組織され、1907年から公立美術館（Public Art Gallery and Museum）の運営にあたった。戦後も国立美術館（National Art Gallery）の運営にあたってきた。テ・パパ・トンガレワ*の建設計画にともなって国立美術館が廃止されたため、2000年にクイーンズウォーフの旧敷地で新美術館を開設した。（池田久代）

ニュージーランド・ファースト党
[New Zealand First]

1993年結成の政党。党首ピーターズ*。1980年代の労働党*の行財政改革*とそれを引き継いだ国民党*の経済社会政策では、国民の公的資産が海外資本に組み込まれ、雇用、社会的サービスの低下を招くと抗議して組織された。ニュージーランド人の利益に適う政策の実行を掲げ、93年総選挙では2議席、96年総選挙では17議席を得て第3党に躍り出た。2005年選挙では約6％の得票率で7議席となった。

（青柳まちこ）

ニュージーランド部族連合国独立宣言
[Declaration of Independence of the United Tribes of New Zealand]

バズビー*の勧めにより、北島北部の首長らがおこなった独立宣言。1834年3月、35人の北島北部首長らがワイタンギ*のバズビー邸に召集され、3種の国旗のデザインの中から一つを選択決定するよう求められた。白地に赤の十字で左上段の4分の1の区画に星を配した図案の旗が、ニュージーランド部族連合の国旗として決定された。翌35年10月25日北部有力首長ら35人は、再度バズビーの勧めに従い独立宣言に署名し、同時にイギリス国王ウィリアムIV世にその承認を請願した。バズビーの意図はこの地をフランスによる植民地化の脅威から護り、イギリス国王の保護のもとに置くことであった。

フランスとはこれまでもマリオン・デュ・フレズン*事件（1772）により緊迫状態にあったが、とくにティエリー*がすでにホキアンガ*に広大な土地を購入し、マオリ首長らから大首長と認められているとの風評が、バズビーのこの行動の直接の引き金となった。独立宣言は英語とマオリ語で記されており、「ニュージーランド北部の部族首長（chiefs）および長（heads）はここに独立を宣言し、ニュージーランド部族連合国と称すること、同地域内のすべての統治権は世襲的首長および長に帰属すること」などとある。その後39年5月までにマオリ首長の署名は52人となった。（青柳まちこ）

ニュージーランド併合
[Annexation of New Zealand]

イギリス政府は1836年ニュージーランド部族連合国の独立を承認したものの、フランスの脅威、マオリ部族間戦闘の激化、ヨーロッパ人無法者の増加、ニュージーランド会社*の独走などの状況から、マオリ首長らとの間に協定を結ぶ必要を感じ、ホブソン*を代理総督に任命して派遣。40年2月6日、北島の首長45人の署名を得て、ワイタンギ条約*を締結した。その後ホブ

ソンの使者は条約の複製7通をもって南北両島を回り、5月までに512人の署名を得ることに成功した。その結果、同年5月21日ホブソンは、ニュージーランド北島はマオリ首長らからの譲渡により、また南島はクック*の発見により、ニュージーランド全土がイギリス領土となったことを宣言した。同年11月この地はニューサウスウエールズ植民地から分離し、ホブソンは初代の総督*に任命された。　　　（青柳まちこ）

ニュージーランド・ホウレンソウ
[New Zealand Spinach]

マオリ名コキヒ（kokihi）。ツルナ科ツルナ属の双子葉植物。暖地の海岸に見られる一年草。分岐し匍匐する茎は1～2mに達する。葉は互生し丸みを帯びた菱形で柔らかく肉厚、両面ともざらつく。葉腋に黄緑色の小花を咲かせ、赤い小果をつける。果実が海流で分散し、南米、オーストラリア、東アジアの海岸にも分布する。栽培もされ、若い葉を摘んで食用とする。風味がホウレンソウに似ている。18世紀に種子がイギリスに渡り、ヨーロッパに広まった。
（塩田晴康）

ニュージーランド林産会社
[New Zealand Forest Products Ltd.=NZFP]

1935年にニュージーランド植林会社（NZ Perpetual Forest Ltd.）と合併してできた、林産物製造会社。ニュージーランド製造業では第2位の規模をもち、国内最大の人工林民間保有会社であった。90年外国資本のカーター・ホルト・ハーヴェイ社*に買収された。
（岡田良徳）

入植者融資法 [Advances to Settlers Act 1894]

自由党*の土地政策の一環として1892年の入植用地法*に引き続いて94年制定。農業希望者の補助を目的とし、政府がロンドン市場から資金を調達し農民に低利で貸し付ける制度で、返済期限は最長36年まで猶予された。1906年には本法の修正がおこなわれ、家屋の購入や建築にも資金の借り入れが可能になった。
（青柳まちこ）

入植地 [Colonial Settlement]

ニュージーランド会社*が企画した最初の入植地はポートニコルソン*で1839年にイギリスを出航した6隻の移民船は、40年の1月から3月にかけてこの港に到着した。会社はついでワンガヌイ*（40年）、ニュープリマス*（41年）、ネルソン*（42年）と入植地を拡大し、さらにオタゴ*、カンタベリー*の両入植地の建設にも関わった。

1840年にニュージーランド会社が移送した人数は1,766人で、以下41年（1,885人）、42年（4,103人）、43年（1,013人）である。42年の入植者人口は10,930人であったが、61年にはその10倍に増大し、そのほとんどはワンガヌイを除く会社の5つの入植地とオークランドに居住しており、とくにオークランドとオタゴには2万人以上の人口の集中が見られた。

41年から65年まで首都であったオークランドは、ニュージーランド会社の入植地ではなく、オーストラリア経由の移民が多かったので移住者の質もさまざまであった。その他アカロア*にはフランス人、北部のワイプ（Waipu）にはカナダのノヴァスコシア経由で1850年代に到来したスコットランド人の小集落があった。（青柳まちこ）

入植地法
[New Zealand Settlements Act 1863]

政府布告によりマオリ所有地を任意に没収することを可能にした法律。土地戦争*における「反乱」マオリの土地を懲罰として没収し、軍隊を駐屯させる考えは、グレイ*総督によって提唱された。しかしドメット*内閣はより多くの土地の没収を主

張し、両者の意見がまとまらなかったが、64年8月グレイが署名し発効した。

(青柳まちこ)

入植用地法［Lands for Settlement Act 1892］
　1892年自由党*バランス*内閣において制定された法。初期入植者所有の大農地を政府が強制的に買い上げ、土地を必要とする農業希望者に配分することを目的としている。未利用地を所有する大地主には重税を課して、土地を手放すように仕向け、不在地主にはさらに割高な税金が課せられた。自由党の基本理念は土地の国有化であったが、私有権主張者との妥協点として、この法では999年間の継続的借地権を認めている。これにより農民は政府設定地価の年間4％の借地料で安定的土地利用が可能になった。この長期借地権制度は1907年まで存続した。さらに94年には農業希望者支援のため入植者融資法*が制定された。

(青柳まちこ)

乳製品工業［Dairy Industry］
　初期の工場は個人企業であったが、1872年にオタゴ半島*で8人の協業工場が開業したのを契機に、90年代には協業生産が普及した。これが現在も続く乳製品工業の基本体質である。最盛期には110億ℓの牛乳が1,300万tの乳製品に加工され、うち95万tが輸出された。バター、チーズ、全乳粉、無水乳脂肪、乳児食、カゼイン製品、乳糖などの乳製品市場はイギリスが中心であった。デアリー・ボード*はイギリスのEC加盟以後は、これに代わる輸出市場をアジアと中東に求めた。各種乳製品のうち、多種少量生産のチーズは別として、粉乳などは装置産業の形態をとるため集中化、大型化が可能であり、80年代から協同組合間の競争の激化とともに工場の統廃合が盛んにおこなわれた。酪農地域ごとに中核的な大工場が見られる。

(由比濱省吾)

ニュープリマス［New Plymouth］
　タラナキ*半島北岸にある港湾都市。都

パーマストンノースの牛乳工場。1980年代 (由比濱省吾)

ニュープリマスの時計台 (青柳まちこ)

市部を含む郡人口は 66,600 人（2001 年）。1949 年に市制施行。89 年ニュープリマス郡に一体化して郡役所所在地となった。郡はイングルウッド*、ワイタラ*、ベル・ブロック（Bell Block）、オカト（Okato）の町を含む。歴史的には 1841 年ニュージーランド会社*の植民地として入植が開始され、60 年にワイタラの土地売却問題で土地戦争*が勃発し、入植者の多くは土地を離れた。現在ニュープリマスはタラナキ酪農地域の中心的商業都市である。1970 年代以降は陸上および沖合の石油・ガス田にもとづく石油科学工業が市の内外で急成長した。ニュープリマス発電所はハントリー*発電所が登場するまでは最大の火力発電所であり、当初石炭火力発電所として計画されたが、マウイ油田*の発見により石油・天然ガスを使用するよう設計変更され、74 年に運転を開始した。91 年に静岡県三島市と姉妹都市*提携。〔由比濱省吾〕

ニューマンスター［New Munster］

1840 年の憲章により南島はニューマンスターと名づけられ 1 州となったが、46 年州区域が拡大して、北島タラナキのパテア*川河口から真東に進む直線以南（北島面積の約 4 分の 1）、およびニューラインスター*（スチュワート島*）がニューマンスターに編入された。州は副総督、任命制議員からなる立法院*、行政院*を有していた。52 年ニューマンスター立法院議員 33 人中 22 人が選出議員に変更されたが、選挙実施の前に、基本法 1852 年*がイギリス本国議会を通過し、6 州制移行が決定したため、選挙はおこなわれず、ニューマンスターの区域もその名称も消滅した。

〔青柳まちこ〕

ニューラインスター［New Leinster］

1840 年憲章によりスチュワート島*はニューラインスターの名で 1 州を構成することになったが、46 年制度の変更にともないニューマンスター*州に併合されたためニューラインスターは短期間で消滅した。

〔青柳まちこ〕

妊産婦サービス［Maternity Service］

ニュージーランド国籍*・永住権*保持者は、妊娠が判明した時点から出産後 6 週間までの妊産婦保護を全額公費負担で受けることができる。妊娠中の検診、出産介助、産後の母子保健、育児の指導などを一貫して担当するのは妊産婦指導員（Lead Maternity Carer=LMC）で、家庭医*、産科医、助産師のいずれかから選ばれ、病院や産婦人科医院で紹介される。個人で依頼することも可能であるが、私立の病院や、産科婦人科医院を選んだ場合、費用は個人負担となる。定期健診は、通常 8 ヵ月までは 4 週ごと、それ以降は毎週、または隔週におこなわれる。血液検査、超音波検診などは専門機関でおこなわれ、母親学級、育児教室は各病院でおこなわれる。出産場所は自宅あるいは病院から選べ、分娩法、麻酔の使用の可否も選択可能である。病院出産で母子ともに健康な場合は 2~3 日で退院、帝王切開の場合は 5~6 日の入院が普通である。産後 6 週まで LMC によって母子の介護がなされる。

〔岩川しほ〕

妊娠中絶［Abortion］

1977 年 12 月制定（78 年 4 月施行、78 年 7 月修正）した避妊、断種、妊娠中絶法（Contraception, Sterilisation, and Abortion Act=CS & A）によって妊娠中絶が合法化された。妊娠中絶監督委員会が妊娠中絶の許可、必要事項の指示、議会報告などをおこなう。申請には担当医師と、2 人の証人の合意が必要である。許可にあたり (1) 生命の危険、(2) 身体・精神上の危険、(3) 近親相姦・親権者との性交、(4) 精神機能制約、(5) 胎児の異常、高年齢、性的暴力などが考慮

される。しかし社会的・経済的理由は考慮されない。全国 21 の各地域に相談拠点がある。中絶率は世界の低出生率国（ヨーロッパ諸国、アメリカ、日本など 14 ヵ国）のうちでも最も高率のグループに属し、15~44 歳人口 1,000 人当たり、1990 年 14 人、2003 年 21 人と増加の傾向にあった。04 年 20.5 人、05 年 19.7 人と減少を見せているが、05 年 20~24 歳の年代は 1,000 人中 37 人の高率を示した。　　　　（ベッドフォード雪子）

ね

ネーピア市［Napier City］

　北島東南海岸、ホーク湾*に面するホークスベイ県*県庁所在地。人口 53,658 人（2001 年）。最初に訪れたヨーロッパ人は 1827 年来航のデュモン=デュルヴィル*で、30 年代以後捕鯨*基地となった。1931 年 2 月 3 日にマグニチュード 7.8 の激しい地震*がこの地方を襲い、ネーピア市街はほぼ全壊し、市内のみで 161 人の死者が出た。この惨状は現在市内の地震博物館に展示されている。復興にあたってアール・デコ様式が採用され、市街地景観を特色づけてい

ネーピア港（由比濱省吾）

ネーピアのアールデコ様式のホテル（由比濱省吾）

る。1950 年市制施行。後背地はラディアタ・パイン*の植林地帯で日本からも製紙会社が進出している。80 年に北海道苫小牧市と姉妹都市*提携。　　　　（由比濱省吾）

ネズミ［Rat］

　大別して在来種と外来種がある。在来種キオレ（kiore）はマオリ伝説によれば、14 世紀の大移住のときに人々とともにカヌーで到来した。マオリはこれを食用にしたが、現在本土ではほとんど絶滅し、沖合の島々にのみ残っている。外来種にはクマネズミとドブネズミの 2 種があり、雑食性で病原菌を媒介する。　　　　（由比濱省吾）

熱気球［Hot-air Balloon］

　ニュージーランドを代表する野外活動の一つ。高さ 30m の巨大な気球にガスバーナーで熱風を送り込み、優雅な空中散歩で

大自然の景観が満喫できる。大気の状態が最も安定している夜明けの時間帯に出発することが多い。平坦な平野部が広がっている南島カンタベリー*で盛んである。4月には各地で国際競技大会も開かれる。

(新井正彦)

ネットボール［Netball］

バスケットボールに似ているが、ドリブルや体のぶつかりあいはなく、パスによって相手のリングにシュートをめざす。ボール場だけでなく海岸などどこでもできて、過激なスポーツでないだけに、屋外での冬場のスポーツとして、ゴルフ*、テニス*とともに女性に人気が高い。

(山岸博)

ネネ、タマティ・ワカ
［Nene, Tamati Waka (c.1780-1871)］

ンガプヒ*首長。パトゥオネ*の弟。青年時代はホンギ・ヒカ*のもとで北島のマオリ諸族との戦闘に携わったが、のちにベイ・オブ・アイランズ*のヨーロッパ人と親交を結び、キリスト教に改宗。ワイタンギ条約*締結に際しては、逡巡するほかの首長たちに対する彼の説得が功を奏した。また45〜46年のヘケ蜂起*では政府側に立って鎮圧に大きな役割を果たした。ネネは兄とともに親政府的なマオリとして、グレイ*総督の信任を得た。

(青柳まちこ)

ネピア、ジョージ
［Nepia, H. George M. (1905-86)］

マオリ出身のラグビー選手。1924年から30年にかけて、オールブラックス*で9回の国際試合を含めて46試合に出場した。当時まだ残っていた白人のマオリへの差別意識が彼の活躍によって改善された。オールブラックスが試合前にハカ*を演じて士気を鼓舞する習慣は彼の時代に始まった。

(山岸博)

ネルソン湖国立公園
［Nelson Lakes National Park］

1956年国立公園に指定された。面積101,753ha。サザンアルプス*北部、ブラー川*の水源であるロトロア湖*とロトイティ湖*を含み、北は両湖から南はルイス(Louis)峠自然保護区まで広がる。2,200mに達する高山や深いブナ林、高山植物もあり、鳥類が豊富である。

(由比濱省吾)

ネルソン市［Nelson City］

南島北部、タズマン湾*の奥に位置する都市。人口41,565人(2001年)。1842年以降、ニュージーランド会社*によって移民3,000人が送り込まれたが、43年のワイラウ事件*のため、入植は57年のゴールドラッシュ*まで遅れた。58年にはヴィクトリア女王がネルソンをビショップ管区と定め、人口3,000人のこの地区を特許状により市と定めた。ネルソン港には沿岸航路や漁業船団の埠頭があり、ニュージーランド最大の漁業会社シーロード社*がここに本拠を置いている。また木材関連産業が盛んで、木材積出港もある。1989年の地方制度改革で、ネルソン市のみで県に相当する準県(Unitary Authority)となった。76年に京都府宮津市と姉妹都市*提携。

(由比濱省吾)

ネルソン博物館
［Nelson Provincial Museum］

ネルソン市*西南部にある。1840年代以降現在に至るまで、ネルソン地方の複数の収集家によって集められた資料を総合的に収集した博物館で、歴史を記録した120万枚に及ぶ写真・ネガフィルム・海図・古地図・絵画などを所蔵し、歴史を視覚的に理解するための貴重な資産となっている。

(角林文雄)

の

農業 ［Agriculture］

マオリの伝統的農業の主力はクマラ*であった。19世紀にヨーロッパ人が新しい作物をもたらすと、マオリは直ちにそれを取り入れ、1830年頃には北島ではバレイショ*、コムギ*、トウモロコシ*などを広く栽培し、オーストラリアへの輸出もおこなった。入植者たちがヨーロッパからもたらした家畜のうち、とくにヒツジの飼育はワイララパ*地方を皮切りに急速に拡大し、自然草地が牧場に変じた。自然草地が利用され尽くすと、平坦地・傾斜地を問わず森林が大規模に開拓された。ヒツジ以外に乳牛・肉牛などが増加し、これらが草地農業*という形態でニュージーランド農業の中核を形成していった。

肉毛兼用種のヒツジと肉牛は、牧場の地形によって飼養目的が異なる。一般に山地では生産（繁殖）が主体であり、幼獣は山麓ないし平坦地の牧場に売却され、そこが生産地帯であると同時に肥育地帯である。乳製品・肉・羊毛など畜産品は輸出品の中枢になってきた。

耕種農業では低地の適地に穀物・野菜が、また果樹栽培では温帯から亜熱帯に至るまでの種類が適地に栽培されている。なかでも輸出が主体となっている果物にはキーウィフルーツ*やリンゴ*があり、季節差を利用して北半球に硬質野菜を輸出する努力も払われている。現在は総人口に占める農業人口の比率は低いが、国土の大部分は農地であり、畜産物が外貨獲得の中心的存在であったから、農業への政府の援助は伝統的に手厚かった。しかし1980年代中期の経済改革*で政府は農業補助金を全廃したので、農家は厳しい時期を経験したが、現在ではGATT体制の中で最も競争力が強い国となっている。農業生産物の輸出は輸出総額の64%（2003年）を占めている。

（由比濱省吾）

農業協同組合 ［Agricultural Cooperative］

農業協同組合は総合農協ではなく、作目別に結成された特殊農協で、本来は各地区・地域で結成されたものである。作目別ボードが設置されている場合には、これとの関連において活動し機能してきた。1980年代以降の経済改革*で農協も競争、統合が進展し、商標を統一して国内市場確保に努力するのみならず、主要国に出先事務所を置いて国際的市場での競争にいどむ組織もできている。乳製品分野のフォンテラ協同組合社*が好例であり、食肉や果樹などの分野でも生産者組織が、販売部門で力を発揮しているのが見られる。

（由比濱省吾）

農業団体 ［Agricultural Society］

1843年結成のオークランド農業牧畜協会（Auckland Agricultural and Pastoral Association）が最初で、1858年にホークスベイ*、63年にカンタベリー*、67年にサウスランド*、76年にオタゴ*、86年にマナワトゥ*とウエストコースト*で設立され、ほかに小規模な地方単位の組織が多数ある。

1908年の農業牧畜団体法で目的が掲げられ、団体が登録された。地方レベルでは毎年の農業畜産ショーが焦点になり、機械の展示、家畜の審査、果実・野菜・ジャム・ケーキその他の自家製品の品評会がおこなわれた。全国レベルでは、14年以降はニュージーランド農業会議（New Zealand Council of Agirculture）として、そして24年以降は王立農業協会（Royal Agricultural Society）として、社会的政治的影響力を行使した。第2次世界大戦以降はこれに加入する団体が増加し、現在傘下に100以上の

団体が所属。毎年大規模な全国的農業祭ロイヤル・ニュージーランド・ショーを開催している。　　　　　　　　　（由比濱省吾）

農業労働者法
[Agricultural Workers Act 1977]

1977年制定。81年改訂。農業、園芸農業、牧畜業、林業、製材業に従事する労働者に安全で健全な環境を提供するよう規定している。　　　　　　　　　（太谷亜由美）

農村党　[Country Party]

北島北半の酪農地域で農民組合（Farmers' Union）の幹部が1922年に結成。自由貿易の推進、保護主義反対を掲げ、4選挙区で改革党*と農民票を争った。全国的政党となる野心を抱かなかったが、小政党の中では最も成功を収め、ベイ・オブ・プレンティ*では25～38年、オークランド地方北部のフランクリン（Franklin）では28～38年に議席を占めた。実態は地方的圧力団体で、一時的に政党活動をしたが、労働党と国民党が二大勢力となるに及んで、両選挙区の議席を失った。　　　　　　　　（由比濱省吾）

農民連合　[Federated Farmers]

農民の利益を代表する政治組織。入植初期に形成された地方的農民クラブから発展して、1899年にはカイタイア*でニュージーランド農民同盟（New Zealand Farmers' Union）支部が結成された。支部結成は各地で急速に広がり、1902年の第1回全国会議で全国組織が設立された。事務局はウェリントンに置かれ、20世紀前半を通じて強力な政治勢力となった。両大戦の間に、オークランドは全国組織から分離したが再統合されたときに、名称がニュージーランド農民連合（New Zealand Federated Farmers）になった。都市化・工業化の進展、農村人口の多様化、農業人口の減少につれて、農民連合指導下の政治的影響力が低下してきた。なお、農民連合女性部は1925年に結成され活動を続けてきたが、20世紀後半に会員数が激減し、99年に農村女性会（Rural Women New Zealand）に名称変更した。
　　　　　　　　　　　　（由比濱省吾）

農林省
[Ministry of Agriculture and Forestry=MAF／Te Manatu Ahuwhenua, Ngaherehere]

1892年に設置された農務省に由来する政府機関。以来、機能変遷を遂げながら、他組織との合併や分裂などを繰り返し現在に至っている。農林業が国の主要産業であるため、常に主要政府機関の一つとしての地位を占めてきた。職員数は約1,300名。農業および林業関係の政策の立案・実施にあたり、法令上の広範な権限を有するほか、外来種の導入にともなうリスクの管理や動物愛護といった政策分野をも所管する。外来種の導入にともなうリスクの管理体制に関して、1993年生物安全法および1996年危険物質・新生物法を主軸とする法体系への国際的な評価は高い。なお近年ではMAFが広い意味での「環境行政機関」化しつつあるとの声も聞かれる。　（及川敬貴）

ノースショア市　[North Shore City]

オークランドの中心部からワイテマタ湾*を隔てた北側に位置する都市。人口212,200人（2006年）。1989年イーストコースト ベイズ（East Coast Bays）、タカプナ（Takapuna）、バークンヘッド（Burkenhead）などが周辺地域と合併してできた市で、人口は国内で4番目、密度は国内で最も高い。オークランドへの通勤者が多い住宅都市で、オークランド・ハーバーブリッジ*と、デヴォンポート*からのフェリーでオークランドと結ばれている。タカプナのプケケ（Pukeke）湖が上水道の水源。　（由比濱省吾）

ノース岬　[North Cape]

北島の北端東岸の岬。一般にニュージーランド北端といわれるが、真の北端はノース岬とカー (Kerr) 岬との間に突出するサーヴィル断崖 (Surville Cliffs) である。ノース岬沖合の小島ムリモトゥ (Murimotu) にノース岬灯台がある。クック*が1769年の航海時に命名、マオリ語ではムリフェナウア (Muriwhenaua) 岬で陸地の果てを意味する。

（太田陽子）

ノースランド県 [Northland Region]

オークランド大都市圏の北限から、北島の北端までの範囲を含む。大部分が丘陵性の半島で、高度は概して150m以下、火山*が噴出した箇所だけが600mになる。東西の最大幅は約80kmで、海岸はナインティマイル・ビーチ*を除けば半島と入江、複雑な溺れ谷*、泥の干潟に特徴がある。中心都市はファンガレイ*で、1989年以来県庁所在地である。夏は雨量が多く冬は温暖多雨、複雑な海岸線のおかげで海産物が豊かである。ベイ・オブ・アイランズ*は最初のヨーロッパ人集落ができたところで、条約調印がおこなわれたワイタンギ*をはじめパイヒア*、ラッセル*（旧名コロラレカ）は歴史的意義のある観光地になっている。全体として豊かな酪農地域であるが、丘陵や北部西岸では植林区域が広く、林業と関連産業も発達している。

（由比濱省吾）

ノードメイヤー、アーノルド
[Nordmeyer, Arnold Henry (1901-89)]

政治家。ダニーディン*生まれ。下院議員（1935-49、51-69）第1次労働党*政権のもと社会保障制度*の発展に大きな役割を演じた。フレイザー*内閣で保健相(42-47)、産業通商相(47-49)を務めた。その後ナッシュ*内閣で財務相(57-60)となり、1963年に労働党*党首(63-65)を務めた。退任後はウェリントン公立病院委員会の一員と

なった。その功績をたたえ、オタゴ大学*のウェリントン医学部 (School of Medicine, Wellington) で彼の名前を冠した講座が開かれている。

（太谷亜由美）

ノダアサジロー [Noda Asajiro (c.1870-1942)]

日本人最初のニュージーランド移住者。長崎の船大工であった父に修理中のイギリス船内に置き忘れられ、7～8歳で単身出国。日本に向かうドイツ船に洋上で移されるが、同船は来日せず、同船で約10年育てられた後、1890年頃ブラフ*で下船。ホテルやカウリガム採掘*場で働く。その後、ワイカト*で農業に従事、ンガティ・マフタ (Ngati Mahuta) マオリの女性と結婚して3男2女をもうけた。園芸農業*を営みイチゴの品種改良で成功。晩年はカイパラ湾*のバトレイ (Butley) に住む。

第2次世界大戦勃発後も高齢のため抑留されず自宅で生活していたが、次男マーチソンは日本人船員と交流していたという理由で、ウェリントン湾*内ソームズ (Somes) 島の敵性民間人収容所に勾留された。その直後にアサジロー死亡。1991年、約100年間行方不明であった日本側親族と連絡がとれ、孫のトマスが来日した。アサジローの血を引く生存者子孫はおよそ500名で、ニュージーランドのほか、オーストラリア、ハワイにも在住している。

（田辺眞人）

ノックス、エリザベス
[Knox, Elizabeth (1959-)]

作家。ウェリントン生まれ。ヴィクトリア大学卒。独特の手法で詩的で密度の高い瞬間を描く。処女作 After Z-Hour, 1987（Z時の後は）は古家で過ごす6人の語り手と幽霊の物語。第4作目の The Vintner's Luck, 1998（ワイン商人の幸運）は数ヵ国語に翻訳され、モンタナ・ニュージーランド・ブック賞*、その他を受賞。

（池田久代）

は

パ［Pa］

パとは砦のある村の意で、通常の村カインガ（kainga）とは異なる。パは敵からの防御を目的として島、崖、丘の上、岬の突端、川の湾曲部、湖の中島など自然の要害をできる限り利用して構築され、塁、塹壕、砦柵などを備えている。ヨーロッパ人の来訪当時、パの数は大まかに見て4千から6千あったといわれるが、そのほとんどは北島にあり、規模や構造はさまざまであった。

何層かの柵がパの周囲を囲み、柵の内側には溝が掘られ、さらにその内側には土塁が築かれているのが一般的である。土塁の上の物見櫓は敵を監視するためのもので、敵が接近した場合には梯子や橋をはずし、門のかんぬきを閉める。門は頑丈につくられているが、たとえそれが破られた際でも、敵を細い迷路状の道に誘い込み、上から投石や投槍で奇襲するような工夫がなされていた。敵の来襲が伝えられると、人々は食物や水、貴重品を携えてパに逃げ込むが、籠城が長期にわたる場合には食料と水の補給は難しくなる。一部のパでは泉に到達するための小道をつくったり、貯水池を掘ったりしていた。一時避難的なパではなく、居住用のパでは食物の貯蔵庫もあった。

オークランド市内のマウンガ・ファウ（Maunga Whaw マウント・イーデン）は火山噴火口につくられた丘陵パで、火口外側の斜面ではクマラ*耕作がおこなわれ、火口内部には半地下式のクマラ貯蔵庫をもつ幾層かのテラスがあった。当時の状態がよく保存されている。

(青柳まちこ)

バーカー、メアリー

［Barker, Mary Anne Stewart（1831-1911）］

作家。ジャマイカ生まれ。夫の赴任とともに英連邦諸国各地に滞在した。*Station Life in New Zealand*, 1870（ニュージーランドの羊牧場での生活）と *Station Amusements in New Zealand*, 1873（ニュージーランドの羊牧場の楽しみ）はカンタベリー*の羊牧場での暮らしを故郷の妹への手紙という形式で描いた作品。前者はニュージーランドで1950年代に再版された。その他植民地を題材にした流麗な筆致の作品を多数出版した。

(池田久代)

ハースト山［Mt. Haast］

南島アオラキ山*から東北に伸びるサザンアルプス*の大分水嶺に位置する山（3,138m）。

(由比濱省吾)

ハースト峠［Haast Pass］

サザンアルプス*の分水嶺を越える主要交通路3本のうち最南部。標高が最も低い峠（565m）。1965年に国道が完成。峠の名は地質学者ハースト*にちなむ。

(由比濱省吾)

ハースト、ヨハン

［Haast, Johann Franz Julius von（1822-87）］

地質学者。ドイツ生まれ。1858年オークランドに来住。翌年からブラー川*、グレイ川*の峡谷調査、61年カンタベリー州地質調査官。カンタベリー博物館*を創設し、彼自身の発掘したモア*の骨なども収蔵した。カンタベリー・カレッジ（現カンタベリー大学*）の創立に関与し、76年から同校の地質学・古生物学教授、ニュージーランド大学*評議員。その業績は海外にも広く知られ多くの賞を授与された。*Geology of Canterbury and Westland*, 1879（カンタベリーとウエストランドの地質）を出版。ヴァイオリン奏者や歌手としても優れた才能を示した。ハースト峠*、ハースト山*など彼の名を冠した地名は多い。

(大島裏二)

パーチ［Perch］

ヨーロッパ原産の淡水魚。体長60cm、重さ3kg。ニュージーランドでは釣魚としてより、観賞魚として位置づけられている。1860年代末にタスマニア経由で南島に輸入されたが、急速に北島にも広まった。

（大島襄二）

パーネル、サミュエル［Parnell, Samuel Duncan（1810-90）］⇒ 8時間労働制

ハーフムーンベイ［Halfmoon Bay］

スチュワート島*東北岸にある島の主要集落。島内唯一の宿泊可能地。フォーヴォー海峡*対岸のブラフ*との間に定期航路がある。

（由比濱省吾）

パーマー、ジェフリー
［Palmer, Geoffrey Winston Russell（1942-）］

首相（1989-90）。政治家、法律家、大学教授。ネルソン*生まれ。ヴィクトリア大学卒。1967年シカゴ大学法学博士。オーストラリア政府顧問を経て74年ヴィクトリア大学教授。労働党*国会議員（79-90）、84年ロンギ*内閣副首相、法務長官、法務相、87年環境相、89年ロンギ辞任を受けて首相。政府機構改革、法制改革を進めた。労働党党首引退後は再びヴィクトリア大学とアイオワ大学で法学を講じている。またウェリントンで市民のための法律事務所を開設している。*Environment: The International Challenge*, 1995（環境：国境を超えた挑戦）ほか、著作も多い。

（ベッドフォード雪子）

パーマストン［Palmerston］

ダニーディン*とオアマル*の中間にある町。人口810人（2001年）。国道1号線と、セントラルオタゴ*に向かう国道85号線の分岐点。

（由比濱省吾）

パーマストンノース市［Palmerston North City］

ウェリントンの北140km、マナワトゥ川*峡谷の西端にある都市。人口72,681人（2001年）。生産力の高いマナワトゥ平野*の農業地域を対象とする商業中心地。入植は1860年代後半に始まる。70年代にはマナワトゥ川河口のフォックストン*港との間に鉄道が開かれ、80年代には北島幹線鉄道が開通した。1930年市制施行。集落の名は南島のパーマストン*と同じく、イギリス首相パーマストンによったが、混同を避けるために1871年にノースを加えた。市の大部分は平坦地で、街路は中心広場から整然と四方に伸びている。農業の発展にとって、農科大学として出発し、第1次産業研究施設を多く有するマッセイ大学*の存在意義は大きい。

（由比濱省吾）

バーンズ、トマス
［Burns, Thomas（1796-1871）］

牧師。スコットランド生まれ、1848年ダニーディン*のスコットランド自由教会*入植地の牧師として来住。彼の教育に対する熱情はニュージーランド最初の大学であるオタゴ大学*設立に結実した。

（青柳まちこ）

パイサ山脈［Pisa Range］

セントラルオタゴ*のクロムウエル*より上流のクルサ川*右岸にある山脈。主峰はパイサ山（1,961m）。

（由比濱省吾）

陪審員［Jury］

陪審制は1841年に発足し、当初はイギリス同様の財産的資格要件を陪審員候補者に課していたが、44年にはその資格要件を撤廃し、21歳から60歳までのすべてのイギリス国籍の男性が陪審員の有資格者となった。また1945年には年齢の上限が65歳に引き上げられた。なお、女性に関して

は、陪審員資格がなかったが、42年に志願者のみが陪審員候補者になる道が開かれた。61年までその方式が採られたが、現在では男女を問わず選挙人名簿の中から無作為に選ばれる。法律によって陪審員になれない範疇（4種）と陪審員を免除される職種やいくつかの条件（刑事司法関係者や高等法院から30km以上離れて居住する者など）が定められている。選任された12人の陪審員の任務は、公判廷で明らかとなった事実をもとにして、刑事事件における有罪、無罪の決定をすることにある。なお、1844年から1961年までは起訴陪審（Grand Jury）も存在していた。　　　　　（道谷卓）

排他的経済水域
[Exclusive Economic Zone=EEZ]
　1978年制定。国連海洋法条約によって公式に規定された概念で、距岸200海里以内の水域。その水域内では当該国が排他的に漁業資源・鉱物資源を採取し、その水域に関するすべての利便を運用する権利を保有するとともに、環境保全、汚染防止の管轄権をもつ。領海（距岸12海里以内）と公海の中間的な水域である。ニュージーランドは陸上で国境を接する国がないだけではなく、この200海里線を引いても、他国と交わらないという点で、ほかに例を見ない完全な孤立国である。　　　（大島裏二）

ハイド、ロビン［Hyde, Robin（1906-39）］
　女性ジャーナリスト、詩人、作家。南アフリカ生まれ。生後すぐにウェリントンに移住。社会主義者の父親の影響を受けて育ち、新聞、雑誌の婦人欄、政治欄を担当しながら、文芸作品を手がける。貧困、家庭の不幸、心身の病気に悩まされ、33歳のときロンドンで自殺。自伝小説 *The Godwits Fly*, 1938（オグロシギが飛ぶ）など作品多数。*Dragon Rampart*, 1939（龍の城）は日中戦争下の中国でのルポルタージュを

もとにした最後の作品。　　　　（池田久代）

ハイバンク［Highbank］
　南島ラカイア川*の南岸、メスヴェン*から12kmにある水力発電*所。第2次世界大戦中に建設。南西のランギタタ川*から引いた66kmの水路の水は、電力需要の少ない夏季には農業用水として、農業用水需要の少ない冬季には発電に用いられる点に特徴がある。現在トラストパワー（Trust-Power）社が管理している。　　（由比濱省吾）

パイヒア［Paihia］
　ノースランド県*アイランズ湾*の湾奥、ラッセル*の対岸にある町。人口1,836人（2001年）。1823年にウィリアムズ*が建てた茅葺きの建物がニュージーランドで最初の教会といわれる。35年にはコレンソ*がマオリ語聖書の一部をこの地で印刷した。パイヒアの地名はマオリ語名パイ（pai 良い）と英語のここ（here）の合成語。海上距離4kmのラッセルとの間に定期的連絡船が運航している。アイランズ湾観光の基地。
　　　　　　　　　　　　　　　（由比濱省吾）

パイマリレ［Pai Marire］
　パイマリレは善（pai）と平和（marire）の意。土地戦争*最中の1862年、タラナキ*で預言者テ・ウア・ハウメネ*が興こした宗教運動。信者が「ハウ」という呪文を唱えていたことから、ヨーロッパ人はハウハウ運動（Hauhau Movement）とも呼ぶ。テ・ウア・ハウメネはさまざまな奇跡をおこない千年王国の樹立を訴え、次第に多くの人々を引きつけた。パイマリレに特徴的な儀礼は、呪文を唱えながらニウ（niu）と呼ばれる柱を旋回し、参加者を恍惚状態へと導くものであった。パイマリレに対する熱狂的な信仰は、呪文を唱えながら突撃すれば、敵の弾丸にはあたらないという確信を生み、土地戦争を激化させた。64年頃には多く

の信者を獲得したが、過激派の弟子ケレオパ*たちが65年オプティキ*で牧師フェルクナー*を惨殺する事件を起こし、パイマリレに対する政府の弾圧が厳しさを増した。66年テ・ウア・ハウメネが逮捕され、パイマリレの宗教運動は次第に下火になったが、その基本的な考え方は、これ以降に生まれたマオリ新宗教に大きな影響を与えた。
(内藤暁子)

パウア［Paua］

ニュージーランドアワビ。殻長15cm、マオリは緑と青に光るその殻を装飾工芸に用い、肉は食用とした。乱獲が始まったのは1980年代、中国商人によってこの肉をアジア市場に輸出するようになってからである。主産地チャタム諸島*周辺では乱獲競争によって資源量が激減し、これが漁獲規制制度導入の契機ともなった。年間割当漁獲量(2004) 1,059 t。規制魚種*コード記号 PAU。
(大島襄二)

ハウェア湖［Lake Hawea］

南島セントラルオタゴ*にある氷成湖*。面積152km^2、水深384m。クルサ川*水源の一つで、ワナカ湖*に隣接している。湖水北半は氷河からもたらされた岩粉で白濁し、南半はそれが沈殿して透明である。1958年に湖水南端に水位を18m上昇させる水門が、ロックスバラ*ダムへの水源調節のために建設された。
(由比濱省吾)

ハウェラ［Hawera］

タラナキ県*南部の町。人口10,944人(2001年)。周囲はニュージーランドで最も生産的な酪農地域の一つで、ハウェラはその商業中心地である。1860年代の土地戦争*により約2万haのタラナキの土地が没収された。テ・フィティ*らはこの没収を認めず、この地の耕作を継続しようとしたため、入植者はマオリと武力対決しようと義勇軍を編成し政府に武器の補給を求めた。それが遅延したため、苛立った入植者たちはリヴィングストン(James Livingstone)を選出し、79年6月彼のもとに結集してハウェラ共和国を名乗り独立宣言をおこなった。
(由比濱省吾)

ハウハウ運動［Hauhau Movement］⇒パイマリレ

ハウラキ平野［Hauraki Plains］

ハウラキ湾*奥のワイホウ(Waihou)川およびピアコ(Piako)川の流域。ワイカト川*沿岸のワイカト平野と連続して北島最大の沖積平野*を形成している。東はコロマンデル山脈*とカイマイ山脈*によって区切られる。かつてはピアコ(Piako)湿地と呼ばれた地域で、厚い泥炭土壌の層があり、排水によって生産力の高い酪農地域になったが、低湿なためにしばしば洪水の被害を受ける。未開拓の泥炭地域は開発せず、保存されている。
(由比濱省吾)

ハウラキ湾［Hauraki Gulf］

オークランド地峡東海岸とコロマンデル半島*の西岸およびその延長のグレートバリアー島*とに囲まれた内海。オークランド港の出入口にあたり、ワイヘケ島*やランギトト島*など40以上の島があり、自然状態がよく保存されている。付近一帯は海洋公園*。いくつかの島は動植物の完全な保護のため上陸には許可を必要とする。
(植村善博)

ハウロコ湖［Lake Hauroko］

水深462mの国内で最も深い湖で、面積71km^2、南島南部のインヴァカーギル*の北西98km、フィヨルドランド国立公園*東南隅のカヘレコアウ(Kaherekoau)山地などの山々に囲まれた谷底にある。水はワイアウラヒリ(Waiaurahiri)川を経てフォー

ヴォー海峡*に注ぐ。　　　　（由比濱省吾）

ハヴロック［Havelock］

マールバラサウンズ*内のペローラス (Pelorus) 入江の最奥にある。人口471人 (2001年)。1864年頃は金*の発見によって港としても短期間賑った。ノーベル賞を受賞した科学者ラザフォード*が少年期を過ごした地である。現在はマッスル類*産業が盛ん。　　　　　　　　（由比濱省吾）

ハヴロックノース［Havelock North］

ホークスベイ県*ヘイスティングス*から東南5kmの町。人口約1万人。ハングライダーで有名な標高500mのテ・マタ (Te Mata) 山が背後にそびえ、この頂上からヘレタウンガ (Heretaunga) 平野が一望できる。町は南島のハヴロックと区別するため、1866年に現在の名に改称した。周辺にはブドウ*園、ワイン*醸造所が多く、代表的ワイン産地の一つである。　（由比濱省吾）

パエロア［Paeroa］

コロマンデル山脈*南端の西麓、ハウラキ平野*の縁にある酪農地帯の商業中心地。人口3,882人 (2001年)。国道2号線が通っている。かつてオヒネムリ (Ohinemuri) 川、ワイホウ川 (Waihou) 水系とハウラキ湾*を使ってオークランドと結ぶ定期蒸気船の川港で、1880年代と90年代にはオヒネムリ川上流域の金*採掘のために交通がひんぱんであった。1989年にはハウラキ郡に統合されて郡役所所在地になった。

（由比濱省吾）

ハカ［Haka］⇒マオリ・ダンス

バクスター、ジェイムズ
［Baxter, James K（1926-72）］

詩人、劇作家、文学評論家。ダニーディン*生まれ。ヴィクトリア大学卒。ファンガヌイ川*上流のエルサレム (Jerusalem) に共産主義的共同体をつくり、社会派詩人として社会と自然を透徹した目で見つめた。処女詩集 Beyond the Paradise, 1944（天国を越えて）が、カーノウ*編のニュージーランド詩集に収録される。ユング派の心理学にもとづいた詩の理論を実践し、52年には Poems Unpleasant, 1952（不愉快な詩）を出版。ニュージーランドで最も深い詩の理論の持ち主と評価される。詩集 In Fires of No Return, 1958（帰らずの火）により国際的評価を得る。以後主に劇作を通じて反戦、社会批評を展開。最後の作品は Autumn Testament, 1972（秋の契り）。　　（池田久代）

ハクチョウ［Swan］

白・黒の2種類があり、いずれも1860年代に導入され、ニュージーランド全土に見られる。(1) 白鳥 (Swan)：イギリスから導入され、体長1.5m。主に公園などで飼育されているが、野生状態の群は南島のエルズミア湖*などにいる。(2) 黒鳥 (Black Swan)：オーストラリアから導入され、体長は1m強、エルズミア湖をはじめ各地の湖沼・入江に生息している。　（由比濱省吾）

博物館［Museum］

ニュージーランドの総合博物館はオークランド (1852年)、ウェリントン (1865年)、ダニーディン* (1868年)、クライストチャーチ (1870年) の各都市に設立された。これらの博物館にはヨーロッパ人の入植以後の資料はもちろん、マオリ、太平洋諸島の人々に関する資料が豊富に収集されている。このうちウェリントンの国立博物館（旧ドミニオン博物館）はその後発展し、国立美術館と一体となって1992年からテ・パパ・トンガレワ*となった。そのほか各都市に博物館があるが、その中で古い歴史をもつものは、ネーピア* (1865年)、ニュープリマス* (1865年)、インヴァカーギル* (1871年)

1868年設立のオタゴ博物館。ダニーディン市
(ベッドフォード雪子)

などである。なおこの国では多くの博物館が美術館を併設している。科学博物館、空軍博物館*、海事博物館*、ラグビー博物館*など特定の目的をもった博物館も多い。

(角林文雄)

パケハ [Pakeha]

マオリとは異なる淡色の皮膚の人々、ないしはヨーロッパからの移住者をさすマオリ語で、ときとしてやや侮蔑的な意味を含むことがある。語源は明らかではないが、記録では19世紀初めから使用されており、1844年出版のウィリアムズ（H. W. Williams）のマオリ語辞典にも採用されている。

(青柳まちこ)

パシフィカ・フェスティバル [Pasifika Festival]

オークランド市が主催する太平洋諸島民*の祭典。毎年3月第2土曜日、市内ウェスタンスプリングス公園で開催される。音楽、演劇、ダンスや、芸術作品の展示などがおこなわれる。

(山本真鳥)

波食ベンチ [Wave-cut Bench]

海食崖の基部に見られる平坦な棚状地形。波の浸食作用により、水平か海側へわずかに傾く平らな岩石面が形成される。潮間帯で形成されるため、地震*時などに隆起すると離水ベンチとなり、旧海水準の指標として利用される。北島東南海岸によく発達し、カースル岬*付近の波食ベンチは見事。

(植村善博)

バスティアン岬占拠事件 [Bastion Point Protest]

バスティアン岬はオークランド中心部の東、ミッションベイ地区北部に位置する。王室所有地（Crown Land）とされていたが、この土地の所有権を主張するンガティ・ファトゥア*が長期にわたって請願と裁判闘争を繰り返してきた。1970年代政府はこの土地を区分し高級住宅の建設を、一方オークランド市は公園建造を計画したため、77年1月、ンガティ・ファトゥアの活動家が開発中止を求めて占拠した。マルドゥーン*はンガティ・ファトゥア長老に和解案を提示したが、占拠者はこれを拒否したため、78年5月排除しようとする官憲側と激しく衝突し、218人が逮捕された。82年4月再び24時間抗議運動のために400人がバスティアン岬に集合したが、118人が警察に逮捕された。この岬はマオリ土地権運動*の象徴とされている。

(内藤暁子)

バズビー、ジェイムズ [Busby, James (1802-71)]

駐在弁務官。エディンバラ生まれ。イギリス政府の代表として、ニュージーランドの入植者・交易者を保護し、同時にマオリに対するヨーロッパ人の不法行為を取り締まる任務を帯びて、1833年ベイ・オブ・アイランズ*に赴任した。マオリ首長らとともにニュージーランド国旗を定め、またフランスによる植民地化を懸念して、首長らにニュージーランド部族連合国独立宣言*をおこなうよう勧告した。35人の首長が署名してニュージーランド部族連合国が誕生したのは35年10月である。当時の

状況は不穏であったが、バズビーはそれらを統制するための武力も権限ももっていなかった。やがて本国からホブソン*が赴任し、バズビーの私邸でワイタンギ条約*が締結された。部族連合国構想を推進したバズビーは、ホブソンに反対であったが、条約の草案作成には協力し、条約に否定的なマオリの説得をも試みた。
〔青柳まちこ〕

ハタ［Grouper／Hapuku］
　体長 1.8m~3m、重さ 100kg に達する大型の魚。英語ではバス（Sea Bass）ともいうが、マオリ名ハプクが一般化している。熱帯から温帯にかけて分布する底棲魚。南北両島全域で沿岸の浅い岩礁・サンゴ礁から沖合の水深 300m まで生活域が広い。白身で味も美味なのでマオリが古くから愛好し、入植者も好んだ。成長が遅い魚なので資源量の回復が問題で、推定資源量と年間 2,100t 前後の許可漁獲量とのバランスを慎重に勘案しながら種の絶滅防止に取り組んでいる。規制魚種*コード記号 HPB。
〔大島襄二〕

8時間労働制［Eight-hour Working Day］
　ニュージーランドは 1 日 8 時間労働を導入した最初の国家である。当時は 12~14 時間労働が通常であったが、1840 年ロンドンからニュージーランドに移住した大工パーネル（Samuel Pannell）は、建築作業中 8 時間以上働くことを拒否した。以後ペンキ労働や港湾労働でもその運動が拡大し、19 世紀末、法制定運動があったが、成功しなかった。労働党*政権によって 8 時間労働制が導入されたのは 1936 年のことであった。
〔岡田良徳〕

蜂蜜［Honey］
　ニュージーランドでの主要蜜源はクローバであるが、固有種の蜜源も多く、北島にはポフトゥカワ*、マヌカ*、ヘザーがあり、南島ではこのほかにラタ*、ルリジシャ、タイムも加わる。どの蜂蜜も良質であるが、特色のあるのはマヌカハニーで、色は茶褐色、味は濃厚で、薬効があるために 20 世紀末期から注目され、価格も上昇した。年間生産量は 1995~2001 年が 8,000~9,000t、02 年は不作で 4,700t であったが、03 年には 12,200t と大幅に増量した。農産物品質管理社（AgriQuality Ltd.）によれば、2003 年の蜂蜜収量は巣箱あたり 40.7kg で、これはニュージーランド新記録である。
〔由比濱省吾〕

バックパッカー［Backpacker］
　生活用具の入ったザックを背負い、自然の中を歩いて旅する者をいう。山岳の登頂や長距離走破をめざすのでなく、自然の中で生活すること自体が目的であり、ニュージーランドの自然はそれにふさわしい。国内の移動には発達した路線をもつ長距離バスが、安くて便利な上に各種割引を提供している。バス会社が主催するツアーには「バックパッカーのための」とうたっているものがある。バックパッカーズホステルはユースホステルと並んで、バックパッカー向けの宿泊施設であり、世界中から若い旅行者が集まってくる場所なので旅の情報交換によい。ベッドや共同の設備も清潔で、旅行者同士が自由に歓談できるラウンジも備えている。
〔山岸博〕

バック、ピーター［Buck, Peter Henry／マオリ名 Te Rangi Hiroa（c.1877-1951）］
　医師、人類学者。アイルランド人の父とタラナキ*出身の母との間に生まれ、テ・アウテ・カレッジ*を経てオタゴ大学で医学を学ぶ。北部マオリ選挙区から下院議員（1909-14）。12 年にはマッケンジー（MacKenzie）内閣に入閣した。第 1 次世界大戦では軍医としてエジプトやガリポリ作戦*に派遣された。当初医師としてマオリ

兵の身体的特性に関心をもったが、やがて帰国後マオリ文化全般に興味を抱くようになり、多くの論文を出版した。ホノルルのビショップ博物館の専任研究員となり、後に同館長、同理事長となる。この間イエール大学人類学教授にも任じられた。ポリネシア、とくにマオリ文化についての泰斗としてイエールはじめ、ロチェスター、ハワイなどの各大学から名誉学位を授与された。25年の外国生活ののち、ホノルルで死亡したが、その遺骨はタラナキに帰りポリネシアのカヌーを模した墓に埋葬された。代表的著作として『偉大なる航海者たち』1967（Viking of the Sunrise, 1938）、The Coming of the Maori, 1949（マオリ文化の生成）など。　　　　　　　　　（青柳まちこ）

バットゥン、ジェーン（ジーン）
[Batten, Jane（Jean）Gardner（1909-82）]

女性飛行士。ロトルア*生まれ。1930年代数々の単独飛行世界記録を樹立。イギリス〜オーストラリア間（34年往路、37年復路）、イギリス〜ニュージーランド間（35年）のそれぞれで最短時間飛行をおこなった。35年女性初の南大西洋、タズマン海*横断その他の世界記録は注目を集めた。Alone in the Sky, 1979（大空で1人ぼっち）ほか2冊の著書。コソヴィッチ（Ante Kosovich）の詩、'Kia Ora, Brave New Zealander, Jean Batten'（われらの勇敢なジーン・バットゥンよ、こんにちは）がある。　　（ベッドフォード雪子）

ハット川［Hutt River］

北島南部のウェリントン断層*に沿って南方に流れ、ウェリントン湾*に注ぐ川。河口付近には三角州があり、そこにピトニ*の工業地区がある。中流域の平野にはアッパーハット*、その下流にハットシティ*がある。　　　　　　（太田陽子）

ハット山［Mt. Hutt］

中部カンタベリー*、アッシュバートン*の北方、ラカイア川*の西岸にある、スキーで有名な山（2,188m）。麓のメスヴェン*が根拠地になる。　　　　　　（由比濱省吾）

ハットシティ［Hutt City］

ウェリントン湾奥、ハット川下流部にあり、ウェリントン北部に接し、国道2号線とワイララパ鉄道線に沿う都市。人口95,478人（2001年）。1989年の自治体再編でロウアーハット（Lower Hutt）市は、ピトニ*とイーストボーン*、およびワイヌイオマタ（Wainuiomata）郡と統合してハットシティになった。ウェリントンとの間に鉄道が通じ、居住地として発達。ウェリントン大都市圏での工業地区を形成し、機械工業、羊毛工業、食肉処理・冷凍工場などがある。住宅地居住者の大部分はウェリントンへの通勤者である。95年に大阪府箕面市と国際協力都市提携。　　　（由比濱省吾）

ハットシティのロウアーハット臨海工業地区とウェリントン湾。流入している川はハット川。湾の向こうはウェリントン断層（由比濱省吾）

ハッドフィールド、オクタヴィウス
[Hadfield, Octavius（c.1814-1904）]

宣教師。イギリス生まれ。チャーチ・ミッショナリ協会に参加し、1839年ニュージーランド最初の正式牧師として任命されパイ

ヒア*に赴任。のちにワイカナエ*、オタキ*に移り、30余年間宣教に従事し、70年にはウェリントン主教に、90年にはニュージーランド大主教に任ぜられた。マオリの土地権利の擁護にあたり、ワイタラ土地購入*の再調査を求めたため、政府や入植者と激しく対立した。　　　　（青柳まちこ）

パテア ［Patea］

タラナキ*南部、ワンガヌイ*の西北65kmのパテア川河口にある、人口1,302人（2001年）の町。パテア川水力発電所は1984年に出力30.7MW、平均年間発電量118GWhで操業開始。現在トラストパワー（TrustPower）社の経営である。（由比濱省吾）

ハト ［Pigeon／Dove］

固有種はニュージーランド・ハト（New Zealand Pigeon）で体長51cm。太った体の割に頭が小さい。体の上部と胸は紫色に反射する緑色と青銅色、腹部は白色。マオリ名は一般にケレル（kereru）であるが、ノースランド*ではククパ（kukupa）。森林地域に広く分布し、植物の若葉、果実、花を餌とする。マオリの狩猟対象。ほかの3種は移入種であり、ドバト（Rock Pigeon）は体長33cm、1860年代にヨーロッパから導入され、公園や広場で普通に見かける種類で、多くの鳩舎はこの品種から伝書鳩をつくり出した。カノコバト（Laceneck Dove）は体長30cm、籠で飼育する愛玩用としてアジアから導入されたが、逃げたものが野生化してオークランド周辺に棲む。バライロシラコバト（Barbary Dove）は70年代、北アフリカから導入され、体長28cm、市街地の公園などに見られる。このほかにケープ・ピジョンといわれている鳥があるが、これはハトではなくウミツバメ科の海鳥である。　　　　　　　　　　（由比濱省吾）

パトゥオネ、エルエラ
［Patuone, Eruera Maihi（c.1770-1872）］

ンガプヒ*の首長。1814年弟のネネ*とともにマースデン*を迎えた。また22年ホキアンガ*でウェスレアン教会*宣教師が活動を開始すると、その保護者となった。ワイタンギ条約*に最初に署名した首長の一人であり、キリスト教に改宗し、常に親イギリス的であった。ヘケ蜂起*の際には政府軍とともにその鎮圧にあたった。グレイ*総督もしばしばマオリ事項に関しては、彼に意見を求めたという。新首都となったオークランド近郊のタカプナ（Takapuna）に土地を与えられ、年金も支給された。
　　　　（青柳まちこ）

ハトゥパトゥ ［Hatupatu］

マオリ伝説に現れる英雄の一人で、ロトルア湖*上の島の首長の末子。兄たちにいじめられ、鳥女に捕らえられたが、鳥女の宝物を盗んで生還し、アラワ号を焼き打ちした部族との復讐の決戦でその宝物を使って勝利を得たという。ハトゥパトゥが鳥女から脱出して追われたときに隠れたといわれる、窪みのある丸い「ハトゥパトゥの岩」が、タウポ*とロトルア*間の国道線上にあり、草花などが供えられている。
　　　　（由比濱省吾）

バトラー、サミュエル
［Butler, Samuel（1835-1902）］

著述家。イギリス生まれ。1860年カンタベリー*にほぼ4,000haの土地を購入し、3,000頭のヒツジを飼育した。また南島中部を仲間とともに探検。ヨーロッパ的文化の乏しい移住地で音楽、美術を好んだ。64年イギリスに帰国。*Erewhon or Over the Range*, 1872（エレフォン：山なみを越えて）をはじめ多くの著作がある。（青柳まちこ）

バトラー、ジョン
［Butler, John Gare（1781-1841）］

宣教師。ロンドン生まれ。1818年マースデン*とともに最初の駐在宣教師としてベイ・オブ・アイランズ*に来住した。ケリケリ*に滞在し信徒のケンプ*夫妻とともに宣教に従事した。　　（青柳まちこ）

パパ［Papa］

マオリ創世神話の最初の女性神。正式にはパパ・トゥ・ア・ヌク（Papa tu a nuku 広がる大地）。パパは基盤、あるいは平らな表面を意味する。夫ランギ*との間に多くの神々が生まれたが、子どもの一人タネ*によりランギと引き離された。彼女が別離をあまりに悲しむので、息子たちは夫が見えないようにパパをひっくり返したという。　　（青柳まちこ）

パパクラ［Papakura］

オークランドの東南34km、オークランド大都市圏を構成する郡。人口40,665人（2001年）。北はマヌカウ市*、南はフランクリン（Franklin）郡に接し、オークランドとマヌカウへの通勤圏内にある。地元の産業はプラスティック、食品、採石その他である。1975年に市になり、89年に自治体再編で郡となった。国内最大のパパクラ陸軍基地がある。　　（由比濱省吾）

パパトエトエ［Papatoetoe］

オークランド大都市圏を構成するマヌカウ*市の一部。人口17,325人（2001年）。オークランドへの通勤圏。地名の意味はトエトエ*の生えた土地。　　（由比濱省吾）

パパロア山脈［Paparoa Range］

南島北西部、ウエストポート*付近からグレイマウス*の間に広がる南北約120km、幅約30kmの細長い山脈。西はタズマン海*、東はグレイ川*とイナンガファア（Inangahua）川で限られる。海岸から一気に高度1,200〜1,500mまで高まり、北か ら南へ低下していく。西縁部にパパロア国立公園がある。最高峰はウリア山（Mt. Uriah）の1,525m。南部には炭田が多く、海岸には石灰岩が広く分布する。　　（植村善博）

ハプ［Hapu］⇒イウィ、⇒マオリ社会組織

バプテスト教会［Baptist Church］

1851年ヨークシャー出身の牧師ドラモア（D. Dolamore）が来住し、15人の信徒の協力を得て最初のバプテスト教会が、ネルソン*に設立された。州政府から土地の供与を得て、ドラモアはこの地で約40年にわたって活動した。1851年の調査ではバプテスト人口は全土で400人、うち半数以上をネルソン地区が占めている。55年にはオークランド、63年にはダニーディンに教会がつくられ、77年にはカンタベリー・バプテスト協会（Canterbury Baptist Association）が結成された。ニュージーランド全土のバプテスト連合（Baptist Union of New Zealand）ができたのは82年である。近年の信者人口は7万人（1991年）、5万3千人（1996年）、5万1千人（2001年）と漸減している。その結果91年には信者数はキリスト教派中で第5位であったが、2001年には6位に後退した。　　（青柳まちこ）

ハミルトン、アダム
［Hamilton, Adam（1880-1952）］

政治家。下院議員（1919-22、25-46）。南島のフォレストヒル（Forest Hill）生まれ。フォーブス（Forbes）の連立内閣に入閣、労働相、内務相、郵政長官。1936年、改革党*と統一党*が合同して国民党*が結成された際に、元改革党議員のハミルトンが暫定的に新しい党首に選ばれた。40年、その座をホランド*に譲って引退。（大島襄二）

ハミルトン、ウイリアム［Hamilton, William

Charles Feilden（1899-1978）]
　企業家。スポーツカー・レーサー。ティマル*郊外生まれ。1939年起業、自動車エンジンを船舶用ウォータージェット・エンジンに改良し、商品化に成功した。60〜70年代、事業を国際的規模に拡大した。没後、90年ニュージーランドスポーツ殿堂入り、2004年には企業家殿堂入りをした。
〔ベッドフォード雪子〕

ハミルトン市［Hamilton City］
　ワイカト県*県庁所在地。人口114,921人（2001年）。人口は着実に増加を続けており、国内第5位。1830年代にヨーロッパの作物と農法がワイカトのマオリに伝わり、マオリはオークランド居住のヨーロッパ人と交易を始めた。土地戦争*の結果政府は土地を広く没収し、64年に軍隊基地を皮切りに、現在都市がある場所にヨーロッパ人が定住を始めた。町は戦死した指揮官ハミルトン（John Hamilton）にちなんで命名された。
　77年オークランドからの鉄道が開通し、1945年市制施行。優れた酪農・牧羊地帯を後背地として、乳製品工業、農業・畜産関連工業が発達している。畜産の発展に貢献したのはルアクラ農業研究所*で、この付属農場の一部をさいて、63年にワイカト大学*が創立された。ワイカト川*では観光外輪船が運航しており、全国レガッタ大会が毎年開催される。84年に埼玉県浦和市（現さいたま市）と姉妹都市*提携、ワイカト河畔のハミルトン公園内に日本庭園が寄贈されている。
〔由比濱省吾〕

ハムリ岬［Hamuri Bluff］
　南島東岸、カイコウラ*半島とその南方コンウェイ（Conway）川との間にある岬。別名アムリ（Amuri）岬。急峻な海食崖で縁どられている。第三紀の石灰岩を切って数段の海成段丘*が発達する。最高の段丘は高度約160m、ここではやや寒冷な気候を示す貝層が見出されている。隆起速度が1000年に1m程度と見積もられる。
〔太田陽子〕

ハヤブサ［Falcon］
　マオリ名カレアレア（karearea）。固有種は1種のみで、体長45cm、比較的一般に見られるが、北島の火山高原*以北にはほとんどいない。生息地により、北島と南島北西部の森林に住むブッシュ・ファルコン、南島サザンアルプス*東部のタソック*草地・岩石地域に住むイースタン・ファルコン、フィヨルドランド*に住むサザン・ファルコンがある。
〔由比濱省吾〕

バラ［Rose］
　イングランドの国花であるため、とくにイングランド系の人々が愛好し、バラ園はオークランド、パーマストンノース*をはじめ、ハミルトン*、オトロハンガ*など多くの都市で設けられており、植物園の一角にも植栽されている。全国38地区にバラ愛好家の協会があり、月例会や庭園訪問などをおこない、会報を発行している。それらの協会は全国規模のニュージーランドバラ協会（New Zealand Rose Society Inc.）の傘下にあり、同協会は全国各地で協議会、展示会、「今年のバラ」を選ぶ品評会などの活動をおこなっている。
〔由比濱省吾〕

バラクータ［Barracouta］
　マオリ名マンガ（manga）またはマカ（maka）。和名オキサワラ。大きいものは体長1mにも及ぶ。南半球に多い魚でニュージーランドでは南島で豊富。食用魚として世界市場で重要視されるもので、漁獲規制魚種となっており、漁獲の年間割当総量は2001年以来32,672t。規制魚種*コード記号BAR。
〔大島襄二〕

パラグライディング［Paragliding］

　長方形やブーメランの形をした布製の翼で滑空する空中スポーツ。翼の長さ8~12m、滑空速度20~50km/h。操縦機器は搭載されていない。飛行の制御は翼の下につけられたハーネス（引き具）付きの折りたたみ椅子に搭乗した操縦者にゆだねられる。比較的安価で、小さくたため運搬に便利で、数日の訓練で初級免許が取得でき、パイロットと同乗の飛行が可能であることなどから、ニュージーランドでも80年代から急速に普及した。オークランド、クライストチャーチ、クイーンズタウン*などではレンタル機でパイロット同乗の飛行ができるが、88年、飛行規則が定められ、90年以降は民間航空法（Civil Aviation Act 1990）により飛行が規制されている。

（山岸博）

バラット＝ボイス、ブライアン ［Barrat-Boyes, Brian（1924-）］

　心臓外科医。オタゴ大学医学部卒。オークランドのグリーンレーン病院心臓外科主任を長く務める。心臓奇形の手術の権威。心臓弁の同種移植手術で世界的に有名。オークランド大学名誉教授。　　（薄丈夫）

パラパラウム［Paraparaumu］

　北島南部西海岸、ウェリントンの北東40kmにある町。人口7,092人（2001年）。町の中心はカピティ島*に相対する海岸のパラパラウムビーチ。鉄道はウェリントンから複線電化されており、首都までの通勤者が多い。

（由比濱省吾）

バランス、ジョン［Ballance, John（1839-93）］

　首相（1891-93）。アイルランド農民の子として生まれ、1866年ワンガヌイ*に来住、Evening Herald紙（現 Wangaunui Herald紙）の発行に携わる。75年下院議員に選出され死亡するまでその職にあった。78年グレイ*、84年スタウト*＝ヴォーゲル*内閣に入閣。90年の総選挙では自由主義者たちとともに戦い、勝利を博した。91年には首相に就任。これにより政党組織の重要性が認識され、自由党*が結成された。したがってバランスは最初の政党内閣首班ということになる。バランスは土地改革、女性参政権*、マオリの権利などに自由主義政策を展開した。とくに累進土地税を導入することで、大地主から土地を放出させ、多くの人々が土地を容易に入手できるようにするなど、その先見的社会改革が評価されている。

（青柳まちこ）

ハリエニシダ［Gorse］

　マメ科ハリエニシダ属の低木。エニシダ*属の近縁。黄色の花を咲かせ、鋭い刺がある。入植初期に牧場の囲い用にヨーロッパから導入された。現在は野生化して随所に繁茂している。家畜の皮膚に傷がつくと皮革の価値が下がるので有害植物となっている。根絶するため各種の方法が試されたが成功していない。しかし土地の侵食を防ぐ利点がある。

（塩田晴康）

パリザー岬［Cape Palliser］

　マオリ名マタキタキクペ（Matakitaki-kupe）。北島南端、パリザー湾*の東端、アオランギ（Aorangi）山脈の南端にある岬。更新世および完新世の海成段丘*がある。海抜79mに灯台がある。　　（太田陽子）

パリザー湾［Palliser Bay］

　北島南端、西はトゥラキラエ岬*、東はパリザー岬*の間の湾入。湾の奥にはワイララパ湖*、オノケ（Onoke）湖がある。周辺に広い台地があり、農耕地として利用されている。その西縁はワイララパ*断層に境される。

（太田陽子）

ハリス、ロス［Harris, Ross（1945-）］

現代音楽作曲家。リルバーン*の後継者として、1980年にヴィクトリア大学電子音楽スタジオの所長となる。マオリ作家イヒマエラ*の台本を用いた意欲的オペラ Waituhi, 1984（ワイトゥヒ）が代表作で、マオリの民間人を起用して伝統的マオリ文化と現代西洋音楽の調和をはかった。ほかに、Shadow Music, 1977（シャドウ・ミュージック）、Free Radical, 1988（フリー・ラディカル）など。
（池田久代）

ハリネズミ［Hedgehog］
害虫を食うので園芸家に喜ばれている動物。害虫類駆除のために導入された。1870年ダニーディン*で最初に放たれ、以後各地で増殖した。
（由比濱省吾）

パリハカ事件［Parihaka Affair］
1881年11月、タラナキ*南部のパリハカ村に政府軍が侵攻して村を破壊し、テ・フィティ・オ・ロンゴマイ*とその協力者トフ（Tohu）を逮捕、村人1,400人余りを放逐した事件。パリハカはテ・フィティの指導のもと、独自の宗教と法をもつ理想郷と考えられ、一時期はマオリ最大の村の一つとなった。タラナキは63年のマオリ土地没収*により名目的には政府所有地となっており、政府はこの地を入植者に開放する政策を進めたが、テ・フィティらは没収の事実を認めず、居住を続けた。
78年政府はワインゴンゴロ（Waingongoro）川の測量を開始し、入植者を勧誘する広告を始めた。パリハカの住民は測量の杭を抜くなどの抵抗をしたため、80年までに180人が逮捕された。79年政府はハウエラ*、ニュープリマス*間の道路建設を計画したが、テ・フィティらがそれを認めなかったため、81年11月の軍隊の侵攻となった。村人らはテ・フィティの教えに従って、非暴力による抵抗を示した。現在もマオリの聖地の一つとなっている。
（内藤暁子）

バルクルサ［Balclutha］
ダニーディン*の西方80kmにある町。人口4,104人（2001年）。オタゴ*南部最大の牧羊地域の中心商業地。ヨーロッパ人最初の入植は1852年で、57年にクルサ川*のフェリーが開業して、この集落の名はクルサフェリー（Clutha Ferry）になったが、68年に架橋され、フェリー運航が終了したため、町名も変更された。月川喜代平*はここを基地としてクルサ川を航行するクルサ号の船長として活躍した。2002年バルクルサ（現クルサ郡）は京都府日吉町（現南丹市）と姉妹都市*提携。
（由比濱省吾）

バレイショ［Potato］
国民の常食で生産面積は11,024ha（2002年）、面積は一定に留まっているが、生産は過去10年間に著しく上昇した。全土で栽培されるが、主産地は南オークランド、マナワトゥ*、カンタベリー平野*南部である。冷凍バレイショは輸出食品として著しい伸びを見せ、輸出量は1993年わずか1t余りであったが2002年には3万6千tに達し、生鮮バレイショの輸出量を上回っている。近年は品種改良、多様な品種の開発、遺伝子の研究などが進められている。1977年、ポテト・ボードが設立されたが、88年に廃止され、その資産と業務はニュージーランド野菜バレイショ生産者組合（Vegetable and Potato Growers' Association）の手に移った。
（由比濱省吾）

バレット、リチャード
［Barrett, Richard（Dicky）（1807-47）］
初期移住者。イギリス生まれ、1828年ニュージーランドに来航。ニュープリマス*でオーストラリアとの交易に従事、のちマールバラサウンズ*のトーリー海峡（Tory Chanell）を基地に捕鯨*に従事。ニュージーランド会社*のウェリントン土地購入に際しては通訳として働いた。
（青柳まちこ）

バロード、チャールズ
[Barraud, Charles（1822-97）]

　画家。イギリス生まれ。1849年に移住。26年間、ニュージーランドを広く旅行して多数のスケッチを残した。イギリス19世紀の風景画スタイルを踏襲したやさしくロマンティックな画風で、各地の情景やマオリ首長たちの肖像画を描いた。南島西海岸の風景を描き、トラヴァース（Travers）の文章とともに出版した *New Zealand Graphic and Descriptive*, 1877(ニュージーランドの絵画と記述）は地誌的価値をもつ。ニュージーランド美術院*の創設に関わり、初代院長（89-97）。　　　　（池田久代）

ハワード、メイベル
[Howard, Mabel Bowen（1894-1972）]

　政治家。女性の権利擁護者。初の女性閣僚。オーストラリアに生まれ、9歳で父とともにクライストチャーチに来住。労働運動に参加、16歳で社会党*（のちの労働党*）入党。労働組合書記長、労働党国会議員の父の秘書などを経て、国会議員（1943-69）。1947年フレイザー*内閣、57年ナッシュ*内閣で保健・児童福祉相。終生青少年、女性、勤労者の地位向上に貢献した。
（ベッドフォード雪子）

ハワイキ [Hawaiki]

　マオリの神話伝説上の故郷。口承伝承によれば、ハワイキはマオリの出発地であり、死者が帰る地でもある。マオリの魂は北島北端にあるレインガ岬*からハワイキに向けて旅立つと伝えられている。（内藤暁子）

パンガ [Ponga]

　別名シルバーファーン。ヘゴ科ヘゴ属の木本シダの総称。葉はニュージーランドの象徴にもなっている。高さ10mに成長し、葉状体は長さ4mに達する。成長するにつれ葉の裏が銀色になる。マオリは薄暗い森を進むときに、この銀色の葉を落として道しるべとした。シルバーファーンのデザインは、オールブラックス*の胸のマークが有名であるが、その他さまざまな分野で用いられている。このほかヘゴ科木本シダではママク*やカトテ（katote）が知られる。
（塩田晴康）

ウェリントン、オタリ森林植物園のパンガ
（ベッドフォード雪子）

反介入主義 [Anti-Interventionism]

　1984年以降の経済改革*でダグラス*財務相によって採用された経済政策。それ以前のマルドゥーン*国民党*政権が経済危機に対処するため、あまりに多くの分野において政府の保護・管理・介入を繰り返したがために、経済の自律性・効率性を阻害したとの考えに立つ。80年代のアメリカのレーガノミックスやイギリスのサッチャーリズムの考え方にも共通する。これによってニュージーランドの市場経済化が進み、企業間の競争は激しくなっていった。

しかしこうした小さな政府*化は福祉や教育・医療などの社会政策の見地からは、疑問視されることが多い。
（岡田良徳）

反核外交〔Anti-Nuclear Policy〕

1966年からフランス領ポリネシアのムルロア（モルロア）およびファンガタウファ環礁で始まった核実験に反発を強めたニュージーランドは、73年にオーストラリアと協同でこの問題を国際司法裁判所に提訴し、カーク*内閣は核実験に抗議して閣僚1人を乗せた駆逐艦をムルロア海域に派遣した。国際司法裁判所の判決はフランスに大気圏内核実験の中止を求めるもので、75年以降、フランスはすべての実験を地下核実験に切り替えた。

85年7月には、フランスの核実験に抗議するためにニュージーランドに来航していた環境保護団体グリーンピースの虹の戦士号が、オークランド港でフランス国防省対外治安総局の工作員に爆破され、一時、両国関係は極度に悪化した。95～96年にムルロアおよびファンガタウファ環礁でおこなわれたフランス核実験に対しても、ニュージーランドは駐仏大使召還を含む強い抗議姿勢を表した。

一方アメリカとの関係では83年核搭載可能な駆逐艦テキサスが入港したときにはそれに反対する人々が港を埋め尽くし、翌84年に成立したロンギ*労働党*政権は、85年3月に核武装可能な駆逐艦ブキャナンの来航を拒絶して、アメリカに対して強い反核姿勢を表した。この「アンザス危機」により両国関係は緊張し、翌年にアメリカはアンザス条約*体制におけるニュージーランドへの軍事的責務の停止を通告するに至った。またニュージーランドは85年に調印の南太平洋非核地帯条約*（ラロトンガ条約）の成立にも寄与している。
（山口悟）

ハンギ〔Hangi〕

地炉による石蒸し調理法。地面に穴を掘り、その中で熱した石の上に葉や布で包んだ食物を置き、水をまいてその上にさらにむしろを被せ土で覆う。2時間ほど経つと、蒸気で中の食物が加熱され蒸しあがる。土器を欠くポリネシアでは広くおこなわれた伝統的調理法でウムその他の名称で呼ばれているが、マオリではハンギと呼ばれ、今日ではマラエ*における集会など、儀礼的な機会におこなわれることが多い。
（内藤暁子）

バンクス、ジョセフ
〔Banks, Joseph（1743-1820）〕

イギリスの植物学者。オックスフォード大卒。クック*の第1回太平洋航海に同行して、1769～70年にニュージーランドやオーストラリア、南太平洋諸島で標本を採集記録した。自然科学者としての彼の図解・文章の記録は詳細正確なものであった。78年、イギリス王立協会の総裁に選ばれ、1820年77歳で死去するまでこの職にあった。
（大島裏二）

バンクス半島〔Banks Peninsula〕

南島東岸のカンタベリー平野*東北端にある半島。南のカンタベリー湾*と北東のペガサス湾*を分ける。約50万年前よりも古い火山*からなり、火山を放射状に開析した谷が後氷期の海面上昇によって沈水した溺れ谷が多く、出入りに富んだ複雑な海岸線をなす。最大の入り江は東部のアカロア*湾。クック*は1770年にここを島として地図に示し、彼の航海に同行した博物学者バンクス*にちなんでバンクスの名称を付した。1800年チェイス船長（Captain Chase）はここが半島であることを明らかにした。
（太田陽子）

バンジージャンプ
〔Bungee／Bungy Jumping〕

足首にゴムロープをつけただけで、渓谷の橋の上から川に向かって飛び降りる。スリルと冒険、度胸だめしとして人気がある。体重によって、また体が水没するか、水面に到達する直前に止めるかなど、ジャンパーの希望により、ロープの強さや長さを調整する。本来これはメラネシア、ペンテコステ島の農耕儀礼であったが、娯楽として初めてニュージーランドで定着した。最も有名な場所は最初に営業が開始されたクイーンズタウン*付近のカワラウ（Kawarau）橋で、水面まで43m。この近くにはほかに3ヵ所バンジー場がある。北島ではタウポ*近傍のワイカト川*、ロトルア*など、また近年ではオークランド市内のビル内にもこの施設が出現した。
〈山岸博〉

ハンティング［Hunting］

鳥類の狩猟シーズンは5月の第1週から始まり、6〜8週間である。主な獲物はカモ*、キジ、ウズラ*、ガチョウ*などである。また獣類はシカ*、カモシカ、ヤギ*、ワラビー*などで、狩猟は年中可能である。これらの鳥獣は1860年代に狩猟用としてイギリス本国やイギリス領植民地から導入されたものである。
〈山岸博〉

ハントリー［Huntly］

ハミルトン*の北方25km、ワイカト川*および国道1号に沿う町。人口6,822人（2001年）。この一帯はハントリー炭田で、1876年以降、地表から比較的浅い炭層を坑道で採掘していたが、露天掘りもおこなわれた。ワイカト川左岸にあるハントリー火力発電所はこの石炭*を用いて発電していたが、近年はタラナキ*から送られる天然ガスとの混焼もおこない、石炭への依存率は減少した。
〈由比濱省吾〉

パンパシフィック林業社
［Pan Pacific Forest Industries Ltd.］

日本企業によって設立された企業。ネーピア*郊外にラディアタ・パインの植林をおこない、1971年にパルプ・製材工場がつくられた。製材は主として電線ドラムや梱包用材であり、パルプは新聞用紙の原料である。製品の積出港はネーピア*で、対日貿易の拡大に貢献した。ネーピアは1980年苫小牧と姉妹都市*。工場の操業を記念して「ネイピア」というテイッシュペーパーが発売されている。
〈岡田良徳〉

パンパスグラス［Pampas Grass］

イネ科シロガネヨシ属の大型の多年草。南米から飼料作物として導入されたが帰化し、とくに北部地区では雑草化し問題になっている。固有種のトエトエ*は同じ属であり、パンパスグラスとよく似ているため、トエトエがパンパスグラスと呼ばれることもある。
〈塩田晴康〉

ハン報告［Hunn Report］

マオリ省副長官ハンによって1960年にナッシュ*首相に提出された意見書で、マオリの現状報告とマオリ土地開発の促進、マオリ教育基金の創設、法制上の人種差別撤廃など、マオリ問題の改善に関する意見が記載されている。これを契機に62年、汎マオリ組織であるマオリ評議会*が組織された。
〈青柳まちこ〉

ハンマー山脈［Hanmer Range］

カンタベリー*地方北部、ハンマースプリングズ*のあるハンマー平野の北縁を東西方向に走る山脈。主峰は1,875mのミロミロ（Miromiro）山。
〈由比濱省吾〉

ハンマースプリングズ［Hanmer Springs］

カンタベリー*北部のハンマー平野にある温泉町。人口660人（2001年）。周囲を高い山に囲まれ、標高372mの観光・保養地である。温泉は1860年代にネルソン州

政府が小さな宿泊所を設置して以来、温泉治療に使われてきた。　　　　　（由比濱省吾）

氾濫原［Flood Plain］

洪水時に流路から流水が氾濫して浸水する低平地をさし、形成中の扇状地や自然堤防帯など河成堆積平野のすべてを含む。狭義には、山地や台地内の浸水を受ける傾斜のゆるい谷底平野を意味する。地表には自然堤防、旧河道、後背湿地などの微地形が分布することが多く洪水*の危険性が高い。ワイカト川*下流、ワイホウ（Waihou）川下流などに典型的に見られる。　（植村善博）

ひ

ピアス、リチャード
［Pearse, Richard William（1877-1953）］

飛行家。ティマル*の北、テムカ*出身。ライト兄弟に先立って1903年3月31日（1902年という説もある）、ティマル*近郊のワイトヒ（Waitohi）で人類初の飛行をおこなった。自作の飛行機ティマル（Timaru）の複製がオークランドの交通技術博物館*に展示されている。　　　　　（大石恒喜）

ビーサム、ブルース
［Beetham, Bruce Craig（1936-97）］

政治家。1969年社会信用党*に加わり、72年その党首。76年ハミルトン*市長。78年の補欠選挙で国会議員、84年社会信用党は敗退し彼自身も落選するが、86年まで引き続き同党（85年民主党*と改名）党首を務めた。2大政党体制確立以来、少数政党党首として影響力を行使した。
　　　　　　　　　　　（青柳まちこ）

ピーターズ、ウインストン
［Peters, Winston Raymond（1945-）］

弁護士、政治家。ファンガレイ*生まれ。ニュージーランド・ファースト党*党首（1993-）。国民党*国会議員（79-81、84-93）。1990年国民党ボルジャー*内閣入閣、マオリ相。マオリ発展政策に尽力したが、経済、財政、外国資本導入などの意見の相違で91年解任され、翌92年には国民党から追放された。その後の中間選挙では無所属として議席を獲得、93年7月ニュージーランド・ファースト党*を設立、党首となった。96年の総選挙では、ボルジャーの国民党と連立内閣をつくり、96~98年副総理・財務相であったが、98年連立は解消された。ニュージーランド・ファースト党は2002年の総選挙では13議席、05年の総選挙では7議席を獲得、クラーク*連立内閣の外務相。　　　　（ベッドフォード雪子）

ビーチャム、ハロルド
［Beauchamp, Harold（1858-1939）］

実業家。オーストラリア生まれ。のちに家族を連れて来住し、ウェリントンで実業家として成功した。38年間ニュージーランド銀行*の重役であり、その間頭取も務めた。作家マンスフィールド*の父親。
　　　　　　　　　　　　（岡田良徳）

ビーハイヴ［The Beehive］⇒国会議事堂

ヒーフィー、チャールズ
［Heaphy, Charles（1820-81）］

政治家。1840年ニュージーランド会社*の製図・測量係として来住。南島西海岸とそれに続く山地の調査をおこなう。ワイカトの土地戦争*に参戦。下院議員（67-70）。先住民土地裁判所判事、画家。（青柳まちこ）

ビール［Beer］

ニュージーランドビールの技術水準は相

当高く、国際的にはスタインラガーやDBエクスポートなどが有名である。国内ではライオンレッド、ドミニオン、スパイツなどが親しまれている。ビール産業は本来大規模な装置産業であり、ニュージーランドの需要量に対応するだけでは困難で、外国企業との提携がおこなわれるようになっている。　　　　　　　　　　　　（岡田良徳）

ビーワイオー／酒類持ち込み可
[Bring Your Own=BYO]
　ニュージーランドのレストランには酒類許可制度があり、レストランの看板に「BYO」あるいは「Fully Licensed」の表示がある。「Fully Licensed」は店内でアルコール飲料の提供ができる店で、「BYO」は店自体は酒類を販売する許可をもたないため、客がビールやワインなど好みの飲み物を持ち込んでよい店をいう。（新井正彦）

ピオピオタヒ保護海域
[Piopiotahi Marine Reserve]
　ミルフォードサウンド*の北岸部全域690haを1993年に指定。典型的なフィヨルド*の生態系をもち、海水層の上に紅茶色の淡水が重なる特殊な成層構造をなす。このため、一般に深い大陸棚に生息する黒や赤のサンゴ*、ウミエラなどが本海域の浅海部に見られる。　　（植村善博）

非核政策 [Non-Nuclear Policy]
　1960年代後半からの南太平洋におけるフランスの核実験に対して、ニュージーランドでは反核運動が盛り上がりを見せたが、その中で労働党*政権も70年代前半に反核外交*を展開し、また南太平洋非核地帯条約*を提唱するなどした。70年代後半以降も労働党内では反核の主張が強まり、同年代末には核搭載および核推進艦船の寄港禁止が党の公約となった。
　84年に成立したロンギ*労働党政権は、85年虹の戦士号爆破事件*を契機としてフランスと対立し、また、同年に核武装可能なアメリカ駆逐艦のニュージーランド来航を拒絶したことから、アメリカとも対立することになった。この対立関係は、アメリカが86年にアンザス条約*体制における安全保障義務の停止を通告するにいたるまで悪化した。しかし労働党政権の非核基本姿勢は揺るがず、87年には非核地帯・軍縮・軍備管理法*が成立した。
　90年には労働党に代わって国民党*政権が成立するが、国民の支持を背景に、非核政策は以後も継続されて現在に至っている。このように非核を基本姿勢としているニュージーランドには原子力発電所はない。　　　　　　　　　　　　（山口悟）

非核地帯・軍縮・軍備管理法 [New Zealand Nuclear Free Zone, Disarmament, and Arms Control Act 1987]
　非核政策*を推進するロンギ*労働党*政府により制定。ニュージーランドの国土・領海・領空が非核地帯であることを宣言し、この域内に核兵器や核廃棄物の保有・実験・製造・貯蔵、および核武装または核推進の艦船・航空機の入域を禁じている。（山口悟）

ピクトン [Picton]
　クック海峡*を挟んでウェリントンと相対する南島北部の町。人口3,990人（2001年）。1989年マールバラ準県*に統合。ウェリントンとのフェリー航路の終点の港であり、またクライストチャーチまでの南島幹線鉄道の起点。初めニュートンと呼ばれたが、1859年ピクトンと改称、マールバラ州州都となった。オークランドから首都移転が論じられた1850年代末期に、当時の首相スタッフォード*は候補地としてピクトンを推したが実現しなかった。65年に州都はブレナム*に移った。　　（由比濱省吾）

ピグミーパイン［Pigmy Pine］

マキ科の低木。固有種。枝の長さが1mを超えると枝分かれし横に伸びる。樹高50cm程度で世界最小の針葉樹のため、ピグミーパインと呼ばれる。雌雄異株。冷涼で湿度の高い場所を好み、北島では亜高山地帯に分布、南島では低地でも見られる。葉は小さく幅が狭く、夏は緑色で冬には青銅色となる。果実はほかのマキ科植物と同様、褐色の種子を赤い多肉質が包み込む。同じような地域に生育するイエロー・シルバー・パインと交雑しやすい。　　（塩田晴康）

ヒクランギ山［Mt. Hikurangi］

北島の東部、ラウクマラ山脈*の最高峰(1,754m)で、東に流れるワイアプ（Waiapu）川の源にあたる。北島での非火山性の山では最高。1991年ンガティ・ポロウ*の長年の返還要求に政府が応じた。なおルアヒネ山脈*にも同名の山がある。マオリ語の意味は天の頂。　　（太田陽子）

ビケタワ宣言［Biketawa Declaration］

2000年5月のフィジー、また6月のソロモン諸島におけるクーデターの発生を踏まえて、同年10月のキリバスのビケタワにおいて開催された太平洋島嶼フォーラム*年次会議において採択された宣言。太平洋島嶼フォーラム*が地域紛争に介入する際の指導原理と行動手順を定めている。1992年の法執行協力に関するホニアラ宣言（Honiara Declaration）採択、97年の地域安全保障協力に関するアイトゥタキ宣言（Aitutaki Declaration）採択という、太平洋島嶼フォーラムによる一連の地域安全保障政策の一環をなす。それまでの地域紛争非関与の姿勢から、事実調査団の派遣や有識者会議の開催といった行動による紛争関与へと太平洋島嶼フォーラムが方針転換することを示した。

2002年には、さらに地域安全保障に関するナソニニ宣言（Nasonini Declaration）が採択された。03年6月のオーストラリア、ニュージーランド、パプアニューギニアなどの軍、警察によるソロモン諸島に対する武力介入は、太平洋島嶼フォーラムにとって、ビケタワ宣言に則っておこなわれた初めての地域的武力介入となった。（小柏葉子）

美術［Arts］

この国の絵画にはマオリ芸術とヨーロッパ芸術の2つの大きな流れがあり、両者は100年の共存の時代を経て相互に影響しながら発展し現在に至っている。さらに近年、第3の流れとしてポリネシア芸術が加わって、3つの潮流を織りあわせた独自のニュージーランド芸術が醸成されつつある。

初めてニュージーランドを描いたのは流浪の画家アール（Augustus Earle）やアンガス（George F. Angas）で、1820年代から40年代にかけてマオリの生活を描き、The NZers Illustrated, 1846（図説ニュージーランド人）を出版した。また滅亡の民と危惧されたマオリの文化を残そうとする試みが、リンダウァー*などによる肖像画ブームを引き起こした。やや遅れてバロード*などが入植時の風景を描き、貴重な歴史的資料を提供した。

20世紀に入ると、ヴァン・デル・ヴェルデン*などの移民画家がヨーロッパ絵画の伝統を導入して風景画や肖像画を描いた。第2次世界大戦後になるとホジキンス*、マッカホン*、ウーラストン*などのモダニスト画家たちが活躍の場を得て、ヨーロッパ芸術をニュージーランドに根づかせた。1970年代にはリアリズム絵画が興こり、とくに環境彫刻のナービィ（Leon Narbey）や概念芸術のアップル（Billy Apple）などの立体造形（彫刻）家たちが大きな飛躍を見せた。20世紀末には商業ベースの美術画廊が増加し、多種多様な芸術作

品が見られるようになった。

　84年ニューヨークのメトロポリタン美術館で開催されたマオリ展（Te Maori）や、95年ロンドン人類美術館でのマオリ編布展（Maori Fabric Exhibition）などでは、マオリ芸術、ひいてはニュージーランド芸術が世界的評価を得た。
〔池田久代〕

ヒッキー、パトリック
[Hickey, Patrick（1882-1930）]

　炭鉱労働者、労働運動家。ネルソン*生まれ。1908年グレイマウス*の北のブラックボール鉱山で労働組合（Blackball Miners Union）委員長になり、センプル*とウェッブ*とともに鉱山労働者連合*、のちの労働連合（赤い連合*）の初代書記長に就任し、ニュージーランドの組合運動を指導した。
〔岡田良徳〕

ヒツジの品種 [Sheep Breed]

　初期には羊毛専用種メリノ*が大部分を占めたが、冷凍肉*輸出時代に入ると肉毛兼用種が重要な地位を得た。飼養頭数は1858年には約150万頭であったが、100年後に4,000万頭、1990年代初頭には6,500万頭に増加した。2002年には4,470万頭に減少したが、畜産業における存在価値は依然として大きい。

　ヒツジの品種は世界市場の要求や情勢の変化に対応しつつ、地形、気候*など各種条件に適応するように導入された。改良された品種は30種類にも及ぶ。現在の主要品種は、ロムニー*、クープワース*、コリデール*、ペレンデール*、ドライスデール*の5種で、なかでもロムニーは頭数全体の55％を占めている。南島のハイカントリーではメリノが依然として卓越している。

　最近の動きとして、1940年代に南アフリカで育種開発された、肉用種のドーパー（Dorper）が注目されている。この特徴は乾燥した気候に強く、繁殖率が高く、毛が自然に抜けるので毛を刈る必要がない。餌は野草から牧草までと広範で、肉転換率がきわめて高く、有機羊肉として有望な品種である。ニュージーランド食肉公社（Meat New Zealand）、ウール・エクイティーズ社（Wool Equities Ltd.）、王立農業研究所*によって設立された合弁公社オヴィタ（Ovita）がDNA鑑定を導入し、血統と育種価を割り出す技術開発に取り組み、牧羊農家の労働量を削減する効率的生産体制の普及をめざしている。
〔岸田芳朗〕

ビッドウィル、ジョン
[Bidwill, John Carne（1815-53）]

　植物学者。イギリス生まれ。父とともにニューサウスウエールズに定住。ニュージーランドには1839、40、48年に訪れ、広範にわたる国土の踏査で植物の収集をおこなった。ニュージーランド固有の高山植物*を、初めてイギリス王立キュー植物園に送り紹介している。
〔ベッドフォード雪子〕

ビッドウィル、チャールズ
[Bidwill, Charles Robert（1820-84）]

　牧羊家。イギリス生まれ、シドニーに移住後、1843年羊群1,600頭とともにニュージーランドを訪れ、ワイララパ*を視察してその地が牧羊に適していることを発見、ワイララパ湖*の東パハウテア（Pahautea）で牧羊を開始した。
〔青柳まちこ〕

ビディビディ [Bidi-bidi]

　マオリ名ピリピリ（piripiri）。バラ科の匍匐性ハーブで、瓦礫地に繁茂する。果実には鋭利な突起があって、動物の皮膚を傷つけ皮革の価値を落とす。葉を沸騰水で抽出した液は挫傷の治療、リウマチ、腎臓、膀胱の痛みの緩和に用いられた。葉は茶として利用されたこともあった。
〔塩田晴稔〕

ピトーニ [Petone]

ウェリントン湾奥の地区で現在はハットシティ*の一部。1840年ニュージーランド会社*による最初の入植者が到着したが、風の強い沼地は適切な居住地ではなかった上、海が浅く船が接近できなかったため、入植者はこの地を離れ10kmほど離れた南西部の高台（現在のウェリントン）に移った。名前はピト（pito 端）、オネ（one 砂浜）からきている。 (由比濱省吾)

ヒネヌイ・テ・ポ［Hinenui Te Po］

マオリ神話に出る黄泉の国の女王。森の神タネ*が土からつくった女神ヒネ・アフ・オネとの間にもうけた娘ヒネ・ティマタ（暁の乙女）である。ところが父タネは娘を妻にしたので、娘は夫が実の父であることを知り、恥じて闇（死）の世界に逃げ、タネが呼び戻したが応じず、夜の大媛（ヒネ・ヌイ・テ・ポ）となった。日本のイザナギ・イザナミ神話の末尾と類似している。
(由比濱省吾)

ヒネマイアイア発電所
［Hinemaiaia Power Stations］

南東から山地を流下してタウポ湖*に注ぐヒネマイアイア川にある小規模な3発電所。合計出力は6,600kW。元来タウポ*への電力供給の要求によって1939年に着手され、1952年に操業開始、1958年に国営送電網に繰り入れられ、現在はトラストパワー（TrustPower）社が経営する。 (由比濱省吾)

ヒネモア［Hinemoa］

マオリ伝説の中で最も有名な恋愛物語のヒロイン。ロトルア湖*畔の首長の娘として生まれたヒネモアは、湖水に浮かぶモコイア（Mokoia）島の首長の息子トゥタネカイと恋仲になったが、容易に許される状態になかったため、ヒネモアは夜陰に乗じてヒョウタンを浮きにして島に泳ぎ渡り、望みを達したという話である。恋歌ポカレカレアナ（Pokarekare Ana）でのロトルア版で有名。 (由比濱省吾)

ピピ［Pipi］

白い扇形の二枚貝。マオリが好んで食用にする。砂浜でも泥の入江でも至るところに見られる。ほかの貝類のような臭みがない。年間漁獲量150t。2004年から規制漁種*コード記号 PPI。 (大島襄二)

ヒューム、ケリ
［Hulme, Keri Ann Ruhi（1947-）］

マオリ系小説家、詩人。クライストチャーチ近郊生まれ。カンタベリー大学中退。祖先の土地モエラキ（Moeraki）を心の拠りどころとして、12歳から詩を書きはじめる。南島西海岸のフランツジョセフ氷河*に近い原生林と海に囲まれたオカリト（Okarito）で隠棲的生活を送る異色の作家。1983年に Bone People（骨の人々）を発表し国内の賞を総なめにした。85年にはロンドンでブッカー・マコーネル賞を受賞。11ヵ国語に翻訳された。この小説は夢を通して天啓のように現れるイメージを小説に仕上げた壮大な叙事詩。その他の作品として、小説 Lost Possessions, 1985（失われたもの）、Kai Hau, 1986（風を食う）、詩集 Strand, 1992（岸辺）など。 (池田久代)

病院［Hospital］

公的病院と私立病院がある。公的病院は地域保健公社*により経営され、救急部、外来、入院がある。外来は家庭医*またはほかの専門医からの紹介患者のみを予約診療し、必要があれば入院治療をおこなう。救急部は紹介を必要としない。公的病院では費用は無料である。私立病院は外来部門をもたず、私的開業の専門医が自分の患者を入院させ医療をおこなう。患者は病院、専門医にそれぞれ費用を支払う。 (薄丈夫)

病院および社会事業団体法
[Hospitals and Charitable Institutions Act 1885]
　1885年制定。この法律により全国をいくつかの地域に分け（当初は28地域、現在は29）、その地域の理事会が公的病院を経営するなど地域住民の健康に責任をもつ制度が始まった。この基本的考え方は現行の公衆衛生障害法（New Zealand Public Health and Disability Act 2000）にも受け継がれている。
（薄丈夫）

氷河 [Glacier]
　山頂部に蓄えられた万年雪が固結して氷となり、その重力により下方へ流動しているもの。ニュージーランドではサザンアルプス*に約360の氷河が分布し、最大のタズマン氷河*は延長約29km、幅約3kmに達する。氷河は独特の侵食・堆積作用をおこない、カール（圏谷）、U字谷、氷堆石*（モレーン）など特有の地形を形成する。そのすばらしい景観は重要な観光資源となっているが、近年の温暖化により急速に融解、後退している。
（植村善博）

氷河期 [Glacial Age]
　地球的規模で氷河が拡大発達した寒冷な地質時代で、先カンブリア時代、二畳紀、第四紀の3回が知られている。一般には約180万年前以降の第四紀の氷河時代をさす。とくに、約80万年前以降は、寒冷な拡大期（氷期）と温暖な縮小期（間氷期）とが約12万年の周期で繰り返された。ニュージーランドの寒冷期は最新のものから順にオティラ（Otira）氷期、ワイメア（Waimea）氷期、ワイマウンガ（Waimaunga）氷期などと呼ぶ。オティラ氷期の最寒冷期は2.5〜1.5万年前で、海面は100m程度低下した。このため、クック海峡*は干上がって南北両島は接続し、タラルア山脈*には小規模な氷河が形成された。
（植村善博）

氷成湖 [Glacial Lake]
　氷河湖、氷食湖ともいう。氷河*作用によって形成された凹地に水がたまってできた湖。ニュージーランドの氷成湖は、谷氷河*によって形成されたU字谷が氷堆石*にせき止められてできたもので、南島のサザンアルプス*東麓にあるテカポ湖*、プカキ湖*、ハウェア湖*、ワナカ湖*、ワカティプ湖*などはその例。もとの氷食谷の地形を反映し、細長い湖となる。氷成湖を含む周辺の地形は美しい山岳美を呈し、観光の中心となっている。
（太田陽子）

氷堆石 [Moraine]
　氷河*によって運搬・堆積された岩屑やそれによってできる地形。氷堆石は現存する氷河の氷体との関係によって表面堆石、内堆石、底堆石などに区分される。また表面堆石は側堆石、末端堆石に分かれる。これらは地形的に顕著な堤防状の形態を示す。氷堆石によって堰き止められた湖を氷成湖*と呼ぶ。氷堆石は南島のサザンアルプス*山麓に広く見られる。
（太田陽子）

漂流軽石 [Sea Rafted Pumice]
　火山*活動によって放出された軽石の破片が海中に達し、沿岸流によって海中を漂流して海成層中に堆積した物。たとえば約1500年前にタウポ火山から噴出した漂流軽石は、海成段丘*中に見出され、年代を示す指標となる。
（太田陽子）

ヒラメ類 [Flatfish／Flounder]
　マオリは総称としてパティキ（patiki）と呼ぶ。ニュージーランド漁業では、カレイもシタビラメもヒラメ類として一括総称する。内訳はヒラメ科が4種類、カレイ科とシタビラメ科が各2種類であり、これらすべてが食卓で広く愛好されている。
　(1) セミドリヒラメ（Greenback Flounder）：体長50cmに達する。背面は暗緑色、腹部

は白。南島東岸に多い。ヒラメの中で最も美味とされる。(2)キバラヒラメ（Yellowbelly Flounder）：体長40cm、背面は緑、腹側は黄色。(3) スナヒラメ（Sand Flounder）：体長40cm、背面は灰褐色、腹側は白い。全島どこでも見られるので普通にヒラメといえば、このスナビラメをさす。(4) クロヒラメ（Black Flounder）：泥地にも住むのでドロヒラメともいう。小柄で黒緑色、味はやや劣る。(5) ヨーロッパカレイ（Brill）：ヒラメの各種とほぼ同じ大きさ、灰褐色の背面に綺麗な黒線が平行に走る。導入種であるが導入の時期は不明。(6)カレイ（Turbot）：体長90cmに達するものもあり、この国のカレイとヒラメの中で最大。南北両島の西海岸、浅い砂地の海底をトロール漁業で漁獲する。(7) レモンシタビラメ（Lemon Sole）：体長50cm、南島南岸に多い。(8) ニュージーランドシタビラメ（New Zealand Sole）：体長30~40cm、シタビラメ類の中では大型。南島海岸の水深100mのトロール漁が代表的。商品価値も高い。

　これら全種類を合わせて一つの規制魚種*。年間割当量6,670t。実際の漁獲量はその50%前後。コード記号FLA。　（大島襄二）

ヒラリー、エドモンド
[Hillary, Edmund Percival（1919-)]

　エヴェレスト初登頂者。オークランド出身。本来は養蜂業を営む登山家。第2次世界大戦では飛行艇艇長として太平洋を転戦。戦後、本格的にアルプスやヒマラヤに挑み、1951年中部ヒマラヤ偵察隊ニュージーランド班の一員としてエヴェレスト南稜を調査。53年、イギリスのエヴェレスト登山隊に参加し、第1次登攀隊が登頂不成功の後、第2次登攀隊としてシェルパのテンジン（Norgay, Tenzing）とともに5月29日午前11時30分登頂成功、世界最初の快挙となった。

　55年英連邦*共同の南極大陸横断踏査隊ニュージーランド隊隊長を命じられる。イギリスのフックス（Vivian Ernest Fuchs）隊長は58年3月南極大陸横断を完成したが、支援隊ヒラリーは5人の隊員と農業用トラクターで行進、南極点到達を達成した。南極研究*への積極的参与の後、60~61年ネパールへ科学的調査、マカルー峰への無酸素登頂をめざしたり、シェルパのために病院・学校建設に尽力するなど多角的活動を続ける。85~89年インド大使。著書に『わがエベレスト』1960（High Adventure, 1953）。

（大島襄二）

ピリピリ ［Piripiri］⇒ビディビディ

肥料 ［Fertilizer］

　ニュージーランドの土壌*は必ずしも肥沃ではないので、土壌の状況に応じてそれぞれ各種の化学肥料が投与されている。農業に手厚い政策がおこなわれていた1980年代中期まで特徴的だったのは、農民の希望に応じて農林省*の手で土壌検定がおこなわれたことである。それにより農民は自分の経営する農地の性質を熟知し、ただ単に肥料を施すのではなく、微量元素も含めて自分の農地に適合する種類の施肥をおこなっている。経営面積が広く、傾斜地が多いことから、第2次世界大戦後に小型飛行機を用いる空中散布*が発達し、これは植林地にも適用されている。　（由比濱省吾）

ヒルゲンドルフ、フレデリック
[Hilgendorf, Frederick William（1874-1942)]

　農学者。オタゴ*に生まれ、オタゴ大学、オークランド大学卒業、リンカーンのカンタベリー農業カレッジ（現リンカーン大学*）の教員になり、教育熱心で知られた。南島のムギ地図を完成し、コムギとカラスムギの諸品種からそれぞれの地方に合う適合品種を選択し、農業に顕著な貢献をした。1927年、科学産業研究省*と製粉業者、製

パン業者、農民と協力してコムギ研究所（Wheat Research Institute）を設立、その初代所長となった。コムギ交配7号を開発。

(由比濱省吾)

ピルチャード［Pilchard］

マオリ名モヒモヒ(mohimohi)。ニシン科、ニュージーランド独自の種。体長25cm、銀色の細身で群をなして来遊する。北島全海域、南島の北部の沿岸に多い。1940年代まではタズマン湾*で缶詰用に多獲されたが、いまでは餌魚として用いられるだけである。許可枠は2,485tだが実漁獲高1,000t未満。2002年から規制漁種*コード記号PIL。

(大島襄二)

ピロンギア山［Mt. Pirongia］

北島ハミルトン*の南西、国道3号線と西海岸との間にある959mの山。一帯はピロンギア森林公園に指定されている。この山は高山ではないが、マオリ伝説に出てくる幽霊パトウパイアレヘ（肌が白くて深山に住み里人に害を与える）の出る山として有名であった。

(由比濱省吾)

ヒワとアオジ［Finch and Bunting］

19世紀後半に導入されたスズメ科の鳥で比較的一般的に見られる。アオカワヒワは体長15cm、全国の山野、農地、外来樹林に見られ、種子、果実、昆虫、花、青葉を食う。ゴシキヒワはウエストコースト*を除く開けた林、郊外の果樹園、庭園に多く、冬に大群をなして沿岸の塩性地に来る。ベニヒワは最小で体長12cm、北島北半には少ないが火山高原*に見られ、南島と亜南極諸島に多い。ズアオドリは最も普通のヒワで、体長15cm、開けた林、郊外の公園など、高度1,400mに至る森林にも住む。

キアオジは体長16cm、牧場、沼地、植林、タソック*草原に住む。ノドグロアオジは体長16cm、キアオジに似ている。乾燥地帯を好みマールバラ*、ネルソン*、カンタベリー*方面以外では稀である。

(由比濱省吾)

ピンガオ［Pingao］

スゲ*の一種。固有の草本。全土の砂丘に分布していたが、げっ歯類などの小動物による芽の食害などで減少し生育地が限定される。チャタム諸島*でも6種類に減り、うち4種類は減少が続いている。草丈は60〜90cm、海岸部の砂丘の傾斜地を好み、房状のごわごわした黄緑〜緑色の葉を有する。ロープ状の地下茎を砂丘の地表下に広げる。春から初夏に花芽を伸ばし赤褐色の花を咲かせるが、風媒花のため種子の生産率が低い。

(塩田晴康)

貧困家族および非嫡出児扶助条例
[Ordinance for the Support of Destitute Family and Illegitimate Children]

1846年に当時の総督グレイ*によって制定された条例。生活困窮者に対する最初の施策となると同時に、児童福祉に関する法制度の原点となる条例である。

(太谷亜由美)

浜堤［Beach Ridge］

波によって打ち上げられた砂礫が、海岸線に沿って堤防状に堆積しているもの。海岸線の前進にともなって数列またはそれ以上の浜堤列が形成されることがある。その場合には内陸ほど形成期が古く、浜堤の間には湿地をはさむ。浜堤が砂丘*によって覆われていることもある。北島南部のトゥラキラエ岬*では地震性の隆起にともなって数段の離水浜堤列がある。またイースト岬*西方に注ぐアワテレ川*西側の平野では、完新世の海進以降の離水と地震隆起*による海岸線の前進のために数十列に達する浜堤列が発達している。

(太田陽子)

離水浜堤：北島イースト岬西方のテ・アラロア付近の離水浜堤群（H）。数十列の縞状に見えるものが個々の浜堤にあたる。大きく4段に細分され、その分化は地震隆起によると思われる。背後には最終間氷期最盛期の段丘（オタマロア段丘：O）とそれより若いテ・パパ段丘：T）が見える。矢印は旧汀線の位置を示し、オタマロア段丘の旧汀線高度は約300m、北島で最高の隆起を示す（太田陽子）

ふ

ファーカー、デイヴィッド
[Farquhar, David（1928-）]

作曲家、ピアニスト、ヴィクトリア大学教授。ケンブリッジ*生まれ。オペラ、声楽曲、弦楽曲、交響曲とさまざまな分野で才能を発揮。作品にアンデルセンの童話をもとにしたオペラ *Shadows*, 1970（影たち）や交響曲 *Bells in their Season*, 1974（季節の鐘）など。　　　　　　　　　　（池田久代）

ファース、ジョサイア
[Firth, Josiah Clifton（1826-97）]

実業家。イギリス生まれ、1854年に来住し、オークランドに土地を購入、レンガ製造、動力製粉などの事業を開始した。マタマタ*に22,000haの土地を購入して、ワイカト川*を整備、船舶の航行を可能にし、土地を分割販売した。下院議員（61-62）、のちにオークランド商工会議所、港湾局などに関わる。　　　　　　　（青柳まちこ）

ファース、レイモンド
[Firth, Raymond William（1901-2002）]

人類学者。オークランド生まれ、オークランド大学で経済学、ロンドン・スクール・オブ・エコノミックスで人類学を学ぶ。1944年から68年までロンドン大学で人類学教授。社会人類学・経済人類学の分野で多くの著作があり、ニュージーランド関係の著書としては、ロンドン大学提出の学位論文を再版した *Economics of the New Zealand Maori* 1959（ニュージーランド・

マオリの経済学、1929年初版の原題はPrimitive Economics）は、経済人類学の先駆的業績である。 （青柳まちこ）

ファーノース博物館
[Far North Regional Museum]
北島カイタイア*に位置する。マオリや初期の開拓者の歴史的資料、難破船などの航海関係の遺物の展示がある。 （角林文雄）

ファーヘイ、ジャックリーン
[Fahey, Jacqueline（1929-)]
画家。ティマル*生まれ。カンタベリー大学卒。好んで身近な家庭生活における日常の育児や女性家事労働を描き、1960年代に表現主義的リアリズムの画風で名声を得る。74年45歳で初めて個展を開く。80~81年にかけて一時悲惨な戦争と喪失をテーマとしたリアリズムの大作に取り組むが、86年以降は70年代に開拓した自画像を中心とした画風に戻った。 （池田久代）

ファームステイ [Farm Stay]
農場、牧場を営んでいる家庭に滞在することで、農場体験もできる。北島のワイカト*や南島のカンタベリー*に多い。ファームステイ手配会社と提携して定期的に外国人を受け入れている家庭も多い。 （大石恒喜）

ファアンガ、イハカ [Whaanga, Ihaka(?-1875)]
ホークスベイ*のンガティ・カフングヌ*の首長。1837年彼の領域内マヒア（Mahia）に建設された捕鯨*基地を保護し、51年までに彼の庇護のもとに140人のヨーロッパ人、280人のマオリが操業していた。交易者や入植者に友好的で、63年政府の地方役人となり年俸30ポンドを支給された。パイマリレ*およびテ・コウティ*による攻撃では政府側について戦い、72年政府から名誉の剣を与えられた。 （青柳まちこ）

ファウルウィンド岬 [Cape Foulwind]
南島西岸のカラメア*湾南端の岬。ヨーロッパ人としてはタスマン*によって見出され、1770年にクック*により命名された。 （太田陽子）

ファカタネ [Whakatane]
ベイ・オブ・プレンティ県*ファカタネ郡の商業中心地。人口6,197人（2001年）。郡の人口は32,814人。政府によるランギタイキ（Rangitaiki）川下流低地の排水事業により、後背地が生産的農地となったため、町は発展した。主要産業は畜産、林業、紙・パルプである。沖合48kmに活火山ホワイト島*がある。1997年に千葉県鎌ケ谷市と姉妹都市*提携。 （由比濱省吾）

ファカタネ博物館・美術館
[Whakatane District Museum and Gallery]
ファカタネ*にある。ベイ・オブ・プレンティ*東部のマオリ資料の広範なコレクション、およびヨーロッパ人入植者の残した歴史的な品々が展示されている。 （角林文雄）

ファカパパ [Whakapapa]
系譜を意味し、マオリの社会構造の根幹をなす親族の結びつきである。理念上、ファカパパによって、ファナウ*からハプ*、イウィ*、ワカ*にまでさかのぼることができる。 （内藤暁子）

ファカマル・ダム [Whakamaru Dam]
ワイカト川*の上流から4番目のダム。タウポ湖*の北方、国道30号線の沿線にあり、発電所は1956年操業開始、出力は100MW。マイティ・リヴァー・パワー（Mighty River Power）社の経営。 （由比濱省吾）

ファカレワレワ [Whakarewarewa]
ロトルア*の南にある観光地。有名な温

泉*湧出地で、かつては噴出30mにも達したポフトゥ（Pohutu）間欠泉のほか、泥の中からさまざまな形状で温泉が湧き出ている。復元したマオリのパ*、若者に伝統的工芸を教育実習するマオリ工芸学校も併設されている。北側には1886年のタラウェラ山*の噴火で移転してきたテ・アラワ*の村がある。近傍には4,052haのファカレワレワ森林公園がある。　　　　（由比濱省吾）

プアナイツ諸島保護海域
[Poor Knights Islands Marine Reserve]

北島ファンガレイ*の北東約50kmに位置するプアナイツ諸島とその周辺海域の2,410haを1981年に指定。海食崖や洞窟、アーチが発達する美しい海岸線がある。暖流が通過するため多種の魚類や甲殻類、海綿の林や黒サンゴなど亜熱帯海域の特色をもつ。　　　　　　　　　（植村善博）

プアナイツ・リリー [Poor Knights Lily]

キセロネマ科の植物。マオリ名ラウポ・タランガ（raupo taranga）。固有種の草本、高さ1m。ノースランド*のアイランズ湾*東南東に位置するプアナイツ諸島およびファンガレイ*南東沖合のヘン・チキン（Hen and Chickens）諸島に自生する。フラックス*に似た葉は緑〜黄緑色で扇状に横に広がる。春から初夏に葉の間から花穂が垂直に上がり、茎を取り囲むように鮮赤色の長い歯ブラシ状の花が咲くが、花が咲くまでに数年かかる。園芸に広く利用される。排水のよい土壌を好み、乾燥や風には強いが霜には弱い。　　　　　　　　（塩田晴康）

ファナウ [Whanau]

拡大家族をさす。マオリ社会を構成する最小単位で居住、経済活動を共にする。ファナウは通常は男性とその妻（たち）、息子夫妻たち、および未婚の子どもたちからなっていた。　　　　　　（内藤暁子）

ファラ、ロバート
[Falla, Robert Alexander（1901-79）]

博物学者、とくに鳥類の研究家。オークランド大学で博士号を取得後、教師生活を経て南極探検*隊に参加。カンタベリー博物館*およびウェリントンのドミニオン博物館*の館長を歴任した。　　（植村善博）

ファンガヌイ川 [Whanganui River]

北島南西部、流域面積約4,560km^2、延長約290kmの北島第2の大河。トンガリロ*から発し、南流してワンガヌイ*の南4kmでタズマン海*に注ぐ。ワンガヌイ付近から河口まではワンガヌイ川と呼ばれる。新第三紀層からなるワンガヌイ丘陵を深く下刻し、穿入蛇行の著しい峡谷地形が連続的に発達する。流域はマオリの居住密度が高く、川沿いに多くのパ*が存在した。19世紀中期から白人の開発にとって重要な交通路となり、沿岸にエルサレム（Jerusalem）、コリニティ（Koriniti）など初期の集落名が残る。最盛期には河口から60km上流のピピリキ（Pipiriki）まで定期船が就航した。河岸の景観はニュージーランドのライン峡谷と讃えられ、観光船も運航された。
　　　　　　　　　　　　　（植村善博）

ファンガパラオア [Whangaparaoa]

マッコウクジラ湾の意味で、2ヵ所あり、1つはオークランド北方、ハウラキ湾*に出たファンガパラオア岬の基部南側の町。ほかはイーストコースト北岸のランナウエイ岬*基部の町である。　　（由比濱省吾）

ファンガレイ [Whangarei]

北島ノースランド県*の中心都市。人口46,047人（2001年）。国道1号線上にあり、ファンガレイ湾の奥に位置して港もある。地域の主要産業は酪農、製材、カンキツ類*栽培、ガラス加工、造船などであり、30km東南のファンガレイ湾口南側のマー

ファンガヌイ川下流河畔。ワンガヌイ市内（青柳まちこ）

スデンポイント（Marsden Point）には製油所がある。1839年に最初の入植が始まり、やがて町はカウリガム採掘*の中心地になった。しかし北部戦争*の時期には荒廃し、ヨーロッパ人はオークランドに移転した。1965年には市制施行。現在は周辺地域を含めファンガレイ郡。　　　（由比濱省吾）

ファンガレイ博物館 [Whangarei Museum]

ファンガレイ*にあり、25haの敷地は1886年にできた農場のたたずまいをそのまま残しており、周囲には原生林が広がる。マオリの資料とヨーロッパ人入植の歴史に関する展示が見られる。　　　（角林文雄）

ファンテイル [Fantail]

マオリ名はティワイワカ（tiwaiwaka）。和名はハイイロオウギビタキ。体長16cm、頭は灰色、背は茶色、腹部は黄色、尾羽の中央は黒色。北島、南島、チャタム諸島の3亜種があり、尾羽の色が主な相違点で、いずれも白と黒の筋があるが、南島北半では黒色が濃い。森林の奥深くから郊外の庭園にいたるまであらゆる環境に適応している。特徴は尾羽が長くてやや開いて扇型をしていることで、名前はこれに由来する。直線的に飛ばず、チョウのようにヒラヒラと飛び回る。　　　（由比濱省吾）

フイ [Hui]

マラエ*で伝統的におこなわれるマオリの特別な集会。通常、フイは1日以上かかり、訪問者には寝食が供される。フイには、たとえば、葬式や結婚式、21歳の誕生日祝い、記念日（マオリ王擁立運動*における戴冠記念日など）、開場式といった種類がある。フイの訪問者は費用を払う必要はないが、慣例として「マラエのお金」を寄付する。

多くのフイは週末に集中して2~3日続けられ、葬式の場合、3日目の埋葬まで続けられる。5千人以上が集まるフイもあり、儀礼の様式に則って、組織だった行為が執りおこなわれる。このようなフイはマオリ社会とコミュニティ生活の中心的役割を担っている。
〈内藤曉子〉

フイア［Huia］

固有の鳥で、全体が黒くて頬の赤い肉垂れと先端の白い尾羽が特徴である。北島タウポ*からウェリントンにかけての深い森林に住み、昆虫や果実を餌とし、木の洞穴などに営巣した。尾羽はマオリが地位の象徴として珍重し、首長が装飾に用いた。昔のマオリの貴人たちの肖像は必ずフイアの尾羽を髪飾りにしている。森林面積の減少と外国博物館の標本収集などのために、1907年に絶滅した。
〈由比濱省吾〉

フィールディング［Feilding］

北島パーマストンノース*の北20kmにある町。人口13,641人(2001年)。牧羊、酪農、混合農業、市場園芸がおこなわれる農業地域の中心。1989年にマナワトゥ(Manawatu)郡に統合された。
〈由比濱省吾〉

フィッシャー・パイケル社
[Fisher and Paykel Appliances Ltd.]

1934年にパイケル(Maurice Paykel)とフィッシャー(Woolf Fisher)により設立された。当初は米国から冷蔵庫や洗濯機の輸入販売を業務としていたが、その後家電製品の製造販売をおこない、好評を得て事業分野を拡大した。主な製品は冷蔵庫、電子レンジ、皿洗い機、デイスポーザー、洗濯機、衣類乾燥機などである。ニュージーランドの家庭で使用されているだけでなく、米国、オーストラリア、アジア、欧州などに輸出されている。
〈岡田良徳〉

フィッツジェラルド、ジェイムズ
[FitzGerald, James Edward（1818-96）]

政治家。イギリス生まれ、カンタベリー協会(Canterbury Association)の有力者としてカンタベリー入植地の設立に関わり、1850年リトルトン*に来住。53年最初のカンタベリー州長官(Superintendent)および下院議員(53-57、62-67)。ウェルド*内閣で短期間先住民相を務め、入植者とマオリ間の平等を唱えて、両者の緊張緩和に力を注いだ。また政府によるマオリ土地没収*政策にも批判的であった。
〈青柳まちこ〉

フィッツハーバート、ウィリアム
[Fitzherbert, William（1810-91）]

政治家。イギリス生まれ、1841年にウェリントン来住。5期24年にわたって下院議員(55-79)。スタッフォード*内閣では植民地財務長官(Colonial Treasurer)、印紙税局長官(Commissioner of Stamp Duties)、また71~75年ウェリントン州長官(Superintendent)を務め、ヴォーゲル*の中央集権政策に反対した。弁論家として名をあげ、下院議員の3年間は議長として活躍した。79年から91年まで上院議員となり上院でも8年間議長を務めた。
〈青柳まちこ〉

フィッツロイ、ロバート
[FitzRoy, Robert（1805-65）]

総督(1843-45)。イギリス生まれ、ダーウィンの探検旅行に参加。35年にはアイランズ湾*に10日間滞在。43年総督として赴任。ワイラウ事件*の直後で、マオリと入植者間には不穏な状況があったが、非は入植者側にあると考え、マオリの処罰を求めなかった。44年ヘケ蜂起*事件の報に接し、オーストラリアに援軍を依頼し、ヘケらの立てこもるパ*を攻撃した。装備・人数の上で勝る政府軍が多くの死傷者を出したため、ニュージーランド会社*や入植者の彼に対する不満はさらに増大した。本国植民

省によってわずか2年足らずで更迭され、後任者としてグレイ*が着任した。
（青柳まちこ）

フィティアンガ［Whitianga］
コロマンデル半島*東海岸のマーキュリー湾*奥にあるリゾート地。人口3,078人（2001年）。1989年にテームズ・コロマンデル（Thames Coromandel）郡に統合。
（由比濱省吾）

フィヨルド［Fiord］
谷氷河*の作用によってできたU字谷が後氷期の海面上昇によって沈水して溺れ谷*となり、内陸に深く入り込んだ細長い湾。峡湾と訳される。ニュージーランドでは南島西岸に発達しており、ミルフォードサウンド*、ダウトフルサウンド*は最も有名で、観光地として知られる。（太田陽子）

フィヨルドランド国立公園
［Fiordland National Park］
面積最大（1,251,924ha）の国立公園。1952年にサウンズ（Sounds）国立公園として設定され、55年に現在名に変更。南島西南岸の多くのフィヨルドは世界で喧伝され、なかでもマイター峰*のあるミルフォードサウンド*が著名で、観光船が就航しているのは、こことダウトフルサウンド*の2ヵ所。動植物の豊かさで注目され、700種の植物はフィヨルドランドのみに見られ、鳥もタカヘ*その他の珍種が生息する。この国立公園にはマナポウリ湖*、テ・アナウ湖*、サザランド*滝があり、またミルフォードトラック*をはじめ、有名な4本のトラック（山歩き道）がある。
（由比濱省吾）

プーハ［Puha／Puwha］
キク科ノゲシ属の双子葉植物。葉はロゼット状で葉にトゲがないのが特徴。羽状に切れ込み不規則な歯牙がある。タンポポに似た花が咲く。マオリは葉を常食した。葉や液汁にはビタミンCが多く、葉には血液浄化作用があり、ニキビや腫物を改善する。
（塩田晴康）

風力発電［Wind Energy］
風向が恒常的で風速の強い典型的な偏西風*地帯に位置するニュージーランドでは、新しいエネルギー源として風力発電が注目を集めている。1993年ウェリントンの西郊ブルックリン（Brooklyn）に最初の風力発電所が建設され、225kWタービンが設置された。96年にはウェリントン東方ワイララパ*のハウヌイ（Haunui）で500kWタービン7基を据えた3.5MWの風力発電が開始、99年にはさらに大規模にパーマストンノース*付近のタラルア山脈*で660kWタービン48基、31.7MWの発電が開始された。03年にはカンタベリー*のギビーズ（Gebbies）峠に500kWのタービンが設置された。04年マナワトゥ*渓谷に新設、およびタラルア、ハウヌイに増設された。発電としては最も新しい方式の一つで、まだ規模も小さいが、90年代後半に急増した。2002年には発電量151GWhで、発電量全体に占める割合は0.4％であるが、05年には1.4％になる見通しである。
（由比濱省吾）

フェアウエル岬［Cape Farewell］
南島北端の岬、その先端には灯台がある。1642年タスマン*が望見し図示した。1770年にクック*がこの岬でニュージーランドに別れを告げたことによる地名。岬には海食洞があり、この岬から東方にフェアウエル砂嘴が20km伸び、鳥の保護区となっている。この付近では海難事故が多い。
（太田陽子）

フェアオ・フラクシー発電事業

[Wheao and Flaxy Power Scheme]
　ベイ・オブ・プレンティ*のファカタネ*の西で太平洋に注ぐランギタイキ(Rangitaiki)川と、補充としてその支流フェアオ川およびフラクシー川を使う水力発電*事業。1980年に出力14MWで操業開始。トラストパワー(TrustPower)社が経営している。
　　　　　　　　　　　　　　(由比濱省吾)

フェアバーン、アーサー
[Fairburn, Arthur Rex Dugard (1904-57)]
　詩人、風刺作家、編集者。オークランド生まれ。処女詩集 He Shall Not Rise, 1930（打ちのめせ）をロンドンで自費出版。20世紀前半に活躍。代表作は Strange Rendezvous: Poems 1929-41, 1952（奇妙なランデブー：詩集1929-41）。D. H. ロレンスの影響を受け、自然に帰る農業を提唱して実践した社会派詩人。
　　　　　　　　　　　　　　(池田久代)

フェアリー [Fairlie]
　南島カンタベリー県*南部、ティマル*の西50km、平野からハイカントリーへの入口にある町。人口723人(2001年)。アオラキ山*方面、ティマル方面、クライストチャーチ方面への国道分岐点。
　　　　　　　　　　　　　　(由比濱省吾)

フェザーストン [Featherston]
　北島ワイララパ*地方南部に位置する町。人口2,325人(2001年)。馬車駅、鉄道建設集落、兵営、戦争捕虜収容所、リムタカ鉄道トンネル建設の労働センターといった一時的な役割を経ている。日本との関係では第2次世界大戦中のフェザーストン事件*が注目される。現在はウェリントンと鉄道で約1時間の通勤地帯になっている。
　　　　　　　　　　　　　　(由比濱省吾)

フェザーストン事件 [Featherston Incident]
　1943年2月25日、フェザーストン*にあった日本人捕虜収容所で、警備兵と第2兵舎に収監されていた約240名の捕虜日本兵間に起きた騒乱。当時、収容所に収監されていたのは、ガダルカナル島の激戦で捕虜になった軍人など約800名であった。騒乱直後の軍事裁判判決によると、指揮官の警告発砲が引き金となり、捕虜の投石と警備兵の自発的発砲が同時に起こった。発砲停止命令により発砲は直ちに中止されたが、日本兵は死者48名、負傷者63名、ニュージーランド側は死者1名、負傷者7名の犠牲者が出た。この事件は第2次世界大戦下の異文化間接触の中で生まれた不満、誤解が発端になっている。研究書にはカー=グレッグ(Charlotte Carr-Gregg)著 Japanese Prisoners of War in Australia and New Zealand, 1978（オーストラリアとニュージーランドの日本兵捕虜）、ニコライディ(Mike Nicolaidi) 著 The Featherston Chronicles—A legacy of war, 1999（フェザーストン年代記）などがある。
　　　　　　　　　　　　　　(新井正彦)

フェミニズム [Feminism]
　女性が男性と社会的、経済的、政治的な平等を享受することを願う感情ないしはその獲得運動。フェミニズムの基本的な考え方は、女性が男性の「付属物」でなく独立した人格をもち、自己の裁量に従い自己決定を可能にすることである。18世紀の啓蒙思想、フランス革命などの影響を受け、1792年イギリスで口火を切ったフェミニズムは、ヨーロッパ、北米など世界的な広がりを見せた。ニュージーランドでは1893年世界に先駆けて女性参政権*が立法化されたが、それ以後も平坦ではない道を辿った。初の女性下院議員選出は1933年、初の女性閣僚誕生は47年、初のマオリ女性議員選出は49年である。
　しかし、とくに70年代以降は女性が多くの分野で決定権をもつようになってきた。政治面で見ると、90年には初の女性

総督ティザード*が任命され、カートライト*も第2番目の女性総督である。また97年にはシップリー*が初の女性首相、99年からはクラーク*が3期継続して女性首相となっている。国会議員や閣僚の約3分の1は女性が占め、06年現在、法曹界、民間企業や農林漁業、警察、軍隊その他、女性の進出していない分野はほとんどないといわれるようになった。

とはいえ、女性参政権獲得から1世紀以上経過しても、まだ多方面で男女の格差は存在する。たとえば男女の賃金格差は現実に存在するが、女性賃金の上昇にともない、差は確実に減少傾向にある。政府も女性省*を設け、女性に関する情報の収集、分析などを専門におこない、各省に通達、助言している。　　　　(ベッドフォード雪子)

フェリー［Ferry］

北島のウェリントンと南島のピクトン*を結ぶ大型船のインターアイランダーと高速船のリンクスがある。その他、北島のアイランズ湾*の島々を結ぶ船や、南島の最南端の町であるブラフ*から、スチュワート島*に渡る連絡船などがある。(大石恒喜)

フェルクナー、カール
［Völkner, Carl Sylvius（1819-65）］

宣教師。ドイツ生まれ。ルーテル教会の保護のもとに1849年にニュージーランドに到着した。52年チャーチ・ミッショナリ協会*の伝道に携わるようになり、61年牧師としてオポティキ*に派遣された。65年パイマリレ*事件で政府軍に対立していたこの地方のテ・ファカトヘア（Te Whakatohea）マオリの集団に政府のスパイ容疑で捕らえられ、3月絞首されたのち体を切断された。人々は彼の血を飲み、眼球を食べたといわれる。首謀者とされるテ・ラウ・ケレオパ*ほか2人はのちに捕らえられ処刑された。この残虐な事件は、目撃したとする2人のヨーロッパ人の詳細な記述により、広く世に知られるようになった。しかしこの現場にはヨーロッパ人は誰もおらず、その他の人々もただ遠巻きにして眺めていたに過ぎないという証言もあり、彼らの言を疑問視する声もある。(青柳まちこ)

フェルテックス・カーペット社
［Feltex Carpets Ltd.］

カーペット、室内装飾、履物、運動用品、建築資材などの羊毛製品を製造販売している。操業当初はスリッパなどの毛皮や織物の製造業者であったが、やがて1930年代床用絨毯の高級品の生産者として好評を得るようになった。　　　　　(岡田良徳)

フェントン、フランシス
［Fenton, Francis Dart（1821-98）］

法律家。イギリス生まれ、法律を学び1850年オークランドに来住。ワイカト*で政府役人となり、マオリ王擁立運動*を身近に観察し、マオリの状況について政府に報告を提出した。65年先住民土地裁判所*の主席判事、オークランド地方判事。*Observations on the State of Aboriginal Inhabitants of New Zealand*, 1859（ニュージーランド先住民状況の考察）などの著書がある。　　　　　　　　　　　　(青柳まちこ)

フォーヴォー海峡［Foveaux Strait］

南島南端とスチュワート島*の間の海峡。幅は最大36km。大陸棚に位置し、海底はおおむね平坦で、深さは20~30m。偏西風*が卓越し、波浪が高い。潮流は西から東の方向で3ノットの速さである。海峡には、ルアプケ（Ruapuke）島、ドッグ（Dog）島などいくつかの島がある。漁業が盛んで、カキ*、ホタテガイ*の産出などで知られる。この海峡の東の入口はクック*により1770年に発見されたが、そのときにはスチュワート島は半島と考えられた。地

名はオーストラリアの軍人・行政官であったフォーヴォー(Joseph Foveaux)に由来する。
（太田陽子）

フォックス、ウィリアム
[Fox, William (1812-93)]

4期にわたり首相（1856、61-62、69-72、73）。イギリス生まれ。法律家。1842年ウェリントンに来住。ニュージーランド会社*のネルソン*駐在代理人、のちにウェリントンで会社の業務代行者となり、50年には会社の意を受けて本国を訪れ、ロビー活動をおこなった。54年ウェリントン州議会（Provincial Council）の議員、55年には下院議員に選出され断続的ながら6期81年までその任にあった。80年代前半には北島タラナキ*におけるマオリ土地没収*問題の調査と解決に携わった。水彩画家、禁酒運動*家としても名高い。The War in New Zealand, 1860（ニュージーランド戦争）などの著がある。
（青柳まちこ）

フォックストン [Foxton]

北島西南部マナワトゥ川*の河口曲流部に位置する町。人口2,727人（2001年）。町の名は首相フォックス*にちなみ1866年命名。マナワトゥ平野*の港で、パーマストンノース*との間が70年代に鉄道で結ばれたが、80年代に幹線鉄道がフォックストンを通らずに敷設されたので、この地方の中心はパーマストンノースに移った。マナワトゥ川河口は西からの風波で砂の堆積が激しく、船舶の入港が妨げられるようになったため、フォックストン港は1942年に商業港としての活動を停止した。95年にフォックストン（89年地方自治制度改革により現在はホロフェヌア郡）は千葉県下総町（現成田市）と姉妹都市*提携。
（由比濱省吾）

フォックス氷河 [Fox Glacier]

ウエストランド国立公園*有数の氷河。サザンアルプス*のダグラス峰*直下から西へ流下する延長約13kmの谷氷河*で、末端は標高245m付近まで達する。氷河観光の中心で、同名の観光基地がある。1872年にここを訪ねたフォックス*にちなんで命名。
（植村善博）

フォンテラ協同組合社 [Fonterra Cooperative Group Ltd.] ⇒酪農協同組合

プカキ湖 [Lake Pukaki]

南島内陸マッケンジー・カントリー*にある氷成湖*。氷食谷を満たす湖で、サザンアルプス*のタズマン氷河*やマーチソン（Murchison）氷河に由来するタズマン川に涵養される。面積172km^2。東岸南端にはテカポ湖*と結ぶ水路からの水を利用した水力発電所がある。プカキはマオリ語では水源の意。
（太田陽子）

プカテア [Pukatea]

モニミア科の高木。クスノキ科と類縁。樹高35m、直径2m。板根が発達し、1mまでの空気根をもつ。北島、南島北部および西部の湿地に分布する。葉は暗緑色で光沢があり、長さ4~8cm、幅2.5~5cmで葉縁は鋸歯状である。花は緑黄色で春から初夏にかけて開花、秋には緑色の果実をつける。羽毛をつけた種は風で拡散される。
（塩田晴康）

ブキャナン、ジョン
[Buchanan, John (1819-98)]

植物学者、画家。イギリス生まれ。1852年ダニーディン*に移住、オタゴで金*鉱調査に従事するかたわら植物を採集。植物に関する知識がヘクター*に認められ、ウェリントンに新設の地質調査所、植民地博物館所属となる。採集植物は67~85年にわたりニュージーランド学術会議紀要の

挿絵に援用された。64年南島西部の地図、植物画、風景画を発表、なかでも *Milford Sound Looking North West from Fresh Water Basin*（湖よりミルフォードサウンドを北西に望む）は著名。1878~80年にわたり、3巻の植物画集 *The Indigenous Grasses of New Zealand*（ニュージーランド原産草本類）を出版。

（ベッドフォード雪子）

ブキャナン、ディーン
[Buchanan, Dean（1952-）]

画家。オークランド生まれ。ニュージーランドの原風景に魅せられて、太平洋印象主義（Pacific Impressionism）と自称する大胆な色づかいと様式美の油絵を精力的に発表。1977年からオークランド市立美術館に勤務したのち、86年より独立。個展38回、グループ展31回。ニュージーランド国内はもとより、日本、アメリカ、スイス、ベルギー、フランスなど世界各地で個展を開催。

（池田久代）

不況 [Depression]

ニュージーランドを襲った最初の不況は、金*の産出が枯渇し羊毛の価格も下落した1880年代で、とくに金と羊毛への依存度が高かった南島ではその打撃は大きく、多くの失業者が寝具を抱えて路頭にさまよった。この不況を乗り切ることができたのは冷凍肉*を運搬輸出することができるようになった冷凍船の出現であった。次いで1930年前後の世界大恐慌は、イギリスへの輸出に全面的に依存するニュージーランド経済に手痛い打撃を与え、バター価格は29年からの5年間に47％、羊毛価格は29年からの3年間に63％下落した。不況は33年を最低として31年から10年間続き、この間失業者も最高8万人を超した。政府の失業救済事業もほとんど効果がなかったため、各地で暴動が起き、ダニーディン*やオークランドでは警察が出動した。35年最初の労働党*内閣が誕生すると、サヴェジ*は積極政策によって景気の浮上をはかり、不況から脱却した。 （青柳まちこ）

第2次世界大戦後のニュージーランドが不況に見舞われたのは、イギリスがECに加盟し、輸出市場を転換せねばならなかった73年以降のことである。石油危機も加わり82年にはインフレーションは17.6％に上昇、83年には13万人の失業者が生まれ、多くの者がオーストラリアでの職を求めて海を渡った。さらに労働党政権による行財政改革*によりこれまでの経済秩序が崩壊して、91年末には再度20万人の失業者が生じたが、94年までには回復した。これら戦後の不況は一般に不景気（Recession）と呼ばれている。

（岡田良徳）

フクシア [Fuchsia]

アカバナ科フクシア属の双子葉植物。木本状の草本または低木。ニュージーランドには4種ある。固有種では森林に広く見られる木本フクシアのコトゥクトゥク（kotukutuku）が著名で、樹高12m、まるい樹冠。花弁は小さく、果実は10mm、紫色。紙のような樹皮が特徴である。冷涼な地域では冬季落葉する。

（塩田晴康）

福祉事業基準および評価活動信託機関
[Standards and Monitoring Services Trust= SAMS]

支援サービス利用当事者への権利擁護を目的として活発な評価活動を展開している民間評価機関。その理念は知的制約者も地域社会における通常の構成員として、価値ある生活を過ごすために必要とされる高品質のサービスが与えられるべきであるとされる。この機関は当初知的制約者協会（IHC）*内に設立されたが、1990年に独立した福祉支援サービス評価機関となった。

（八巻正治）

プケコ［Pukeko／Swamphen］

クイナの一種。体長51cm、脚は長め。喉、首、胸、腿は青紫、頭と腹は光沢のある緑、大きな嘴は赤と色彩豊かである。駆けることは早く、水中では巧みに泳ぎ、遠距離を飛翔することもできる。現在では湿地、牧場、若干の都市地域に広く見られる。一部の地域では保護鳥。種子、昆虫、イモムシその他を餌とし、日中採餌する。湿地に草で大きな巣をつくる。 　　　　（由比濱省吾）

プケコヘ［Pukekohe］

オークランドの南約50km、鉄道幹線と国道22号線の沿線で、オークランドへの通勤圏にある町。人口18,825人（2001年）。一帯は肥沃な火山灰土壌でオークランドの市場園芸農業地域を形成し、カリフラワー、バレイショ、タマネギなどの野菜の大産地で、加工も盛ん。地名の意味はコヘコヘ*の茂る丘。2002年長野県原村と友好都市提携。 　　　　（由比濱省吾）

負傷防止、リハビリテーション補償法

［Injury Prevention, Rehabilitation and Compensation Act 2001=IPRC］

2001年9月成立、翌02年4月施行の事故補償制度に関する法。事故補償公社*（ACC）運営はこの法のもとでおこなわれる。以前の事故リハビリテーション・補償保険法（Accident Rehabilitation and Compensation Insurance Act 1992）、事故保険法（Accident Insurance Act 1998）を継ぐ法律である。とくに負傷の防止や適時適切なリハビリテーションなど、ACC申請者の権利に主眼をおく。ACCの主たる機能を事故防止に求め、リハビリテーションにおいてはACC申請者が退院後、元の社会で自立して生活できるよう、自宅の改装、適切な補助器具や介護、機能訓練を提供する。またこの法には労働災害による事故補償も含まれ、治療後被雇用者の職場復帰については雇用主の協力を求めている。 　　　　（太谷亜由美）

ブタ［Pig］

養豚は入植時代のごく初期から始まり、農家は周囲の農地で余剰穀物、野菜くず、乳製品かす（ホエイその他）をブタに与えた。豚肉生産は南島の穀物生産地が主産地であったが、北島でも酪農地域の周辺で成長した。最盛期は1937年で、年間屠畜頭数が100万頭を超えた。主要品種はバークシャー、タムワース*、ラージブラック*、ラージホワイト*であり、その中でバークシャーが卓越していた。養豚は当時の重要輸出産業であったが、60年代に農家が牛乳を自家分離せずに、全乳を乳製品工場に出荷するようになるとホエイがなくなり、これにともなって養豚業は酪農に付属した経営から分離した。

95年以降、価格競争力の強いカナダ、アメリカ、デンマークからの冷凍肉輸入と、国内生産における飼料が比較的高価なために飼育頭数が減少した。97年にニュージーランド豚肉産業ボード（New Zealand Pork Industry Board）が設置された。ボードは屠畜数に対する賦課金で運営され、研究開発、市場開発、環境対策、品質改良などの目標を掲げ、研究開発と技術移転はボードから委託されたマッセイ大学*モノガストリック（Monogastric）研究センターがおこなっている。 　　　　（由比濱省吾）

フッカー、ジョセフ

［Hooker, Joseph Dalton（1817-1911）］

植物学者、外科医。イギリス生まれ。1839年、ロス南極探検隊に船医助手・自然科学者として参加、40年ニュージーランドに寄港し、オークランド諸島*、キャンベル島*の植物を調査、41年にはコレンソ*らとともにアイランズ湾*を基地として踏査。コレンソほか植物学者の協力を得て、政府の委嘱による *Handbook of New*

Zealand Flora, 1864-67（ニュージーランド植生便覧）を著した。数々の業績を残し、学名にフッカーの名がつく植物も多い。また地名にフッカー氷河、フッカー山脈がある。

（ベッドフォード雪子）

物品サービス税
[Goods and Service Tax=GST]

1986年税制改革*にともなって導入された課税範囲の広い大型間接税。日本の消費税にあたる。それまでは個人の所得税が非常に高率であったため、中間層である給与所得者には重い税負担であった。そのため所得税と法人税の抜本的な見直しがおこなわれ、所得税も法人税も最高税率を33％に引き下げる一方で、税の抜け道をなくして薄く広く効率的に税収を挙げるために導入された。この税は当初10％であったが1989年からは12.5％の税率となった。

（岡田良徳）

ブドウ [Grape]

ブドウ生産は増加中であり、2001年と03年を比較すると、総栽培面積は11,274haから15,800haに増大し、主要栽培地域についてみるとマールバラ*（4,354ha→6,831ha）、ホークスベイ*（2,800ha→3,702ha）、ギズボーン*（1,848ha→1,885ha）である。収穫量総トン数も71,000tから76,400tと増加し、うちソーヴィニヨン・ブラン（Sauvignon Blanc）が20,836t→28,266t、シャルドネー（Chardonnay）が17,067t→15,534t、ピノ・ノワール（Pinot Noir）が8,015t→9,402tで、その主な用途はワイン醸造である。

（由比濱省吾）

ブナ [Beech Tree]

ブナ科ナンキョクブナ属の高木。樹高15~30m、直径1~2m。南半球の熱帯山地から亜寒帯に分布する。固有種は5種。湿潤な温帯の混合林ではカマヒ*などと混生、標高が高くなるとブナ林を形成する。ハードビーチ、ブラックビーチは低地に生育、北島と南島の山岳地帯ではレッドビーチ、シルバービーチ、マウンテンビーチが分布する。北島のタラナキ山*、南島の西海岸、スチュワート島*には分布が見られない。

レッドは湿潤で肥沃な土地を好み樹高も高い。樹皮が白っぽいシルバーと、乾燥に強いマウンテンはレッドより高所に生育し、あまり肥沃でない土地にも適応している。古くから森林生態や維持管理に関心がもたれ、苗木の繁殖も試みられた。南島のレッド、ブラック、シルバーは材木として利用される。シルバーに寄生するキッタリア属の菌によりコブや有色の果実体ができる。レッドとブラックの樹皮の裏側につくカイガラムシが排出するハネジューと呼ばれる甘い物質は、菌、昆虫、鳥の餌となり、ハネジュー蜂蜜の原料となる。シルバーとレッドは黒色色素の原料にされる。ブラックはタンニンの原料としても知られる。

（塩田晴康）

プナカイキ岩 [Punakaiki Rocks]

南島西岸北部、ウエストポート*とグレイマウス*の中間に位置し、石灰岩が層状に見えるので、パンケーキロックと呼ばれる名所となっている。海側は海食崖となり、海面付近には海食による洞窟がある。地表面は海成段丘*で、段丘礫層は下部の石灰岩の溶食により乱れた構造を示す。

（太田陽子）

プヒラケ、ラウィリ
[Puhirake, Rawiri（?-1864）]

タウランガ*のンガイ・テランギ（Ngai Te Rangi）マオリ首長。1820~30年代に部族間戦闘に熱心であった。キリスト教の影響を受けるが、一説によればスパイと呼ばれたことに立腹してイギリス軍に戦闘を挑み、64年4月タウランガのゲイト・パ*で、

キャメロン*将軍率いる1,700名のイギリス兵と戦火を交え、勝利した。同年6月再度侵攻してきた600名のイギリス軍とのテ・ランガ (Te Ranga) 戦闘で命を落とした。

(青柳まちこ)

フフ [Huhu Beetle]

体長が5cmになるニュージーランド最大のカブトムシ。白くて大きい幼虫は樹木の幹や枯木の中に住み植林樹に被害をもたらす。マオリは幼虫を珍味とした。オークランド南部のオタフフ (Otahuhu) という地名もフフに由来する。

(由比濱省吾)

ブラー [Buller]

南島ウエストコースト県*北部、ブラー川*と下流のイナンガフア (Inangahua) 川の流域を占める郡。人口9,627人(2001年)。主要資源はブラー炭田の石炭*、ブラックウォーター (Black Water) 金山に代表される金*、流域一帯の木材で、セメント工業もある。金は1870~1951年に62tを産出した。現在マクレイズ (Macraes) 社はリーフトン*の南の旧グローブプログレス (Globe Progress) 鉱山を露天掘りの金山を所有しており、操業すれば年産約2tと期待されている。郡内にはカフランギ国立公園*の一部とパパロア (Paparoa) 国立公園が含まれる。1996年に大分県天瀬町(現日田市)と姉妹都市*提携。

(由比濱省吾)

ブラー、ウォルター
[Buller, Walter Lawry (1838-1906)]

鳥類学者。ベイ・オブ・アイランズ生まれ。マオリ語に堪能であったのでウェリントン治安判事裁判所通訳、マオリ週刊誌の編集、先住民土地裁判所*判事などを務めた。博物学とくに鳥類に深い関心を有し、著書に *A History of the Birds of New Zealand*, 1873 (ニュージーランド鳥類史) があり、その増補版 *The Birds of New Zealand*, 1888(ニュージーランドの鳥)全2巻は古典とされる。79年イギリス王立協会会員。

(由比濱省吾)

ブラー川 [Buller River]

南島西部にある主要河川の一つで、長さ177km。スペンサー山地*およびセントアーノード (St. Arnaud) 山脈から涵養されるロトイティ湖*が水源である。西流してウエストポート*でタズマン海*に入る。沿岸には広い河成段丘*群が分布し、これらは活断層*や活褶曲*による変形を受けている。また、1929年、68年の地震による地震断層*や地滑り*の跡がある。

(太田陽子)

ブライドン、トマス
[Brydone, Thomas (1837-1904)]

農業指導者。スコットランド生まれ。1868年オアマル*付近のトタラ (Totara) に本拠を置くオーストラリア・ニュージーランド土地会社の管理者として来住。共同事業者デヴィッドソン*と協力して、82年、冷凍肉*のイギリスへの初出荷を現地で指揮した。イーデンデール (Edendale) に最初の商業的乳製品工場を設立、また人造肥料の使用など、オタゴ*の農業発展に尽した先覚者。

(由比濱省吾)

フライバーグ、バーナード
[Freyberg, Bernard Cyril (1889-1963)]

総督 (1946-52)、軍人。イギリス生まれ。2歳で両親とともに来住。第1次世界大戦ではイギリス軍に参戦しガリポリ作戦*に従事。めざましい勲功を立てた。すでに軍務は引退していたが、第2次世界大戦ではニュージーランド軍の中東戦線指揮官に任命され、ギリシア、北アフリカ、イタリアの軍事作戦で指揮をとった。第2次世界大戦後総督に任命された。1928-30年国際オリンピック委員を務めた。

(根無喜一)

プライバシー委員会

[Office of Privacy Commissioner]

　プライバシー法*によって設立。個人のプライバシーの増進と保護に関して責任をもつ、行政および議会から独立した政府機関。プライバシー法の原則に違反する苦情に関して調査、処理をおこない、プライバシー全般に関して監視する任務をもつ。さらにプライバシー法についての人々の理解を深めるための教育をおこなう。　　（高橋貞彦）

プライバシー法　[Privacy Act 1993]

　プライバシー法の主たる目的は、プライバシーの保護と個人情報流出の管理である。同法第6条は、個人の情報と資料の収集、保持、使用、あるいは開示される方法について、下記の12の原則を規定している。(1)個人情報収集の目的、(2)個人の情報源、(3)対象者からの情報の収集、(4)個人情報収集の方法、(5)個人情報の保管と保全、(6)個人情報へのアクセス、(7)個人情報の訂正、(8)個人情報の正確さについての使用前の点検、(9)政府機関は必要以上に長く個人情報を保持してはならないこと、(10)個人情報使用に関する制限、(11)個人情報開示の制限、(12)独自の（コンピューター用）識別名の付与。（高橋貞彦）

ブラウン、トマス　[Browne, Thomas Gore（1807-87）]

　総督（1855-61）。イギリス生まれ、セント・ヘレナ総督を経て、グレイ*の後を継ぎニュージーランド総督となる。土地をめぐる入植者とマオリの不穏な関係の中で、マオリの土地の共同保有制ないしはその精神的価値を認めようとせず、マオリ王擁立運動*には終始批判的であった。59年タラナキ*のワイタラ土地購入*に際しても、土地の販売を阻止しようとしたキンギ*を非難し、測量を強行したことが土地戦争*の引き金となった。　　（青柳まちこ）

ブラシュ、チャールズ　[Brasch, Charles（1909-1973）]

　詩人、ランドフォール誌*の初代編集長。ダニーディン*生まれ。オックスフォード大学卒業後、1931年に帰国。その後世界各地を遍歴したが、第2次世界大戦を機に自己の中のニュージーランド性を発見し、クライストチャーチのカクストン出版社から地方主義を標榜する作品を発表する。ランドフォール誌上で地域に根ざした文芸活動の振興を展開。バクスター*をはじめ、多くの詩人や芸術家を育てる。処女詩集 *The Land and the People*, 1939（大地と人々）*Home Ground*, 1974（ホームグランド）など多数。　　（池田久代）

フラックス　[Flax]

　マオリ名ハラケケ（harakeke）。リュウゼツラン科マオラン属の単子葉植物。地下に短い根茎を有する多年草。別名マオラン。全土で見られ、低湿地を好む。麻と区別してニュージーランド・フラックス（ニュージーランド麻）と呼ぶ場合もある。葉は幅10cm、長さ2~3mの剣状で根元から多数の葉が束状に出る。夏に長さ5mほどに花茎が伸び暗赤色の花を多数つける。葉からとった硬質繊維は長く柔らかで光沢がある。マオリは衣服、かご、敷物などに加工

フラックス（ハラケケ）（青柳まちこ）

した。経済的にも重要な植物で、サイザル麻やマニラ麻と並んでロープなどの原料としてヨーロッパに輸出された。

　葉の付け根部分や根を破砕し焙煎したものは塗り薬に、葉から抽出したガムは火傷や切傷に用いた。このほかに小型種のワラリキ（warariki）、マウンテン・フラックスがあり、海岸から山岳地帯に広く分布する。フラックスは庭木としても人気があり、ハラケケとワラリキの交配による園芸種の開発が盛んである。
（塩田晴康）

ブラックバード［Blackbird］

　和名はクロウタドリ。1860年代にイギリスから導入された小鳥で、雄は黒色、嘴が黄色、雌は茶褐色で腹部は薄茶、嘴は茶色。体長25cm。森林から庭園までニュージーランド全土に見られるほか、南北に点在する島々にも住む。主に地上の昆虫、果実その他を餌とする。
（由比濱省吾）

ブラックファーン［Black Fern］⇒ママク

ブラフ［Bluff］

　フォーヴォー海峡*に面する南島最南端の町。人口1,932人（2001年）。19世紀前半には捕鯨*業基地、現在はブラフ・オイスター採取活動の船団の基地。毎年4月にブラフ・オイスター祭が催される。スチュワート島*への定期船の起点。
（由比濱省吾）

フランクトン［Frankton］

　クイーンズタウン*の東、ワカティプ湖*から流出するカワラウ（Kawarau）川が国道6号線と交わるところにある町。人口1,641人（2001年）。クイーンズタウン空港がある。
（由比濱省吾）

フランクリン山地［Franklin Mountains］

　南島スチュアート山地*の北側を西北ー東南に走り、テ・アナウ湖*内に西側から張り出している山地。最高峰はカネ（Kane）山（1,713m）。
（由比濱省吾）

プランケット協会
［Royal New Zealand Plunket Society］

　プランケット総督夫人の後援を受け、キング*によって1907年より始められた非営利の育児支援事業機関。政府からの交付金、民間企業からの助成金・寄付金で運営されている。協会所属の看護師やボランティアにより、0~5歳の乳幼児と家族を対象に、育児指導や相談、家庭の保健促進を目的とした活動をおこなっている。全国814の支部、その下部組織を拠点に、予防接種、定期健診、看護師による家庭訪問をおこなう。また、チャイルドシートの貸出や、24時間対応無料電話相談サービスもある。
（岩川しほ）

ブランチ川［Branch River］

　南島北部マールバラ*のワイラウ川*の支流で、ラグラン（Raglan）山脈から流下する。水力発電*事業は1983年にワイラウ発電所とアーガイル発電所が運転開始。出力合計11MW。トランスパワー（TransPower）社が経営。
（由比濱省吾）

フランツジョゼフ氷河
［Franz Joseph Glacier］

　ホキティカ*の南西約150km、ウエストランド国立公園*にある延長約12kmの谷氷河*。氷河の先端は降雪量の多寡により前進と後退を繰り返しているが、1894~1965年の70年間では約2.5kmも後退した。1863年地質学者ハースト*がオーストリア・ハンガリー帝国の皇帝名をつけた。氷河から流出するワイホ（Waiho）川東岸のフランツジョゼフ・グレーシアは氷河観光の基地。
（植村善博）

ブランナー、トマス

フランツジョゼフ氷河。ウエストランド国立公園（太田弘）

[Brunner, Thomas（1821-1874）]
　探検家。イギリス生まれ。ニュージーランド会社*の見習い測量士として1841年アーサー・ウェークフィールド*に随行しネルソン*に上陸。46年、48年、2度の大規模な南島西海岸地帯の探検調査をおこなった。彼の名はブランナー湖やサザンアルプス*のブランナー山脈などに残されている。　　　　　　　　　　（大島襄二）

ブリアリー投資会社
[Brierley Investments Ltd.=BIL]
　1961年ブリアリー（Ronald Brierley）により創設された。最初はニュージーランドの公的企業の株式を獲得する目的をもっていた。80年代においては300以上の企業の株式への世界的な投資をおこなった。現在の企業名はBIL International Ltd. である。
　　　　　　　　　　　　　　　（岡田良徳）

ブリーズ、サミュエル
[Brees, Samuel Charles（1810-1865）]
技師、画家。イギリス人。1842年、ニュージーランド会社*の技師としてウェリントンに到着、ウェリントン入植地などの地図を作成した。また数多くの地形学的なスケッチと水彩画は当時の貴重な資料であり、その34点はアレクサンダー・ターンブル文庫*に保存されている。47年にはPictorial New Zealand（絵で見るニュージーランド）が公刊された。　　　　　（大島襄二）

フリーダム航空 [Freedom Air]
　ニュージーランド、オーストラリア、フィジー間を運航する中堅航空会社。機内食などを廃止しコストを抑え、低運賃で運航している。本社はオークランド。　　（大石恒喜）

フリーマン、キャロライン
[Freeman, Caroline（c.1855-1914）]
　女子教育推進者。イギリス生まれ。1858年ダニーディン*に移住。68~72年地元で代理教員、ダニーディンで初等学校教師。正式な中等教育は受けていなかったが、78

年オタゴ大学女性初の入学を果たし、多くの差別的待遇を受けながらも85年卒業した。在学中後進のために大学入試、教員免許コースを自ら開講。86年ダニーディンに女子校ガートンカレッジ創設、97年クライストチャーチに第2のガートンカレッジ開校。フリーマンの教育理念は人生に毅然かつ柔軟に立ち向かう力を養うことであり、自ら率先垂範した。(ベッドフォード雪子)

フリッツェル、ディック[Frizzell, Dick (1943-)]
　画家、グラフィック・デザイナー。オークランド生まれ。カンタベリー大学で美術を学ぶ。商業ベースのグラフィック・デザインを手がけ、1976年に初の個展を開いて表現主義画家として独立。多様な素材とスタイルで日常の事物を描いた。The Black Stump, 1987(黒い切り株)など。児童書の挿絵などで芸術賞を受賞。その他受賞多数。
(池田久代)

プリリ[Puriri]
　マツヅラ科の高木。固有種。樹高20m。成木は傘状にこんもりと広がる樹冠をもつ。亜熱帯樹木で自生地は北島の北部からタラナキ*付近まで。花は淡桃色で人目を引く。四季咲き性。果実は円形で2cm。ポッサム*、ハト*などが好む。暗赤褐色の材は、堅く耐久性があり、杭、枕木、橋脚などに利用された。ニュージーランド最大の緑色プリリ蛾(羽を広げると15cm)は葉や材を食害する。(塩田晴康)

ブルーノーズ[Bluenose]
　マオリ名マティリ(matiri)。和名クロメダイ。体長は60~80cm、重さは大きいものでは20kgにも達する。背の色は灰色がかった濃い青、側面から腹にかけては銀色、ニュージーランド全域の沿岸部岩場で水深100~300mのところに生息。延縄かトロール漁法で漁獲する。年間漁獲量3,000t。規制魚種*コード記号BNS。(大島裹二)

フルーン、ヘミ・テ・マウタラヌイ[Fulloon, Hemi Te Mautaranui／Fulloon, James Francis (1840-65)]
　政府役人。ファカタネ*生まれ。父はイギリス生まれで1939年来住。母はンガティ・アワ*。50年代後半からマクリーン*その他の通訳として、土地購入やマオリと入植者との軋轢調停のため広く旅した。65年7月フェルクナー*牧師殺人容疑者の逮捕応援のために派遣され、パイマリレ*信仰を受け入れていた同族のンガティ・アワに殺された。政府役人となった最初の混血マオリの一人。(青柳まちこ)

ブルズ[Bulls]
　北島パーマストンノース*の北西31kmの町。人口1,755人(2001年)。最初の定住者イギリス人ブル(James Bull)の名をとって、初めはブルタウンといわれたが、のちには一般にブルズと呼ばれるようになった。町は集約的農業、牧羊、酪農地域の中心。付近にオハケア(Ohakea)空軍基地がある。(由比濱省吾)

フルヌイ川[Hurunui River]
　南島、サザンアルプス*のハーパー(Harper)峠から発して東に流れ、サムナー(Sumner)湖、シェパード(Sheppard)湖などから、多くの支流をあわせ、ペガサス湾*の北で太平洋へ注ぐ川となる。長さ145km。フルヌイから太平洋岸までは山地を横切る先行性河川をなす。沿岸には河成段丘*が発達し、活褶曲*による段丘の変位が知られている。マオリ語の意味は「たくさんの髪」。(太田陽子)

ブレイク、ジョン
[Brake, John Brian (1927-88)]
　写真家。ウェリントン生まれ。1949年

から54年まで国立フィルム・ユニット（National Film Unit）の所長兼カメラマン。ライフ誌、ナショナル・ジオグラフィック誌、ホライズン誌などで、フリーランスの写真家、映画製作者として活躍。シャドボルト*と共著の写真集に New Zealand: Gift of the Sea, 1963（ニュージーランド：海の贈り物）や The Sculpture of Thailand, 1977（タイの彫刻）など。アラブ連合共和国（現エジプト）やアメリカ写真協会などから功労賞受賞。

（池田久代）

フレイザー、ピーター
[Fraser, Peter（1884-1950）]

　首相（1940-49）。スコットランド生まれ、1911年来住。オークランドその他で港湾労働に従事し、社会党*に入党して労働運動に身を投じる。第1次世界大戦においては、徴兵制*反対を扇動したとして逮捕された。16年労働党*の結成に貢献し、18年には下院議員（1918-50）、死亡するまでその任にあった。33年、労働党副党首となり、35年サヴェジ*内閣に入閣し教育、保健、海事相に就任、40年サヴェジ急死により党首、首相を引き継いだ。第2次世界大戦中首相として国家の指揮にあたったが、独自の外交路線の必要を感じ外務省を設置して、イギリスに頼らない直接外交をめざした。国際連合*の設立に努力し、覇権主義を排して理想主義的な世界平和を主張した。しかし49年ソビエト共産主義の脅威が高まると、これまでの彼自身の主義に反して、平和時の強制的軍事訓練を問う国民投票*を実施し可決された。（青柳まちこ）

フレイム、ジャネット
[Frame, Janet（1924-2004）]

　小説家。ダニーディン*生まれ。ダニーディン教員養成大学校とオタゴ大学で学び教師となる。小説9編と短編集5編、詩集、童話などを発表。青春時代に精神分裂病と誤診されて8年間入院生活を送った。処女短編集 The Lagoon, 1951（潟湖）が文学賞を受賞。サージソン*に才能を見出されて、長編小説 Owls Do Cry, 1957（フクロウが啼く）を出版。文学助成金を得てヨーロッパに遊学。執筆を通して新しい自己を求め、自己検証をおこなった。代表作に、自叙伝3巻 To the Is-Land, 1982（現在の国へ）、An Angel at My Table, 1984（天使が私の食卓に）、Mirror City, 1985（鏡の街からの公使）があり、これは『エンジェル・アト・マイ・テーブルI, II』の書名で1994年和訳され、またカンピオン*により映画化された。ロバート・バーンズ・フェロー（特別研究員）。フランク・サージソン協会特別会員。ニュージーランド文学賞散文部門受賞。（池田久代）

プレート・テクトニクス [Plate Tectonics]

　地球表面が厚さ約100kmの硬い板（プレート）の集合体であり、それらが変形せず水平運動しているとする理論。粘性の低いアセノスフェアの上に20枚ほどに分割された硬いリソスフェアが浮いていると考える。プレート境界では大山地、地震や火山など活発な地殻変動が集中的に発生する。プレート境界は相互の運動タイプから(1)離れていく発散（生産）、(2)ぶつかりあう収束（消費）、(3)ずれちがう平行移動（トランスフォーム断層）の3種類が区別される。ニュージーランド付近は東の太平洋、西のオーストラリアの両プレートが接する境界域に接し、北島は(2)、南島は(3)の境界にあたる。このため、地震*の頻発、タウポの火山*活動、サザンアルプス*など脊梁山脈の著しい隆起など、活発な地殻変動が生起している。（植村善博）

プレートの沈み込み [Subduction of Plate]

　2つのプレートが収斂する境界線に沿って、一方のプレートがほかのプレートの下へ沈み込み、地球表面から消滅する現象。

主として海洋プレートが大陸プレートまたはほかの海洋プレートに対して沈み込む。沈み込みはマントル内の熱と物質の循環であるマントル対流の現れである。沈み込み境界では和達-ベニオフ帯を形成し、そこでは海溝が形成され、その背後では火山活動、背後海盆の形成が起こる。一方大陸プレートが別のプレートに潜り込むときはプレートの密度が小さく、マントル中に入ることができず、衝突が起こる。ニュージーランドでは、北では太平洋プレートがオーストラリアプレートに沈み込み、上に述べた帯状の配列が顕著である。しかし、南ではオーストラリアプレートが太平洋プレートに沈み込み、上記の理由で衝突が起こり、隆起にともなってサザンアルプス*が形成された。
（太田陽子）

プレザント・ポイント鉄道博物館
[Pleasant Point Museum and Railway]
　ティマル*北西のプレザント・ポイントにある。1874年にできた鉄道のプレザント・ポイント駅をもとにしてつくられている。1878年製のものを含めて5台の蒸気機関車があり、入館者は1.5kmの旅を楽しむことができる。
（角林文雄）

プレスビテリアン教会
[Presbyterian Church]
　1840年2月スコットランドからマクファーレーン（J. Macfarlane）牧師がウェリントンに上陸し、44年、聖アンドリューズ教会（St. Andrew's）で最初の礼拝をおこなった。一方プレスビテリアン教会から分派したスコットランド自由教会*信徒344人も新天地を求め、1848年オタゴ*に移住した。51年の調査ではプレスビテリアン信徒数は4,124人、アングリカン教会*信者数に次いで第2位で、オタゴ住民の6割が同信者であった。彼らは教育に熱心で、オタゴ大学*の設立にも努力した。60年代いくつかのスコットランド系の教会は、ニュージーランド・プレスビテリアン教会（Presbyterian Church of New Zealand）の名称のもとに統合された。2001年の信者数調査ではアングリカン教会、ローマ・カトリック教会*に次いで第3位で約43万人、全人口の11％を占めている。オタゴ、サウスランド*では引き続き優位を占めるが、1991年の信者数55万5千人に比較すると約12万人減少している。
（青柳まちこ）

フレッチャー、ジェイムズ
[Fletcher, James（1886-1974）]
　フレッチャー・チャレンジ社*の創業者。スコットランド生まれ、1908年ダニーディン*に来住。兄弟とともに建築業を手始めに次第に規模を拡大し、40年フレッチャー・ホールディングス（Fletcher Holdings）を設立。37年の労働党*政府による国営住宅建設で家賃の安い公営住宅を大量に供給した。また第2次世界大戦中の防衛政策や船舶の建造でも国家に貢献した。戦後は国家の復興事業や開発に関わり、さらに林業や関連事業の展開にも大きい業績を残した。
（岡田良徳）

フレッチャー・チャレンジ社
[Fletcher Challenge Ltd.]
　フォーチュン世界企業500社ランキングの上位200社に掲載される世界的企業。1940年設立のフレッチャー・ホールディングス（Fletcher Holdings）、72年設立のチャレンジ・コーポレーション（Challenge Corporation）と52年設立のタズマンパルプ製紙（Tasman Pulp & Paper Company）の3社が81年に合併して設立された。資材供給、森林産業、建設業、不動産業、製造業、商品取引、金融、コンピュータ、エネルギー、鉱山開発、観光関連施設の設計開発などの分野で業務を展開している。
（岡田良徳）

ブレディスロウ／バサースト、チャールズ
[Viscount Bledisloe／Bathurst, Charles（1867-1958）]

　総督（1930-35）。イギリス生まれ。総督在任中の31年に、ワイタンギ条約*が調印された古い居館が売り出されていることを知り、その歴史的重要性からそれを買い取って国民に寄贈し、さらにその補修基金を提供した。オーストラリア・ニュージーランド・ラグビー対抗戦の優勝杯のブレディスロウカップは彼の名を冠している。
（由比濱省吾）

ブレナム [Blenheim]

　マールバラ準県*県庁所在地。人口26,550人（2001年）。年間平均日照時間が長いので「日光の都（Sunshine Capital）」と称している。1840年代に牧羊が始まり、ゴールドラッシュ*時代に、人口が急増大し、65年マールバラ州都となった。現在中心産業は依然牧羊であるが、気候に恵まれ、排水が良好なのでワイラウ川*流域の平野は果樹や野菜の栽培が盛んで、とくにブドウ*は主要産地の一つであり、大手のモンタナをはじめとするワイン*醸造所が多い。1989年にブレナム（地方自治制度改革で現在はマールバラ準県）は山形県天童市と姉妹都市*提携。
（由比濱省吾）

プレブル、リチャード
[Prebble, Richard（1948-）]

　政治家、アクト・ニュージーランド党*党首（1996-99）、弁護士。1972年オークランド大卒。71年弁護士。労働党*国会議員（1973-93）。ロンギ*労働党内閣では運輸相、鉄道相など。ダグラス*の経済改革*に参画。さらに第2次ロンギ内閣では政府系企業相、郵政相、公共事業相などを務めた。しかし改革についてのロンギ首相とダグラス財務相の路線の相違により、98年プレブルも罷免された。ダグラスが結成したアクト・ニュージーランド党入党、96年党首となった。同年、国会の議席を得たが2002年の総選挙で議席を失い、04年党首を辞任して、政治から引退。政治評論家となった。
（ベッドフォード雪子）

フレミング、チャールズ
[Fleming, Charles Alexander（1916-87）]

　自然科学者。オークランド生まれ。幼時から自然史に興味をもち、オークランド大学で地質学、動物学、大学院で動物学を学ぶ。1941年、地質調査所に入り、12ヵ月オークランド諸島*の調査にあたった。その後ワンガヌイ*地域の調査に従事し、その報告書は最も基礎的なものとして重視されている。彼の主たる興味は終生島と自然であり、同時に自然保護運動に携わった。それらの業績を通して、さまざまの賞を受賞。ロンドン王立協会の会員、ニュージーランド王立協会*副委員長（60-61）、委員長（62-66）。彼を記念してチャールズ・フレミング環境保全王立協会賞（Royal Society of New Zealand's Charles Fleming Award to Environmental Achievement）が設けられている。
（太田陽子）

プレンダーガスト、ジェイムズ
[Prendergast, James（1826-1921）]

　判事。イギリス生まれ、1862年ニュージーランドに来住。上院議員(65-67)、スタッフォード*により閣外の司法長官に任命され、刑法の整備をおこなった。70年ニュージーランド法学会会長。75年主席判事(Chief Justice)となり、24年間その職にあった。77年マオリの土地を巡る裁判で、「ワイタンギ条約*は2国間協定のような形をとっているが、実質的には文明国と野蛮人集団との協定であるからまったく無効である」と断じた。
（青柳まちこ）

プレンティ湾 [Bay of Plenty]

北島北東部の広い湾入。西はワイヒビーチ（Waihi Beach）から東はランナウエイ岬*に至る。中央部のオポティキ*から西の海岸線はかなり平滑であるが、東ではいくつかの岬をともなう。海岸に沿って数段の海成段丘*が発達する。これらの段丘のうち最も連続する段丘は、火山灰層序と火山灰の年代を考慮すれば、最終間氷期最盛期の形成である。その高度は東端では100mを超えるが、オポティキ付近ではほとんど海面下になり、西への顕著な傾動を示す。しかし西では再び高度を増す。この段丘の上下にも海成段丘群があり、長期にわたる隆起を示す。主な集落は海岸に沿う完新世段丘に位置している。地名は1769年クック*がマオリから多くの物資の提供を受けたことによる。

（太田陽子）

プロヴィデンス岬［Cape Providence］
南島南西端の大きなフィヨルド、チョーキー（Chalky）入江の入口にある北西側の岬。

（由比濱省吾）

浮浪禁止法［Vagrant Act 1866］
1866年に制定。障害者に対する公的福祉で、規制・監視の側面が強かったが、この後、監視的なものから保護的性格なものへと移行した。精神薄弱者に対する公的福祉対応の出発点となる82年の精神異常者法（Lunatics Act）を経て、1911年の精神欠陥者法（Mental Defectives Act）に統合された。

（新井正彦）

文化遺産省［Ministry for Culture and Heritage／Te Manatu Taonga］
文化的資源の管理に関して、政府に助言をおこない、歴史と文化遺産を保存および有効活用するための活動をおこなう。芸術・文化遺産相に責任を負い、同時に放送相、スポーツ・リクリエーション相にも助言する。

（青柳まちこ）

文学［Literature］
19世紀後半、バトラー（S. Butler）の記念碑的なノンフィクション作品 *A First Year in Canterbury Settlement*, 1863（カンタベリー入植地の最初の一年）、マニング（F.E. Manning）の *Old New Zealand*, 1863（古きニュージーランド）やバーカー（Lady M. A. Barker）の物語 *A Christmas Cake in Four Quarters*, 1872（四つ切りのクリスマスケーキ）など、ニュージーランドをテーマとした作品が出版されるようになった。1874年には7つの小説が出版され、ニュージーランド文学にとって画期的な年となった。

第1次世界大戦終了までの20年間は文学不毛の時代であったが、その後メイソン*やハイド*といった優れた才能をもつ詩人・小説家が出現した。ノンフィクションでは、ガスリー＝スミス*の *Tutira-The Story of a New Zealand Sheep Station*, 1921（トゥティラ：あるニュージーランドの羊牧場物語）とビーグルホール（John C. Beaglehole）の *Exploration of the Pacific*, 1934（太平洋探検）や *The Life of Captain Cook*, 1974（キャプテン・クックの生涯）が特筆される。

詩歌の分野では、第2次世界大戦後カーノウ*やバクスター*のような詩人、マオリ詩人トゥファレ*、フェアバーン*などがニュージーランドの大地と精神をうたうようになった。

短編では、イギリスとヨーロッパで活躍したマンスフィールド*はじめ、彼女の後継者たちが才能を開花させた。サージソン*は社会派リアリズムの流れを確立し、70年以降になると優れた作家たちが次々と作品を発表しはじめた。フレイム*、マーシャル（O. Marshall）、スミザー*、ジー*、オサリヴァン*、スティード*、マンハイヤー*などのヨーロッパ系の作家群に加えて、70年以降からはイヒマエラ*、グレイス*、ヒューム*、ダフ*といったマオリ系の作家が活躍し、新しいニュージー

ランド文学を形成しつつある。　　（池田久代）

文学賞［Literary Award］
　ニュージーランドでは作家・出版活動を奨励する制度が確立している。国内の顕彰制度で最も伝統的な文学賞は、モンタナ・ニュージーランド・ブック賞*とキャサリン・マンスフィールド記念賞（Bank of New Zealand Katherine Mansfield Memorial Awards）である。その他、スコットランドの詩人ロバート・バーンズ（Robert Burns）や自国の著名な作家サージソン*などの名を冠した文学奨励賞（Fellowship）や、大学が提供する特別研究員制度（Scholarship）がある。児童文学の分野では、アイム児童文学賞（AIM Children's Book Award）をはじめとする9つの児童文学賞がある。　　（池田久代）

紛争審判所［Dispute Tribunal］
　紛争審判所は、消費者の苦情処理を扱う国家機関である。日本では、行政機関に属する消費生活センターが当該苦情処理を担当するが、ニュージーランドの紛争審判所は、司法府である裁判所の組織の中に置かれている。紛争審判所はすべての地方裁判所*の中に設置されており、苦情処理を求める消費者が訴額に応じた手数料を納めることで審判がおこなわれる。　　（道谷卓）

へ

ペアレント・トゥ・ペアレント
［Parent to Parent］
　身体的・知的制約者家族支援組織。知的・運動・視覚・聴覚面において機能制約を有する当事者家族への、ピアカウンセリングなどの相談活動や情報提供活動をおこなっている支援組織の名称。全国的なネットワークをもつ。1983年に設立され、無償による支援サービス活動や、支援者養成事業をおこなっている。　　（八巻正治）

ベイ・オブ・アイランズ［Bay of Islands］
　ノースランド県*中央部太平洋岸の地域。前面の海は多島海を形成しているアイランズ湾*である。1769年クックが訪れ、19世紀初期には水や食料を補給するために捕鯨*者がコロラレカ*（現ラッセル*）に寄港した。やがて、無法者や逃亡犯罪者なども来住するようになり、マオリ相手に銃や酒類の交易に携わったため、コロラレカ、パイヒア*、ケリケリ*その他の停泊地一帯を含むこの地域は、太平洋の地獄（Hellhole of the Pacific）との悪名を得たこともあった。1815年にはマースデン*が来訪してキリスト教宣教が開始され、33年パイヒアにバズビー*が到着した。40年にはホブソン*が赴任してワイタンギ*でマオリ首長とワイタンギ条約*を結んだ。この一帯は夏26.8℃、冬16℃と温和な気候のため人気のある観光地で、パイヒアがその中心地である。　　（由比濱省吾）

19世紀前半のベイ・オブ・アイランズ地区におけるヨーロッパ人関係地

ベイ・オブ・プレンティ県
[Bay of Plenty Region]

　北島の東北側海岸で、東南はランナウエイ岬*から、西北はコロマンデル半島*基部まで、内陸側はカイマイ山脈*、ママク（Mamaku）山脈から東と、内陸の火山高原*を含む。人口239,412人（2001年）。県庁のある中心都市はタウランガ*。そのほかにロトルア*、ワイヒ*、マウントマウンガヌイ*、テ・プケ*、カウェラウ*、ファカタネ*、オポティキ*、マタマタ*、タウポ*などの町がある。1769年にクック*が沿岸を航海したとき、マオリ集落で食料が豊富であったため、ベイ・オブ・プレンティと命名した。現在も生産力が豊かで、酪農と牧羊、果樹産業、植林を基盤とする林産関係産業が盛んである。とくにテ・プケ一帯は「世界のキーウィフルーツの首府」と自称する。タウランガ港およびマウントマウンガヌイ港の貿易、ロトルアなどの観光産業が重要である。
〔由比濱省吾〕

ヘイズ湖 [Lake Hayes]

　クイーンズタウン*の東北、アロウタウン*の南にある小さな湖。静かで美しいため、舟遊びを楽しむ人が訪れる。
〔由比濱省吾〕

ヘイスティングス [Hastings]

　ホークスベイ県*東部にあり、20km南方のネーピア*と双子都市。人口67,425人（2001年）。肥沃なヘレタウンガ（Heretaunga）平野に位置し、第2次世界大戦以後はホークスベイ県中部および南部の農業地域における商業機能を高めている。ヘレタウンガ平野はとくに生食用・醸造用のブドウ*をはじめとする果樹生産や野菜栽培が盛んであり、ワイン*醸造では全国有数である。この町は1870年以来ヒックスヴィル（Hicksville）と呼ばれたが、1956年にヘイスティングス市、89年に地方制度改革でヘイスティングス郡となり郡役所所在地。
〔由比濱省吾〕

ヘイティキ [Heitiki]

　ティキ*の首飾りで、豊穣の象徴とされ、通例女性のみが用いる。骨、木、クジラの骨などでも作られるが、グリーンストン*製は最も珍重される。
〔内藤暁子〕

ベヴァリッジ・プラン [Beveridge Plan]

　1942年、イギリスの経済学者ベヴァリッジ（Beveridge, William Henry）によってイギリス政府に提出された、社会保障制度の設計計画をいう。この具体化がイギリスに「ゆりかごから墓場まで」といわれる体系的、包括的な社会保障制度を創設させ、福祉国家へと導いた。ニュージーランドではすでに1938年に社会保障法*が成立していたので、ベヴァリッジの参考調査対象国となっている。
〔新井正彦〕

ヘーク [Hake]

　マオリ名ティイカティ（tiikati）。タラの一種。体長90cm、突き出た口と大きな目が特徴。南島西岸が好漁場。国際市場に出荷するため、市場競争を勘案して規制量を引き上げたという数少ない魚種。2005年現在の枠は年間12,366t。規制魚種*コード記号 HAK。
〔大島裏二〕

ペガサス湾 [Pegasus Bay]

　南島東海岸、バンクス半島*北側のカンタベリー地方北部が面する湾入で、港湾はクライストチャーチの外港リトルトン*のみ。大陸棚は約80km沖合まで伸びている。湾の名は1809年南島を測量したペガサス号にちなみ、スチュワート（William Stewart）によって命名された。この湾に沿って砂浜海岸が続き、サーフィンに適している。
〔太田陽子〕

ヘクター、ジェイムズ
[Hector, James（1834-1907）]

地質学者。スコットランド生まれ。1862年オタゴ地質調査所所長として着任。長年にわたって南島南部の地質調査に従事した。65年新設の国立地質調査所所長、71年ニュージーランド大学*評議員、85年同大学学長に選ばれ18年間在職。　（大島襄二）

ヘケ蜂起 [Heke's War] ⇒北部戦争⇒ヘケ、ホネ

ヘケ、ホネ [Heke, Hone（c.1807-50）]

北部ンガプヒ*首長。ヘケ・ポカイ（Heke Pokai）あるいはヘケ・ウィレム（Heke Wiremu）とも呼ばれる。1824年頃チャーチ・ミッショナリ協会*に接し改宗したが、その後も有能な戦士として幾多の部族間闘争に参与している。ワイタンギ条約*に署名したが、のちに条約の不履行に不満を抱いて蜂起し、ヘケ逮捕には100ポンドの賞金がかけられた。鎮圧のために赴任してきたグレイ総督*に対して、ヘケは「この土地は神がわれわれに与えた物であり分割はできない。神があなた方のために創ったあなた方自身の土地に帰ってください」とする手紙を送った。政府軍およびこれに同調するマオリ軍との戦いに敗れた後、引退し結核で死亡。　（青柳まちこ）

ベジタブル・シープ [Vegetable Sheep]

キク科ラウリア属の草本。枝が密にからみあう、こんもりとした潅木。カンタベリー*の亜高山に自生する。白い羊毛に似た葉をもつ。とくにキク科特有のデイジーに似た白い花が咲くときには、一見ヒツジのように見えるので、この名がある。　（塩田晴康）

ベスト、エルスドン
[Best, Elsdon（1856-1931）]

マオリ文化研究者。ウェリントン近郊に生まれ、3年間アメリカで生活。帰国後1895年より16年間ウレウェラ*で道路監督、通訳、保健調査官などとして働く。この間トゥホエ*の歴史、伝承、生活などに関心を抱き多くの著書を出版。54歳にしてドミニオン博物館（現テ・パパ・トンガレワ*）に勤務。著書は25冊、論文50編を超え、初期のマオリ文献として今日もなお貴重な存在である。代表的な著書に *The Maori,* 1924（マオリ）2巻、*Tuhoe, the Children of the Mist,* 1977（トゥホエ：霧の人々）2巻など。　（青柳まちこ）

ベッド・アンド・ブレックファスト
[B & B=Bed & Breakfast]

1泊朝食付の料金設定が基本の小規模な宿泊施設。ニュージーランドでは手軽な宿泊施設として各地に普及している。宿の経営者やほかの宿泊者との交流も楽しめ、家庭的な雰囲気を味わうこともできる。　（大石恒喜）

ベネット、チャールズ・モイヒ [Bennett, Charles Moihi Te Arawaka（1913-98）]

軍人。ロトルア*生まれ、父はアングリカン主教。テ・アウテ・カレッジ*、カンタベリー、オタゴ、オックスフォードの各大学で学ぶ。第2次世界大戦中マオリ大隊*を指揮し戦功をあげ叙勲。教育省*で勤務したのち、1959-63年マレーシア駐在高等弁務官となった。　（青柳まちこ）

ヘビ [Snake／Serpent]

ヘビはニュージーランド固有の生物ではない。古くは1867年の動物保護法（Animals Protection Act）によって持ち込みが禁止され、100年後にはさらに動物法（Animal Act 1967）によって、ニュージーランドの生物に傷害ないし危険を及ぼす恐れのある有害・危険な動物（ヘビを含む）の導入・輸

入は農林大臣の文書による許可のないかぎり、全面的に禁止された。ウミヘビは 2 種類いることが報告されており、いずれも有毒な液をもっている。
(由比濱省吾)

ヘベ [Hebe]

マオリ名はコロミコ (koromiko)。ゴマノハグサ科ヘベ属の固有種で約 100 種。ベロニカの近縁種。高さ 1~2m の灰緑色の低木。11~2 月、葉先に小さな白~淡青紫色の花をつける。全土で見られるが、とくに南島の岩が露出した川岸や亜高山—高山地帯に多い。このうち 3 種は牧畜や外来植物と有害動物の被害によって生育地域が縮小しているため、保護策がとられ、絶滅危惧種*として指定され、特別に保護されている。園芸種は 1,000 種以上あり、庭木として広く栽培され、海外にも輸出される。下痢止めに利用され、1895 年にはイギリスの医薬品として認められた。
(塩田晴康)

ヘベ (塩田晴康)

ヘラサギ [Spoonbill]

ニュージーランドで見られるのは、オーストラリア種のヘラサギで、毎年タズマン海*を横断して飛来する。体長 78cm。全身白、嘴、顔、脚が黒く、頭には冠毛がある。嘴がへら状。潟、入江、沼地に生息する。1940 年に初めて営巣が南島 2 ヵ所で観察され、現在で全国で 8 ヵ所に広がっている。
(由比濱省吾)

ベリー、ジェイムズ
[Berry, Reginald George James (1906-79)]

デザイナー。ロンドン生まれ、1925 年ニュージーランドに来住、広告代理店や雑誌社に勤務。ニュージーランド、クック諸島*、西サモア、トンガ、ニウエ*、バーミューダの郵便切手 200 種以上をはじめ、コイン、メダルのデザインなど彼の活動はアメリカやオーストラリアにも及んだ。
(岡田良徳)

ヘリコプターライン社
[Helicopter Line Ltd.]

アオラキ山*、フランツジョセフ氷河*、フォックス氷河*、クイーンズタウン*などのヘリコプターによる遊覧飛行をおこなう、ニュージーランドを代表するヘリコプター会社。ヘリハイク*やヘリスキー*などもおこなっている。
(大石恒喜)

ヘリスキー [Heli-Skiing]

ヘリコプターや小型飛行機をリフトの代わりにして整備のされていない山岳スキー場でスキー滑走するスポーツ。ハット山*、タズマン氷河*、サザンアルプス*の山々などでおこなうことができる。
(大石恒喜)

ヘリハイク [Helihike]

フランツジョセフ氷河*あるいはフォックス氷河*などの観光において、ヘリコプターで氷河近くに接近し、氷河をハイキングする小旅行をさす。氷河入口から歩いてまわる場合、また頂上付近までヘリコプターで飛ぶ場合がある。
(山岸博)

ベリングスハウゼン、ファビアン
[Bellingshausen, Fabian Gottlieb von (c.1778-1852)]

航海者。ドイツ系エストニア人。ロシア海軍将校。ロシア名ベリンスガウゼン (Беллинсгаузен)。1819 年から 21 年にかけ

てロシア探検隊の船長として南氷洋に遠征、ヨーロッパ人では最初に南極大陸を遠望した。この遠征の途次20年、マールバラサウンズ*に立ち寄り、マオリと交歓、衣服や工芸品を入手しロシアに持ち帰った。カナダ人バラット（Glynn V, Barratt）著 *Bellingshausen, A Visit to New Zealand: 1820*（ベリングスハウゼンのニュージーランド訪問、1820年）が1979年ニュージーランドで刊行された。 （大島襄二）

ヘレフォードの家畜市場。キングカントリー
（由比濱省吾）

ベル、フランシス
[Bell, Francis Henry Dillon（1851-1936）]

ニュージーランド生まれの最初の首相（1925）。ネルソン*生まれ。イギリスで法律を学び、ウェリントンで弁護士開業、1875年同志とともにニュージーランド最初の法律誌 *Colonial Law Journal* を発刊。ウェリントン市長（1891、92、96）、下院議員（93-96）、上院議員（1912-36）。1912年に改革党*マッセイ*内閣に入閣し内務相、移民相を務め、18年からは同内閣で司法長官、引き続き19年以降、教育、外務などの各相を務め、21年より副首相となる。25年5月マッセイの病死にともない16日間首相となった。22年国際連盟*のニュージーランド代表となり、ハーグの国際裁判所では副議長に選出された。連盟の平和理念の強力な賛同者であった。 （青柳まちこ）

ヘレフォード［Hereford］

肉用牛の品種。顔が白いのが特徴。肉牛として高く評価される品種で、成熟が早い。ニュージーランドではアンガス*に次いで頭数が多い。導入は1868年。96年にヘレフォード育種協会（New Zealand Hereford Cattle Breeders' Association）が結成された。アメリカで20世紀初期に開発された無角ヘレフォード（Polled Hereford）は、1928年にニュージーランドに導入された。
（由比濱省吾）

ヘレンズヴィル［Helensville］

オークランドの北西50km、カイパラ湾*の南端に位置する町。人口2,217人（2001年）。北部のパラカイ（Parakai）は19世紀末までには温泉としての施設が整備され、1907年には政府資金も導入されて温泉保養地として注目されるようになった。
（由比濱省吾）

ペレンデール［Perendale］

肉毛兼用種のヒツジ。マッセイ大学*でチェヴィオット種とロムニー*種の交配によって開発された品種で、1960年に登録。80年には丘陵地帯に広く分布し、オーストラリアにも導入された。体型は小型から中型で、体重40~50kg。顔と脚は白い。羊毛繊維の直径は31~35μm。 （由比濱省吾）

ベレンドセン、カール
[Berendsen, Carl August（1890-1973）]

外交官。オーストラリア生まれ。10歳で南島ゴア*近郊に移住。1914年第1次世界大戦下のドイツ領サモア攻撃に参加。26年新設の首相府（現首相内閣府*）勤務（32-43）。外交分野の要職を歴任。国際連盟*では委任統治、集団安全保障問題に取り組み、第2次世界大戦下の戦時内閣では防衛政策に関わった。43年オーストラリア駐在高等弁務官、44年アンザック*、51年

アンザス条約*調印者、44~52年駐米代表／大使。45~49年、極東委員会（Far Eastern Commission）運営委員長として日本占領政策にも関わった。国際連合*憲章調印者、49年まで国連代表、信託統治委員会副委員長。大国が国連安全保障理事会に拒否権をもつことに批判的であった。

（ベッドフォード雪子）

ペンギン［Penguin］

ニュージーランド全体では5属12種が生息し、主なものは3種類である。(1) キガシラペンギン：マオリ名ホイホ（hoiho）、世界で最も希少な種類。体高76cm。眼のまわりが黄色。バンクス半島*から南島東岸を経てキャンベル島*に至る区域で見られる。海岸付近に営巣し、急斜面を上下して海で採餌する。(2) コビト（ブルー）ペンギン：マオリ名コロラ（korora）、北島・南島の海岸とスチュワート島*、チャタム諸島*に住む体高40cmの小型ペンギン。岩の割れ目、洞穴、根の下、住宅地にも営巣する。(3) フィヨルドランドペンギン：マオリ名ポコティファ（pokotiwha）、体高71cm。オタゴ*沿岸、スチュワート島、サウスランド*西部のフィヨルドランド*からウエストコースト*南部で繁殖し、沿岸の森林に営巣する。

（由比濱省吾）

ベンジャミン、エセル
［Benjamin, Ethel Rebecca（1875-1958）］

法律家。ダニーディン*生まれ。1897年オタゴ大学で大英帝国初の法学士。同年、女性の法曹界入りが認められたことにより、女性初の弁護士資格を得た。保守的な法曹界の慣習による多くの差別的待遇を受けるが、女性問題、とくに離婚や女性労働などの分野で広く貢献した。1910年以降、夫とともにイギリスに在住、そこでも法曹界における女性差別の壁は厚く次第に金融界に活動の場が移った。

ベンジャミンは法律家を志す女性に道を拓いたが、後継者は少なく、メルヴィル*が06年オークランドで弁護士事務所を開いたのは約10年後である。女性の法曹界進出は70年代に至ってようやくその兆しを見せ、90年代には法学部女子学生は男子学生とほぼ同数となった。

（ベッドフォード雪子）

ハットシティのイーストボーン海岸道路。「夜間ペンギンに注意」の交通標識 （由比濱省吾）

変成岩 [Metamorphic Rock]

変成作用を受けた岩石。変成作用とは、堆積岩や火成岩が、それができたときと異なった温度、圧力その他の条件のもとで、鉱物組成や組織が変化する現象。地質学的には接触変成、広域変成、動力変成作用に分類される。変成作用の種類によって変成岩は広域変成岩（千枚岩、結晶片岩、片麻岩など）、接触変成岩（ホルンフェルスなど）、動力変成岩（マイロナイトなど）などに分類される。ニュージーランドに多い変成岩は、結晶片岩類および片麻岩で、主にアルパイン断層*の東側の南島サザンアルプス*およびその北東延長の山地、南島南西端地域に見られる。
(太田陽子)

偏西風 [Westerlies]

通常、両半球の中緯度帯に卓越する西風。その卓越する範囲は季節によって異なるが、地上では平均して 35 度~65 度の緯度帯で、上空ではこれよりも広い範囲となる。平均風向が緯度圏に沿う帯状流となり、中緯度偏西風とも呼ばれる。緯度が南緯 34 度から 47 度にあるニュージーランドでは常時偏西風の影響を受ける。また海を渡ってくる偏西風は脊梁山脈で遮られるので、西側では降水量が多いが、東側では乾燥するという東西での降水量の差が顕著である。たとえば、サザンアルプス*の西では年降水量が 6,000mm 以上、降水日数が 175 日以上になることもあるが、東側ではそれぞれ 1,000mm 以下、100 日以下となる。なお、偏西風がクック海峡*を通るところでは渦をまいた強風になり、首都ウェリントンは「風のウェリントン（Windy Wellington）」と呼ばれる。
(太田陽子)

ヘンダーソン、クリスティーナ
[Henderson, Christina Kirk (1861-1953)]

社会改革者、教師。クライストチャーチ郊外生まれ。父はスコットランドからオーストラリアを経てニュージーランドに来住、飲酒癖が災して死亡し、教師となったクリスティーナが大家族の家計を支えた。このため、ヘンダーソン一家は禁酒運動*の熱心な支持者となった。1886~1912 年クライストチャーチの女子校勤務、退職後は女性キリスト教禁酒連合*に勤務、全国女性議会*創立メンバーとなり、7 年間会長。1899 年以降男女同賃金を主張したが、その達成は 63 年後の 1962 年であった。女性の国会議員被選挙権を求めて運動し、19 年にその権利を獲得した。33 年初の女性国会議員となったのは、妹マッコームズ*であった。
(ベッドフォード雪子)

ヘンダーソン、ステラ [Henderson, Stella May (1871-1962)] ⇒アラン、ステラ

ペンテコスト派
[Pentecostal Denominations]

キリスト教革新派の一つで、原始キリスト教にあった異言の賜物、神癒、奇跡などの再現を信ずる諸教派の総称であり、1901 年アメリカの無教派的宗教学校において始まった。22 年、ウィグルスワース（Smith Wigglesworth）のニュージーランド伝道によって、この教派に対する関心が高まり、27 年 3 月ウェリントンで初のペンテコスト信者の会合がおこなわれ、この会合後、アセンブリーズ・オブ・ゴッド（Assemblies of God）が形成された。アセンブリーズ・オブ・ゴッドはペンテコスト派の中で多数を占めており、地域によっては、クリスチャン・ライフ・センターとか、コミュニティ・チャーチと呼ばれている。

その他ニュージーランド起源のペンテコスト派が約 100 グループあり、彼らもクリスチャン・ライフ・センター、新クリスチャン・ライフ・センター、クリスチャン・フェローシップ・センターなどの名で知られている。ウェールズ起源のエリム・ペン

テコスト教会（Elim Pentecostal Church of New Zealand）は、ウェリントンで52年に発足し、現在全土に50教会があるが、信者数はまだそれほど多くない。カリスマ的新生運動は、アングリカン教会＊、プロテスタント、カトリック信者の中にも広まっているといわれる。ペンテコスト派諸教会の信者数は5万人（1991年）、6万9千人（96年）、6万7千人（2001年）。　　　　　（青柳まちこ）

変動相場制
[Floating Exchange Rate System]
　政府が為替相場を決定してきた固定為替相場制に代わり、1985年以降、変動相場制が採用されることになった。市場でのニュージーランド・ドルに対する需要と供給により、その価値が決められる仕組みである。ただ、政府としては、ニュージーランド準備銀行＊が保有し、管理する政府外国為替準備を通じて、外国為替市場に介入する道は残されている。これは重大な政治・金融危機、あるいは自然災害により生じる市場の麻痺のような状況に国が直面した際、想定されている介入である。
（松岡博幸）

ベン・マックロード山脈
[Ben McLeod Range]
　南島カンタベリー＊南部、ランギタタ川＊中流の右岸で東北～西南方向に走り、トゥーサム山脈＊に連続する山脈。主峰は2,332mのフォックス（Fox）峰。（由比濱省吾）

ベンモア・ダム[Benmore Dam]
　南島中央部ワイタキ川＊上流に建設されたロックフィルダムで、堤高110m、堤長610m、背後のベンモア湖（75km^2）はニュージーランド最大の人造湖。マナポウリ水力発電所＊に次ぐ出力540MWのベンモア水力発電所は1966年に稼働開始。建設当時は政府直轄であったが、現在はメリディア

ン・エナージー（Meridian Energy）社の管理。交流を直流に変換してクック海峡＊の海底送電線で北島の電力網に送電している。
（由比濱省吾）

ほ

保育園[Education and Care Centre]
　0歳から5歳までの乳幼児を受け入れる幼児教育保育機関で、特定時間制、全日制、自由時間制の幼児教育を提供している。個人経営、教会、その他非営利団体が運営するものなど多岐にわたる。名前も施設独自の教育目的によって保育所（Creche／Playcentre）、幼児センター（Infant Centre）、プレスクール（Preschool）など多様である。正規の訓練を受けた職員のみを雇用しているところもあれば、そうでない職員が混在しているところもある。　　　（新井正彦）

保育協会[NZ Childcare Association]
　幼児教育に携わる1,000を超える保育園を統合する公的な全国組織。1963年にニュージーランド保育園協会（NZ Association of Child Care Centres）という名称で設立され、1990年に現在の名称になった。国内における高水準の幼児教育の振興が委ねられている。　　　　　　（新井正彦）

保育所[Playcentre]
　0～5歳児を公民館など一定の場所に集めて、保護者が自ら共同で運営する集団保育施設であり、親が教師の役割をする。有料であるがほとんどが教材・教具のための実費である。午前と午後に各3時間程度の保育時間単位が週1～10回開かれ、1人5回まで出席できる。全国の約480ヵ所で約

15,000人が参加する。これと類似した地域保育制度（Community Playgroup）もあり、一定地域内の保護者が子どもたちを集めて週1〜3回のグループ保育をする。全国に約560ヵ所あり16,000人ほどが在籍する。
〔一言哲也〕

保育補助金〔Child Care Subsidy〕
5歳以下の幼児をもつ低所得の家庭に対して、その子どもが学齢前に児童教育機関に入園できるように、保育サービスにかかる費用を財政的に支援する特別補助である。6ヵ月ごとの再申請を原則として12ヵ月まで補助を受けられる。〔新井正彦〕

ポイ・ダンス〔Poi Dance〕⇒マオリ・ダンス

ホィットモア、ジョージ
〔Whitmore, George Stoddart（1829-1903）〕
軍人。マルタ島生まれ、キャメロン*の副官として1861年ニュージーランドに来住。同年ネーピア*近くに牧場を購入し、良質なヒツジとウシの成育に成功。66年からはパイマリレ*やテ・コウティ*討伐のための司令官として植民地政府軍を指揮した。上院議員（1863-1903）。〔青柳まちこ〕

ホイティカー、フレデリック
〔Whitaker, Frederick（1812-91）〕
首相（1863-64、82-83）。イギリス生まれ、シドニー経由で1840年コロラレカ*に来住し弁護士を開業するが、まもなく新首都となったオークランドに移った。52年ニューアルスター*州議会議員に選出され、54年には最初の行政院*で司法長官代理（Acting Attorney-General）に任命され、以後のスーウェル*、スタッフォード*、アトキンソン*、ホール*の各内閣で断続的に5期にわたり司法長官を務めた。この間63年首相となるとマオリ「反乱者」に厳しい態度をとり、懲罰的なマオリ土地没収*を進め

た。40余年に及ぶ政治経歴を通して、彼は初期の植民地社会で多大な影響力を誇ったが、その政策は入植者寄りであった。上院議員（1853-64、79-91）。〔青柳まちこ〕

ボイド号事件〔Boyd Raid〕
1809年8月シドニーからロンドンへの帰途、カウリ*材の積み込みのために北島北部のファンガロア（Whangaroa）に寄航したボイド号（500t）がマオリに襲撃された事件。女性1人と子ども3人を除いて乗組員（マオリ14人を含む）と乗客70人ほどが殺され、積荷も奪われた。殺戮の原因は一説には乗組員の一人であったファンガロアの首長の息子タラ（Tara）が、航海中劣悪な待遇を受けたことに対する復讐であるといわれている。この事件によって、凶悪なマオリという評判がヨーロッパに伝わり、ニュージーランドへの寄航が数年の間避けられるようになった。〔青柳まちこ〕

ポヴァティ湾〔Poverty Bay〕
北島東岸、ヤングニックス（Young Nicks）岬とトゥアヘニ（Tuaheni）岬との間、ギズボーン*が面する湾。ワイパオア（Waipaoa）川が流入する。この川の沿岸には河成段丘*が発達し、湾岸には沖積平野*が広がる。沿岸の平地は豊かな農耕地で園芸農業*が営まれている。クック*が1769年この地で物資の補給をマオリに頼んだが、水と薪しか得られなかったことによる命名。〔太田陽子〕

貿易〔International Trade〕
歴史的経緯によりイギリスとの関係が深く、太平洋におけるイギリスの農園といわれた時代もあったように、イギリスは畜産物や農産物の主要な輸出市場であり、機械類をはじめ各種の工業製品の輸入は、イギリス製品ないしはイギリスを経由した製品が中心であった。しかし1973年イギリス

のEC加盟以後はこの体制が崩れ、新しい輸出市場の開拓の必要に迫られた。同時に品目の多様化が重要課題となり、農産物では季節差利用の品目が増加し、水産物や木材・紙パルプが重要輸出品に成長した。とくに注目されるのは機械類の伸びである。2003年における上位輸出品目は乳製品、食肉、木材・木製品、機械類であり上位輸入品目は車および部品、機械類、鉱物燃料、電気機械の順である。主な貿易相手国は輸出入ともにオーストラリア、アメリカ、日本の順である。　　　　　　　　（岡田良徳）

貿易自由化［Trade Liberalisation］
　1984年以降の経済改革*では、それまでの政府の関与がむしろ弊害であると考えられるようになった。貿易の面では輸出補助金の廃止、輸入ライセンス制度*の廃止、輸入数量割り当ての撤廃、輸入関税の引き下げなどである。ただ、関税は低下したものの、衣類、織物、家電、果物など一部にはまだ1~19%程度の関税は残っている。完成車輸入関税は98年にほとんどゼロになり、日本車の輸入が増加したため、それまでの日本自動車メーカーの現地組み立て生産工場は閉鎖された。　　（岡田良徳）

貿易多様化［Trade Diversification］
　1970年代の経済苦境に直面したニュージーランドが採用した、輸出商品の多様化政策。石油危機*による農産物輸出の停滞とイギリスのEC加盟は、輸出市場の多角化、とくに輸出相手国としてのオーストラリアや日本、アメリカへの新たな輸出商品の開拓を必要とした。政府の努力の結果、林産物、水産物、野菜、果物、花卉、アルミ地金などが輸出品として有望であることが判明し、80年代後半には成果が明らかになってきた。対英貿易の比重が高かった頃には畜産物という単純な輸出品であったが、今日ではオーストラリア、アメリカ、日本をはじめイギリスやアジア諸国に非常に多種類の輸出品を供給している。
　現在、雇用吸収力のある産業はまだ育成しきれていないものの、従来よりは多様な輸出商品が登場し、貿易相手国も多くなった。なお貿易外収入をはかる道として観光産業にも力を入れている。
　　　　　　　　　　　　（岡田良徳）

ボウエン、ジョージ
［Bowen, George Ferguson（1821-99）］
　総督（1868-73）。アイルランド生まれ。1859年オーストラリアのクイーンズランド州総督となり、67年グレイ*の後を継いでニュージーランド総督に任命された。着任当時土地戦争*におけるマオリの立場を理解すべく努めたが、参戦した政府軍の撤退を求めるイギリスと、それに反対する入植者が対立したため、入植者の立場に立って軍隊の撤退に反対した。しかし、さらなるマオリ土地没収*には否定的であった。
　　　　　　　　　　　　（青柳まちこ）

法制［Jurisprudence］
　ニュージーランドの法律は、基本的には(1)1840年までにイギリス議会を通過した制定法、(2)1840年から1947年までにイギリス議会を通過した制定法のうち、明示的・暗示的にニュージーランドに効力が及ぶとされたもの、(3)ニュージーランド議会の制定法・法令から成り立っている。ニュージーランド議会は基本法1852年*により設立が定められ、イギリス本国の法律に抵触しない限り、立法権が容認された。たとえば犯罪に関しては、1893年刑法（Criminal Code Act 1893）により、「ニュージーランド制定法で犯罪であると定義されていない限りニュージーランドの裁判所に起訴されることはない」と規定されている。
　イギリス議会は、1931年に自治領*の立法権に関する制限を取り除き、独立に向かう動きを促進するため、ウエストミンス

ター憲章*を通過させたが、ニュージーランドは、47年になって6つの自治領の最後にこの憲章を採択した。しかしごく最近まで、ニュージーランド議会はイギリス議会に法源を頼り、ニュージーランドの裁判所も先例をイギリスの上級裁判所に求め、その判決がしばしば引用されてきた。1950年代、一院制の採用以来、内閣の権限がイギリス内閣のそれを越えて強大になった。

ニュージーランドには成文化された憲法はなく、イギリスの憲法的慣習を基本にしている。基本法1852年に代わる基本法1986年（Constitution Act 1986）は、国家組織上重要である規定を一つの制定法にしたもので一般的な法律の一つであり、日本の憲法とは異なる。ニュージーランドの議会は、新しい立法理念の採用に熱心であり、不都合があれば直ちに変更・修正する。また、新しい判例を直ちに立法に取り入れるので、一般的に条文の数量が非常に多く、かつ詳細な規定が設けられている。たとえば商法と公正取引法は、アメリカの独占禁止法に倣ったオーストラリアの通商実務法を直接のモデルにし、会社法は消費者保護法と同様にカナダのものを基礎にしている。

なおニュージーランドの制定法はかなり頻繁に改正されるので、常に新しい法律に注意する必要があり、それらはインターネットから無料で入手できる。なお先住民マオリの慣習法は重要であるが、その系統だった法学的研究はおこなわれていない。

（髙橋貞彦）

ポウナム［Pounamu］⇒グリーンストーン

ホウボウ［Gurnard］
　マオリ名クムクム（kumukumu）。くさび型の頭と翼のように広がるひれが特徴。アカホウボウ（Red Gurnard）は味もよく漁業対象として好適。ニュージーランド全海域の水深20~150mに生息する。年間3,000tの水揚げ。規制魚種*コード記号GUR。

（大島襄二）

法律扶助［Legal Aid］
　民事訴訟を提起しようとする金銭的余裕のない者に対して、無料または低廉な費用で法律サービスを提供する制度。1939年法律扶助法（Legal Aid Act 1939）の成立でニュージーランドにおける法律扶助の理論的側面は構築されたものの、実質的な運用は1969年の法律扶助法が施行された70年になってからである。91年の法律サービス法（Legal Services Act 1991）が制定されてからは、民事の法律扶助のみならず、刑事における公設弁護人にもこのサービスが拡大されるようになった。

（道谷卓）

ボウルダー・バンク［Boulder Bank］
　南島北部のネルソン*にある長さ約13kmの礫州で、港を外海から隔てている。付近に露出する硬い火成岩が侵食され、南西方向の沿岸流によって運搬・堆積したもの。タズマン湾*東南部の海岸線と平行に北東－南西に走る。

（太田陽子）

ホエール・ウオッチング［Whale Watching］
　南島カイコウラ*の沿岸では1年中マッコウクジラを見ることができる。ボートによるツアーをはじめ、ヘリコプターや小型飛行機で観察することもできる。環境保護のため、環境保全省*の認可のもとにツアーが運営されている。

（大石恒喜）

ボーア戦争［Boer War］
　1899年南アフリカで生じたボーア戦争に際して、イギリスは各植民地・自治領に出兵を要請したが、それに呼応して真っ先に兵を送ったのがニュージーランドで、正規軍に指揮された民兵の乗馬歩兵部隊6,500名が参加した。ウェリントン港には5万人もの人々が集まり、祖国の危機

救援にはせ参じる出征兵士を熱狂的に見送った。ボーア戦争はイギリスの勝利に終わったが、出征したニュージーランド兵の60~70人が戦死し、その4倍が事故死ないし病死した。この戦争を契機として軍事訓練の必要が叫ばれるようになった。

(根無喜一)

ホークスベイ県 [Hawke's Bay Region]

北島東南岸の県で、マヒア半島*から南はターナゲイン (Turnagain) 岬まで、西はルアヒネ山脈*を境とする。なお湾をさすときはホーク湾*、この湾に面する地域をさすときはホークスベイの名称が用いられる。県庁所在地はネーピア市*。主要な町は北からワイロア*、ヘイスティングス*、ハヴロックノース*、ワイプクラウ*、ダンネヴァーク*である。ネーピアとワイロアは港として入植初期から開けた。1858年ホークスベイ州となったが、76年州制度は廃止された。70年代のセヴンティマイル・ブッシュ*の開拓にはスカンジナヴィア系入植者が関わった。現在北部と西部の平地・丘陵地は主として牧羊、また平地はマールバラ*およびギズボーン*とともにニュージーランドの主要なブドウ*産地であり、ワイン*醸造が盛んである。

(由比濱省吾)

ホークスベイ土地取引否認運動 [Repudiation Movement]

1870年代、ホークスベイ*で生じた運動で、従来の土地取引はすべて無効であるとして否認する。先住民土地裁判所*の廃止、下院マオリ議員枠の拡大、マオリの土地での道路、鉄道、電信施設敷設反対などを主張した。指導者ンガティ・カフングヌ*のマトゥア*に同情的なヨーロッパ人も加わり、71年下院に請願書を提出した。政府はホークスベイ土地譲渡委員会を設置して審議にあたったが、ヨーロッパ系委員とマオリ委員の意見の合致を見なかったため、運動は裁判に持ち込まれた。75年独自の新聞を発行して議員らに働きかけると同時に、ワイタンギ条約*のマオリ語版を印刷し、マオリの権利を訴えたが、70年代末には運動それ自体が下火となった。しかしこのホークスベイ土地取引否認運動は、マオリがヨーロッパ式政治枠組みの中で、その主張を表現し行動する先駆けとなった。

(青柳まちこ)

ホークスベイ博物館 [Hawke's Bay Museum]

ネーピア市*にある。1931年にこの地方を襲った地震*の記録の展示が有名。マオリのみならず、太平洋諸島民*の残した文化遺産、初期入植者の遺品がある。

(角林文雄)

ホーク湾 [Hawke Bay]

北島東部、北はマヒア半島*、南はキッドナッパーズ岬*の間の大きな湾入。沿岸には堆積性の平野が発達し、平滑な海岸線を呈する。主な流入河川はワイロア*川、モハカ (Mohaka) 川、エスク (Esk) 川など。1931年のホークスベイ地震では海岸域に約2mに達する隆起があり、かつての潟が干上がって新たな土地が出現した。ここは豊かな農耕地となっている。

(太田陽子)

ボードセイリング [Boardsailing]

ヨット操縦免許は不要であるが、帆の操作には技術が必要である。北島ではアイランズ湾*やコロマンデル半島*海岸、南島ではマールバラサウンズ*、オタゴ湾*などで盛んである。

(山岸博)

ポートチャーマーズ [Port Chalmers]

オタゴ湾*中ほどの西側にある町。人口1,365人 (2001年)。南島では最も大規模な貿易埠頭を有し、コンテナ埠頭のすぐ近傍

ポートチャーマーズ港のコンテナ埠頭　(由比濱省吾)

に沿岸漁業の漁港があり、造船業その他の小工業もある。市街地は斜面に形成されている。1882年2月に最初の冷凍船ダニーディン号が冷凍肉*をイギリスに向けて出荷した歴史がある。　　　　　(由比濱省吾)

ポートニコルソン［Port Nicolson］⇒ウェリントン湾

ホームステイ［Home Stay］
　一般家庭に滞在すること。都市部に多く、ニュージーランドでは語学学校と提携して外国人を定期的に受け入れている場合も多い。農場をもつ家庭ではファームステイ*として受け入れている。　　(大石恒喜)

ホール、ジョン［Hall, John (1824-1907)］
　首相(1879-82)。イギリス生まれ、カンタベリー協会(Canterbury Association)の移民として1852年クライストチャーチに来住。翌53年カンタベリー州議会(Canterbury Provincial Council)議員、下院議員(1855-60、66-72、79-83、87-93)、上院議員(1862-66、72-75、76-79)。79年にはグレイ*の後を継いで首相に就任。下院議員、上院議員、首相と断続的ながら通算40年の長期にわたり

政界に身を置いた。保守主義政治家と目されているが、議員の3年任期、男子普通選挙権などの改革の主導者であり、また女性参政権*にも理解を示していた。(青柳まちこ)

ホール、ロジャー［Hall, Roger (1939-)］
　劇作家。イギリス生まれ。1958年来住。ヴィクトリア大学卒。1969年テレビ向けシナリオ作家としてデビュー。70年にフリーライターとして独立。チェーホフ的な悲喜劇を得意とし、諷刺のきいた社会批判劇を展開。*Glide Time*, 1976(時の移ろい)で作風を確立し、戯曲 *Middle Age Spread*, 1977(中年の蔓延)は映画化された。97年にマンスフィールド記念賞(K. Mansfield Memorial Award)受賞。　　(池田久代)

ホキ［Hoki］
　メルルーサ科の深海魚。体長1m、銀白色、突き出た口と大きな目、細身の体が先細りで尾に至る。沿岸全域で漁獲され市場価値が高いので、漁獲量の9割程度が輸出された。しかし資源の減少が危惧されるようになり、2000年には25万tだった規制量が、04年から10万tにまで切り下げられている。国際市場でもホキという名で通っている。規制魚種*コード記号HOK。
　　　　　　　　　　　　　　　(大島裏二)

ホキアンガ湾［Hokianga Harbour］
　ノースランド県*北部のタズマン海*側にある狭長な樹枝状の溺れ谷*。主水路の水深は40mあり、初期にはホキアンガ川と呼ばれた。湾口に砂嘴があるが小型の船なら20kmまで遡上できる。この湾の周辺一帯をホキアンガと呼ぶ。　(由比濱省吾)

ホキティカ［Hokitika］
　南島西海岸、グレイマウス*の西南45km、ホキティカ川河口にある町。人口3,477人(2001年)。ゴールドラッシュ*時

ホキティカの時計台（太田弘）

代に人口激増し、最盛期には採金者と関連産業従事者の合計が6,000人以上に達した。現在は広大な森林を基盤とする製材業のほか、近傍に産するグリーンストーン*の加工業の中心である。
（由比濱省吾）

北部戦争 [Northern War]

ワイタンギ条約*の不履行に対して政府に不満をもったヘケ*は、1844年7月以降コロラレカ*のユニオンジャックの旗竿を4回にわたって切り倒し、45年3月にはコロラレカの町を襲い火を放って住民を恐怖に陥れた。総督フィッツロイ*はオーストラリアに援軍を要請しその鎮圧にあたった。45年6月武装した政府軍630人はヘケの同調者カウィティ*が築いたオマペレ（Omapere）湖近くのオハエアワイ（Ohaeawai）・パを攻撃したが、多くの犠牲を払っても勝利をおさめることはできなかった。フィッツロイ後任の総督グレイ*は、同年末「反乱軍」の鎮圧に乗り出し、46年1月の日曜日政府軍はファンガレイ*の北35kmのルアペカペカ（Ruapekapeka）・パを襲撃したが、パ*の内部は無人であったため、難なくパを破壊することができた。一説によれば、このときマオリは日曜日の礼拝に出席していたという。
（青柳まちこ）

牧羊犬 [Sheep Dog]

ニュージーランドの牧羊犬は19世紀にスコットランド人移民がもたらしたボーダーコリー種牧羊犬に改良が加えられたものである。牧羊犬はヒツジやウシを集め、移動させる作業に不可欠で、現在は推定20万頭。農作業の機械化が進んだとはいえ、起伏が大きく面積が広い山地丘陵地の農場経営には依然として重要な役割を担っている。農場の規模によって飼育頭数が異なり、広大な牧場では10頭以上が必要である。牧羊犬は3歳に達すると登録しなければならない。牧羊犬の技術向上のため、19世紀末から地方競技会がおこなわれるようになり、1936年からは全国大会が開催されている。
（由比濱省吾）

捕鯨 [Whaling]

ニュージーランド沿岸にはときおりクジラ*が打ち上げられ、マオリはその骨、歯、肉、油脂などすべてを利用してきたが、彼らが積極的に捕鯨をおこなうことはなかった。1791年マッコウクジラを求めて太平洋を航行してきた最初のイギリス捕鯨船が北島ダウトレス湾*に到来した。以後1805年までには数多くの捕鯨船がアイランズ湾*に立ち寄り、水や食料を補給すると同時に、しばしばマオリを水夫として乗船させた。39年にはおよそ200隻のイギリス、フランス、アメリカなどの捕鯨船がこの海

域で操業していたと推定されている。35年から50年までの間、チャタム諸島*を含むニュージーランド海域の捕鯨船は、アメリカ船だけで1,400隻にのぼる。

当時深海と沿岸の2種の捕鯨がおこなわれていた。脂肪（ロウソクの原料）と鯨蠟（脳内の脂、ロウソクに用いる）、龍涎香（香料の原料）などの採取のために珍重されたマッコウクジラは深海型で、これを捕獲する船は寄航地にしばしば長期にわたり滞在したので、コロラレカ*は一大捕鯨基地となった。一方沿岸捕鯨は主としてザトウクジラを対象としており、捕鯨者はクック海峡*、カイコウラ*、バンクス半島*、オタゴ*海岸などに基地をつくり、クジラ接岸を待って捕獲した。ザトウクジラも鯨油と骨が利用された。しかし乱獲の結果、1840年代後半になると捕獲量は急速に減少し、50年代に捕鯨は終焉を迎えた。　　（青柳まちこ）

保健医療制度　[Health Care System]

保健医療制度は、日本のような社会保険制度で運営されているのではなく、公費によって賄われている。監督官庁は保健省*であり、緊急疾病による公立病院の外来入院は無料である。1990年代の一時期には外来患者に一部自己負担制度が導入されたが、99年末に労働党*に政権が移り、再び公立病院サービスの無料化がおこなわれるようになった。民間医である家庭医*による診療は、6歳以下であれば1回の診療につき35ドルの補助が自動的に支払われるため、実質無料で診療を受けることができる。また低所得者対象、慢性患者対象の医療費補助制度や処方箋についての補助制度もある。緊急性のない疾患に関して、病院での診察（2次医療）が必要な場合は家庭医による紹介が必要となる。けがの治療、リハビリに関しての費用は、社会保険方式で運営されている事故補償公社*によって賄われる。けがに関しても公立病院では無料となるが、家庭医による治療には治療費が必要となることもある。また、民間専門医による3次医療は原則自己負担となる。
（太谷亜由美）

保健省
[Ministry of Health／Manatu Hauora]

健康と障害に関する事項を管轄する政府機関。国民の健康と自立を守り育成し、マオリや太平洋諸島民の健康における不平等を解消するために、大臣に対し政策を提案し、各法規を運用し、そのための資金を提供する。各地域の住民の健康に責任をもつ地域保健公社*に資金を提供し監督する。臨床医療（初期医療、病院医療などを管轄）、情報（保健業務に関する支払い、情報の管理）、地域保健公社、マオリ保健*、障害関係、精神衛生、公衆衛生、保健政策の8つの監督部局をもつ。ほかに医薬・医療器具の安全性を統括する医療安全局、放射線を管理する放射線研究所、国民に医療情報を開示する保健情報サービス局がある。　（薄丈夫）

保健法　[Health Act 1956]

1956年制定の公衆衛生に関する法律。保健省*の公衆衛生における役割、医療保健地域、その医療職員の資格、地方自治体の公衆衛生における権限などを規定するほか、医療情報の開示の必要性を述べている。
（薄丈夫）

保護海域　[Marine Reserve]

海・海底・前浜を含む海岸一帯を、科学的研究と学習、生物の自然な状態での保存という目的のために、保護海域法（Marine Reserve Act 1971）により環境保全省*が管理する海の自然保護区。沿岸域から海底までの景観を保持し、すべての生物が汚染・乱獲・開発から保護され、自然の状態で保存されることを目的とし、これによって生物群集とその生息する自然生態系を研究・保

全するために地域を指定している。1975年にオークランド北方のロドニー岬＝オカリ岬保護海域*が第1号に指定されて以来、現在29海域に増えた。うちフィヨルドランドでは各峡湾（フィヨルド）ごとに10の保護海域が指定されている。名称とその制定年代は巻末資料を参照のこと。

(植村善博)

ホジキンス、フランシス
[Hodgkins, Frances Mary（1869-1947）]

画家。ダニーディン*生まれ。ダニーディン在住のイタリア人画家ネルリ（G. P. Nerli）に師事して頭角をあらわし、*Otago Daily Times* 紙、*NZ Illustrated Magazine* 誌にイラストを掲載する肖像画家、風景画家として出発。1901年から2年間イギリス、ヨーロッパを広く見聞する。03年に初めてイギリス王立美術院展に入選、05年、16年にも入選した。13年に一時帰国したが、その後、ヨーロッパに旅立って二度と帰国しなかった。1926年の母親の死去以後、ニュージーランドとの交流は途絶えた。作品はニュージーランド、オーストラリア、ヨーロッパの美術館で展示されている。なおリヴァプールからの移民であった父ウィリアム（William Mathew Hodgkins）も著名な水彩画家であり、ダニーディン美術館、オタゴ美術学校を創設し、1880〜97年校長を務めた。

(池田久代)

補助渡航者 [Assisted Passengers]

ニュージーランドへの運賃を免除ないしは軽減する制度を利用した渡航者。ニュージーランド会社*は会社が割り当てた入植地で賃労働に携わる労働者について、特定条件に合致する者を三等船室に無料で乗船させた。条件はそのときどきで若干の変更があったようであるが、たとえばポートニコルソン*植民地の募集では、農民、羊飼い、庭師、家事使用人、少数の農業機械工、

政府による補助渡航者募集の広告

職人で、40歳以下の夫婦、および親族に同伴される30歳以下の未婚男女が無料渡航者の条件であった。船内での食事は支給されたが、生活条件は劣悪で航海中の子どもの死亡率はきわめて高かった。ほかに農民や小資本家の客室船客を対象にした運賃割引制度も設けられた。

ニュージーランド会社が解散した1858年以降の一時期、補助移民は州政府の手によって進められた。公共事業を推進したヴォーゲル*内閣は、労働力不足解消のために、70年代再度政府による渡航費補助ないしは無料の移民の誘致を積極的におこなった。正規の渡航費は15ポンド弱であったが、既婚の農業労働者、工夫、羊飼い、また職種と関係なく45歳以下の既婚男性、35歳以下の独身男性は5ポンド、45歳以下の既婚女性と35歳以下の独身女性、35歳以下の幼児のいない未亡人は無料であった。

80年代末までに移民約14万人が到着したが、そのうち10万人は政府の手による補助移民であったといわれ、うち半数がイングランド、19％がスコットランド、29％がアイルランドからで、そのほとんどは農村出身であった。また第2次世界大戦後の不足する労働力補充のために、一時期渡航費補助の制度が復活した。 　　　（青柳まちこ）

ポタタウ・テ・フェロフェロ
[Potatau Te Wherowhero（c.1800-60）]

　初代マオリ王。ワイカト*とンガティ・マニアポト*の系譜を引き、勇猛な大首長として知られる。当初グレイ*総督をはじめとするヨーロッパ人と良好な関係であったが、1850年頃から政府や入植者がマオリの土地を収奪していくことに抗議した。58年、タミハナ*からマオリ王就任の要請を受けたとき、一度は断ったが最終的には受諾した。58年6月ンガルアワヒア（Ngaruawahia）における集会で、聖書に手をおいて誓い、ポタタウⅠ世として即位しマオリ王となった。ポタタウはマオリの連帯と土地の確保を訴えたが、土地戦争*勃発の頃に死去した。 　　　（内藤暁子）

ホタテガイ [Scallop]

　マオリ名ティパ（tipa）。扇形の二枚貝。殻の高さ8cm、殻の横幅9cm。全国に分布し、浅い湾の干潮線以下の砂地に棲む。年間許容量850tに対して実漁獲量は300t以下である。規制魚種*コード記号SCA。 　　　（大島襄二）

ホッケー [Hockey]

　1890年代イギリスから導入され、96年クライストチャーチに初めて女子ホッケークラブが作られ、翌年男子クラブも結成された。1902年には同地に全国規模のホッケークラブが生まれた。56年のオリンピック・メルボルン大会では6位、次期のローマ大会では5位、さらに76年モントリオール大会では決勝戦で宿敵オーストラリアを1対0で破る快挙をなしとげ優勝した。 　　　（山岸博）

ホッケン、トマス
[Hocken, Thomas（1836-1910）]

　医師、歴史家。アイルランド生まれ。イギリス船船医として2年間勤務ののち、1862年ダニーディン*に来住。ニュージーランド文学の最初の文献目録を発行した。ヨーロッパ人によるニュージーランドの発見と植民の歴史を研究し、ニュージーランドと太平洋地域に関する図書、文書、絵画を収集した。彼の収集品は現在オタゴ大学*ホッケン図書館に保管されている。 　　　（薄丈夫）

ポッサム [Possum]

　オーストラリア産フクロネズミで現在では最大の害獣。1837～1924年まで毛皮採取の目的で導入し、繁殖させ放したため、スチュワート島*やチャタム諸島*を含む全土に広がった。一時期保護獣であったが、木に巧みに登り葉を食べ尽くすため、30年代食害による森林破壊が明らかになった。現在7000万頭生息していると推定されており、毎日2万tの植物を食い荒らすと考えられている。食害のほか牛結核の運搬者であるので、畜産業への影響も大きい。庭園から農場・森林に至るまで生息し繁殖力が非常に旺盛であるため、害獣対策として毒餌散布などがおこなわれ、ポッサム根絶費と病害制御研究費に年間6,000万ドルが投入されている。 　　　（由比濱省吾）

ホッホステッター、クリスチャン
[Hochstetter, Christian Gottlieb Ferdinand von（1829-84）]

　地質学者。オーストリア生まれ。ノヴァラ（Novara）号による世界一周探検隊に参

加し、1858年オークランドに到着。南北両島で約8ヵ月間自然地理や地質の調査をおこない、多数の論文を発表した。彼の名を冠する氷河*、ドーム、山峰が南島にある。

(植村善博)

ホブソン、ウィリアム
[Hobson, William（1792-1842）]

代理総督（1840-41）、総督（41-42）。アイルランド生まれ。海軍軍人。1837年在留イギリス人保護のため、初めてニュージーランドを訪れ現状を報告した。その報告書の中でホブソンは一定の土地を購入し、その地域内にイギリス司法権を樹立すべきであると提案した。この提案は受け入れられた。

39年ニューサウスウェールズ総督の監督下にあるニュージーランドの代理総督（Lieutenant-Governor）に任命され、40年1月にアイランズ湾*に到着した。最初の任務はマオリ首長らとイギリスとの間の協定を結ぶことであった。2月6日ワイタンギ*のバズビー*邸でマオリ首長45人の署名を得ることに成功し、ワイタンギ条約*が締結された。41年ニュージーランドがニューサウスウェールズ植民地（オーストラリア）から分離して独立植民地となったため、正式の総督に就任したが、すでに健康を害しており就任後1年余りで死亡した。

(青柳まちこ)

ポフトゥカワ [Pohutukawa]

フトモモ科の常緑高木〜低木で海岸に多い。樹高20m、上部は天蓋状となり、幹の直径は2m。東はポヴァティ湾*、西はニュープリマス*より北方の海岸に自生。ロトルア*では湖岸に見られる。金色の花粉を付けた3〜4cmの赤いオシベが密生している花が特徴。蜜が多く鳥や虫を集める。10月末からクリスマスまで赤々と輝くように咲くので、クリスマスツリーとも呼ばれる。

レインガ岬*突端にある樹は樹齢800年で、死者の魂が現世からハワイキ*に跳び立つ樹としてマオリはタプ*とした。入植者は各地に植栽し、若木は庭木として人気がある。

(塩田晴康)

ポプラ [Poplar]

外来樹種。牧場で家畜の日除け用植樹列にしばしば使われている。暗緑色の常緑樹が卓越するニュージーランドにおいて、秋に美しく黄葉する樹種として目を楽しませてくれる。

(由比濱省吾)

ポマレⅠ世 [Pomare, Whetoi（c.1760-1826）]

北島ンガプヒ*首長。タヒチのポマレ王朝の名を名乗る。1820年代ンガプヒがおこなった数々の攻撃に参加。アイランズ湾*を訪れるヨーロッパ人との交易によって銃器を入手し、北島マオリに恐れられる存在であった。26年ワイカト*攻撃の際、奇襲を受け、殺され食べられたという。

(青柳まちこ)

ポマレⅡ世 [Pomare, Whiria（c.1775-1850）]

ポマレⅠ世の姉妹の息子で、ンガプヒ*の首長。オジの死後その名を継いだ。1837年には彼の村に131名のヨーロッパ人が住み、酒類、材木、食物などの交易をおこなっていた。ワイタンギ条約*の署名者で、ほかの首長らにも署名するよう説得したが、まもなく条約内容に失望する。ヘケ*の蜂起では中立の立場をとったが捕らえられた後、釈放された。

(青柳まちこ)

ポマレ、マウイ [Pomare, Maui Wiremu Pita Naera（1876-1930）]

医師、政治家。青年マオリ党*中心メンバーの一人。ニュープリマス*近郊生まれ。テ・アウテ・カレッジ*卒業後アメリカの大学に留学し、医師の資格を得てマオリ最初の医者となった。マオリ西部地区選出の

ワイタラ*のオワエ（Owae）マラエに建つポマレ、マウイの銅像（青柳まちこ）

下院議員（1911-30）。マッセイ*内閣に入閣しクック諸島相（1916-25）、コーツ*内閣では保健相（25-28）、内務相（26-28）などを務めた。マオリの健康や保健衛生向上に努め、マオリ社会の改善に寄与した。

（内藤暁子）

ホランド、シドニー
[Holland, Sydney George（1893-1961）]

　首相（1949-54、54-57）。カンタベリー*生まれ。実業家として成功を収める。1935年父ヘンリー・ホランド*の後を継いで下院議員に選出され、57年まで7期継続して議員を務めた。40年国民党*の2代目党首。第2次世界大戦中の戦時内閣では戦費担当（Charge of War Expenditure）相・副首相。49年の総選挙では実業家や農民の支持を得て、労働党*を破り首相となった。また51年の港湾ストライキ*取りしまりの実力行使に対して労働党から非難を受け、解散選挙をおこなった際には、「選挙政党か、労働組合か」の標語を掲げて大勝利を収めた。ホランド政権の一大改革は、51年存在価値が薄くなっていた上院*の廃止に踏み切ったことである。

（青柳まちこ）

ホランド、ヘンリー
[Holland, Henry Edmond（1868-1933）]

　政治家。オーストラリア生まれ、社会主義活動家となる。1912年ワイヒ金鉱ストライキ*を機に来住。翌年 *Maoriland Worker* の編集者になり、第1次世界大戦の徴兵制*に反対した。下院議員（1918-33）。19年労働党*の最初の党首となったが、労働党政権樹立は彼の死から2年後であった。弁論家でありまた文筆活動もおこなった。

（青柳まちこ）

ホリオーク、キース
[Holyoake, Kieth Jacka（1904-84）]

　首相（1957、60-72）、総督（77-80）。北島ウッドヴィル*近郊に生まれ、農業に従事。1932年の補欠選挙で改革党*から下院議員に当選、38年落選するが、43年復活、以後77年に引退するまで議席を守った。47年国民党*の副党首となり、ホランド*引退の後を受けて57年短期間首相となる。同年の選挙で労働党*に敗れるが、60年には労働党の財政を弾劾して国民党が返り咲き、再び首相としてニュージーランド黄金時代の12年間、史上第3位の長期政権を支えた。彼は巧みな調停者で閣僚の意見の一致を導くことに優れ、この間215の法案を通した。政界引退後総督。

（青柳まちこ）

ポリット、アーサー
[Porrit, Arthur Espice（1900-94）]

　医師。乳腺、消化器外科医。総督（1967-72）。ワンガヌイ*生まれ、ニュージーランド出身の最初の総督。オタゴ大学およびオック

スフォード大学で医学を修める。英国外科学会会長（60-63）、英国医師会会長（60）。エリザベス女王の侍医（52-67）。パリ・オリンピック（1924年）で100m走銅メダル。国際オリンピック委員会（IOC）理事（34-67）。
(薄丈夫)

ポリルア市［Porirua City］

ウェリントンの北20km、タズマン海*に面する都市。人口47,367人（2001年）。1950年代初期にウェリントンの近郊住宅都市として計画され、65年に市制施行。現在は住民の増加にともなって産業も発達し、ウェリントン大都市圏の一部を構成している。93年に愛知県西尾市と姉妹都市*提携。
(由比濱省吾)

ボルジャー、ジェイムズ
［Bolger, James Brendan（Jim）（1935-）］

首相（1990-93、93-96、96-97）。タラナキ*の西端オプナケ（Opunake）生まれ。農民連盟の活動に関与。1972年国民党*から国会議員となり、マルドゥーン*内閣で水産相、労働相、移民相。84年国民党党首代理、86年党首、90年首相。前任者マルドゥーンとは異なる大胆な市場経済よりの開放政策をとり、アジア太平洋地区との関係強化に努力した。96年に国民党はニュージーランド・ファースト*と連立を組み、ボルジャーは首相を継続したが、97年首相・党首を引退した。98年議員を引退し、駐米大使に任ぜられた。
(青柳まちこ)

ホルスタイン=フリージアン
［Holstein-Friesian］

代表的乳用牛品種。1884年にオランダからカンタベリー*に導入されたのが最初で、さらに1902~03年にアメリカ、オーストラリア、イギリスからも輸入された。10年にニュージーランド・フリージアン協会（New Zealand Friesian Association）が結成された。80年代にニュージーランド・ホルスタイン=フリージアン協会と改称、農民と種畜家で構成され、ハミルトン*に本部、

ホルスタイン=フリージアンの牧場。オトロハンガ (由比濱省吾)

全国に支部を置いている。ニュージーランドのホルスタイン=フリージアンは中型のウシで、産乳が豊かで、放牧飼育のために運動量が多くて安産型である。50年代まで都市近郊農場での市乳生産の主役であったが、頭数では乳牛全体の12%に過ぎなかった。乳脂肪率は50年の3.74%から80年代の4.15%へ上昇し、プロティン含有量も上昇したので、ジャージー*種に比して産乳量で優位となったため、ホルスタイン=フリージアンが第1位の約55%を占めるに至った。
(由比濱省吾)

ホロピト［Horopito］

モクレン科の潅木または小木で8mに成長する。別名ペッパーツリー。主に森林縁辺部などで繁殖し標高2,700mまで生育可能。北島北部から南島北半分までの地域に分布するが、それほど一般的ではない。葉は表裏とも光沢があり油胞が数多くある。食すると渋く苦いが、マオリは万病に効く薬の木として重用し、葉の煎汁を興奮剤および皮膚病、性病、胃痛の治療薬とした。また葉を噛むことで歯痛を和らげた。初期の入植者も樹皮をキニーネの代用や皮膚病の薬とした。材は暗赤色で堅く加工して装飾品とされる。
(塩田晴康)

ホロフェヌア［Horowhenua］

北島南部のタラルア山脈*とタズマン海*に挟まれたマナワトゥ平野*の南西部の地域。主な町はレヴィン*、オタキ*、パラパラウム*。国道1号線と幹線鉄道が走り、鉄道はパラパラウム以南が複線電化しており、ウェリントンへの通勤圏を形成している。またウェリントン大都市圏の園芸農業*地域である。
(由比濱省吾)

ホワイト、ウィリアム
［White, William（1794-1875）］

ウェスレアン教会宣教師。イギリスに生まれ、1823年ニュージーランドに来住。30~36年ホキアンガ湾*沿岸一帯で伝道に従事し、のちにワイカト*のラグラン*に移った。マオリの土地を買い上げ、その土地の木材をマオリが伐採・売却することで彼らの利益をはかろうとし、またマオリへの強い酒類の販売にも反対した。こうした行為により、商取引への度を越した関与、教会の財産乱用などの非難を受け、38年教会から追われた。
(青柳まちこ)

ホワイト島［White Island］

北島東部、プレンティ湾*ファカタネ*沖合にある周囲約6kmの火山*島。マオリ名ファカアリ（Whakaari）。最高点はンガトロ（Ngatoro、高度321m）。活火山で、白い噴煙を上げており、火口付近ではガス噴気孔、間歇泉*などさまざまな火山活動が見られる。飲料水はない。鳥の保護区であり、風景保存地域でもある。ニュージーランド最大のカツオドリ*の生息地がある。1934年まで硫黄や石膏をとるための作業場があった。1914年9月に大噴火があり、硫黄採掘作業中の14人が噴出物に埋もれて死亡した。68年まではマオリがマトンバード*をとるために入ることができたが、いまは禁止されている。クック*が1769年に命名。
(太田陽子)

ホワイトベイト［Whitebait］

マオリ名でイナンガ（inanga）、コアロ（koaro）、ココプ（kokopu）などと呼ばれる数種の小魚。大群で川口に集まるのを網で漁獲する。南島の西海岸での水揚げが全体の90%。漁期は厳格に規制されており、南島西海岸では9月1日から11月14日、ほかのところでは8月1日から11月30日。
(大島襄二)

ホワイトヘッド［Whitehead］

マオリ名ポポカテア（popokatea）。ホオジ

ロガモ科で森に住むイエローヘッド*、ブラウン・クリーパーと同属の小鳥。カナリアに似た声で囀る。北島南部と若干の島々で、1,200m以下の森林に棲む。体長15cm、頭部は白く、背と羽は褐色、腹部は薄茶色。
（由比濱省吾）

ホンギ［Hongi］

互いに鼻と鼻を触れあわせるマオリの伝統的な挨拶。主な3つの様式は、鼻を合わせる際に同時に額もつける型、鼻の右側の鼻孔の上だけに軽く触れる型、鼻の両側それぞれに触れる型である。またその際、握手をしたり肩を抱きあう場合もある。
（内藤暁子）

ホンギ（青柳まちこ）

ホンギ、ヒカ［Hongi Hika (c.1772-1828)］

ンガプヒ*の首長。近隣諸部族と戦闘を重ね有能な戦士として恐れられていた。1820年宣教師ケンドール*とともにイギリスに渡り、数ヵ月滞在してケンブリッジ大学言語学者リー（Samuel Lee）のマオリ語辞書編纂に関わり、国王ジョージIV世にもマオリ王として面会した。帰途シドニーでイギリスからの贈り物すべてを銃器に交換し、故郷に帰った。続く5年間入手したマスケット銃を武器に、ンガプヒを率い北島の中部まで遠征、各地で勝利を収めた。27年戦闘中に肺に被弾し、それが原因で翌年死亡。
（青柳まちこ）

ボンド保証制度［TAANZ Bonding Scheme］

ニュージーランド旅行会社協会の正会員になっている旅行会社の顧客に対する金銭保証制度。旅行会社の営業停止などの場合、すでに払い込んだ代金は、弁済業務保証金制度の弁済限度額にこのボンド保証を加えた金額まで弁済される消費者保護の制度。
（新井正彦）

ポンパリエ、ジャン
［Pompallier, Jean Baptiste François (1801-71)］

ローマ・カトリック、マリア会司教。フランス生まれ。西太平洋の宣教のため1838年ホキアンガ湾*に到着、この地でカトリックの伝道を開始。当時すでにこの地域にはアングリカン教会*、ウェスレアン教会*が宣教を開始しており、フランスの勢力拡大に対しては疑惑の目で眺める者が多く、信者獲得には困難がともなったが、39年コロラレカ*に伝道所移転後まもなく、ンガプヒ*の有力首長の家族が入信した。ワイタンギ条約*締結時にはその場に居合わせたが、政治的に無縁の立場をとったため、ホブソン*から布教の自由の確約を得た。50年イギリスに帰化。ラッセル*にはポンパリエ館が現存する。
（青柳まちこ）

ボンベイ［Bombay］

オークランドの南方、約50km、国道1号線沿線の町。人口693人（2001年）。西のプケコヘ*に続くオークランドを主要市場とする園芸農業*地帯。
（由比濱省吾）

ま

マーキュリー湾 [Mercury Bay]
　コロマンデル半島*東岸の湾。クック*が1769年11月10日に水星の太陽面通過の観測をおこなったことから、水星湾の名がつけられた。湾奥にフィティアンガ*の町がある。　　　　　　　（由比濱省吾）

マーサー [Mercer]
　ワイカト川が下流で、西に方向転換する地点。ハントリー*からマーサーまでのワイカト川沿岸は低湿で、過去にしばしば洪水の災害を経験した。　　　　（由比濱省吾）

マーシュ、ンガイオ
[Marsh, Edith Ngaio（1895-1982）]
　小説家、演出家。クライストチャーチに生まれ、女優となった。1934年最初の探偵小説をイギリスで出版。その後イギリスとニュージーランドを行き来して文筆活動をおこない、*Died in the Wool*, 1945（羊毛の中の死）など探偵・犯罪小説を30作以上出版した。演劇に関心をもち、シェイクスピア劇その他の演出を通して若い演劇人を育てた。　　　　　　　　　　（池田久代）

マースデン、サミュエル
[Marsden, Samuuel（1765-1838）]
　宣教師。イギリス生まれ。アングリカン教会*の刑務所牧師として1794年オーストラリアに赴任。この間数人のマオリに会い、ニュージーランドへの伝道を強く希望した。チャーチ・ミッショナリ協会*から委任され、1814年初めてベイ・オブ・アイランズ*を訪れ、クリスマス礼拝をおこなった。その後23年間にわたりしばしばニュージーランドを訪れ、アングリカン教会宣教の基礎を築いた。　　（青柳まちこ）

マーチソン山地 [Murchison Mountains]
　フィヨルドランド国立公園*内テ・アナウ湖*の西から湖内に突き出ている山地。先端にツチボタル*が生息するテ・アナアウ（Te Ana-au）洞窟がある。　（由比濱省吾）

マーティンバラ [Martinborough]
　ウェリントンの東50km、ワイララパ*南部にある町。人口1,356人（2001年）。1989年に南ワイララパ郡に統合され郡役所所在地。町はマーティン（John Martin）が1879年に自分の農園内に計画・開発したもの。中央部には方形の広場があり、街路は彼が訪れた世界各地にちなんで命名されている。周辺は集約的牧羊地域であり、また高品質ワイン*の生産地である。
　　　　　　　　　　　　　　（由比濱省吾）

マートン [Marton]
　パーマストンノース*とワンガヌイ*の中間でランギティケイ川*下流にある町。人口4,752人（2001年）。周辺は肥沃な沖積平野で、牧羊や混合農業がおこなわれている。1989年にランギティケイ郡に統合された。　　　　　　　　　　　（由比濱省吾）

マーヒー、マーガレット
[Mahy, Margaret（1936-）]
　児童文学作家。ファカタネ*生まれ。カンタベリー大学卒。1961年から教育省*の学校出版局向けの児童文学を書きはじめ、80年からは執筆に専心する。クライストチャーチ近郊のガヴァナーズ・ベイ（Govenors Bay）在住。69年の処女作 *A Lion in the Meadow*（草原のライオン）は、15ヵ国語に翻訳された。多作の作家で今日までに150作を世に問うている。70年代からはジュニア向け小説を手がけ、『めざめれ

ば魔女』1989（*The Changeover*, 1984）あたりからニュージーランドを舞台にした作品が目立つ。フェミニスト的な絵本『ジャムおじゃま』1998（*Jam, A True Story*, 1985）や、科学と想像力の共存をめざした『贈りものは宇宙のカタログ』1992（*The Catalogue of the Universe*, 1985）など、邦訳は28点に及ぶ。カーネギー児童文学賞など受賞多数。

(池田久代)

マールバラサウンズ [Marlborough Sounds]

南島東北端にあり長大で複雑な形をした溺れ谷と大小の島々からなる地域。代表的な湾はクイーンシャーロット（Queen Charlotte）サウンド。この地域を詳細に調査して多くの命名をしたのはフランス人デュモン・デュルヴィル*である。牧羊や酪農のほかに沿岸各地ではマッスル*養殖がおこなわれている。一帯はマールバラサウンズ海洋公園として、観光リゾート地として有名であったが、その一部がロング島＝ココモフア保護海域*に指定された後、残りのマールバラサウンズ一帯はハヴロック*海洋公園の名称となった。一部は自然保護区となっている。クイーンシャーロットサウンドの最奥に港町ピクトン*がある。

(由比濱省吾)

マールバラ準県 [Marlborough District]

南島東北部の地方で北と東北はクック海峡*、東は太平洋、南はカンタベリー*、西はネルソン*に接する。クック海峡*に面するリアス式海岸はマールバラサウンズ*として知られる。またワイラウ川*の谷は大断層によって形成されたもので、直線的にサザンアルプス*から海岸に走っている。1989年地方制度改革によりマールバラ準県となった。郡ではあるが権能は県に準ずるため準県（Unitary Authority）と称される。

準県庁（郡役所）所在地ブレナム*。ほかの主要な町はピクトン*とカイコウラ*。ワイラウ川*の平野は豊かな農業地域で、ことにブドウ*栽培に特徴があり、ワイン*生産地として著名である。1989年に山形県天童市と、また91年に長野県小谷村と姉妹都市*提携。

(由比濱省吾)

マイター峰 [Mitre Peak]

ミルフォードサウンド*奥に、海面から急斜面でそびえ立っている1,692mの三角形の峰。国道94号線の終点、乗船場の対岸にある。ニュージーランドの自然を代表する印象的な風景として観光写真によく使用されている。

(由比濱省吾)

マウイ [Maui]

半神・半人のいたずら者。マウイ伝承はポリネシア全般に見られるが、マオリ神話によればマウイは5人兄弟の末子として生まれ、いったんは母に海に捨てられたが助けられ母のもとに帰る。人をだますことに長じ数々のいたずらをするが、人間に有用な大事業も成し遂げた。ニュージーランド北島を海底から釣り上げ、また下界から人間界に火をもたらしたのもマウイである。また太陽の首に縄をかけ太陽が天空をもっとゆっくりと回るよう脅迫したために、昼の時間が長くなった。最後に死の女神を滅ぼすために下界を訪れるが、反対に殺された。それゆえに人間は死を免れることができない。

(青柳まちこ)

マウイ油田 [Maui Oil Field]

1969年にタラナキ半島南西沖約35kmに発見され、マオリ伝説の英雄名にちなんでマウイ油田と名づけられた。採掘所はマウイA（79年操業開始、110m海底に14本の油井をもつ）とマウイB（92年操業開始）の2ヵ所で、そのほかに96年にはFPSO（洋上生産貯蔵および積み下ろし）施設が建造された。マウイ油田は国内産油量の70％を占め、

現在シェル、トッド石油、フレッチャー・エナジー社が操業している。
（岡田良徳）

マウンテン航空社 ［Mountain Air］
ヘリコプターや小型飛行機を運航する航空会社。北島のトンガリロ国立公園*の遊覧飛行や送迎、オークランド空港からグレートバリアー島*への定期便がある。
（大石恒喜）

マウントクック・スキープレイン社 ［Mount Cook Ski Planes］
アオラキ・マウントクック空港を拠点としてスキープレイン（スキーを付けた固定翼小型飛行機）でアオラキ山*、タズマン氷河*、フランツジョセフ氷河*、フォックス氷河*などに着陸や遊覧飛行を提供する会社。
（大石恒喜）

マウントクック・リリー ［Mount Cook Lily］
リリーと呼ばれるがユリ科ではなく、キンポウゲ科キンポウゲ属の双子葉植物。英国名バターカップ。サザンアルプス*を代表する高山植物*で、アオラキ／クック山国立公園*のシンボル。葉は丸く30cm大、濃緑色で光沢がある。キンポウゲの中では大株で高さ1m以上にもなる。花は真夏に開花し、キンポウゲに多い鮮黄色ではなく純白色で、むしろケシ科メコノブシス属に似る。花径8cm、中心部にあるオシベは黄色でよく目立つ。保護地区の傾斜面を純白の花が覆う様はきわめて美しく壮観。有毒植物。
（塩田晴康）

マウントフォート、ベンジャミン ［Mountfort, Benjamin Woolfield（1825-98）］
建築家。イギリス生まれ。1850年カンタベリー*に来住。教会建築の第一人者として活躍し、とくにゴシック様式教会建築に腕をふるった。代表的建築物としてカンタベリー州庁（1858-65）、カンタベリー博物館（1869、1882）、時計塔（1877）と大ホール（1882）を含むカンタベリー大学*（現アートセンター）、ネーピア*のセントジョン大聖堂（1888）、オークランド市内パーネルのセントメアリー教会（1887-98）などがある。カンタベリー建築家協会初代会長。
（由比濱省吾）

マウントブルース野生生物繁殖センター ［Mount Bruce Wildlife Centre］
北島マスタートン*の北西25kmのマウントブルースにあるコカコ*、クロセイタカシギ、タカヘ*などの絶滅危惧種の繁殖センター。ほかの在来種の小鳥公園もある。周囲の森林にはベルバード、トゥイ*、ホワイトヘッド*などが生息している。
（由比濱省吾）

マウントマウンガヌイ ［Mount Maunganui］
北島タウランガ*都市圏の一部を構成する町。人口6,891人（2001年）。タウランガ湾の東南角から伸びる砂嘴上に発達した町で、内湾側には中小工業地区と、港湾地区がある。マウントマウンガヌイ港は商業港で、紙、パルプ、木材製品、農産物その他を扱っている。太平洋側は住宅地区・保養地でサーフィンの名所。大きな山（マウンガヌイ）を意味する町の名は、砂嘴の先

マウントマウンガヌイ港（由比濱省吾）

端に陸繋された高さ232mの島からきている。
(由比濱省吾)

マオマオ［Maomao］
スズキに似た魚。(1) ブルーマオマオは体長20~35cm、背は菫色、尾は深く切れ込んでいる。イースト岬*の北に多く、水面下の岩礁に棲む。(2) ピンクマオマオは体長30~50cm、赤い色と長い胸びれが特徴。尾は切れ込んでいる。ノース岬*とイースト岬の間の沖合の島で見られる。美味。釣魚の対象。
(大島襄二)

マオリ［Maori］
ヨーロッパ人の到来以前に、ニュージーランドに居住していたポリネシア人。紀元前1500年頃に、東南アジア島嶼部から根菜栽培、家畜飼育、新石器文化をもつ人々が南下してきた。彼らはメラネシアで先住者を避けるように海岸部や小さな島に住みながら、かなり短期間に南東海域に向かって移動した。今日この地域からラピタ式と名づけられている独特の文様土器が出土し、このラピタ式土器の製作者がポリネシア人の祖先と考えられている。ラピタ式土器製作者集団が西ポリネシアに到来したのは紀元前1000年頃で、彼らはさらに東進を続けて、おそらくはマルキーズ（マルケサス）諸島に到達した。

その後、その近辺から東はイースター島（ラパヌイ）、北はハワイ、そして東南はニュージーランドに向かって拡散していった。ポリネシアと呼ばれるのはこの3点をつなぐ広大な三角形に囲まれた海域であり、ニュージーランドの先住民マオリも、その故郷は中央ポリネシアのソサエティ諸島、あるいはクック諸島であると考えられている。

マオリのニュージーランド渡来時期は考古学者でも完全な意見の一致はなく、10~14世紀と幅があったが、近年の研究では13~14世紀説が有力である。少なくとも14世紀頃にはニュージーランドの大部分で人々が生活を開始していたことは確かであるらしい。ポリネシア人の身体的特徴は一般に高身長で相対的に下肢が短く胴が長い。また骨格や筋肉がよく発達し、皮膚は薄い褐色、頭髪は黒の波状毛である。蒙古斑と呼ばれる臀部の色素の沈殿は過半数の乳幼児に見られる。ポリネシア人はヤムイモ、タロイモ、バナナなどを耕作し、ブタ、イヌ、ニワトリを家畜としていた。マオリは故郷からの移動に際してこれら農耕作物を持参したようであるが、気候的に熱帯性のイモ類に依存することは困難であった。また家畜ではイヌのみを伴った。
(青柳まちこ)

マオリ遊び［Maori Games］
戦士としての訓練の一つである槍投げ(nitiあるいはteka)は、若者に好まれるゲームであった。先端を丸くした2mほどのトエトエ*や軽い木で作った槍を一定の距離から投げる遊びで、相手方はその槍から身をかわす、棒で払う、あるいは素手で掴む。棒ゲーム (ti rakau) は長さ1mほどの棒を相手に投げ渡す遊びで、参加者は向かい合って立ったまま、あるいは座って、あるいは膝をついて、歌や掛け声でリズムを取りながら早い動きで次々と棒を投げ渡す。棒を落とした者は脱落し、最後に残った1人が勝利者となる。

コマ (potaka)、竹馬 (pou toti, pou turu, pou koki)、凧 (manu, manu tukutuku)、ブランコ (tarere) なども人々に好まれていた。凧は子どもばかりでなく大人の遊びでもあり、大きな物では翼の横幅が3m半もあり、2人がかりでようやく支えることができた。ブランコは通常のブランコのほかに、地面に立てた高い棒の上部に、何本かの綱をくくりつけ、その綱につかまって、棒の周囲を回転木馬のように回る遊びモアリ

まおりいふく

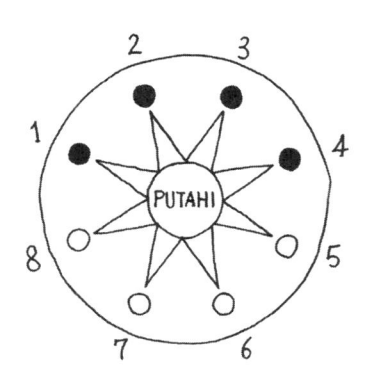

マオリ遊びの盤上ゲーム（ム・トレレ）

（moari）があった。

操り人形（karetao, karari）は長さ30～40cmの木板製で両手のみ動くようにつくられ、歌とともにさまざまな動作をおこなう。綾取り（whai）は両手指だけでなく、足指や歯を用いたり、2～4人がかりで糸を取る手の込んだ形がつくられた。綾取りの造形はしばしば神々や祖先の伝承を伝える絵物語でもあった。

盤上ゲーム（mu torere）は丸い盤の上に8つの先端をもつ星状の図を描き、星の中心部には小さな円（putahi）を描く。対戦者は最初にそれぞれ白黒4個のコマを星の先端（黒1-4、白5-8）に配置し、中央のプタヒを利用して自分のコマを動かしていくが、相手方のコマに囲まれ動けなくなった方が負けである。

（青柳まちこ）

マオリ衣服 [Maori Clothing]

故郷の中央ポリネシアで樹皮布の材料として用いられていた桑科の植物（aute）は、初期の航海者によってもたらされたが、ニュージーランドの気候には適さなかったため、その栽培はごく一部に限られた。これに代わって使用されるようになったのが、丈夫な繊維が含まれているフラックス*（ハラケケ）の葉である。ハラケケの葉

マオリ衣服。肩にかけた外套とスカート（青柳まちこ）

を水に浸し、硬い部分を取り去ってから、貝で細く裂き乾かす。これをさらに柔らかくするためには、石槌で叩き繊維（muka）とする。ポリネシアには織機はないが、マオリは編み機を用いて織物のようにしなやかな編み布を製作した。編み機は地面に立てた2本の棒で、その上部に水平に糸を渡し横糸として、それに必要とされるだけの数の縦糸を結びつける。この縦糸の間を、編み棒（turuturu）を用いて横糸を通し上から下へ編み込んでいく。糸の編み方は衣服の用途によりさまざまな工夫がなされた。糸をできる限り細かく詰めて編んだ布は、槍を防ぐための戦争用外套に適していた。

裂いたイヌの毛皮やイヌの毛を編み込んだ物、キーウィ*やカカ*の羽を編み込んだ物、あるいは端に入念な模様の縁取りを付けた外套など多くの種類があり、手の込んだ美しい外套は珍重された。キエキエ*やキャベッジツリー*の葉を編み込んだ外套は、防水性に優れレインコートに最適。

編み上げた布は方形で体に巻きつけてマント状に着用した。長い外套類は肩の部分で止めたが、マント状に体をすっぽりと覆うのみで、シャツのように身体にぴったりした衣服ではないため、冬季の防寒用には余り実用的ではなかったと思われる。ポリネシアで一般に用いられている男性下着の褌 (maro) はチャタム諸島*以外では早く放棄された模様で、男女ともスカートが用いられていた。肌に直接触れるにはハラケケは硬いので、その葉を細かく裂き、より細い繊維の編み布をつくる必要があった。

(青柳まちこ)

マオリ入れ墨 [Moko/Maori Tattooing]

入れ墨はポリネシア一般に広く見られるが、マオリの入れ墨はその方法と文様において大きく異なっている。他地域では墨をつけた針を皮膚に刺すのに対し、マオリは小さな鍬状の木の刃床部先端に付けた骨の刃を皮膚にあて、上から槌で叩いて皮膚を深く切り開く。流れ出る血をフラックス*の葉で拭いながら、傷口にカウリ*やトタラ*のヤニを燃した煤でつくった墨を入れていく。刻まれる文様は複雑な曲線で、これは彫刻の文様と類似しており、入れ墨はまさに人体の彫刻であって、男性は顔面全体に、女性は口の周囲におこなった。

男性の顔面文様は大きく上下2つの部分に分かれ、上部は目頭から上に登り額の中央を通って、左右に分かれ下方に向かう曲線群、下部は鼻翼から外側に向かい口辺を回って顎に向かう曲線群で、いずれも左右対称である。ただし古くは直線文様のみで、複雑な曲線文様は後代の発達であるといわれる。痛みが激しいため、一度にすべてをおこなうことはできないので、完了まで数ヵ月もかかるのが普通であった。とくに頰や口の周辺は痛みが甚だしいので、吸い飲みで食べ物を流し込まなければならなかった。一般に地位の高い男性は顔面一杯

顔面の入れ墨を施した木彫
(青柳まちこ)

に手の込んだ入れ墨を施していた。

高い評価を得た入れ墨の専門家トフンガ・タ・モコ (tohunga ta moko) は、各地に招かれ十分な報酬が与えられた。ヨーロッパ人との接触後、入れ墨の慣習は急速に衰退したが、ヨーロッパ人が入れ墨入り干し首を珍重したため、一部のマオリは奴隷の顔面に入れ墨を施して殺し、その干し首を交易品として使用した。

(青柳まちこ)

マオリ王擁立運動 [Maori King Movement]

マオリ語ではキンギタンガ (Kingitanga)。土地不売運動から始まったマオリの民族主義的な運動。1850年代後半、ヨーロッパ人の強引な土地購入に反対して、58年北島中央部でイウィ*を越えた土地不売同盟が結成された。この話し合いの中でイギリスと同じようにマオリにも王を擁立する案が浮上し、タミハナ*の努力によって、初代王ポタタウ・テ・フェロフェロ*が選出された。彼らは「王のマナ*が及んでいる土地はタブ*」であるという伝統的なマナおよびタブの概念によって土地を死守しよ

うとしたが、土地戦争*に敗れてワイカト*の土地は政府に没収された。代々の王はタフィアオ*、マフタ（Mahuta）、テ・ラタ（Te Rata）、コロキ（Koroki）と続き、1966-2006年は初代女王テ・アタイランギカアフ（Te Atairangikaahu）であった。06年8月、トゥヘイティア（Tuheitia）が第7代王位についた。

（内藤暁子）

マオリ音楽 [Maori Music]

楽器には打楽器、管楽器があり、打楽器にはゴング、カスタネットなどがある。戦争用ゴング（pahu）は19世紀の記録によれば、2m弱の横長中空太鼓で紐で空中に吊るして硬い棒で打ち鳴らした。木ないし骨でつくられていたカスタネット（tokere）は、一組ずつ左右の手にもって打ち合わせる。

管楽器には大きな音を発するトランペット（pu）とメロディーを奏でるフルート（putorino）がある。ほら貝トランペット（pu tatara）は、ほら貝の先端部分を切り落とし木製のマウスピースがつけられている。まれにイヌの皮や羽で飾りつけられる。ほら貝トランペットは集合、客人の来訪、首長の長子の誕生など重要事項の伝達に用いられた。木製の長いトランペット（pu kaea）は主に敵の来襲を告げるなど、戦闘時に用いられる。

フルートの形式は多様で、長さ、幅、末端部の開閉状況などによりポルトゥ（porutu）、フィオ（whio）、コアウアウ（koauau）など名前が異なっている。これらの中で最も珍重されたのはコアウアウで、木製の場合には入念な彫刻が施されていることが多い。女性が男性の奏でる美しいフルートの音色に魅了された恋物語がロトルア湖*に伝えられている。骨製のフルートは、その素材を戦闘で倒した敵の骨から得ているということで珍重された。フルートの一種ングル（nguru）は短く丸みを帯びた形状で先端と中央部にいくつかの穴がある。

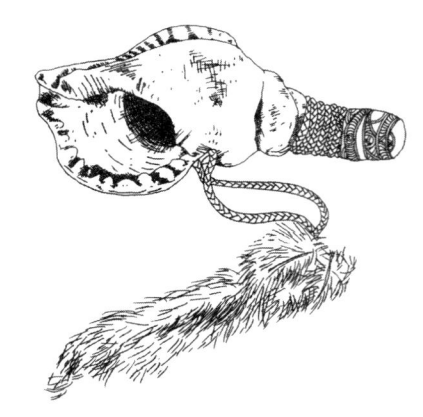

マオリの楽器。ほら貝トランペット（プ・タタラ）

口琴（pakuru）は長さ30〜40cmの木片の頭部にフラックス*製の糸が付けられている。パクルの一端を口にくわえ、他端を左手で支えて右手にもった棒で糸を弾く。歌にもさまざまの形式があり、パ*の守護に当たっている番兵の歌、ひょうきんな歌、子守唄などがあるが、挽歌（waiata tangi）と恋歌（waiata aroha）が主要である。恋歌はほとんど常に女性によって、また挽歌も女性によって作詞されることが多い。

（青柳まちこ）

マオリ・カヌー伝承 [Maori Canoe Oral Tradition]

マオリの伝承によれば、彼らの祖先は故郷と考えられているハワイキ*から数艘のワカ（カヌー）に乗ってアオテアロア*（ニュージーランド）に到着したことになっており、すべての人々は祖先のカヌーと結びついている。これ以前にもアオテアロアへの渡来者はあったと考えられるが、この大船団による移住が実質的なマオリ歴史の始まりといってよいであろう。

カヌーの到達した年代は祖先の系譜から計算して、1350年頃と推定されており、カヌーやその船長の名前、そのカヌーが

到着した地点、航海中にあった出来事などは、歌や物語に受け継がれている。タイヌイ (Tainui)、テ・アラワ*、マタアトゥア*、クラハウポ (Kurahaupo)、トコマル (Tokomaru)、アオテア (Aotea)、タキティム (Takitimu) の7艘はすべての人々に受け入れられている有名なカヌーの名称である。その他ンガティ・ポロウ*のホロウタ (Horouta) も有力であるが、上記のカヌー以外にもそれぞれのイウィ*が主張している多くのカヌー名がある。カヌーはアオテアロアの海岸に到着し、乗員は上陸後、それぞれの地に分散していった。多くのカヌーは北島のプレンティ湾*に到達したが、ホロウタはコロマンデル半島*沖のグレートマーキュリー (Great Mercury) 島、アオテアは北島西海岸アオテア湾*に到着した模様である。

以下はカヌー名とそれに結びつく主要なイウィ*の居住地である。タイヌイ（ワイカト*、キングカントリー*ほか）、テ・アラワ（ロトルア*、タウポ*）、マタアトゥア（ファカタネ*、ウレウェラ*、ベイ・オブ・プレンティ*）、クラハウポ（タラナキ*、ワンガヌイ*ほか）、トコマル（北・中央タラナキ）、アオテア（南タラナキ）、タキティム（ホークスベイ*、ワイララパ*）、ホロウタ（イーストコースト*）など。

(青柳まちこ)

マオリカヌー。ハミルトンのワイカト博物館
(由比濱省吾)

マオリ議会 [Te Whakakotahitanga O Nga Iwi O Aotearoa／National Maori Congress]

1990年7月にニュージーランド部族連合 (United Tribes of Aotearoa New Zealand) によって設立された組織。45のイウィ*およびハプ*の代表者により構成され、目的はマオリ民族の進歩とその自決を促進させることにある。政府から独立した組織で、財政的には成員の会費によって運営されている。約10の委員会があり、それぞれ正義、教育、雇用、住居、漁業権、政府政策の監視、国際関係などの問題に取り組んでいる。

(青柳まちこ)

マオリ議席
[Maori Parliamentary Representation]

1867年マオリ議員法（Maori Representation Act）によりマオリ男性に対して下院議員の普通選挙権が与えられ、一般選挙区とは異なった選挙区からマオリ議員を選出することが定められた。全国を北部、東部、西部、南部の4地区に分け、各1議席の計4議席がマオリ議員に割り当てられた。当時ヨーロッパ人の選挙権に関しては財産制限があったが、マオリ選挙に関しては財産の多寡にかかわらず21歳以上のすべてのマオリ男性に投票の権利が認められた。マオリ選挙区の被選挙権者は、マオリないしハーフカースト（2分の1混血マオリ）に限定されていた。

最初の段階では候補者は首長階層、あるいは政府から推薦された親政府有力者であったらしいが、71年にはすべての選挙区で複数の候補者が立候補し、79年までには約7千人のマオリが投票したといわれる。しかし選挙区が地域別に分割され、部族別に定められなかったことから、一部の人々の不満は大きく、人口の多いンガプヒ*、テ・アラワ*、ンガティ・ポロウ*などのマオリは自部族の代表を出すことを望んだ。

マオリ人口の著しい増加にもかかわらずこの4議席は変更されることなく近年まで続いてきたが、1993年に採用された小選挙区比例代表併用制*にともなって改訂された。マオリ個々人は5年ごとに自己の投票権をマオリ選挙区で行使するか、一般選挙区で行使するかを選択し、その選挙人の数の大小により、マオリ議席の数の増減をその都度決定することとなった。その結果96年の選挙では5議席、99年選挙では6議席、2002年および05年の選挙では7議席がマオリ議席として割り当てられている。

(青柳まちこ)

マオリ木彫り彫刻
[Whakairo／Maori Woodcarving]

ファカイロという語には木彫、骨彫、石彫、入れ墨も含まれるが、とくにニュージーランドでは豊富な木材を用いた木彫が発達した。海の神タンガロア*の家からある男が彫刻した柱を盗んできたことが、マオリ彫刻の起源と伝えられている。模様には人像、鳥人（manaia）のほか、魚、鳥、トカゲなどがあるが、それらはすべて曲線で表されている。とくに渦巻き模様は特徴的で、単一渦巻きに加えてより複雑で多くの種類がある二重渦巻きが多用されている。渦巻きの図案はニュージーランドに豊富に自生するママク*の若芽から着想を得たと考えられている。ほとんどの人像は、実際のあるいは伝承上の祖先を表しており、体に比して頭部が大きく顔面には入れ墨が施され、しばしば舌を突き出している。体の前に置かれた手の指は3本であることが多い。これらの彫刻はマラエ*前面のヴェランダの柱、破風、扉や窓の周囲、また建物内部の柱などに施されているほか、貯蔵庫、カヌーの舳や船尾、貴重品箱（whakahuia）などにも見られる。

トタラ*は木質が柔らかく加工が容易である上、耐久性があるので木彫りに好まれる素材であった。彫刻師は男性に限られており、作業中の作品、用具、彫刻師自身はタプ*であり、主たる彫刻師はトフンガ・ファカイロ（tohunga whakairo）と呼ばれ、少なからぬマナ*を有していた。用具の石斧には大小あり大斧は工程初期の段階で、小斧は型どりに使用された。のみは玄武岩やグリーンストーン*でつくられていた。しかし今日のように精緻な彫刻は、鉄器の使用が可能になってからの発達であろう。彫刻はそれぞれの地方の流派にしたがって発達したため、形状・技法などに地方色が認められる。

(青柳まちこ)

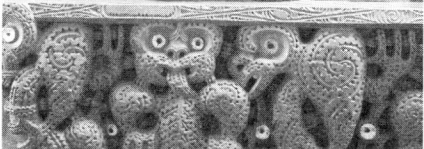

貯蔵庫の柱に施された木彫り。オークランド博物館
(青柳まちこ)

マオリ漁業法 [Maori Fisheries Act 1989]

ワイタンギ条約*で保障されたマオリの水産物採捕の権利は、1983年の最初の漁業法においても、伝統的な儀式や自給的目的の非商業的水産物採捕のほかに、商業的

目的の漁獲まで認められていた。しかし、マオリ自身、すでに本格的な漁業活動から離れていたため、次の86年漁業法の成立時には漁獲割当量管理制度*の枠を得る資格を失っていた。そのためマオリの権利回復訴訟が起こり、政府は改めて1989年マオリ漁業法を制定し、マオリの食料源および伝統的・文化的慣習に対する権利と商業的漁業に参加する権利を認め、次の措置をとった。

（1）政府はマオリ漁業委員会に年2.5%ずつ4回に分けて漁業枠の10%を渡す（これは1992年10月完了）。(2) 政府はマオリ漁業委員会に1,000万ドルを支払う。(3) マオリ漁業委員会はアオテアロア水産社*を設立し、委員会に渡された漁業枠の50%を移転、残り50%を保有管理しマオリに貸与する。(4) マオリの伝統的権利を守るためにタイアプレ（taiapure＝慣習的漁獲区域）を新設する。イウィ*やハプ*は、彼らにとって経済的・精神的・文化的理由で特別な意味のある沿岸域や河口域を、タイアプレとして水産大臣に申請することができる。委員会の審査によりこれが認証されれば、その区域は総督*によってタイアプレ布告がなされる。

(大島襄二)

マオリ漁労［Maori Fishing］

海の食物カイ・モアナ（kai moana）はマオリにとって重要な食物であり、沿岸、河川、湖水などで網漁、釣り、ヤナ、壺漁などさまざまな漁獲法が発達した。釣り針（matau）は大きさ、形状、つくり方など、対象とする魚に応じて多様であり、材質は骨、木材、貝殻、石などが用いられた。サメ漁用の最大の釣り針は木製の柄に骨製の針を結びつけた複合型である。大部分の釣り針には魚が逃げにくいように逆針（かえし）がつけられていた。

網漁はしばしば大規模な共同作業でおこなわれたが、伝承によれば網漁の開始は比較的新しい。ヤナは河川や湖沼で仕かけられ、主としてウナギ類*の漁に用いられた。ウナギはまたウナギ壺でも捕獲された。河川や湖水、ときには海でも漁業区域は厳しく定められており、漁業権の侵害はしばしば争いの発端となった。

魚は一般に葉で包みハンギ*に入れて加熱したが、一部は保存食として干し魚にした。とくに小型サメの干物は臭みがあるが非常に珍重された。サメの歯は首飾りや耳飾りに使われ、また肝臓の油は黄土と混ぜて絵の具となった。泥沼に生息する貝類、とくにホタテガイ*、マッスル類*は底をさらう網で採集する。貝類は貝殻のまま火にあぶるか、ハンギに入れて加熱する。ピピ*など一部の貝は保存食として乾燥させた。

(青柳まちこ)

マオリ建築［Maori Architecture］

一般人の家屋（whare）は長さ6m、幅3m、高さ2m程度の長方形で、切妻型の屋根があり、壁、屋根をニカウ*の葉で葺いた。妻側にある扉は大人が両手両膝をついて屈みこまなければならないほど低かった。外から見て扉の右手には採光と煙突をかねる窓があったが、平側ともう一方の妻側には開口部はない。両方の妻側の屋根は50〜60cmほど突出してポーチをつくっていた。家の中に暖房用の炉があり、床には乾

首長の家。ケリケリ*近くのレワ・マオリ復元村

(青柳まちこ)

した草を敷いて寝床とした。

家は主に就寝と悪天候の際に用いられ、日常の活動は戸外でおこなわれることが多かった。家の傍には簡単な炊事場（kauta）がつくられており、干し魚やシダの根などの食物を保存するための高床の小屋ポタカ（potaka）が付設されることもあった。ポタカには念入りに彫刻が施されている場合もあり、衣服、装飾品、武器の保管場としても用いられた。ファタ（whata）はポタカよりも小さく、高足の上に小型の戸棚を設けたものである。

ほかに立派な装飾の施された大きな家ファレ・ファカイロ（whare whakairo）と、形は大きいが装飾のない家ファレ・プニ（whare puni）があり、どちらも木造・切妻型で一方の妻側に扉と窓があり、形式的には一般の住居と類似している。ファレ・プニは家族や客人の宿泊のための建物で大小ある。ファレ・ファカイロはイウィ*ないしはハプ*の集会所であり、フイ*の家（whare hui）、会議の家（whare runanga）などの名で呼ばれることもある。

今日マラエ*として知られている建物はファレ・ファカイロであり、マオリ建築技術と彫刻の頂点を極めたもので、テームズ*地方からオークランド戦争記念博物館*に移築されたファレ・ファカイロは長さ24m、幅10m、高さ6mである。

（青柳まちこ）

マオリ語［Maori Language］

マオリ語は台湾やマダガスカル島までの広大な海域に広がるオーストロネシア語（マラヨ・ポリネシア語）の一角をなすポリネシア語に属する。ポリネシア語は、北はハワイ、東はイースター島（ラパヌイ）、西はニュージーランドにまで達する巨大な三角形に広がり、マオリ語はハワイ語やイースター島語などとともにその東部語群（ポリネシア語を東、中央、西に3区分する場合には中央語群）に属しており、トンガ語やサモア語などの西部語群とは距離がある。ヨーロッパ人の到来以前には文字がなかったために、現在はアルファベットによって表記している。

ポリネシア語の単語は（1）母音1音のみ、（2）母音と母音、（3）子音と母音の組み合わせからなり、常に母音で終わるので、アルファベット表記された音をローマ字式に発音すればよい。とくにマオリ語は声門閉鎖音がなく、日本語の話者にはなじみやすい。母音は日本語と同じ5母音であるが、子音はずっと少なく、H、K、M、N、NG、P、R、T、W、WHの10音である。WHはFの音に近似しており、NGは鼻濁音である。鼻濁音が語頭に来る場合、カタカナ表記は困難で、本書では日本語としてはきわめて不自然であるが、語頭のンを小字にすることで鼻濁音を表現している。子音が数少ないために、同一の単語が数多くの意味をもつことになる。名詞は冠詞te（単数）nga（複数）をともなう。

人称代名詞には単数と2人の複数、3人以上の複数の区別があり、また私たちという一人称3人以上の複数では、包括的（話者と会話をしている相手を含めた私たち）か、除外的（話者と会話をしている相手を含めず、話者と第3者を含めた私たち）であるかによって用語が異なっている。現在では標準マオリ語発音が主流であるが、かつてはいくつかの方言があり、いまでも南島ではng音がk音で発音されるなど若干の差が見られる。

（青柳まちこ）

マオリ社会組織［Maori Social Organisation］

最小の社会単位はファナウ*（拡大家族）で、居住を共にし日常の社会・経済生活を協力しておこなう。ファナウの上位集団はハプ（hapu）である。ハプは地縁化した、名前をもつ親族集団であるが、外婚単位ではなく単系でもない。父母のハプが異なる

場合には、子どもは双方のハプ集団に属するが、その子孫は当該ハプの土地に居住し続けない限りその成員権利を失う。理念的には個人は父母、祖父母、さらに曾祖父母の出身ハプに対しても成員権を主張することができるはずであるが、居住していない場合には、次第にそのハプの土地とは疎遠になり、集団成員とは見なされなくなる。

ハプには大小あり平均して数百人程度である。一般的にハプは1つの村を構成しているが、いくつかのハプが集まって1村を形成することもあり、この場合には各ハプの地区は明瞭に定められている。

ハプの上位集団はイウィ*（部族）であり、部族員は共通の祖先にまでさかのぼる。イウィの名称はンガ（Nga）、ンガティ（Ngati）、ンガイ（Ngai）などの語で始まることが多いが、それはその語の後にくる始祖名の子孫であることを示している。イウィは最大の政治的・経済的・社会的単位であり、現在も多くの人々にとって重要な帰属集団である。さらにイウィの上位集団としてカヌーを意味するワカがある。ワカは14世紀の大移住時代にアオテアロア*に到着した数艘のカヌーの乗組員にまでさかのぼる。自己の帰属するワカの名は人々に記憶されているが、ワカそれ自体は実質的な社会集団の役割を果たしているわけではない。

身分制度としては首長層（rangatira）、平民層（tutuaないしはware）、奴隷層（taurekareka）の3階層があった。男性長子は生まれながらに多くのマナ*を受け継ぐため、長子の家系が首長階層を形成し、次子以下の家系が平民層となる。首長層の中でも最も正統な家系の血を引く者が首長（ariki）である。奴隷は戦争の捕虜ないしはその子孫であるが、それほど過酷な待遇を受けていたわけではなく、低い階層の平民との結婚もあり、その子孫は自由人となった。　　　　　　　　　　（青柳まちこ）

マオリ省　[Department of Maori Affairs]

先住民担当大臣（Minister of Native Affairs）が初めて誕生したのは1860年スタッフォード*内閣時であり、当初は先住民省であったが、1947年マオリ省と名称変更した。ハン報告*によればマオリ省は主としてマオリの社会・経済分野での発展についての責任を負うべき省庁ではあるが、保健、教育、就業などの分野に関しては、他省と連携を密にしてマオリ問題の改善に関わる必要があるとしている。行財政改革*の中でイウィ*への権限委譲がおこなわれ、マオリ振興省*に移行。　（青柳まちこ）

マオリ女性福祉連盟
[Maori Women's Welfare League]

1951年に結成されたマオリ女性による生活や福祉の向上をめざす団体。初代会長はクーパー*。ニュージーランド全域に支部をもち、年1回の全体会議では住居、保健、教育、犯罪、職業・住居における差別などに関して多くの情報交換がなされている。　　　　　　　　　　　　（内藤暁子）

マオリ初等・中等学校
[Kura Kaupapa Maori]

クラ・カウパパはマオリ文化の継承を教育理念に掲げ、マオリ語で授業をおこなう公立の初等・中等学校の総称。コハンガ・レオ*での教育を継続する目的で1985年に最初の学校が設立された。現在は約60校で4,500人が、全面的にマオリ語による教育を受けている。なお、中学・高校レベルをファレ・クラ（whare kura）と呼ぶこともある。　　　　　　　　　　（一言哲也）

マオリ人口　[Maori Population]

ヨーロッパ人との接触以前のマオリ人口は大まかに10万人から50万人と推定され、1840年ワイタンギ条約*締結当時には約10万と推定されている。最初のマオリ

人口調査は57~58年に1年間をかけておこなわれたが、その際確認された限りでは5万6千人であった。以後19世紀末までに数回調査があったが、人口は毎回減少し、96年には最低の4万2千人にまで落ち込み、やがては滅びゆく人々と考えられたこともあった。人口減少の原因は銃による内戦の激化に加えて、外来者がもたらした天然痘、麻疹、百日咳、インフルエンザ、性病など、マオリが抵抗力をもっていなかった病気の蔓延、それに生活上の急激な変化である。

なお1874年から1921年までの人口調査では、マオリとして定義される者は、純血マオリ、ないしは2分の1以上マオリの血をもつ混血者で、かつマオリ社会で生活している者のみをさしていた。20世紀に入ると人口は次第に増加に転じ、45年には10万人近くにまで回復した。以後出生率の高さ、乳児死亡数の減少などにより、マオリ人口は急速に増大し、36年から76年にかけては5年ごとに2桁の増加率を示してきた。マオリと非マオリとの通婚が増大するにつれ、血の割合で分類することが難しくなったため、86年の国勢調査からは自己申告制となった。マオリ文化土地権運動の影響もあって、2006年の国勢調査で自らをマオリ・エスニック集団に属すると回答した者は565,329人に及び、毎回の国勢調査で継続して増加している。　　（青柳まちこ）

マオリ振興省〔Ministry of Maori Development／Te Puni Kokiri〕

1991年、マオリ省を発展的に解消し、新たに設けられた政府のマオリ管轄機関。マオリの教育的・経済的・社会的な発展推進を目的とし、マオリに関連する事柄について、政府やさまざまな機関の動向を見守り、勧告や指導をおこなう。　　（内藤暁子）

マオリ神話〔Maori Myths and Legends〕

マオリ神話はポリネシア他地域の神話と多くの点で共通している。創世神話は無（kore）から始まる。次いで数え切れないほどの暗黒（po）が続き、この間にランギ*（天父）とパパ*（地母）が生まれ、彼らを両親とする多くの子どもが生まれ、この子どもたちはそれぞれ職能神となった。子どもたちはランギとパパに挟まれて、息苦しかったため天地の分離を計画した。最初に農耕と平和の神ロンゴ*が両手を突っ張って父をもち上げようとしたが失敗し、次に海の神タンガロア*、またシダの神ハウミア（Haumia）、戦いの神トゥ（Tu）も渾身の力を込めて試みたが失敗した。最後に父をもち上げ両親の引き放しに成功したのはタネ*である。分離させられた父母は互いに悲しみ、ランギの流す涙は雨となって地上に降り注ぎ、パパの涙は霧となって立ち昇る。

最初の人間ティキ*はトゥもしくはタネによって創造された。またタネは赤土をこねて女性をつくり、彼女と結婚して多くの人間を生み出した。タンガロアはほかのポリネシア地域では最高神としての位置を占めているが、マオリの最高神はイオ（Io）である。しかしイオの活動や性格は明らかでない。それはイオの名を口にすることが禁忌であったためといわれるが、イオの存在自体が一神を至上神とするキリスト教の影響であるとも考えられる。初期の神話採集者が宣教師であったため、彼らの影響は土から女性をつくり上げる話などにもうかがえる。　　（青柳まちこ）

マオリ大学校〔Wananga〕

1980年代前半、不況によるマオリ人失業者への資格・技能教育を目的として設立された。のちに国立資格審査局*に承認され、93年には教育省*から大学に相当する高等教育機関として認可された。現在、テ・アワムトゥ*のテ・ワナンガ・オ・アオテ

アロア (Te Wanaga O Aotearoa) など3つの認可校がある。　　　　　　　　　(一言哲也)

マオリ大隊 [Maori Battalion]

　第2次世界大戦中マオリによって編成された第28大隊。1939年政府がマオリ大隊の編成を決定すると、3週間のうちに900人が応募した。40年以降非マオリには徴兵制*が敷かれたが、マオリには適用されなかったのでマオリ大隊は志願兵のみで構成された。彼らは困難な任務に従事し、北アフリカのチュニジアやイタリアにおいて、多くの死傷者を出しながらも目覚しい働きをなし、その勇気が高く評価された。戦時中に結成されたマオリ戦時組織 (Maori War Effort Organisation) や、マオリ大隊の参加者の海外での経験が、戦後のマオリ指導者を生み出し、マオリ土地権運動*にも結びついた。　　　　　　　　　(青柳まちこ)

マオリ・ダンス [Maori Dance／Haka]

　ダンスにはさまざまな種類がある。戦争のダンス、ハカ (haka) は出陣、戦闘の合間、凱旋の際、戦士が戦勝を祈念し、また戦果を祝う勇ましい踊りである。踊り手は整列し、両脚を割って腰を落とし、両手で腿や胸を力強く叩きながら、両足を踏みしめる。手指を細かく振動させ、目はできるだけ見開いて眼球を回転させる。また舌も相手を威嚇するように口から突き出す。

　女性のポイ・ダンスに用いられるポイ (poi) は、ラウポ*の柔らかい部分を芯にして、フラックス*で編んだ布やラウポの乾かした葉で表面を包んだボール状の物で、紐がつけられている。踊り手はこの紐の一端をもって、歌に合わせてポイを回す。女性の動きにつれてポイは蝶や鳥のように美しく軽やかに舞うもので、踊り手の高い技術が必要とされ、2本ないしは4本のポイを一度に扱う名人もいる。そのほか棒を前後左右に空中に投げ上げ、次々と受け渡していく棒ダンスは、男子が好んでおこなう棒ゲームの女性版である。

　ダンスはその目的に応じて、ゆるやかで動きの遅いもの、激しく精力的なものなどあるが、いずれも歌に付随しておこなわれ

マオリ・ダンス（ハカ）(青柳まちこ)

る。リーダーが初めに声を上げて一節を歌い、一同がこれに続けて合唱するという方式がとられている。なおハカは今日では戦争ダンスをさすことが多いが、本来はより一般的なダンスをさす用語であった。

（青柳まちこ）

マオリ地 [Maori Land]

マオリ地法1993年（Maori Land Act 1993）によればマオリ地は以下の3種である。(1) マオリ慣習法地（Maori Customary Land）：ヨーロッパ人入植以前はすべての土地がマオリ慣習法地であったが、19世紀先住民土地裁判所*によって自由保有地に変更されたり、王室地に譲渡されたため、正確な広さは不明である。現在慣習法地が存在したとしても、その多くは不毛の地か、あるいは何らかのタプ*の地と考えられ、実質的な重要性は乏しい。(2) マオリ自由保有地（Maori Freehold Land）：先住民土地裁判所はマオリの土地共同所有を個人所有に転換させようと努力した。その過程でマオリの自由保有地と認定された土地。(3) マオリ所有の一般地（General Land）：5人以上によって所有され、その所有者の大部分がマオリである土地。

上記のようにマオリ地の定義は複雑であるが、96年の統計によればマオリ地の総面積は151万5,000haで、そのうち用地別に見ると、農耕に適した土地は全体の0.4%に過ぎず、80%以上が農耕に不適である。

（青柳まちこ）

マオリ党 [Maori Party]

2004年に結成されたマオリ政党。2003年から04年にかけて激化した海浜・海底の所有権をめぐる問題で、マオリの所有権を主張し、労働党*政府の政策に反対して離党した元マオリ省*副大臣トゥリア（Tariana Turia）が、マオリ学者シャープルズ（Pita Sharples）らとともに結成した。マナ・モトゥハケ党*が解党された現在、唯一の独立したマオリ政党であり、05年10月の総選挙ではトゥリアを含め選挙区選出の立候補者4人が当選した。

（深山直子）

マオリ土地権運動 [Maori Land Rights Movement]

1960-70年代世界的なマイノリティ運動の流れの中で、マオリの失われた諸権利の復権を求める運動が活発になってきた。最初の抗議集団として60年代に結成されたのがンガ・タマトア*（若き戦士たち）で、オークランド大学*のマオリ学生クラブから出発し、マオリ労働者も巻き込んだ。彼らは国民党*の1967年マオリ省修正条項がマオリ土地に監督権を強めようとしていることに反対した。一方女性活動家クーパー*は、75年マオリ土地行進*をおこなった。76年にはリカード（E. Rickard）がワイカトのラグラン*ゴルフ場の返還を求めてデモを指導した。さらに78年のオークランドのバスティアン岬占拠事件*は、この土地の所有を主張するンガティ・ファトゥア*有志による1年半にわたる抗議運動である。84年にはワイヘケ島*でも占拠がおこなわれた。土地返還ないしはその補償を求めるこのような運動は、85年以降はワイタンギ審判所*にイウィ*単位で歴史的証拠を揃えて申請することとなり、現在はその審議が進行中である。

（青柳まちこ）

マオリ土地行進 [Maori Land March／Hikoi]

1975年9~10月にマオリ土地権復活を要求しておこなわれた行進。女性活動家クーパー*は「展望を抱く人々 Te Roopu o te Matakite」を結成し、北島北端テ・ハプア（Te Hapua）から首都ウェリントンまで1,120kmを1ヵ月以上かけて行進し、国会前で土地権復活を訴えた。この行進にはヨーロッパ系住民を含む延べ2~3万人が

参加し、ニュージーランド社会に強い衝撃を与えた。さらに2004年には海浜・海底の所有権を求め、4月22日にレインガ岬*を、5月3日にはイースト岬*を出発し、5月末にウェリントンで合流するという新たな土地行進がおこなわれた。　　　（深山直子）

マオリ土地裁判所　[Maori Land Court]

先住民土地法（Native Land Act 1865）により王室によるマオリ所有地の専買権が廃止され、1865年1月フェントン*の主導のもとに先住民土地裁判所が設立された。この裁判所の目的はマオリの伝統的共同土地所有を廃止し、政府や入植者が購入しやすいように、個人所有に変更しようとするものであった。73年まで法廷は一区画の土地の権利者のうち被信託者を10人以下として、彼らの名義で登録させた。土地の名義人となった者の多くはその特権を大いに利用しようとしたし、またこれまで論争があった土地や所有者が曖昧なままであった区画の所有が、書面上で確定されるということで、土地所有を巡る争いが激化した。すべてのマオリは登録のために遠隔地にある土地裁判所まで出かけ、そこで実際に裁定がおこなわれるまで、何日も待機しなければならなかった。

73年以後はそれぞれ分割して個人登録するよう定められた。多くのマオリはすでに町の商人などから多額の借金をしていたため、自由に処分できる土地は債務返済を目的に売却された。土地戦争による没収に加えて、土地裁判所裁定の進行とともにマオリの所有地は急速に減少していった。第2次世界大戦後先住民土地裁判所は、マオリ土地裁判所に名称変更した。（青柳まちこ）

マオリ土地裁判所は、マオリの土地に関する唯一の裁判所であり、1993年マオリ土地法（Te Ture Whenua Maori Act 1993）に依拠している。国土の5％にあたる130万haのマオリ所有地の所有権に関する争いを管轄する裁判所で、司法省*の管理下にある。マオリと当該土地に関する特別な権利証は、マオリ土地裁判所によって認証されることになり、この裁判所によって保管されている記録は、マオリにとって非常に重要な意味を有する。

1993年マオリ土地法はこの法律によって与えられた権限、義務、裁量は、マオリの土地の所有者とその子孫による当該土地の保存・使用・開発を促進するためにできる限り行使されねばならないと規定している。マオリは、土地の複数所有や相続に関してマオリ独特の慣習をもっており、これらに関する紛争では、現行法による解決より、マオリの伝統的な慣習による解決方法で処理することになる。なお、マオリ裁判所による審理はマオリ語使用が認められている。また、マオリ土地裁判所が下した判断に不服がある場合は、マオリ控訴裁判所（Maori Appellate Court）へ上訴することができる。　　　　　　　　　　（道谷卓）

マオリ土地請求
[Maori Land Rights Claims]

不正な方法で売却されたり、土地戦争*の結果不当に没収されたりした土地の所有権を主張し、返還を求める運動は、すでに1870年代ホークスベイ土地取引否認運動*に見られる。84年にはタフィアオ*王がイギリスのヴィクトリア女王に請願書を提出したが、これは政府に差し戻された。

92年にはコタヒタンガ*が組織され、その年会において土地問題が討議された。ラタナ*も宗教活動から晩年は政治に関心を転じ、ラタナ教徒を議会に送り込んだのみならず、3万人の署名を集めてワイタンギ条約*の遵守を議会に求めたが、請願書は8年間放置されたままであった。第2次世界大戦後、世界的なマイノリティ運動の高まりの中で、1968年ウェリントンのマオリ組織が新聞 Te Hokioi を発行し、同じ頃

人権マオリ組織（MOOHR）も活動を始めた。一方オークランドにはンガ・タマトア*が生まれた。こうした運動が政府を動かし、ワイタンギ審判所の設置に結びついた。

(青柳まちこ)

ワイタンギ審判所以降、イウィ単位で審判所をはじめとする司法機関で訴訟をおこなうことが、土地請求の一般的なかたちとなった。2003年から04年にかけては、南島の8部族を原告とする裁判をきっかけに、海浜・海底の所有権をめぐる議論が活発化した。マオリは海浜・海底もまた土地と同じく慣習地であるとして所有権を主張、汎マオリ的な運動を展開し、国家所有を明確にした法の制定を急ぐ政府と激しく対立した。

(深山直子)

マオリ土地制度 [Maori Land System]

マオリにとって土地は単なる経済的な資源ではなく、父祖への思慕と結びついた特別な存在であり、人々は自己の土地に強い帰属感情をもっていた。土地所有はイウィ*単位であるが、さらにそれらはイウィの下位区分である数多くのハプ*の土地に分かれ、ハプの土地は個々のファナウ*の区画に分けられ、各家族はその土地を使用していた。すなわち土地の所有権はイウィにあり、使用権のみがハプやファナウに分割されていた。ハプやファナウはその土地を管理しているので、他者がそれを侵犯することはできない。土地を処分するにあたっては、イウィ全体の同意がない限り不可能であった。イウィの長はその土地の処分に関して権利を行使することはできたが、それは彼がその土地について、イウィ成員から信託を受けているという考えからであり、彼らの意見に反する行為はできなかった。しかし同一イウィ内のハプ間で紛争が生じる場合もあった。

土地所有の権利が発生する要因の第一は発見および征服である。無住の土地はその発見者の所有物であり、神話にはそのような物語がしばしば語られている。また戦争により勝者は敗者からその土地を奪うことができるが、それらの土地を継続的に使用していない限り、その所有権は有効ではない。また祖先との結びつきは所有権の重要な根拠である。マオリ個々人は父方母方双方から上記の意味における土地相続権があり、土地所有権の主張では系譜が重要な役割を果たしてきた。しかし子孫がその土地に居住していない場合には、その権利は消滅する。

(青柳まちこ)

マオリ土地没収 [Maori Land Confiscation]

1863年12月、入植地法*により、土地戦争*における「反乱マオリ」の土地没収が定められた。没収はとくにワイカト*、タラナキ*、ベイ・オブ・プレンティ*において厳しく、130万haのマオリ所有地がこの法の対象となり、とくにワイカト地方のイウィ*はその肥沃な土地のほとんど

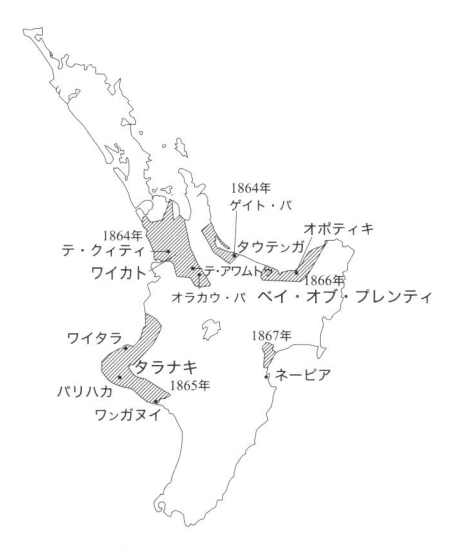

没収地。年号は没収年。

土地戦争の結果没収されたマオリ土地

すべてを失った。没収地は入植者の必要に役立てることを目的としていたため、「反乱者」のみならず、政府軍に加担した人々の土地までも接収された。没収地の約半分はのちに返還あるいは代価の支払いがなされたが、没収はマオリに深い苦悩を与え、没収地返還要求が長期にわたって続けられた。ワイカト＝タイヌイ土地返還請求*が解決したのは1995年のことである。

(青柳まちこ)

マオリ農耕 [Maori Agriculture]

中央ポリネシアからニュージーランドに移住した際に、マオリはタロイモ、ヤムイモ、クマラ*(サツマイモ)、ヒョウタンなど故郷の作物を携えてきたが、それらの中でこの地の温帯性気候に最も適応したのはクマラであり、耕作地は南島北部にまで拡大した。クマラ栽培には開墾、植え付け、手入れ、収穫、貯蔵などそれぞれの段階に応じた入念な農耕儀礼が発達した。ロンゴ*は平和と農耕の神で、耕作はロンゴ神の厳重なタプ*のもとにあった。しばしば畑の中には荒削りなロンゴ神の石像があり、これは神の休み場とも畑に活力を与える源とも解釈された。春9月頃から伐採、火入れ、砂礫を入れて土を整え、畝づくりがおこなわれる。植え付けは最も重要で、一家の女主人が用意したクマラ苗は畝状につくられた盛り土(ahu)に、午前午後の太陽が平均にあたるように南北の方角に向けて1本ずつ植えられた。

特徴的な農耕具は、片足をかける段付きの踏鋤(ko)であった。植え付けや収穫の時期は夜空の星によって決定された。最初に収穫されたクマラは神職によって農耕神ロンゴ*に供えられた。収穫されたクマラは貯蔵穴に蓄えられ、すべての収穫が終わると祝宴の季節となる。

クマラよりも熱帯を好むタロイモの耕作はより限定され、ヤムイモ耕作はさらに限定されていた。ヒョウタンは水を蓄える容器として栽培された。ニュージーランドに自生するワラビ*の根アルヘ(aruhe)は安定した収量の多い食物として非常に大切なもので、北島の一部の地域では栽培もされていた。

(青柳まちこ)

マオリの宗教 [Maori Religion]

キリスト教導入以前のマオリは、多くの神々とともに暮らしていた。一般に神や超自然的存在を表すマオリ語はアトゥア(atua)である。アトゥアは(1)至上神イオ*、始祖神ランギ*とパパ*、(2)森の神タネ*、海の神タンガロア*など自然現象の各部門を司る神々、(3)イウィ*やハプ*、ファナウ*の神(守護神)、(4)超自然的精霊(水の精霊タニファ*など)などに大別される。これらの神々は日常生活と密接に結びついており、豊穣儀礼や子孫繁栄、安産祈願などで人々の信仰を集めていた。一方祀り方を誤れば、災いをもたらす両義的な存在であった。

人間に災いをもたらす悪霊は中絶や流産、死産した子どもの霊であり、定められた儀礼にしたがって埋葬しない場合、死霊は人間に災いをもたらす悪鬼となる。マオリにとって、疾病はこうした悪霊の仕業である。悪霊は何らかのタプ*を犯した人間にとり憑いて、病を起こし苦しめる。こうした精霊や悪霊もマオリになじみ深く、日常生活の平安を脅かすとともに、再活性化させる両義的な超自然的存在である。このような神々や超自然的存在に働きかける職能者がトフンガ*である。

(内藤暁子)

マオリの戦争 [Maori Warfare]

戦争はマオリにとって日常的活動であったが、その主たる原因は他者から受けた侮辱を晴らす復讐(ウトゥ*)のためであり、領土獲得は二の次であった。侮辱は古い過去にまでさかのぼって記憶されているた

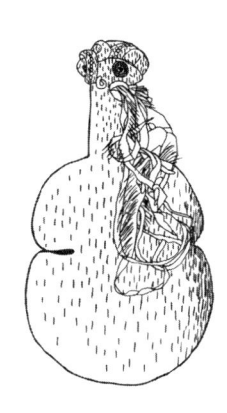

マオリの武器。メレの一種。コティアテ（kotiate）

め、相手を攻撃する原因を探し出すことは容易である。
　武器は槍と長短の棍棒が一般的であった。槍（huataなど）は直径3cm、長さ2m前後で両端は尖っている。長い棒状の武器タイアハ（taiaha）は長さ約1.5m、一端は平たく、一端は尖り、硬い木材でつくられている。戦士はこれらの武器を縦に、あるいは斜めに構えて持ち、絶妙な足捌きによって、敵を打ちのめしたり、あるいは突き刺したりする。接近した混戦では、何種類かの短い平たいしゃもじ状のメレ（mere）などが使われた。これらは石、クジラ骨、グリーンストーン*でつくられており、握り手の部分の穴に通された紐は、戦士の手に巻かれる。弓矢や投石など飛び道具は用いられなかった。
　軍隊は通常親族の絆によって編成されており、ハプ*は最小の戦闘単位である。より大きな部隊編成が必要な場合には、使者がいくつかの親しいハプを巡り、戦闘への参加を要請した。戦法は暁に奇襲攻撃をかけ、すばやく退くことが多く、平地で相対して戦うことは稀であったが、一騎打ちがおこなわれることもあった。敵を倒した戦士は名誉を称えられるが、名誉は殺した敵の数よりも敵の身分による。勝利者は敵の戦死者の肉を食べたそうであるが、これは敵のマナ*を自己の体内に取り込む、あるいは相手を単なる食べ物にまで貶めるという意味があると説明されている。

（青柳まちこ）

マオリ評議会
[Te Kaunihera Maori／Maori Council]
　第2次ホリオーク*内閣のマオリ・コミュニティ振興法（Maori Community Development Act 1962）により、1962年に設立された。マオリの社会的、経済的、精神的、文化的促進、およびマオリと非マオリとの良好な関係の推進を目的として15の地区マオリ評議会がつくられ、それぞれの地区を代表する3人の評議員が全体の評議会に出席する。そのほかにマオリ女性福祉連盟*、マオリ芸術家などの代表者も評議員に含まれる。マオリ評議会は、イウィ*を基盤としない唯一の全国的マオリ組織である。

（青柳まちこ）

マオリ文化復興運動 [Maori Renaissance]
　ブラックパワーに始まる1960年代の世界的なマイノリティ復権運動の中で、マオリの土地権回復を求める運動が活発になったが、やがてそれは土地のみならず、マオリ文化全般の復興運動に拡大した。60年代後半に結成されたオークランドのンガ・タマトア*とウェリントンのタマ・ポアタ（Tama Poata）を中心とするマオリ人権組織（Maori Organisation on Human Rights）は、教育現場でのマオリ語学習を求めた。ヴィクトリア大学*のテ・レオ・マオリ（Te Reo Maori）運動も、マオリ語とマオリ文学の学習を求め、とくにメディアでマオリ関連の事項をマオリ語で放映することを要求した。
　この流れを受けて87年にマオリ語法（Maori Language Act）が制定され、マオリ語

は公用語として認定された。かつて否定的な意味を付与されていたマオリタンガ（Maoritanga マオリ的なもの、マオリであること）に価値を認め、それを尊重しようとする動向は、マオリの生活や思想を取り扱った文学者、トゥファレ*、イヒマエラ*、グレイス*、ヒューム*、ダフ*などの活躍にも見られる。またパラ・マッチト（Para Matchitt）、クリフ・ホワイティング（Cliff Whiting）、ラルフ・ホテレ（Ralph Hotere）らマオリ芸術家、映画監督のリー・タマホリ（Lee Tamahori）も高い評価を得ている。このような才能あるマオリ文化人の活躍から、1970年代末以降は「マオリ・ルネッサンス」と位置づけられている。乳幼児を対象とした保育施設コハンガ・レオ*や教育施設クラ・カウパパ・マオリ（マオリ初等・中等学校*）も80年代からつくられ、そうした施設では、言語のみならず、マラエ*の作法、芸術、慣習などマオリ文化全般を次世代に伝える努力がなされている。

(青柳まちこ)

マオリ文化理解教育
[Maori Language and Cultural Studies]

マオリの言語・文化・社会・芸術などを学ぶ講座や科目の総称。高等教育レベルではほぼすべての大学*・技能専門大学校*で総合的なマオリ学（Maori Studies）の講座が設置され、また、中等教育レベルでも中等教育資格試験*のレベル1~4（11-13年生）にマオリの言語・文化を基礎にした地理・ダンス・音楽・情報処理・経営学・会計学などの科目がある。1980年代以降、マオリ語話者の増加や文化・伝統の復興を目的としコハンガ・レオ*、マオリ初等・中等学校*、マオリ大学校*などの教育機関が設置されてきた。そして、87年にはマオリ公用語法（Maori Language Act 1987）が成立し、90年代になるとラジオ、テレビでもマオリ語の番組が増加している。(一言哲也)

マオリ保健 [Maori Health]

元来、マオリの健康に対する考え方はホリスティック（全体論的）であり、とくに精神的健康に重点を置いている。伝統的治療法は、身体的、精神的、神霊的、全家族的健康を4つの礎石とし、マッサージ、祈祷、薬草、温熱療法などがトフンガ*によっておこなわれてきた。しかし現状ではマオリの健康状態は全般的に非マオリより劣る。2000~02年の統計では出生時の平均余命は非マオリ女性81.9歳、男性77.2歳に対して、マオリ女性は73.2歳、男性69歳であり、乳幼児死亡率も非マオリの約2倍である。マオリ成人の約半数は喫煙者であり、96年統計ではマオリ男性の肺がん罹患率は非マオリ男性の3倍、マオリ女性のそれは非マオリ女性の4倍に達した。

アルコールの頻繁な飲用、肥満、糖尿病を誘発する不適切な食事などもマオリ死亡率を高める要因となる。保健省*はマオリ保健向上のためには、社会経済状況の改善が必須であるとして、マオリ自身の参加するセンターを各地に設置し、免疫、禁煙、糖尿病、リュウマチなど8つの重点事項の改善に取り組んでいる。また事業の遂行は、協調（ハプ*などマオリ地域社会との協調）、参加（意思決定、実施などすべての段階での参加）、尊重（マオリ文化、価値、慣行などの尊重）の3つの原則のもとにおこなわれている。

(岩川しほ)

マカルパイン、レイチェル
[McAlpine, Rachel (1940-)]

詩人、小説家、劇作家。フェアリー*生まれ。カンタベリー大学、ヴィクトリア大学卒。処女詩集に Lament for Ariadne, 1974（アリアドネの嘆き）。女性参政権*の立役者シェパード*と著者の祖母ウェルズ*と彼女の風変わりな娘ビムの3人の女性を主人公とした『別れのあいさつ』1995（Farewell Speech, 1990）はニュージーランドの歴史的

人物を扱った最初の小説。94年より2年間、京都の同志社女子大学客員講師。俳句や日本の文物を紹介した Tourists in Kyoto, 1993（京都の旅人）や近作に Of Happiness, Healing and Humming, 2005（幸福と癒し、そしてハミング）など。

（池田久代）

マクリーン、ドナルド
[McLean, Donald（1820-77）]

政治家。スコットランド生まれ、1840年ニュージーランドに来住。ハウラキ湾*で木材交易に従事。マオリ語を習得。44～46年フィッツロイ*総督により先住民保護官（Protector of Aborigines）に任命された。53年土地購入委員会委員長となり、タラナキ*、ワイララパ*、ホークスベイ*、ウェリントンの重要な地区の購入に活躍した。63年ホークスベイ州長官（Superintendent）、下院議員（66-77）。69年フォックス*内閣で先住民相、植民地防衛相に就任、73年第2次フォックス内閣で再び先住民相となり、以後内閣交代の中でも4年間にわたってその職にあった。

（青柳まちこ）

マクロカーパ [Macrocarpa]

ヒノキ科イトスギ属の裸子植物。北米原産モントレー・イトスギのニュージーランドにおける呼称。常緑樹。樹高25mに達するものもある。葉が暗緑色で成長が早い。牧場の防風林として帯状に植栽された。材は硬く暖炉用薪とする。

（塩田晴康）

マグロ類 [Tuna]

ニュージーランドの海域では4種類が数えられる。(1) キハダマグロ（Yellow Fin）は背びれ、尻ひれが黄色く、体色も黄色味を帯びている。体長2m、重さ200kg。この海域への来遊はあまり多くないが、北東海域で遊漁者の好適な目標となっている。(2) ビンナガ（Albacore）は平均体長60cm、大きな目と鎌の形の極度に長い胸ひれが特徴。成魚は冬の数ヵ月、南島東沖からチャタム諸島*方面に現れ、若い群れは夏期に南北両島の沖合に来遊する。美味であり高値を呼ぶ。(3) ミナミマグロ（Southern Blue Fin）は来遊するマグロの中で最大。体長3m、重量は400kgに及ぶ。南海のマグロで、この近海では秋から冬にかけて東の沖合に夥しい数が来遊する。200海里の排他的経済水域*が設定される前はこれをめざして来る外国の延縄業者が多かった。(4) メバチ（Bigeye）は大きな目が特徴。体長2m、体重250kg。深海を好むが夏にはニュージーランド北部に来るので、排他的経済水域設定前は外国漁船が群をなして操業した。

（大島襄二）

マスケット銃交易 [Musket Trade]

マオリはヨーロッパ人によってもたらされる毛布、鉄釘などに関心を示したが、マスケット銃も交易品の中に含まれていた。弓矢などの飛び道具をもたないマオリは、当初銃を狩猟用に欲したようであるが、それを武器に使用するまでには長い時間はかからなかった。宣教師らはマスケット銃交易に反対していたが、マオリの銃に対する欲求は非常に高かった。銃の使用は必然的に弾薬の供給を必要とし、マオリはますます交易者に依存するようになった。

しかし銃の供給が増加したために、1丁のマスケット銃の価格は、1812年には8頭の大きなブタとバレイショ150籠であったが、20年代には10頭のブタあるいはバレイショ120籠に、さらに30年代には6頭のブタへと下落している。場合によっては入れ墨入りの干し首が交換に用いられることもあった。39年ニュージーランド会社*が最初に買いつけに成功したウェリントン一帯の土地の代金には、毛布や鉄器具と並んで、マスケット銃200丁が含まれていた。

（青柳まちこ）

マスケット銃戦争［Musket War］

1807年いち早くマスケット銃を入手したベイ・オブ・アイランズ*のンガプヒ*は、ンガティ・ファトゥア*に攻め入ったが、このときは銃の充填に手間どっている間にンガティ・ファトゥアから奇襲攻撃を受け敗北した。マスケット銃はいったん普及しはじめるとその速度は速く、各部族は自己の生存をかけた戦争のために銃の獲得に狂奔するようになる。ンガプヒの大首長ホンギ・ヒカ*はイギリスからの帰途、すべての贈り物をオーストラリアで銃や金属製品に換え、21年帰国したときには300（500?）丁のマスケット銃が陸揚げされたという。この武器を利用してンガプヒはワイカト*、ロトルア*地域に攻め入り勝利を納めた。25年にはさらに宿敵ンガティ・ファトゥアと戦って、千人以上を倒した。マオリは本来戦争志向の人々であったが、マスケット銃の導入は、戦争をより激化させ、大規模な殺戮を容易にした。19世紀前半のマオリ人口の急激な減少は、外来の疫病と並んで、マスケット銃戦争によるところがきわめて大きい。

（青柳まちこ）

マスタートン［Masterton］

北島ワイララパ*地方の行政・経済の中心をなす町。人口22,614人（2001年）。リムタカ山脈*がウェリントンからワイララパに入る道の障害であったが、1850年代末に山越えの道路が開け、80年にウェリントンからのスイッチバック式鉄道が開通した。1955年にトンネルが開通してウェリントンへの路線距離が約100kmになり、首都への通勤圏内に入った。日本の林業会社が進出している。98年に広島県廿日市市と姉妹都市*提携。

（由比濱省吾）

マス類［Trout］

本来、北半球の河川にしか分布していなかった魚種。(1) イワナ（Char）は川イワナ（Brook Char）と湖イワナ（Lake Char）がある。前者は体長20cm、北島の各河川と南島カンタベリー*、オタゴ*の小河川に広く分布する。北アメリカ原産。後者はカンタベリー内陸のピアソン（Pearson）湖にだけ少数が残っている。(2) ブラウン・トラウト（Brown Trout）はヨーロッパ原産、1867年にイギリスからタスマニア経由で初めて魚卵が導入され、以後20年間、ヨーロッパ諸国からも移入された。現在では南島全域と北島の大部分に定着し、釣りの対象として最も一般的な魚。(3) ニジマス（Rainbow Trout）は北アメリカ原産。北島中部の湖や川に放流され、当初は釣りの対象魚であったが、その美しい体色が個体差、成育段階で多彩な変化があることから観賞魚として喜ばれるようになった。体長50cm、重さ2.5kg。

（大島裏二）

マセソン湖［Lake Matheson］

南島ウエストコースト県*中央部、国道6号線のフォックスグレシャー（Fox Glacier）集落の近傍にある、森に囲まれた小さな湖水。静穏な朝にアオラキ山*などサザンアルプス*の主峰が逆さに水面に美しく映るのが有名で、写真家が好む場所である。

（由比濱省吾）

マタアトゥア［Mataatua］

マオリ・カヌー伝承*において、ハワイキ*からアオテアロア*に移住したカヌー船団の一つ。トロア（Toroa）の指揮のもと、北島東海岸に上陸した。マタアトゥア・カヌーに出自をもつイウィ*にはンガティ・アワ*やトゥホエ*がある。

（内藤暁子）

マタイ［Matai］

ニュージーランド雨林を構成するマキ科の主要な樹木。別名ブラックパイン。樹高20m、直径2m。全土で生育するが北島中央部に多く、ミロ*よりは乾燥した土壌で

も生育する。幹の樹皮が特徴的で、鱗片状に剥がれ落ちた痕が赤味を帯びた丸い模様となる。葉は平たい針状。雌雄異株で、雄株では葉先に穂状花序をつけ成熟すると黄色になる。雌株の花は小さく緑色。種子は1年余り要して熟し黒紫色になる。種子の周りは多肉質で、ケレル*やカカ*の主要な餌となり、マオリも食していた。成長は遅く樹齢1000年の古木もある。材は暗褐色、硬くて耐久性があり、床材や家具材として利用される。　　　　　　　　（塩田晴康）

マタゴウリ［Matagouri］

クロウメモドキの一種で黒っぽくトゲの多い潅木。樹高3〜5m。別名ワイルド・アイリッシュマン。乾燥、風、霜によく耐え、根瘤の窒素固定作用により痩地でも生育可能。主に南島の東部に分布し、小枝には短いトゲがあるため、牧場では駆除するのに苦慮するが、傾斜地の安定化や砂丘化の防止に効果がある。　　　　　　　　（塩田晴康）

マタヒナ発電所［Matahina Power Station］

ベイ・オブ・プレンティ県*東部、タウポ湖*の東方から北流するランギタイキ（Rangitaiki）川下流マタヒナ湖にある水力発電所。湖水は堤高86mの北島最大のアース・ダムで形成されている。1967年に出力72MWで操業を開始したが、87年の大地震で損傷を受け、88年に復旧した。トラストパワー（TrustPower）社が経営。
（由比濱省吾）

マタマタ［Matamata］

ハミルトン*の東方62km、ハウラキ平野*の南部の町。人口6,078人（2001年）。酪農地域の一中心であり、競走馬*育種地域でもある。1989年にマタマタ・ピアコ（Matata Piako）郡に統合された。（由比濱省吾）

マッカホン、コリン
［McCahon, Colin（1919-87）］

モダニズム風景画家。ティマル*生まれ。キュービズム、アメリカ抽象絵画などの表現主義的画風をもち、画家ウーラストン*らと交友を結ぶ。47年のウェリントン個展を皮切りとして、日本を含む世界各国で個展を開催。形而上学、政治問題に関心をもち、聖書、詩歌、俗謡、マオリの伝統的口承伝承を絵画の中で統合して、感覚世界の深い洞察を象徴的に描いた。ブラシュ*やバクスター*など文学界からも高く評価される。数字や詞や聖句などを主題とした最初のヴィジョナリー（幻視的）画家として知られる。ニュージーランド政府がオーストラリア国立美術館に出品した Victory over Death, 1978（死の超克）は、その大胆なテーマ性で物議をかもした。（池田久代）

マッカンドー、アーチボルド
［McIndoe, Archibald Hector（1900-60）］

形成外科医。オタゴ大学医学部卒業。1930年イギリスに渡り従兄弟のギリス*の勧めで形成外科医となる。第2次世界大戦時、イギリスのクイーン・ヴィクトリア病院の形成外科主任として、顔面熱傷を受けた空軍兵士の治療にあたり、熱傷のみならず後遺症の顔面醜形の形成治療に尽力、多大の功績をあげた。　　　　　（薄丈夫）

マックダイアミッド、アラン
［MacDiarmid, Alan（1927-2007）］

化学者、2000年ノーベル化学賞受賞。マスタートン*生まれ。ヴィクトリア大学卒。ペンシルベニア大学教授。ラザフォード*に次いでニュージーランド第2番目のノーベル賞受賞者。白川英樹（日本・筑波大学、化学）、アラン・ヒーガー（Alan J. Heegerアメリカ・カリフォルニア大学、物理学）との共同研究「導電性ポリマーの発見と開発（Discovery and Development of Conductive Organic Polymers）」業績に対して贈られた。

有機半導体の研究と開発によって、現在の情報技術が新しい展開を生み出すことが期待されている。　　　　（ベッドフォード雪子）

マックミーカン、キャンベル
[McMeekan, Campbell Percy（1908-72）]

　農学者。オタキ*生まれ。ケンブリッジ大学博士号取得。帰国後マッセイ大学、リンカーン大学畜産学教授を経て、ルアクラ家畜研究所（Animal Research Station at Ruakura）に勤務。同研究所所長（1943-63）。家畜の繁殖、給餌、成長率に関する研究実験を、商業規模で牧場に応用した最初の畜産学者といわれる。　　　（由比濱省吾）

マックミラン、デーヴィッド
[McMillan, David Gervan（1904-1951）]

　医師、政治家。オタゴ大学医学部卒。1935年の総選挙で労働党*より下院議員（1935-43）。医療関係の各種委員会の長を務める。40年フレイザー*内閣入閣、刑務所の改善などに努力したが41年政府の医療政策後退に抗議して辞職。1944~47年ダニーディン病院公社総裁。　（薄丈夫）

マックローリン、リチャード
[Maclaurin, Richard Cockburn（1870-1920）]

　法学者。スコットランド生まれ。1875年ニュージーランド来住。オークランド大学を経て、1904年ケンブリッジ大学法学博士。1899年ヴィクトリア大学草創期に数学・法学教授。1907年アメリカのコロンビア大学教授、09年39歳でマサチューセッツ工科大学（MIT）学長、MITを世界屈指の大学に成長させた。業績も多く、各種の賞を受賞。49歳で急逝。ニュージーランドでは彼の早世が惜しまれた。
　　　　　　　　　　　（ベッドフォード雪子）

マッケンジー・カントリー
[Mackenzie Country]

　南島カンタベリー県*の内陸南西部の盆地。アオラキ山*東南山麓一帯の氷成湖*と氷堆石*に富む、乾燥して植生貧弱な地域、粗放的牧畜がおこなわれている。開拓初期にマッケンジー（James Mackenzie）が、イヌを使ってほかの牧場のヒツジを大量に盗み出し逮捕されたという伝説的逸話のある地域で、地名はこの逸話による。
　　　　　　　　　　　（由比濱省吾）

マッケンジー、ジョン
[McKenzie, John（1838-1901）]

　政治家。スコットランド生まれ、1860年南島に来住し農業に従事。70年代に政治活動をはじめオタゴ州議会議員。下院議員（1881-1900）。1891年自由党*バランス*内閣、93年のセドン*内閣で土地・農業相に就任し、大地主による当時の土地寡占状況を改善し、小農が土地を利用できるような土地制度の改革に意欲を燃やした。92年の土地法（Land Act 1892）では、未利用地を所有する大地主に高額な税を課す一方、河川、湖水、海岸などへの公的接近を可能にした。94年の入植者融資法*では農業希望者に政府低金利融資を定めた。
　　　　　　　　　　（青柳まちこ）

マッケンジー、トマス
[Mackenzie, Thomas Noble（1853-1930）]

　首相（1912）。スコットランド生まれ、1858年来住。下院議員（1887-96、1900-12）。ウォード*内閣で農相、商工相。1912年に4ヵ月間自由党*政権の首相。第1次世界大戦中はロンドン駐在高等弁務官（1912-20）。ニュージーランドに帰国後上院議員（1921-30）。　　　（由比濱省吾）

マッコームズ、エリザベス
[McCombs, Elizabeth Reid（1873-1935）]

　政治家。クライストチャーチ郊外生まれ。ヘンダーソン*、アラン*の妹。父はスコッ

トランドから1864年頃ニュージーランドに移住、84年クライストチャーチに定住した。飲酒癖が父の死因であった影響で禁酒運動に参加、20年間女性キリスト教禁酒連合*カンタベリー支部長。1896年全国女性議会*創立に参画、事務局長（1902-05）。1921年女性3人目のクライストチャーチ市会議員。33年夫の死による補欠選挙で下院議員（1933-35）、初の女性議員。35年の死去まで失業対策、青少年問題の解決などに努力した。　　　　　（ベッドフォード雪子）

マッスル類［Mussel］

　食用二枚貝。次の3種が重要である。(1) ミドリイガイ（Greenshell Mussel または Greenlipped Mussel）：マオリ名クク（kuku）、またはクタイ（kutai）。ニュージーランドのマッスル養殖技術は国際的に高い評価を得ている。全国に約600の養殖場があり、とくに北島コロマンデル湾、南島のハヴロック*は有名である。燻製は日本にも輸出されている。(2) アワイロイガイ（Blue-tinged Mussel）：小型のイガイで南島全域ではこれが一般的だが、商品価値は劣る。(3) タンスイイガイ（Freshwater Mussel）：マオリ名カカヒ（kakahi）。湖や川に生息、マオリの料理には欠かせないが、とくに幼児や病人に供される。この貝はほかの貝や魚に付着して幼生期を過ごす。　　　（大島襄二）

マッセイ、ウイリアム
［Massey, William Ferguson（1856-1925）］

　首相（1912-25）。アイルランド生まれ。1870年オークランドに来住。カンタベリー*で農業に従事。下院議員（1894-1925）。1909年農民政治団体の支持を得て改革党*を結成。12年の総選挙で最多議席を得て、マッセイ内閣が誕生した。ワイヒ*金鉱やウェリントンの港湾ストライキ*では、労働運動を徹底的に弾圧した。第1次世界大戦後には重要課題である女性被選挙権の承認、禁酒法の制定、復員軍人の社会復帰、戦死者遺族年金、負傷兵年金に取り組んだ。また戦後ロンドンで農産物価格が暴落したので、輸出農産物の流通機構を整備するため21年にミート・ボード*を設立し生産者保護をおこなった。20年代になると土地生産性の向上が国家的課題になったのに応えて、農事試験場の設置、普及員による指導、農業資材購入のための融資をおこなった。死去の翌年の26年に科学産業研究省*、27年にはパーマストンノース*にマッセイ大学*が設置された。（由比濱省吾）

マッセイ大学［Massey University］

　ニュージーランド大学*傘下の6番目のカレッジとして1927年パーマストンノース*に創立。当初は農学中心で、大学名は農業の発展に尽力した首相マッセイ*にちなむ。61年ニュージーランド大学解体により独立の大学となった。現在はパーマストンノースのほか、ウェリントン、オークランド近郊のオルバニー*にも分校をもつ総合大学で、学生数4万2,000人（2003年）。経営、教育、理学、人文、社会科学の5学部があり、航空学、紛争処理、獣医学にも学位を授与している。　　（青柳まちこ）

マッセイのコザック［Massey's Cossacks］

　1913年の、ウェリントンでの港湾ストライキ*に際して、首相マッセイ*は特別に雇用した騎馬保安官を導入してストライキを取り締まった。彼らは国防義勇軍、ボーア戦争*参加者、ワイカト農民からなり、マッセイのコザックと呼ばれた。ストライキ終了後マッセイは彼らに勲章を授与している。　　　　　　　　（青柳まちこ）

マトゥア、ヘナレ［Matua, Henare（?-1894）］

　ンガティ・カフングヌ*成員。当初は親政府マオリと目されていたが、1870年代にはホークスベイの土地取引否認運動*の

中心となって活躍した。　　（青柳まちこ）

マトンバード
[Muttonbird／Sooty Shearwater]

　マオリ名ティティ（titi）。和名クロミズナギドリ。体長43cm、煤けた色の黒い羽、腹部は灰色がかった茶色、尾は黒い。魚や甲殻類を餌とする。オタゴ*、ウエストコースト*、スチュワート島*その他の亜南極諸島の海辺に生息、営巣する。肉に含まれる脂肪が多く、マオリはこの肉を好んだ。名前が示すように、初期入植者も羊肉の代わりに食用にした。　　（由比濱省吾）

マナ [Mana]

　マオリの宗教観、超自然観における重要な観念の一つ。聖なる力、超自然的な能力、権威・威信、影響力などをさし、神々や人間、自然物や無生物にも宿っている超自然的な力である。人は生まれながらにマナをもっているが、なかでも首長の血筋はマナが大きく、第1子のマナは第2子以下よりも、男性のマナは女性よりも大きい。とくに頭部には大きなマナが宿る。タプ*とは表裏一体の概念であり、マナの大きいものほどタプも大きく危険性も増すので、一般の人々は忌避しなければならない。偉大なマナをもつ首長は、その身の回りのすべての物、名前、影、息、歩いた道などもタプにしてしまうので、首長の体はもちろんのこと、タプがかかったものに直接触れることは大変危険であり、ときに死に至ることもあるとされた。　　（内藤暁子）

マナ島 [Mana Island]

　北島西南岸、ポリルア*沖合にある島。平坦な地形が海成段丘*の遺物であるか、小起伏面の一部であるかはまだ不明である。1834年ブライト（John Bell Bright）が100頭のメリノ*種のヒツジをこの地に連れてきた。これがニュージーランド牧羊の起源とされている。かつては特別の許可がない限り立ち入りはできなかったが、現在は観光客に開放されている。　　（太田陽子）

マナポウリ湖 [Lake Manapouri]

　南島西南、フィヨルドランド国立公園*にあり、面積139km^2、深さ444mの湖水。植生の少ない1,300~1,500mの山々が海抜198mの湖面からそびえ、雨が降れば至るところで長大な滝が流れ落ちる。湖の東南岸に人口243人（2001年）のマナポウリ集落があり、ここからダウトフルサウンド*観光の定期船が発着する。　　（由比濱省吾）

マナポウリ水力発電所
[Manapouri Hydroelectric Station]

　フィヨルドランド国立公園*のマナポウリ湖*の西端ウエストコーヴ（West Cove）にある出力585MWの発電所。ブラフ*対岸のティワイポイント（Tiwai Point）に外国合弁資本のアルミニウム製錬工場を誘致し、それに廉価で大量の電力を供給することを目的に1969年発電所が認可された。政府は発電量を高めるためにダムによってマナポウリ湖の水面を30m高める案を提示していたが、貴重な植物の水没に反対する自然保護運動が全国的に高揚し、その結果水位上昇は避けられた。この自然保護運動は全国的議論を喚起し、画期的な資源管理法*が制定される契機となった。湖水の水は落差213mの地下のタービン室まで落とされ、長さ10kmの地下排水路でダウトフルサウンド*奥のディープコーヴ（Deep Cove）に排水される。施設・構造はそのままで発電能率を上昇させるために、第2地下排水路が増設された。　　（由比濱省吾）

マナモトゥハケ党 [Mana Motuhake Party]

　1980年ラタ*によって結成されたマオリ政党。ラタの主張は比較的穏やかなマオリ自決権の要求であったが、その年6月の

マナワトゥ平野南部ホロフェヌア地方での牧羊。背後の丘も牧場 (由比濱省吾)

補欠選挙で多数のマオリがマナ・モトゥハケ党を支援した。しかし2大政党の壁は高く、ラタは北部マオリ選挙区で労働党*候補者に惜敗した。91年民主党*、新労働党*とともに同盟党*を結成した。ラタ自身は再び選挙で勝利することはなかったが、93年の総選挙で副党首のリー*が一般選挙区から選出され、ラタに代わって党首となった。2001年にはジャクソン（Willie Jackson）がリーに代わって党首となった。しかし02年の総選挙では同盟党は敗北し、その直後マナ・モトゥハケ党は同盟党を離脱し、05年解党した。　　　　(深山直子)

マナワトゥ川 [Manawatu River]

　北島ルアヒネ山脈*の東に源を発し、東方の低地まで東流し、そこから直角に流路を変え、ウッドヴィル*まで約48kmの間を南流する。さらに急に西に流路を転じ、ルアヒネ山脈とタラルア山脈との間にマナワトゥ峡谷をつくり、次いで曲流しながら平野を南西に流れて南タラナキ湾*に注ぐ。長さ182km。急な流路の転換と先行谷*としての峡谷の形成は、山地の発達を説く重要な資料とされる。狭く急な峡谷部は交通の難所の一つである。かつては峡谷の東部ウッドヴィル近辺まで大きなカヌーで航行できたが、ヨーロッパ人渡来後森林の破壊が進み、山地や丘陵地からの堆積物が増え、河況は著しく変化した。マオリ語では落ち込んだ魂の意。　　　(太田陽子)

マナワトゥ平野 [Manawatu Plain]

　北島マナワトゥ平野は広大な海岸平野で、東のパーマストンノース*を要としてタズマン海*に向かって広がる三角形をなし、北西はファンガヌイ川*下流、南西はレヴィン*やオタキ*を含むホロフェヌア*地方に至る。東はタラルア山脈*とルアヒネ山脈*で限られている。この2つの山脈の間を通るマナワトゥ峡谷がホークスベイ*南部地域との交通路になっている。タ

ズマン海*岸は偏西風によって砂丘が形成されているが、その内陸は1870年代までは深い森林に覆われていた。現在のマナワトゥは肥沃な集約的農業地域で、牧羊、酪農、園芸農業*、果樹栽培*がおこなわれている。　　　　　　　　（由比濱省吾）

マナワトゥ゠ワンガヌイ県
[Manawatu-Wanganui Region]

1989年マナワトゥ平野*周辺部とファンガヌイ川*流域が合併してマナワトゥ゠ワンガヌイ県となった。県庁所在地はパーマストンノース*。東はルアヒネ山脈*とタラルア山脈*によって、ワイララパ*地方およびホークスベイ*地方に接するが、両山脈が接近する部分では県域はワイララパ地方北部を含んで太平洋岸まで伸びている。北はトンガリロ国立公園*に続き、西北部はファンガヌイ川流域の準隆起平原地帯であり、西南部はタズマン海*に面し、偏西風により砂丘が形成されている。マナワトゥ平野は畜産、南部のホロフェヌア*地方は園芸農業*、北部山麓地帯は植林が盛んである。パーマストンノースに次ぐ商業中心地はワンガヌイ*で、ほかにブルズ*、フィールディング*、レヴィン*、オタキ*など。　　　　　　　（由比濱省吾）

マニアポト、レウィ・マンガ
[Maniapoto, Rewi Manga（c.1815-94）]

土地戦争*に際して、ンガティ・マニアポト*を指揮した大首長。タラナキ*のワイタラ*地区で土地戦争が勃発すると、マオリ王ポタタウ*I世の制止にもかかわらず援軍に駆けつけた。64年、戦争がワイカト*に飛び火したときには、オラカウ・パ*で勇敢に戦った。　　　　（内藤暁子）

マニング、フレデリック
[Maning, Frederick Edward（1811-83）]

貿易商、判事。アイルランド生まれ、1831年初めてニュージーランドを訪れ、33年ホキアンガ湾*沿岸に土地を購入して来住。マオリ女性と結婚。ワイタンギ条約*の場に立ち会った。交易、材木商などに従事し、マオリ土地裁判所*の判事（1865-76）。*War in the North*, 1862（北部戦争）、*Old New Zealand*, 1863（古きニュージーランド）の著書がある。　　　　　　　　（青柳まちこ）

マヌカ [Manuka]

フトモモ科ネズモドキ属の双子葉植物。樹高4m。ニュージーランド原産種で別名ティーツリー。チャタム諸島*を含む全土の平地や荒地に広く分布する。白からピンクの小花を咲かせ、先のとがった葉は4〜12mm、幅は1〜4mm。ノース岬*ではピンクの花をつけた群生が見られる。マオリは薬用に用いた。クック*はこの葉でつくった茶が壊血病に効果的だったことにちなみ、ティーツリーと呼び、初期入植者たちもこの葉で茶をつくった。入植者が増加するにつれ、急速に全土に広まった。材は赤みがかり堅く耐久力があるので、垣根の支柱や道具類の取っ手や燃料に利用された。美しい花を咲かせる株を選抜した園芸種があり、日本では鉢物として栽培され、園芸店でギョリュウバイという名前で売られることがある。カヌカ*によく似るが、マヌカの花の方が大きい。マヌカの蜂蜜*は抗菌作用があり人気が高い。　　（塩田晴康）

マヌカウ市 [Manukau City]

北はオークランド市、南はパパクラ*に接する都市。人口283,197人（2001年）。市域の東部は一般に農業地域で、住宅・商業地域、重工業その他の工業地域は概して西半分に集中している。1965年以前は農村地帯であったが、地価が相対的に安いため、オークランドの都市域の南縁で開発が急速に進展し、10年余りで人口は倍増した。北島鉄道幹線と国道1号線が通じており、

マヌカウ湾*の埋立地にはオークランド空港がある。1982年に栃木県宇都宮市と姉妹都市*提携。　　　　　　（由比濱省吾）

マヌカウ湾［Manukau Harbour］

タズマン海*がオークランド地峡に湾入して形成する浅い湾。湾口は狭いが内部は広く、干潮時にはオークランド、マヌカウ市*の湾岸部に干潟が現れる。（由比濱省吾）

マヒア半島［Mahia Peninsula］

北島東岸、ホーク湾*の北東部で南に突出する半島。砂州で本土とつながった陸繋島。長さ21km、幅最大で12km。南端はアフリリ（Ahuriri）岬。半島はすべて海成段丘*からなり、数段に分かれ、この地域の長期にわたる隆起を示している。最高点は397m。海側には広い波食ベンチ*が発達し、岩質の差による差別侵食によって、いわゆる鬼の洗濯板状の地形を呈する。段丘域はほとんどが牧羊地域である。主な集落は砂州にあるマヒアビーチ（Mahia Beach）。
（太田陽子）

マヒネランギ湖［Lake Mahinerangi］

ダニーディン*西方丘陵上にダムでつくられた人造湖。長大な氷成湖*の多い南島にあって、この湖水のみが特徴のあるヒトデ型をしている。1904年に民間会社がダニーディン市への電力供給を目的とする発電計画を立てたが、同年、市がこの計画を買収し、4発電所を建設。07年電力供給を開始した。現在トラストパワー（TrustPower）社が経営。215MW。　　　　（由比濱省吾）

マホエ［Mahoe］

スミレ科の高木。樹高10m。直径60cm。雌雄異株。滑らかな幹は白色の地衣類に覆われ白く見えるため、ホワイティウッドとも呼ばれる。全土の平地や低山地帯の森林に分布する。光沢のある緑葉の縁は鋸状。夏、幹や枝から花芽を出し、芳香のある黄緑〜クリーム色の小花を咲かせ、盛夏〜秋に紫色の小果を実らせる。果実は鳥やポッサム*が好んで食べる。種子は発芽阻害物質を含むため、種被を擦り落として播種する。タラナキ*では焼け焦げたマホエの幹に付く菌類がつくり出すタラナキ・ウールが、チュー・チョン*により食材として中国に輸出されていた。（塩田晴康）

ママク［Mamaku］

ヘゴ科ヘゴ属の木本シダ。別名ブラックファーン。高さ20m。直径10〜30cm。ニュージーランド最大のシダで、世界最大級。2〜6mのアーチ型の巨大な葉状体を形成する。北島に多く分布する。若芽はマオリ語ではミーハ（miha）と呼ばれ、渦巻き状の形象はマオリ芸術や、マオリ入れ墨*のモチーフとして広く使われる。またニュージーランド固有のデザインとして、輸出品などのロゴとしても多用される。（塩田晴康）

マラエ［Marae］

マラエは中央・東ポリネシアでは宗教儀礼をおこなう石積みの場を、また西ポリネシアでは村の中央の広場をさしており、マオリのマラエも本来は村の広場をさしていた。そこは村人の会議場・娯楽場であり、客人をもてなし、戦士を送り出し、死者を悼み、子どもたちの教育と遊びの場として村人の生活の中心をなしていた。多くはこの広場に面して村長の家があり、やがてこの広場に面して建てられた建物を含めてマラエと呼ぶようになった。

マラエに近接する建物は彫刻を施したファレ・ファカイロ（whare whakairo 彫刻の家）が一般的であったので、今日ではマラエはファレ・ファカイロと同義に用いられることもある。ファレ・ファカイロはその用途からファレ・ルナンガ（whare runanga 会議場）、ファレ・ワナンガ（whare wananga 学習所）と

タラナキ、ワイタラのオワエ（Owae）マラエ（青柳まちこ）

も呼ばれる。この建物は長方形で切妻型の屋根をもち、建物前面の妻側にヴェランダがあり、その奥に扉と窓がある。大きなマラエでは長さ 20~25m、幅 10m、高さ 8m 余りもあり、彫刻の家の名の通り、破風、ヴェランダの両端の柱、内部の棟を支える柱、壁面の柱などのすべてに、赤く彩られた華麗な彫刻が施されている。壁面の柱と柱の間にはトエトエ*などの植物を編んで作ったパネル（トゥクトゥク tukutuku）がはめ込まれている。

　現在でも村々には必ずマラエが存在し、人々の心の拠り所となっている。しばしば切妻屋根の正面には、テコテコ（tekoteko）と呼ばれる人像が高く聳えているが、これはそのマラエに属する人々の祖先であるか、彼らと何らかの深い関係をもっている人物の像である。
（青柳まちこ）

マラエ作法　[Marae Protocol]

　マラエはそれぞれの村ないしハプ*に属しているので、他者のマラエに無断で接近することは禁じられている。マラエ内での作法は入念に定められており、定式どおりに振る舞わなければならない。客人の一行がマラエに到着すると、門のそばに立ち止まり相手の応対を待つ。賓客の場合には主人側から槍をもった使者が現れ、客人に敵意がないことを儀礼的に確かめる。

　やがて主人側一行がマラエの建物の前に並び、1人の年長の女性が歓迎の声カランガ（karanga）をあげる。客人の一行の中から1人の女性が答礼のカランガを歌いながら進む。人びとは彼女の後について、建物に近づき、前庭に置かれた椅子に座る。ここから主客双方の挨拶（mihi）が始まるが、大仰な動作をともなった挨拶が終わるたびごとに、何人かが彼の周囲に集まり歌を歌う。挨拶は必ず男性がおこなうもので、女性はカランガと歌以外にはマラエ内では公の発言はできない。挨拶の内容には自集団の由来、訪問の理由、祖先やそのマラエへの言及、歓迎およびそれに対する感謝の応答などが含まれ、必ずマオリ語でおこなわれる。客人側の最後の挨拶が済むと、彼は前に進み出て、若干の寄付（koha）を主人に渡す。次に主客一同は立ち上がって一列に並び、鼻と鼻を触れ合う挨拶ホンギ*をおこない、その後に初めて建物に入ることを許される。入口から入って左側が主人側、右側が客人側の席である。建物とその前庭を含むマラエは最も大切な聖なる場であり、また自己のアイデンティティの拠り所でもあるので、マラエの作法は厳守される。
（青柳まちこ）

マラエタイ・ダム　[Maraetai Dam]

　ワイカト川*上流、国道30号線沿線のファカマル（Whakamaru）ダムの下流にあるワイカト川5番目のダムと発電所。ダム湖の西岸にはダム建設用の集落として発足し、その後も住宅地域として継続しているマンガキノ（Mangakino）の町がある。第1発電所は1952年、第2発電所は70年に完成し、出力は合計369MW。マイティ・リヴァー・パワー（Mighty River Power）社が経営。
（由比濱省吾）

マリオン・デュ・フレズン、マルク
[Marion du Fresne, Marc Joseph（c.1724-72）]

フランス人航海者。1772年、タヒチへの途次アイランズ湾*沖合に停泊して船を修理し、その地のマオリと友好的に取引もおこなっていた。ある日、数人で海岸近くに釣りに行ったマリオンは、マオリの一群の不意討ちを受けて殺され、翌日、群集の襲撃で士官や船員25人が殺された。フランス人は逆襲に転じマオリの死傷者は250人に達した。マリオン殺害の原因は明らかではないが、無意識にタブ*を破ったためと考えられている。　　　（大島裏二）

マルイアスプリングズ [Maruia Springs]

南島北部、サザンアルプス*山中の国道7号線沿いの温泉。クライストチャーチの西約130km。ハンマースプリングズ*と同様に小規模な入浴場であったが、現在は日本人が経営。　　　（由比濱省吾）

マルガン、ジョン
[Mulgan, John Alan Edward（1911-45）]

作家、批評家。クライストチャーチ生まれ。オークランド大学、オックスフォード大学卒。実存主義的左翼思想をもって個人と疎外の問題を追求した。代表作 *Man Alone*, 1939（男の世界）は、ニュージーランドでは大学のテキストとして必ず取り上げられる作品。45年アンザック・デー（Anzac Day）の前日、カイロでモルヒネ自殺。　　　（池田久代）

マルテ・ブラン山 [Mt. Malte Brun]

アオラキ／クック山国立公園*の中枢部、東北～西南方向に走るマルテ・ブラン山脈の最高峰、標高3,155m。（由比濱省吾）

マルドゥーン、ロバート
[Muldoon, Robert David（1921-92）]

首相（1975-84）。第2次世界大戦後、国民党*に加入、下院議員（1960-91）。第2次ホリオーク*内閣で財務相として国際羊毛相場の下落、イギリスのEC加盟問題、2年連続の旱魃という内外の困難に対処した。マーシャル（Marshall）内閣で副首相、財務相。75年の総選挙では国民党党首として勝利し、首相になった。70年代後半にはインフレが進み、2桁の率で上昇する一方、失業率は増加した。この経済困難からの脱却の切り札としてシンク・ビッグ計画*を掲げたが、その多くが目算どおりの成果を上げず、結果的に巨額の財政赤字と債務を残すに至り、84年の総選挙では労働党*に敗れた。自叙伝 *Muldoon*, 1977（マルドゥーン）、*My Way*, 1980（わが道）などは現代史の記録である。　（由比濱省吾）

マングローブ [Mangrove]

マオリ語マナワ（manawa）。ヒルギダマシ属の常緑小高木。樹高8m、直径30cm。樹皮は灰色。葉は厚みがあり、長さ5~10cm、幅2~4cm。葉脈は黄色、裏は繊毛に覆われる。高温多湿を好み、北島北部の湿地、干潟、河口、入江など水辺に自生する。根は泥地を水平に走り、多数の呼吸根を垂直に伸ばし地表に出す。種子は樹上で発芽し、落下すると根を泥地に広げて固定する。気温の高い北島北部では高さ10~15mにもなるが、南になるほど低くなり、オークランド周辺では1mほどである。マングローブ林は魚の餌場や繁殖場所になり、岸辺の侵食防止にも役立つ。（塩田晴康）

マンゴレイ電力事業
[Mangorei Power Scheme]

ニュープリマス*の街灯に電力を供給するために、1904年タラナキ山*から北流するワイファカイホ（Waiwhakaiho）川上流のマンゴレイ川に建設された発電所。電力需要増加のため、30年にはマンガマホエ（Mangamahoe）川の水も使用。現在トラ

ストパワー（TrustPower）社が経営。出力4.5MW。
(由比濱省吾)

マンスフィールド、キャサリン
[Mansfield, Katherine（1888-1923）]

短編小説家。ウェリントン生まれ。ニュージーランド銀行*の頭取ビーチャム*の3女。15歳から姉ふたりとロンドンのクイーンズ・カレッジで3年間の中等教育を受け、1906年帰国。08年より近代文学（モダニズム）の中心地ロンドンで作家活動を開始。その後、結核治療のため作家生活のほとんどをフランス、イタリア、スイスでの転地療養先で過ごし、この間ニュージーランドをテーマに多くの作品を執筆。23年再び母国の土を踏むことなくフランスで34年の生涯を閉じた。

『前奏曲』1960（Prelude, 1918）、『湾の一日』1957（At the Bay, 1922）、『人形の家』1930（The Doll's House, 1923）、『園遊会』1936（The Garden Party, 1922）、『カナリア』1930（Canary, 1923）など、100作を超える短・中編作品を発表した。短編小説のほかに文学評論、詩集、日記、書簡集など多数。20世紀初頭のモダニズム作家として高く評価されている。マンスフィールド記念賞（BNZ K. Mansfield Memorial Awards）は多くの現代作家を世に送っている。
(池田久代)

慢性疾患補助カード
[High Use Health Card]

慢性疾患などにより医師の診察を受ける回数が多い人を対象とする補助制度。このカードを受けるには所得制限はないが、直近の12ヵ月で12回以上診察を受けていることが条件となる。家庭医*の診察、処方箋に対しての補助金が受けられる。
(太谷亜由美)

マンチェスター、ウイリアム
[Manchester, William Marsden（1903-2001）]

形成外科医。オタゴ大学医学部卒。第2次世界大戦に従軍、形成外科治療に携わる。1952~79年オークランドのミドルモア病院形成外科主任を務める。国際形成外科学会事務局長、副会長を歴任。唇裂・口蓋裂の手術で有名。65年より20年間、毎年1人の日本人形成外科医を教育し、この中から東大教授2人、北大教授2人を輩出するなど、日本の形成外科の発展に寄与した。日本形成外科の恩人。
(薄丈夫)

マンテル、ウォルター
[Mantell, Walter Baldock Durrant（1820-95）]

政治家。イギリス生まれ、1840年ウェリントンに来住。48年土地購入委員長（Land Purchase Commissioner）に任ぜられ、南島のンガイ・タフ*土地購入に関わった。下院議員（61-66）。フォックス*内閣、ウェルド*内閣で先住民相に任命されたが、2回とも彼のンガイ・タフに対しておこなった約束を政府が履行しないことに抗議し辞職。上院議員（66-95）。終生マオリの権利を擁護する立場をとった。
(青柳まちこ)

マンハイヤー、ビル　[Manhire, Bill（1946-）]

詩人、短編作家。インヴァカーギル*生まれ。オタゴ大学、ロンドン大学卒。ヴィクトリア大学教授。Malady, 1970（病弊）、その他12編の詩集を出版してポストモダン詩人としての地位を確立した。ヴィクトリア大学*の文学創作コースでつくられた作品を編集した Mutes and Earthquakes, 1997（物言わぬものたちと地震）はニュージーランド現代文学に大きな影響を与えた。1980年代から短編小説を手がける。冒険物語 The Brain of Katherine Mansfield, 1988（キャサリン・マンスフィールドの頭脳）や、The New Land: A Picture Book, 1990（新しい国：絵本）など。
(池田久代)

マンロー、レスリー

[Munro, Leslie Knox（1901-74）]
　政治家。オークランド生まれ。オークランド大学法学部長、New Zealand Herald 紙主幹を経て駐アメリカ大使、1952年から58年まで国連大使。その間、信託統治会議議長、安全保障審議会代表、国連総会議長などの要職を歴任、国連の専任職を退いた後も、ハンガリー問題の国連特別専門委員、国際法学会議事務総長などを務めた。国民党＊から国会議員（1963-72）。（大島襄二）

み

ミート・ニュージーランド
[Meat New Zealand]
　食肉輸出統制法により1922年に食肉生産者ボード（New Zealand Meat Producer Board）が設立されたが、77年に食肉生産者ボード法によって再度法制化され、ミート・ニュージーランド（通称ミート・ボード）として活動。目的は家畜、食肉産品および副産物の可能な最高収益の達成を助けることで、そのため食肉に対する消費者の需要増大と信頼維持、生産物の多様化促進、市場アクセスの改善、研究開発と技術移転による生産加工の奨励などをしている。財源は認可を受けた構内で屠畜された家畜全部（ウシ、ヤギ、ヒツジ）に対する賦課金で、現在の業務は販売・処分であり、食肉輸出任務はおこなっていない。2004年ミート・ウール・ニュージーランドに改称。
（由比濱省吾）

ミート・ボード［Meat Board］⇒ミート・ニュージーランド

ミソサザイ［Wren］
　固有種には、ライフルマン、ロックレン、ブッシュレンの3種あり、いずれも明瞭な白い眉毛の線がある。ライフルマンはマオリ名ティティポウナム（titipounamu）、体長8cm、雄は暗緑色の背、雌は茶色で、北島南半と南島、スチュワート島＊に住む。ロックレンは体長9cm、体色は茶ないし薄茶色。南島にのみ見られ、高山と亜高山の岩地に住み、飛翔力は弱い。
（由比濱省吾）

ミツバチ［Honeybee］⇒養蜂業

緑の党［Green Party］
　価値党＊を母体として、1990年の総選挙直前に結成された環境重視の政党。この選挙では7％弱の投票率を獲得したが、議席には結びつかなかった。91年同盟党＊に参加するが97年に離脱。少数政党に有利な小選挙区比例代表併用制＊により、99年総選挙では7議席、2002年9議席、05年には6議席を確保して、第4位の政党となった。政府は議会で緑の党の議決票に依存することもある。現在遺伝子組み換え技術に強く反対し、その凍結を解禁した政府と対立している。
（青柳まちこ）

ミドルマーチ［Middlemarch］
　ダニーディン＊の北西、タイエリ川＊中流にある町。人口186人（2001年）。サザンアルプス＊風下側の乾燥気候地域の東端。かつてタイエリ渓谷沿いにセントラルオタゴ＊まで伸びていたタイエリ鉄道は廃止されたが、ダニーディンからミドルマーチまでは残されて、観光列車が運行されている。
（由比濱省吾）

南十字星［Southern Cross］
　南半球で見られる星座の一つ。十字架の四端に4つの輝星があるように見えることから名づけられた。1497年ヴァスコ・ダ・ガマにより最初に報告され、以後航海の基

準として利用されてきた。ニュージーランド国旗の図案に使用されている。また商業用の名称として頻繁に利用されている。

(植村善博)

南太平洋委員会 [South Pacific Commission]
⇒太平洋共同体

南太平洋非核地帯条約
[South Pacific Nuclear Free Zone Treaty]

　核実験、および放射性廃棄物の海洋投棄の禁止を主目的とし、1985年の南太平洋フォーラム*年次会議において調印され、86年に発効した非核地帯条約。別名ラロトンガ条約。人間が居住する空間に成立した非核地帯条約としては、67年成立のラテンアメリカ非核地帯条約に次いで2番目のものとなり、条約でうたう放射性廃棄物の海洋投棄禁止は、同条約が初めてのものである。核兵器搭載船舶や航空機などの寄港、通過の禁止は含まれていないため、ニュージーランド、オーストラリアがアメリカと結んでいるアンザス条約*には抵触しないとされる。
　南太平洋フォーラム加盟国の中で条約に調印していなかったヴァヌアツとトンガは90年代半ばに相次いで調印を果たし、条約付属議定書への調印を求められながら応じてこなかった核兵器保有国のフランス、イギリス、アメリカも96年に調印をおこなった。ただアメリカは依然として批准はおこなっていない。

(小柏葉子)

南太平洋フォーラム [South Pacific Forum]
⇒太平洋島嶼フォーラム

ミナミダラ [Southern Blue Whiting]
　タラの一種でインド太平洋特有種。ホワイティングという名前をもつが、同名の北米・大西洋のスズキ目ニベ科の魚ではない。体長40cm、重さ400g。亜南極海域のプカキ陸棚、キャンベル陸棚が主産地で、年間50,000tの漁獲を揚げていたが、悪天候の多い海域なので設備の整った大型漁船でないと近づけない。排他的経済水域*が宣言されるまではもっぱら外国漁船によって漁獲されていた。2005年の年間漁獲許可枠は35,000t。規制魚種*コード記号SBW。

(大島襄二)

南タラナキ湾 [South Taranaki Bight]
　北島西岸タラナキ半島南部のマンガフェロ(Mangawhero)川河口から、パテア*川河口に至る平滑な海岸線をもつ湾。(太田陽子)

ミナレッツ山 [Minarets]
　南島アオラキ山*の東北に位置する山、標高3,055m。北にスペンサー(Spencer)氷河、西北にフランツジョセフ氷河*、東南にタズマン氷河*がある。

(由比濱省吾)

ミヤコドリ [Oystercatcher]
　マオリ名トレア(torea)。渉鳥。(1) 南島マダラミヤコドリ：体長46cm、嘴は長く目と脚、嘴は紅色、背と羽は茶色がかった黒、腹部は白。貝や魚、甲殻類を餌とし、入江や風除けのある海岸に生息する。春には南島に移動し内陸で営巣するが、それ以外の季節には北島でも見られる。(2) 変異ミヤコドリ：体長48cm、嘴は長く、目と脚、嘴は紅色、羽毛の色は多様で黒、茶、斑などと幅がある。かなり一般的で全土と沖合の島の砂浜、河床などに見られる。ほかにチャタム諸島*ミヤコドリもある。

(由比濱省吾)

ミヤマガラス [Rook]
　カラス科。体長46cm。色は全身光沢のある黒、嘴は灰色。19世紀後半にヨーロッパから導入され、現在、北島では主にホークスベイ*とワイララパ*にかけて、南島ではカンタベリー*などの農場に見られ

る。群れをなして行動し、雑食で作物に損害を与えるので、多くの地方で駆除対策が講じられてきた。　　　　　　(由比濱省吾)

ミューラー、メアリー
[Müller, Mary Ann（c.1819-1901）]

女性参政権運動の先覚者。イギリス生まれ。1850年2人の子どもとともにネルソン*に来住。夫の暴力を逃れるためと推測されている。51年再婚、自己の経験から女性の法的・政治的知識の欠如を痛感。女性は婚姻によりすべての財産権を喪失すること、選挙権をもたないことに対し、新聞を通してフェミーナの匿名で長年にわたり挑戦した。69年 *An Appeal to the Men of New Zealand*（ニュージーランド男性に訴える）を出版、イギリスの政経学者で女性の権利擁護者ミル（J. S. Mill）にも贈呈、賞賛の返事を得た。ソーンダーズ*、フォックス*ら政治家を動かし、女性の財産権・参政権獲得の礎を築いた。　　(ベッドフォード雪子)

ミランダ自然観察者トラスト
[Miranda Naturalists' Trust]

オークランド東南のテームズ*湾の奥には広い干潟が存在し、1940年に鳥類学者シブソン（Richard B. Sibson）はこの干潟が多数の渉禽類の餌場であることを発見した。75年渉禽類生態の研究および安全保護を目的としてトラストが設立され、89年に湾の西南ミランダに教育施設（Miranda Shorebird Centre）が建設された。(由比濱省吾)

ミルズ、ジェイムズ
[Mills, James（1847-1936）]

実業家、政治家。ウェリントン生まれ。長距離海運業の可能性を確信し、1874年船会社を設立、イギリスとの海運を手がけた。1914年までに彼の設立した船会社ユニオン汽船（Union Steamship Company）は南半球最大の海運会社となった。下院議員(1887-93)。　　　　　　(岡田良徳)

ミルフォードサウンド [Milford Sound]

南島南西部に位置するフィヨルド*で、優れた自然景観を有し世界遺産*に指定

ミルフォードサウンドの夕暮れ　(由比濱省吾)

された。南島観光の一大中心地。約15km にわたって海岸が奥深く入り込み、水深は290mに達する。海面からマイター峰*（1,692m）がそそり立つ。多数の懸谷や雄大な滝が多く、高さ160mのボーエン（Bowen）滝は圧巻。ハリソン（Harrison）入江に海中展望台がある。湾奥部の同名の集落はクルーズ船の発着地およびミルフォードトラック*の終着地であり、飛行場もある。
（植村善博）

ミルフォードトラック［Milford Track］

フィヨルドランド*のテ・アナウ湖*の北端グレードハウス（Glade House）からミルフォードサウンド*の湾奥の船着場まで山歩きをする53.5kmのルート。環境保全省*の管理下にあり、自然保護と山小屋の定員のため、ルートを歩くには申し込みと許可を要する。テ・アナウ湖から出発する一方通行のルートであり、4日間を要し宿泊は山小屋でのみ許される。この地方のトレッキング・ルートとしては、ほかにルートバーン（Routeburn）、ケプラー（Kepler）、グリーンストーン（Greenstone）などのトラックがある。各トラックの山歩きは夏季のみ。
（由比濱省吾）

ミロ［Miro］

マキ科の高木。雌雄異株。別名ブラウンパイン。樹高25m、直径1m、樹冠は先端がやや尖っている。スチュワート島*を含め全土の丘陵地の森林に分布する。1.5～2cmの赤い実をつけ、ハト*が好んで食べる。種子は厚い木質層で覆われ、鳥が食べても無傷で地表に届き発芽する。材は堅く耐久性に優れ模様が美しく、床材や家具材として好まれる。
（塩田晴康）

民営化［Privatisation］

1984年に成立したロンギ*労働党*政権はダグラス*財務相を指名して、これまでの経済保護介入を否定して、市場経済原理による急激な効率化・自由化・競争化により経済の強化をめざした。ちょうど80年代はイギリスではサッチャー政権が、アメリカではレーガン政権が規制緩和や小さな政府*をめざしていたが、ニュージーランドの場合、それらよりもはるかに徹底して大規模にかつ急進的に実施された。民営化はこのような背景のもとで経済改革の一部として政府の役割を少なくし民間経済の活力を高め、競争を促進し経済効率を上げるためにおこなわれた。それまで肥大化し赤字が続いていた政府直轄事業を政府系企業*化、あるいは公社化し、その後政府の保有株を売却して民間企業に移行させていくというものである。また、これと同時に規制を緩和あるいは撤廃し、民間企業の参入を促進し効率化をはかるという目的をもっていた。

86年の政府系企業法（State Owned Enterprises Act）実施以後、多くの政府直轄事業が政府系企業となり、さらにテレコム*やニュージーランド銀行*などをはじめ、政府系企業の大部分が民間に売却された。その結果重要産業が外国資本に支配され国民生活に支障が出てきて、最近では民営化に否定的な意見があり、一部の部門で再び政府の関与や統制が復活している。
（岡田良徳）

民間航空管理局
［Civil Aviation Authority of New Zealand］

ニュージーランドの航空機およびニュージーランド領空を飛ぶ航空機とその利用客の安全を監視する国の機関。航空安全基準の設定と監視、航空事故調査、ニュージーランドおよび南太平洋での捜索救助のサービスの提供などもおこなう。
（大石恒喜）

民間防衛危機管理省
［Ministry of Civil Defence and Emergency Management／Te Rikau Whakamarumara］

内務省*管轄下にある緊急事態の危機管理にあたる省庁。1983年の民間防衛法（Civil Defence Act）を受けて、民間防衛緊急事態対処法（Civil Defence and Emergency Management Act）が2002年に制定された。津波、地震、洪水、山火事その他の大災害による緊急時の事態を把握・確認し、それらを最小限に抑えるために、地方当局に大きな役割が与えられた。以前から各市や地方評議会は民間防衛の組織と計画を備えておかなければならなかったが、2002年法は緊急事態に対応するさまざまな機関との共同を強調している。　　　　（根無喜一）

民主党［New Zealand Democratic Party］

社会信用政治連盟*を前身とする社会信用党（Social Credit Party）が1985年に改名した政党。現存の金融政策が戦争、貧困、インフレーション、その他の社会的問題を引き起こしているとして、金融の民主化を目標とする。87年総選挙でそれまでの2議席を失ったが91年同盟党*に加わり、93年総選挙で2議席を回復した。2002年同盟党内部の路線の相違から同党を離脱し、以後議席を得ていない。05年から正式名称を社会信用民主党（Democrats for Social Credit）としている。　　（青柳まちこ）

民主労働党［Democratic Labour Party］

1940年労働党*を除籍されたリー*が43年に結成した政党。リーは穏健なサヴェジ*らの政策、とくに外債依存主義の金融政策を批判し、同時に党執行部の体制が無責任で独裁的であると非難した。労働党から1名が新党に参加したが、リーの方針に不満を抱き、まもなく離脱した。同年の総選挙で民主労働党は議席を得ることができず、リーは政界を退き、党も消滅した。
　　　　（青柳まちこ）

民政党［New Zealand Democrat Party］

1934年デーヴィ（Albert Davy）によって創立された政党。当時の統一党*・改革党*連合政権の社会主義的傾向に反対し、「小さな政府」を求め経済の自由化を掲げた。当初オークランドの実業家グッドフェロー（William Goodfellow）と協力して政治活動をおこなっていたが、やがて両者の間には選挙対策をめぐって軋轢が生じ、35年の総選挙では51人の候補者を立て、8%の投票率を得たものの、議席の獲得はならなかった。しかしこの選挙で民政党は保守派の票を分裂させ、結果的に社会主義政党である労働党*の大勝に力を貸したことになった。　　　　　　　　　（青柳まちこ）

む

ムクドリ［Starling］

1860年代にヨーロッパから導入され、ごく普通に見られる鳥である。尾が長く、嘴は尖り、群れをなして行動し鳴き声は騒々しい。鬱蒼とした森林以外ならどこの平地にも見られる。体色は夏冬で異なる。
　　　　（由比濱省吾）

め

メイジャー＝フレミング、マルヴィーナ
［Major-Fleming, Malvina（1943-）］

オペラ歌手。ハミルトン*生まれ。オークランドのセントメアリー音楽学校で学んだのち、ロンドンの王立音楽学校やトリニティ・カレッジなどで研鑽。70〜85年ニュー

ジーランドで舞台に立ち、以後ヨーロッパに拠点を移して国際的に活躍。ニュージーランド・モービル歌唱賞（1963）、ニュージーランド・クラシックレコード賞（1993）その他受賞多数。　　　　　　　（池田久代）

メイソン、ブルース
[Mason, Bruce Edward George（1921-82）]
　劇作家、俳優。ウェリントン生まれ。ヴィクトリア大学卒。1964年にニュージーランド初の本格的劇場ダウンステージ（Downstage）、96年にブルース・メイソン劇場（The Bruce Mason Theatre）を創設。幼年時代の思い出を描いた戯曲集 Bruce Mason Solo, 1981（ブルース・メイソンの一人芝居）の中の The End of the Golden Weather（黄金の時代の終焉）は、1959年の初演から62年まで著者自身が演じて、国中を巡業して好評を博した。マオリとパケハ*の世界を描いた The Pohutukawa Tree, 1969（ポフトゥカワの木）、Blood of the Lamb, 1981（ラムの血）など戯曲34作。受賞多数。　（池田久代）

メイヤー島保護海域［Mayor Island Marine Reserve］⇒トゥフア（メイヤー島）保護海域

メジロ［Silvereye］
　マオリ名タウホウ／タホウ（tauhou／tahou）。体長12cmの小鳥。体色は黄緑色で目の周りが白い。1856年に大群をなしてオーストラリアから飛来したのが観察されている。主として開けた土地に住む。
　　　　　　　　　　　　　　　（由比濱省吾）

メスヴェン［Methven］
　カンタベリー県*中部、ラカイア川*の西岸にある町。人口1,134人（2001年）。ハット山*の山麓にあり、冬季にはスキー客で賑う。　　　　　　　　　（由比濱省吾）

メソディスト教会［Methodist Church］
　最初のウェスレアン・メソディスト教会（Wesleyan Methodist Mission）宣教師は1822年に到着したリー（Samuel Leigh）で、23年ファンガロア（Whangaroa）に教会を設けた。44年にはウォード（R. Ward）牧師によって原始メソディスト教派（Primitive Methodist Connexion）の活動が始まり、さらに統一メソディスト自由教会（United Methodist Free Churches）が60年に、またバイブル・クリスチャン（Bible Christian）が87年に布教を開始した。信者数は1851年の調査では、ウェスレアン・メソディスト2,529人に対し、原始メソディスト226人とあり、前者はオークランド州とウェリントン州、後者はニュープリマス州に多い。最初のニュージーランド・メソディスト会議は74年に開催されたが、19世紀末には前記4教派がそれぞれ独自の活動をおこなっていた。
　1913年4派は統合して、それまで傘下にあったオーストラリア・メソディスト教会から分離し、独立のニュージーランド・メソディスト教会となった。現在の信者数は13万9,000人（1991年）から12万700人（2001年）とやや減少しているが、プレスビテリアン教会*に次いで4位を占めている。しかしプレスビテリアンの3分の1以下で全人口の4%弱である。（青柳まちこ）

メリノ［Merino］
　毛用種のヒツジ。北アフリカやスペインに由来する品種で、クック*が1773年にもたらしたが死滅し、1834年に再導入されて、19世紀末には1,400万頭以上に達した。顔と脚は白く、鼻はピンク。雄と若干の雌は有角。体重35~45kg、繊維は細毛で、直径は19~24μm。成熟は遅く、低地と多雨の地域ではよく育たない。粗食に耐えるので、南島ハイカントリーのタソック*草地が飼育の中心となった。冷凍肉*の輸出が開始されると、農家は成長が早い肉毛兼

用種を求めたので、北島一帯や南島低地では兼用種に置き換えられ、現在ではメリノ種は数パーセントを占めるに過ぎず、粗放的牧畜地帯で飼育されている。　(由比濱省吾)

メルヴィル、イライザ（エレン）
[Melville, Eliza Ellen（1882-1946）]

　政治家、弁護士。ワイロア*生まれ。オークランド大学で法学を学び、1906年ベンジャミン*に続き、ニュージーランド第2番目の女性弁護士となる。働く女性の団結と専門職の確立に関心を寄せ、多くの女性団体の設立に関与。国際的にも活躍。13年オークランド市会議員、ニュージーランド女性で初。女性の地位向上、社会進出を推進、46年まで33年間その地位にあった。同市にはエレン・メルヴィル・ホールがある。　(ベッドフォード雪子)

メレメレ火力発電所
[Meremere Power Station]

　ワイカト川*下流右岸、国道1号線、北島幹線鉄道沿線にある火力発電所。出力210MW、1958年操業開始。　(由比濱省吾)

も

モア [Moa]

　ダチョウに似た体型を有するニュージーランド固有の走禽類。人間による乱獲と自然環境の変化により絶滅したが、2科11種存在していたことが知られている。最も大きな種類は、おそらく頭高3m以上、体重250kgにも達する巨大な鳥で小さな頭と太い脚を有していた。大型のモアは14世紀には絶滅し、キーウィ*程度の小型のモアが姿を消したのは18世紀であった。モ

モアの骨格復元図

アは群居せず海岸近くの森林に生息し、木の実を食料としていたようである。卵は1個しか産まないため、人間とイヌに追われて急激にその数を減らし、大型のモアから順次姿を消していった。多くのモアの骨が出土するのは、南島カンタベリー*とオタゴ*周辺の東海岸、および南島南部の内陸地域で、北島では散発的である。復元されたモアの模型は主要な博物館に展示されている。　(青柳まちこ)

モア・ハンター [Moa Hunters]

　モア*を狩猟し、食用、衣服、道具類などに利用していた人々をさす。かつて彼らは現マオリとは異なる集団と推定されたが、現在ではその説は否定されている。熱帯の中央ポリネシアで農耕民であった彼らは、ニュージーランドに移住して気候の差に戸惑い、大型の捕獲しやすい飛べない鳥モア（ポリネシア語ではニワトリの意）や、その他の鳥類、海産資源を利用することでこの地に適応していったのであろう。彼らはモア絶滅以後は、やがて農耕に移行して

いったが、南島ではこの移行は緩慢であった。モア・ハンター期の遺跡で重要なものは、1939年南島ワイラウ川*河口で、13歳の少年アイルズ（Jim Eyles）によって発見された。　　　　　　　　　（青柳まちこ）

網状河川［Braided River］
　河川の流路が網の目状に分岐・合流を繰り返している状態を呼ぶ。網状流ともいう。乾燥または半乾燥地の扇状地*などの急勾配で粗粒な砂礫を多量に流送する河川に見られる。ニュージーランドでは、南島の融氷流水堆積物*からなるカンタベリー平野*に流れ込む諸河川、たとえばラカイア川*、ランギタタ川*に見られる。（太田陽子）

モエラキ・ボウルダー［Moeraki Boulders］
　ダニーディン*とオアマル*の間のモエラキの北方海浜にある大きな丸い巨礫群。海岸背後の第三紀の砂岩中にある固結物が、砂岩よりも硬いために侵食に抗して取り残されたもので、円磨された巨礫が露出する独特の風景を呈している。　（太田陽子）

モエラキ・ボウルダー（由比濱省吾）

モーガン、ジョン［Morgan, John (c.1807-65)］
　宣教師。イギリス生まれ、1833年パイヒア*に赴任。のちにワイカト*に移り、20年以上宣教に従事した。マオリの農業技術向上に熱心で、コムギ、オオムギ、トウモロコシ、バレイショ、ブタ、ウシを導入し、40~50年代のワイカト農業の繁栄に大きな役割を果たした。2台の製粉用水車を建造し、50年代初期には、農産物はオーストラリアやカリフォルニア金鉱地にまで輸出された。しかし肥沃な耕地は土地戦争*で破壊された。　　　（青柳まちこ）

モキ［Moki／Blue Moki］
　和名イスズミ。スズキ科の魚。体長55~70cm、重さ2~3kg、ときには体長1m、重さ10kgのものも釣れることもある。薄青い色にやや濃い色の帯が体側を尾まで走っている。岩礁性の魚。国内どこでもその群遊が見られる。南島では水深10~100mのトロール漁業で漁獲する。2004年の許可枠608tに対し漁獲は496t。規制魚種*コード記号MOK。　　　　（大島襄二）

木本シダ［Tree Fern］
　タカワラビ科に属し、ニュージーランドには2属がある。高温多湿を好み、太

木本シダ（青柳まちこ）

古から存在している。樹高 4~20m、直径 20~30cm、葉身 2.5~6m。北島北部、南島西岸の湿潤なところに生育する。幹には木質がなく、また樹高に比して細いため、地上に接する幹の下部にはツタ類、寄生植物などを幾重にも絡ませた幹の補強がなされている。パンガ*、ママク*、フェキ (wheki) が著名。フェキは群落をつくり、樹高は 4m 以下、特徴は幹の下部がスカート状になった自分の枯葉で覆われていることで、これは幹を補強するために必要な寄生植物やツタなどの生育を促す役目をしているといわれている。

(ベッドフォード雪子)

木本デイジー [Tree Daisy]

キク科の常緑樹。3 つの属に 32 の種がある。キク科の木本は珍しい。樹高 4~10m。北島からスチュワート島*まで 1,200m の山岳地帯を含め広く分布する。葉は 10cm、艶のある楕円形。白や青みがかった黄色の花は 5cm になるものもある。5 つの小さい花の束が一枚の花弁状になり、その集合が通常「花」と呼ばれているものである。バンクス半島*には桃の花に似た甘い匂いをもつものや、マールバラ*南部からサウスランド*の低山岳地には落葉する種もある。薄茶色の樹皮は薄く、細く縦に裂ける。低木性のものが道路脇に群生するのが見られる。

(塩田晴康)

モスギール [Mosgiel]

ダニーディン*の西 17km に位置する町。人口 6,342 人 (2001 年)。タイエリ川*下流に広がる肥沃な沖積平野*における酪農、牧羊、蔬菜園芸、果樹栽培*地域の商業中心地。毛織物・皮革製品工業でも知られてきた。ダニーディンへの通勤圏内にある。

(由比濱省吾)

モトゥエカ [Motueka]

南島ネルソン*の北西 55km、タズマン湾*の西岸にある町。人口 6,165 人 (2001 年)。肥沃な海岸平地にあり、園芸農業*、果樹栽培*、酪農のほか、かつてはタバコ*栽培、現在ではホップの栽培が盛んで、全国生産量のほぼすべてを生産している。1997 年モトゥエカ (現在は統合のためタズマン郡) と北海道清里町は姉妹都市*提携。

(由比濱省吾)

モトウ・マナワ＝ポールン島保護海域 [Motu Manawa-Pollen Island Marine Reserve]

ワイテマタ湾*奥南のポールン島とその周辺約 500ha を 1995 年に指定。マングローブ*、塩性沼沢地、潮間帯の生物群集などに見るべきものが多い。オークランド市街地に近接しているので汚染進行の恐れがある。

(植村善博)

モビリティ・カード [Mobility Card]

身体障害者の自動車利用に対して便宜をはかる制度。運輸省*と地方自治体の協力を得て、身体制約児協会 (CCS)*が発行する身体障害者用カードで、駐車禁止区域でも自動車に表示しておけば駐車可能となる。

(新井正彦)

モリオリ [Moriori]

チャタム諸島*住民。1791 年チャタム諸島に初めてヨーロッパ人が来航したとき、約 2 千人が漁労と採集を主に生活していたという。かつてはモリオリはマオリ以前の先住民で、マオリ到来後、辺境の地に押しやられたと考えられていたが、現在ではモリオリ文化と南島マオリ文化との考古学的近縁性が知られたことにより、東ポリネシアから直接に、あるいはニュージーランドの南島経由で移住した人々で、マオリの一部であると考えられるようになった。しかし長期にわたって本島から孤立したため、本島マオリとは異なる文化を発達させた。たとえば身分上の差のない平等社会、独特

の言語、問題解決のために戦闘ではなく決闘をおこなうなどである。

　1835年にはタラナキ*のテ・アティ・アワ*がチャタム島に攻め込み、多くのモリオリを殺傷し、生存者を奴隷にした。30年代から外国の捕鯨*とアザラシ*狩りの船舶がしばしばチャタム島に立ち寄るようになり、39〜40年には彼らが持ち込んだインフルエンザによって人口の3分の1を失った。63年までには純血モリオリは200人にまで減少し、最後の純血モリオリと称せられるタマ・ホロモナ・レヘ（Tama Horomona Rehe）、通称トミー・ソロモン（Tommy Solomon）が死亡したのは1933年であった。しかし2001年の国勢調査でモリオリに帰属すると回答した者は585人を数えている。
　　　　　　　　　　　　（青柳まちこ）

モリンスヴィル［Morrinsville］
　ハミルトン*の北東30kmにある町。人口6,165人（2001年）。ハウラキ平野*南部、国道26号線上にあり、周辺は集約的な酪農地帯で、町にはバター製造工場がある。1989年にマタマタ＝ピアコ（Matamata Piako）郡に統合された。
　　　　　　　　　　　　（由比濱省吾）

モルモン教会［Church of Jesus Christ of Latter-Day Saint／Mormon Church］
　1830年ニューヨークに設立され、現在ユタ州ソルトレイク市に本部を置くキリスト教会。37年以来世界各地に活発な伝道活動をおこなっており、55年にはニュージランドでも宣教が開始された。家系を重視し家族の団結を呼びかけるモルモンの教義は、マオリの共感を呼ぶところが大きく、近年信者数の過半数をマオリが占めている。全国の信者数は48,000人（1991）から39,910人（2001）と10年間に大きく減少している。
　　　　　　　　　　　　（青柳まちこ）

モンタナ・ニュージーランド・ブック賞［Montana New Zealand Book Awards］
　ニュージーランドの文学賞は1968年に設けられたワッティ賞（Wattie Book of the Year Award）から始まった。その後いずれも食品加工会社であるワッティ社とグッドマン・フィールダー社が合併して、グッドマン・フィールダー・ワッティ・ブック賞（Goodman Fielder Wattie Book Awards）と改名された。もう一つの文学賞、ニュージーランド・ブック賞（New Zealand Book Awards）は76年に始まり、約20年間この両賞が共存したが、前者は、94年にモンタナワイン社が後援権を獲得して、モンタナ・ブック賞（Montana Book Awards）と改名された。さらに96年にニュージーランド・ブック賞とモンタナ・ブック賞が合体して、現在のニュージーランド最大のモンタナ・ニュージーランド・ブック賞が誕生することになった。受賞対象は文学、デザイン、制作、コマーシャルの各部門に分かれている。
　　　　　　　　　　　　（池田久代）

や

ヤギ［Goat］

1769年にクック*が初めてヤギを導入、その後初期入植者が数百頭を導入したが、やがてその一部は野生化し、食害によって大面積の裸地化を起こし、激しい土壌侵食が生じた。駆除手段が講じられたが、多産のため容易に頭数は減少しなかった。1979~80年にタスマニアから導入された毛用種のアンゴラ種と野生ヤギの雌との交配をおこなうことにより、モヘア、肉、ヤギ乳チーズなどヤギの新しい産業が開かれた。

（由比濱省吾）

薬物［Drug］

薬物使用は薬物乱用法（Misuse of Drug Act 1975）において厳密に規制されており、ウェリントンの薬物情報機構（National Intelligence Bureau）は、警察*、税関、保健省*と協力してその取り締まりにあたっている。一般的な非合法薬物としてマリファナ、ヘロイン、カート、GHB、アンフェタミン、コカイン、調剤されたドラッグ、LSD、幻覚キノコなどであり、2002~03年に摘発された薬物犯罪23,700件は、全犯罪数の5.3%を占める。なかでもその80％以上がマリファナの不法所持で、マリファナは国内でも容易に栽培できるため根絶には困難がある。非合法薬物は3種に分けられ、ヘロイン、メタンフェタミンなどは最も危険度が高いAクラスの薬物に分類され、これらの取引には重い刑罰が科される。どのクラスでも違法な取引は、罰金刑ないしは拘禁刑の処罰の対象となる。

（高橋貞彦）

ヤドリギ［Mistletoe］

ヤドリギ科に属する双子葉植物。熱帯に多く産する木本性の半寄生植物。養分を自分で吸収するが、水と一部の栄養成分は宿主に頼る。世界に36属1,300種が生育する。固有種には低木と矮小種がある。前者は宿主の樹木に穴を開けて根を下ろし、後者は宿主を抱え込むような形で寄生する。春から夏にかけて開花し、夏に実をつける。ブナ*に寄生するものによく見られるが、鮮やかな朱色から黄色の大きな花がヤドリギの特徴である。粘着性の液で実を宿主の幹に付着、発芽させる。ときには根を張って宿主を枯死させることもある。自然林ではポッサム*の食害を受けるため、絶滅危惧種*となっている。

（塩田晴康）

ゆ

有害植物［Hazardous Plant］

ニュージーランドには2,700種の固有植物があり、その8割がそれぞれの地方特有種である。150年間に20,000種の植物が導入されたが、その200種以上が有害植物となり、固有種の保護地域では生態系を崩す大きな問題となっている。環境保全省*は絶滅危惧種*を保護する責務として、有害植物と雑草の抑制をおこなっている。

（塩田晴康）

牧場の柵として導入されたハリエニシダ*は繁殖力が強く、しかもトゲがあって除去が困難である。また観賞用に導入されたアザミ*は種子が風で広範に飛散し、牧場に生えても家畜が食わないので、除去は容易でない。イギリスから渡来したキク科多年草のラグワートは、ウシ、ウマが食うと肝臓に障害を起こし、かつてサウスランド*などでは、家畜数の減少を招く被害が

生じた。そのためほとんど駆除されたが、現在でも散見される。　　　　　（由比濱省吾）

遊漁 ［Game Fishing］

　営利目的や調査・研究のためではなく、趣味として水産物を捕獲すること。淡水と海洋での魚釣りや潮干狩りなどが含まれる。1860 年代にはすでにイギリスや英領植民地などから遊漁対象のマス類*などが導入された。川釣りはフライフィッシングが主流で、マス類の主要漁場は北島のタウポ湖*、ロトルア湖*やワイカト*の河川、南島のカンタベリー*、オタゴ*の諸河川。サケ*は南島東岸の河川で 1～3 月が最盛期である。湖沼や河川によって解禁時期、魚の大きさ、捕獲の数など細かい規定がある。遊漁狩猟審議会*が査定・監査し、免許・鑑札の発行をおこなう。海釣りにも細かい捕獲規定がある。北島北東岸が最も盛んで、夏に回遊してくるカジキ類*の船釣りがよく知られ、アイランズ湾*、グレートバリアー島*、コロマンデル半島*などを基地としている。その他タイ*やキングフィッシュ*などが獲れる。ニュージーランドは 39 年設立の国際遊漁協会の創設以来の会員である。　　　　　　　　　（山岸博）

遊漁狩猟審議会
［New Zealand Fish and Game Council］

　1860 年代以降、イギリス本国や英領植民地などから持ち込まれた動植物をニュージーランドの気候風土に順応させるために、各地に私的な動植物順化協会（Acclimatisation Society）が生まれた。第 1 次世界大戦後主として釣魚を対象とし、狩猟目的の鳥獣も含む外来魚類委員会（Fish and Game Council）が、先の動植物順化協会を引き継いだ形で設立された。それらの協会は 1990 年代になると、さらに公式機関としての遊漁狩猟審議会となり、その性格も釣魚と狩猟の査定・監査をおこなう審議機関に変わった。この審議会は自然保護政策に関して環境保全大臣に進言することもある。従来の各地の委員会も 12 の地方審議会に衣替えし、地域に応じた釣魚・狩猟者の育成と教育を担当、免許・鑑札を発行し、中央の本部組織と緊密に協力して事業を推進している。　　　　　　　（大島襄二）

友好都市 ［Friendship City］　⇒姉妹都市・友好都市

ユースホステル協会
［Youth Hostels Association of New Zealand= YHA New Zealand］

　ドイツで始まり格安の宿泊施設を提供する国際的組織団体で、ニュージーランドにはワイルディング（Cora Wilding）によって初めて紹介された。1932 年ニュージーランド・ユースホステル協会が設立され、この協会と契約するユースホステルはニュージーランド全域に広がり 62 ヵ所ある。「ホステル滞在を通じて世界の文化交流」を理念にかかげるこの協会は会員制で、1960 年 5,000 名だった会員は 21 世紀初頭 3 万人を数える。会員は国内のバス・飛行機などの交通機関、観光施設、ツアーなどの割引特典を受けることができる。　（新井正彦）

郵政改革 ［Postal Reform］

　政府事業であるニュージーランド郵政局（New Zealand Post Office）は 1987 年に解体され、郵便貯金事業、郵便事業、通信事業の 3 機能に分割されて、それぞれが郵便貯金銀行（Postbank）、郵便公社*、テレコム・ニュージーランド社*という政府系企業*になった。この改革の目的は、業務遂行上の効率を上げ、それにより費用を削減し、郵便事業の赤字を圧縮することであった。改革前には 3 つの機能が一体化していて費用削減という誘因が少なく、利益が出る体質にはなりにくかった。ある地域に郵便局

を設置するか廃止するかというときに政治的圧力がかかりやすく、採算性は後回しにされた。政府事業のときには郵便局は1,244あったが、88年には約600、現在約250にまで減少した。その代わり、スーパーマーケットや文房具店に切手販売や郵便業務を委託し利用者の便をはかった。このような企業化の結果、業務の効率化が進み、95年には郵便料金の値下げもおこなわれた。さらに郵便事業は98年に完全に自由化され、約30の会社が参入した。ただし競争が激化したため、生き残った会社は数社である。99年に成立したクラーク*労働党政権が再び政府の役割を重視する方向にあるので、郵便公社は現在政府系企業のままである。

(岡田良徳)

融氷流水堆積物 [Fluvioglacial Deposits]

氷河*の融水によって運搬された堆積物。流水による淘汰を受け、成層していることが多い。氷河によって直接運搬された漂礫土・漂粘土と区別される。融氷流水堆積物は一般に融氷水の作用が活発になる氷河の後退期に形成され、顕著な堆積地形を構成する。サザンアルプス*東麓の諸河川の沿岸にはこのような堆積物と地形があり、現在は下刻されて段丘*を形成している。

(太田陽子)

郵便公社 [New Zealand Post Ltd.]

1987年設立の政府系企業*。政府の民営化政策にともない、郵政事業は87年郵便、貯金、通信の3部門に分かれて公社化された。貯金事業は郵便貯金銀行（Postbank）になり、その後ニュージーランド銀行*に買収された。通信事業はテレコム・ニュージーランド社*に移行し、また郵便事業は郵便公社が担当することになったが、98年の郵便事業法（Postal Services Act 1998）により、郵便公社の郵便事業独占が外され、経済開発省*の認可を受ければ誰でも郵便事業に参入できるようになったため、競争は激化した。

(岡田良徳)

郵便制度 [Postal Service]

1856年地方郵便法（Local Post Act）により、各州議会は独自に郵便制度を設けることが可能となり、さらに58年の郵便局法（Post Office Act）により郵便局が全国的に再編され、スタッフォード*内閣に初めて郵政長官（Postmaster-General）が置かれた。60年には郵便配達と私書箱設置が開始され、郵便為替は63年、郵便貯金は67年に始まった。81年には郵便局と電報局が合併した。総人口約80万人の1900年には、1,700の郵便局が、年間7千万の郵便物、350万の電報、25万の長距離電話を取り扱っていた。1世紀以上にわたり、郵便制度は政府事業として発展してきたが、1987年労働党*内閣の手により郵政改革*が実施された。

(青柳まちこ)

遊覧飛行 [Scenic Flight]

景色が美しいため各地で小型飛行機、ヘリコプターによる遊覧飛行がおこなわれている。全国50社以上があり遊覧飛行を安全に提供している。ミルフォードサウンド*、アオラキ山*、ウエストコースト*、アイランズ湾*などは人気がある。

(大石恒喜)

輸入ライセンス制度 [Import Licensing]

1938年の厳しい外貨不足のときにニュージーランドへの輸入金額を制限するために導入された制度。政府は許可証（ライセンス）をわずかな料金で販売し、許可証保有者は当該年度に定められた金額の商品を輸入することが認められた。この制度は輸入割当の一種であり、国内の製造業者を保護する重要な手段として長い間機能した。しかし少ない許可証料金で輸入を阻害し非効率である生産者を保護することは、非現実的で

あると指摘されてきた。84年の経済改革*では最も高い価格をつけた入札者に許可証を発行することになった。この結果、許可証料金は輸入割当によって得られる利益と対応するようになり、輸入割当が次第に合理的となって関税による国内産業の保護と変わらなくなっていった。これを輸入割当の関税化といい、この場合の輸入税の高さが国内の製造業者に対する保護の程度を示している。ニュージーランドではこの輸入割当の関税化は92年まで続いた。　　（岡田良徳）

よ

養鶏［Poultry Farming］⇒家禽産業

養護・保護サービス
［Care and Protection Services］
　児童少年家族省*が児童、少年に対しておこなうもので、少年更正サービス（Youth Justice Services）とともに重要な任務の一つ。1980年代後半から児童虐待の数が急増した。虐待のほか保護者間の暴力や闘争に起因する感情的または身体的放任、十分な世話の欠如などの事実が認められ、児童に養護や保護の必要があると思われた場合に実施される。養護・保護サービスへの届出は年間2万5千件を超えている。　（新井正彦）

養子縁組サービスユニット
［Adoption Information and Services Unit］
　児童少年家族省*の管轄下にあり、法令による養子縁組に対して責任を負う。養子縁組を希望する者からの書類はここに提出され、養子を望む理由や家計状態、児童を預かり幸福に育てるのに適切な環境であるかなどが審査される。　　　　　（新井正彦）

養子縁組法［Adoption Act 1955］
　1955年に制定。ニュージーランドでは、養子縁組は親の責任を実親から養父母に移すことにより、児童に安全な環境と保護・充足を提供する児童福祉としてとらえられている。養子縁組は永続的な法的関係であるから、養父母が真に養子を希望していることが最も重要視される。養子縁組によって、児童と元の家族との関係は断ち切られるのではなく、むしろ児童に関わるすべての家族の境界線を広げようとするものである。　　　　　　　　　　　　（新井正彦）

幼児生活保護法
［Infant Life Protection Act 1893］
　1893年に制定。1890年の児童保護法*とともに、幼児保護が名称に取り入れられたものとして画期的な立法であった。児童保護法が、虐待・酷使からの児童保護であるのに対し、幼児生活保護法は2歳以下の幼児の教育・保護を目的とした。幼児に対する保護責任を規定し、両親や保護者の元から離して保護する必要のある里子や養子などの幼児も含まれていた。　（新井正彦）

幼稚園［Kindergarten］
　3～5歳児を対象に、午前（週5回）と午後（週3回）にそれぞれ約3時間の授業的活動をおこなう教育機関である。園児は原則として午前か午後のいずれかに出席する。授業料は無料で、2歳から入園希望リストに登録が可能である。2003年には全国の約600園に約45,000人が在籍した。なお、保育園*は0～5歳児を扱い、終日制（7時30分～18時）、または時間指定制（4時間以内）で保育をする有料施設である。1993～2003年の幼稚園児数に大きな変化は見られないが、保育園児数は45,000人から79,000人に増加した。
　　　　　　　　　　　　　（一言哲也）

養蜂業［Beekeeping］

在来種のミツバチは1種のみで、小型で毛深く、群をつくらずに個別に行動するため、養蜂には使われない。1839年にイギリス人が北島ホキアンガ湾*地方に導入したのが養蜂の最初である。ニュージーランドに最も適合したのはイタリア種、ドイツ種、および両者の交配種で、1950年代後半には養蜂業者数は7,000に達した。

70年代末から80年代初めにかけて、集権的な蜂蜜販売機構（Honey Marketing Authority）が活動を停止し、個人と企業が蜂蜜を自由に輸出しはじめたため、巣箱数は40％以上増加し生産性も上昇した。ミツバチにとって危険な病原の侵入を防止するため、ミツバチと蜂蜜製品の輸入に対して政府は厳重な規制措置をとってきたが、2000年4月にオークランドで病原体が発見され、北島に拡大したので、駆除に努力が払われた。これを境に趣味的養蜂業者の多くが廃業し、2000年の5,000人から03年の3,596人に減少した。しかし巣箱数はあまり減少していない。現在養蜂家の利益代表団体として全国養蜂家協会（National Beekeepers' Association）がある。　　　（由比濱省吾）

要保護児童給付［Unsupported Child Benefit］
両親あるいはそれに代わる保護者が養育拒否または家庭崩壊などにより十分に庇護・養育ができない場合、要保護児童の養育者（18歳以上）に対して支給される給付。孤児給付*同様、1年以上の養育が支給の有資格条件となる。　　　　　（新井正彦）

要保護児童・非行児童法
［Neglected and Criminal Children's Act 1867］
1867年制定。非行児、物乞い、非嫡出児などを対象とする法で、児童全般ではなかったが、最初の児童保護*の立法となった。この法は児童だけを対象にした先駆的な保護立法であったが、要保護児童に対して、国家の責任は監督と取り締まりにとどまり、児童の処遇や感化指導の責任は、矯正訓練施設の管理者に委ねられたままであったので、完全な福祉立法とはいえなかった。とはいえ、国が非行対策・感化行政に取り組みだした最初の法令で、これ以降制定される要保護児童法（Neglected Children's Act 1873）、海洋訓練学校法*、強制訓練学校法（Industrial Schools Act 1882）などの児童保護法の出発点と見なすことができる。　　　　　　　　　　　（新井正彦）

羊毛生産技術社［Wool Production Technology Ltd.=WoolPro］⇒テクトラ社

羊毛ボード［New Zealand Wool Board］⇒ウール・ボード

ヨット［Yachting］
古くからスポーツとして盛んで、オークランドとウェリントンでは、それぞれヨーロッパ人の入植を記念して定められた記念日にレガッタが開催されてきた。現在でもヨットは人々の生活の中で大きな役割を占めており、ヨット保有率は世界一。小学生以上を対象にしたジュニアのヨット教室が120もあって、3万人以上の会員を擁す。初心者用の小型ヨットなら親の手づくりも珍しくなく、ヨット製造技術は世界でもトップクラスである。オークランドはヨットの都（City of Sails）と呼ばれ、全国のヨットとボートの80％が集結している。名誉をかけての国際的なヨットレースから手軽な日常スポーツとしてのヨットまで底辺の広さを示しており、ニュージーランド・スポーツの陸の王者がラグビーならば、海の王者はヨットであり、いずれも層の厚さと世界的実力を誇っている。　　（樋口治）

ら

ラージブラック［Large Black］
　ブタの品種。イギリスで開発された大型種で、体色は黒。耳は垂れて顔のほとんどを覆う。多産で知られ、赤身肉とベーコンの生産に用いられる。　　　〈由比濱省吾〉

ラージホワイト［Large White］
　ブタの品種。1700年代後期にイギリスで、中国広東の小型種とイギリスの白ブタとを交配して開発され、19世紀後半に登録された。オーストラリアで最もよく飼育されており、ニュージーランドでも好まれている。体色は白く、晩熟型で、他品種よりも脚が長い。　　　〈由比濱省吾〉

ライオン・ネイサン・ビール社
［Lion Nathan Breweries Ltd.］
　オーストラリア、ニュージーランド、中国で種々のビールを生産販売している企業。1923年にビール会社10社が合同してライオン・ビール（Lion Brewery）になり、当時国内最大のビール会社であった。のち社名をライオン社（Lion Corporation）に改め1940年にネイサン社とオークランドで合同した。現在本社はシドニーにあり主要銘柄はライオン・レッド、スタインラーガー、スパイツなどで、これらのビールは国内市場のみならず外国でも人気がある。2001年にはワイン*事業に参入し、ワイン醸造所の経営に乗り出した。そのほかに、関連するワインやモルトの販売やレストランなど食品ビジネスをおこなっている。〈岡田良徳〉

ライグラス［Ryegrass］
　単子葉植物でイネ科ドクムギ属の多年生牧草。葉は細長く房状。家畜の飼料である干草と牧草用として19世紀にヨーロッパから導入された。イタリアン・ライグラス（ネズミムギ）と、ペレニアル・ライグラス（ホソムギ）が重要品種で、全土に見られる。
　　　〈塩田晴康〉
　イタリアン・ライグラスはヨーロッパで重要品種として広く使われていた。ペレニアル・ライグラスはイングリッシュ・ライグラスとも呼ばれるが、家畜の飼料として栽培された最初の多年草と考えられている。ほかの種と混合して使用することが多い。導入後、官民ともに新種開発の努力を重ね、現在では重要な農業用草本となっている。また、芝生にも使われる。
　　　〈ベッドフォード雪子〉

ライ、マリア［Rye, Maria Susan（1829-1903）］
　社会改革者。イギリス生まれ。イギリスで女性解放運動に参加。女性の独立を移民に託し、1863年オタゴ*をはじめ18ヵ月にわたりニュージーランド移民事情を全国的に調査。政府の移民政策の不備と怠慢を指摘、女性の劣悪な待遇を公表した。女子教育に関しては学校、とくに女子寄宿学校の設立、イギリスからの教師の斡旋に関わり、ミューラー*など女性解放論者に多大の影響を与えた。　　〈ベッドフォード雪子〉

ライリー、アルバート
［Liley, Albert William（1929-83）］
　産科医。オークランド生まれ。オタゴ大学医学部卒、オークランドのナショナルウィメンズ病院勤務。血液型不適合による溶血性貧血胎児の交換輸血による新生児治療を世界に先駆けておこない、新生児の死亡率低下に大いに貢献した。　　〈薄丈夫〉

ラウクマラ山脈［Raukumara Range］
　北島ギズボーン準県*でイースト岬*と国道2号線の間を、北東—南西方向に走る

山脈。西部は中生代の、東部は主に第三紀の地層からなる。最高峰はヒクランギ山*で、ラウクマラ山（1,414m）は山脈の北端にある。第三紀層からなる地域では侵食が激しく、山崩れが至るところにある。マオリ語ではサツマイモの葉。　　　（太田陽子）

ラウポ［Raupo］

　ガマ科ガマ属の多年草。別名ニュージーランド・ガマ。湿地植物で全土に見られる。高さ2m、葉は草丈と同じほどの長さで細長く、密集して生育する。ヒメクイナやサンカノゴイなどの鳥の営巣場となる。冬季には枯れ、春に再び地下茎から芽ぶく。夏には茎の先端部の周りに微小花を咲かせ、茶色の長い穂をつける。マオリは成熟した穂の花粉から、プンガプンガ（pungapunga、黄色の意）と呼ばれる黄色の蒸しパンをつくった。地下茎（koare）はデンプンが多く料理材料として重用された。葉は住居の壁、屋根の材料に用い、初期入植者も建材として利用した。　　　（塩田晴康）

ラウリム・ループ線［Raurimu Spiral］

　トンガリロ国立公園*西側を走る北島鉄道幹線にあり、ラウリム付近にあるループ線。1886~87年の鉄道敷設計画時には急勾配のため技術上不可能とされたが、98年ホームズ（R. W. Holmes）の綿密な現地調査と設計により実現した。ループ線は完全な円と3つの馬蹄形で構成され、現在も使用されている。　　　（ベッドフォード雪子）

ラカイア川［Rakaia River］

　南島サザンアルプス*の東斜面から発して南東に流れ、ラカイア川峡谷を経てカンタベリー平野*を流れ、エルズミア湖*の南で太平洋に注ぐ川。長さ150kmで勾配が比較的急である。沿岸には融氷流水堆積物*からなる段丘*があり、下流部では網状河川*をなしている。国道1号の橋はニュージーランド最長（1.75km）。　　　（太田陽子）

ラキウラ国立公園［Rakiura National Park］

　2002年指定。スチュワート島*の85%にあたる163,000haの地区を占める。森に覆われた山頂から海岸に至るまで、自然の生態系が損なわれず良好に保存されている。　　　（由比濱省吾）

酪農［Dairy Farming］

　入植初期には肉乳両目的に用いられるショートホーン*が導入された。次いで乳用のジャージー*が1862年、フリージアン（現在名ホルスタイン＝フリージアン*）が64年、エアシャーが70年代に導入されて、この4種がニュージーランド乳牛の主軸を形成した。1963年にはジャージーが70%を占めていたが、21世紀初頭にはフリージアンが54%を占めるに至り、ジャージーは社会経済的、畜産技術的理由により19%に低落している。

　酪農の進展は技術の進歩に支えられており、1880年の遠心分離機の採用、82年の冷凍船の登場に加えて、90年代には搾乳機導入があり、機械搾乳は1919年頃には乳牛の約半数に、50年代初期には全乳牛に適用された。搾乳舎は従来のヘリングボーン型に加えてロータリー型も開発され普及しつつある。19世紀末の乳牛頭数は全国で30万頭であったが、1950年代は280万頭、最盛期の70年には370万頭、うち3分の1がオークランド南部とワイカト*、次いでタラナキ*であった。その後乳牛頭数は若干減少し、2000年代には全国で340万頭、うち北島が270万頭、南島が70万頭である。

　飼育方法は周年屋外放牧、出産も牧場での自然分娩である。温暖な偏西風*気候であるから長期間にわたって草が成育し、牧場管理の改善が生産増加に連動した。世界で最も効率的な生乳生産国で、乳製品は

世界中に輸送され、価格と品質で優位を占めた。最近注目される動きは、従来の1日2回搾乳に代わる1日1回の搾乳システム（Once-A-Day-Index）の開発である。　　（岸田芳朗）

酪農協同組合［Dairy Cooperatives］
　牛乳生産農家が牛乳の自家処理を止めて全生産量を工場に出荷するようになった1960年代、農家が地区ごとに出資して共同で工場を設立して運営したのが、協同組合の始まりである。規模が拡大すると技師を工場長として雇用して経営を任せ、組合員は年次総会で事業成績や経営方針を審議するようになった。デアリー・ボード*が牛乳生産量を調整して農家に対して生産量割当て制度（Quota System）を堅持していた時期には、牛乳生産者はいずれかの協同組合に加入しないと出荷できなかった。組合は独立の事務所も専任事務職員も有しない簡素な運営であった。
　1975年には全国13,000人の酪農家が約75の協同組合に所属していたが、80年代後期から始まった経済改革*によって、協同組合間の競争が激化して次々と合併統合が進行し、2000年1月にはわずか4組合になった。さらにニュージーランド酪農グループ（New Zealand Dairy Group）とキーウィ酪農協同組合（Kiwi Group Dairies）の両社が合併して、ニュージーランドで生産される牛乳の合計90％を扱う独占的なフォンテラ（Fonterra）協同組合グループとなり、デアリー・ボードの資産も新会社に統合することに決した。01年9月、国会はフォンテラが国内最大の企業となることを承認した。フォンテラは世界の5大乳業会社の一つである。　　　　　　　　　　（由比濱省吾）

酪農ボード［New Zealand Dairy Board］⇒ デアリー・ボード

ラグビー［Rugby］
　どんな小さな町へ行っても、緑の公園や広場に立っているのがラグビーのポストである。大都市ともなれば数多くのラグビーグラウンドがある。全国では1,100ものラグビークラブがあり、競技人口は30万人以上にのぼる。大きなクラブでは一線級がしのぎを削るシニアチームを筆頭に、リザーブ（二軍）、コルツ（21歳以下）、アンダー19（19歳以下）、中学生、小学生の各チームといった年齢ごとのチームがあり、小学生以下では体重別で構成されているところもある。
　これらのクラブは地域のクラブユニオンに加盟し、各地方ごとにリーグ戦をおこなう。この中から地方代表チームの選抜委員がメンバーを選出し、北島で8、南島で9、合計17の地方代表チームが編成される。これらのチームはクラス別3グループに分けられ、リーグ戦をおこなって各クラスグループの最下位は、次のクラスの1位チームと入れ替え戦をおこなう。通常はトップレベルの第1グループの中から、4チーム相当分の約80名のオールブラックス*候補メンバーが選出され、この候補メンバーによってオールブラックス選考ゲームがおこなわれる。その結果選ばれた者が最終的なオールブラックスのメンバーとなる。
　　　　　　　　　　　　　　　（樋口治）

ラグビー博物館［Rugby Museum］
　パーマストンノース*にある。オールブ

パーマストンノースのラグビー博物館内部　（青柳まちこ）

ラックス*をはじめ、ニュージーランドのみならず、国際的なラグビー関連の資料を展示している。日本チームとの交流を物語るものも含まれている。　　　　　（角林文雄）

ラグラン［Raglan］

ハミルトン*西方48km、ラグラン湾の湾口南岸の町。人口2,667人（2001年）。1850年代に開発。現在の産業は漁業と畜産。　　　　　　　　　　　　（由比濱省吾）

ラグラン・ゴルフ場訴訟
[Raglan Golf Course Dispute]

ラグラン*ゴルフ場をめぐるマオリの土地権訴訟。中心となったのは女性運動家エヴァ・リカード（Eva Rickard、1925-97）で、第2次世界大戦中、飛行場とするため接収された土地が、戦後ゴルフ場になったため、1970年代後半、先祖の墓地である聖地を取り戻す返還運動を起こした。リカードは78年不法侵入罪で逮捕されたが、上訴裁判所*で棄却された。83年土地は返還され、農場やマラエ*、訓練施設などがつくられた。　　　　　　　　　　　　（内藤暁子）

ラザフォード、アーネスト
[Rutherford, Ernest（1871-1937）]

化学者、ノーベル化学賞受賞。ネルソン*生まれ。カンタベリー大学、大学院卒。数学、物理学、地質学、化学を専攻。イギリスで研究者の道に進み、ケンブリッジ大学キャベンディッシュ研究所初の外国人研究生、のち1919年所長。1898年マッギル大学（カナダ）物理学教授、放射能の解明、自然界での元素変換の発見。1904年 *Radioactivity*（放射線）、さらに08年、13年放射線に関する著作を出版。1908年元素崩壊と放射性物質の化学的研究でノーベル賞受賞。地質年代測定法開発、ボーア（Niels Bohr）と共同研究でラザフォード原子模型発表。第1次世界大戦中はアメリカで潜水艦探知の研究、ニュートロンの存在も予測、人類が隣人と平和に暮すことを学ぶまで原子力エネルギーの開発は願わなかったラザフォードは、自己の紋章にニュージーランドを象徴するマオリ戦士とキーウィ*を配していた。1937年急逝、ウエストミンスター寺院に埋葬された。　　　（ベッドフォード雪子）

ラジオ放送［Radio Broadcasting］

最初のラジオ放送はオタゴ大学のラジオ・ダニーディン（4XD Dunedin）により1921年に試験的に開始された。35年誕生した労働党*政権は政府の一部局としてニュージーランド放送事業（New Zealand Broadcasting Service=NZBS）を設立し、これにより36年からラジオ放送は国営放送として運営されることとなった。NZBSは62年ニュージーランド放送機構（New Zealand Broadcasting Corporation=NZBC）と名称変更し、政府からは独立した機構となった。一連の行財政改革*のもとで、87年放送事業に競争と効率性を導入し聴視者の選択と経済的効果を高めることなどを目的としたニュージーランド放送機構再編法（Broadcasting Corporation of New Zealand Restructuring Act 1988）のもとで、ニュージーランド放送機構は解体され、政府系企業であるラジオ・ニュージーランド社（Radio New Zealand Ltd.）が運営にあたることとなった。

96年政府はラジオ・ニュージーランド社の商業放送部門をニュージーランド・ラジオネットワーク社（New Zealand Radio Network Ltd.）に売却。政府系企業であるラジオ・ニュージーランド社は全国放送（AM、FM）、コンサートFM、国際放送、ニュース、音の記録（Sound Archives）などの公共放送を担当し、民間放送局であるニュージーランド・ラジオネットワーク社は全国に94の自営の放送局を有し、ニューストークZBなどの番組を放送している。

（池田久代）

ラタ [Rata]

　フトモモ科の植物でポフトゥカワ*と同属。着生植物。ノーザンラタ（単にラタと呼ばれることもある）とサザンラタが代表的。(1) ノーザンラタは樹高25m、直径1~2m。着生植物として成長を始める。北島全域と南島の北部山麓地帯に分布、とくにウレウェラ*地方でよく見られる。宿主に着生した後、気根を地表に下ろし成長する。新芽は赤く、葉は楕円形、長さ 2.5cm、幅 1.5~2cm、夏季にポフトゥカワに似たやや小ぶりの真っ赤な花が樹を一面に覆う。果実は1年後に熟す。表皮は荒く、はげ落ちやすい。(2) サザンラタは地面から発芽し、樹形は小ぶりである。樹高15m、直径30cm。冷涼な場所で生育し、南島の西部から、亜南極海のオークランド諸島*まで見られ、国内で最も南に分布する樹木である。葉は長さ 3~5cm、幅 1.5~2cm で赤色。夏季に赤い花をつけ、果実は1年かけて熟す。(3) 北西ネルソンラタは低木で、半ほふく性である。　　　　　　　　（塩田晴康）

ラタナ教会 [Ratana Church]

　ラタナ*を創始者とする宗教。1918年ラタナはラタナ・パ（Ratana Pa）の自宅で神のお告げを受け、以後病気治療者として広く知られるようになった。ラタナは旧来のマオリ宗教を排除攻撃したため、当初キリスト教会から歓迎された。やがて三位一体に加えて、忠実なる天使、マンガイ（mangai 神の代弁者すなわちラタナ自身）を祈祷に入れるようになり、キリスト教会から拒否されたため、25年7月ニュージーランド・ラタナ教として独立、登録した。
　20年代末にはマオリの窮状を救うという目的で政治に関心をもち、政治の世界でのラタナ教徒の活動を奨励した。ラタナ独立党最初の下院議員となったのは、32年の補欠選挙で南部マオリ選挙区から出馬したティリカテネ*で、次いで35年ラタナの長男トコウル（Tokouru）が西部マオリ選挙区から選出された。この選挙で政権に就いた労働党*がマオリの地位改善を確約したので、ラタナ議員は労働党に入党した。マオリ4議席がすべてラタナ教徒候補者によって占められたのは43年のことで、以後ほぼ40年間にわたってラタナ信徒の4議席独占が続いた。
　ラタナ信者は2001年の調査では49,000人弱を数えている。アレパとオメカと名づけられた2つの塔を備えた教会堂が特徴的で、ラタナ・パのほか、ファンガヌイ川*上流のラエティヒ（Raetihi）、北部のテ・ハプア（Te Hapua）、テ・カオ（Te Kao）、マンガムカ（Mangamuka）、アヒパラ（Ahipara）に存在する。
　　　　　　　　　　　　　（青柳まちこ）

ラタナ、タフポウティキ
[Ratana, Tahupoutiki Wiremu（1873-1939）]

　ラタナ教創始者。ワンガヌイ*近郊ラタナ・パ（Ratana Pa）の自宅で1918年11月神の啓示を受けた。その後医師に見放された息子オメカの病気を治したことで医術者として評価を高めた。プレスビテリアン教会*信者であった彼の治療法は、ただ神に祈ることだけであったが、彼の村ラタナ・パには全国から多数の患者が治癒を求めて集まった。彼は旧来のマオリ宗教を厳しく攻撃したが、彼自身はマンガイ（mangai 口寄せ）すなわち神の言葉の仲介者であると認識していた。
　ラタナはマオリの窮状にも関心をもち、24年の世界旅行ではイギリス政府、国際連盟*にその改善を訴えた。その帰途日本に立ち寄り中田重治*と会って、意気投合したといわれる。帰国後マオリの苦境をニュージーランド政府が放置するならば、日本政府が支援すると談話したために、政府から危険視されるようになった。28年マオリ4選挙区すべてにラタナ信者を擁立することを決意し、43年その夢が叶えら

れた。　　　　　　　　　　　（青柳まちこ）

ラタ、マティウ［Rata, Matiu（1934-97）］

政治家。北島北端のテ・ハプア（Te Hapua）生まれ。北部マオリ選挙区選出の下院議員(1963-80)。労働党*カーク*内閣、ロウリング*内閣でマオリ相、土地相を務め、ワイタンギ審判所*設立や、マオリ省の予算拡大に努力した。79年マオリ問題に対する政策を批判して労働党を離脱、80年にマナ・モトゥハケ党*を結成した。以後ラタは再び議席を獲得することはなかったが、終生マオリ土地権や漁業権確保のために運動した。　　　　　　（青柳まちこ）

ラッセル［Russell］

北島北部、アイランズ湾*に面する町。人口804人(2001年)。旧名コロラレカ。18世紀末以来捕鯨*業者、交易者、逃亡犯罪者らが集まる港となり、かつて「太平洋の地獄」と呼ばれたこともあった。1840年、ホブソン*はコロラレカをニュージーランド植民地の首府とすることに難色を示し、数キロ南のオキアト（Okiato）に土地を購入し、ラッセルと命名した。しかし翌年首府はオークランドに移転した。ラッセルという名はコロラレカとオキアトの双方を含むこの地域一帯に用いられていたが、現在ではコロラレカがラッセルとなり、オキアトは旧名を保持している。1844~45年のヘケ蜂起*によりコロラレカの町は破壊され、ヨーロッパ人の多くはオークランドに避難した。今日ではアイランズ湾*観光の一中心地。　　　　　　　（青柳まちこ）

ラッセル、トマス
［Russell, Thomas（1830-1904）］

実業家、政治家。アイルランド生まれ、1840年オーストラリアから来住。ニュージーランド保険会社(1859)、ニュージーランド銀行*(1861)創設の中核的推進者。下院議員(1861-66)。ドメット*内閣およびホイティカー*内閣で植民地防衛相。「マオリ反乱者」の土地没収を強く提唱した。65年首都がウェリントンに移転してからは政治から遠ざかった。　　（青柳まちこ）

ラッセル（由比濱省吾）

ラディアタ・パイン［Radiata Pine］

マツ科の裸子高木。カリフォルニアのモントレー半島原産。樹高30〜50m。まっすぐに伸び、樹形は円錐形。19世紀後半に導入。水はけのよい肥沃な土壌、夏月平均21℃、年間雨量700mmで夏乾燥、冬湿潤という生育条件が適し、ニュージーランドでは25年で30mに成長、伐採可能な太さになる。
(塩田晴康)

ラディアタ・パインは1923〜36年には北島火山高原*で毎年約2万ha植栽され、経済的に重要な樹木となった。火山高原では標高1,200mまで植栽される。56年の植栽面積は23万ha、人工樹林の60%、2004年には総面積1,200万ha、50年間に50倍以上となり、全国植栽面積の90%を占めている。カインガロア森林*をはじめとして人工林はよく管理され、また環境保全にも注意が払われている。

木質の繊維は長く柔らかいため、紙パルプの原料に適し、パルプ産業の急速な成長をもたらした。軟質材の中では堅めであるので、現在は技術の向上によって、建築用資材としての用途も急速に拡大、汎用性木材の代表と目されるようになり、巨大な輸出産業が確立されている。林産品の日本への輸出も盛んになっている。
(由比濱省吾)

ラティマー、グレアム
[Latimer, Graham Stanley (1926-)]

政治家。ンガプヒ*指導者。第2次世界大戦に参戦。1964年以来マオリ評議会*の委員で、72年以降3代目会長を務める。マオリの漁業、森林、放送などの権利主張、マオリ企業の設立などに深く関わって活動した。
(青柳まちこ)

ラノリン［Lanolin］

ヒツジの表皮や毛に付着している脂質成分をウール・グリースといい、これを精製したものをラノリンという。ニュージーランドは豊富な羊毛の生産国でありながら、羊毛を洗浄せずそのまま輸出していたために、ラノリンの精製や用途開発が遅れていた。日本では早くから化粧品の原料として使われており、いまでは広く工業用原料として利用されている。ニュージーランドでも近時ラノリンを原料としたハンドクリームをはじめ、皮膚にやさしい商品を販売するようになった。
(井脇成禮)

ラフティング［Rafting］

泡立つ急流をゴムボートでチームを組んで下るもので、ラフトトリップともいわれる。急流下りを安全におこなうスポーツとして振興させる目的で、1996年ラフティング協会（New Zealand Rafting Association）が結成され、技術の向上とともに環境保全に取り組んでいる。協会は、ほとんど波や障害物のない川（段階1)、やや波のある川（段階2)からほとんど走行不可能な川（段階6)まで難易度に応じて6分類し情報を提供している。たとえばファンガヌイ川*は難易度3〜4、南島のカラメア*川やショットオーヴァー川*は難易度5である。
(山岸博)

ラペルーズ山［Mt. La Perouse］

サザンアルプス*の大分水嶺上にある山、標高3,079m。アオラキ山*、ダンピア山*の西南に位置する。
(由比濱省吾)

ラムスデン［Lumsden］

南島サウスランド県*中央部にある町。人口450人(2001年)。国道6号と94号の交差点で、東はダニーディン*、西はテ・アナウ湖*、南はインヴァカーギル*、北はクイーンズタウン*を結ぶ。
(由比濱省吾)

ラリー［Motor Racing］

冬にオークランド周辺でおこなうラリー・ニュージーランドは、いまや世界選手権でも少なくなったグラベルラリー（未

舗装道路を使うラリー）である。サーキットのレースと違い、各地の公道を利用するため観戦には車が必要となる。
〔山岸博〕

ラロトンガ条約［Rarotonga Treaty］⇒南太平洋非核地帯条約

ラン科植物［Orchid］

ラン科は被子植物最大の科で700属25,000種からなる。ラン科植物は花の美しいものが多く重要な観賞植物。世界中に分布し、ニュージーランドには80種が生育する。ニュージーランドのランの花は熱帯ランのように華麗ではない。著名なものは着生ランで、花が白く中央部がピンクから紫色の幅2.5cmのデンドロビウム、およびクリーム色の花で甘い香りを放つエアリナ。この2種は低緯度の森林の樹上で生育する。ニュージーランド全土やチャタム諸島*で見られるイースターオーキッドの花は、大きくないが香りが強い。地生ランとしてはプテロスティリス属が多く、12種があり人気が高い。
〔塩田晴彦〕

ランガティラタンガ［Rangatiratanga］

ランガティラ（rangatira）は貴族や首長階級をさし、ランガティラタンガは首長であること、首長がマナをもって治めること、伝統的な首長の権限を意味する。マオリの社会階層は大きく分けて、ランガティラとトゥトゥア（tutua：平民）に分かれ、ランガティラは生得的により大きなマナ*をもっていた。ランガティラタンガはマオリの復権運動でよく使われ、権利回復の合言葉となっている。
〔内藤暁子〕

ランギ［Rangi］

天神。正式の名称はランギ・ヌイ・エ・トゥ・ネイ（rangi nui e tu ne 高く聳える大いなる空）。マオリ創世神話で大地の神である妻パパ*との間に多くの神々を生み出した。ランギとパパの分離によりこの世に光がもたらされた。
〔青柳まちこ〕

ランギタタ川［Rangitata River］

南島サザンアルプス*の東斜面を流れる長さ121kmの河川で、カンタベリー平野*を涵養する主要河川の一つ。アルプスの麓から南東に流れ、南カンタベリー湾で太平洋に注ぐ。山地からカンタベリー平野に出たところで分流の人工水路がある。この水路は毎秒25,400ℓの水を運び、主に夏には灌漑、冬には発電に利用される。河川名は雲が低い空の意。
〔太田陽子〕

ランギティケイ川［Rangitikei River］

北島南西部、カイマナワ（Kaimanawa）山地から南流してタズマン海*へ注ぐ延長約241kmの河川。流域の大半は新第三紀層からなるワンガヌイ丘陵（Wanganui Hills）で、これを深く侵食した峡谷をなし河岸段丘*が顕著に発達する。海岸には幅約8kmの広大な砂丘*地帯が分布する。タイハペ（Taihape）付近からブルズ*まで国道1号が並走する。
〔植村善博〕

ランギトト島［Rangitoto Island］

オークランド市沖合、ハウラキ湾*にある火山島。約600年前の噴火以後活動をしていない。標高260mの頂上に火口がある。溶岩の噴出が広くひろがり、山体は特徴のあるアスピーテ型で陸海からの目印になっている。東隣りのモトゥタプ（Motutapu）島と溶岩で一部が接続している。1890年公共用地に指定され、現在は環境保全省*が管理しており、山道、遊歩道が整備されピクニック、自然観察などに訪れる人が多い。
〔由比濱省吾〕

ランギポ発電所［Rangipo Power Station］

トンガリロ（Tongariro）水力発電計画で建設された発電所。北島中央の火山群の

ランギトト島 (由比濱省吾)

周囲の河川から水を集め、トンガリロ川から地下水路で導入する発電所で、1974年に着工し83年に完成。マナポウリ水力発電所*に次ぐ2番目の地下発電所（深さ230m）である。82年操業開始以後、発電能力を増強して88年には最大発電量が120MWになった。95年のルアペフ山*噴火の際、石英粒を含む火山灰が降雨とともに水路に入り、タービンが損傷して修理に2年を要した。現在はジェネシス・パワー (Genesis Power) 社が経営。　　(由比濱省吾)

ラングロワ、ジャン
[Langlois, Jean François（1808-?）]

捕鯨者。フランスに生まれ、ニュージーランドにフランス植民地の設立を計画し、1838年までにバンクス半島*に広大な土地を購入した。帰国してその目的のために投資家を募りナント＝ボルドレーズ (Nanto-Bordelaise) 会社を設立し、40年フランス人60人を乗せてアカロア*に船出した。しかし到着以前にホブソン*代理総督が南北両島のイギリス併合を宣言したために、フランス植民地建設という彼の希望は叶えられなかった。　　(青柳まちこ)

ランスウッド [Lancewood]

ウツギ科の高木。マオリ名ホロエカ (horoeka)。幼木と成木の形状の相違が最も著しい樹木である。15〜20年で成木となり、樹高15m。葉は厚みがあり30cmほどに細く伸びる。葉面は光沢があり葉脈が浮き出して人目を引く。幼木は葉を垂らして半開きの傘状をしているが、20年経つと変形

ランスウッド幼木 (塩田晴康)

して普通に見られるような高木の形態となる。変形の理由について諸説あるが不明。成木は円形の樹冠を形成する。花は緑色で房状につく。果実は徐々に暗紫色に変わる。交配種が多い。　　　　　　　（塩田晴康）

ランドフォール誌［Landfall］
　文芸誌。1947年3月クライストチャーチのカクストン出版社から創刊（800部）。93年に一時オックスフォード大学出版局に経営権が移ったが、95年以降はオタゴ大学*出版局より発行。ブラシュ*が創刊時より19年間編集長。カーノウ*の詩 Landfall in Unknown Seas（未知の海の陸地）より名づけられ、イギリスの文芸誌に対抗してニュージーランド性を意識した総合文芸・芸術誌をめざしている。ニュージーランドで最も重要な文芸誌。多くの文学者、芸術家を輩出。年2回5月と11月の発行。97年に50周年を迎えた。　　　（池田久代）

ランナウエイ岬［Cape Runaway］
　北島東部、ラウクマラ山脈*北端を東西に走る山地の西端の岬。ファンガパラオア*湾の北端にあり、狭い海成段丘*で縁どられる岩石海岸。岬の南に同名の集落がある。地名は1769年、クック*の上陸時にマオリが驚いて逃げ去ったことによる。　　　　　　　　　　　　（太田陽子）

ランファーリ［Ranfurly］
　南島セントラルオタゴ*の東北部、タイエリ川*上流盆地の町。人口732人（2001年）。内陸のアレクサンドラ*と東岸のパーマストン*の中間にあり、ニュージーランドで数少ない大陸性気候をもつ。（由比濱省吾）

ランファーリ／ノックス、アッチャー
［Earl of Ranfurly／Knox, Uchter John Mark（1856-1933）］
　総督（1897-1907）。アイルランド生まれ。ヴィクトリア女王の侍従を経験。ラグビー大会杯の「ランファーリー楯」で親しまれている。セントラルオタゴ*の町ランファーリーは彼の名にちなむ。（山岸博）

り

リーヴス、ウイリアム
［Reeves, William Pember（1857-1932）］
　政治家、作家。リトルトン*生まれ。下院議員（1887-96）。初の自由党バランス*内閣で教育相、司法相のちに労働相。セドン内閣で教育相、労働相、司法相。熱心なフェビアン社会主義者で、1894年の産業調停仲裁法*はその反映である。歴史書、The Long White Cloud: Ao Tea Roa, 1898（たなびく白雲）はニュージーランドの建国初期の歴史、神話が美しい散文で描かれた古典。アオテアロアという言葉を国民意識に根づかせた。詩集 The Passing of the Forest and Other Verse, 1925（森の終わり）など、詩集合計6編。　　　　　　　　（池田久代）

リーヴス、ポール
［Reeves, Paul Alfred（1932-）］
　総督（1985-90）。ウェリントン生まれ、ヴィクトリア大学卒業後、イギリスに学ぶ。アングリカン教会*の司祭資格を取得（1960）、ワイアプ主教（71）、オークランド主教（79）を経て、1980年にはニュージーランド大主教に任ぜられた。85年にはマオリとして最初の総督となる。総督任期終了後はアングリカン教会オブザーバーとして3年間国連に派遣された。2002年ニュージーランド生命倫理委員会の設立委員長に任ぜられた。　　　　　　　（青柳まちこ）

リー、サンドラ
[Lee, Sandra Rose Te Hakamatua（1952-）]

政治家。ウェリントン生まれ。1993年の総選挙で一般選挙区から当選した最初のマオリ女性議員。ラタ*の後を次いで94年マナ・モトゥハケ党*の党首。91年同党が新労働党*、民主党*、緑の党*とともに同盟党*を結成していたため、リーは94年同盟党の党首になった。　　（青柳まちこ）

リー、ジョン
[Lee, John Alfred Alexander（1891-1982）]

政治家。作家。ダニーディン生まれ。多彩な経歴のもち主で、第1次世界大戦中は西部戦線において活躍、左腕を失った。労働党*選出の下院議員（1922-28, 31-43）。サヴェジ*内閣で財務省次官となり、年間5,000戸の住宅を建設し、労働者に低家賃で貸し付けた。1940年サヴェジ首相批判によって労働党から除名され、自ら民主労働党*を結成した。弁論家として知られ、また文筆家としても自らの少年時代を描いた小説 Children of the Poor, 1934（貧しい子ら）、The Hunted, 1936（追われるもの）ほか多くの著作がある。　　（青柳まちこ）

リード、ガブリエル
[Read, Thomas Gabriel（c.1824-94）]

採鉱者。タスマニア生まれ、カリフォルニア、オーストラリアの金鉱山で働いたのち、1861年オタゴ*に到着。同年6月オタゴ中部のトゥアペカ（Tuapeka）川流域（のちに彼の名をとってガブリエル峡谷）で有望な採金地を発見して数時間のうちに200g採取した。これがオタゴにおけるゴールドラッシュ*の始まりである。64年タスマニアに帰郷。　　（青柳まちこ）

リーフトン [Reefton]

南島グレイマウス*とウエストポート*間にある内陸の町。人口987人（2001年）。1860～70年代にはゴールドラッシュ*でリーフタウンの集落ができ、のちにリーフトンに改称。1888年8月ニュージーランドで初めてダムによる水力発電で点灯した町である。現在の主産業は製材業と農業である。　　（由比濱省吾）

リグ [Rig]

マオリ名ピオケ（pioke）。和名ホシザメ。マダラサメ（Spotted Dogfish）ともいう。体側の斑点に特徴がある。小型サメの一種。食用として漁獲対象になる。北島・南島を通じて西海岸に多いが、とくに北島タラナキ*～ワンガヌイ*沖で漁獲される。年間漁獲量1,400t。規制魚種*コード記号SPO。　　（大島襄二）

陸軍 [NZ Army]

19世紀後半の土地戦争*ではイギリス正規軍の補助として、ニュージーランド植民地政府は民兵を徴募した。1870年イギリス部隊が撤収した後を受けて、ニュージーランド陸軍が創設され、ほかの自治領諸国とともに、英帝国防衛をその主要任務とした。ボーア戦争*への参戦はその好例であろう。1914年以前に民兵制度は廃止され、イギリス本国の国土防衛軍にならった制度改革がなされた。彼らは強制的に軍事訓練を受けさせられたが、それは第1次世界大戦で大きな成果を見る。ガリポリ作戦*は有名であるが、フランスや中東でも勇名を馳せた。ただし16年徴兵制*導入と前後した西部戦線ソンムでの損傷の大きさに見られるように、海外で勤務した10万以上のニュージーランド部隊の死傷者はその58％にのぼった。

第1次世界大戦後、世界的軍縮の流れの中で軍事規模が縮小された。第2次世界大戦では徴兵制が復活し、ギリシア、イタリアなどで活躍した。戦後は朝鮮戦争、ヴェトナム戦争に参戦するが、84年以降、

ニュージーランドは防衛問題では独自の立場をとるようになった。その後は国連活動の一翼を担い、コソヴォなどの紛争地域で平和維持活動に従事している。　　（根無喜一）

離婚［Divorce］

　2003年の離婚件数は10,491組で、1981年の法改正（Family Proceedings Act 1980）により、2年間の別居で離婚が可能になったため件数が急増した1982年を除き、最多記録となる。離婚率はこの30年間を通して漸増しており、81年以前は10％以下、80年代は11％台で、90年代は12％台であった。離婚夫婦の平均年齢は夫が42.5歳、妻が40.1歳で、10年前に比べると男女とも3歳ほど上昇している。離婚に至るまでの結婚生活は5〜9年が全体の24％を占め、平均年数は12年。離婚夫婦の半数近くが18歳未満の扶養義務のある子どもを抱えており、その結果、父親または母親と子どもだけの家庭は、国内の4世帯に1世帯の割合にまで急増している。　（杉原充志）

リッチモンド［Richmond］

　南島ネルソン*の西南に隣接する町。人口7,222人（2001年）。タズマン湾*の最奥にあり、後背地はホップ、ブドウ*、リンゴ*の生産地で、ワイン*醸造所も多い。かつてはタバコ*栽培が盛んであったが、現在はすべてほかの作物に転換している。1989年にタズマン郡に統合され、タズマン準県庁（郡役所）所在地になった。93年に長野県富士見町と姉妹都市*提携。　（由比濱省吾）

リッチモンド、クリストファー
［Richmond, Christopher William（1821-95）］

　政治家、法律家。イギリス生まれ、1853年タラナキ*に来住。下院議員（1855-62）。スタッフォード*内閣で植民地長官（Colonial Secretary）、植民地財務長官（Colonial Treasurer）、先住民相など要職を担当。59年のワイタラ土地購入*には先住民相として積極的に関わった。マオリ文明化のために共同土地所有を個人所有に変更すべきとする彼の基本的な立場は、結果的に土地戦争*の原因をつくり、またマオリ所有地の流出を促した。　（青柳まちこ）

リッチモンド、ジェイムズ
［Richmond, James Crowe（1822-98）］

　政治家。イギリス生まれ、クリストファー・リッチモンド*の弟で兄に先んじてタラナキ*に来住。55年タラナキ州議会議員、下院議員（1860-70）。ウェルド*内閣で植民地長官（Colonial Secretary）、スタッフォード*内閣で関税局長官（Commissioner of Customs）、印紙税局長官（Commissioner of Stamp Duties）。上院議員（65-66、83-92）。
　　　　　　　　　　　　　（青柳まちこ）

立法院［Legislative Council］

　1840年憲章（Charter of 1840）により総督*、植民地財務長官（Colonial Treasurer）、3人の上級治安判事（Senior Justice of the Peace）を含む最低7人からなる立法院が設置され、治安・秩序などに関する法律制定の権限を与えられた。46年2州（ニューアルスター*、ニューマンスター*）制度が導入されると、州立法院に移行したが、48年にはニュージーランド全体に関わる総立法院（General Legislative Council）が設立された。立法院議員は任命制であったが、自治を要求する住民の要求に応じて52年には2州とも3分の2を選出議員とした。基本法1852年*により2州制度が廃止され、各州に選出議員からなる州議会（Provincial Council）が設置されたため、州立法院は廃止された。総立法院は全体議会*内に下院（House of Representatives）が設けられたために上院*に役割を移行した。　　　（青柳まちこ）

リトル、ジェイムズ

[Little, James（1834-1921）]
　育種家。スコットランド生まれ。1865年ダニーディン*に来住。長毛のロムニー*とリンカーン*の雄をメリノ*の雌に交配する実験をコリデール農場でおこない、同様の実験をおこなっていたデヴィッドソン*とともに新種のヒツジを開発した。この品種はコリデール*と命名され、ニュージーランドで最初に固定された品種で、当時どのヒツジの品種よりもこの地の風土に適合していた。彼はさらにヒツジのほかウマやウシの育種実験を続け新品種を開発した。この時代の最も優れた育種家の一人。
（由比濱省吾）

リトルトン［Lyttelton］
　クライストチャーチの南10kmにある町。人口3,042人（2001年）。バンクス半島*の基部にあるリトルトン湾に面する。1857年にクライストチャーチへの道路が完成し、67年には鉄道トンネルが開通した。クライストチャーチの海岸が浅い砂浜であるので、リトルトンが外港として重要な地位を有し、かつて南島鉄道幹線はブラフ*からクライストチャーチを経由してリトルトンに到着し、そこからフェリーでウェリントンに連絡していた。1876年から1934年まで、入港船舶に毎日標準時刻を告げたタイムボール・ステーションが現存。1964年に2kmの道路トンネルによりクライストチャーチ都心と結ばれた。
（由比濱省吾）

リハビリテーション計画
［Rehabilitation Plan］
　事故による障害のため、一定以上の期間事故補償公社*（ACC）の援助を受ける場合、リハビリテーション計画を作成する必要がある。この計画作成費用、必要な検査費用は助成され、リハビリテーション・コーディネーター*が作成に協力する。この計画には患者にとっての必要事項を確認した上で、必要な検査、リハビリテーションの方法、必要と推定される期間などが記載される。
（薄丈夫）

リハビリテーション・コーディネーター
［Rehabilitation Coordinator］
　事故により障害を受けた患者が、事故補償公社*（ACC）の援助によりリハビリテーションを始めるとき、リハビリテーション計画*作成の援助をするACC職員。
（薄丈夫）

リハビリテーション連盟
［NZ Rehabilitation League］
　医療・リハビリテーションのサービスをおこなう障害者専用の雇用促進機関。障害者が社会復帰し、地域社会の中で生活しながらリハビリテーションに取り組めるように支援する。現在は雇用支援サービス機関*に再編成されている。
（新井正彦）

リバルド［Ribaldo］
　マオリ名モラモロ（mora moro）。タラの一種。体長50cm、重さ4kgが平均値、背面は黒ずんだ紅色、腹側は白い。南島周辺の深さ300〜700mに生息し、トロールまたは延縄漁で漁獲する。肉付きがよく身が締まっている。年間漁獲量1,147t（2004年）。規制魚種*コード記号RIB。
（大島襄二）

リム［Rimu］
　マキ科の裸子植物。常緑針葉樹。雌雄異株。長命で樹齢1000年の古木もある。樹高18m〜30m、直径1.5〜2m。標高600mまでの混合樹林で見られる。樹皮には特徴的な波状の模様がある。若木では葉は長い房状になって垂れ下がり、3〜6mmの尖った芽鱗をつける。春に開花し、盛夏から秋にかけて4mmの黒い種子が多肉質の赤い花托につき、鳥が好んで食べる。レッドパインとも呼ばれ、材は赤褐色から赤黄色で木目がはっきりとして美しく堅く耐久性があ

リム（青柳まちこ）

る。伝統的に家具や鏡板材として好まれてきた。ウェリントンにあるビーハイヴ*の壁、床、家具に使用されたことはよく知られている。開発が進み激減しているので、伐採された森ではリムの植栽を優先し回復に取り組んでいるが、成長が緩慢なため将来は利用が制限されるであろう。 （塩田晴康）

リムタカ山脈 [Rimutaka Range]

北島南部、パリザー湾*西端のトゥラキラエ岬*から北東に伸び、タラルア山脈*に続く山脈。古期の硬砂岩からなり、東縁はワイララパ断層で境される。この山脈はハット川*の河谷とワイララパ*を隔てている。最高峰はマシューズ（Matthews、941m）山。両山脈の合する地点はリムタカ・サミット（555m）で国道2号線が通るが、強風で知られる。ハット谷からワイララパへ抜ける鉄道は1955年に開通した長さ9kmのトンネルを通る。リムタカ山脈には森林公園*がある。マオリ語の意味は休憩するために座るところ。 （太田陽子）

留学生 [International Student]

2003年に高等教育機関で正規の資格取得コースに在籍した私費留学生は約33,000人で、前年比30％増であった。これは高等教育レベル全学生の10％を占め、9割がアジア諸国出身である。このうち日本人は毎年1,000人程度である。しかし、初等・中等教育レベルの学校や語学学校*・語学センターまで含めた留学生の人数ははるかに多く、同年に学生ビザまたは就学許可で入国した者は約12万人であった。このうち中国（52％）、韓国（16％）、日本（5％）を主としたアジア人が多数を占め、とくに中国人の急増が近年の増加傾向の主因となっている。02年教育省*は、留学生の受入れ体制や支援・相談に関する業務上の取り扱い規程を策定し、各教育機関に対し一定の基準で対応するよう求めている。

（一言哲也）

リルバーン、ダグラス
[Lilburn, Douglas Gordon（1915-2001）]

作曲家。ワンガヌイ*生まれ。ロンドンの王立音楽学校卒。ヴィクトリア大学教授。処女作の声楽曲 Prodigal Country, 1939（美味し国）が建国百年記念音楽祭で受賞（1940）。初期のソプラノやアルト曲、弦楽曲にはブレイクやシェイクスピアなどの詩をもとにした Elegy in Memory of Noel Newton, 1945（ノエル・ニュートンの哀歌）などがある。カーノウ*の詩をもとに作曲された弦楽オーケストラ Landfall in Unknown Sea, 1942（未知の海の陸地）は、各楽章間に詩の朗読（初公演ではカーノウ自身が朗読）を挿入した記念すべき楽曲となった。そのほか、バクスター*、キャンベル*、ハイド*などの作品を用いて多数の作曲をおこなった。

（池田久代）

リンカーン［Lincoln］

クライストチャーチの南西20km、カンタベリー平野*中部にある町。人口2,142人（2001年）。リンカーン大学*の所在地。

（由比濱省吾）

リンカーン大学［Lincoln University］

1878年リンカーン農業学校（Lincoln School of Agriculture）としてクライストチャーチ南西20kmのリンカーン*に設立された南半球最初の農業専門教育機関。96年最初の学位を授与し、同年カンタベリー農業カレッジと名称変更して、ニュージーランド大学*4番目のカレッジとなった。1961年ニュージーランド大学解体にともない、カンタベリー大学の1カレッジに組み入れられたが、90年高等教育改革により独立してリンカーン大学となった。学生数約4千名（2003年）の小規模大学で、農業、自然資源、理学、経営、社会科学などに力を入れている。

（青柳まちこ）

リンガトゥ教会［Ringatu Church］

テ・コウティ・リキランギ*が流刑地のチャタム島で1867年頃に開始した宗教。リンガは手、トゥは立つを意味し、礼拝時に手のひらを立てることからこの名がある。旧約聖書にもとづきマオリをイスラエル12使徒の後裔と考える。テ・コウティは93年に死亡する前、何人かの地区リーダーを指名したが、全体を統率する彼の後継者を指名することはなかった。そのため残されたリンガトゥ教徒は、彼の教えを教義として守りながらも、いくつかに分裂してしまったので、現在リンガトゥの教祖は不在である。またテ・コウティが無実の罪でチャタム島に流刑になった補償として与えられたというファカタネ*近くのワイヌイ・パ（Wainui Pa）も、所有に関して係争があり無住である。この地はリンガトゥの精神的支柱で、かつては1年に数回信者全体の集会があったというが、現在ではおこなわれていない。

しかしどの分派も毎月12日の聖なる日には礼拝の集会がもたれている。とくに定まった教会堂はなく、通常のマラエ*が礼拝に利用され、人々は11日の夜に集合し、食と祈りを共にして一夜を過ごす。6月と11月の1日は最大の祝日で、前者は食物を神に捧げる感謝の日、後者は復活の日である。信者の多くは東海岸の山深い地域に住むトゥホエ*である。リンガトゥ信者人口は1991年の国勢調査では8千人であったが、10年後の2001年にはほぼ倍増して1万5千人を超えている。

（青柳まちこ）

リンガトゥ教の礼拝時に用いられる献金箱。リンガ（手）、トゥ（立つ）の模様が刻まれている（青柳まちこ）

林業［Forestry］

初期の林業は蓄積された有用材の略奪産業で、カウリ*などの大木はヨーロッパ人によって帆柱や船体に利用されて次第に

減少し、さらに移民による開墾が進行して、天然林消滅の危惧さえ感じられた。1870年代に法律で植林が奨励され、97年に国土省植林局が全国3ヵ所に置かれ、また1920年に林野庁が設置された。植林樹種は試行錯誤ののち、20年代にラディアタ・パイン*が人工造林の中心樹種となり、22～36年は第1次植林ブームが生じた。50年代に入ると林業が次第に重要産業の一つとなり、70～80年代は第2次植林ブーム、さらに80年代から林業はすべて民間によることとなって第3次ブームを生じた。現在は国土の約28％、約760万haが森林であるが、そのうち120万haが外来樹種、630万haが在来樹種である。90年代には国営造林地の伐採権の売却がおこなわれ、森林・林業会社に対する外国企業投資が進み、植林の92％が民間企業の手に移った。

(岡田良徳)

林業会社 [Forestry Enterprises]

植林面積の約37％は大手林業会社であるカーター・ホルト・ハーヴェイ社*とフレッチャー・チャレンジ社*の所有ないし経営になっている。面積の20％は中規模の7社が所有しており、5％のみが中央政府の所有で、管理しているのは農林省*と政府系企業*2社である。地方自治体は3％を所有し、残る35％はマオリ・トラストを含む多数の民間所有者である。

(由比濱省吾)

リング [Ling]

マオリ名ホカ (hoka)。タラ類の魚。尾部が細く長い。体長80～120cm、重さ5～20kg。北島北端を除く全海域で漁獲され市場価値も高い。漁獲割当制度の発足初期には当時の資源量算定が不正確であったため、年次ごとの許可枠が乱高下して話題になった。2004年度では漁獲量22,000t。規制魚種*コード記号LIN。

(大島裏二)

リンゴ [Apple]

リンゴ産地は全国的に見られるが、ホークスベイ*、ワイララパ*、マールバラ*、セントラルオタゴ*などが主産地。2002年の栽培面積は11,715ha。2003年には1,800万箱をヨーロッパ、アメリカなど50ヵ国以上に輸出している。日本のように摘果しないので、果実の味はよいものの小型であったが、市場拡大のためにフジなど日本の品種も導入し、大粒の果実を生産する傾向にある。45種以上の品種があり、ブレイバーン、フジ、ロイヤルガラが輸出量の75％を占める。

(由比濱省吾)

フルーツスタンドのリンゴセール (ベッドフォード雪子)

リンゴ・ナシ販売ボード
[Apple and Pear Marketing Board]

1948年に設立されたリンゴとナシの唯一の輸出機関で、ENZAの商標で多種類の果実を外国に輸出したが、1999年の産業再構築法によって専売が廃止され、ボードは解体されて、生産者が株式所有するENZA社が2000年に設立された。01年10月からはすべての会社がENZAと同格で輸出業に進出することが可能になった。03年ENZAは青果市場で100年以上の経験を有するターナーズ・グローワーズ (Turners & Growers) と合併したが、現在もENZAの商標で世界各地に輸出している。

(由比濱省吾)

林産物工業 [Forest Products Industry]

中心はラディアタ・パイン*を原料とする製材業、紙・パルプ製造業で、輸出商品として輸出総額の1割以上を占め、食肉、酪農製品と並ぶ主要品目になった。主要立地点は、ワイカト*南部のキンリース*、ベイ・オブ・プレンティ*東部のカウェラウ*などである。以上のほかに材木や紙を加工して製品化する産業、すなわち住宅産業、木材加工、あるいはダンボール製造業が育ちつつある。輸出相手国としては、オーストラリア、日本、韓国、アメリカ、中国の順となっている。日本では梱包材、合板、紙・パルプなどの需要が大きい。今後は建築材などの高付加価値商品への改良が進むことが期待される。ニュージーランドからの輸入額は近年林産物が1位を占めている。日本企業数社が現地に進出して活動している。
〔岡田良徳〕

隣人自警組織 [Neighbourhood Watch]
1980年代、犯罪から身を守るために構成された近隣相互扶助の地域社会組織。目的は各自の居住地域における犯罪行為、とくに夜盗の予防であり、近所の留守宅を警戒する。
〔新井正彦〕

リンダウァー、ゴットフリート
[Lindauer, Gottfried（1839-1926）]
画家。オーストリア帝国下のボヘミア生まれ。ウィーン美術学校で学び、肖像画家となる。徴兵を逃れ1873年ネルソン*に来住。77年ウェリントンで開催したマオリ人物画の展覧会は好評で、有名マオリ首長らが彼に肖像画を依頼するようになった。89年にウッドヴィル*に移り、きわめて写実的なマオリの人物や生活を多数描き続けた。これらは当時のマオリ文化を示すものとして高く評価され、80点がオークランド美術館に所蔵されている。
〔池田久代〕

リンディス峠 [Lindis Pass]

セントラルオタゴ*のクルサ川*流域とカンタベリー*南部のワイタキ川*流域を分ける高度917mの峠。周辺はタソック*の草原で南島ハイカントリーの典型的景観を示す。
〔由比濱省吾〕

林牧転換 [Forest-pasture Rotation]
経済動向から判断して牧場に植林し、またはその逆に植林樹を伐採して牧場に転換する農法。植林樹種で最も一般的なラディアタ・パイン*は、25年で伐採可能になるので、収穫を次の世代に待つのではなく、一生のうちに1回ないし2回収穫可能な作物という観念による林業の土地利用。平坦地か緩傾斜の里山が対象になる。なおこれとは別に、山頂に至るまで完全に牧場化したために土壌侵食が激しい場所には、植林が推奨されており、これは永久転換となる。
〔由比濱省吾〕

る

ルアクラ農業研究所
[Ruakura Agricultural Research Institute]
ハミルトン市*に600ha以上の敷地（研究所と付属農場）を有する研究所で、ワイカト大学*に隣接する。1886年からモデル農場、研究教育センターとして用いられ、家畜新品種の開発、機械器具の改良・開発により、国際的にも知られるニュージーランドで最大最高の農業研究所であった。ルアクラには家畜研究所、土壌・植物研究所、食肉研究所、全国酪農研究室、家畜衛生研究室も置かれていた。行政改革で国立の農業の試験・研究機関が合併してアグリサーチ（AgResearch）と呼ばれる王立農業研究所*になり、ルアクラにはそれを統括する本部

が置かれている。
　　　　　　　　　　　（由比濱省吾）

ルア・ケナナ、ヘペティパ
[Rua Kenana, Hepetipa（1869-1937）]

　トゥホエ*出身の宗教者。1900年代の初め、神のお告げを受け自らを新しいメシアと自称し、マオリ土地没収*後のトゥホエの窮状をイスラエル人にたとえて信者をイハラエラ（Iharaera）と呼んだ。1907年ウレウェラ*山中マウンガポハトゥ（Maungapohatu）に新しい村を開き、神の家ヒルハラマ・ホウ（Hiruharama Hou 新しいエルサレム）を建造した。円形の特徴ある建物はヒオナ（Hiona シオン）と名づけられ、集会所および裁判所（総督の家 te whare kawana）の機能をもつ。最盛時には千人以上の信者を集めた。信者の大部分はウレウェラ*およびファカタネ*の人々であった。
　ルアは旧約聖書を独自に解釈し、7人の妻を娶り70人以上の子どもをもうけた。政府は彼の影響力を恐れ、10年と15年に些細な罪で拘留した。第1次世界大戦時にはルアが信者の参戦を禁じたために、ドイツの味方であるとして16年3月反乱の罪で捕らえ、建造物を破壊した。12ヵ月の重労働の判決を受けたルアが帰郷すると、多くの信者はすでに離村し村は荒廃していた。その後ルアは30kmほど北のマタヒ（Matahi）に移り、生涯その地で暮らした。
　　　　　　　　　　　（青柳まちこ）

ルアタラ [Ruatara（c.1787-1815）]

　ンガプヒ*首長。捕鯨船で働き、1809年ロンドンからの帰途の船上で偶然マースデン*に再会し、マースデンとともにシドニー近郊のパラマッタにとどまって、キリスト教と西欧式農耕技術を学んだ。ベイ・オブ・アイランズ*に帰郷後は、コムギの栽培、製粉をおこなったほか、ニンジン、キャベツなどの西洋式野菜も栽培した。チャーチ・ミッショナリ協会*宣教師の保護者。
　　　　　　　　　　　（青柳まちこ）

ルアヒネ山脈 [Ruahine Range]

　北島中部、タラルア山脈*の北東の延長にあたり、北北東～南南西に走る脊梁山脈。マナワトゥ川*峡谷から北の山地。最高峰はマンガウェカ山（Mangaweka、1,733m）。この山脈の一部は森林公園*に指定されている。マオリ語では賢い女性の意。
　　　　　　　　　　　（太田陽子）

ルアペフ山 [Mt. Ruapehu]

　タウポ火山帯南端に位置する活火山。大規模な多重成層火山で、北島の最高峰（2,797m）。山頂には火口湖があり、歴史時代に多くの噴火活動を生じた。1953年12月、火山泥流がファンガエフ（Whangaehu）川を流れ下って鉄橋を破壊、走行中の列車が増水中の川に突っ込んで151名の死者が出た。近年では95年9月、96年6月に噴煙を上げる活動があった。火山斜面を利用して北側にファカパパ（Whakapapa）、南側にトゥロア（Turoa）、東側にトゥキノ（Tukino）の各スキー場がある。山麓はラディアタ・

ルアペフ山とクラシックな雰囲気をもつホテル・シャトー・トンガリロ（由比濱省吾）

パイン*の大植林地帯。　　　　（植村善博）

ルーピン／ルピナス［Lupin／Lupinus］

マメ科の植物で、観賞用と緑肥用がある。花は藤の花を逆さにしたような形状で、日本では昇り藤とも呼ばれる。アオラキ／クック山国立公園*内の宿泊地マウントクックでは11月下旬に白、赤紫など色とりどりに開花し、旅行者の目を楽しませる。　　　　　　　　　　　　（由比濱省吾）

れ

冷凍肉［Frozen Meat］

南半球の畜産地帯では、生産物を北半球の市場に送るには熱帯を経由しなければならなかったので、輸出畜産物は皮革や羊毛に限られていた。1880年代初頭の冷凍船の発明は、南半球を一挙に大規模な食肉、乳製品の産地に変貌させた。ニュージーランドでは82年にオアマル*近傍のトタラ（Totara）農場から羊肉が搬出され、ポートチャーマーズ*港から冷凍船ダニーディン号でイギリスへ積み出されたのが、冷凍肉輸出の最初であった。1982年2月には政府主催でトタラ農場（記念公園として保存）とポートチャーマーズ港で冷凍肉輸出100周年記念式典が挙行された。現在、国内市場向けは冷凍されずそのまま出荷されるものも多いが、食肉処理・解体工場はすべて冷凍工場（Freezing Works）と呼ばれている。
　　　　　　　　　　　　　　（由比濱省吾）

レインガ岬［Cape Reinga］

ノースランド県*の北西端の岬で、タズマン海*と太平洋の潮目が展望できる。先端に灯台がある。マオリ伝説によれば、死者の霊魂はこの岬のポフトゥカワ*の木から海に飛び降りハワイキ*へと向かう。岬の名はマオリ語で黄泉の国または跳躍を意味する。　　　　　　　　　　　（由比濱省吾）

レヴィー、エノック
［Levy, Enoch Bruce（1892-1986）］

牧草学者。オークランド生まれ。ヴィクトリア大学卒。37年科学産業研究省*牧草地局長。牧草とその管理についての研究により、20年代から第2次世界大戦後までのニュージーランドの牧畜業を刷新した。ローンボーリング*場やゴルフ場の芝生の維持管理に多大の影響を与えた。
　　　　　　　　　　　　（ベッドフォード雪子）

レヴィン［Levin］

ウェリントンの北東90km、パーマストンノース*の南西*55kmの国道1号線にある町。人口19,044人（2001年）。蔬菜園芸、果樹栽培*、酪農、養鶏などの集約的農業地域の中心。リンカーン大学*に本拠を置く王立作物食糧研究所*の試験場や、ニュージーランド果樹栽培者連合（New Zealand Fruit Growers Federation）が全国に苗を供給する苗圃など、農業関係の機関がある。町は1989年にホロフェヌア郡に統合された。　　　　　　　　　　（由比濱省吾）

レス［Loess］

主にシルトからなる細粒の、均質、無層理の未固結堆積物。レスは一般には砂漠地域から供給されるが、ニュージーランドでは氷河*または融氷流水堆積物*の細粒部が、偏西風*によって風下側に運ばれ堆積される場合が多く、北島、南島の東部に分布する。レスはときには介在する火山灰によって細分され、または古土壌を挟んだりしていて、地形発達を考える際の編年に利用されている。　　　　　　　　　（太田陽子）

レストラン［Restaurant］

　四方を海で囲まれ、牧畜が盛んなため、シーフードレストラン、ステーキレストランが多い。イタリア料理、フランス料理、中華料理、日本料理、ヴェトナム料理、タイ料理など各国料理も楽しめ、またほとんどのショッピングセンターにはフードコートがあり、さまざまな飲食物が手軽にセルフサービスで楽しめる。アルコール類の提供にはライセンスが必要で、そのライセンスをもつ店は「ライセンスあり（Fully Licensed）」の表示がある。そのライセンスがない店には、客が自分でアルコール類を持ち込めるシステム BYO の表示がある。
（大石恒喜）

レワレワ［Rewarewa］

　プロテア科の樹木。樹高 30〜40m、直径 1m。別名ニュージーランド・スイカズラ。北島とマールバラサウンズ*の山稜など乾燥地に分布する。枝を上に伸ばし幹は長くすらりとしてよく目立つ。葉は細長く縁は鋸状。10〜12 月に赤味がかった茶色の花が咲くが、ポッサム*の食害を受けやすい。果実はカヌーのような独特の形で鳥の受粉に適し受粉の交雑を防ぐ。良質の蜂蜜*が採れるが、葯と蜜腺が離れるため花粉含量が少ない。種子はカウリ*に似た形と大きさで風により飛散する。幹は褐色で樹皮は滑らかでカウリに似る。材は堅いが耐久性に欠け経済性に乏しい。
（塩田晴康）

ろ

ロウアーハット［Lower Hutt］⇒ハットシティ

ロウ、デイヴィッド
［Low, David Alexander Cecil（1891-1963）］

　漫画家。ダニーディン*生まれ。12 歳から新聞、雑誌に漫画を描き、やがて Canterbury Times 紙で政治風刺漫画担当の社員となる。オーストラリア首相ヒューズの戯画で有名になり、イギリスに渡り London Star 紙、Punch 誌に急進的社会主義、独立精神に満ちた風刺漫画を発表した。30 冊以上の風刺漫画集を出版。56 年には自叙伝を発表。ロウ創作奨励賞（David Low Fellowships）を残す。
（池田久代）

労働組合［Trade Union］

　日本における企業別組合（組合員資格を企業あるいは事業所の従業員のみに限定する）とは異なり、同一機能または同一職種の労働者が雇用企業などにかかわりなく横断的に結成するいわゆる職能別組合（同一職業の労働者、通常徒弟修業を終了した熟練工の組合）が主流であった。また、伝統的に組合間の相関性の原則があるため、生産性の高い組合が賃上げに成功すると、関連組合のすべてが賃上げを要求し、連鎖反応的に拡大してゆく傾向をもった。1991 年国民党*政権は雇用契約法*を制定し、それまでの登録労働組合を介した集団交渉による労使関係を、労働者と雇用者の個人的契約関係に置き換えた。しかし、2000 年に労働党*政権はこの法律を廃止し、雇用関係法*を制定した。これにより集団交渉が奨励され新たに労働争議が増加することが予想される。
（岡田良徳）

労働組合評議会［New Zealand Council of Trade Unions=NZCTU］

　1987 年に結成された労働者組織。労働総同盟*の流れを汲むが、この評議会には総同盟では含まれていなかった教員、看護師、警察など政府関係の公務員組合連合（CSU）が参加している。それは行政改革に

より政府省庁直営事業が政府系企業*に再編され、政府職員の労働条件も次第に民間労働者と同じになったためである。その基本理念として社会保障、社会正義、人権などについての権利のほか、労使の集団交渉の権利、ストライキの権利などを掲げている。2007年現在評議会は傘下に37の組合と組合員30万人を擁する。　　　（岡田良徳）

労働省
[Department of Labour／Te Tari Mahi]

労働生活の質的向上の支援を目的とする政府機関。具体的には安全で公正、また生産的な職場の確保のため雇用者・被雇用者の支援、よりよい職業が得られるような機会の拡大、地域社会の雇用開発、移住・定住の支援、職場、労働力、労働機会の研究などをおこなう。　　　　　　（青柳まちこ）

労働所得局［Work and Income］

社会開発省*の部局であり、就労援助、所得援助、就労者援助を担当する。(1) 就労援助については職業訓練や就職セミナー、職業斡旋、面接訓練などをおこなう。(2) 所得援助は、その必要性に応じて主給付、付加給付、緊急一時給付の3段階の所得保障がある。公的年金、障害給付、疾病給付、失業給付、児童手当にあたる諸給付をおこなう。(3) 就労者援助は保育の手配や勤務場所への輸送など、就労に関するあらゆる不利益な状況に対応する。そのほか、各種医療補助制度の監督官庁でもある。
　　　　　　　　　　　　　　（太谷亜由美）

労働政策［Labour Policy］

ニュージーランドに入植したイギリス移民は、本国の運動を移入する形で数多くの労働組合を結成し、頻繁にストライキをおこなったため、経済活動が麻痺する状態が生じた。1894年自由党*政府は産業調停仲裁法*を制定し、登録した労働組合のみが団体交渉権を行使できるようにした。赤い同盟*、統一労働連合（United Federation of Labour）などが結成される流れの中で、労働党*政権主導で、1937年労働総同盟*（FOL）が結成され、すべての雇用労働者は労働組合への加入が義務づけられた。その後、公務員労働組合との組織統合によって88年労働組合評議会*（NZCTU）が組織され、現在に至っている。

75年国民党*政権はクローズドショップ制を禁止し、労働組合の独占的交渉権を奪った。84年政権に復帰した労働党は87年労働関係法（Labour Relations Act）を制定して、個別企業とその労働組合が合意した労働協約の合意を認めることとした。これによって身近な利益の追求が可能になり組織率が64％に増大した。国民党政府は規制緩和をさらに進めたが、91年、労働関係法を廃止し、雇用契約法*を制定した。この法律は1894年以来ほぼ100年続いたこの国の労使慣行を根こそぎ覆すものであり、わずかなストライキ権は残ったが、労働運動は分断個別化され、組合員数は46万人から20万人へと半分以下になった。

99年労働党が政権に返り咲くと、雇用契約法が廃止され雇用関係法*が制定された。この法律では集団的労働協約が重視され、団体交渉が進展しない場合にストライキをおこなう権利が復活した。上記のように労働運動の軌跡は、政権交代のたびに政策が激しく振幅するため、国民が振り回されてきたが、労働者の利益と、産業の安定を両立させる試みとして、労働者の経営参加、経理の公開、相互に社会的パートナーとしての共同責任の認知など第三の道の模索が始まっている。　　　　　　（城森満）

労働総同盟［Federation of Labour=FOL］

労働党*サヴェジ*政権下で1937年に誕生した労働者の全国組織。その目的はすべての労働者の団結を通してその利益の向

上、生産・配分・交換手段の社会主義化促進、外国の労働者との連帯であった。51年港湾ストライキ*以後、過激な運動家が離脱したことにより、同盟は社会主義的色調を弱め、労働者に国家歳入のより公平な分け前を求めること、利潤は究極的には個人ではなく社会のために役立てられるべきであることなど穏健な主張に移行した。87年事務労働者も包括する、より広範な労働組合評議会*が取って代わった。 　　　　　　　　　　　　　　（岡田良徳）

労働党〔New Zealand Labour Party〕
　1916年結成の中道左派政党。社会党*と独立政治労働連盟（Independent Political Labour League）から改名した労働党が、12年合併して統一労働党（United Labour Party）となる。さらに16年には先に社会党から分離していた社会民主党（Social Democratic Party）と合併して労働党となった。19年の総選挙では8議席を獲得し徐々に議席数を伸ばしていたが、30年代の不況に有効な対策をとれなかった統一党*に対する不満から、35年の総選挙では80議席中53議席を得る勝利を収めた。
　労働党最初のサヴェジ*内閣は、高齢者年金の復活増額、小中学教育の無料化、乳製品の価格保証、産業調停仲裁法*の復活など、福祉・社会政策を進め、積極政策をとり不況からの脱却に成功した。サヴェジの死後、現在までにフレイザー*（40-49）、ナッシュ*（57-60）、カーク*（72-74）、ロウリング*（74-75）、ロンギ*（84-89）、パーマー*（89-90）、ムーア（Michael K. Moore）（90）、クラーク*（労働党主導の連立、99-）が労働党総裁として首相に就任し、国民党*との2大政党制が定着した。
　かつての労働党がめざした国家主導の福祉政策は、ロンギ時代の市場原理導入により大きく変わり、現在では国民党との明瞭な政策上の差異は見られなくなっている。しかしマオリ政策に関しては労働党がより積極的である。2005年総選挙では小選挙区で31名、比例代表で19名が当選、国民党と2票の僅差で第1党となった。 　　　　　　　　　　　　　　（青柳まちこ）

ロウリング、ウォレス
〔Rowling, Wallace Edward（1927-95）〕
　首相（1974-75）、労働党党首（1974-83）、モトゥエカ*生まれ。カンタベリー大学を経て1955年アメリカ留学。国会議員（62-84）。72年カーク*内閣の財務相。カーク急逝後首相となる。85~88年駐米大使在任中にアンザス条約*で規定されている軍事責務停止の問題が起きた。これはニュージーランドが堅持する反核外交*に起因する。帰国後は新しい国家理念で構築されたテ・パパ・トンガレワ*実現の牽引役となった。 　　　　　　　　　　　（ベッドフォード雪子）

ローズ、ウィリアム
〔Rhodes, William Barnard（c.1807-78）〕
　実業家。イギリス生まれ。長兄ウィリアムはニュージーランド会社*最初の移民船護送者として1840年、ポートニコルソン*に来住。40年末にはロード商会を設立し、手広く商売をする一方、南北両島に広大な土地を購入して牧羊場を経営し、やがて国内最大の富裕者の一人に数えられるようになった。ウェリントン商業会議所の創立メンバー、ニュージーランド銀行*、ニュージーランド海運会社、ニュージーランド保険会社の設立に関与。下院議員（53-55、58-66）、上院議員（71-78）。43年、弟ジョージ（George Rhodes, 1816-64）、末弟ジョセフ（Joseph Rhodes, 1826-1905）が、50年には次弟ロバート（Robert Heaton Rhodes, 1815-84）も来住し、兄弟は協力して、また個別に貿易、牧羊などの事業の拡大に努めた。ロバートは下院議員（71-74）。ローズ一族は入植初期の成功者と見なされている。 　　（青柳まちこ）

ローマ・カトリック教会
[Roman Catholic Church]

　1836年太平洋宣教はマリア会に委ねられ、ポンパリエ*が司教代理に任ぜられ、38年ホキアンガ*に到着した。すでにこの地ではアングリカン教会*やウェスレアン教会*が布教を開始していた上に、カトリックは伝道者の数も財政的にも不足していたので、伝道は困難を極めた。44年までには、北島9ヵ所とアカロア*に拠点を設け、オークランドとコロラレカにマオリと入植者のための教育施設を設立した。48年教区がオークランドとウェリントンに分かれ、さらに南島ではアイルランド人入植者の増加につれて、69年にはオタゴ州とウエストランド州の教会がウェリントン教区から独立し、ダニーディン教区が設けられた。とくにウエストランドでは4分の1がカトリック信者であり、教会はアイルランド人ナショナリズムの拠点となった。フランス人の多かったアカロアは、長く駐在聖職者不在の状況が続いたが、教会会議の要望により、87年クライストチャーチ教区が設立された。

　ポンパリエ宣教開始後50年の間に信者数は7万9千人、ほぼ当時の人口の7分の1まで増加した。とくに教育方面では顕著な活動を示し、初等教育の面では約10分の1の学校施設を経営している。2001年の統計では信者数48万6千人で、前回5年前の統計に比して、約1万3千人の増加があり、アングリカン教会に次いで第2位になった。マオリのカトリック信者数も同じく2位である。　　　　　（青柳まちこ）

ロールストン、ウィリアム
[Rolleston, William（1831-1903）]

　政治家。イギリス生まれ。1858年カンタベリー*に来住、牧羊に従事。63年カンタベリー州議会議員、68年同州長官（Superintendent）。下院議員（1868-87、90-93、96-99）。ホール*内閣において、土地・移民相、教育相、司法相、先住民相。先住民相として関わったパリハカ事件*ではテ・フィティ*に寛大な態度をとるよう強硬に主張した。　　　　　　　　（青柳まちこ）

ローレンス［Lawrence］

　セントラルオタゴ*の南部、ダニーディン*の西60kmにある町。人口474人（2001年）。1860年代のゴールドラッシュ*期に成長したが、いまは牧羊地域の中の小規模な商業町。　　　　　　　　（由比濱省吾）

ローンボウリング［Lawn Bowling］

　イギリスから導入された球技。ローンボウルズあるいはボウルズとも呼ぶ。芝生でボールを目標のボール（ジャック jack）に向けてころがし、相手のボールより目標のボールに近寄せると勝ちとなる。ゲームの設定に応じて、終了得点は異なり、終了を時間で設定することもある。1860年代にはオークランド、ウェリントン、70年代はダニーディン*、クライストチャーチなどに協会が創設された。スコットランド人がこのゲーム普及の中心となり、93年グラスゴーでルールが確定された。1905年にはスコットランドに本部を置く国際組織（World Bowls）が創設され、ニュージーランドは28年に会員。　　　　　（山岸博）

ロジャーノミックス［Rogernomics］

　ロンギ*労働党*内閣の財務相ロジャー・ダグラス*によって実施された経済改革で、市場原理による経済活性化・強化策である。1980年代に普及したサッチャーリズムやレーガノミックスに近い。具体的には為替相場変動制への移行、産業補助金の廃止、事業活動への許認可制の緩和、貿易自由化*、金融市場をはじめとする経済活動への規制緩和*などにより、競争化・効率化を持ち込み、経済体質を強化しようと

した。この考え方は本来労働者や社会的弱者を支持母体とする労働党にはなじまず、政権の末期に党内からも中止の声が出て政権は分裂した。代わって政権についた国民党*がこの政策を採用した。
（岡田良徳）

ロス［Ross］

南島ウエストコースト県*、ホキティカ*の南西30kmにある町。人口315人（2001年）。1860年代以来採金がおこなわれていたが、ほとんどの地域で採金が終息した1909年に、ジョーンズ（Jones）クリークでニュージーランド最大の金塊2,807gが発見された。この金塊（Honourable Roddy）は政府が買い上げ、ジョージV世戴冠式にニュージーランド国民からの贈り物として献上した。
（由比濱省吾）

ロス属領［Ross Dependency］

1923年、イギリスは南極点を頂点とする東経160度から西経150度までの間、南緯60度以南という細長い三角形内のすべての島と陸地部分（45万km²）を植民地とすると布告し、この海域を最初に探検した ロス（Ross, James）の名にちなんで、ロス属領と命名、直ちにニュージーランド政府に統治権を移管した。59年、南極は人類平和のためにのみ利用されるべきであるという脱国家主義的南極条約が締結されたため、ニュージーランド政府はロス属領の権限再確認の要求をおこなったが、認められなかった。しかし政府は現在でもロス属領はニュージーランドの不可分の領土であると主張し、総督*はロス属領知事（Governor）を兼任。またロス属領の領海周囲に排他的経済水域を設定する法案が、77年議会を通過した。57年からロス属領の郵便切手が発行されている。
（大島裏二）

ロックスバラ［Roxburgh］

南島クルサ川*中流にある町。人口618人（2001年）。1860年代のゴールドラッシュ*期に採金者が集落をつくった。クルサ川沿岸はナシ*、リンゴ*、アプリコット*などの果樹栽培*地域として知られている。町の上流に1956年運転開始のロックスバラ・ダムとコンタクト・エナジー（Contact Energy）社経営の発電所（出力320MW）、およびロックスバラ・ハイドロ（Roxburgh Hydro）の集落がある。
（由比濱省吾）

ロックロブスター［Rock Lobster］⇒ロブスター類

ロトアイラ湖［Lake Rotoaira］

北島トンガリロ国立公園*の高原北部にある湖水。水は北側にあるトカアヌ*発電所と東方にあるランギポ発電所*に送水されている。
（由比濱省吾）

ロトイティ湖［Lake Rotoiti］

小さい湖の意味で、同一湖名が2つある。(1) 北島のロトルア湖*の東側にある湖。34km²。ロトルア湖の水がここを経て流出する。(2) 南島北部のネルソン湖国立公園*

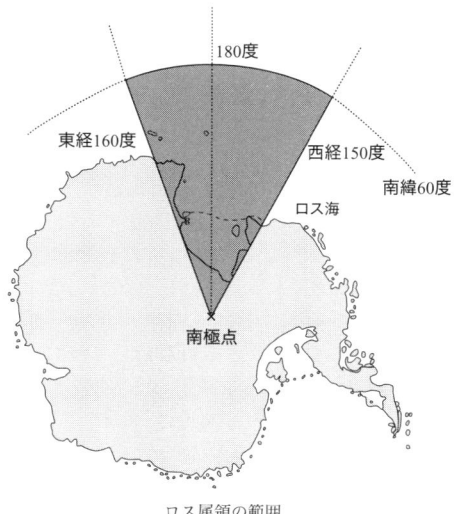

ロス属領の範囲

内、ロトロア湖*の東側に位置し、アーサー(Arthur)湖と呼ばれていたが、のちに改名された。トラヴァース(Traverse)川に涵養され、ブラー川*となって流出*。氷堆石*で堰き止められた氷成湖。

(太田陽子)

ロドニー岬＝オカカリ岬保護海域
[Cape Rodney-Okakari Point Marine Reserve]

1975年に指定されたニュージーランドで最初の保護海域。旧名はリー＝ゴート島(Leigh-Goat Island)保護海域。オークランドの北約60km、リー(Leigh)付近の遠浅海岸で、生態系の破壊が研究者によって指摘され保護が求められた。現在、ロブスター類*やタイ*をはじめ魚類、甲殻類、海藻類の種と数が増加している。オークランド大学*臨海実験所がある。

(植村善博)

ロトルア [Rotorua]

ベイ・オブ・プレンティ県*の内陸、ハミルトン*南東約100kmにある都市。人口64,473人(2001年)。温泉やマオリ文化によって最も著名な観光地の一つ。市南端のファカレワレワ*には温泉、マオリの復元パ*、マオリ工芸学校がある。市中央部のロトルア湖*畔にはガバメント・ガーデンズがあり、旧政庁はロトルア美術・歴史博物館*となっている。市北部のオヒネムトゥ(Ohinemutu)には、テ・アラワ*のマラエ*とマオリ風の内装を施したキリスト教会がある。ロトルア湖に浮かぶモコイア(Mokoia)島は、有名なトゥタネカイとヒネモア*の恋物語の舞台。ヨーロッパ人の入植は1870年代に始まり、80年代には早くも観光地となった。1962年に市となったが、89年にロトルア郡に統合され、郡役所所在地。87年に大分県別府市と姉妹都市*提携。

(由比濱省吾)

ロトルア湖 [Lake Rotorua]

ロトルア。温泉で栗をゆでる子ら (青柳まちこ)

タウポ火山帯北部、面積81km²、湖面高度約279m、水深45mの湖。中央部にモコイア (Mokoia) 島が浮かぶ。約14万年前の大噴火によるカルデラ湖*。約1万年前には、オハウ峡谷 (Ohau Gorge) から東方の谷を経由して排水されていたが、およそ7千年前の噴火による堰き止めでロトイティ湖*ができ、北西端のオケレ (Okere) 滝を経由して北方へ排水されるようになった。湖岸のロトルア*は北島有数の観光地。

（植村善博）

ロトルア美術・歴史博物館
[Rotorua Museum of Art and History]

観光地ロトルア*のガバメント・ガーデンズ内にある1908年に建てられたチューダー様式の建造物。地熱・火山高原の歴史を物語る資料をはじめ、マオリ文化や現代美術を展示している。

（角林文雄）

ロトロア湖 [Lake Rotoroa]

長い湖の意味で、同名の湖が2ヵ所ある。(1) 北島ハミルトン*市内にある浅い湖水で通称ハミルトン湖。湖畔の東北側は森林、その他は住宅地。カモの大群がいる。(2) 南島北部、ネルソン湖国立公園*にある山中の氷成湖*。

（由比濱省吾）

ロバーツ、ジェイムズ
[Roberts, James (1878-1967)]

労働運動家。アイルランド生まれ。1901年ウェリントンに来住。労働党*党首 (1937-50)。12年社会党*ウェリントン支部長。15-41年港湾労働者連合事務局長、世界大恐慌下も組合員の福利を擁護、常に仲裁裁判所*を通じ労働者の福利厚生の向上をはかった。第2次世界大戦下の労働力不足を機に、港湾労働者の日雇い賃金制から安定賃金制への移行に成功。組合運動は全国の産業にも及んだ。41-46年港湾規制委員会委員長。上院議員 (47-50)。上院閉鎖ののち50~59年ウェリントン市会議員、52~63年南島港湾労働者連盟書記長。

（ベッドフォード雪子）

ロビンソン、ウィリアム
[Robinson, William (c.1814-89)]

大農場主。イギリス生まれ。1865年カンタベリー*に移住。北カンタベリーのチェヴィオット (Cheviot) に土地を購入し牧場とした。のちに隣接地を購入してチェヴィオット牧場を33,600haに拡大、ニュージーランド最大級の土地所有者となった。上院議員 (1869-89)。

（由比濱省吾）

ロブスター類 [Rock Lobster／Crayfish]

マオリ名コウラ (koura)。ウミザリガニの類で、ニュージーランドを含むオセアニア各地ではクレイフィッシュと呼ぶ。沿岸全域で浅い岩場に生息している。規制魚種*として年間総漁獲量が制限されているのは、次の2種である。

(1) スパイニー (Spiny Rock Lobster／Spiny Crayfish)：体長は雄が50cm、雌が20cm。南島南西岸から南岸、チャタム諸島*南部までが漁場。日本ではイセエビと称しているが、頭胸甲に棘が密生していること、鋏の発達が不完全なことなど、日本のイセエビとは近似種であり、日本への輸出品目となって乱獲を招いた。1986年度には5,023tあった漁獲量が87年4,836t、88年には3,501tと急激に減少して、95年からは規制魚種に加えられた。2003年漁獲量2,451t。コード記号CRA。

(2) パックホース (Packhorse Rock Lobster／Packhorse Crayfish)：駄馬エビと名づけられたのは、体長60cm以上、大柄で身のしまりのないことによる。頭胸甲が滑らかなので、日本のイセエビと間違えられることはあり得ないし、味が劣るので尾の部分 (Lobster-tail) 以外は商業的魅力も少ない。92年度以降、年間漁獲量が40tと定めら

れているが、実際の漁獲量は95年の24tが最大で、以後減少を続け、2000年10t、01年8tまで落ち込んだ。2004年にはロブスターテールの好況で21tに回復した。02年9tである。規制魚種コード記号PHC。

（大島襄二）

ロムニー ［Romney］

肉毛兼用種のヒツジ。起源はイギリスで、レスター種の血統と交配して改良されたロムニー・マーシュ種として固定された古い品種。ニュージーランドは地形・気候条件がイギリスと似ているので移植は容易であり、ヒツジの新品種開発の基盤となった。現在は祖先とは明らかに異なった品種となっているので、ニュージーランド・ロムニーと呼ばれる。中型で体重は45~55kg、顔と脚は白い。繊維は直径が33~37μmの粗毛。主にカーペットに使用される。1960年代にはヒツジ頭数の4分の3を占めていたが、少産のため生産性には地域差があった。

（由比濱省吾）

ロンギ、デーヴィッド

［Lange, David Russell（1942-2005）］

首相(1980-89)。テームズ*生まれ。労働党*選出国会議員（77-96）。1984年7月の総選挙でマルドゥーン*の率いる国民党*に大勝し、41歳でニュージーランド史上最年少の首相となり、外相・教育相を兼任した。従来の労働党内閣が労働組合出身者を多く含んでいたのとは異なり、この内閣は弁護士や大学教授などの若手専門家からなっていた。外交では非核政策*を貫いてアンザス条約*体制でのアメリカの要求をはねつけ、フランスの核実験に強硬に反対した。内政では破滅状態であった国家財政再建のため、ダグラス*財務相の構想する行財政改革*、いわゆるロジャーノミックス*によって規制緩和*の推進、補助金制度の廃止、市場経済への転換を断行し、さらに地方自治制度を改革した。89年労働党内の問題に起因して首相を辞任。死去の直前、自叙伝 My Life, 2005（わが生涯）を刊行。

（由比濱省吾）

ロング島=ココモフア保護海域

［Long Island-Kokomohua Marine Reserve］

南島北東部クイーンシャロットサウンド（Queen Charlotte Sound）の入口にあたる619haを1993年に指定。ロング島とココモフア島周辺には深い湾入と複雑な地質、潮間帯の貴重な生態系が見られる。1989年地元マールバラ・ダイビングクラブが保護を求めたことから成立。

（植村善博）

ロンゴ ［Rongo］

天神ランギ*と地神パパ*の子。農耕、とくにクマラ*の神であり、また平和の神である。豊作を願ってしばしばロンゴ神の石像はクマラ畑に祀られる。

（青柳まちこ）

わ

ワーキング・ホリデー制度
[Working Holiday Scheme]
　若者が、相互の国で一定期間働きながら滞在し、文化・社会を理解することを目的として制定されている2ヵ国間協定。日本は現在7ヵ国と、ニュージーランドは21の国や地域と協定をもつが、国ごとに条件は多少異なる。日本・ニュージーランド間の協定は1985年に締結され、18~30歳が対象で期間は1年までである。ニュージーランド政府は毎年受け入れを2.5~3万人に限定し、日本からは約4,000人がこの制度でニュージーランドを訪れている。伝統的にニュージーランドでは、海外体験（Overseas Experience=OE）と称して、ワーキング・ホリデー制度などを利用し、海外に長期滞在する若者が多い。　　　（一言哲也）

ワークワース[Warkworth]
　オークランドの北69km、国道1号線上の町。人口2,826人（2001年）。かつてカウリ*が稠密に繁茂しており、イギリス海軍がマスト材としての有用性に着目したため、木材商人が到来した。次いで捕鯨業者、宣教師が入り、製粉所、造船所ができた。1865年には良質の石灰岩の埋蔵が発見され、セメント会社が操業を開始した。春には町をあげて1週間にわたるコーファイ*祭りがおこなわれる。1999年に福島県古殿町と姉妹都市*提携。　　　　　　（由比濱省吾）

ワースリー、フランク
[Worsley, Frank Arthur（1872-1943）]
　航海者、極地探検家。アカロア*生まれ。1904年イギリス海軍に入り、とくに氷海航海の経験を積む。1914~16年、シャクルトン（Ernest Shackleton）の南極探検*隊に参加し、エンデュアランス（Endurance）号の船長として危険な航海に挑んだ。この船が浮氷に衝突した遭難事件では、南極半島のエレファント島から、フォークランド諸島の東南の南ジョージア諸島まで、屋根なしボートで800海里を漕いで救助を求め、全員の救出に成功した。第1次世界大戦ではドイツ潜水艦の撃沈に功績を上げた。21~25年再度イギリスの南極探検にシャクルトン隊の共同指揮官として参加した。
　　　　　　　　　　　　　　　　　　（大島襄二）

ワイアウ川[Waiau River]
　南島南部、テ・アナウ湖*から発し、マナポウリ湖*を経由して南流、テ・ワエワエ（Te Waewae）湾でフォーヴォー海峡*に注ぐ全長217kmの川。マナポウリ水力発電計画によりテ・アナウ湖からの排水は水門で調整され、モノワイ（Monowai）川との合流点に発電所がある。　　（植村善博）

ワイオウル[Waiouru]
　トンガリロ国立公園*ルアペフ山*の南麓に位置する町。人口1,647人（2001年）。周辺は荒れ地で、ニュージーランド最大の陸軍施設があり軍事演習に使われる。またクィーン・エリザベスII世陸軍記念博物館*がある。　　　　　　　　　　　（由比濱省吾）

ワイオタプ[Waiotapu]
　ロトルア*とタウポ*の中間、国道5号線にある温泉噴出地。マオリ語で聖なる水の意。　　　　　　　　　　　　　（由比濱省吾）

ワイカト[Waikato]⇒ワイカト県、⇒ワイカト・マオリ

ワイカト川[Waikato River]
　北島中央から北流する長さ425kmの全

ワイカト川の観光外輪船（ハミルトン）（青柳まちこ）

国最長の川。ルアペフ山*に発し、タウポ湖*を経て、マヌカウ湾*の南でタズマン海*に注ぐ。中流で合流するワイパ川*は最大の支流。流域の主要な町と都市は本流では上流からトゥランギ*、タウポ*、トコロア*、ケンブリッジ*、ハミルトン*、ハントリー*、ワイパ川ではテ・クイティ*、オトロハンガ*、テ・アワムトゥ*などである。本流の上流と中流には多くの水力発電*ダムが建設されたほか、上流に地熱発電*所、下流には火力発電所がある。ハミルトン以北の下流域はたびたび洪水*の被害を受けた。本流とワイパ川ではかつて外輪船が水運で活躍したが、ハミルトンでは現在も観光用に運行されている。

（由比濱省吾）

ワイカト県 [Waikato Region]

北島カイマイ山脈*より西、大部分がワイカト川*の流域になる地域。ワイカト水系の中・下流とハウラキ（Hauraki）川流域は低平湿潤な平野で、排水、施肥などに努力が払われた結果、現在では最も生産的な牧草地域の一つになっている。酪農が盛んで、乳製品と集約的園芸農業で著名。さらに競争馬*生産地域でもある。ハミルトン*のルアクラ農業研究所*は農業畜産の発展に多大な貢献をした。ハントリー*付近一帯の平野には石炭*資源が埋蔵されており、ハントリー発電所の近傍には国内最大の露天掘り炭鉱がある。中心都市は県庁所在地のハミルトンで人口増加を続けている。二次的中心としてはパエロア*、モリンスヴィル*、マタマタ*、ハントリー、テ・アワムトゥ*、オトロハンガ*、テ・クイティ*、トコロア*、タウポ*などがある。この地方は、植民地時代初期の土地戦争*後、マオリの土地が没収された。ハミルトン北郊のンガルアワヒア（Ngaruawahia）にはマオリ王代々の居館がある。（由比濱省吾）

ワイカト大学 [University of Waikato]

ニュージーランド大学*解体後の1964年ハミルトン*に設立された大学。文学・社会科学、経営学、教育学、理工学、コンピュータ・数学、法学、マオリ・太平洋学の7学部からなる。マオリ学生の比率は国内のどの大学よりも高く、マオリ・太平洋研究では中心的位置を占めている。また当初から科学技術の分野に力を入れてきた。

学生数約 14,000 名、女性が過半数、4 分の 1 以上の学生が 25 歳以上という点にも特徴がある。タウランガ*に分校がある。

（青柳まちこ）

ワイカト=タイヌイ土地返還請求
[Waikato-Tainui Raupatu Claim]

　土地戦争*の結果、政府に土地を没収されたマオリ王擁立運動*傘下のマオリたちによる土地返還請求。1946 年、政府は土地没収問題解決のため賠償金の支払いを決定し、タイヌイ・マオリ信託機関（Tainui Maori Trust Board）が設立されたが、彼らはこれだけでは不十分であるとして、さらなる請求を続けた。80 年代末、没収された土地に含まれる炭鉱資源問題に関する訴訟を契機として、政府とタイヌイ・マオリ信託機関の間で土地没収問題に関する直接交渉が始まった。その結果、95 年 5 月、テ・アタイランギカアフ（Te Atairangikaahu）女王の戴冠 29 周年記念日の集会に合わせて、正式に和解と補償が成立した。内容は以下のとおりである。(1) 背景の説明（マオリ側から見た土地戦争、失われた土地と命、その不正を正そうとした歴史）、(2) 謝罪（ワイカト=タイヌイに対する不正行為の認識の確認と国による公式の謝罪）、(3) 補償（5 年間をかけて、4 万エーカーの国有地の返還）、(4) 補償（土地や教育投資のための補償金約 6,500 万ドル）、(5) 新しい信託機関の創設。

（内藤暁子）

ワイカト美術・歴史博物館
[Waikato Museum of Art and History]

　ハミルトン*に 1978 年に設立。それまであった美術館と博物館を統合したものである。タイヌイ・マオリの文化、マオリ王擁立運動*関係の資料などワイカト地方の歴史に関する展示がある。

（角林文雄）

ワイカト・マオリ [Waikato Maori]

　タイヌイ・カヌーを出自とするイウィ*で、ワイカト地方を領域とする。マオリ王擁立運動*の中核集団で、代々の王を輩出した。土地戦争*において大部分の土地を没収された苦悩の歴史をもつため、土地権回復を中心とするマオリ社会の伝統的権利回復運動において常に大きな役割を担ってきた。人口は 23,308 人（1996 年）、35,781 人（2001 年）。

（内藤暁子）

ワイカナエ [Waikanae]

　ウェリントンの北約 50km、ホロフェヌア*南端にある町。町は併走する国道 1 号線と幹線鉄道に接し、海岸のワイカナエ・ビーチと鉄道寄りにあるワイカナエ・イーストを合計すれば人口 4,245 人（2001 年）。ウェリントンへの通勤圏にある。

（由比濱省吾）

ワイカレモアナ湖 [Lake Waikaremoana]

　北島ギズボーン*の西約 90km、ウレウェラ国立公園*の東南隅にある美しい湖水。約 2200 年前に大きな地盤変動が発生し、このときの地すべりが南へ流出する狭い峡谷を堰き止めて、水面が海抜 615m、面積 50km^2、深さが 248m の湖を形成した。湖水の周囲は断崖や鬱蒼とした森林で、東端には宿泊施設や案内所がある。国道 38 号線が通じている。

（由比濱省吾）

ワイカレモアナ発電所群
[Waikaremoana Hydropower Stations]

　ワイカレモアナ湖*の湖水から導水して南側斜面にカイタワ（Kaitawa、1948 年）、トゥアイ（Tuai、29 年）、ピリパウア（Piripaua、43 年）の 3 発電所が建設されている。いずれも流れ込み式発電で出力は合計 142MW。現在ジェネシス・パワー（Genesis Power）社が経営。

（由比濱省吾）

ワイタキ川 [Waitaki River]

　南島東海岸の中央部を東南に流れてオア

マル*の北で太平洋に注ぐ209kmの河川。マッケンジー・カントリー*のテカポ湖*、プカキ湖*、オハウ湖*を水源とする。ベンモア・ダム*をはじめとして、上流から中流に至るまで水力発電*に大いに利用されている。　　　　　　　　（由比濱省吾）

ワイタキ・ダム［Waitaki Dam］

　ワイタキ川*はマッケンジー・カントリー*の広大な源流地域から本流の中部に至るまで、大規模な電力開発がおこなわれた。ワイタキ・ダムはそれらの中で最下流にあり、最も早く建設されたダムで、大型機械がなかった1928~34年に建設された。出力105MWで35年から操業を開始。現在はワイタキ水系のほかの発電施設とともにメリディアン・エナジー（Meridian Energy）社が経営している。（由比濱省吾）

ワイタケレ市［Waitakere City］

　オークランドの西側で1989年合併によって誕生した都市。人口168,750人（2001年）で全国第5位。オークランド大都市圏内4市の一つ。1842年の製材工場建設に続き、窯業も立地した。20世紀にはさらに大小の製造工業が起業したが、人口増加が顕著になったのは、第2次世界大戦後である。52年の高速道路建設がワイテマタ湾*沿岸開発を促進し、オークランド西側のワイタケレ山麓が住宅地化したため、周辺地域を合体したワイタケレは急速に成長した。若年人口が多い。1992年に兵庫県加古川市と姉妹都市*提携。（由比濱省吾）

ワイタラ［Waitara］

　タラナキ半島の北岸、ニュープリマス*の北東にある町。人口6,246人（2001年）。酪農地域の中心。1989年にニュープリマス郡に編入。1859年のワイタラ土地購入*は土地戦争*勃発の原因となった。
　　　　　　　　　　　　　（由比濱省吾）

ワイタラ土地購入［Waitara Purchase］

　1859~60年、タラナキ地方ワイタラ*におけるマオリの土地をブラウン*総督らが強引に購入し、土地戦争*勃発のきっかけとなった事件。当時この地域に住むンガティ・アワ*は、ニュープリマス*のヨーロッパ系住民にコムギ、バレイショ、トウモロコシなどを売り、豊かな農業生活を

オークランドとワイタケレを結ぶ郊外電車の駅、ヘンダーソン（青柳まちこ）

送っていた。政府や入植者たちはこの土地の売却を迫っていた。大首長キンギ*は土地の売却を長い間拒んでいたが、1859年後半、キンギに私怨をもつテイラ（Teira）が土地の売却を申し出た。政府側はマオリが共同土地所有制であり、テイラ一派だけの同意では土地を購入できないことを知りながら、土地の測量を進めた。キンギらは土地不売の抵抗運動を繰り広げ、マオリ王擁立運動*傘下のマオリをはじめ多くの援軍を得て、ここから大規模な土地戦争が始まった。
(内藤暁子)

ワイタンギ［Waitangi］

北島アイランズ湾*の西岸、パイヒア*の北に位置する。ワイタンギ条約*調印の地で、一帯はワイタンギ歴史公園（Waitangi National Reserve）として保全されている。バズビー*の居館であった条約館（Treaty House）のほか、マオリが寄贈した集会所、戦闘用カヌーなどが園内にある。バズビーの居館は、1932年に総督ブレディスロウ*が周囲の土地400haとともに購入し、史跡として国に寄贈した。
(由比濱省吾)

ワイタンギ条約調印再現図

ワイタンギの条約館 (由比濱省吾)

ワイタンギ条約
［Treaty of Waitangi／Te Tiriti o Waitangi］

1840年2月6日、北島北部のワイタンギ*において、イギリス政府を代表するホブソン*とマオリの首長たちとの間で結ばれた条約。以下の3つの条文からなる。第1条：マオリの首長はニュージーランドにおける主権（Sovereignty）をイギリス国王に譲渡する。第2条：土地、森林、水産資源などについてのマオリの所有権（Possession）はイギリス国王によって保障される。マオリ所有地の売買については、イギリス国王に先買権がある。第3条：イギリス国民としての保護・特権をマオリに与える。

しかしウィリアムズ*牧師により急遽翻訳されたマオリ語文では第1条でマオリの首長がイギリス国王に譲渡する主権はカワナタンガ（kawanatanga）と訳されており、第2条でマオリ土地や資産についてのマオリ首長の所有権についてはランガティラタンガ*という語が使用されている。カワナタンガはマオリ語ではなく、英語のガバナーシップ（governorship）の単なるマオリ語読みであり、マオリにとっては意味不明の言葉であった。条約に署名した多くのマオリが、第1条で失うものはさして重要で

はなく、第2条で彼らに保障された所有権は、昔ながらの首長の権利であると考えたとしても当然であったろう。2月6日45名のマオリ首長が署名に応じた。それ以後ホブソンの使者が各地を回り、5月までに512名の署名を集めた。この結果北島はマオリ首長らからの譲渡により、イギリス支配下に入った。しかし英語とマオリ語における条約内容の齟齬が、これまで大きな争点となってきた。

(青柳まちこ)

ワイタンギ審判所［Waitangi Tribunal］
1975年ワイタンギ条約法（Treaty of Waitangi Act 1975）によって設置され、ワイタンギ条約*にもとづいてなされたマオリによる請求を審理する機関である。16名の審判員で構成され、うち4名はマオリが占める。またマオリ土地裁判所*の主席判事もこれに加わり、これら審判員全員は政府から任命される。本審判所の管轄権は元来、1975年以後に発生した請求のみに限られていたが、1985年には、1840年まで遡及して請求を認めるようになった。

(道谷卓)

審議は公開で通常マラエ*において、できる限りマオリ文化の雰囲気の中でおこなわれる。マオリはイウィ*ごとにそれまで被った損害を審判所に提示して補償を請求する。その内容は土地が主であるが、各種資源、言語など多様である。85年の改訂以来、請求数は膨大なものとなり、2005年の時点で提出された請求文書は1,240件にのぼった。政府は審判所の進言を直ちに実行に移すとは限らないが、多くは進言に従ってマオリとの和解の道を講ずる。2005年までに和解に到達、ないしは和解が近い請求は23件、補償金総額は8億ドルであり、その最大は、ンガイ・タフ*補償で1億7千万ドルである。

(青柳まちこ)

ワイテマタ湾［Waitemata Harbour］
ハウラキ湾*の一部で、オークランド地峡に東から入り込んでいる湾。南岸には代表的貿易港であるオークランド港、北側にはノースショア市*があり、南北を結ぶオークランド・ハーバーブリッジ*が湾をまたいでいる。橋とオークランド埠頭との間に大規模なヨット・ハーバーがある。

(由比濱省吾)

ワイトモ［Waitomo］
北島ハミルトン*の南60~80kmにある郡。人口9,453人（2001年）。郡役所所在地はテ・クイティ*。観光地として著名なワイトモ洞窟*があるが、そこにはホテル、レストランなどがあるのみで、常住人口はごく少ない。95年には長野県辰野町と姉妹都市*提携。

(由比濱省吾)

ワイトモ洞窟［Waitomo Caves］
北島中部、ハミルトン*の南約75kmに位置する著名な石灰洞窟。付近にルアクリ（Ruakuri）洞窟、アラヌイ（Aranui）洞窟の2大洞窟もある。地下水により溶解した地下トンネルで、ツチボタル*の生息地としても有名で、ツチボタル洞窟とも呼ばれる。有数の観光地で、ボートに乗って洞内を見学できる。鍾乳石や石筍などの発達はアラヌイ洞窟のものが秀逸。

(植村善博)

ワイトモ洞窟博物館
［Waitomo Museum of Caves］
観光客に人気のあるワイトモ洞窟*の入口にあり、洞窟の形成過程、また洞窟発見の歴史、およびツチボタル*などについて展示・解説している。

(角林文雄)

ワイヌイオマタ［Wainuiomata］
北島ハットシティ*中心部から丘陵を東南に越えた、ワイヌイオマタ川流域の町。ハットシティの一部を構成している。

(由比濱省吾)

ワイパ川 [Waipa River]

ワイカト川*の支流で、タウポ湖*の北西方向を水源として北流し、かつては汽船が就航していた。水力資源開発はおこなわれておらず、ハミルトン*とハントリー*の間で本流と合流する。合流点から下流は低平でしばしば洪水*が発生した。

（由比濱省吾）

ワイパパ水力発電所 [Waipapa Hydroelectric Power Station]

ワイカト川*とワイパパ川の合流点付近のダムでワイパパ湖を形成し、出力51MWの発電所が1961年に操業開始。ほかのワイカト川のダムとともに、マイティ・リヴァー・パワー（Mighty River Power）社が経営している。

（由比濱省吾）

ワイパワ [Waipawa]

ホークスベイ*中部、ヘイスティングス*の南西40kmにある町。人口1,872人（2001年）。1978年にワイパワ郡に統合され、現在はセントラルホークスベイ郡（Central Hawke's Bay District）の行政中心地。周囲はヒツジ、ウシ、シカの豊かな牧畜地域で、園芸農業*もおこなわれている。（由比濱省吾）

ワイヒ [Waihi]

タウランガ*の北西40km、コロマンデル半島*の基部、国道2号線上にある町。人口4,524人（2001年）。1878年金鉱脈が市街地のすぐ背後のマーサ（Martha）で発見され、10km北西のゴールデン・クロス（Golden Cross）鉱山とともに坑道による鉱石採掘がおこなわれた。1911年頃のワイヒの人口は6,500人に達していた。鉱山は52年に閉山されたが、それまでに金155t、銀1,088tを産出した。マーサ鉱山は1980年代に再開し、露天掘り鉱山としてはニュージーランド最大の鉱山として活動を続けたが、2006年操業を終了。町は周辺の酪農地域に対する商業機能を有し、若干の工業がある。

（由比濱省吾）

ワイヒ金鉱ストライキ [Waihi Strike]

ニュージーランド鉱山史上最大のストライキ。ワイヒ金鉱に働く労働者は、鉱山会社の労働条件を不満として、1912年5月ストライキをおこなった。700人の労働者によるストライキは最初は平穏であったが、会社は9月新組合をつくり労働者を投入し作業を開始した。改革党*マッセイ*首相は赤い連合*の介入を排除しようと強行姿勢で臨み、60人以上の組合労働者が拘束された。11月12日組合労働者は警官・新組合労働者と直接対決する事態となり、機関手エヴァンズ（Evans）が死亡し、ニュージーランド労働運動史上ただ1人の殉教者となった。ストライキはその2日後に労働者側の敗北という形で終結し、赤い連合は大きな痛手を被った。

（青柳まちこ）

ワイプクラウ [Waipukurau]

ホークスベイ県*中部、ヘイスティングス*の南西50kmの町。人口3,096人（2001年）。1977年にワイプクラウ郡となり、89年に北のワイパワ*とともにセントラルホークスベイ郡の一部となった。一帯は豊かな牧牛・牧羊地帯。

（由比濱省吾）

ワイヘケ島 [Waiheke Island]

ハウラキ湾*内でグレートバリアー島*に次ぐ大きな島。オークランドの東北、タマキ（Tamaki）海峡を隔てた位置にあり、最大幅で東西25km、南北20km。オークランドへの通勤者や引退者など6,000人以上の常住人口があるほか、夏のリゾート地として賑わう。

（由比濱省吾）

ワイポウア森林 [Waipoua Forest]

北島ダーガヴィル*の北西約50km、ノースランド*にある15,000haの森林。1876年

に政府がマオリから購入。カウリ*をはじめとする原生樹種がよく残っているので、1952年にワイポウア森林保護区域に指定された。最大のカウリ樹はタネ・マフタ（Tane Mahuta、周囲13.77m、樹高51.5m）で、テ・マトゥア・ンガヘレ（Te Matua Ngahere、周囲16.41m、樹高29.9m）がこれに次ぐ。森林にはカウリのみならず、多様な固有種の動植物が見られる。
　　　　　　　　　　　　（由比濱省吾）

ワイホパイ川 ［Waihopai River］
　南島マールバラ*地方の大河川ワイラウ川*の支流で、本流右岸のシングル（Shingle）峰付近を水源として東北に流下する。ワイホパイ発電所建設は1925年に始まり、27年にブレナム*とその周辺に初めて電力を供給した。出力は当初1MWであったが次第に増強され、96年には出力2.5MW、年間発電量11.8GWhになった。トラストパワー（TrustPower）社が経営している。
　　　　　　　　　　　　（由比濱省吾）

ワイマカリリ川 ［Waimakariri River］
　南島サザンアルプス*東斜面のいくつかの氷河*に源を発し、南東または東に流れ、途中で山地を横切るところでは峡谷をつくり、クライストチャーチの北でペガサス湾*に注ぐ。下流では融氷流水堆積物*からなる広大なカンタベリー平野*の一部をつくる。長さ161km。源流部の谷頭にある小さい氷河はサザンアルプスの東斜面では最も近づきやすい。下流部では網状河川*となっている。マオリ語の意味は冷たい川。
　　　　　　　　　　　　（太田陽子）

ワイマング地熱地帯 ［Waimangu Geothermal Field］
　北島ロトルア*の東南、国道5号線と国道38号線の分岐点の北にある。火山高原*における地熱噴出地域の一部である。
　　　　　　　　　　　　（由比濱省吾）

ワイラウ川 ［Wairau River］
　南島のスペンサー山地*に源を発し、約48km北方に流れ、次いで121kmの間をワイラウ断層*に境された断層角盆地に沿って北東に流れ、クラウディ（Cloudy）湾で太平洋に流入する。全長169km。河口付近では1843年6月にワイラウ事件*が起こった。マオリ語の意味はたくさんの川。
　　　　　　　　　　　　（太田陽子）

ワイラウ事件 ［Wairau Affray］
　1839年ンガティ・トア（Ngati Toa）マオリのテ・ランギハエアタ*はクック海峡*両岸の土地を売却する書類に署名した。42年ネルソン*入植者はニュージーランド会社*に耕作可能な土地を要求したため、会社はネルソン南方のワイラウヴァレー（Wairau Valley）を測量することとなった。テ・ラウパラハ*とテ・ランギハエアタはその地は売却部分に含まれていないと主張し、測量をおこなわないように警告、測量杭などを抜き取ったため、会社は2人の逮捕を

ワイラウ事件の碑。ワイラウヴァレー（青柳清孝）

目的に 49 人の武装隊を送り込んだ。
　43 年 6 月 17 日朝ブレナム*北のトゥアマリナ (Tuamarina) で両者は遭遇して話し合いが開始されたとき、1 人のヨーロッパ人が発砲し、それが引き金となって小競り合いが始まった。その間テ・ランギハエアタの妻が殺されたことにより、本格的な戦闘となり、隊長アーサー・ウェークフィールド*を含む 22 人のヨーロッパ人と 4 人のマオリが殺された。フィッツロイ*総督は 2 人のマオリ首長を厳しく非難したが、今回の事件の非は会社側にあるとして、彼らを捕えることはなかった。　（青柳まちこ）

ワイラウ断層［Wairau Fault］
　アルパイン断層*の分岐した活断層*で、ワイラウ川*に沿う河成段丘*に変位地形を残している。クラウディ (Cloudy) 湾に沿うワイラウ平野には多くの浜堤*列がある。　（太田陽子）

ワイラケイ［Wairakei］
　タウポ*の 10km 北の国道 1 号線にあり、ルアペフ山*からタウポを経てロトルア*へ、さらにホワイト島*に至る活火山断層上に位置している地熱地帯。1880 年代以来ワイラケイの間歇泉*渓谷は有名であったが、1958 年、地熱発電*所が操業を開始。これはイタリアのラルダレッロの小発電所に次ぐ世界で 2 番目。約 600m の深さまで 100 以上の孔をうがって高温高圧の蒸気を集め、ワイカト川*沿岸の発電所で、全国総発電量の約 7% にあたる 150MW の発電がおこなわれている。地熱地域と発電所はコンタクト・エナジー (Contact Energy) 社が管理経営。　（由比濱省吾）

ワイララパ［Wairarapa］
　タラルア山脈*の東側で東西幅 45km、南はウェリントン東側のパリザー湾*から北のマナワトゥ*峡谷東方まで 130km 伸びる地域。早期に入植された土地の一つで、牧羊が最初に試みられた。タラルア山脈とプケトイ (Puketoi) 山脈に挟まれた谷底に国道 2 号線と鉄道線が南北に走る。主要な町としては北からダンネヴァーク*、ウッドヴィル*、マスタートン*、カータートン*、グレイタウン*、フェザーストン*、マーティンバラ*がある。　（由比濱省吾）

ワイララパ海岸［Wairarapa Coast］
　北島南東端の太平洋に面するターナゲイン (Turnagain) 岬からパリザー岬*までの約 150km の海岸およびパリザー湾*岸をさす。主に中新世以降の褶曲した軟らかい海成層から構成され、海食崖が連続する岩石海岸を形成する。このため、平野の発達が乏しく集落もほとんどない。ヒクランギ・トラフ (Hikurangi Trough) 付近の海底地震にともなって隆起する地震性地殻変動区に属し、最大年 4mm の平均隆起速度が知られている。1855 年のワイララパ地震*により隆起した浜堤*などがトゥラキラエ岬*からパリザー岬付近まで連続的に分布する。
　（植村善博）

ワイララパ湖［Lake Wairarapa］
　北島南部、リムタカ山脈*の東麓にある湖で、西は活断層*であるワイララパ断層により境される。幅 6km、長さ 18km、面積 77km^2、水深 3m。面積では北島で 3 位。魚釣り（とくにウナギ類*）に適し、モーターボートによる遊覧も盛ん。湖は北からのルアマハンガ (Ruamahanga) 川により涵養される。湖水は南東部で氾濫を防ぐためにつくられた人為的に制御された堰を通ってパリザー湾*に注ぐ。一部の湖水は分流してパリザー湾岸のオノケ (Onoke) 湖に注ぐ。周辺の平野は豊かな農耕地で牧牛・牧羊も盛ん。　（太田陽子）

ワイララパ地震［Wairarapa Earthquake］

1855年の推定マグニチュード8.1の大地震で、リムタカ山脈*東縁を北北東から南南西に走るワイララパ断層の活動による。この地震によってリムタカ山脈から東に流れるワイオヒネ（Waiohine）川では地震断層*が生じた。また海岸では地震隆起*が起こり、その量は東から西に向かって減少している。
(太田陽子)

ワイロア［Wairoa］
北島ホークスベイ県*北部、ネーピア*とギズボーン*の中間の町。人口4,428人（2001年）。ホーク湾*に面しワイロア川の河口に位置する。1850年代に借用地で牧羊が開始された。65年に政府が居住計画区域を買収した。土地争争*で不安定な期間、守備隊が設置され、66年に集落建設が始まった。当初の名はクライドであったが、南島セントラルオタゴ*のクライドとの混同を避けるため、マオリ名に変更された。1909年にバラに、89年にワイロア郡（8,913人）の行政中心地となった。99年に茨城県北茨城市と友好都市*提携。
(由比濱省吾)

ワイン［Wine］
ブドウ栽培と観光を兼ねたブドウ酒醸造所はここ数年間急拡大している。ニュージーランドワインの国際的評価の上昇とともに、ブドウ酒生産は国内向けのみでなく、いまや輸出産業へと成長している。ワイン用ブドウの栽培地として主な地域はマールバラ*、ギズボーン*、ホークスベイ*、オークランド、カンタベリー*などである。
ブドウの種類は、白ワインはソーヴィニヨン・ブラン（30％）とシャルドネ（25％）が多く、赤ワインはピノ・ノワール（12％）が多い。ワインの輸出は2003年27,100万ℓで、主な仕向地は第1がイギリス、第2がアメリカで、そのほかオーストラリア、オランダ、カナダ、日本、ドイツなどである。

ニュージーランドワインは、原料ブドウの低農薬栽培と高度の醸造技術をもって、先進諸国の市場への接近をはかっているが、南半球諸国間の競争もあって予断を許さない。
(岡田良徳)

ワインヤード、ロバート
［Wynyard, Robert Henry（1802-64）］
軍人、政治家、総督代理（1854-55）。イギリス生まれ、1845年ヘケ蜂起*鎮圧の命を受けて58連隊200人を率いてオーストラリアからニュージーランドに到着。53年オークランド州長官（Superintendent）。グレイ*総督離任の後を受けゴア（Gore）総督着任までの約2年間総督代理。58年イギリスに帰国。
(青柳まちこ)

ワカ［Waka］⇒マオリ・カヌー伝説、⇒マオリ社会組織

分かち合い支援［Shared Care］
当事者家族に対する一時的短期支援（Respite Care）の一つで、厳格に認定された篤志家庭が、特別な支援ニーズを有する子どもを短期間（多くの場合、週末の数日間）、自らの家族の一員として受け入れ、生活を共にしようとする、一時的な養育支援（Foster Care）を意味する。
(八巻正治)

ワカティプ湖［Lake Wakatipu］
セントラルオタゴ*のサザンアルプス*中にある氷成湖*。面積295km^{2}で全国第3位。湖水位の標高3,112m、最深部の水深380m、南北77kmの細長いZ字型をし、屈曲部の東岸に著名観光地クィーンズタウン*があり、近辺にはコロネット峰*、リマーカブルズ（Remarkables）などのスキー場、急流下りで知られるショットオーヴァー川*、ゴールドラッシュ*時に賑わったアロウタウン*がある。理由不明であるが湖水の水位には干満がある。
(由比濱省吾)

ワナカ湖［Lake Wanaka］

　南島セントラルオタゴ*にある長大な氷成湖*の一つ。東西5km、南北45km、面積201km²。クルサ川*の水源。その背後にはアスパイアリング山国立公園*の山々が聳えている。ワナカは湖の南端にある町で、人口は周辺を合わせると3,330人（2001年）。景勝の地で保養リゾート地。またアウトドアスポーツ根拠地で、ボート、スキー、アイススケート、山歩き、水泳などが楽しめる。1983年に島根県匹見町（現益田市）と姉妹都市*提携。　　　　　　（由比濱省吾）

ワハポ湖［Lake Wahapo］

　南島ウエストランド国立公園*内フランツジョセフ氷河*の北にある小さな湖水。かつてオカリノ・フォークス発電所として知られたワハポ発電所はワハポ湖の自然貯水を利用して、出力3.1MWで1960年に操業開始し、現在トラストパワー（Trust Power）社が経営している。　（由比濱省吾）

ワハワハ、ロパタ ［Wahawaha, Ropata（c.1807-97）］

　ンガティ・ポロウ*の有能な戦士。アングリカン教会*に改宗し、パイマリレ*、およびテ・コウティ*掃討作戦においてマオリ隊を指揮。後年は牧羊で成功。上院議員（1887-97）。　　　　　　（青柳まちこ）

ワラビ［Bracken］

　シダ植物でコバノイシカグマ科ワラビ属。日のあたる斜面によく見られる。根茎は地下深く横走するため、地上部が焼かれても生き残る。マオリは一定の時期に焼却して、新芽の成長を促進させた。根茎アルヘ（aruhe）から採取したデンプンはマオリの主要な食料であった。根茎を水に浸漬し、加熱し叩いて砕き、デンプン（コメケkomeke）繊維質から分離した。マオリが短命なのは発ガン作用のあるシダ植物の過食が原因という説もある。　　　（塩田晴康）

ワラビー［Wallaby］

　18世紀にカンガルーとともに狩猟用および皮革貿易用としてオーストラリアから導入されたが、ワラビーだけが生き残り、4種類が野生化している。とくにカンタベリー*地方南部ハンターヒルズ（Hunter Hills）付近で1874年に放された雄1頭と雌2頭のアカクビワラビーは、タソック*草地と藪で非常に増殖し、放牧地と作物、在来植物、外国種の幼樹に損害を与えているため、政府は1947年以来大々的に駆除作戦を展開している。　（由比濱省吾）

ワレホウ［Warehou］

　和名オキヒラス。寒海性の魚。青い丸い頭が特徴。体長40～60cm、重さは約4kg。青黄色の体色、えらのすぐ後ろに黒っぽい模様があり黒縁の長い胸びれがある。南島でトロール漁または定置網で漁獲する。2004年の漁獲量2,863t。規制魚種*コード記号WAR。　　　　　　　　（大島襄二）

ワンガヌイ［Wanganui］

　北島西岸、南タラナキ湾*に面し、ワンガヌイ川*河口の港湾都市で、1924年に市となり、89年にワンガヌイ郡役所所在地となった。都市部を含む郡人口は43,266人（2001年）。1840年にニュージーランド会社*が入植地としてワンガヌイに土地を購入しピーター（Petre）と命名した。しかし、マオリとの間に問題が生じ、48年に政府が改めて土地を購入し、境界を設定した。54年に町はピーターからワンガヌイへと改称、72年にバラとなり、80年代にはウェリントンとニュープリマス*を結ぶ鉄道線がワンガヌイを通って開通した。1988年に静岡県長泉町と姉妹都市*提携。

（由比濱省吾）

ワンガヌイ川　[Wanganui River]　⇒ファンガヌイ川

ワンガヌイ博物館　[Wanganui Regional Museum]

ワンガヌイ*にあり、この地方のマオリについて豊富な資料があり、グリーンストーン*製品や全長23mの戦争用カヌーが展示されている。自然部門には絶滅したモア*や、クジラ*、イルカ*などの骨格が展示されている。　　　　　　　　　　（角林文雄）

ん

ンガイ・タフ　[Ngai Tahu]

タキティム（Takitimu）などのカヌーを出自とするイウィ*で、南島を領域とする。1860年代までにその広大な土地のほとんどが政府に購入された。人口は29,136人（1996年）、39,180人（2001年）。　（内藤暁子）

ンガイ・タフ土地請求　[Ngai Tahu Land Claim Settlement]

南島の土地は1844年から64年までにそのほとんどが、ニュージーランド会社*および政府によって購入されたが、それらの中には不正に購入された土地や購入面積の食い違っている区画などがあり、南島の大部分を占めるンガイ・タフ*はワイタンギ審判所*にその是正を求めて提訴していた。1997年9月王室側から和解条件が提示され、ンガイ・タフは同年11月全員に賛否を問う投票をおこない、圧倒的多数でその受理が決定された。和解条件の内容は以下の4項目にまとめられる。(1) 王室による正式謝罪。(2) 金銭的補償：1億7千万ドルに加えて250万ドルの個別的な補償。(3) クック山の返還（ンガイ・タフは同日それをアオラキ（Aoraki）に改名し国民すべての資産として王室に返還）。(4) 文化的補償：マオリの土地に対する伝統的権利の確認。
　　　　　　　　　　　　　　（青柳まちこ）

ンガウルホエ山　[Mt. Ngauruhoe]

北島中央高原の3火山の一つで、トンガリロ山*とルアペフ山*の間にある2,287mの円錐形をした活火山。定期的に蒸気とガスを噴出し、ときには大量の火山灰を噴出する。　　　　　　　　　　（由比濱省吾）

ンガタ、アピラナ　[Ngata, Apirana Turupa（1874-1950）]

政治家、マオリ指導者。下院議員（1905-43）。ンガティ・ポロウ*成員、テ・アウテ・カレッジ*を卒業後、ニュージーランド大学*カンタベリー校、およびオークランド校を卒業して弁護士となる。青年マオリ党*の有力メンバーとして、西欧の技術、公衆衛生などを取り入れ、マオリの地位向上のために活動した。1905年東部マオリ地区から下院議員に選出され、38年間にわたってこの議席を保持。28年ウォード*内閣、フォーブス（Forbes）内閣で先住民相となり、マオリ農地開発への資金貸付に努力し、またマオリの教育、文化活動を推進した。しかし先住民問題調査委員会（Native Affairs Commission）の報告によって、彼の土地開発計画は不適切であり、またイーストコースト*のマオリが過度に優遇されていると糾弾され、34年先住民相辞任に追い込まれた。ンガタは傑出した指導者で、大きな影響力があった。上院議員（1950）。　　　　　　　　（青柳まちこ）

ンガタタ、ウィレム　[Ngatata, Wiremu Tako（Wi Tako）（c.1815-87）]

政治家。テ・アティ・アワ*の成員。ニュージーランド会社*の土地取引に関わったこ

ともあったが、のちにマオリの権益を積極的に擁護するようになる。1872年コヘレ*とともに最初のマオリ上院議員(1872-87)。

(青柳まちこ)

ンガ・タマトア［Nga Tamatoa］

若き勇士たちの意。1972年オークランド大学*マオリ・クラブの学生や労働者の若者たちによって結成されたマオリの抵抗運動組織。教育課程へのマオリ語やマオリ文化の導入、補導されたマオリ青少年に対するマオリ保護官制度の設置、土地や経済活動における自己決定権、ワイタンギ条約*締結日の祝典の中止などを訴えた。社会の関心を喚起するためにデモをおこない、ピケをはり、国会に請願するなど、マスメディアに訴える方法で運動をおこなったことが特筆される。

(内藤暁子)

ンガティ・アワ［Ngati Awa］

マタアトゥア*・カヌーを出自とするイウィ*で、プレンティ湾*周辺を領域とする。人口11,304人(1996年)、13,044人(2001年)。

(内藤暁子)

ンガティ・カフングヌ［Ngati Kahungunu］

タキティム・カヌーを出自とするイウィ*で、北島南東海岸地域を領域とする。人口は45,261人(1996年)、51,552人(2001年)。

(内藤暁子)

ンガティ・トゥファレトア［Ngati Tuwharetoa］

アラワ・カヌーを出自とするイウィ*で、北島中央のタウポ湖*周辺を領域とする。テ・ヘウヘウ・トゥキノIV世*は1887年ルアペフ山*、トンガリロ山*、ンガウルホエ山*を含む高山地帯を国立公園として国に譲渡。人口は28,995人(1996年)、29,301人(2001年)。

(内藤暁子)

ンガティ・ファトゥア［Ngati Whatua］

クラハウポ・カヌーなどを出自とするイウィ*で、オークランド周辺を領域とする。大都市オークランドにおいて、オラケイ(Orakei)やバスティアン岬占拠事件*などで抵抗運動を繰り広げ、マオリ土地権運動*の牽引的役割を果たした。人口は9,810人(1996年)、12,105人(2001年)。

(内藤暁子)

ンガティ・ポロウ［Ngati Porou］

ホロウタ・カヌーを出自とするイウィ*で、北島東海岸を領域とする。マラエ*における女性の発言権が高い。人口は54,219人(1996年)、61,701人(2001年)。

(内藤暁子)

ンガティ・マニアポト［Ngati Maniapoto］

タイヌイ・カヌーを出自とするイウィ*で、キングカントリー*近辺を領域とし、マオリ王擁立運動*傘下にあった。レウィ・マニアポト*は、このイウィの大首長である。人口は23,733人(1996年)、27,168人(2001年)。

(内藤暁子)

ンガティ・ラウカワ［Ngati Raukawa］

タイヌイ・カヌーを出自とするイウィ*で、ワイカト*とベイ・オブ・プレンティ*の中間地域を領域とする。人口は2,520人(1996年)、5,175人(2001年)。

(内藤暁子)

ンガプヒ［Ngapuhi］

クラハウポ・カヌーを出自とするイウィ*で、北島北端からオークランド近辺までの北島北方地域を領域としてきた。ヨーロッパ人との接触が比較的早く、その大首長ホンギ・ヒカ*やヘケ*などはマスケット銃を入手して南に攻め入った。人口は95,451人(1996年)、102,981人(2001年)。

(内藤暁子)

資　料

年表
歴代総督
歴代首相
マオリ王
ニュージーランド人口の推移
エスニック集団別人口
ニュージーランドの面積
行政区域
マオリ主要イウィの居住地
平均気温
平均降水量
主要山地と平野
主要河川と湖沼
国立公園と森林公園
海洋公園と保護海域
姉妹都市・友好都市その他

年表

13・14世紀	中央ポリネシアよりマオリ到来、各地に居住開始。伝承では大船団の到着は1350年頃とされる。
1642	タスマン、西方からニュージーランドに到達、上陸せず（12月）。
1769	クック、タヒチからポヴァティ湾に来航上陸（10月）。海岸線図作成。この後73-74年、77年にも来航。
	シュルヴィル、ダウトレス湾に来航（12月）、マオリ首長を人質として出航。
72	マリオン・デュ・フレズン、アイランズ湾に来航、マオリに殺される（6月）。
91	マッコウクジラ捕鯨者、ダウトレス湾に来航。以後捕鯨者の来航、定住が盛んになる。
92	アザラシ猟者ダスキーサウンドに上陸し拠点を設営。
1809	ファンガロアでボイド号事件発生（8月）。
14	アングリカン教会マースデン牧師来島、最初の礼拝を行う（12月）。
20	ンガプヒ首長ホンギ・ヒカ、イギリス訪問、ジョージIV世に面会、マスケット銃大量入手。
21	ホンギ・ヒカ、ワイカトに侵攻、マスケット銃戦争激化。
22	ウェスレアン教会宣教師来住、23年ファンガロア湾近くで宣教開始。
26-27	デュモン・デュルヴィル来航、海岸周航し探検。
29	ウエークフィールド『シドニーからの手紙』において植民地理論発表。
31	アカロア湾でオナウェ事件。
33	バズビー、駐在弁務官として赴任（5月）。
34	バズビーの勧めによりマオリ首長らニュージーランド国旗を選定（3月）。
35	バズビーの勧めによりマオリ首長らニュージーランド部族連合国宣言（10月）。
37	ウエークフィールド、ニュージーランド協会（38年ニュージーランド会社）設立。
38	ローマ・カトリック司教ポンパリエ到着（1月）、ホキアンガで宣教開始。39年コロラレカに移転。
39	ニュージーランド会社トーリー号到着、マオリから広大な土地を購入（8月）。
40	ニュージーランド会社最初の移民船ポートニコルソンに到着（1月）。
	ホブソン代理総督として赴任（1月）。ラッセルを首都とする。
	ワイタンギ条約締結（2月6日）。
	イギリス、ニュージーランド併合宣言（5月21日）。
	ナント＝ボルドレー社のフランス人移住者アカロアに到着（8月）。
	ニューサウスウェールズの植民地より分離、ホブソン初代総督就任（11月）。
	ニュージーランド会社、ワンガヌイ入植開始。
41	ラッセルよりオークランドに首都移転（2月）。
	ニュージーランド会社、ニュープリマス入植開始（3月）。
42	ニュージーランド会社、ネルソン入植開始（2月）。
43	ネルソン入植地付近で土地測量をめぐりワイラウ事件勃発（6月）。

44	ヘケ、コロラレカの英国旗旗竿を切り倒す（7月）。
45	ヘケ、コロラレカの町に放火、北部戦争始まる（3月）。
46	政府軍、ヘケ蜂起隊をルアペカペカ・パにおいて鎮圧。北部戦争収束（1月）。
	ニューアルスター、ニューマンスターの2州制度施行。各州の自治制定。
	「貧困家族・非嫡出児扶助条例」制定、生活困窮者に対する最初の施策。
48	スコットランド自由教会、オタゴ入植開始。
50	カンタベリー協会、カンタベリー入植開始。
	ニュージーランド会社、財政難のため入植事業停止（7月）。
52	「基本法1852」イギリス議会を通過（5月）。
53	「基本法1852」ニュージーランドで公布（1月）。6州制、州議会、全体議会など制定、これによりイギリス直轄植民地から自治植民地となる。下院および州議会の選挙有権者は21歳以上の男子で一定の財産を有する者。
	グレイ総督、売却土地価格を低く定めた土地布告発布（3月）。
54	最初の全体議会オークランドで開会（5月7日）。
	アングリカン教会、マオリ少年の中等教育施設テ・アウテ・カレッジをプケホウに設立。
55	ワイララパ地震発生、ウェリントン被害。推定死者5〜9名（1月）。
56	最初の責任内閣発足、スーウェル首相就任（5月）。
57	南島北端コリングウッド、ゴールドラッシュで賑わう。
58	ワイカトのテ・フェロフェロ、マオリ王ポタタウⅠ世として即位（6月）。
	ホークスベイ州、ウェリントン州より分離、独立州となる。
59	マールバラ州、ネルソン州より分離、独立州となる。
60	政府、タラナキのワイタラで土地測量を強行、土地戦争の発端となる（3月）。
61	セントラルオタゴで金鉱発見、本格的ゴールドラッシュの始まり。
	サウスランド州、オタゴ州より分離、独立州となる（1870年オタゴ州に再併合）。
	最初の日刊紙オタゴ・デイリータイムズ発刊（11月）。
	オークランドとウェリントンに商業会議所設立。ニュージーランド銀行設立。
62	タラナキの預言者テ・ウア・ハウメネ、啓示を受けパイマリリ宗教運動開始。
	最初の電信施設クライストチャーチ〜リトルトン間に敷設。
63	イギリス兵を乗せたオルフェウス号、マヌカウ湾で沈没、死者189名（2月）。
	土地戦争、タラナキの戦火ワイカトおよびオークランドに拡大。
64	土地戦争、ベイ・オブ・プレンティに拡大。
	マオリ土地没収を定めた「入植地法1863」にグレイ総督が署名し発効（8月）。
	南島ウエストコーストでゴールドラッシュ始まる。
65	オークランドからウエリントンに首都移転。
	オポティキのフェルクナー牧師、パイマリレ一団に殺される（3月）。
	先住民土地裁判所（後のマオリ土地裁判所）創設
66	パイマリレ信者およびテ・コウティ、チャタム島に流罪。
67	マオリ男性に普通選挙権、マオリ特別枠として東西南北の4マオリ議席制定。

	北島テームズ付近でも金鉱発見。
	「要保護児童・非行児童法」制定。先駆的児童保護立法。
	テ・コウティ、リンガトウの教えを開始。
68	テ・コウティ、チャタム島から脱出 (7月)、ポヴァティ湾一帯で復讐開始 (11月)。
69	ニュージーランド最初の大学であるオタゴ大学創立。
70	「ニュージーランド大学法」成立。
	ヴォーゲル計画による公共工事開始。1879年までに鉄道1,000マイル敷設計画。
71	従来の土地取引を無効とするホークスベイ土地取引否認運動、下院に請願書提出。
72	ワイタラ事件の発端となったキンギ降伏により土地戦争一応の終息。
	政府、補助渡航による移民導入開始。
73	「女性雇用法」成立。
	ウエストランド州、カンタベリー州より分離、独立州となる。
74	ヴォーゲル政府の補助渡航による移民31,000人に達する。
75	北島北部でカウリガム採掘盛んになる。1925年頃まで継続。
76	州制度廃止 (11月)。
77	「学校教育法」制定、7歳-13歳までの無償の義務教育開始。
	エドガー、オークランド大学卒業、大英帝国最初の女性大学卒業者。
79	男性普通選挙、選挙人の財産規定廃止。下院議員任期5年から3年に短縮。
81	パリハカ事件 (1月)、指導者テ・フィティ逮捕 (11月)。83年釈放。
	議員1人あたりの選挙民数を少なくする農村優遇制度開始 (1945年廃止)。
	汽船タラルア号フォーボー海峡で座礁沈没、死者131名 (4月)。
	オタゴ州政府、中国人移民制限のため1人につき10ポンドの人頭税課税 (7月)。
82	冷凍船ダニーディン号、ポートチャーマーズ港から出航、最初の冷凍肉輸出 (2月)。
84	「既婚女性財産法」成立。
	タフィアオ王、イギリスで土地取引の不当性を訴える。
85	女性キリスト教禁酒連合結成。
86	タラウェラ山噴火、ピンクテラス、ホワイトテラス埋没、死者100名以上 (6月)。
87	トンガリロ国立公園開設 (9月)、ニュージーランドで最初の国立公園となる。
89	複数選挙区での登録・投票禁止、1人1票制。
90	搾取労働調査委員会設立。
91	自由党のバランス内閣発足、最初の政党政権 (1月)。
	上院議員終身任期から7年任期に変更。
92	マオリ議会コタヒタンガ第1回会議 (6月)。
	農務省、労働省設立。「入植用地法」制定、土地を必要とする農業希望者に配分。
93	署名者3万名以上の女性参政権請願 (3回目) 提出。女性参政権議会を通過 (9月)。
94	「入植者融資法」「産業調停仲裁法」「工場法」制定。仲裁裁判所設立。
96	ウエストコーストのブラナー鉱山事故、死者67名 (3月)。
	北島の人口、初めて南島を上回る。

	全国女性議会クライストチャーチで創立。
98	ホキアンガで首長ら、1880年制定の犬税不払いにより逮捕される。
	無拠出の「高齢者年金法」制定（11月）、世界で2番目。
99	ボーア戦争勃発、南アフリカに6,500人出兵。
	アジア人入国排除を目的とした「移民制限法」成立、英語の識字が条件。
1900	コタヒタンガ運動の成果として「マオリ土地管理法」、「マオリ評議会法」成立。
01	社会党結成。
	クック諸島とニウエを併合。
03	中等教育法制定。
	ピアス、ティマル付近で自作の飛行機を操縦し人類最初の飛行に成功（3月）。
07	自治植民地から自治領（ドミニオン）となる。
	育児支援事業を目的とした非営利団体ブランケット協会設立（5月）。
	ルア・ケナナ、ウレウェラに新しいエルサレムと称する村を開き宗教活動開始。
	トフンガ禁止法成立。
08	ラザフォード、ノーベル化学賞受賞（12月）。
	オークランド～ウエリントン間の幹線鉄道開通。
	炭鉱労働者ブラックボール炭田でストライキ、鉱山労働者連合結成。
09	マッセイを中心に農民連合を母体とした改革党結成。
	クック海峡でフェリー、ペンギン号沈没、死者75名（2月）。
	鉱山労働者連合を中心にニュージーランド労働連合（通称赤い連合）結成。
	青年マオリ党結成。
10	労働党結成（12年統一労働党に名称変更）。
11	「寡婦年金法」制定。
12	ワイヒ金鉱ストライキ（11月）。
13	労働連合主導により統一会議開催、労働統一連盟結成。
	ウェリントン港湾ストライキ、政府は騎馬隊を出動させ強行鎮圧（10月）。
14	第1次世界大戦参戦、ドイツ領サモア占領（8月）。ヨーロッパ方面派兵（10月）。
	ハントリー炭田事故、死者43名。
15	アンザック軍、トルコのガリポリ半島に上陸（4月）、撤退（12月）、犠牲者多数。
16	反戦的であるとしてルア・ケナナ拘留（3月）。
	徴兵制導入（6月）。ニュージーランド軍ヨーロッパ戦線を転戦。17年パッシェンダールの戦闘3,700名戦死。
	統一労働党、社会民主党と合併して労働党結成（7月）、徴兵制に反対。
17	戦時中の一時的措置として酒場の6時閉店制定（12月）（67年10時に延長するまで継続）。
18	第1次世界大戦終結、ニュージーランド軍10万名中、死者17,000名、戦傷者41,000名。
	インフルエンザ流行、死者8,500人、マオリの死亡率は非マオリの4.5倍。
	ラタナ、ワンガヌイ近郊の自宅で神の啓示を受ける（11月）。ラタナ教開始。
19	女性に下院議員被選挙権が認められる。

20	国際連盟にイギリスとは独立した立場で加盟。
	「移民制限修正法」成立。有色人種入国制限強化。
	西サモア国際連盟委任統治領（受任国ニュージーランド）となる。
21	学校歯科衛生士制度制定。
	ニュージーランド海軍創設。
22	ミート・ボード設立。
23	デアリー・ボード設立。
	南極ロス地域イギリスより移管、ニュージーランド属領宣言。
25	トケラウ諸島の行政権イギリスより移管。
	「児童福祉法」制定、児童福祉に国家責任の確認明言。児童裁判所設立。
26	「家族（児童）手当法」制定、児童養育の経済的負担を軽減。
29	世界的大恐慌始まる。
	南島ウエストコーストでマーチソン地震、死者17名（6月）。
30	恐慌にともなう失業者増大、「失業法」制定、失業者救済のため失業ボード設立。
31	ホークスベイでマグニチュード7.8の大地震、死者258名（2月3日）。
	ウエストミンスター憲章イギリス議会で可決（11月）。
	イギリスおよびその旧植民地5ヵ国の連合体として英連邦発足。
32	労働争議における強制による仲裁廃止。失業者数約10万人、オークランドほか数都市で失業者デモ（4月）。
	「国内支出調整法」制定。公務員給与、高齢者年金、寡婦年金等の支給額削減。
	暴動など取締りのため「公共安全保護法」制定。
33	マッコームズ、最初の女性下院議員に選出される（9月）。
34	ニュージーランド準備銀行（中央銀行）発足。36年国有化。
	女性飛行士バットゥン、イギリス～オーストラリア間の最短時間飛行記録樹立。
	ニュージーランド空軍創設。
35	総選挙で労働党、下院80議席中53議席獲得の圧勝。労働党サヴェジ内閣発足。
36	「産業調停修正法」により全労働者の強制的組合加盟復活。
	週44時間労働から40時間労働に変更。
	無償教育19歳まで延長。
	「放送法」によりすべてのラジオ放送が国営となる。
	統一党と改革党が合併、国民党結党（3月）。
37	学童に牛乳の無償配給開始。
	労働総同盟結成（4月）。
	最初の公営住宅ウェリントンに建設。
38	「社会保障法」制定（9月）。アメリカに次いで世界で2番目。
	輸入・為替管理制度導入。
39	第2次世界大戦勃発（9月）、イギリスに2日遅れで参戦。マオリ大隊結成（10月）。
40	1932年廃止された徴兵制を再び導入、ヨーロッパ方面派兵。

	20年以上のニュージーランド居住者で65歳以上を対象に一般退職年金制定。複数政党による戦時内閣発足。
41	労働党政府死刑廃止を決定（9月）、（その後一時復活したが89年全面廃止）。対日宣戦布告（12月8日）。
43	フェザーストン日本軍捕虜収容所で事件発生（2月）。独自の外交路線を進めるために外務省（現外務貿易省）設置。マオリ4議席をすべてラタナ議員（労働党）が占める。
44	オーストラリアとキャンベラ（アンザック）協定締結（1月）。ウール・ボード設立（2003年解体）。
45	南島クライストチャーチとピクトン間幹線鉄道開通。連合国によるサンフランシスコ会議（4月）、国際連合憲章に調印（6月）。ドイツ降伏（5月）、日本降伏（8月）により第2次世界大戦終結（8月）。1861年設立のニュージーランド銀行国有化。「マオリ社会経済開発法」成立。
46	資産調査なしの家族援助開始。英連邦軍の一部として4000名が山口県に進駐（3月）、（51年まで駐留）。
47	「ウエストミンスター憲章」両院で可決。ニュージーランド、独立国となる（11月）。西サモア国連信託統治領（受任国ニュージーランド）となる（62年独立）。学童歯科無料検診16歳まで延長。南太平洋委員会設立（98年太平洋共同体に名称変更）。
48	「経済安定法」制定、政府の経済支配力強化。リンゴ・ナシ販売ボード設立（99年解体）。トケラウ諸島、ニュージーランド領となる。オーストラリア・マラヤ連邦と共に3国でアンザム締結。
49	国民投票：平和時の強制的軍事訓練（可）、酒場の営業時間10時まで延長（否）、場外馬券売り場設置（可）。上院廃止法案議会を通過。上院廃止（51年1月）。
50	朝鮮戦争勃発（1月）、ニュージーランド砲兵部隊、国連軍の一部として参加。英連邦競技大会オークランドで開催。
51	港湾ストライキ開始（2月）、政府は軍隊を投入し鎮圧（7月）。公共安全保護法適用。オーストラリア、アメリカと3国間でアンザス協定締結。52年より発効。マオリ女性福祉連盟設立。マオリの都市移住傾向顕著。
53	生産者ボード（バレイショ、鶏卵、ハチミツ、牛乳、カンキツ類の販売）設立。ヒラリー、シェルパのテンジンと共にエヴェレスト初登頂（5月）。エリザベス女王来訪（12月）。ルアペフ火山噴火泥流によるファンガエフ川列車事故、死者151名（12月）。ボウエン、9時間で456頭の羊の毛刈りを行い世界新記録（1月）、57年463頭。
54	イギリスの第1次産品購入に関する保証制廃止。

	東南アジア条約機構（SEATO）設立、加盟。
55	リムタカ・トンネル（9km）開通。
56	マラヤ連邦（現マレーシア）に派兵。
57	ロス属領内にスコット基地設立。 上訴裁判所設立。
58	源泉徴収税（PAYE）導入。 ヒラリー隊南極スコット基地から南極点まで陸上踏破。 ワイラケイ地熱発電所操業開始。
59	オークランド・ハーバーブリッジ開通（5月）。 タラナキでカプニ天然ガス油田発見。 南極条約調印、ロス属領の権限確認を要求したが入れられず。
60	オークランドでテレビジョン放送開始（6月）。
61	世界銀行および国際通貨基金に加盟。 イギリス EEC 加盟意向により貿易政策転換を迫られる。
62	「マオリ・コミュニティ振興法」によりマオリ評議会設立。 ニュージーランド放送機構、政府から独立した機関として運営。
64	ファンガレイのマースデン・ポイント石油精油所操業開始。 南島の水力発電による電力を北島に送電するためクック海峡海底送電線敷設。
65	オーストラリアと自由貿易協定（NAFTA）締結。 クック諸島、ニュージーランドとの自由連合となり内政自治権獲得（8月）。 ヴェトナム戦争に派兵、国内にヴェトナム反戦運動。
66	国立図書館開館。
67	学校給食の無料牛乳配給廃止（2月）。 十進法通貨導入（7月）。 国民投票、酒場の6時閉店制廃止（可）、国会議員の任期延長（否）
68	暴風雨のためリトルトン発フェリー、ワヒネ号ウェリントン湾で沈没。死者51名（4月）。 南島ウエストコーストのイナンガフア地震。死者6人（うち3人は救助中の事故死）（5月）。
69	タラナキ半島沖のマウイ油田発見（79年から油田採掘操業開始）。 選挙年齢20歳に引き下げ、国会議員定数84名に増加。
70	「マナポウリ湖を救え」請願書に26万5千名署名。
71	イギリス、EC との交渉によりニュージーランド製バター、チーズ優遇措置。 ワイタンギ祝賀行事にンガ・タマトア抗議。 ティワイポイントのアルミニウム精錬所操業開始。 南太平洋フォーラム設立（2000年太平洋島嶼フォーラムに名称変更）。 人種間の平等を定めた「人種関係法」成立。
72	世界最初の環境政党である価値党結党。
73	イギリス EC 加盟

	労働党政府、オールブラックスの南アフリカ遠征差し止め。
	フランスのムルロア環礁核実験に抗議して実験区域にフリゲート艦派遣（6月）（74年国際司法裁判所に提訴）。
	第1次石油危機、週末のガソリン販売禁止。
74	選挙年齢18歳に引き下げ。
75	インフレにより物価15％上昇、失業者5千人を超える。
	クーパー指揮のもとに北島北部からウエリントンまでマオリ土地行進（9月）。国会議事堂前に到着（10月）。
	「ワイタンギ条約法」成立（10月）。
76	アフリカ諸国、モントリオール・オリンピックでオールブラックスの南アフリカ遠征に対し抗議。
	ヤード・ポンド法に代りメートル法導入。
	一般退職年金と高齢者給付を一本化した国民退職年金制定。
77	「ワイタンギ条約法」によるワイタンギ審判所設立。1975年以降のマオリに対する不正に関して審議。
	オークランド市近郊のバスティアン・ポイント占拠開始（1月）。（78年5月占拠者逮捕）。88年政府、マオリの土地所有者に土地返還。
	「経済的排他水域法」制定。
78	リカードらラグランゴルフ場占拠者逮捕される（2月）。
	登録失業者数25,000人。
	「人権委員会法」により人権問題審査審判所設置。
79	第2次石油危機。国民党マルドゥーン首相シンク・ビッグ計画提唱。
	エア・ニュージーランドDC10南極で墜落、死者257名（11月）。
80	土曜営業法制定。
81	南アフリカのラグビーチームを迎え各地で激しい抗議運動展開。
82	第2次石油危機後のインフレに対処するため国民党政府は賃金、金利、為替レートなど凍結。インフレーション17.6％に上昇「経済安定法」成立、12ヶ月間の賃金・価格統制（84年3月まで継続）。
	マオリ幼児教育を目的とした最初のコハンガレオ、ウエリントン近郊に設立。
83	「漁業法」、試験的に規制魚種指定、10漁業区設定（10月）。
	核搭載のアメリカ駆逐艦テキサス、オークランド入港、抗議運動盛んとなる（8月）。
	オーストラリアとの経済緊密化協定発効。
84	労働党ロンギ組閣、財務省ダグラス行財政改革（通称ロジャーノミックス）着手（7月）。
	ニュージーランド通貨20％切下げ。
85	政府アメリカ艦船ブキャナン入港拒否（3月）。
	ワイタンギ審判所、調査対象を1840年にまでさかのぼることに決定。
	オークランド港でグリーンピース虹の戦士号、フランス工作員により爆破される（7月）。
	ヒューム『骨の人々』でブッカー・マコーネル賞受賞。
	太平洋フォーラムで南太平洋非核地帯条約（ラロトンガ条約）調印、86年発効。

86	物品サービス税（GST）10％導入（10月）（89年より12.5％）。
	アメリカ、アンザス協定による安全保障義務の停止通告。
	「ニュージーランド基本法1986」により「基本法1852」廃止。
	ローマ法王初めての来訪。
	「環境法」成立（12月）、環境省設置。
	「漁業修正法」により漁獲割当量管理制度開始。
	女性省設置。
87	「政府系企業法」議会可決（4月）。多くの国営企業が政府系企業となり、89年からは政府系企業の民営化開始。
	「非核地帯・軍縮・軍備統制法」成立（6月）。
	「マオリ言語法」議会可決、マオリ語公用語となる（8月）。
88	「政府省庁法」議会可決、政府省庁に民間企業経営導入。
	失業者数10万人超える。
	ニュージーランド郵政局、432郵便局を閉鎖。
	労働者総同盟と公務員組合連合の合併により労働組合評議会発足。
	放送事業の国家管理廃止。
89	地方政治再編、最初の地方選挙実施。
	「児童少年家族法」制定、家族グループ会議、児童コミッショナー制導入。
	「マオリ漁業法」成立。
90	日曜営業開始。
	テレコム、アメリカ企業に売却。
	人権に関する「ニュージーランド権利章典法」成立。
	政府、ニュージーランド銀行破産を回避するために6億ドルを投入。
91	経済不況深刻、失業者数初めて20万人を超える（93年3月を頂点に失業者数下降）。福祉制度後退。
	国民党政府「雇用契約法」制定、組合の独占権を廃止、労働者・雇用者間の自由契約。
	世界でもっとも先進的な環境法である「資源管理法」制定。
	崩落によりクック（現アオラキ）山の標高10.5m低下。
92	政府・マオリ間でシーロード社の割り当て配分合意。
93	小選挙区比例代表併用選挙制度改変に関する国民投票（可）。
	国民投票に基づく新選挙法成立、小選挙区比例代表併用選挙導入、マオリ議席は登録マオリ選挙人の数に対応。
	「人権法」制定。性別、既婚未婚の別、宗教、人種、国籍、障害などあらゆる差別の禁止。
94	「財政責任法」制定。
	国民党政府、ワイタンギ審判所の裁定には財源内で処理すべきことを提案。10億ドルを上限と発表。
95	アメリカのサンディエゴで開催されたヨットのアメリカズカップで優勝。
	ワイカト＝タイヌイ請求和解法案議会可決。

	仏ムルロア環礁での核実験再開、抗議のため軍艦派遣、国際司法裁判所に再度提訴。駐仏大使召還。環境省、「環境2010戦略」を策定。
96	最初の小選挙区比例代表併用制選挙実施、国民党とニュージーランド・ファースト党との連立内閣。
	「資源管理修正法」制定、環境裁判所設立。
97	ワイタンギ審判所によるンガイタフ請求和解成立。
	強制的退職積立制度による年金案に関する国民投票、9割が反対票で否決。
98	国立博物館テ・パパ・トンガレワ開館。
99	児童少年家族省設置 (10月)。
2000	オークランドで開催されたヨットのアメリカズカップ防衛に成功。
	マックダイアミッド、ノーベル化学賞受賞。
	労働党連立政府「雇用契約法」を廃止、「雇用関係法」制定 (10月)。
01	国内最大の企業フォンテラ設立。
	空軍戦闘部隊解散。後方支援部隊に移行。
02	京都議定書批准。
	観光産業強化のため観光省設立。
03	「最高裁判所法」制定、04年1月1日より最高裁判所発足。
	ビケタワ宣言に従い、ソロモン内戦による混乱の平和維持のため派兵 (7月)。
	イラク復興と人道支援のため61人の防備隊派遣 (10月)。
04	海浜・海底の所有権を求めマオリ土地行進 (4-5月)。
	「海浜・海底法」制定 (11月)。05年1月発効。
	「事実婚法」成立、同性婚・事実婚も婚姻と認定 (12月)。
	職場での喫煙禁止 (12月)。
05	「漁業修正法」により10漁業区廃止。
	メリディアン・エナジー社、世界最大の風力発電所をウェリントンに設置計画発表。
	労働党2008年をワイタンギ審判所の審議受付締め切りとし、20年までに終了と発表 (8月)。国民党は受付終了を06年、すべての問題を10年までに解決するよう要求。
	最低賃金、成人で1時間9.50ドルから10.25ドル、18歳以下では7.60ドルから8.20ドルに引き上げ (12月)。
06	ニュージーランド国籍 (市民権) の取得条件変更。親が国籍保持者もしくは永住許可者でなければならない (1月)。
	トケラウ、政治的地位をめぐって投票、独立派は60%、規定の3分の2に達せず (2月)。
	手話を公用語に認定 (4月)。

資料

歴代総督

総督（Governors）	就任	退任
ホブソン、ウィリアム（William Hobson）	1841.5	1842.9
フィッツロイ、ロバート（Robert FitzRoy）	1843.12	1845.11
グレイ、ジョージ（George Grey）	1845.11	1847.12
グレイ、ジョージ（George Grey）	1848.1	1853.3
グレイ、ジョージ（George Grey）	1853.3	1853.12
ブラウン、トマス（Thomas G. Browne）	1855.9	1861.10
グレイ、ジョージ（George Grey）	1861.12	1868.2
ボウエン、ジョージ（George F. Bowen）	1868.2	1873.3
ファーガソン、ジェームズ（James Fergusson）	1873.6	1874.12
ノーマンビー侯爵：フィップス、ジョージ（Marquess of Normanby, George A. C. Phipps）	1875.1	1879.2
ロビンソン、ヘラクレス（Hercules G. R. Robinson）	1879.4	1880.9
ゴードン、アーサー（Arthur C. H. Gordon）	1880.11	1882.6
ジェルヴォイス、ウィリアム（William F. D. Jervois）	1883.1	1889.3
オンスロー伯爵：オンスロー、ウィリアム（Earl of Onslow, William H. Onslow）	1889.5	1892.2
グラスゴー伯爵：ボイル、デーヴィッド（Earl of Glasgow, David Boyle）	1892.6	1897.2
ランファーリ伯爵：ノックス、アチャー（Earl of Ranfurly, Uchter J. M. Knox）	1897.8	1904.6
プランケット男爵：プランケット、ウィリアム（Lord Plunket, William L. Plunket）	1904.6	1910.6
イスリントン男爵：ディクソン=ポインダー、ジョン（Lord Islington, John P. Dickson-Poynder）	1910.6	1912.12
リヴァプール伯爵：フォルジャメ、アーサー（Earl of Liverpool, Arthur W. de Brito Savile Foljambe）	1912.12	1917.6
総督（Governors-General）		
リヴァプール伯爵：フォルジャメ、アーサー（Earl of Liverpool, Arthur W. de Brito Savile Foljambe）	1917.6	1920.7
ジェリコウ子爵：ジェリコウ、ジョン（Viscount Jellicoe, John R. Jellicoe）	1920.9	1924.11
ファーガソン、チャールズ（Charles Fergusson）	1924.12	1930.2
ブレディスロウ子爵：バサースト、チャールズ（Viscount Bledisloe, Charles Bathurst）	1930.3	1935.3
ギャルウエイ子爵：モンクトン=アランデール、ジョージ（Viscount Galway, George V. A. Monckton-Arundell）	1935.4	1941.2
ニューアル、カイリル（Cyril L. N. Newall）	1941.2	1946.4

フライバーグ、バーナード（Bernard C. Freyberg）	1946.6	1952.8
ノリー、チャールズ（Charles W. M. Norrie）	1952.12	1957.7
コーバム子爵：リトゥルトン、チャールズ（Viscount Cobham, Charles J. L. Lyttelton）	1957.9	1962.9
ファーガソン、バーナード（Bernard E. Fergusson）	1962.11	1967.10
ポリット、アーサー（Arthur E. Porrit）	1967.12	1972.9
ブランデル、デニス（Denis Blundell）	1972.9	1977.10
ホリオーク、キース（Keith J. Holyoake）	1977.10	1980.10
ビーティ、デーヴィッド（David S. Beattie）	1980.11	1985.11
リーヴス、ポール（Paul A. Reeves）	1985.11	1990.11
ティザード、キャサリン（Catherine A. Tizard）	1990.12	1996.3
ボイズ、マイケル（Michael H. Boys）	1996.3	2001.3
カートライト、シルヴィア（Silvia Cartwright）	2001.4	2006.8
サティアナンド、アナンド（Anand Satyanand）	2006.8	

＊前総督退任と次期総督就任の間に時間的ずれがあるが、この間は行政長官（Administrator）ないしは総督代理（Acting Governor）が代行している。

歴代首相

首相（**Premiers**）	党名	就任	退任
スーウェル、ヘンリー（Henry Sewell）		1856.5	1856.5
フォックス、ウィリアム（William Fox）		1856.5	1856.6
スタッフォード、エドワード（Edward W. Stafford）		1856.6	1861.7
フォックス、ウィリアム（William Fox）		1861.7	1862.8
ドメット、アルフレッド（Alfred Domett）		1862.8	1863.10
ホイティカー、フレデリック（Frederick Whitaker）		1863.10	1864.11
ウェルド、フレデリック（Frederick A. Weld）		1864.11	1865.10
スタッフォード、エドワード（Edward W. Stafford）		1865.10	1869.6
フォックス、ウィリアム（William Fox）		1869.6	1872.9
スタッフォード、エドワード（Edward W. Stafford）		1872.9	1872.10
ウォーターハウス、ジョージ（George M. Waterhouse）		1872.10	1873.3
フォックス、ウィリアム（William Fox）		1873.3	1873.4
ヴォーゲル、ジュリアス（Julius Vogel）		1873.4	1875.7
ポレン、ダニエル（Daniel Pollen）		1875.7	1876.2
ヴォーゲル、ジュリアス（Julius Vogel）		1876.2	1876.9

アトキンソン、ハリー（Harry A. Atkinson）		1876.9	1877.10
グレイ、ジョージ（George Grey）		1877.10	1879.10
ホール、ジョン（John Hall）		1879.10	1882.4
ホイティカー、フレデリック（Frederick Whitaker）		1882.4	1883.9
アトキンソン、ハリー（Harry A. Atkinson）		1883.9	1884.8
スタウト、ロバート（Robert Stout）		1884.8	1884.8
アトキンソン、ハリー（Harry A. Atkinson）		1884.8	1884.9
スタウト、ロバート（Robert Stout）		1884.9	1887.10
アトキンソン、ハリー（Harry A. Atkinson）		1887.10	1891.1
バランス、ジョン（John Ballance）	自由党	1891.1	1893.4
セドン、リチャード（Richard J. Seddon）	自由党	1893.5	1906.6
首相（Prime Ministers）			
ホール=ジョーンズ、ウィリアム（William Hall-Jones）	自由党	1906.6	1906.8
ウォード、ジョセフ（Joseph G. Ward）	自由党	1906.8	1912.3
マッケンジー、トマス（Thomas MacKenzie）	自由党	1912.3	1912.7
マッセイ、ウィリアム（William F. Massey）	改革党	1912.7	1925.5
ベル、フランシス（Francis H. D. Bell）	改革党	1925.5	1925.5
コーツ、ジョセフ（Joseph G. Coates）	改革党	1925.5	1928.12
ウォード、ジョセフ（Joseph G. Ward）	統一党	1928.12	1930.5
フォーブス、ジョージ（George W. Forbes）	統一党	1930.5	1931.9
フォーブス、ジョージ（George W. Forbes）	統一党・改革党連立	1931.9	1935.12
サヴェッジ、マイケル（Michael J. Savage）	労働党	1935.12	1940.3
フレイザー、ピーター（Peter Fraser）	労働党	1940.4	1949.12
ホランド、シドニー（Sydney G. Holland）	国民党	1949.12	1957.9
ホリオーク、キース（Keith J. Holyoake）	国民党	1957.9	1957.12
ナッシュ、ウォルター（Walter Nash）	労働党	1957.12	1960.12
ホリオーク、キース（Keith J. Holyoake）	国民党	1960.12	1972.2
マーシャル、ジョン（John R. Marshall）	国民党	1972.2	1972.12
カーク、ノーマン（Norman E. Kirk）	労働党	1972.12	1974.8
ロウリング、ウォレス（Wallace E. Rowling）	労働党	1974.9	1975.12
マルドゥーン、ロバート（Robert D. Muldoon）	国民党	1975.12	1984.7
ロンギ、デーヴィッド（David R. Lange）	労働党	1984.7	1989.8
パーマー、ジェフリー（Geoffrey W.R. Palmer）	労働党	1989.8	1990.9
ムーア、マイケル（Michael K. Moore）	労働党	1990.9	1990.11

ボルジャー、ジェイムズ（James B. Bolger）	国民党	1990.11	1996.10
ボルジャー、ジェイムズ（James B. Bolger）	国民党・ニュージーランドファースト連立	1996.10	1997.12
シップリー、ジェニファー（Jennifer M. Shipley）	国民党・ニュージーランドファースト連立	1997.12	1999.12
クラーク、ヘレン（Helen E. Clark）	労働党・同盟党連立	1999.12	2002.8
クラーク、ヘレン（Helen E. Clark）	労働党・進歩連合連立	2002.8	2005.9
クラーク、ヘレン（Helen E. Clark）	労働党・ニュージーランドファースト・統一未来党連立	2005.9	

マオリ王

マオリ王	即位	退位
ポタタウ・テ・フェロフェロ（Potatau Te Wherowhero）	1858.6	1860.6
タフィアオ（Tawhiao）	1860.6	1894.8
マフタ（Mahuta）	1894.9	1912.11
テ・ラタ (Te Rata)	1912.11	1933.10
コロキ (Koroki)	1933.10	1966.5
テ・アタイランギカアフ (Te Atairangikaahu)	1966.5	2006.8
トゥヘイティア（Tuheitia）	2006.8 〜	

＊なお、テ・アタイランギカアフは女王、他はすべて王である。

ニュージーランド人口の推移

(人)

	総人口	うちマオリ人口	マオリ・エスニック集団人口
1858	115,462	56,049	
1874	344,984	47,330	
1878	458,007	45,542	
1881	534,030	46,141	
1886	620,451	43,927	
1891	668,651	44,177	
1896	743,214	42,113	
1901	815,862	45,549	
1906	936,309	50,309	
1911	1,058,312	52,723	
1916	1,149,225	52,997	
1921	1,271,668	56,987	
1926	1,408,139	69,780	
1936	1,573,812	94,053	
1945	1,702,330	115,646	
1951	1,939,472	134,097	
1956	2,162,907	162,259	
1961	2,403,624	201,159	
1966	2,659,305	249,236	
1971	2,845,998	289,887	
1976	3,103,266	356,573	
1981	3,143,307	385,224	
1986	3,263,283	405,309	
1991	3,373,927	511,278	434,847
1996	3,618,302	579,714	523,371
2001	3,737,277	604,110	526,281
2006	4,027,947	643,977	565,329

*総人口：1956年以後の人口は常住人口で、国勢調査当夜の海外訪問者は含まれていない。それ以前に関しては両者の区別が不明。
*マオリ人口：かつては政府の規定にしたがってマオリと認定されたが1986年の国勢調査以降自己申告となり、マオリの祖先ないしは起源をもっていると回答した者。
*マオリ・エスニック集団：1991年以降国勢調査において、マオリ・エスニック集団に帰属すると自らを同定して回答した者。

1996 年、2001 年、2006 年国勢調査による
エスニック集団別人口 [1)]

	1996	2001	2006	2006 比率
ヨーロッパ人	2,879,085 人	2,871,432 人	2,609,592 人	67.6%
マオリ	523,371 人	526,281 人	565,329 人	14.6%
太平洋諸島民	202,233 人	231,801 人	265,974 人	6.9%
アジア人	173,502 人	238,176 人	354,552 人	9.2%
中東、ラテンアメリカ、アフリカ系			34,743 人	0.9%
ニュージーランド人 [2)]			429,429 人	11.1%
その他	16,422 人	24,993 人	1,491 人	0%

1) エスニック集団は自己申告により複数エスニック集団へ帰属する回答が可能なため、これらの合計は総人口を、またパーセントは100%を上回る。
2)「ニュージーランド人」は 2006 年に初めて別枠で提示されたもので、これまではヨーロッパ人の枠組みに含まれていた。「ニュージーランド人」と回答した者の約 13% は他のエスニック集団にも帰属すると回答している。

出所：*2006 QuickStats About New Zealand's Population and Dwellings*, Statistics New Zealand から作成。

ニュージーランドの面積

北島	113,729 km²
南島	150,437 km²
沿岸諸島（20km²）以上	1,065 km²
スチュワート島	1,680 km²
チャタム諸島	963 km²
ケルマデック諸島	34 km²
キャンベル島	113 km²
総　計	268,021 km²

行政区域

＜南島＞

南島郡名

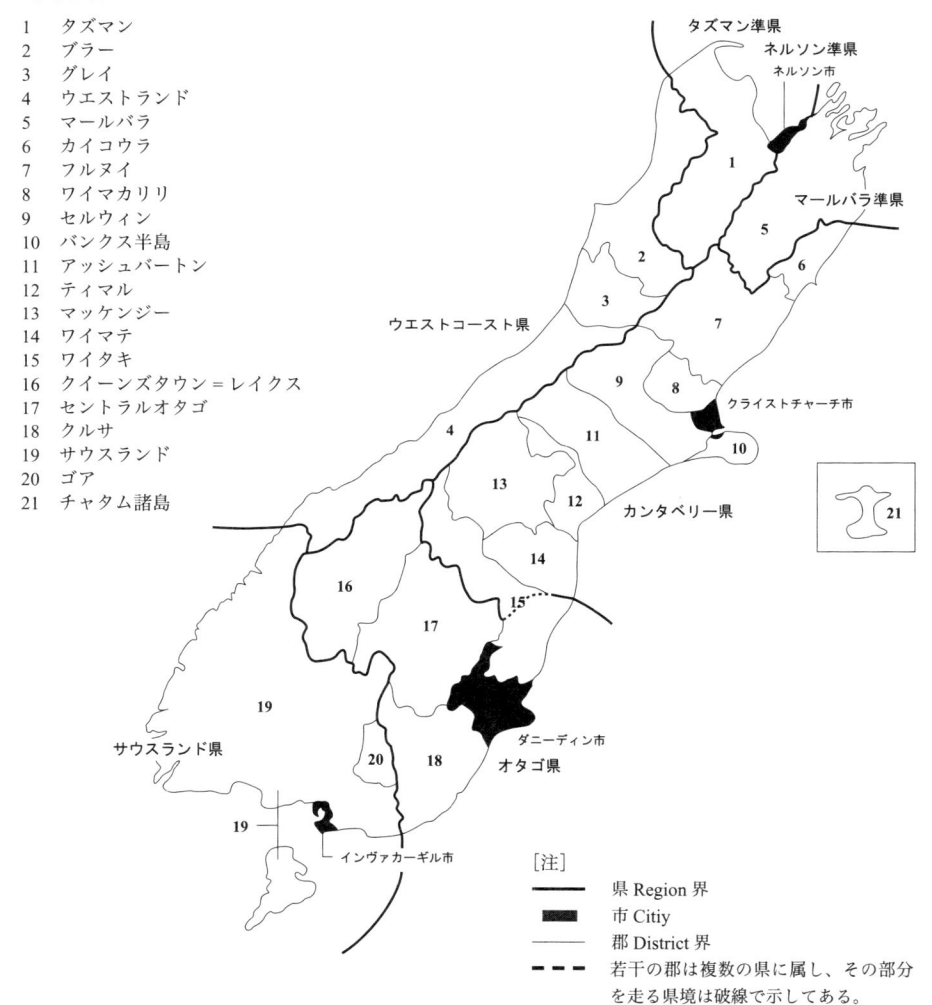

1. タズマン
2. ブラー
3. グレイ
4. ウエストランド
5. マールバラ
6. カイコウラ
7. フルヌイ
8. ワイマカリリ
9. セルウィン
10. バンクス半島
11. アッシュバートン
12. ティマル
13. マッケンジー
14. ワイマテ
15. ワイタキ
16. クイーンズタウン＝レイクス
17. セントラルオタゴ
18. クルサ
19. サウスランド
20. ゴア
21. チャタム諸島

[注]
― 県 Region 界
■ 市 City
― 郡 District 界
--- 若干の郡は複数の県に属し、その部分を走る県境は破線で示してある。

＜備考＞
1 北島のギズボーン郡、南島のタズマン郡、マールバラ郡、ネルソン市は、1郡または1市で統一機構＝準県（Unitary Authority）を構成しており、県と同等の権能を有する。
2 チャタム諸島は1郡を構成し、本土の県には属さない。

行政区域

＜北島＞

北島郡名

1. ファーノース
2. ファンガレイ
3. カイパラ
4. ロドニー
5. パパクラ
6. フランクリン
7. ワイカト
8. テームズ＝コロマンデル
9. ハウラキ
10. マタマタ・ピアコ
11. ワイパ
12. オトロハンガ
13. ワイトモ
14. サウスワイカト
15. タウポ
16. タウランガ
17. ウエスタン・ベイ・オブ・プレンティ
18. ロトルア
19. カウェラウ
20. ファカタネ
21. オポティキ
22. ギズボーン
23. ワイロア
24. ヘイスティングス
25. セントラルホークスベイ
26. ルアペフ
27. ワンガヌイ
28. ランギティケイ
29. マナワトゥ
30. ホロフェヌア
31. タラルア
32. ニュープリマス
33. ストラットフォード
34. サウスタラナキ
35. カピティコースト
36. マスタートン
37. カータートン
38. サウスワイララパ

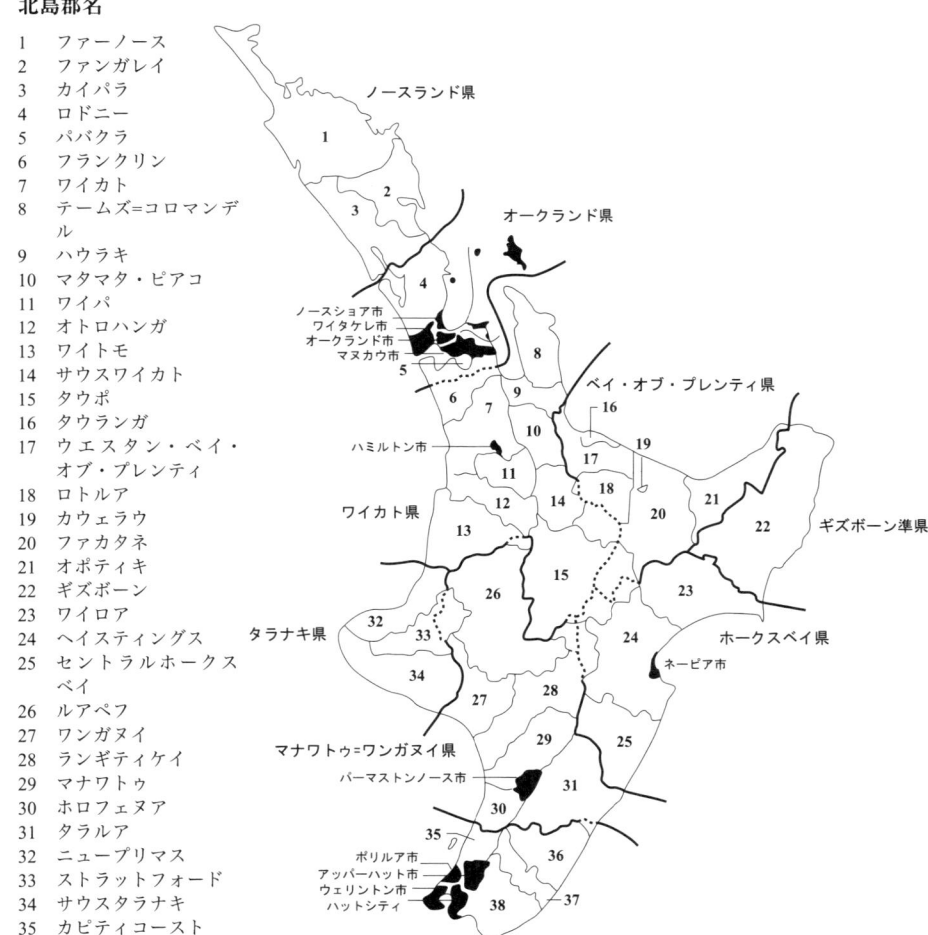

マオリ主要イウィの居住地
(ほぼ19世紀後半)

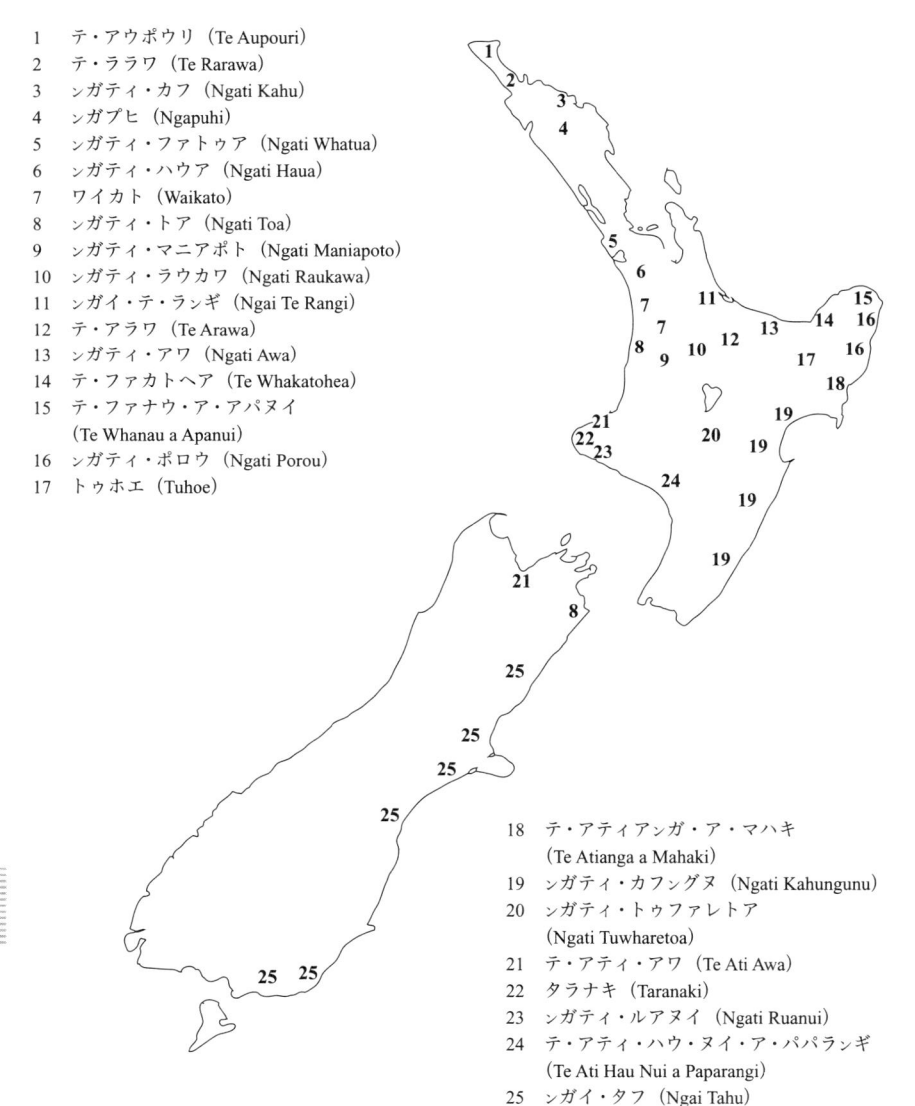

1　テ・アウポウリ（Te Aupouri）
2　テ・ララワ（Te Rarawa）
3　ンガティ・カフ（Ngati Kahu）
4　ンガプヒ（Ngapuhi）
5　ンガティ・ファトゥア（Ngati Whatua）
6　ンガティ・ハウア（Ngati Haua）
7　ワイカト（Waikato）
8　ンガティ・トア（Ngati Toa）
9　ンガティ・マニアポト（Ngati Maniapoto）
10　ンガティ・ラウカワ（Ngati Raukawa）
11　ンガイ・テ・ランギ（Ngai Te Rangi）
12　テ・アラワ（Te Arawa）
13　ンガティ・アワ（Ngati Awa）
14　テ・ファカトヘア（Te Whakatohea）
15　テ・ファナウ・ア・アパヌイ
　　（Te Whanau a Apanui）
16　ンガティ・ポロウ（Ngati Porou）
17　トゥホエ（Tuhoe）
18　テ・アティアンガ・ア・マハキ
　　（Te Atianga a Mahaki）
19　ンガティ・カフングヌ（Ngati Kahungunu）
20　ンガティ・トゥファレトア
　　（Ngati Tuwharetoa）
21　テ・アティ・アワ（Te Ati Awa）
22　タラナキ（Taranaki）
23　ンガティ・ルアヌイ（Ngati Ruanui）
24　テ・アティ・ハウ・ヌイ・ア・パパランギ
　　（Te Ati Hau Nui a Paparangi）
25　ンガイ・タフ（Ngai Tahu）

＊ 2001年の国勢調査で自己の帰属イウィを回答したマオリ人口（454,479人）中、約1％以上の人口を占めるイウィの居住地について記載。

427

平均気温

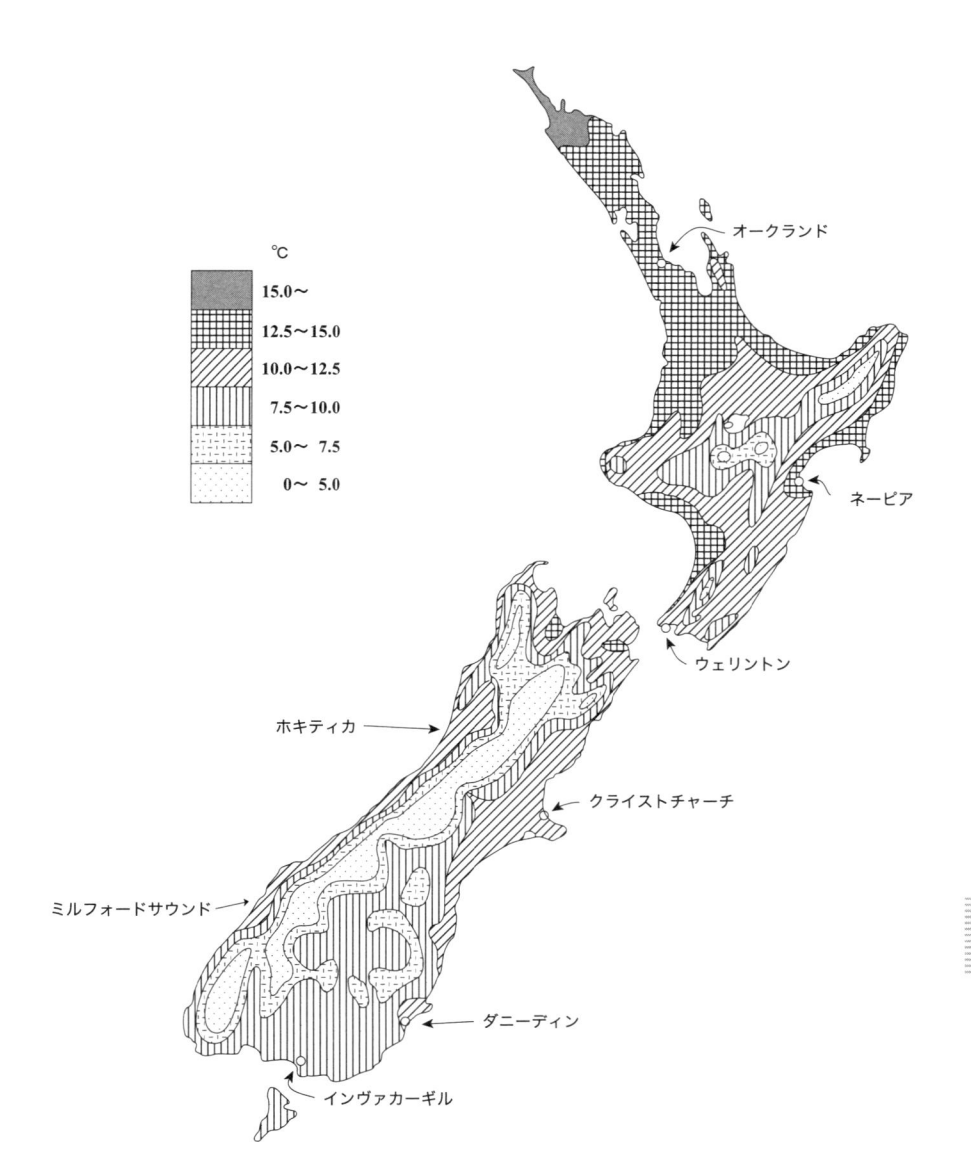

°C
15.0〜
12.5〜15.0
10.0〜12.5
7.5〜10.0
5.0〜7.5
0〜5.0

オークランド
ネーピア
ウェリントン
ホキティカ
クライストチャーチ
ミルフォードサウンド
ダニーディン
インヴァカーギル

資料

428

平均降水量

	mm
	3000〜
	1500〜3000
	1200〜1500
	800〜1200
	600〜800
	〜600

オークランド
ネーピア
ウェリントン
ホキティカ
クライストチャーチ
ミルフォードサウンド
ダニーディン
インヴァカーギル

資料

主要山地と平野

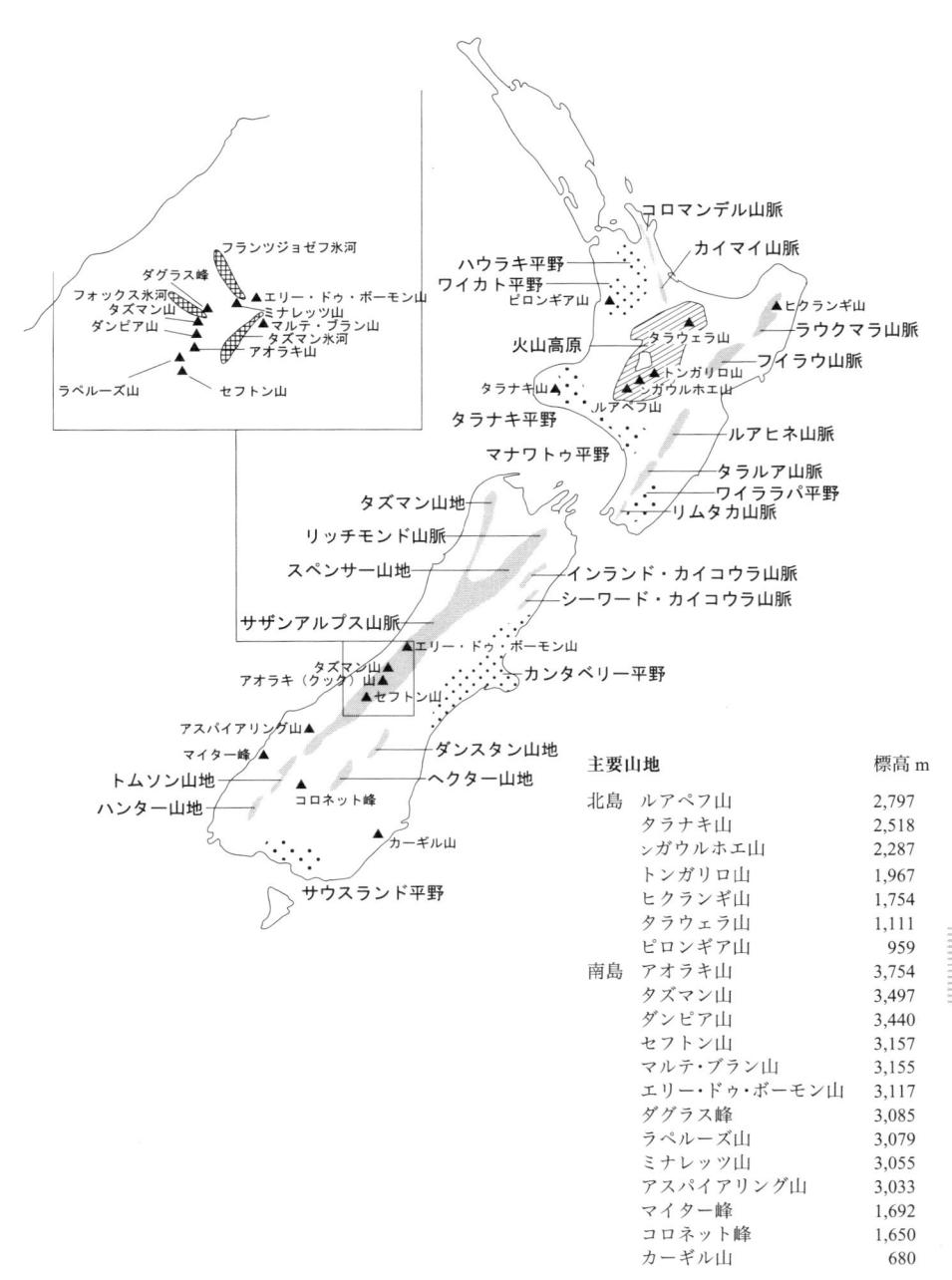

主要山地		標高 m
北島	ルアペフ山	2,797
	タラナキ山	2,518
	ンガウルホエ山	2,287
	トンガリロ山	1,967
	ヒクランギ山	1,754
	タラウェラ山	1,111
	ピロンギア山	959
南島	アオラキ山	3,754
	タズマン山	3,497
	ダンピア山	3,440
	セフトン山	3,157
	マルテ・ブラン山	3,155
	エリー・ドゥ・ボーモン山	3,117
	ダグラス峰	3,085
	ラペルーズ山	3,079
	ミナレッツ山	3,055
	アスパイアリング山	3,033
	マイター峰	1,692
	コロネット峰	1,650
	カーギル山	680

出所：*New Zealand Official Yearbook 2004* 他

主要河川と湖沼

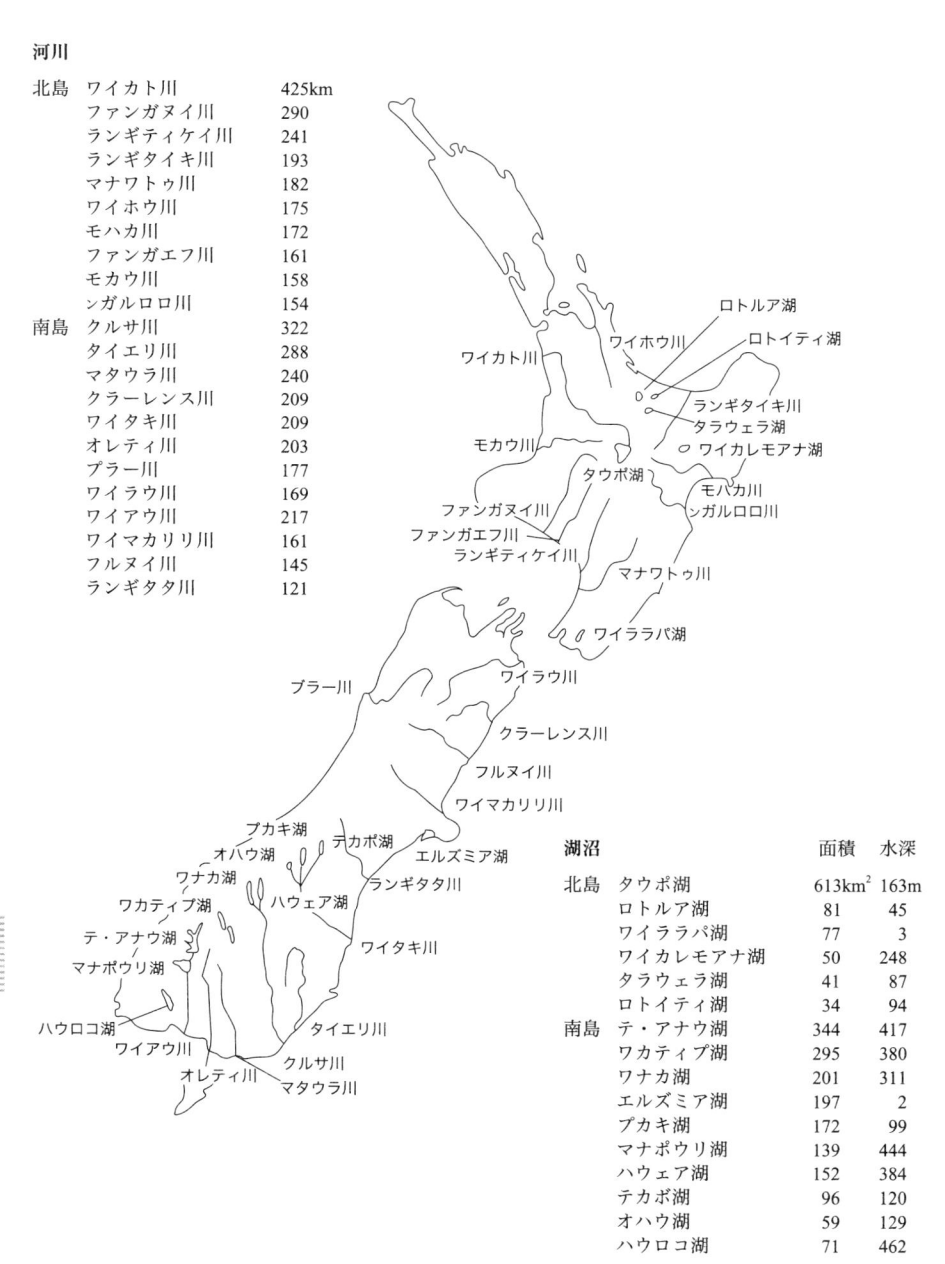

河川

北島
ワイカト川	425km
ファンガヌイ川	290
ランギティケイ川	241
ランギタイキ川	193
マナワトゥ川	182
ワイホウ川	175
モハカ川	172
ファンガエフ川	161
モカウ川	158
ンガルロロ川	154

南島
クルサ川	322
タイエリ川	288
マタウラ川	240
クラーレンス川	209
ワイタキ川	209
オレティ川	203
ブラー川	177
ワイラウ川	169
ワイアウ川	217
ワイマカリリ川	161
フルヌイ川	145
ランギタタ川	121

湖沼

		面積	水深
北島	タウポ湖	613km^2	163m
	ロトルア湖	81	45
	ワイララパ湖	77	3
	ワイカレモアナ湖	50	248
	タラウェラ湖	41	87
	ロトイティ湖	34	94
南島	テ・アナウ湖	344	417
	ワカティプ湖	295	380
	ワナカ湖	201	311
	エルズミア湖	197	2
	プカキ湖	172	99
	マナポウリ湖	139	444
	ハウェア湖	152	384
	テカポ湖	96	120
	オハウ湖	59	129
	ハウロコ湖	71	462

出所：*New Zealand Official Yearbook 2004*

国立公園と森林公園

凡例
国立公園 ■
森林公園 ▨

国立公園制定年

トンガリロ：1887年
エグモント：1900年
アーサーズ峠：1929年
エイベル・タズマン：1942年
フィヨルドランド：1952年
アオラキ／クック山：1953年
ウレウェラ：1954年
ネルソン湖：1956年
ウエストランド／タイ・ポウティニ：1960年
アスパイアリング山：1964年
ファンガヌイ：1986年
パパロア：1987年
カフランギ：1996年
ラキウラ：2002年

ノースランド
コロマンデル
カイマイ=ママク
ラウクマラ
ピロンギア
プレオラ
カイマナワ
トンガリロ
エグモント
フィリナキ
カウェカ
ファンガヌイ
ルアヒネ
エイベル・タズマン
タラルア
カフランギ
リムタカ
ハウランギ
ヴィクトリア
パパロア
リッチモンド山
クレーギーバーン
ネルソン湖
ハンマー
サムナー湖
ウエストランド／タイ・ポウティニ
アーサーズ峠
アオラキ/クック山
アスパイアリング山
フィヨルドランド
オタゴゴールドフィールズ
カトリンズ
ラキウラ

資料

海洋公園と保護海域

＜南島＞

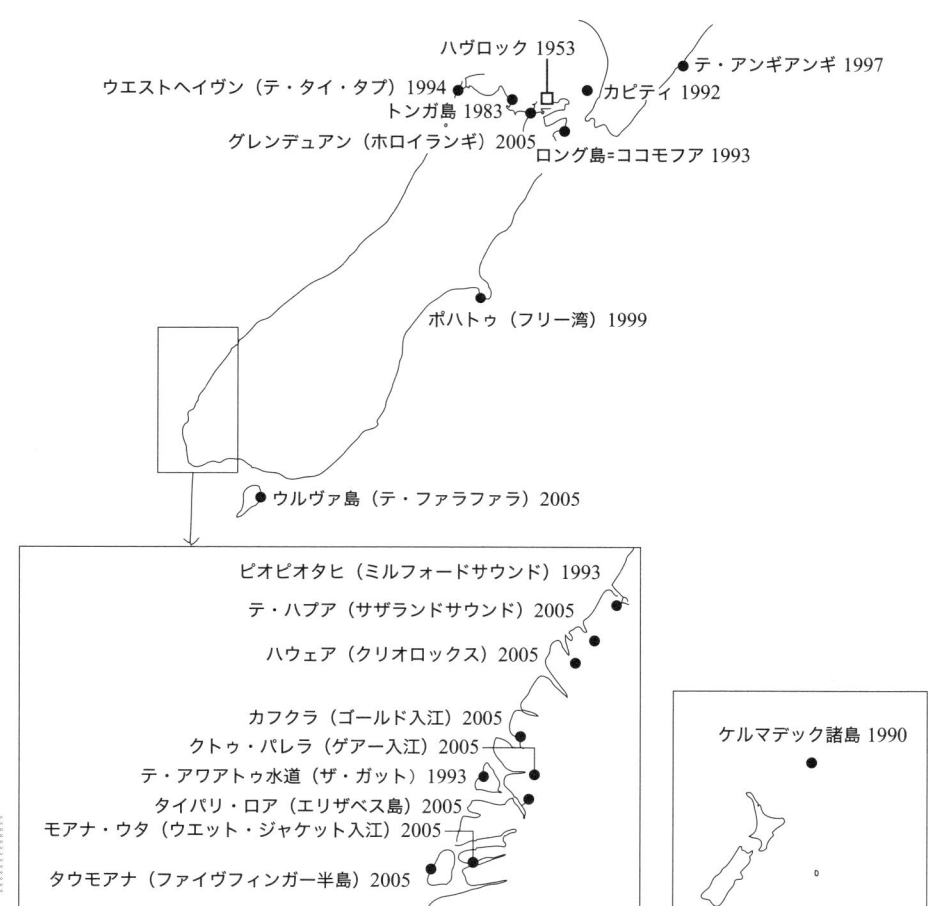

- ハヴロック 1953
- テ・アンギアンギ 1997
- ウエストヘイヴン（テ・タイ・タプ）1994
- トンガ島 1983
- カピティ 1992
- グレンデュアン（ホロイランギ）2005
- ロング島＝ココモフア 1993
- ポハトゥ（フリー湾）1999
- ウルヴァ島（テ・ファラファラ）2005
- ピオピオタヒ（ミルフォードサウンド）1993
- テ・ハプア（サザランドサウンド）2005
- ハウェア（クリオロックス）2005
- カフクラ（ゴールド入江）2005
- クトゥ・パレラ（ゲアー入江）2005
- テ・アワアトゥ水道（ザ・ガット）1993
- タイパリ・ロア（エリザベス島）2005
- モアナ・ウタ（ウエット・ジャケット入江）2005
- タウモアナ（ファイヴフィンガー半島）2005
- テ・タプワエ・オ・フア（ロングサウンド）2005
- ケルマデック諸島 1990
- オークランド諸島／モトゥ・マハ 2003

資料

海洋公園と保護海域

＜北島＞

凡例
□ 海洋公園
● 保護海域

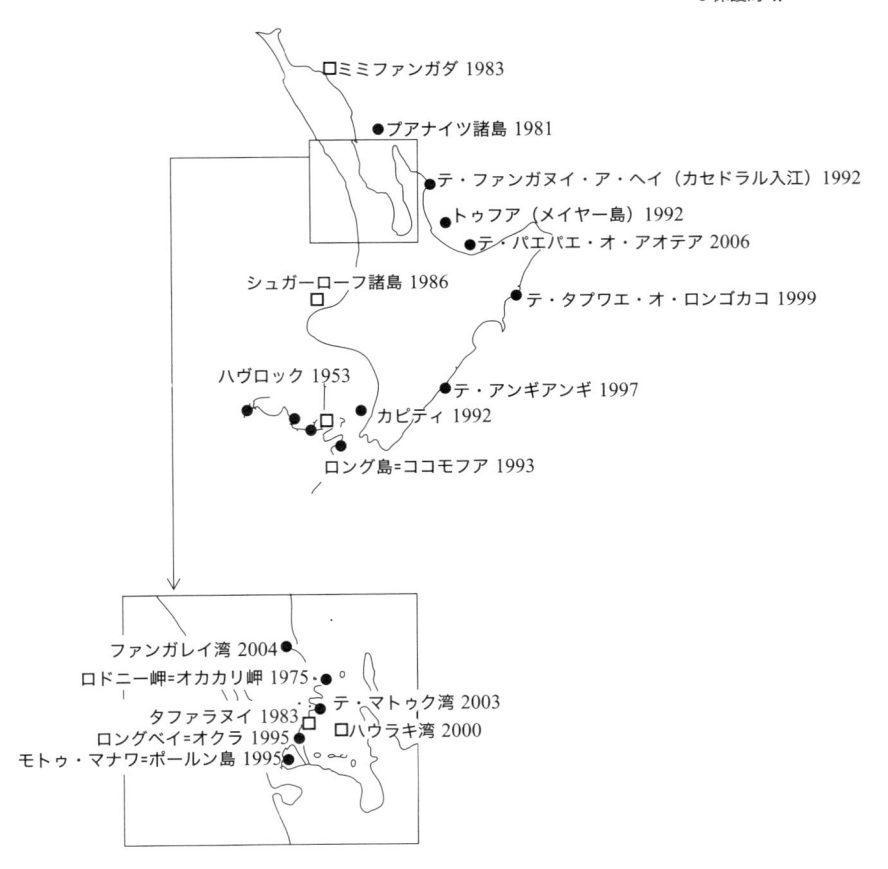

- □ ミミファンガダ 1983
- ● プアナイツ諸島 1981
- ● テ・ファンガヌイ・ア・ヘイ（カセドラル入江）1992
- ● トゥフア（メイヤー島）1992
- ● テ・パエパエ・オ・アオテア 2006
- ● テ・タプワエ・オ・ロンゴカコ 1999
- □ シュガーローフ諸島 1986
- ● ハヴロック 1953
- ● テ・アンギアンギ 1997
- □ カピティ 1992
- ● ロング島=ココモフア 1993

- ● ファンガレイ湾 2004
- ● ロドニー岬=オカカリ岬 1975
- ● テ・マトゥク湾 2003
- □ タファラヌイ 1983
- ● ロングベイ=オクラ 1995
- □ ハウラキ湾 2000
- ● モトゥ・マナワ=ポールン島 1995

資料

姉妹都市・友好都市その他

姉妹都市・友好都市その他

番号	自治体名	所在県名	提携都市名	所在県名	提携年
1	倉敷市	岡山	クライストチャーチ	カンタベリー	1973
2	宮津市	京都	ネルソン	ネルソン	1976
3	苫小牧市	北海道	ネーピア	ホークスベイ	1980
4	小樽市	北海道	ダニーディン	オタゴ	1980
5	宇都宮市	栃木	マヌカウ	オークランド	1982
6	益田市	島根	ワナカ	オタゴ	1983
7	富岡町	福島	マウンガキエキエ区（オークランド）	オークランド	1983
8	さいたま市	埼玉	ハミルトン	ワイカト	1984
9	福岡市	福岡	オークランド	オークランド	1986
10	別府市	大分	ロトルア	ベイ・オブ・プレンティ	1987
11	箱根町	神奈川	タウポ	ワイカト	1987
12	南魚沼市	新潟	アッシュバートン郡	カンタベリー	1987
13	日立市	茨城	タウランガ	ベイ・オブ・プレンティ	1988
14	長泉町	静岡	ワンガヌイ	マナワトゥ＝ワンガヌイ	1988
15	天童市	山形	マールバラ郡	マールバラ	1989
16	野々市町	石川	ギズボーン	ギズボーン	1990
17	小谷村	長野	マールバラ郡	マールバラ	1991
18	三島市	静岡	ニュープリマス	タラナキ	1991
19	加古川市	兵庫	ワイタケレ	オークランド	1992
20	安芸高田市	広島	セルウィン郡	カンタベリー	1992
21	熊谷市	埼玉	インヴァカーギル	サウスランド	1993
22	湯浅町	和歌山	ケリケリ（ファーノース郡）	ノースランド	1993
23	品川区	東京	オークランド	オークランド	1993
24	富士見町	長野	リッチモンド	タズマン	1993
25	西尾市	愛知	ポリルア	ウェリントン	1993
26	堺市	大阪	ウェリントン	ウェリントン	1994
27	成田市	千葉	フォックストン	マナワトゥ＝ワンガヌイ	1995
28	辰野町	長野	ワイトモ郡	ワイカト	1995
29	箕面市	大阪	ハットシティ	ウェリントン	1995
30	日田市	大分	ブラー郡	ウエストコースト	1996
31	清里町	北海道	モトウェカ	タズマン	1997
32	美幌町	北海道	ケンブリッジ	ワイカト	1997
33	北塩原村	福島	トゥランギ（タウポ郡）	ワイカト	1997
34	鎌ヶ谷市	千葉	ファカタネ郡	ベイ・オブ・プレンティ	1997
35	須崎市	高知	タウランガ	ベイ・オブ・プレンティ	1997
36	廿日市市	広島	マスタートン	ウェリントン	1998
37	北茨城市	茨城	ワイロア郡	ホークスベイ	1999
38	古殿町	福島	ワークワース	オークランド	1999
39	豊岡市	兵庫	ルアペフ郡	マナワトゥ＝ワンガヌイ	2000
40	湧別町	北海道	セルウィン郡	カンタベリー	2000
41	原村	長野	プケコヘ	オークランド	2002
42	南丹市	京都	クルサ郡	オタゴ	2002
43	博多港	福岡	オークランド港	オークランド	1979
44	蒲郡港	静岡	ギズボーン港	ギズボーン	1996

資料

436

- 22 ノースランド県
- 38 オークランド県
- 43
- 19
- 7・9・23
- 5
- 41
- 13・35 ベイ・オブ・プレンティ県
- 8
- 32
- 10
- 34
- 28 ワイカト県
- 11
- 16 ギズボーン準県
- 44
- 39
- 33
- 37
- 18 タラナキ県
- 14
- 3 ホークスベイ県
- 27 マナワトゥ=ワンガヌイ県
- 25
- 36
- 31 タズマン準県
- 29
- 26
- 24
- 2
- ウェリントン県
- 15・17
- 30
- マールバラ準県
- ウエストコースト県
- 20・40
- 1 カンタベリー県
- 12
- 6
- 4
- オタゴ県
- 42
- サウスランド県
- 21

資料

英語索引

A

Abbotsford Landslip…6
Abortion…247
ACC…134
Accident Compensation Corporation…134
Accident Compensation Scheme…134
Accommodation…148
Accommodation Supplement…146
Acland, John Barton Arundel…3
ACT…152
ACT New Zealand…3
Active Fault…66
Active Fold…66
Adams, William Acton Blakeway…5
Adoption Act 1955…365
Adoption Information and Services Unit…365
Adoption of Children Act 1881…141
Advances to Settlers Act 1894…245
Aerial Mapping…92
Aerial Topdressing…92
Age Benefit…110
AgResearch Ltd.…3, 38
Agricultural Cooperative…250
Agricultural Society…250
Agricultural Workers Act 1977…251
Agriculture…250
Air Force World…91
Air Milford…29
Air New Zealand Ltd.…243
Air Pollution…184
Airport…91
Akaroa…2
Akaroa Museum…2
Akeake…3
Albany…46
Albatross…5
Albertlanders…7
Alexander Turnbull Library…7

Alexandra…7
Alfonsino…7
Algae…180
All Blacks…41
Allan, Stella May Henderson…6
Alliance…223
Alluvial Fan…176
Alluvial Plain…203
Alpers, Anthony…7
Alpine Fault…7
Alpine Plant…108
Amateur Theatre…6
Amberley…10
America's Cup…6
Amuri Plain…6
Anchovy…10
Anderton, James Patrick (Jim)…9
Anglican Church…9
Angus…8
Annexation of New Zealand…244
Antarctic Exploration…237
Antarctic Studies…237
Antecedent Valley…175
Anti-Interventionism…266
Anti-Nuclear Policy…267
Antipodes Islands…10
ANZAC…9
ANZAM…9
ANZUS Treaty…9
Aoraki…2
Aoraki／Mount Cook National Park…1
Aorangi…2
Aotea Harbour…1
Aotearoa…1
Aotearoa Fisheries Ltd.…1
APEC…4
Aphid…7
Apple…382
Apple and Pear Marketing Board…382
Apprenticeship…231
Apricot…5
Aquarium…161
Arapuni…6

Aratiatia Dam…6
Archive New Zealand…118
Armstrong, Hubert Thomas (Tim)…1
Arrowtown…8
Arthur's Pass National Park…1
Arts…271
Ashburton…5
Ashton-Warner, Silvia…4
Asia Literacy…4
Asia-Pacific Economic Cooperation…4
Assisted Passengers…313
Association of Consumers and Taxpayers…152
Atiamuri…5
Atkinson, Harry Albert…5
Auckland City…39
Auckland Harbour Bridge…40
Auckland Islands…39
Auckland Region…38
Auckland University of Technology…38
Auckland War Memorial Museum…40
Australia, New Zealand and Malaya…9
Australian and New Zealand Army Corps…9
Australian Magpie…61
Australian Plate…41
Australia-New Zealand Closer Economic Relations…101
Aviation Museum…108
Aviation School…108
Aviemore…29
Awatere River…8

B

B & B…300
Backpacker…259
Balclutha…265
Ballance, John…264
Bamboo…190
Bank of New Zealand…242

438

Banking System···89
Banks Peninsula···267
Banks, Joseph···267
Baptist Church···262
Barker, Mary Anne Stewart···253
Barley···41
Barracouta···263
Barrat-Boyes, Brian···264
Barraud, Charles···266
Barrett, Richard (Dicky) ···265
Basic Income Exemption···79
Bastion Point Protest···258
Bat···110
Bathurst, Charles···296
Batten, Jane (Jean) Gardner···260
Baxter, James K···257
Bay of Islands (Bay) ···1
Bay of Islands (Place) ···298
Bay of Plenty···296
Bay of Plenty Region···299
Beach Ridge···276
Beauchamp, Harold···269
Bed & Breakfast···300
Beech Tree···288
Beef Cattle···238
Beehive···269
Beekeeping···365
Beer···269
Beetham, Bruce Craig···269
Bell, Francis Henry Dillon···302
Bellingshausen, Fabian Gottlieb von···301
Ben McLeod Range···305
Benjamin, Ethel Rebecca···303
Benmore Dam···305
Bennett, Charles Moihi Te Arawaka···300
Berendsen, Carl August···302
Berry, Reginald George James···301
Best, Elsdon···300
Beveridge Plan···299
Bidi-bidi···272
Bidwill, Charles Robert···272
Bidwill, John Carne···272
Biketawa Declaration···271
BIL···292
Birds···204
Black Fern···291
Blackbird···291
Bledisloe, Viscount···296
Blenheim···296
Blue Mackerel···130

Blue Moki···359
Bluenose···293
Bluff···291
Board of Trustees···65
Boardsailing···309
Boat Manufacturing···178
Boer War···308
Bolger, James Brendan (Jim) ···317
Bombay···319
Bonito···64
Botanical Gardens···153
Boulder Bank···308
Bowen, George Ferguson···307
Boyd Raid···306
Bracken···404
Braided River···359
Brake, John Brian···293
Branch River···291
Brasch, Charles···290
Brees, Samuel Charles···292
Brierley Investments Ltd.···292
Bring Your Own···270
Brown Creeper···80
Browne, Thomas Gore···290
Brunner, Thomas···292
Brydone, Thomas···289
Bryophyte···119
Buchanan, Dean···286
Buchanan, John···285
Buck, Peter Henry···259
Building Society···146
Buller···289
Buller River···289
Buller, Walter Lawry···289
Bulls···293
Bungee Jamping···267
Bungy Jumping···267
Burns, Thomas···254
Busby, James···258
Bush Lawyer···242
Butler, John Gare···261
Butler, Samuel···261
Butterfly···205
BYO···270

C

Cabbage Tree···81
Cabinet···236
Caldera Lake···71
Cambridge···107
Cameron, Alexander Christie···81

Cameron, Duncan Alexander···82
Campbell Island···82
Campbell, Alistair Te Ariki···82
Campbell, John Logan···82
Camping···82
Campion, Jane···76
Canberra Pact···82
Canterbury Bight···75
Canterbury Museum···75
Canterbury Plains···75
Canterbury Region···74
Cape Campbell···83
Cape Farewell···282
Cape Foulwind···278
Cape Kidnappers···79
Cape Palliser···264
Cape Providence···297
Cape Reinga···385
Cape Rodney-Okakari Point Marine Reserve···391
Cape Runaway···376
Capital Punishment···134
Cardorona River···49
Care and Protection Services···365
Care Protection Coordinator···35
Carex···163
Cargill, William Walter···48
Carpet···146
Carr, Edwin···48
Carroll, James···82
Carter Holt Harvey Ltd.···49
Carter Observatory···118
Carterton···48
Cartwright, Silvia···49
Castle Point···48
Castle, Leonard Ramsay···48
Cattle Breed···26
Cawthron Institute···111
CCS···159
Censorship···104
Census···115
Central Otago···177
CER···101
Chamber of Commerce···151
Chamois···144
Chanak Crisis···202
Charter Flights Companies···114
Chatham Islands···202
Cheeseman, Thomas Frederick···200
Chew Chong···203
Chidgey, Catherine···200
Child Care Subsidy···306

英語索引

Child Protection···140
Child Support···140
Child Tax Credit···139
Child Welfare···139
Child Welfare Act 1925···140
Child Welfare Branch of the Department of Education···83
Children and Young Persons Act 1974···139
Children and Young Persons Services···139
Children, Young Persons and Their Families Act 1989···139
Children's Board···138
Children's Court···138
Children's Health Camps···138
Children's Protection Act 1890···140
Christchurch City···95
Church Missionary Society···202
Church of England···31
Church of Jesus Christ of Latter-Day Saint···361
Church, Doris···202
Cicada···174
Citizenship···116
Citrus Fruit···72
City···227
City Park···228
Civil Aviation Authority of New Zealand···355
Clarence River···94
Clark, Helen···94
Clematis···99
Clendon, James Reddy···99
Climate···77
Clover···100
Clutha River···97
Clyde Dam···95
CMS···202
Coal···171
Coastal Erosion···51
Coates, Joseph Gordon···112
Cobb and Co.···121
Cockayne, Leonard···121
Cod···198
Colenso, William···125
College of Education···84
Collingwood···125
Colonial Settlements···245
Commandeer System···59
Commerce Commission···151
Commissioner for Children···138

Commonwealth Games···32
Commonwealth of Nations···31
Communist Parties···84
Community Based Sentences···143
Community Services Card···123
Compulsory Retirement···209
Compulsory Schooling···81
Coney, Sandra···112
Conscription···204
Consumer Price Index···152
Consumerism···152
Continuing Education···149
Cook Islands···94
Cook Strait···93
Cook, James···93
Cooper, Whina···92
Coopworth···92
Copper···220
Coprosma···122
Coral···132
Coromandel Peninsula···125
Coromandel Range···125
Coroner's Court···105
Coronet Peak···125
Correspondence School···205
Corriedale···124
Coseismic Uplift···135
Cotton, Charles Andrew···121
Country Party···251
Court of Appeal···152
Court of Arbitration···203
Cowley, Joy···58
Crab···67
Crayfish···98, 392
Creative New Zealand···96
CRI···36
Cricket···96
Cromwell···100
Crown Colony···11
Crown Exclusive Right of Preemption···35
Crown Land···117
Crown Law Office···38
Crown Research Institute···36
Cruise···96
CSC···123
Cuckoo···65
Cunningham, Gordon Herriot···68
Cunnington, Eveline···67
Curnow, Thomas Allen Munro···49
Currency···205
Cycling···126
CYFS···138

CYPS···139

D

D'Urville Island···181
Dairy Cooperatives···369
Dairy Farming···368
Dairy Industry···246
Dalgety New Zealand···198
Dammed Lake···172
Dance···199
Dannevirke···200
Darfield···181
Dargaville···181
Davidson, William Saltau···211
Davis, Ernest Hyam···211
Declaration of Independence of the United Tribes of New Zealand···244
Deer···133
Deinstitutionalisation···137
Delta···131
Democratic Labour Party···356
Department of Building and Housing···106
Department of Child, Youth and Family Services···138
Department of Conservation···73
Department of Corrections···85
Department of Internal Affairs···236
Department of Labour···387
Department of Maori Affairs···331
Department of Prime Minister and Cabinet···148
Department of Science and Industrial Research···59
Deportation···85
Depression···286
Deregulation···78
Development Finance Corporation New Zealand Ltd.···55
Devonport···211
DFC···55
Diplomacy···52
Diplomatic Representation···52
Disability Student Support Services···80
Disability Support Services···149
Disability Welfare···150
Disabled Persons Assembly New Zealand Inc.···80
Disabled Persons Community Wel-

fare Act 1975···149
Disabled Persons Employment Protection Act 1960···149
Dispute Tribunal···298
District Court···201
District Health Board···200
Diving···185
Divorce···378
DOC···73
Dog Tax Rebellion···106
Dolphin···17
Domestic Purposes Benefit···67
Domestic Violence···67
Domestic Violence Act 1995···67
Domett, Alfred···233
Dominion···137, 231
Dominion Breweries Ltd.···232
Dominion Museum···232
Dory···233
Doubtful Sound···188
Doubtless Bay···188
Douglas Fir···190
Douglas Peak···190
Douglas, Roger Owen···190
Dove···261
DPA···80
DPMC···148
Dracophyllum···233
Drama···34
Dreaver, Mary···233
Drinking···17
Driving Rules and Regulations···225
Drought···76
Drowned Valley···45
Drug···362
Drysdale···233
Duck···69
Duff, Alan···194
Dumont d'Urville, Jules Sebastien Cesar···217
Dunedin City···192
Dunstan Mountains···199
Duntroon···200
Dusky Sound···191

E

Early Childhood Education···145
Earthquake···135
Earthquake Commission···135
Earthquake Fault···135
East Cape···10

East Coast···10
Eastbourne···10
Easterfield, Thomas Hill···10
Eco Tourism···32
Economic Reform···100
Edgecombe Earthquake···32
Edger, Kate Milligan···32
Edmond, Lauris···33
Education Act···65
Education and Care Centre···305
Education Review Office···83
Education System···83
Eel···27
EEO Trust···124
EEZ···255
EFTPOS···33
Egmont National Park···32
Eight-hour Working Day···259
Electoral System···175
Electric Fences···219
Electric Power···220
Electric Power Companies···220
Electronic Funds Transfer at Point of Sale···33
Elephant Fish···34
Elliot, Peter···33
Ellis, Ellen Elizabeth···33
Eltham···34
Emergency Benefit···88
Emergency Maintenance Benefit···88
Employer Organisations···124
Employment Contracts Act 1991···124
Employment Court···124
Employment of Females Act 1873···155
Employment Relations Act 2000···123
Employment Tribunal···124
Endangered Species···173
English Mackerel···130
Environment Centre···72
Environment Court···72
Environmental Movement···72
Environmental Preservation···73
Epiphyte···202
EQC···135
Equal Employment Opportunities Trust···124
Erosion Surface···159
ESR···36
Estate Duty···12

Exclusive Economic Zone···255
Executive Council···85
Exploratory Fishing Company Ltd.···160

F

Factories Act 1894···109
Fahey, Jacqueline···278
Fairburn, Arthur Rex Dugard···283
Fairlie···283
Falcon···263
Falla, Robert Alexander···279
Family Allowance Act 1926···64
Family Assistance···63
Family Court···67
Family Group Conference···63
Family Planning···63
Family Protection Act 1955···64
Family Support···64
Fantail···280
Far North Regional Museum···278
Farm Stay···278
Farquhar, David···277
Fault···200
Featherston···283
Featherston Incident···283
Federated Farmers···251
Federation of Labour···387
Feilding···281
Feltex Carpets Ltd.···284
Feminism···283
Fenton, Francis Dart···284
Fern···137
Fernbird···137
Ferry···284
Fertilizer···275
FGC···63
Film and Cinema···30
Financial System···90
Finch and Bunting···276
Fiord···282
Fiordland National Park···282
First World War···182
First-Past-the-Post···151
Firth, Josiah Clifton···277
Firth, Raymond William···277
Fiscal Responsibility Act 1994···126
Fish and Game Council···57
Fish Paste···166
Fisher and Paykel Appliances Ltd.···281

Fisheries···86
Fisheries Management Areas···87
Fishing Industry Rights···87
FitzGerald, James Edward···281
Fitzherbert, William···281
FitzRoy, Robert···281
Flatfish···274
Flax···290
Fleming, Charles Alexander···296
Fletcher Challenge Ltd.···295
Fletcher, James···295
Floating Exchange Rate System··· 305
Flood···109
Flood Plain···269
Flounder···274
Fluvial Terrace···63
Fluvioglacial Deposits···364
FOL···387
Fonterra Co-operative Group Ltd. ···285
Forest Park···159
Forest Products Industry···382
Forest Railway···160
Forest Research···37
Forest-pasture Rotation···383
Forestry···381
Forestry Enterprises···382
Forty-hour Working Week···147
Fostering···130
Foveaux Strait···284
Fox Glacier···285
Fox, William···285
Foxton···285
FPP···151
Frame, Janet···294
Franchise···174
Franklin Mountains···291
Frankton···291
Franz Joseph Glacier···291
Fraser, Peter···294
Free Church of Scotland···163
Free Dental Service···133
Freedom Air···292
Freeman, Caroline···292
Freyberg, Bernard Cyril···289
Friendship City···363
Frizzell, Dick···293
Frog···58
Frost Fish···192
Frozen Meat···385
Fruit-growing···62
Fuchsia···286

Fulloon, Hemi Te Mautaranui···293
Fulloon, James Francis···293
Fungi···90

G

Gallipoli Campaign···70
Gambling···60
Game Bird···148
Game Fishing···363
Gannet···64
Garfish···49
Gate Pa···102
Gee, Maurice Gough···132
Gemfish···89
General Assembly···176
General Practitioner···66
Geothermal Power Generation··· 141
Geraldine···133
Geyser···73
Ghost Shark···111
Gillies, Harold Delf···87
Gisborne···78
Gisborne District···78
Gisborne Museum and Arts Centre ···78
Glacial Age···274
Glacial Lake···274
Glacier···274
Glowworm···100, 206
GNS···37
Goat···362
Godley, Alexander John···121
Godley, John Robert···121
Godwit···180
Gold···88
Gold Rush···112
Golden Bay···112
Golf···125
Goods and Service Tax···288
Goose···64
Gordon, Arthur Charles Hamilton ···112
Gore···107
Gorge···84
Gorse···264
Gorst, John Eldon···111
Government Superannuation Fund ···170
Governor···179
Governor-General···179
GP···66

Grace, Patricia···98
Grape···288
Grassland Farming···178
Great Barrier Island···99
Grebe···55
Green Party···352
Greenstone···96
Grey River···97
Grey Warbler···99
Grey, George Edward···98
Greymouth···99
Greytown···98
Greywacke···99
Grigg, John···96
Grouper···259
Grouphome···97
GST···288
Guard, John···49
Gull···69
Gum Tree···69
Gurnard···308
Guthrie-Smith, William Herbert··· 62

H

Haast Pass···253
Haast, Johann Franz Julius von··· 253
Hadfield, Octavius···260
Haka···257, 333
Hake···299
Halfmoon Bay···254
Hall, John···310
Hall, Roger···310
Halt All Racist Tours···41, 165
Hamilton City···263
Hamilton, Adam···262
Hamilton, William Charles Fielden ···262
Hamuri Bluff···263
Hangi···267
Hanmer Range···268
Hanmer Springs···268
Hapu···262
Hapuku···259
Harrier···204
Harris, Ross···264
HART···165
Hastings···299
Hatupatu···261
Hauhau Movement···256
Hauraki Gulf···256

442

Hauraki Plains…256
Havelock…257
Havelock North…257
Hawaiki…266
Hawera…256
Hawke Bay…309
Hawke's Bay Museum…309
Hawke's Bay Region…309
Hazardous Plant…362
Health Act 1956…312
Health and Disability Commissioner…105
Health and Safety in Employment Act 1992…147
Health Care System…312
Heaphy, Charles…269
Hebe…301
Hector, James…300
Hedgehog…265
Heke, Hone…300
Heke's War…300
Helensville…302
Helicopter Line Ltd.…301
Helihike…301
Heli-Skiing…301
Henderson, Christina Kirk…304
Henderson, Stella May…304
Hereford…302
Hickey, Patrick…272
High Court of New Zealand…110
High Use Health Card…351
Highbank…255
Hikoi…334
Hilgendorf, Frderick William…275
Hillary, Edmund Percival…275
Hinemaiaia Power Stations…273
Hinemoa…273
Hinenui Te Po…273
Historic Places Trust…136
Hobson, William…315
Hochstetter, Christian Gottlieb Ferdinand von…314
Hocken, Thomas…314
Hockey…314
Hodgkins, Frances Mary…313
Hoki…310
Hokianga Harbour…310
Hokitika…310
Holidays Act 1981…83
Holland, Henry Edmond…316
Holland, Sydney George…316
Holstein-Friesian…317
Holyoake, Kieth Jacka…316

Home Detention…67
Home Stay…310
Honey…259
Honeybee…352
Hongi…319
Hongi Hika…319
Hooker, Joseph Dalton…287
Horopito…318
Horowhenua…318
Horse…28
Horse Racing and Trotting…102
Horseriding…152
Horticultural and Food Research Institute of New Zealand Ltd.…36
Horticulture…34
HortResearch…36
Hospital…273
Hospitals and Charitable Institutions Act 1885…274
Hot Spring…47
Hot-air Balloon…248
Howard, Mabel Bowen…266
HSE…147
Huhu Beetle…289
Hui…280
Huia…281
Hulme, Keri Ann Ruhi…273
Human Rights Act 1993…158
Human Rights Review Tribunal…158
Hunn Report…268
Hunting…268
Huntly…268
Hurunui River…293
Hutt City…260
Hutt River…260
Hyde, Robin…255
Hydro Power Generation…161

―――

I

IHC…201
IHC New Zealand Inc…201
Ihimaera, Witi…12
Immigration-Asian…13
Immigration-Chinese…15
Immigration-Dalmatian…15
Immigration-Dutch…14
Immigration-English…13
Immigration-French…16
Immigration-German…15
Immigration-Greek…14

Immigration-Indian…14
Immigration-Irish…13
Immigration-Italian…14
Immigration-Jewish…16
Immigration-Lebanese／Syrian…16
Immigration-Polish…16
Immigration-Scandinavian…14
Immigration-Scots…15
Immigration Policy…16
Import Licensing…364
Inclusion…17
Income Support Service…157
Independent State of Samoa…131
Independent Youth Benefit…226
Industrial Conciliation and Arbitration Act 1894…131
Industrial Design…108
Industry Training Organisations…153
Infant Act 1908…140
Infant Life Protection Act 1893…365
Inflation Target…18
Inglewood…17
Injury Prevention, Rehabilitation and Compensation Act 2001…287
Institute of Environmental Science and Research Ltd.…36
Institute of Geological and Nuclear Sciences, New Zealand Ltd.…37
Institute of Industrial Research Ltd.…37
Institute of Technology…80
Intermediate School…203
International Student…380
International Trade…306
International Women's Day…114
International Women's Year…114
Internet…18
Invercargill City…17
Investments…222
IPRC…287
ITOs…153
Iwi…10

―――

J

Jack Mackerel…4
Jackson, Peter…144
Jacky…49

Jandal…144
Japanese Language Teaching…239
Jehovah's Wittness…33
Jersey Cow…142
Jetboat…133
Jetski…133
Jones, John (Johnny) …157
Joseph, Michael Kennedy…156
Judiciary…141
Jurisprudence…307
Jury…254

K

Kahawai…68
Kahikatea…68
Kahurangi National Park…69
Kaiapoi…49
Kaikohe…53
Kaikoura…53
Kaikoura Historical Society Museum & Archives…53
Kaikoura Peninsula…53
Kaikoura Ranges…53
Kaimai Range…56
Kaingaroa Forest…57
Kaipara Harbour…56
Kaitaia…55
Kaitohutohu Kaupapa Rawa…127
Kaka…59
Kaka Beak…59
Kakapo…59
Kamahi…69
Kanuka…68
Kapiti Island…68
Kapuni Gas Field…68
Karaka…69
Karamea…70
Karapiro Dam…70
Karitane…70
Katikati…66
Kauri…57
Kauri Gum Digging…58
Kawakawa (Place) …71
Kawakawa (Plant) …71
Kawase Isamu…71
Kawerau…57
Kawiti Te Ruki…57
Kea…100
Keepa, Te Rangihiwinui…102
Kelliher, Henry Joseph…103
Kelsey, Lavinia Jane…104
Kemp House…107

Kemp, Henry Tracy…107
Kemp, James…106
Kendall, Thomas…106
Kerepehi…104
Kereru…104
Kerikeri…103
Kermadec Islands…104
Kermadec Islands Marine Reserve …104
Kermadec Trench…104
Kidman, Fiona Judith…80
Kiekie…77
Killer Whale…144
Kindergarten…365
King Country…88
King, Michael…89
King, Frederic Truby…89
Kingfish…88
Kingfisher…71
Kingi, Wiremu…88
Kingitanga…88
Kingston…88
Kinleith…90
Kirk, Thomas…48
Kirk, Norman…48
Kiwi…76
Kiwibank…76
Kiwifruit…77
Knot…45
Knox, Elizabeth…252
Knox, Uchter John Mark…376
Kohanga Reo…121
Kohekohe…122
Kohere, Mohena…123
Kohimarama Covenant…122
Kokako…113
Kororareka…125
Kotahitanga…119
Kouka…208
Kowhai…112
kumara…94
Kupe…94
Kura Kaupapa Maori…331
Kurow…92

L

Labour Policy…387
Lacustrine Terrace…119
Ladybird Beetle…219
Lahar…61
Lake Coleridge…113
Lake Dunstan…199

Lake Ellesmere…34
Lake Grassmere…95
Lake Hauroko…256
Lake Hawea…256
Lake Hayes…299
Lake Mahinerangi…348
Lake Manapouri…345
Lake Matheson…341
Lake Ohakuri…45
Lake Ohau…45
Lake Pukaki…285
Lake Rotoaira…390
Lake Rotoiti…390
Lake Rotoroa…392
Lake Rotorua…391
Lake Taupo…189
Lake Te Anau…207
Lake Tekapo…211
Lake Tutira…222
Lake Wahapo…404
Lake Waikaremoana…396
Lake Wairarapa…402
Lake Wakatipu…403
Lake Wanaka…404
Lancewood…375
Land Proclamation 1853…231
Land Wars…230
Landcare Research New Zealand Ltd.…37
Landfall…376
Lands for Settlement Act 1892…246
Landslide…136
Lange, David Russell…393
Langlois, Jean François…375
Language School…113
Lanolin…373
Large Black…367
Large White…367
Latimer, Graham Stanley…373
Lawn Bowling…389
Lawrence…389
League of Nations…115
Lee, John Alfred Alexander…377
Lee, Sandra Rose Te Hakamatua…377
Legal Aid…308
Legislative Council (1840-52) …378
Legislative Council (1852-1951) …149
Levin…385
Levy, Enoch Bruce…385

Liberal Party···146
Library···229
Life Education···105
Lilburn, Douglas Gordon···380
Liley, Albert William···367
Limestone Formation···173
Lincoln···381
Lincoln University···381
Lindauer, Gottfried···383
Lindis Pass···383
Ling···382
Lion Nathan Breweries Ltd.···367
Literary Award···298
Literature···297
Little, James···379
Liverwort···187
Local Government···201
Loess···385
Long Island-Kokomohua Marine Reserve···393
Longest Place Name in the World···171
Lotto···190
Low, David Alexander Cecil···386
Lower Hutt···386
Lumsden···373
Lupin···385
Lupinus···385
Lyttelton···379

M

MacDiarmid, Alan···342
Mackenzie Country···343
Mackenzie, Thomas Noble···343
Maclaurin, Richard Cockburn···343
Macrocarpa···340
MAF···251
Mahia Peninsula···348
Mahoe···348
Mahy, Margaret···320
Maize···224
Major-Fleming, Malvina···356
Mamaku···348
Mana···345
Mana Island···345
Mana Kai Rangahau···36
Mana Motuhake Party···345
Manaaki Whenua···37
Manapouri Hydroelectric Station···345
Manatu Aorere Aotearoa···56

Manatu Hauora···312
Manatu Kaupapa Waonga···116
Manatu Mo Te Taiao···72
Manatu Ohanga···101
Manawatu Plain···346
Manawatu River···346
Manawatu -Wanganui Region···347
Manchester, William Marsden···351
Mangorei Power Scheme···350
Mangrove···350
Manhire, Bill···351
Maniapoto, Rewi Manga···347
Maning, Frederick Edward···347
Mansfield, Katherine···351
Mantell, Walter Baldock Durrant···351
Manufacturing Industry···168
Manuka···347
Manukau City···347
Manukau Harbour···348
Maomao···323
Maori···323
Maori Agriculture···337
Maori Architecture···329
Maori Battalion···333
Maori Canoe Oral Tradition···326
Maori Clothing···324
Maori Council···338
Maori Dance···333
Maori Fisheries Act 1989···328
Maori Fishing···329
Maori Games···323
Maori Health···339
Maori King Movement···325
Maori Land···334
Maori Land Confiscation···336
Maori Land Court···335
Maori Land March···334
Maori Land Rights Claims···335
Maori Land Rights Movement···334
Maori Land System···336
Maori Language···330
Maori Language and Cultural Studies···339
Maori Music···326
Maori Myths and Legends···332
Maori Parliamentary Representation···327
Maori Party···334
Maori Population···331

Maori Religion···337
Maori Renaissance···338
Maori Social Organisation···330
Maori Tattooing···325
Maori Warfare···337
Maori Women's Welfare League···331
Maori Woodcarving···328
Marae···348
Marae Protocol···349
Maraetai Dam···349
Marine Park···56
Marine Reserve···312
Marine Terrace···54
Marine Turtle···28
Marion du Fresne, Marc Joseph···350
Maritime Museum···53
Marlborough District···321
Marlborough Sounds···321
Marlin and Swordfish···62
Married Women's Property Act 1884···77
Marsden, Samuuel···320
Marsh, Edith Ngaio···320
Martinborough···320
Marton···320
Maruia Springs···350
Mason, Bruce Edward George···357
Massey University···344
Massey, William Ferguson···344
Massey's Cossacks···344
Masterton···341
Mataatua···341
Matagouri···342
Matahina Power Station···342
Matai···341
Matamata···342
Maternity Service···247
Matua, Henare···344
Maui···321
Maui Oil Field···321
Mayor Island Marine Reserve···357
McAlpine, Rachel···339
McCahon, Colin···342
McCombs, Elizabeth Reid···343
McIndoe, Archibald Hector···342
McKenzie, John···343
McLean, Donald···340
McMeekan, Campbell Percy···343
McMillan, David Gervan···343

Meat Board···352
Meat New Zealand···352
MED···101
Medical School···11
Melville, Eliza Ellen···358
Mental Health (Compulsory Assessment) Act 1922, 1989···167
Mental Heath and Welfare···167
Mercer···320
Mercury Bay···320
Meremere Power Station···358
Merino···357
Metamorphic Rock···304
Methodist Church···357
Methven···357
MFAT···56
MFE···72
MFish···161
Middlemarch···352
Milford Sound···354
Milford Track···355
Mills, James···354
Minarets···353
Minimum Wage Act···126
Minister of Disability Issues···150
Ministry for Culture and Heritage···297
Ministry for the Environment···72
Ministry of Agriculture and Forestry···251
Ministry of Civil Defence and Emergency Management···355
Ministry of Consumer Affairs···152
Ministry of Defence···116
Ministry of Economic Development···101
Ministry of Education···83
Ministry of Fisheries···161
Ministry of Foreign Affairs and Trade···56
Ministry of Health···312
Ministry of Justice···141
Ministry of Maori Development···332
Ministry of Pacific Island Affairs···186
Ministry of Research, Science and Technology···105
Ministry of Social Development···142
Ministry of Tourism···74
Ministry of Transport···29
Ministry of Women's Affairs···156

Ministry of Works···108
Ministry of Youth Development···167
Miranda Naturalists' Trust···354
Miro···355
Mistletoe···362
Mitre Peak···321
Mixed Member Proportion Representation···151
MMP···151
Moa···358
Moa Hunters···358
Mobility Card···360
Moeraki Boulders···359
Moki···359
Moko···325
Monetary Policy···90
Monkfish···163
Montana New Zealand Book Awards···361
Moraine···274
Morgan, John···359
Moriori···360
Mormon Church···361
Morrinsville···361
MoRST···105
Mosgiel···360
Moss···177
MOTAT···109
Motor Racing···373
Motu Manawa-Pollen Island Marine Reserve···360
Motueka···360
Mount Aspiring National Park···5
Mount Bruce Wildlife Centre···322
Mount Cook Lily···322
Mount Cook National Park···1
Mount Cook Ski Planes···322
Mount Maunganui···322
Mountain Air···322
Mountfort, Benjamin Woolfield···322
MOW···108
Mt. Cargill···48
Mt. Cook···2, 93
Mt. Dampier···200
Mt. Egmont···32
Mt. Elie de Beaumont···33
Mt. Haast···253
Mt. Hikurangi···271
Mt. Hutt···260
Mt. La Perouse···373
Mt. Malte Brun···350

Mt. Ngauruhoe···405
Mt. Pirongia···276
Mt. Ruapehu···384
Mt. Sefton···174
Mt. Taranaki···197
Mt. Tarawera···196
Mt. Tasman···191
Mt. Tongariro···235
Muldoon, Robert David···350
Mulgan, John Alan Edward···350
Müller, Mary Ann···354
Multicultural Society···195
Munro, Leslie Knox···352
Murchison Mountains···320
Museum···257
Museum of Transport and Technology of New Zealand···109
Music···46
Musket Trade···340
Musket War···341
Mussel···344
Muttonbird···345
MYD···167
Myna···83

N

Nakada Juji···236
Napier City···248
Nash, Walter···237
Nashi···237
National Advisory Council on the Employment of Women···155
National Aviation Corporations···116
National Bird···116
National Certificate of Educational Achievement···204
National Council of Women of New Zealand···175
National Expenditure Adjustment Act 1932···116
National Foundation for the Deaf···176
National Institute of Water and Atmospheric Research Ltd.···37
National Library of New Zealand···118
National Maori Congress···327
National Museum of New Zealand···243
National Observatory of New Zealand···118

National Park…118
National Superannuation…116
Native Affairs Department…176
Native Land Court…176
Naval Training School Act 1874…56
NCEA…204
NCWNZ…175
Neglected and Criminal Children's Act 1867…366
Neighbourhood Watch…383
Nelson City…249
Nelson Lakes National Park…249
Nelson Provincial Museum…249
Nene, Tamati Waka…249
Nepia, H. George M.…249
Netball…249
New Labour Party…160
New Leinster…247
New Munster…247
New Plymouth…246
New Ulster…240
New Zealand Academy of Fine Arts…244
New Zealand Alliance…89
New Zealand Aluminium Smelters Ltd.…240
New Zealand Bill of Rights Act 1990…242
New Zealand Business Roundtable…134
New Zealand CCS Inc.…159
New Zealand Coat of Arms…115
New Zealand Company…241
New Zealand Constitution Act 1852…80
New Zealand Council of Trade Unions…386
New Zealand Curriculum Framework…60
New Zealand Dairy Board…207, 369
New Zealand Democrat Party…356
New Zealand Democratic Party…356
New Zealand Disability Strategy…150
New Zealand English…240
New Zealand Federation of Labour…2
New Zealand Federation of Miners…109
New Zealand Fighter Pilots Museum…177
New Zealand Film Commission…30
New Zealand First…244
New Zealand Fish and Game Council…363
New Zealand Flag…120
New Zealand Forest Products Ltd.…245
New Zealand Institute for Crop and Food Research Ltd.…36
New Zealand Institute of Economic Research…242
New Zealand Labour Party…388
New Zealand National Maritime Museum…118
New Zealand National Party…116
New Zealand Nuclear Free Zone, Disarmament, and Arms Control Act 1987…270
New Zealand Occupation Force…240
New Zealand Official Development Assistance…169
New Zealand Police…101
New Zealand Post Ltd.…364
New Zealand Public Health and Disability Act 2000…109
New Zealand Qualifications Authority…118
New Zealand Seafood Industries Council Ltd.…53
New Zealand Settlements Act 1863…245
New Zealand Socialist Party…143
New Zealand Spinach…245
New Zealand Steel Ltd.…243
New Zealand Superannuation…184
New Zealand Superannuation Fund…185
New Zealand Symphony Orchestra…243
New Zealand Venture Investment Fund…56
New Zealand Women's Christian Temperance Union…154
New Zealand Wool Board…19, 366
Newspaper…159
Newzild…240
NFD…176
Nga Korero mo te Minitatunga…156
Nga Tamatoa…406
Ngai Tahu…405
Ngai Tahu Land Claim Settlement…405
Ngapuhi…406
Ngata, Apirana Turupa…405
Ngatata, Wiremu Tako (Wi Tako)…405
Ngati Awa…406
Ngati Kahungunu…406
Ngati Maniapoto…406
Ngati Porou…406
Ngati Raukawa…406
Ngati Tuwharetoa…406
Ngati Whatua…406
Nikau…238
Ninety Mile Beach…236
Nisuikai…239
Niue Island…238
NIWA…37
Noda Asajiro…252
Non-Nuclear Policy…270
Nordmeyer, Arnold Henry…252
North Cape…251
North Island and South Island…79
North Shore City…251
North Taranaki Bight…79
Northern War…311
Northland Region…252
Noxious Animal…54
Nuclear Power Generation…106
NZ Army…377
NZ Childcare Association…305
NZ Foster Care Federation…130
NZ Rehabilitation League…379
NZBR…134
NZCTU…386
NZDS…150
NZFP…245
NZIER…242
NZQA…118

O

O'Regan, Tipene Stephan Gerard…46
O'Sullivan, Vincent…41
Oamaru…35
Oats…70
Octopus…190
ODA…169
OECD…101
Office for Disability Issues…150
Office of Privacy Commissioner…

290
Official Languages···110
Ohaaki···44
Ohakune···44
Oil···172
Oil Crisis···173
Okains Bay Maori and Colonial Museum···41
Old Age Pension Act 1898···110
Oliver, Walter Reginald Brook···46
Omarama···46
Ombudsman···47
Onawe Raid···44
Onslow, William Hillier···47
Opossum···45
Opotiki···45
Opotiki Heritage & Agricultural Society···45
Orakau Pa···46
Orange···46
Orange Roughy···46
Orca···144
Orchid···374
Order of St. John···170
Ordinance for the Support of Destitute Family and Illegitimate Children···276
Oreo Dory···46
Organization for Economic Cooperation and Development···101
Origin Pacific Airways···46
Ormond, John Davies···41
Orphan Benefit···119
OSCAR···60
Ostrich and Emu···192
Otago Early Settlers Museum···42
Otago Harbour···43
Otago Museum···43
Otago Peninsula···43
Otago Region···42
Otahuhu···43
Otaki···42
Otematata···43
Otorohanga···43
Out of School Care and Recreation···60
Overseas Aid···50
Overseas Social Security Agreements···51
Overseas Students in New Zealand···50
Overseas Troop Dispatch···51
Oyster···59

Oyster Drill···35
Oystercatcher···353

P

Pa···253
Pacific Agreement on Closer Economic Cooperation···186
Pacific Community···185
Pacific Islanders···186
Pacific Islanders Church···187
Pacific Islands Forum···187
Pacific Plate···187
Paeroa···257
Pai Marire···255
Paihia···255
Pakeha···258
Palliser Bay···264
Palmer, Geoffrey Winston Russell···254
Palmerston···254
Palmerston North City···254
Pampas Grass···268
Pan Pacific Forest Ltd.···268
Papa···262
Papakura···262
Paparoa Range···262
Papatoetoe···262
Paper Industry···167
Paragliding···264
Paraparaumu···264
Parent to Parent···298
Parental Leave···12
Parihaka Affair···265
Parliament···119
Parliament House···120
Parliamentary Library···120
Parnell, Samuel Duncan···254
Parrot and Parakeet···36
Pasifika Festival···258
Patea···261
Patuone, Eruera Maihi···261
Paua···256
Pay-As-You-Earn···106
PAYE···106
Pear···237
Pearse, Richard William···269
Pegasus Bay···299
PEN NZ Ltd.···129
Penguin···303
Pentecostal Denominations···304
Perch···254
Perendale···302

Periodicals···130
Permanent Residency···31
Peters, Winston Raymond···269
Petone···272
Petrel···28
Pharmaceutical Subsidy Card···157
Picton···270
Pig···287
Pigeon···261
Pigmy Pine···271
Pilchard···276
Pingao···276
Piopiotahi Marine Reserve···270
Pipi···273
Pipit···194
Piripiri···275
Pisa Range···254
Plate Tectonics···294
Playcentre···305
Pleasant Point Museum and Railway···295
Plover···201
Pohutukawa···315
Poi Dance···306
Polytechnic···80
Pomare, Maui Wiremu Pita Naera···315
Pomare, Whetoi···315
Pomare, Whiria···315
Pompallier, Jean Baptiste François···319
Ponga···266
Poor Knights Islands Marine Reserve···279
Poor Knights Lily···279
Poplar···315
Population···158
Porirua City···317
Porrit, Arthur Espice···316
Port Chalmers···309
Port Nicolson···310
Possum···314
Postal Reform···363
Postal Service···364
Postglacial Age···110
Potatau Te Wherowhero···314
Potato···265
Pouhere Taonga···136
Poultry Farming···365
Poultry Industry···60
Pounamu···96, 308
Poverty Bay···306
Prebble, Richard···296

448

Premier⋯148
Prendergast, James⋯296
Presbyterian Church⋯295
Primary School⋯150
Prime Minister⋯148
Prison⋯102
Privacy Act 1993⋯290
Privatisation⋯355
Privy Council⋯162
Producer Marketing Board⋯166
Province⋯144
Provincial Government⋯145
Public Holiday⋯147
Public Safety Conservation Act 1932⋯107
Public Sector Reform⋯84
Public Trust Office⋯108
Public Works⋯107
Puha⋯282
Puhirake, Rawiri⋯288
Pukatea⋯285
Pukeko⋯287
Pukekohe⋯287
Pumice Plateau⋯71
Punakaiki Rocks⋯288
Puriri⋯293
Puwha⋯282
Pyroclastic Flow Plateau⋯61

Q

Qantas Airways Ltd.⋯74
QMS⋯86
QMS Species⋯79
Quail⋯27
Quarantine Service⋯104
Queen Elizabeth II Army Memorial Museum⋯91
Queenstown⋯91
Quota Management System⋯86

R

Rabbit⋯26
Race Relations Act 1971⋯158
Racehorse⋯86
Racism⋯158
Radiata Pine⋯373
Radio Broadcasting⋯370
Rafting⋯373
Raglan⋯370
Raglan Golf Course Dispute⋯370
Railway⋯213

Rainbow Trout⋯239
Rainbow Warrior Bombing⋯239
Rakaia River⋯368
Rakiura National Park⋯368
Ranfurly⋯376
Ranfurly, Earl of⋯376
Rangatiratanga⋯374
Rangi⋯374
Rangipo Power Station⋯374
Rangitata River⋯374
Rangitikei River⋯374
Rangitoto Island⋯374
Rarotonga Treaty⋯374
Rat⋯248
Rata⋯371
Rata, Matiu⋯372
Ratana Church⋯371
Ratana, Tahupoutiki Wiremu⋯371
Raukumara Range⋯367
Raupo⋯368
Raurimu Spiral⋯368
Rays and Skates⋯31
Read, Thomas Gabriel⋯377
Red Feds⋯2
Reefton⋯377
Reeves, Paul Alfred⋯376
Reeves, William Pember⋯376
Referendum⋯117
Reform Party⋯51
Refugee Policy⋯238
Rehabilitation Coordinator⋯379
Rehabilitation Plan⋯379
Representation Commission⋯174
Repudiation Movement⋯309
Reserve⋯137
Reserve Bank of New Zealand⋯243
Residential Care Subsidy⋯136
Resource Management Act 1991⋯134
Restaurant⋯386
Restorative Justice⋯147
Rewarewa⋯386
Rhodes, William Barnard⋯388
Ribaldo⋯379
Richmond⋯378
Richmond, Christopher William⋯378
Richmond, James Crowe⋯378
Rig⋯377
Rimu⋯379
Rimutaka Range⋯380
Ringatu Church⋯381

RNZFB⋯37
Road⋯225
Roberts, James⋯392
Robin⋯123
Robinson, William⋯392
Rock Lobster⋯390, 392
Rogernomics⋯389
Rolleston, William⋯389
Roman Catholic Church⋯389
Romney⋯393
Rongo⋯393
Rook⋯353
Rose⋯263
Ross⋯390
Ross Dependency⋯390
Rotorua⋯391
Rotorua Museum of Art and History⋯392
Rowing⋯179
Rowling, Wallace Edward⋯388
Roxburgh⋯390
Royal Commission⋯36
Royal New Zealand Air Force⋯91
Royal New Zealand Ballet Company⋯38
Royal New Zealand Foundation of the Blind⋯37
Royal New Zealand Navy⋯52
Royal New Zealand Plunket Society⋯291
Royal Society of New Zealand⋯241
Rua Kenana, Hepetipa⋯384
Ruahine Range⋯384
Ruakura Agricultural Research Institute⋯383
Ruatara⋯384
Rugby⋯369
Rugby Museum⋯369
Russell⋯372
Russell, Thomas⋯372
Rutherford, Ernest⋯370
Rye, Maria Susan⋯367
Ryegrass⋯367

S

Saddleback⋯130
Sale of Liquor Act 1989⋯148
Salmon⋯128
Salt Pan⋯35
SAMS⋯286
Sand Dune⋯128

Sandfly…164
Sargeson, Frank…126
Saunders, Alfred…180
Savage, Michael Joseph…127
Scallop…314
Scampi…162
Scenic Flight…364
School Certificate…81
School Dental Nurse…65
School Medical Services…65
School Term…64
Sea Rafted Pumice…274
Sea Urchin…28
SeaFIC…53
Seal…3
Sealing…3
Sealord…132
SEATO…222
Seaweed…55
Second World War…185
Secondary School…203
Secondary Tertiary Alignment Resources…160
Seddon, Richard John…173
Seismological Observatory…135
Self-governing Colony…11
Selwyn…174
Selwyn, George Augustus…174
Semple, Robert…177
Serpent…300
Seventh Day Adventist Church…170
Seventy-Mile Bush…171
Sewell, Henry…162
Sexual Harassment…168
Shadbolt, Maurice Francis Richard…144
Shag…18
Shannon…144
Shared Care…403
Shark…131
Sheep Breed…272
Sheep Dog…311
Sheep Shearer…102
Sheppard, Katherine (Kate) Wilson…133
Shipley, Jennifer (Jenny) Mary…138
Shipping…50
Shirase Nobu…157
Shop Trading Hours Act 1990…220
Shorthorn…153

Shortland, Edward…153
Shortland, Willoughby…153
Shotover River…156
Shrimp…111
Shuttle Stallion…144
Sibson, Richard Broadley…141
Sickness Benefit…138
Siedeberg, Emily Hancoc (McKinnon)…132
Silage…127
Silver Fern…157
Silver Kingfish…89
Silvereye…357
Sister City, Friendship City…142
Skiing…162
Skill New Zealand…153
Skink and Gecko…226
Skipjack…64
Small Government…200
Smith, Stephenson Percy…166
Smither, Elizabeth…165
Smither, Michael…166
Smoking…79
Snake…300
Snapper…181
Snowboarding…164
Soccer…129
Social Credit Party…143
Social Credit Political League…143
Social Security Act 1938…144
Social Security System…143
Social Worker…143
Society for the Prevention of Cruelty to Animals…223
Society of Authors…129
SOEs…169
Soil…229
Soil Erosion…229
Sole…137
Solid Energy New Zealand Ltd.…172, 180
Sooty Shearwater…345
South Canterbury Museum…127
South East Asia Treaty Organization…222
South Pacific Commission…353
South Pacific Forum…353
South Pacific Nuclear Free Zone Treaty…353
South Taranaki Bight…353
Southern Alps…129
Southern Blue Whiting…353

Southern Cross…352
Southern Kingfish…89
Southland Museum and Art Gallery…128
Southland Region…127
SPCA…223
Special Benefit…226
Special Education…226
Special Need Grants…226
Spenser Mountains…165
Spiny Lobster…12
Sponge…56
Spoonbill…301
Sports…165
Squid…11
St. Arnaud…177
Stafford, Edward William…163
Standards and Monitoring Services Trust…286
STAR…160
Stargazer…163
Starling…356
State Forest…117
State Pension System…109
State Relations with Britain…183
State Sector…169
State Sector Act 1988…169
State-Owned Enterprises…169
Status of Children Act 1969…139
Statute of Westminster…22
Stead, Christian Karlson…164
Stewart Island…164
Stewart, William Downie…164
Stilt…168
Stokes, John Lort…164
Stout, Anna Paterson…163
Stout, Robert…163
Stratford…164
Street Pattern…57
Stuart Mountains…164
Subduction of Plate…294
Submarine Telegraph Cable…55
Summers, Essie…131
Supreme Court…126
Surface Rupture…201
Surfing…126
Surville, Jean-François Marie de…148
Sutch, William Ball…130
Sutherland, Donald…128
Swainson, William…162
Swallow…206
Swamphen…287

Swan⋯257
Sweating Commission⋯128
Sweet Potato⋯130
Swimming⋯160
Syrian⋯16

T

TAANZ Bonding Scheme⋯319
TAC⋯177
Tai Poutini National Park⋯22
Taiaroa, Hori Kerei⋯182
Taiaroa, Te Matenga⋯181
Taieri River⋯183
Taihoro Nukurangi⋯37
Taiwhanga, Rawiri⋯185
Takahe⋯189
Takamoana, Karaitiana⋯189
Tama-i-hara-nui⋯196
Tamihana, Wiremu⋯196
Tamworth⋯196
Tane⋯194
Tangaroa⋯199
Tangata Whenua⋯199
Taniwha⋯194
Tapsell, Philip⋯195
Tapu⋯194
Tapu o te Ture⋯141
Taraia, Ngakuti Te Tumuhuia⋯196
Tarakihi⋯197
Taranaki Museum⋯197
Taranaki Region⋯197
Taranui, Te Pokiha⋯198
Tararua Range⋯198
Tarras⋯197
Tasman Bay⋯192
Tasman District⋯191
Tasman Glacier⋯192
Tasman Mountains⋯191
Tasman Sea⋯191
Tasman, Abel Janszoon⋯191
Taumarunui⋯189
Taupo⋯188
Tauranga City⋯189
Tauranga Harbour⋯189
Tawa⋯198
Tawhiao⋯195
Tawhiti Museum⋯195
Tax Reform⋯168
Taxation⋯167
Taylor, Richard⋯210
Taylor, Thomas Edward⋯210
Te Anaua, Hori Kingi⋯207

Te Angiangi Marine Reserve⋯208
Te Arawa⋯207
Te Aroha⋯208
Te Ati Awa⋯207
Te Aute College⋯207
Te Awaatu Channel (The Gut) Marine Reserve⋯208
Te Awamutu⋯208
Te Aweawe, Te Peeti⋯206
Te Hapuku⋯214
Te Heuheu Tukino II, Mananui⋯216
Te Heuheu Tukino IV, Horonuku⋯216
Te Hiko-Piata Tama-i-hikoia⋯214
Te Horeta⋯216
Te Hura Te Taiwhakaripi⋯215
Te Ika a Maui⋯208
Te Kanawa, Kiri Janette⋯211
Te Kaunihera Maori⋯338
Te Kouti Rikirangi Te Turuki⋯212
Te Kuiti⋯212
Te Maari-o-te-rangi, Piripi⋯216
Te Manatu Ahuwhenua, Ngaherehere⋯251
Te Manatu Putaiao⋯105
Te Manatu Taonga⋯297
Te Manatu Tapoi⋯74
Te Manatu Waka⋯29
Te Manatu Whakahiato⋯167
Te Manatu Whakahiato Ora⋯142
Te Manawa⋯217
Te Matakatea, Wiremu Kingi Moki⋯216
Te Moananui, Kurupo⋯217
Te Pahi⋯214
Te Papa Atawhai⋯73
Te Papa Tongarewa⋯213
Te Puea, Princess⋯215
Te Puke⋯215
Te Puna Matauranga o Aotearoa⋯118
Te Puni Kokiri⋯332
Te Puni-kokopu, Honiana⋯215
Te Purewa⋯216
Te Rangi Paetahi, Mete Kingi⋯218
Te Rangihaeata⋯218
Te Rangihiroa⋯218
Te Rangi Hiroa Pita⋯259
Te Rangikakeke, Wiremu Maihi⋯218
Te Rangi-taka-i-waho, Te Manihera⋯218

Te Rau, Kereopa⋯217
Te Rauparaha⋯217
Te Rauparaha, Tamihana⋯217
Te Rikau Whakamarumara⋯355
Te Tahuhu o te Matauranga⋯83
Te Tari Kaupapa Whare⋯106
Te Tari Mahi⋯387
Te Tari Taiwhenua⋯236
Te Tautiaki i nga tini a Tangaroa⋯161
Te Tiriti o Waitangi⋯398
Te Ua Haumene Tuwhakararo⋯210
Te Urewera National Park⋯29
Te Wake Heremia⋯219
Te Whakakotahitanga O Nga Iwi O Aotearoa⋯327
Te Whare Taonga o Te Tairawhiti⋯78
Te Whare Tohu Tuhituhinga o Aotearoa⋯118
Te Wheoro, Wiremu Te Morehu Maipapa⋯215
Te Whiti-o-Rongomai⋯214
Tea Tree⋯208
Teacher Training College⋯84
Tecomanthe⋯212
Tectra Ltd.⋯212
Tekapo-Pukaki-Ohau Canals⋯212
Telecom⋯218
Telecom Corporation of New Zealand Ltd.⋯218
Television Broascasting⋯218
Temperance Movement⋯89
Tempsky, Gustavus Ferdinand von⋯219
Temuka⋯217
Tennis⋯213
Tephra⋯215
Tern⋯4
Terrace⋯199
Thames⋯211
Thames Historical Museum⋯211
Thermal Power Generation⋯70
Thierry, Charles Philippe Hippolyte, de⋯208
Think Big Project⋯157
Thistle⋯3
Thomson Mountains⋯232
Thomson, Arthur Saunders⋯232
Thomson, James Allen⋯232
Thomson, John Mansfield⋯232
Thomson, John Turnbull⋯232

Three Kings Islands···166
Ti Kauka···208
Tiki···209
Timaru···209
Tirau···210
Tirikatene, Eruera Tihema···210
Tiritiri Matangi Scientific Reserve
　···210
Titokowaru, Riwha···209
Tizard, Catherine Anne···209
Tobacco···194
Toetoe···225
Toheroa···231
Tohunga···231
Tokaanu···226
Tokelau Islands···226
Tokomaru Bay···227
Tokoroa···227
Tonga Island Marine Reserve···234
Tongariro National Park···234
Tongue Point···199
Topeora, Rangi Kuini Wikitoria···
　231
Torlesse Range···226
Total Allowable Catch···177
Totara···229
Tourism···74
Tourism New Zealand···242
Trade Diversification···307
Trade Liberalisation···307
Trade Union···386
Training Incentive Allowance···153
Tramping···233
Transform Fault···233
Transportation···29
Treasury···127
Treaty of Waitangi···398
Tree Broom···33
Tree Daisy···360
Tree Fern···359
Tregear, Edward Robert···225
Trekking···234
Trevally···142
Trout···341
Truck Act 1891···106
Tuaia, Pene Taka···221
Tuatara···221
Tuatua···221
Tuckett, Frederick···190
Tuhawaiki, Hone···222
Tuhoe···223
Tuhua (Mayor Island) Marine Reserve···222

Tui···221
Tukigawa Kiyohei···206
Tuna···340
Turakirae Head···224
Turangawaewae···224
Turangi···224
Turbot···71
Turnbul, Alexander Horsburgh···
　181
Turner, Brian···181
Tussock···192
Tutu···222
Tuwhare, Hone···223
Twizel···234
Two Thumb Range···221

U

Unemployment···137
Unemployment Act 1930···138
Unemployment Benefit···137
United Future New Zealand···221
United Nations···114
United Party···221
Universal Superannuation···12
University···183
University Entrance, Bursary and
　Scholarship Examinations···184
University of Auckland···40
University of Canterbury···75
University of New Zealand···243
University of Otago···42
University of Waikato···395
Unsupported Child Benefit···366
Upper Hutt City···5
Urban Maori···228
Urban Marae···229
Urbanisation···228
Urewera···28
Utu···27

V

Vagrant Act 1866···297
Valley Glacier···193
Values Party···64
Van der Velden, Petrus···19
Vegetable Sheep···300
Veteran's Pension···183
Victoria Range···19
Victoria University of Wellington···
　19
Vietnam War···23

Visitor's Information Centre···73
Vogel, Julius···25
Volcanic Plateau···61
Volcano···61
Völkner, Carl Sylvius···284

W

Wage and Price Freeze···157
Wage Band Test···205
Wages Protection Act 1983···205
Wahawaha, Ropata···404
Waiau River···394
Waiheke Island···400
Waihi···400
Waihi Strike···400
Waihopai River···401
Waikanae···396
Waikaremoana Hydropower Stations···396
Waikato···394
Waikato Maori···396
Waikato Museum of Art and History···396
Waikato Region···395
Waikato River···394
Waikato-Tainui Raupatu Claim···
　396
Waimakariri River···401
Waimangu Geothermal Field···401
Wainuiomata···399
Waiotapu···394
Waiouru···394
Waipa River···400
Waipapa Hydroelectric Power Station···400
Waipawa···400
Waipoua Forest···400
Waipukurau···400
Wairakei···402
Wairarapa···402
Wairarapa Coast···402
Wairarapa Earthquake···402
Wairau Affray···401
Wairau Fault···402
Wairau River···401
Wairoa···403
Waitakere City···397
Waitaki Dam···397
Waitaki River···396
Waitangi···398
Waitangi Tribunal···399
Waitara···397

Waitara Purchase…397
Waitemata Harbour…399
Waitomo…399
Waitomo Caves…399
Waitomo Museum of Caves…399
Waka…403
Wakefield, Arthur…20
Wakefield, Edward Gibbon…20
Wakefield, Edward Jerningham…20
Wakefield, William Hayward…20
Wakefield's Theory of Systematic Colonisation…21
Wallaby…404
Wananga…332
Wanganui…404
Wanganui Regional Museum…405
Wanganui River…405
War Disablement Pension…176
War Pension…176
Ward, Joseph George…26
Ward, Vincent…26
Warehou…404
Warkworth…394
Wasp…163
Water Pollution…161
Water Safety Education…161
Water Supply…151
Water Transportation…54
Waterfront Strikes…111
Wave-cut Bench…258
WCTU…154
Weasel…12
Webb, Patrick Charles…23
Wedde, Ian…22
Weights and Measures…234
Weka…21
Weka（Website）…80
Weld, Frederick Aloysius…25
Weller, Edward…23
Weller, George…23
Weller, Joseph…23
Wellington Aftercare Association Inc.…25
Wellington City…23
Wellington Fault…24
Wellington Harbour…25
Wellington Region…23
Wells, Ada…25
Wellsford…25
Wesleyan Church…22
West Coast Historical Museum…21

West Coast Region…21
Westerlies…304
Western Architecture…170
Westhaven（Te Tai Tapu）Marine Reserve…21
Westland National Park…22
Westport…21
Weta…113
Whaanga, Ihaka…278
Whakairo…328
Whakamaru Dam…278
Whakapapa…278
Whakarewarewa…278
Whakatane…278
Whakatane District Museum and Gallery…278
Whale…92
Whale Watching…308
Whaling…311
Whanau…279
Whanganui River…279
Whangaparaoa…279
Whangarei…279
Whangarei Museum…280
What everybody keeps asking about disability information…80
Wheao and Flaxy Power Scheme…283
Wheat…123
Whitaker, Frederick…306
White Island…318
White, William…318
Whitebait…318
Whitehead…318
Whitianga…282
Whitmore, George Stoddart…306
Widows Benefit…68
Widows' Pensions Act 1911…69
Wild Life Park…223
Williams, Henry…19
Wind Energy…282
Windsurfing…19
Wine…403
Women Members of Parliament…155
Women's Franchise League…156
Women's International League for Peace and Freedom…114
Women's Refuge…154
Women's Suffrage…155
Wood Rose…27
Woodhen…21
Woodville…27

Wool Production Technology Ltd.…366
Woollaston, Mountford Tosswill…19
WoolPro…366
Work and Income…387
Workbridge…124
Working Holiday Scheme…394
World Heritage…171
World Trade Organization…171
Worsley, Frank Arthur…394
Wren…352
WTO…171
Wynyard, Robert Henry…403

Y

Yachting…366
Yates, Elizabeth…11
Yellowhead…11
Yellowtail…88
YHA New Zealand…363
YMCA…87
Young Maori Party…169
Young Men's Christian Association…87
Young Women's Christian Association…87
Youth Court…152
Youth Hostels Association of New Zealand…363
YWCA…87

Z

Zoo…223

ニュージーランド学会
[New Zealand Studies Society-Japan]

【設立の経緯と目的】

ニュージーランド学会は、関西ニュージーランド研究会として1992年設立、1997年にニュージーランド学会と名称変更した。ニュージーランドに興味を持つ人文科学系、社会科学系の研究者、およびニュージーランド関係の業務に従事した実務経験者などを中心に、研究と人的交流を通して日本とニュージーランドの友好を深め、かつ相互の知識の深化をめざして活動を続けている。

会員数は2007年現在、国内外合わせて約150名。年会費5,000円。

【活動の内容】

■研究例会の開催

毎年数回研究例会を行う。1999年からは3年ごとに現地例会をニュージーランドの大学で現地研究者と共同で開催している。

1999年ヴィクトリア大学（ウェリントン）、2002年マッセイ大学（パーマストンノース）、2005年オタゴ大学（ダニーディン）で開催し、毎回研究会前後に現地見学を行っている。2008年はワイカト大学（ハミルトン）での開催を予定。

■機関誌の発行

毎年1回学術機関誌『ニュージーランド研究』（ISSN 1881-5197）を発行している。『ニュージーランド研究』は論文、調査報告、研究ノート、ニュージーランド関係の文献目録などを収録。年数回発行のニューズレターは研究例会の報告、その他ニュージーランド関連のニュースを収録。

■国際研究集会の開催

2006年8月国際交流基金をはじめその他の財団の支援を受け、国際シンポジウム「太平洋の環境問題を考える」を京都で4日間にわたり開催した。今後も機会を見て国際研究集会の開催を計画している。

【連絡先】

URL： http://nz-society.web.infoseek.co.jp

事務局：〒564-9511　大阪府吹田市岸辺南2-36-1
　　　　大阪学院大学国際学部　山口悟研究室（2007年現在）

　　　　郵便振替加入者名　　ニュージーランド学会
　　　　口座番号　　　　　　01160-5-3269

執筆者一覧

編集委員

青柳 まちこ（あおやぎ　まちこ）
　立教大学名誉教授。東京都立大学大学院修了。文学博士。文化人類学。主な著書に『モデクゲイ──ミクロネシア・パラオの新宗教』（新泉社 1985）、『トンガの文化と社会』（三一書房 1991）、主な編著に『もっと知りたいニュージーランド』（弘文堂 1997）、『国勢調査の文化人類学』（古今書院 2004）など。

大島 襄二（おおしま　じょうじ）
　関西学院大学名誉教授。ニュージーランド学会会長。太平洋学会会長。京都大学大学院中退。文学博士。文化地理学。主な著書に『文化地理学序説』（理想社 1976）、『海を語る』（海青社 1988）など。

ベッドフォード 雪子（べっどふぉーど　ゆきこ）
　摂南大学名誉教授。ニュージーランド学会学会誌『ニュージーランド研究』編集長。ミシガン大学大学院修了。Ph.D.（地理学）。

由比濱 省吾（ゆいはま　しょうご）
　岡山大学名誉教授。ニュージーランド学会副会長。京都大学卒業。人文地理学。主な編著に『ニュージーランド畜産業の構造』（ニュージーランド畜産業研究班 1993）、主な訳書に『人類地理学』（フリードリッヒ・ラッツェル著／古今書院 2006）など。

執筆者（編集委員を除く）

青柳 清孝（あおやぎ　きよたか／国際基督教大学名誉教授）
新井 正彦（あらい　まさひこ／江戸川大学メディアコミュニケーション学部教授）
新井 康友（あらい　やすとも／羽衣国際大学人間生活学部講師）
池田 久代（いけだ　ひさよ／皇學館大学社会福祉学部教授）
岩川 しほ（いわかわ　しほ／オークランド大学在学）
井脇 成禮（いわき　しげよし／元日本ケミカル商事株式会社大阪支店長）
植村 善博（うえむら　よしひろ／佛教大学文学部教授）
及川 敬貴（おいかわ　ひろき／横浜国立大学大学院環境情報研究院准教授）
大石 恒喜（おおいし　つねよし／テパパ・プランニング代表、元ニュージーランド航空）
太谷 亜由美（おおたに　あゆみ／立命館大学産業社会学部非常勤講師）
太田 陽子（おおた　ようこ／横浜国立大学名誉教授、ニュージーランド王立協会名誉会員）
岡田 良徳（おかだ　よしのり／大東文化大学経営学部教授）
小柏 葉子（おがしわ　ようこ／広島大学平和科学研究センター准教授）
角林 文雄（かくばやし　ふみお／ニュージーランド・マッセイ大学教授　故人）

岸田 芳朗（きしだ よしろう／岡山大学大学院自然科学研究科准教授）
城森 満（きもり みつる／横浜市青葉国際交流ラウンジ）
澤邊 みさ子（さわべ みさこ／東北公益文科大学公益学部准教授）
塩田 晴康（しおた はるやす／ニュージーランド交流サロン、塩野香料株式会社）
杉原 充志（すぎはら みつし／羽衣国際大学産業社会学部教授）
薄 丈夫（すすき たけお／日本形成外科学会認定形成外科専門医、元兵庫医大客員教授）
高橋 貞彦（たかはし さだひこ／元近畿大学法学部教授）
田辺 眞人（たなべ まこと／園田学園女子大学国際文化学部教授）
内藤 暁子（ないとう あきこ／武蔵大学社会学部教授）
根無 喜一（ねなし きいち／大阪学院大学国際学部教授）
原田 昭子（はらだ あきこ／兵庫大学健康科学部教授）
樋口 治（ひぐち おさむ／元芦屋惑惑クラブ所属ラグビー選手、故人）
一言 哲也（ひとこと てつや／常葉学園短期大学英語英文科教授）
日野田 公一（ひのだ こういち／吉備国際大学社会福祉学部准教授）
藤井 吉郎（ふじい きちろう／大阪市立大学経営学研究科特別研究員）
深山 直子（ふかやま なおこ／東京都立大学大学院社会科学研究科博士課程在学）
堀 千珠（ほり ちず／会社員、日本ニュージーランド学会会員）
松岡 博幸（まつおか ひろゆき／福井工業大学工学部教授）
道谷 卓（みちたに たかし／姫路獨協大学法学部教授）
美濃 哲郎（みの てつろう／関西福祉科学大学社会福祉学部教授）
山岸 博（やまぎし ひろし／日本島嶼学会会員）
山口 悟（やまぐち さとる／大阪学院大学国際学部准教授）
八巻 正治（やまき まさはる／弘前学院大学大学院社会福祉学研究科教授）
山本 真鳥（やまもと まとり／法政大学経済学部教授）

英文校閲：オコーネル、キャサリン（Catherine O'Connell／弁護士）

【口絵写真提供】青柳 まちこ／太田 弘／ベッドフォード雪子／由比濱 省吾
【本文イラスト】たけなみ ゆうこ
【地図（見返し）製作】株式会社平凡社地図出版

ニュージーランド百科事典
Japanese Encyclopedia of New Zealand

2007年7月19日初版発行
定価（本体9333円＋税）

編者	ニュージーランド学会
発行者	三浦衛
発行所	春風社

横浜市西区紅葉ヶ丘53　横浜市教育会館3F
TEL 045-261-3168　FAX 045-261-3169
http://www.shumpu.com
info@shumpu.com
振替　00200-1-37524

装丁	和田誠
印刷・製本	株式会社シナノ

All Rights Reserved. Printed in Japan.

©The New Zealand Studies Society-Japan 2007
ISBN978-4-86110-111-3 C0522 ￥9333E

南島 South Island
0
100
200km
右図
北島
左図
南島
40°S
フェアウエル岬
C. Farewell
コリングウッド
Collingwood
ゴールデン湾
Golden B.
タカカ
Takaka
ダーヴィル島
D'Urville I.
タズマン湾
Tasman B.
モトゥエカ
Motueka
ネルソン
Nelson
カラメア
Karamea
リッチモンド
Richmond
ハヴロック
Havelock
ピクトン
Picton
ブレナム
Blenheim
ファウルウィンド岬
C. Foulwind
ウエストポート
Westport
セントアーノード
St. Arnaud
ワイラウ川
Wairau R.
グラスミア湖
L. Grass
キャンベル岬
C. Car
ブラー川
Buller R.
マーチソン
Murchison
アワテレ川
Awatere R.
リーフトン
Reefton
ルイス峠
Lewis Pass
クラーレンス川
Clarence R.
グレイ川
Grey R.
グレイマウス
Greymouth
カイコウラ
Kaikoura
ハンマースプリングズ
Hanmer Springs
タズマン海
Tasman Sea
ホキティカ
Hokitika
サザンアルプス
Southern Alps
フルヌイ川
Hurunui R.
ロス
Ross
アーサーズ峠
Arthur's Pass
ペガサス湾
Pegasus B.
コールリッジ湖
L. Coleridge
カイアポイ
Kaiapoi
ワイマカリリ川
Waimakariri R.
フランツジョゼフ・グレーシア
Franz Josef Glacier
ダーフィールド
Darfield
ラカイア川
Rakaia R.
クライストチャーチ
Christchurch
タズマン山
Mt. Tasman
アオラキ山
Aoraki
メスヴェン
Methven
カンタベリー平野
Canterbury Plains
リトルトン
Lyttelton
セフトン山
Mt. Sefton
テカポ湖
L. Tekapo
リンカーン
Lincoln
バンクス半島
Banks Pen.
ハースト
Haast
マウントクック
Mount Cook
エルズミア湖
L. Ellesmere
アカロア
Akaroa
プカキ湖
L. Pukaki
ジェラルディーン
Geraldine
アッシュバートン
Ashburton
44°S
カスケード岬
Cascade Pt.
ハースト峠
Haast Pass
カンタベリー湾
Canterbury Bight
フェアリー
Fairlie
テムカ
Temuka
ランギタタ川
Rangitata R.
オハウ湖
L. Ohau
トワイゼル
Twizel
アスパイアリング山
Mt. Aspiring
ハウェア湖
L. Hawea
ティマル
Timaru
ワナカ湖
L. Wanaka
ミルフォードサウンド
Milford Sound
オマラマ
Omarama
ワナカ
Wanaka
クーロウ
Kurow
マイター峰
Mitre Peak
コロネット峰
Coronet Peak
アロウタウン
Arrowtown
ダントルーン
Duntroon
ワイタキ川
Waitaki R.
クィーンズタウン
Queenstown
ランファーリ
Ranfurly
オアマル
Oamaru
ワカティプ湖
L. Wakatipu
クロムウェル
Cromwell
カイバーン
Kyeburn
ダウトフルサウンド
Doubtful Sound
テ・アナウ湖
L. Te Anau
アレクサンドラ
Alexandra
テ・アナウ
Te Anau
パーマストン
Palmerston
ロックスバラ
Roxburgh
ミドルマーチ
Middlemarch
タイエリ川
Taieri R.
レゾリューション島
Resolution I.
マナポウリ湖
L. Manapouri
マナポウリ
Manapouri
ラムズデン
Lumsden
クルサ川
Clutha R.
ポートチャーマーズ
Port Chalmers
太平洋
Pacific Ocean
ダスキーサウンド
Dusky Sound
ヘリオット
Heriot
オタゴ半島
Otago Pen.
モスギール
Mosgiel
ダニーディン
Dunedin
ワイアウ川
Waiau R.
オレティ川
Oreti R.
ローレンス
Lawrence
46°S
プロヴィデンス岬
C. Providence
ハウロコ湖
L. Hauroko
ゴア
Gore
ミルトン
Milton
リヴァートン
Riverton
バルクルサ
Balclutha
ピューセガー岬
Puysegur Pt.
インヴァカーギル
Invercargill
174°E
166°E
フォーヴォー海峡
Foveaux Str.
ブラフ
Bluff
チャタム諸島
Chatham Is.
コッドフィッシュ島
Codfish I.
ルアプケ島
Ruapuke I.
ハーフムーンベイ
Halfmoon Bay
スチュワート島
Stewart I.
ワイタンギ
Waitangi
チャタム島
Chatham I.
44°S
サウスウエスト岬
Southwest C.
ピット島
Pitt I.
176°E
スネアズ諸島
Snares Is.
48°S
168°E
170°E
172°E

『ニュージーランド百科事典』正誤表

以下のとおり、本文中に用語の誤りがありました。
お詫びして訂正いたします。

頁	項目または行数	誤	正
41	オークランド・ハーバーブリッジ	日本企業が4年の	イギリス企業が4年の
41	オークランド・ハーバーブリッジ	69年既設車線の	69年、日本企業が既設車線の
97	クルサ川	マルヘリキア（Maruherikia）川	マヌヘリキア（Manuherikia）川
164	スティード・クリスチャン	スティード・クリスチャン	ステッド・クリスチャン
212	テ・コウティ・リキランギ	テ・コウティ・リキランギ	テ・コオティ・リキランギ
212	テ・コウティ・リキランギ	Te Kouti Rikirangi Te Turuki	Te Kooti Rikirangi Te Turuki
240	ニュージーランド・アルミニウム精錬所	クインズランド州から輸入されたボーキサイト	クインズランド州から輸入されたアルミナ
294	フレイム	Mirror City	The Envoy from the Mirror City（鏡の街からの公使）
316	ホリオーク	Kieth	Keith
320	マースデン	Samuuel	Samuel
400	ワイヒ	活動を続けたが、2006年操業を終了。	活動を続けている。
434	「姉妹都市・友好都市その他」地図	31、32の位置	31と32の位置が逆
434	「姉妹都市・友好都市その他」地図	17、24の位置	17と24の位置が逆
434	「姉妹都市・友好都市その他」地図	11の位置	神奈川県に移動
435	「姉妹都市・友好都市その他」表 44 蒲郡港	静岡	愛知
442	左段 下から1行目	Holyoake, Kieth Jacka	Holyoake, Keith Jacka
450	中段 21行目	Te Kouti Rikirangi Te Turuki	Te Kooti Rikirangi Te Turuki
453	事務局住所	〒564-9511　大阪府吹田市岸辺南2-36-1	〒564-8511　大阪府吹田市岸部南2-36-1

＊なお、ニュージーランド学会事務局は、2008年6月1日より下記に移転いたしました。
　　〒603-8301　京都市北区紫野北花ノ坊町96
　　佛教大学文学部　植村善博研究室